国家自然科学基金资助项目：批准号 41571143

文化生态保护区
理论与实践

周建明　刘　畅　著

中国建筑工业出版社

序

　　与周建明博士结识，缘起于"文化生态保护区"的建设。那是 2010 年在讨论青海热贡生态保护实验区保护规划的会议上。之后的每一次相见晤谈，也总是围绕文化生态保护区建设、传统村落、特色景观旅游名镇等的保护与规划这些内容。

　　建明博士，年轻健壮，身材高挑，脸上总是显露着笑容。1987 年毕业于浙江大学；1990 年获中国科学院地理科学与资源研究所人文地理硕士学位；1993 年获得博士学位，他是我国自己早期培养的人文地理专业的博士。现任中国城市规划设计研究院文化与旅游规划研究所所长。

　　建明对学术研究不懈追求并不断精进，一段时间不见，再次交谈，他总有些新的见解讲出来，让你受到启发。他的勤奋超乎常人。1990 年从事文化生态保护的相关工作以来，将文化生态保护作为自己的首要责任和义务，他在这个领域的研究和实践一直不辍，他也贡献出极多的科研成果。

　　前几天他寄来这本沉甸甸的近 70 万字的书稿《文化生态保护区——理论与实践》。这本书，是建明博士五六年来对文化生态保护区建设研究和实践的总结。这本书，凝结了他多年来对相关问题的思考和体验、心血和情怀。作者视野开阔，简约地梳理了文化生态及其保护领域国内外学界在理论研究和实践活动的历史脉络和现实状况。作者有自己的学术性思考，也有亲身积累的实践经验和心得。这是迄今为止我所见到的一本论述全面、有见地有深度、对保护实践具有重要参考价值的专著。

　　周建明博士在这本书里指出：文化生态保护区，是中国多年来在进行非物质文化遗产保护工作过程中积累下的有效实践模式。探讨其发展过程与机理、设立的条件与类型特征、规划建设要求与管理实施效果等，不仅具有实用性，更体现了很强的创新性。

　　文化生态保护以及文化生态保护区建设是和我们中华民族文化传统的继承与发展、和整个中国的文化发展与社会建设联系在一起的。而这种保护和建设一定是一种基于结构性整体性的理念和实践活动。

　　人们观察事物、思考问题、进行实践活动，包括一般性的科学研究，总是一个解构的过程。尽管也常常想着与之相关的整体结构，这个解构出来的对象，在被观察、思考和实践的过程中，又被我们以它为中心，重建了一个新的结构，我们会期冀自建的新的结构能和原有的实际结构保持一致。但是,这仅仅是愿望而已。结果如何,要受到长期实践的考验。把一个地区的非物质文化遗产放回到文化生态保护区的整体性结构当中进行保护,不使它脱离或者游离于人们的现实生活的土壤,是希望它在不断变化着的社会群体和社会发展进程当中,能够保持它应有的活力和生命力。

自20世纪80年代以来,我国掀起了一场轰轰烈烈的文化生态保护及传统村落保护热潮。传统文化保护和生态保护虽说已是社会集体共识,然而保护的理念和路径却是不尽相同。最近,住房城乡建设部、发改委、财政部联合发出《关于开展特色小城镇培育工作的通知》,提出到2020年争取培育1000个左右各具特色、富有活力的特色小镇。我还知道,有一群年轻人成立了中国乡愁文化发展研究中心,他们致力于建设传统村落、美丽乡村。他们正在启动一个名为"风铃之约"的项目,希望以自己的力量在中国大地上建设100个有一定借鉴价值的民俗文化示范村落。他们认为:中国的农村应该姓"中";中国的农村应该是中国现代农民的农村;中国的农村应该是安居乐业的、美丽的、和谐的农村。以上这些和其他所有与文化生态保护区建设相关的活动,经过举国上下广大群众在党中央和各级政府的领导下,一定会使中华大地成为我们望得见山、看得见水、记得住乡愁的幸福家园,

建明博士的这本书,定会提供一种有益的助力,推进我国的生态保护和文化建设。

谨为序。

2016年9月10日

前　言

在过去几年中，中国非物质文化遗产保护工作开展得如火如荼，其不断向纵深发展的同时，也将"文化"、"生态"、"保护"三个词汇连缀在一起，形成了一个富有文化战略含义的新词语——"文化生态保护"。

进入21世纪以来，中国的综合国力显著增强，在世界格局中的主导地位与影响力不断上升，中华文化也进入了伟大复兴的时期。文化"越来越成为民族凝聚力和创造力的重要源泉，越来越成为综合国力竞争的重要因素"。党的十七大报告提出，要推动社会主义文化大发展大繁荣，并将"中华文化走向世界"上升为国家战略。"推动文化事业全面繁荣、文化产业快速发展"。① 作为中华文化的核心部分，非物质文化遗产是我国各民族智慧的结晶，蕴含着中华民族特有的精神价值、思维方式，体现着中华民族生生不息的生命力和创造力，也是全人类文明的瑰宝。然而，由于全球化、工业化、城镇化、市场化、信息化，以及人口流动和环境恶化等社会、自然环境变迁带来的影响，非物质文化遗产的保护和发展在中国遇到了很多前所未有的情况，面临着严峻的挑战，保护非物质文化遗产已是刻不容缓！

保护非物质文化遗产，是传承中华文化、增进民族团结和维护国家统一及社会稳定的重要文化基础，也是建设社会主义先进文化、守护中华民族的精神家园、增强民族自信心和凝聚力、促进经济社会全面协调和可持续发展的必然要求，更是维护世界文化多样性、促进人类共同发展的必要前提。

非物质文化遗产本身因不具有实物形态，又依靠活态传承，这使它在社会变迁过程中比有形文化遗产更加脆弱，在识别和保护方面更有难度。自2003年联合国教科文组织颁布《保护非物质文化遗产公约》以来，各个缔约国都在不断摸索保护本国非物质文化遗产行之有效的方法与措施。中国政府在2004年签署了《保护非物质文化遗产公约》后，一贯严肃认真地履行自己所承担的责任和义务，为推动非物质文化遗产保护工作及其可持续发展做出了贡献。2006年，在《国家"十一五"时期文化发展规划纲要》中，中国首次提出建立"国家级文化生态保护区"作为非物质文化遗产保护方式之一的构想，即建立"以

---

① 温家宝.第十二届全国人民代表大会第一次会议政府工作报告 [R]. 2013-3-5。

保护非物质文化遗产为核心，对历史文化积淀丰厚、存续状态良好，具有重要价值和鲜明特色的文化形态进行整体性保护；并经文化部批准设立的特定区域"[①]。构建文化生态保护区是中国在世界范围内对保护非物质文化遗产的一次创新性实践。

文化生态保护区作为一种保护非物质文化遗产的新方式，是中国多年来在进行非物质文化遗产保护工作过程中积累下的有效实践模式。在非物质文化遗产保护与传承受到诸多威胁，文化发展与繁荣成为时代强烈诉求的今天，探讨其发展过程与机理、设立的条件与类型特征、规划建设要求与管理实施效果等，不仅具有实用性，更体现了很强的创新性。本书从基本理论、方法、标准、实例等方面，对文化生态保护区发展、规划建设与管理进行科学和系统的论述。在理论研究和实例结合的基础上，本书希望在世界范围内，把中国提出的文化生态保护区作为一种新范式建立并推广起来。

周建明于北京

2016. 1. 29

---

① 《文化部关于加强国家级文化生态保护区建设的指导意见》（文非遗发 [2010]7 号）。

目　录

第一部分

文化生态保护区的概念与理论

第一章 文化生态保护区概述

文化生态保护区的提出与非物质文化遗产保护的历史进程有关。世界上大部分国家都经历了从注重保护有形文化遗迹到重视无形文化遗产，从只着眼单独的个体遗产到关注其与周边环境关联性的发展过程。中国在经历了这个过程后，进一步对非物质文化遗产的保护进行思索。根据非物质文化遗产与传承主体，社会人文环境与自然生态环境不可分割的特点，提出了建设和发展文化生态保护区的实践模式。要想深刻了解文化生态保护区，就必须先对文化生态的内涵及其构成要素、发展过程、核心理念等问题有清楚的认识。

第一节 文化生态保护区的提出

一、文化生态学

（一）"文化生态"的概念

1955年，美国人类学家斯图尔德（J. H. Steward）发表《文化变迁论：多线进化方法论》（*Theory of Culture Change: The Methodology of Multilinear Evolution*）一文首次提出"文化生态"（Cultural Ecology）一词。广义的"文化生态"是指"人类在社会历史实践中所创造的物质财富和精神财富所显露的美好的姿态或生动的意态"，狭义的"文化生态"则是指"社会的意识形态以及与之相适应的制度和组织机构，通常泛指人类在社会历史实践中所创造的物质财富和精神财富的状况和环境"[①]。文化生态可以理解为根据人类生存的整个自然环境和社会环境的各种因素交互作用而形成的特定结构和状态。文化生态系统则是文化与自然环境、生产生活方式、经济形式、语言环境、社会组织、意识形态、价值观念等构成的相互作用的完整体系，具有动态性、开放性、整体性的特点。特定的文化区系及其创造者、传承者与其环境构成的统一整体形成特定的文化生态系统。

（二）文化生态学

斯图尔德还建立了"文化生态学"（Cultural Ecology），用以"解释那些具有不同地方特色的独特的文化形貌和模式的起源"[②]。虽然当时的文化生态学本身并不完善，甚至具有

---

① Steward, J. *Theory of culture change*: The Methodology of Multilinear Evolution[M]. Urbana: University of Illinois Press, 1955.
② 唐纳德·L·哈迪斯蒂. 生态人类学 [M]. 北京：文物出版社，2007：8.

自相矛盾的缺陷，但其理念和范式却被后人发扬光大。在后来的文化生态学研究中，人们将社会环境加入进来，完善了斯图尔德理论的不足，从而使文化生态学研究更为全面和丰富。中国学者也在这一领域有所拓展。2004 年，戢斗勇在他的《文化生态学论纲》中指出，"文化生态环境不仅仅包含自然环境和技术、经济因素，而是由'自然环境、经济环境和社会组织环境'三个层次构成，形成了'自然—经济—社会'三位一体的复合结构"[①]。

这说明，文化生态学实际上是以生态的视角、理论、方法解读文化现象，它包括民众对自然的认识以及人与自然环境的关系，同时又包含生产方式、生活方式对文化的影响和制约，以及文化模式、文化变迁、传承传播、价值观念、信仰意识、民俗文化、伦理观念、宗法制度等方面的内容。这些因素综合影响了文化的生存发展，是文化生长的土壤和整体环境，即"文化生态环境"[②]。

文化生态学作为一种研究方法，它运用系统论的有关原理，将文化视为一个系统整体，作为这个系统整体的"文化生态系统"由各文化亚系统组成，并且各亚系统之间相互作用、相互影响。[③] 这种方法在近些年来被中国继续发展，亦作为保护非物质文化遗产的一种有效方法在各地实践并完善。

（三）国内文化生态研究的两种不同视角

目前国内文化生态研究尚处于初创阶段。文化生态只是在某些文化学、文化人类学、社会学的著作中有简单介绍，此外有数篇有关文化生态主题的论文，但尚未有文化生态方面的专著问世。从文化生态研究内容来看，国外有关文化生态的研究只有文化人类学的视角，而国内关于文化生态的研究除了这一视角之外，还有文化哲学的视角。这种多视角的研究是值得肯定的，其扩展了文化生态研究的空间，但同时也存在一些问题，即国内有些学者往往在"文化生态"一词的使用过程中，不能很好地区分这两种文化生态研究视角的界限，因此常常出现在同一篇文章中这两种视角的文化生态同时使用的状况，产生概念理解上的模糊性。本篇尝试厘清文化人类学视角与文化哲学视角下文化生态研究的不同理念和任务。

1. 文化人类学的视角

人类要生存发展，就需与其周围的自然环境相互作用，并对其周围自然和生物环境做出不同的反应，由此形成特定环境下的行为和生活方式。由于地球表面自然条件的差异，人类的生活和生产方式亦是千姿百态。这种叠加在自然景观上的人类活动差异，反映到文化形态上也会衍生出差异性。文化人类学是人类学的分支学科。它以人类自己创造出来，又受其濡染、约束的文化为研究对象，基于自然环境的变迁来探讨人类文化的起源和演变

① 戢斗勇. 文化生态学论纲 [J]. 佛山科学技术学院学报（社会科学版），2004，22（5）: 1-7.
② 汪欣. 非物质文化遗产保护的文化生态论 [J]. 民间文化论坛，2011（1）。
③ 同上。

规律，比较各民族、各地区由于自然环境的不同造成的文化异同，研究其意义，揭示人类文化的本质。文化人类学视角下研究文化生态，其主要目标和任务就是揭示出各民族、各地区的文化形态与自然环境的关联，即研究文化—自然环境的相互关系，把文化作为自然生态系统中的一个因子，只探讨人的文化活动与自然环境的相互作用、相互关系，其灵感主要来源于自然生态中所研究的生物有机体与其周围环境的关系。

从理论的应用而言，文化人类学所致力研究的自然环境的变化在人类早期文化的发展中曾是一种主要的影响力。因为人类早期改造自然的能力有限，所以必须适应自然环境的变化，也要随之矫正自己的文化，创造新的文化。而如今人们已不只是简单而消极地适应环境，文化发展的实际过程并不仅仅受自然环境的影响，也会受到其他多种因素的影响，比如文化的内部矛盾、文化传播、文化惰性等。所以人类力求最大限度地满足自己的更高层次需求的本性逐渐成为现今文化发展的内在动因。另外，如果将文化人类学理解的自然环境对人类文化的影响扩大化，认为人类的身心特征、民族特性、社会组织、文化发展等人文现象受自然环境决定与支配，就会陷入地理环境决定论的泥淖，因此对文化生态的把握应该有更加宽广的视野，即文化哲学的视野。

2. 文化哲学的视角

文化哲学属于哲学的范畴，但在理论层次上又居于一般哲学与具体的文化形式之间。因此，所谓文化哲学，就是从哲学的高度研究一般文化原理的综合思想体系。它的研究对象，是文化的社会本质、特征、作用与发展规律。其主要任务包括：揭示不同文化形态发生发育的社会历史基础和一般动力条件，阐释一定文化形态的阶级实质与主要特点，研究文化与社会经济、政治的矛盾互动关系以及文化本身构成成分之间相互影响与制约的辩证关系，总结不同时代、民族、地域的文化间相互接触、冲突、融合、创新的一般机制和特点，探讨世界文化发展的历史趋势以及文化取向和发展目标的正确选择等等。

国内学者在文化哲学视角下对文化生态的研究比较零散，没有相关的专著。张汝伦在《大众文化霸权与文化生态危机》一文中，虽然没有给出文化生态的确切定义，但从其行文之间可以领会到作者是在文化哲学的视角下谈文化生态，指出大众文化的过度泛滥已经导致了中国文化生态的危机。梁渭雄等在《文化生态与先进文化的发展》一文中，则把多样的文化生态看作是"各种文化类型和文化因素相互影响、相互冲突、相互融合"的关系；方李莉在《文化生态失衡问题的提出》一文中，"把人类文化的各个部分看成是一个相互作用的整体，而正是这种互相作用的方式才使得人类的文化历久不衰、导向平衡"，她认为人类所创造的每一种文化都是一个动态的生命体，它们互相关联成一张动态的生命之网，其作为人类文化整体的有机组成部分，都具有自身的价值，为维护整个人类文化的完整性而发挥着自己的作用。钟淑洁则在《积极推进文化生态的健康互动》一文中，认为主流文化、精英文化、大众文化构成了当前我国文化生态的整体，并从实践层面分析了它们之间的相互依存、相互影响、相互作用的辩证关系，提出要以主流文化引导大众文化，以精英文化提升大众文化，以大众文化滋养主流文化与精英文化，实现文化生态的健康互动、良性循环。孙兆刚认为，文化生态系统各组成要素之间也是互相作用、互相影响的，政治文化、经济文化、军事文化、科技文化、道德文化、宗教文化互相联系，共同推动文化生态系统的演化。谢洪恩、孙林在《论当代中国小康社会的文化生态》一文中指出："中国先进文化即中国特色社会主义文化是当代中国社会中的主流文化或主体文化，在整个社会及其成员的文化实践和文化生活中居于核心地位，起着主导作用。但是，在当代社会的文化构成中，除主流文化外，还有各类相伴生的、不同层次、不同能级的非主流甚至反主流文化以及若干形态的亚文化。"孙卫卫认为："文化生态应是指一定时期一定社会文化大系统内部各种具体文化样态之间相互影响、相互作用、相互制约的方式和状态。换言之，文化哲学视野的文化生态研究，试图把特定社会的总体文化构成，看作是多个子文化的有机集合，注重它们之间的融通和互动，并以此为解读文化演进和文化变迁的重要依据。"吴圣刚在《文化的生态学阐释和保护》一文中认为："这些不同特质、不同品种的文化并不是孤立的，它们和其他文化相互比较而存在，相互吸收而发展，每一种文化都是一个动态的生命体，各种文化聚合在一起，形成各种不同的文化群落、文化圈甚至类似生物链的文化链，并共同构成了人类文化的有机整体，这就是我们理解的文化生态。"可见，许多人都看到了文化哲学视角下进行文化生态研究的重要意义，所以从侧重文化与文化关系的文化哲学视角解读文化生态并非空穴来风。

从总体上看，目前国内文化哲学视角下的文化生态基本理论之研究和建构显得薄弱。当代中国的文化研究，在经历了一个半世纪的中西文化碰撞与最近20多年中西文化的紧密接触之后，面对当代中国纷繁复杂的文化现象，仍然未能摸索出一系列有效的阐释范式；当代中国文化语境远未达到一种能堪称多样有序的状态，文化哲学视角下文化生态理论的提出尽管表明学者已经开始对文化形态的多样化进行思考，也试图通过文化生态的调适去达成文化系统有序的状态，但从目前的理论准备来看，解决中国现代化进程中出现的具有时代和中国文化特点的新问题，仍然有些吃力。

相比之下，文化生态的应用却走在前面。在这方面，相当多的学者将文化生态看作是具体文化的"场"，即具体文化形态所处的氛围，如上海三联书店出版的丁晓原所著的《文化生态与报告文化》就是研究在中国不同历史时代的文化生态语境下报告文学这种具体文化形态的演化。还有一些作者对具体领域的生态问题进行研究，其中，"教育生态学"、"政治生态论"已经有多部专著和较多的论文问世。有人对艺术的文化生态问题进行研究，有人对网络语言的文化生态问题进行关注，有一些学者提出城市建设也应当重视社会文化生态的问题，一些学者研究语言领域的文化生态问题，诸如翻译过程中、普通话与方言的使用过程中所出现的问题；一些学者则提出全球化势态下强势文化对弱势文化形成冲击，应注重民族文化生态保护问题。这些研究充分体现出文化生态在具体的、实际的问题中所具有的应用价值，因此有必要开展对当代中国文化生态问题的系统研究。

二、文化生态保护理念的形成

文化生态的概念与非物质文化遗产的保护在中国被紧密地联系了起来。文化生态保护成为非物质文化遗产整体性保护的一种方法，在中国则是通过建立"文化生态保护区"这样一种创新模式，实施非物质文化遗产的整体性保护。下面就世界各国利用文化生态概念保护文化遗产的历史作简要介绍，分析中外两者之间的联系与区别。

（一）萌芽期

对非物质文化遗产及其文化生态环境实施整体性保护的理念，与保护有形文化遗产实行的整体性保护措施有着千丝万缕的渊源。

1906 年法国颁布《历史文物建筑及其具有艺术价值的自然景区保护法》，随后 1930 年在修改时又增加了"自然景观"的概念。1933 年，国际现代建筑协会颁布《雅典宪章》（*Charter of Athens*）提出对"有历史价值的古建筑和历史街区"实施全盘保护的想法。这也暗含了在对历史建筑实施保护的同时，也应注意到对历史建筑周边环境实施区域保护的理念。1962 年，法国颁布《历史街区保护法》，明确了"保护区"的概念。而保护范围也从历史建筑周边 500m，扩展至与历史建筑有关的整个环境。此后，欧洲国家再掀保护区立法工作的新高潮，丹麦、比利时、荷兰分别于 1962 年、1963 年、1965 年，在各自国家的《城市规划法》中划定了保护区。

1964 年联合国教科文组织颁布的《威尼斯宪章》（*The Venice Charter*），进一步强化了整体性保护的重要性，指出文物古迹"不仅包括单体建筑，也包括能够从中找出一种独特文明、一种有意义的发展或是作为一个历史事件见证者的城市或乡村环境"，即古迹保护也"包含着对一定规模的环境的保护"，"不能与其所见证的历史和其产生的环境相分离"。《威尼斯宪章》的颁布标志着文化遗产与其存在的环境实施整体性保护的理念已经形成。

1970 年，联合国教科文组织开展了"人与生物圈计划"（Man and the Biosphere Programme），该计划旨在促进世界范围内人与环境关系的和谐，保护生物与自然多样性。该计划提出了一个全新概念——生物圈保护区，目的在于将自然保护区与社区的发展结合起来实施整体性保护。

同年，美国国会正式批准建设国家公园系统，该系统以 1872 年黄石公园的诞生为起点，囊括了美国各地一级的自然、历史和休闲空间。美国国家公园管理局这种将自然遗产和文化遗产视为一个整体，进行整合式的认定、区域性管理的模式，对后来各种保护区的建设产生了深远的影响。

（二）初步形成

"生态博物馆"概念的推出，标志着非物质文化遗产及其文化生态整体性保护理念的初步形成。

1971 年，法国博物馆学界两位承前启后的开创性人物乔治·亨利·里维埃（Georges Henri Rivière）和于格·德·瓦兰（Hugues de Varine）提出了生态博物馆的概念，它的内涵与传统意义上的博物馆截然不同。传统的博物馆是将文化遗产搬到一个特定的博物馆建筑中进行静态展示，这就意味着，这些文化遗产远离了它们的所有者，远离了它们所处的环境。而生态博物馆则是建立在"文化遗产应该被原状地保存和保护在其所属的社区及环境之中，文化遗产及其文化生态环境应被整体保护"[①]的基本理念之上。

目前学者、官方对于生态博物馆的定义很多，被广泛认可的定义是法国政府于 1981 年 3 月 4 日颁布的官方定义："生态博物馆是一个文化机构，这个机构以一种永久的方式，在一块特定土地上，伴随着人民的参与，保证研究、保护和陈列功能的实现，强调自然和文化遗产的整体，以展现其有代表性的某个领域及继承下来的生活方式。"[②]关于传统博物馆和生态博物馆的联系和区别，勒内·里瓦德（René Riva del）在 1988 年提出的公式中概括道："传统博物馆：建筑+收藏+专家+观众；生态博物馆：地域+传统+记忆+居民。"[③]

区别于先前的静态、孤立的陈列式保护，生态博物馆的保护模式很好地将时间与空间、动态与静态进行了有机结合，使得自然、文化遗产处于原生环境中，维持了社区、文化、精神、自然和区域的紧密联系。其保护理念和措施有非常先进的一面。从生态博物馆的"六枝原则"规定就可看出这种保护理念的精髓。"六枝原则"规定：村民是他们文化的拥有者，他们有权解释和确认他们的文化；而只有基于知识，通过人们的理解和解释，才有可能探究其文化的意义和它的价值。公众参与是生态博物馆的基础，文化是民众的公共财产，必须由公众参与管理。当旅游和文化保护发生冲突时，应优先保护文化；不能将文化遗产卖掉，但应当鼓励生产与传统有关的纪念品；长远和历史性规划永远是最重要的，损害长久文化的短期经济行为必须被制止。在一个生存着的社区（村寨）建立生态博物馆，社会发展是先决条件，在不损害传统价值的基础上，必须提高居住于此的居民的生活水平。以上，我们不难看到这种保护模式对文化的"当事人"和区域文化保护的重视程度。

由于生态博物馆填补了传统博物馆所缺乏的地域传统和抛开原住民的不足，并顺应了当代生态环境保护意识，回应了当代要求非物质文化遗产诠释权应回归原住民的呼声，符合人类要求协调和可持续发展的愿望，因而，其理念和模式一问世，便迅速在欧洲、拉丁美洲和北美洲的许多国家和地区传播开来，成为一种有效保护文化生态的方式。

虽然生态博物馆的出发点只是将文化遗产进行"原生态"的保护和展示，但其实践客观上保护了非物质文化遗产及其文化生态环境所构成的文化生态系统，因此，通过文化生态实现文化遗产整体性保护的理念至此初步形成。

①　刘魁立. 文化生态保护区问题刍议 [J]. 浙江师范大学学报（社会科学版），2007，32（3）：9-12。
②　汪欣. 非物质文化遗产保护的文化生态论 [J]. 民间文化论坛，2011（1）。
③　汪欣. 非物质文化遗产保护的文化生态论 [J]. 民间文化论坛，2011（1）。

目前，全世界已有 300 多座生态博物馆，西欧和南欧约 70 座（集中于法国、西班牙、葡萄牙），北欧约 50 座（集中于挪威、瑞典和丹麦），拉丁美洲约 90 座（集中于巴西和墨西哥），北美洲约 20 座（集中于美国和加拿大），此外的其他许多国家和地区也有生态博物馆存在。另据博物馆学家彼得·戴维斯（Peter Davis）1999 年提供的数字表明，目前在分布于全球 26 个国家的生态博物馆中，法国和加拿大数量最多。生态博物馆的理念已然在全球范围内实践着。下面以世界各国的实际情况为例，说明生态博物馆模式是如何为文化遗产整体性保护做出了开创性贡献。

首先以北欧为例。瑞典的斯堪森露天博物馆（Skansen Open-air Museum）是世界上最早的露天博物馆，集中了全国各地不同风格的建筑 130 多栋和典型庄园、作坊等。这个露天博物馆的创建者是哈·契利乌斯（Ha Chilius），起因是为保存因工业发展而濒临消失的古建筑和生活用具。法国第一代生态博物馆就是受这个博物馆的思想影响而建立的。挪威的第一座露天博物馆建于奥斯陆的比格岛上，以挪威乡村建筑群为主体，与奥斯卡二世在比格岛上的民俗学藏品组合而成了诺克斯民俗博物馆（Knox Folk Museum）。从 1900 年到 1940 年挪威建立起 111 座新型的博物馆，主要是反映小的地方社区风情的民俗博物馆。这种具有乡村和地方特性的小博物馆蓬勃发展，反映了人们欲将文化遗产与地方环境结合起来保护的一种生态理念，这比露天博物馆更前进了一步。

加拿大是法国生态博物馆向世界推出的第一个试验区。加拿大第一个生态博物馆是 1978 年在法属魁北克地区开始创建的，当时称为上比沃斯博物馆。加拿大博物馆学家皮埃尔·梅兰德（Pierre Mayrand）领导起草了从 1980 年开始的三年规划。1980 年成立了由 13 个村庄代表组成的委员会，委员会设置了博物馆学课程，有 260 人参加学习、培训，同时建成了上比沃斯解释中心。这个解释中心即为活动的场所。在该地区居民统一认知的基础上，1983 年上比沃斯生态博物馆正式宣布建成。①

美国的生态博物馆建设汲取了加拿大的经验，也有自己创造的经验。美国史密森学院（Smithsonian Institution）开发的亚克钦印第安社区博物馆（Anacostia Community Museum），建立了类似解释中心的组织和建筑，但他们直接称为生态博物馆。生态博物馆可以看成是一个信息中心，该信息中心制定和实施了培训计划，组织了和加拿大的互访学习，就遗产保护和档案管理互相取经。

生态博物馆的思想在亚洲的日本也受到了关注。1991 年日本在吉田山上建立了第一座钢铁制造区遗址生态博物馆，之后在日本又出现了一批具有生态理念的社区博物馆，并且于 1995 年成立了日本生态博物馆协会。②

韩国也建立了以村庄为单位的生态博物馆，典型案例如江洞村（Gangol maul）。它将

---

① 傅治平，于苏光，娄瑞雪等．生态博物馆：民族生态与文化的活体标本 [J].琼州学院学报，2012，19（6）：5-9.
② 苏东海．国际生态博物馆运动述略及中国的实践 [J].中国博物馆，2001（2）：2-7.

村落及其周围环境一同转变为一个场所型的博物馆（Site Museum），由村庄代表、地区和省主管官员和两个非政府组织保护机构以及国家民俗博物馆共同运作。[①]

中国内地于 20 世纪 90 年代后期开始实践生态博物馆的保护模式。1997 年 10 月 31 日贵州省人民政府与挪威王国签署了合作建设梭戛生态博物馆的协议。这是国内第一座生态博物馆。该博物馆的范围包括梭戛乡 12 个村寨，其中在陇戛村建有资料中心，以便展示当地的生活、生产习俗和民间艺术。生态博物馆的管理主要由当地社区居民执行。管理委员会由区级文化及文物主管部门的代表，12 个苗寨的公认代表和具有相应资格的管理人员、财会人员组成。另外，还设有科学咨询小组，由相应的专家组成。在生态博物馆理论的指导下，民族民间文化在一个特定的区域内得到了整体保护。当地人民对于本社区文化的重要性有了更高的认识，同时，当地的经济、教育也得到了相应的发展。随后，贵州省相继建立了贵阳市花溪镇山布依族生态博物馆、锦屏县隆里古城生态博物馆、黎平县堂安侗族生态博物馆。这就初步形成了贵州的生态博物馆群，为贵州民族民间文化遗产保护提供了有益的经验。2002 年，贵州省政府公布了首批 20 个重点建设的民族保护村镇，涉及苗、侗、布依、彝、水、瑶、仡佬等少数民族村镇。

云南省也从 1998 年开始选择腾冲县和顺乡、景洪市基诺乡的巴卡小寨、石林县北大村乡的月湖村、罗平县多依河乡的腊者村、丘北县的仙人洞村等具有代表性的少数民族聚居的自然村寨作为文化生态村。文化生态村的建设取得了显著成效，民族文化生态村完成了现实活态文化与孕育该文化的生态环境的有效结合，实现了民族民间文化原地保护的理念。在此基础上，云南省政府颁布实施了《云南省民族民间传统文化保护条例》，设立了多个民族（民间）文化（文艺）保护乡（村），这可视为地方级文化生态保护区的雏形。

三、文化生态保护区的提出

2004 年 4 月 8 日，中国文化部、财政部联合发出《关于实施中国民族民间文化保护工程的通知》，附件《中国民族民间文化保护工程实施方案》提出"在民族民间文化形态保存较完整并具有特殊价值、特色鲜明的民族聚集村落和特定区域，分级建立文化生态保护区"。这是在正式的国家文件中，第一次提到文化生态保护区的概念。

在《非物质文化遗产保护公约》等国际宪章的引领下，经过生态博物馆、民族民间文化保护区等实践探索，文化生态整体性保护的理念在非物质文化遗产保护运动中越来越得到认同，一种全新的区域性非物质文化遗产整体性保护模式——国家级文化生态保护区被正式推出。

国家级文化生态保护区是根据《国家"十一五"时期文化发展规划纲要》中提出"确

[①]　金红男，张伟明. 韩国的一个生态文化博物馆项目 [J]. 中国博物馆，2005（3）：78-79。

定 10 个国家级民族民间文化生态保护区"这一目标而建设的。其具体含义是："指以保护非物质文化遗产为核心，对历史文化积淀丰厚、存续状态良好，具有重要价值和鲜明特色的文化形态进行整体性保护，并经文化部批准设立的特定区域。"《文化部关于加强国家级文化生态保护区建设的指导意见》中提出："由于目前仍处试验性阶段，因此各保护区暂定为文化生态保护实验区，待日后条件成熟时正式命名为文化生态保护区。"

2007 年 3 月，"闽南文化生态保护工作研讨会"在福建厦门召开。前文化部副部长周和平在会上指出："文化生态保护区是指在一个划定的自然和文化生态环境区域内，为达到保护目标而指定或实行管制和管理的地区，其中有自然遗产'整体生态环境'，有形的物质文化遗产和非物质文化遗产。"[①] 原国务委员陈至立也在会上阐释了文化生态保护区的含义："是指在一个特定的自然和文化生态环境、区域中，有形的物质文化遗产如古建筑、历史街区与乡镇、传统民居及历史遗迹等和无形的非物质文化遗产如口头传统、传统表演艺术、民俗活动、礼仪、节庆、传统手工技艺等相依存，并与人们生活的自然和文化生态环境密切相关、和谐相处。在一定历史和地域条件下形成的文化空间，以及人们在长期发展中逐步形成的生产生活方式、风俗习惯和艺术表现形式，共同构成了丰富多彩和充满活力的文化生态环境。文化生态保护是文化遗产保护的重要内容。建立文化生态保护区是文化遗产保护工作的新尝试，对全面提高文化遗产保护水平很有意义。"[②]

2010 年，文化部出台了《文化部关于加强国家级文化生态保护区建设的指导意见》，提出国家级文化生态保护区建设的方针和原则、设立条件、设立程序、建设措施以及保护区的工作机制。而建设国家级文化生态保护区的重要性正如《指导意见》所指出的："设立国家级文化生态保护区，以非物质文化遗产为核心加强文化生态保护，对于推动非物质文化遗产的整体性保护和传承发展，维护文化生态系统的平衡和完整；对于提高文化自觉，建设中华民族共有精神家园，增进民族团结，增强民族自信心和凝聚力；对于促进经济社会全面协调和可持续发展，具有重要的意义。"

2011 年 8 月 22 日，文化部在青海省黄南藏族自治州召开国家级文化生态保护区现场交流会，文化部副部长王文章在会上发言时指出，强调动态性、整体性保护的文化生态保护实验区建设是为适应非物质文化遗产活态流变性、恒定性和整体性特征而采取的一种科学保护措施，具有重要的开拓意义。建立文化生态保护实验区，是中国探索科学保护非物质文化遗产的一个重要尝试，也是中国文化建设工作的一项创举，有利于推动区域内非物质文化遗产的保护和传承，维护区域内文化生态系统的平衡和完整，提高区域内人民群众自觉参与文化遗产保护活动的文化自觉意识，增强民族凝聚力，促进当地经济社会全面协调和可持续发展。

---

① 罗薇 . 闽南文化生态保护工作研讨会文集 [M]. 杭州：浙江人民出版社，2009：9。
② 黄小驹 . 陈至立：加强文化生态保护提高文化遗产保护水平 [N]. 中国文化报，2007-4-3。

第二节　文化生态保护区的概念与实践

一、中国的文化生态保护区

在人类发展过程中，自然生态环境和文化生态环境都是必不可少的。对于目前中国经济与社会的发展来说，研究文化生态意义十分重大。国家级文化生态保护区的建设，有助于对具有独特价值和深厚内涵的区域非物质文化遗产进行整体性的活态保护与传承，并为探索民族民间文化的保护和发展开辟新的道路，向全世界展示中国文化生态保护的经验和成果。

首先，建立文化生态保护区是文化传承、发展的需要。文化生态保护区能确保某一区域内或数个区域间文化的多样性，保持它们相互之间的有机联系，促使其良性循环，为文化的传承创造良好的文化生态环境。因此它是最佳的非物质文化遗产保护方式。

其次，文化生态保护区建设是经济发展的需要。经济发展如果以牺牲文化生态为代价，那么其发展必定不会长久。相反，文化资源的合理利用带来的经济效益能促进文化的传承与发展。近年来，很多地区将非物质文化遗产资源与旅游业适度结合，形成了独具特色的文化旅游产业，取得了良好的经济效益。设立文化生态保护区，通过空间管治，使非物质文化遗产做到整体性的活态保护，有利于维持文化生态系统动态平衡。在保护的同时针对性地对非物质文化遗产进行合理利用，真正做到保护、传承和发展的有机结合。同时对区域内的功能进行疏导，特别是文化生态系统与自然生态系统和社会经济系统的协调与互动，实现了文化生态系统的健康、持续发展，也促进了区域内文化旅游产业等绿色、特色产业的发展。

再者，文化生态保护区建设是文化安全的需要。文化安全是指一个国家或者民族区域内，自身发展及传承下来的民族文化（包括语言、文字、民间艺术、文化景观等）保有其独立性特征，是一个现存文化特质的保持与延续。如何处理自己的传统文化和外来文化的关系，涉及一个国家文化安全的核心问题。对于中国这样一个处于快速发展中的国家而言，传统与现代既有区别，又有延续；既不能全盘否定传统，也不能在现代化的方向上停滞不前。处理好传统与现代的关系是任何一个民族或者国家都需要面临的难题。传统的现代转型也是国家和民众的共同使命。随着中国改革开放和与国际融合的程度越来越深，西方发达国家凭借强大的国力、先进的科技和发达的文化传播手段，向中国大量输出他们的价值观念和文化形态；加之国内工业化、城镇化、信息化的快速发展，对外开放程度的进一步加强和经济转型及社会结构的巨大变化，都导致中国的文化生态环境变得愈加脆弱，充满可变性。曾经的"文化大革命"使得诸多文化遗产受损，而如今受到的外来影响和内在改变使中国的文化遗产又一次处于危险的时刻。作为中华文明的重要载体和维系民族情感的精神纽带，见证了中华文明延续发展之历史的文明成果正遭受经济大潮与现代生活方式的巨大冲击。这种强烈的冲击与改变，在民族地区经济社会日渐发展起来的时候展现得尤其突出。

例如，语言文字作为一个民族、一个国家文明演进过程中逐渐形成的，最基本、最稳定、最持久的符号系统，它是一切文化和文明的载体，也是全部文化和文明中的重要构成部分。但如今中国处于濒危状态的语言包括畲语、仡佬语、赫哲语、鄂伦春语、鄂温克语、塔塔尔语、土家语、满语等。语言是这些少数民族很多非物质文化遗产的载体，而它们的濒危亦使这些珍贵遗产面临消亡的危险，从而进一步影响到整个民族的文化安全。

文化生态保护区的设立，其根本目的就在于创造一个有利于文化健康而又可持续发展的生态环境，不仅对区域内的文化遗产进行保护，还要对构成这些遗产的重要因素，如语言、自然环境等方面加以整体性保护和进行活态传承。这将使凝聚着民族的历史、艺术、人文和科学价值的文明成果，不仅能够在形式上传承延续，而且能够将其文化精神同现代生活方式相结合，实现其自身的现代转型。

文化生态保护区的建设还是促进民族团结，增强民族感情的需要。如果不慎重处理经济发展、文化碰撞、市场机制与地域文化之间的矛盾，尤其是对待西部地区少数民族时，不注意其民族信仰和风俗习惯，对于受到冲击的民族文化不加以保护，任凭市场机制和强势文化发生作用，则将撼动民族地区的社会稳定和各民族之间的团结。作为文化建设中贯彻科学发展观的重要举措，文化生态保护区的设立对于优秀民族文化的传承与弘扬也具有重要意义。文化生态保护区力求在文化发生、发展与传承的特定区域内，对其所拥有的各种文化表现形式实施整体性保护，以此促进特定区域经济社会全面协调和可持续发展。尊重和保护民族传统文化，使各民族文化在文化生态保护区内长期共生共存，对于促进民族团结，增强民族情感，打击分裂势力，维护边疆稳定和祖国统一，实现民族和谐具有重要意义。

文化生态保护区的建设更是民族文化自身创造发展的需要。文化是民族的血脉，是人民的精神家园。实践证明，从传统文化中汲取精华和养分是一个民族文化发展和创新的最有效途径之一。通过建设文化生态保护区，挖掘自身深厚的传统文化底蕴，对具有独特价值和深厚内涵的区域文化进行整体性、活态的保护与传承，可以显著增强区域文化发展和文化的创新力度。

二、中国文化生态保护区的实践

目前我国已批准设立的国家级文化生态保护实验区有（表1-1）：

国家级文化生态保护实验区（截至 2015 年）　　　　　　　　　　表1-1

文化生态保护实验区名称	所在省份
闽南文化生态保护实验区	福建省
徽州文化生态保护实验区	安徽省、江西省
热贡文化生态保护实验区	青海省
羌族文化生态保护实验区	四川省、陕西省
客家文化（梅州）生态保护实验区	广东省

续表

文化生态保护实验区名称	所在省份
武陵山区（湘西）土家族苗族文化生态保护实验区	湖南省
海洋渔文化（象山）生态保护实验区	浙江省
晋中文化生态保护实验区	山西省
潍水文化生态保护实验区	山东省
迪庆民族文化生态保护实验区	云南省
大理文化生态保护实验区	云南省
陕北文化生态保护实验区	陕西省
客家文化（赣南）生态保护实验区	江西省
黔东南民族文化生态保护实验区	贵州省
铜鼓文化（河池）生态保护实验区	广西壮族自治区
武陵山区（鄂西南）土家族苗族文化生态保护实验区	湖北省
武陵山区（渝东南）土家族苗族文化生态保护实验区	重庆市
格萨尔文化生态保护实验区	青海省

纵观中国首批国家级文化生态保护区（即表 1-1 中前 10 个文化生态保护区），其特征可以概括为以下几方面：涵盖了不同民族文化类型，其中汉族地域文化生态保护区共 6 个，少数民族地区文化生态保护区 4 个；现有保护区主要以地市级行政单元设立为主，地市级保护区共 7 个，另有 3 个跨省或跨地市保护区；现有保护区面积均较大，其中 1~2 万 km^2 的有 7 个，大于 2 万 km^2 的有 2 个，小于 2000km^2 有 1 个。

国家级文化生态保护区的设立顺应了非物质文化遗产保护的趋势，用文化生态保护区对地域非物质文化遗产进行整体性保护是方法上的新探索，也是对非物质文化遗产及其文化生态环境协同保护新方法论的创造性实践（图 1-1）。它使非物质文化遗产保护工作从静态和单体的保护上升到了动态和整体性的保护，是中国对国际非物质文化遗产保护理念和方法的创新和拓展。

三、国外文化生态保护区的实践

到目前为止，文化生态保护区的理念和实践仅在中国范围内被推广和实施，在世界上没有同等模式可借鉴。但由西方国家及其他地区发展起来的一些有益于文化遗产保护的新方式，可以在微观上和局部上对文化生态保护区的发展有所帮助。这些模式包括自然与历史文化区、生态博物馆、活态博物馆、文化空间、自然保护区和风土保护区等。

（一）科托尔港自然与历史文化区

科托尔（Kotor）是黑山共和国的一个海岸城市，著名的旅游胜地。位于科托尔湾最深入之处，是科托尔区首府。科托尔港自然与历史文化区（Natural and Culturo-Historical Region of Kotor）是世界遗产。

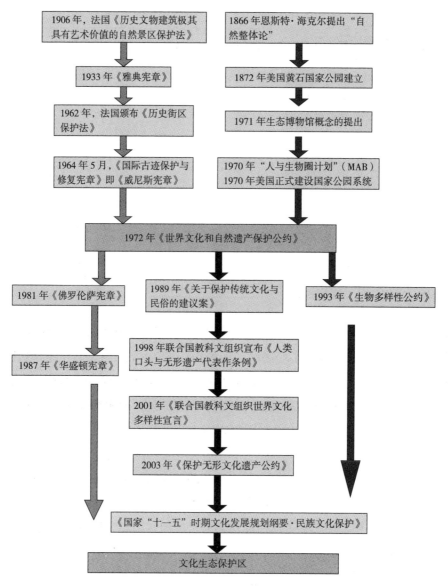

图1-1　文化生态保护区的提出和形成过程

来源：周建明.文化生态保护区规划建设的基本思路和技术特点[C]//文化部非物质文化遗产司.探索与实践——国家级义化生态保护区建设现场交流会暨专家论坛资料集.北京：文化艺术出版社，2011。

　　位于多山景区的科托尔小城，尽管在中世纪以后遭受了地表剧变，但还是保留了中世纪的痕迹。除了城墙和大门构成了该定居区的第一个遗迹之外，许多罗马—拜占庭式、哥特式、文艺复兴风格的建筑（大教堂、教堂和宫殿）无不展现着科托尔中世纪时期的罗马、拜占庭以及巴尔干和西欧等过去的痕迹。科托尔自然和文化历史中心由海湾边上的许多遗迹构成。这些遗迹因其精心选择的地理位置和在城市中的布局而具有独特的价值。科托尔及其邻国曾是该地区连续数个世纪的创造之地。科托尔为画家和银匠而设立的学校及其建筑学对亚德里亚海岸产生了深远而持久的影响。海湾地区这些城市成功合并后，其遗迹和文化财产的数目多、质量高且具有多样性，加上其独特可靠的保护，产生了独一无二的整体效果。科托尔和佩拉斯特是小城市规划中最具特色的，并得到可靠保护的证据之一。[①]

科托尔港自然与历史文化区不仅有效地保护了当地独具特色的历史文化遗产、非物质文化遗产，同时也积极将科托尔城打造成旅游目的地。自 1979 年以来，科托尔知名度不断提高，是南欧独具特色的旅游目的地和世界级文化遗产。[②]

（二）法国生态博物馆模式

1971 年法国人索瓦·于贝尔和乔治·亨利·维埃里提出"生态博物馆"理论，在特定社区内对文化、自然、人进行整体保护，是区域文化保护的新模式，具有一定的开创性。生态博物馆的实践，是文化遗产区域性保护的一次历史性飞跃，它真正做到了人、自然、文化的真正和谐与有机统一。法国的生态博物馆有别于静态、孤立的陈列式保护的传统博物馆模式，将时间与空间、动态与静态进行了更好的有机结合，也使得自然、文化遗产处于原生环境中，保持了社区、文化、精神、自然和区域的紧密联系。其保护理念和措施有非常先进的一面。

在法国之后，很多国家都学习和采纳了这一模式。目前，世界已有 300 多座生态博物馆，多数集中于欧洲和南美地区。虽然生态博物馆的出发点只是将文化遗产与空间结合，以进行活态的保护和展示，但也为文化生态保护区创造了一个重要的实践基础。

（三）西班牙蒙塞尼自然保护区模式

2013 年入选联合国教科文组织"非物质文化遗产最佳实践名录"的"西班牙蒙塞尼自然保护区模式"与中国提出的文化生态保护区的理念非常相近。西班牙蒙塞尼自然保护区模式的全名是"西班牙生物圈非物质文化遗产清查方法论模式：以蒙塞尼的经验为例"（Methodology for Inventorying Intangible Cultural Heritage in Biosphere Reserves: the Experience of Montseny）。此模式的建立源于西班牙联合国教科文组织加泰罗尼亚中心（UNESCO Centre in Catalonia）和加泰罗尼亚自治区（Autonomous Community of Catalonia）内的蒙塞尼自然保护区共同发起的一个清查项目。

该项目有三个总体目标，首先是建立清查非物质文化遗产的方法论体系，其次根据方法论在实地进行清查，最后把清查经验撰写成文献，以对非物质文化遗产的可持续发展做出贡献。除了制定参与手册和田野调查计划，西班牙蒙塞尼自然保护区清查项目最大的特点就是积极鼓励该保护区内的居民和各种团体共同参加对该生物圈内的非物质文化遗产的清查活动。此项目结束时，西班牙发展了一套属于自己的对非物质文化遗产识别、记录和

---

① 科托尔自然保护区 [EB/OL].http://baike.baidu.com/view/427058.htm?tp=1_01。

② UNESCO.Natural and Culturo-Historical Region of Kotor[EB/OL].http://whc.unesco.org/en/list/125/.

保护的方法。联合国教科文组织把西班牙该项目列入"非物质文化遗产最佳实践名录"，就是希望能在全世界范围内推广他们的经验。联合国教科文组织在申报获批的文件中评论该方法"可以在全世界范围内被应用在类似地区，并适合在发展中国家使用"。

（四）约旦贝都因人在佩特拉和瓦迪拉姆的文化空间

居住在约旦南部的贝都因人（Bedouin）是约旦沙漠地区以氏族部落为单位过游牧生活的阿拉伯人。从 13 世纪开始，约旦的贝都因人就在约旦南部的佩特拉（Petra）[①]和瓦迪拉姆（Wadi Rum）[②]地区定居和生活。2005 年入选联合国教科文组织"人类非物质文化遗产代表作"的"约旦贝都因人在佩特拉和瓦迪拉姆的文化空间"（Cultural Space of the Bedu in Petra and Wadi Rum），就是以这支数千年在此生活的阿拉伯人为核心，展现了他们保护非物质文化遗产的模式。贝都因人常年在沙漠地区的生活，在恶劣自然环境下掌握并世代相传着很多有关植被、传统医药、牲畜繁衍、行进攀登和手工制造的知识。此外，由于贝都因人一直居住在佩特拉和其周边的沙漠地区，对环境有着不可分割的感情，所以他们世世代代以口传心授的方式传承着很多有关环境的故事和知识。贝都因人一直沿用至今的传统知识，无论是与生活息息相关还是和环境密不可分，都代表了人类知识的积累和多样性。

然而在过去的几十年里，由于教育、健康和居住条件的恶化，贝都因人的知识传承受到严重的威胁。在 1985 年佩特拉以文化遗产类别入选联合国教科文组织的世界遗产名录后，约旦国王为了保护贝都因人的非物质文化遗产，对佩特拉的贝都因人生活的文化空间进行了保护。这些保护包括在佩特拉古城的缓冲区为贝都因人兴建了新式的住宅区，为他们建立更好的教育和医疗体系，鼓励他们积极参与到佩特拉和瓦迪拉姆的旅游业中。这些行动改善了贝都因人的生活质量，并让他们对自身的非物质文化遗产有了更深的自觉认识。作为一种成功的模式，"约旦贝都因人在佩特拉和瓦迪拉姆的文化空间"保护模式值得进行推广。

（五）巴西范达高活态博物馆模式

于 2011 年入选联合国教科文组织"非物质文化遗产最佳实践名录"的范达高活态博物馆（Fandango's Living Museum）是巴西多年来为保护非物质文化遗产发展的一个博物馆项目。范达高是存在于巴西南部和东南部沿海地区的一种民间传统音乐和舞蹈形式，由当地艺人手工制作的传统小提琴、中提琴和鼓演奏。在过去的传统中，巴西南部和东南沿海的人们在耕种和打鱼后，都喜欢聚集在一起，演唱及表演范达高歌曲和舞蹈。然而由于集体耕作方式的消退，范达高渐渐从巴西人民的生活中消失；年轻人也不再热衷于学习和传承这项非物质文化遗产。

[①] 佩特拉是约旦南部，距首都安曼西南 250km 处一座历史古城。它隐没于死海和阿克巴湾之间的山峡中。它是约旦南部沙漠中的神秘古城之一，也是约旦最负盛名的古迹区之一。

[②] 约旦瓦迪拉姆保护区位于约旦南部，是世界上最美丽的沙漠之一。

巴西的民间组织卡布雷文化协会（Caburé Cultural Association）多年来一直致力于恢复范达高艺术形式的传承活动，并积极发起了建立范达高活态博物馆的项目。通过多年来一系列的努力，加之当地人民广泛的参与，范达高活态博物馆成功地在巴西被建立起来。它包括多个范达高展示馆、范达高文化和研究中心，范达高手工艺品销售中心等。活态博物馆有效地提升了当地居民，尤其是年轻人对自己文化的自豪感和传承意识。除此之外，范达高活态博物馆为了扩大社会影响力和参与度，还与学校、出版社、音乐商、各类网站等组织合作，对外宣扬和推广自己的理念并开展活动。此模式虽没有像中国提出的文化生态保护区那样在宏观层面上对某一区域的非物质文化遗产进行整体性保护，但可以作为一种文化生态保护区中的微观体系进行参考。巴西的例子是文化生态保护区发展过程中的一种国际经验。联合国教科文组织在通过巴西范达高活态博物馆评审时，评价他们的模式可以用于有类似情况和问题的区域。

（六）日本风土保护区保护模式

为了切实保护古都的风土，日本在实际的操作中通过划定历史风土保存区及特别保存区，并进行严格的管理和控制，以达到对历史文化遗产与周围自然环境进行整体保护的目的。截至 2006 年 3 月 31 日，日本共有历史风土保存区 32 处，总面积 20083hm^2，历史风土特别保存区 51 处，总面积 5922.7hm^2。[1]

1975 年修订的《文化财保护法》明确了"传统建造物群保存地区"的概念。它的含义是为保护传统建造物群以及与这些建造物形成一体并构成其整体价值的环境，由市、町、村划定的地域范围。其选定标准有三条，符合其中任何一条均可划定为保存区：传统建造物群整体上的设计构思独具匠心；传统建造物群及其整体布局的原有形态保持良好；传统建造物群及周围环境明显地体现出地方特色。"截至 2006 年 12 月，日本重要传统建造物保存区共有 79 处，总占地面积 2996.3hm^2，其中保护的建、构筑物约有 14300 件。"[2]

传统建造物群的保护并没有单纯把保护对象集中在单体、分散的文物保护上，而是转向了包括历史环境在内的历史文脉、无形文化财的保护，重视和强调无形文化财富、历史环境所涵盖的精神内容，重新发现和宣传地方文化特色是日本文化遗产区域保护的重要特点和核心理念。

第三节　文化生态保护区前景展望与发展方向

在全球化、城镇化、工业化和信息化的大背景下，文化生态保护区的建设是关系着非

---

[1]　张松 . 历史城市保护学导论 [M] . 第 2 版 . 上海：同济出版社，2008：140。
[2]　张松 . 历史城市保护学导论 [M] . 第 2 版 . 上海：同济出版社，2008：141。

物质文化遗产保护展现成效，国民提升文化自觉，国家提高文化软实力的重大课题。文化生态保护区的建设将会在整个国家文化发展战略中占据重要位置，其发展的道路也将充满着各种机遇和挑战。

实施文化生态保护区建设是中国在汲取国外实践经验的基础上保护中国文化的一项新创举，在不断的探索中取得了显著的成绩。文化生态保护区建设通过综合协调机制营造良好的文化生态，保证非物质文化遗产为核心的文化形态在适合的环境中生存，从而实现文化形态的良性保护和发展。这一理念已在中国被广泛认可。[①] 但是在发展过程中，也出现了一些问题。如一些地方抵制不了市场经济的利益诱惑，极力把文化生态保护变成赢利赚钱的产业，以建设"保护区"的名义办"非遗开发区"、"非遗旅游区"[②]。

为了使文化生态保护区朝良性健康方向发展，应当坚持以下几个原则：

（1）坚持以人为本，突出保护主体，增强保护区人民群众文化认同感。《文化部关于加强国家级文化生态保护区建设的指导意见》中的第二条"国家级文化生态保护区建设的方针和原则"指出："在文化生态保护区的建设工作中，应坚持以保护非物质文化遗产为核心的原则，坚持人文环境与自然环境协调、维护文化生态平衡的整体性原则，坚持尊重人民群众文化主体地位的原则，坚持以人为本、活态传承的原则，坚持文化与经济社会协调发展的原则，坚持保护优先、开发服从保护的原则，坚持政府主导、社会参与的原则。"其中明确提出要"坚持尊重人民群众文化主体地位的原则"。把"人"作为保护对象，重视非物质文化遗产传承人的作用，这既是非物质文化遗产保护的核心概念，也是非物质文化遗产与物质文化遗产，文化生态保护区与自然遗产、文化景观在保护上的最大区别。应该树立"以人为本"的思想，在保护区申报、政策制定、规划执行过程中，充分尊重保护区内"文化当事人"的意愿和权利。在征得被保护人同意的情况下，增强其文化自觉性，充分发挥他们的主动性与积极性，号召他们踊跃参与到文化生态区的保护建设中来，让人民群众真正成为文化生态保护区的参与者、受益者和实际传承者。

（2）坚持理论和制度创新，建立适合文化生态保护区发展的法规和机制。自然生态保护区建设需要通过限制人的行为来修复自然生态系统，给其发展空间，如退耕还林，限制打猎捕鱼，限制污染物排放等。而文化生态保护区除了要通过限制人的行为来修复文化生态系统外，还要引导和鼓励保护区中的人民群众，特别是非物质文化遗产传承人积极传承与发展文化。文化生态保护区建设除了要像自然生态保护区建设那样，建立一系列约束人们行为的法规外，还要建立促使人民群众积极参与文化生态保护区建设的激励机制。

（3）文化生态保护区内存在着不同类型非物质文化遗产，以及与其相关联的有形文化遗产。针对它们的不同价值特点，要在政策和理论上进行深入研究，为其保护提供理论上

① 赵艳喜.论文化生态保护区中物质文化遗产与非物质文化遗产的关系 [J]. 青海民族研究，2009，20（2）：20-23。

② 乌丙安.文化生态保护区建设的新思路 [EB/OL].http：// www.zgfy.org。

的依据。对非物质文化遗产不能施行博物馆式的固化展示，而需要通过研究，厘清文化遗产的形式与内容之关系，内在结构的组成，以一系列政策保障区域内的文化事业正常发展。限制和封闭并不能保护或修复文化生态，因此，必须建立完善的保护机制，引导和鼓励非物质文化遗产传承人积极传承与发展文化，保护传承人自身的发展权利，使文化生态保护区能有一个健康的、良性的发展氛围。

（4）坚持"保护为主，抢救第一，合理利用，传承发展"，实现文化生态保护和经济社会协调发展。随着中国城市化和工业化的推进，传统的农耕文化不可避免地受到了强烈的冲击，农耕文明的文化生态也随之发生了改变。文化生态保护与人的发展需要之间的矛盾更为直接和集中。这就要求从全局角度处理好保护与利用之间的关系问题，确保文化生态保护与经济社会协调发展。"合理利用文化项目开发具有地方、民族特色和市场潜力的文化产品及文化服务，符合文化生态保护区的保护宗旨，但不能单纯以合理利用或生产性保护方式为名，以盈利为目的，对文化生态保护区进行大规模的产业开发。"[1] 因此，在保护的过程中，要使非物质文化遗产及其生态保护与经济社会协调发展，"既要努力使文化生态保护形成自我良性循环的机制，又要对因文化生态保护区建设而受到影响的地区和人民群众建立相应的补偿机制"[2]。

应该说，文化生态保护区这一保护模式，尽管涉及范围广，任务艰巨，但长远地看，它顺应了非物质文化遗产保护的理念和原则，其未来的发展前景是广阔的。

---

① 宋俊华.文化生态保护区建设存在的问题及对策 [N]. 中国文化报，2011-08-30（6）。
② 同上。

第二章　文化生态保护区规划的理论基础

　　文化生态保护区的提出与文化生态学的发展有着密切的联系。自 20 世纪中期文化生态学产生并逐渐形成一门新兴科学开始，直至 20 世纪后期随着文化研究向多学科的渗透，文化生态的研究融合了文化哲学、人类生态学、文化地理学、生态学、社会学、民族学等多学科多视角的理论，成为一个综合性的研究领域。

　　和自然生态一样，文化生态是一个极其复杂的系统。研究对象的尺度小到文化空间、文化社区、文化群落，大到文化区域、文化圈层。根据文化生态现象的时空表现和演变过程，可以把文化生态保护区规划相关的理论研究分为宏观、中观、微观三个尺度。宏观尺度的文化生态研究关注文化生态系统和文化多样性的基础研究，中观尺度聚焦于特定区域文化生态的保护、规划和研究，微观尺度则具体到特定文化因子的发展和变迁研究（图 2-1 ）。

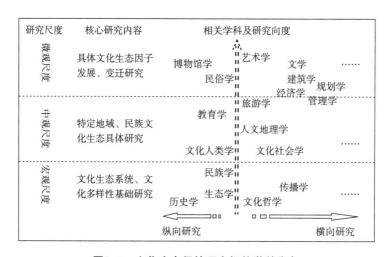

图2-1　文化生态保护研究相关学科分布

来源：路幸福.文化生态保护研究尺度与进展[J].成都理工大学学报（社会科学版），2012，20（4）：1-7

第一节　文化生态相关理论

一、生态学理论

　　"文化生态"的概念源于生态学。1866 年德国生态学家恩斯特·海克尔（E. H.

Haeckel）首次提出"生态学"概念。他认为所谓"生态学"，就是一门专门研究有机体与所处环境之关系的学问。随后的 19 世纪 70 年代，生态学这一学科正式建立。随着生态学的发展，人类成为生态学研究的一个主体，"生态学研究重点逐步从生物界过渡到人类自身，从主要考察自然生态系统过渡到考察人类生态系统，这种生态与文化的结合，就产生了文化生态学"[①]。

生态学中的两个重点概念"自然生态"和"生态系统"是建构文化生态保护区的基础。生态学中的"自然生态"（Natural Ecology）是指与人类社会生存和发展状态相对应的自然界各种资源和生命系统的生存与发展状态，包括相对人类而言的一切自然空间及其要素，诸如空气、水、生物、矿藏等，它们可直接满足人类生存、生产和生活之需要，或经转化再供人类利用。早期或狭义上的自然生态通常是指未受人类干预或破坏的纯自然生态，即新鲜的空气，充足的阳光，充分的水体、土地和原有的植被等，但自从人类出现以后纯粹的自然生态就被打破。相对地，人工生态即是指人工对地形地貌的改造，对水体的改造、绿化铺装、人工气候等，即经过人工改造过的适合人们生活的第二自然生态。自然生态利益是民族地区的一种重要利益。自然资源与自然生态是既有区别又密切联系的两个概念。

"生态系统"（Ecosystem）一词由英国植物群落学家坦斯利（A. G. Tansley）首先提出。它指由生物群落与无机环境构成的统一整体。生态系统的范围可大可小，相互交错，最大的生态系统是生物圈。[②]其中最为复杂的生态系统是热带雨林生态系统，而人类主要生活在以城市和农田为主的人工生态系统中。生态系统是开放系统，为了维系自身的稳定，生态系统需要不断输入能量，否则就有崩溃的危险。许多基础物质在生态系统中不断循环，其中碳循环与全球温室效应密切相关。生态系统是生态学领域的一个主要结构和功能单位，属于生态学研究的最高层次。

生态学是文化生态保护区规划的重要理论与方法来源。生态学的系统论遵循整体性、最优化、综合性、动态性、信息性、可行性等原则，通过从结构和功能的整体以及整体与部分、部分与部分、系统与外部环境之间的相互关系中综合考察文化问题，从而对文化的生存、发展状况得出科学全面的认识。此外，生物多样性、生物种群进化、生态共生、生态链、生态干扰、生态污染、生态循环、物种传播、生命营养等理论都可类比用于文化生态分析中，为文化多样性、族群文化、不同文化的共生、文化生态链、文化生态的外部干扰及污染、文化信息循环、文化传播、文化营养等议题提供可支撑的理论依据。

二、文化生态学理论

文化生态学是文化生态保护区规划的核心理论基础，对文化生态保护区建立工作起着

---

① 邓先瑞.试论文化生态及其研究意义 [J].华中师范大学学报（人文社会科学版），2003，42（1）: 93-97.

② 蔡晓明，尚玉昌.普通生态学 [M].北京: 北京大学出版社，1995.

关键的指导作用。文化生态学将文化与环境关系寓于系统中，强调文化生态的系统性，把文化本身及其环境看作一个生态系统，即文化生态系统。文化生态系统指由文化群落及其所处的环境（包括自然环境和社会环境）构成的有机统一体。

文化生态学是文化人类学的一个分支研究领域。这里所谓的"生态"，更多的时候是环境的代名词，传统文化生态学强调的是文化与其外部环境之间的关系。它主要探讨人类文化与其所处的自然环境之间的关系。20 世纪上半叶，美国人类学家博厄斯（Franz Boas，1858—1942 年）与克罗伯（A. L. Kroeber）认为自然环境提供的是可供选择的机会，由文化历史与特殊习俗等组成的文化决定了环境适应的方式，环境与文化是一种互动与辩证的关系，这为文化生态学研究奠定了基础。而此前的文化人类学在很长一段时间里曾经认为，人类的文化发展是单一线性的，不同族群的文化均按照一定的模式发展，只是发展的程度有"先进"和"野蛮"之分。

"文化生态"概念的提出者斯图尔德通过对印第安人的研究，看到了文化和环境之间相互作用的因果关系。因此，他将生态学的概念和原理引入到人类学的研究中，通过考察环境对人的影响和对文化选择的限制，以及人类文化对环境的适应及其影响，提出了文化的生态适应理论与文化生态学的概念。其 1955 年出版的《文化变迁理论》第一次对文化生态学作出定义："文化生态学是研究特定的生态环境与文化之间的相互依存和平衡的学科"[①]，同时系统阐述了人类文化和行为与其所处环境的互动关系。这标志着文化生态学的产生，亦即文化生态理论研究的开始。他指出文化生态学就是主要研究文化适应环境的过程和由这种适应性所造成的文化习俗之间的相互适应性的学科。斯图尔德提倡的多线进化论还认为：一定的基本的文化类型在相似的条件下，可以沿着相似的道路发展，然而这种人类所有群体中按照同样的顺序出现的具体文化是很少的[②]。文化与其生态环境相互影响，相互作用，互为因果，其基本含义就是把人类文化本身看作一个生态系统，不同生态环境导致了世界文化形态的多样性及各自截然不同的进化道路。

斯图尔德最重要的贡献就在于认识到环境与文化是不可分离的，其中包含着"辩证的相互作用……或谓反馈或互为因果性"。斯图尔德"生态学观点的两个基本思想是互为因果概念中固有的，即：一是环境和文化皆非'既定的'，而是互相界定的；二是环境在人类事物中的作用是积极的，而不仅仅是限制或选择。同时还必须牢记，在反馈关系中环境和文化的相对影响是不同等的"。因此，文化和环境有时各自起着不同的作用，而不完全是由环境决定的。文化生态学是建立在"环境适应"这一基础之上的，与自然生态环境一样，各种生物体都有自己的位置，彼此相互制约组成一条生物链，并保持生态平衡。如果生态环境遭到破坏，物种的生存也要受到威胁，文化生态学就用这种相近的观

---

① Steward, J. *Theory of culture change*[M]. Urbana：University of Illinois Press，1955.

② 夏建中. 文化人类学理论流派 [M]. 北京：中国人民大学出版社，1997：227。

念和方法来研究人类文化的创造、发展及变异。文化生态学认为："人类是一定环境中总生命网的一部分，并与物种群的生成体构成一个生物层的亚社会层，这个层次通常被称为群落。如果在这个总生命网中引进超有机体的文化因素，那么，在生物层之上就建立起了一个文化层。这两个层次之间交互影响、交互作用，在生态上有一种共存关系。"这种共生共存的关系不仅影响了人类的生存和发展，同时也影响了文化的产生、发展及创造。文化生态学虽然以生态学的理论与概念为基础和方法论，但由于人既是自然的产物又是社会化的产物，深受社会文化的影响，所以要把文化放到整个环境中去考察它的形成、发展以及变异的过程，即了解人如何适应环境，并产生出不同的文化类型和文化模式。某种文化类型既受自然环境的影响，是自然环境的产物，同时又受到文化自身因素的影响，而并非是自然环境和物质活动单方面的产物。自然环境影响了文化的创造活动，同时社会的宗教信仰、价值观念、道德伦理、风俗习惯等又影响了文化的发展，二者是相互影响、相互制约的。另外，由于社会制度、组织形式等也为文化的产生、发展提供了不同的社会途径，影响了文化的创造，所以文化生态学主张从自然、社会、文化的整体结构、作用及相互关系来研究不同社会、民族文化发展的特殊形态和模式。由此看来，文化生态学是一种综合、整体、全面、动态的社会文化研究，而不是孤立地考察文化因素的某一项内容或某一方面。只有把各种复杂的文化因素联系起来，才能够说明环境因素对文化产生和发展的影响，才能够说明不同的文化类型和文化模式与环境之间的关系。"如果孤立地考虑人口、居住模式、亲属关系结构、土地占有形式及使用制度、技术等文化因素，就不能掌握它们之间的关系及与环境的联系。"文化社会学家司马云杰先生为我们列出一个文化生态系统结构模式图，以说明文化生态学研究中文化受自然环境以及各种文化变量之间的关系的影响。

在这一模式图中，从人类社会依次往外推，各种文化因素相隔越近，对人类的社会化影响越直接；反过来，从自然环境往里推，文化因素相隔越近，与自然环境的关系也就越密切，相互影响越大。因此，文化生态系统"是指影响文化产生、发展的自然环境、科学技术、生计体制、社会组织及价值观念等变量构成的完整体系。它不只讲自然生态，而且讲文化与上述各种变量的共存关系"，也是"文化与自然环境、生产生活方式、经济形式、语言环境、社会组织、意识形态、价值观念等构成的相互作用的完整体系，具有动态性、开放性、整体性的特点"。可以看出，文化生态学依据各种环境因素之间的相互关系、相互作用来解释文化的产生、发展及其特征，是一种联系的、综合的观点，是对文化的整合研究，无疑有着重要的理论价值和方法论意义。特别是在现实的情景下，文化生态学理论对现代文化的反思有助于人类、自然及社会的整体协调发展。

文化生态论虽然强调自然环境及其相关联的文化的关系，但又反对"地理环境决定论"（Determinism of Geographical Environments）。在西方，文化社会学的地理环境决定论思想早在古希腊时期就已经萌芽，柏拉图和亚里士多德都将环境与社会体制相联系，认为希腊温和的气候是其民主政体产生的温床。中世纪时也有类似的观点。16 世纪时法国的思想家博丹（Jean Bodin）认为，地理环境决定民族性格、国家形式和社会的进步。18 世纪法国启蒙思想家孟德斯鸠（C. L. Montesguien，1689—1755）在《论法的精神》（1748）一书中，也详细全面地阐发了地理环境、气候条件对人们的生活、习俗，以及国家经济、政治制度的影响。他尤其将气候与宗教相联系，并以印度的佛教为例加以说明。19 世纪中叶，地理环境决定论更广泛地影响到其他人文社会科学，英国历史学家巴克尔（H. T.Buckle）在《英国文明史》中认为，地理环境是社会发展的决定性因素，文明发展的不平衡是自然因素造成的，社会的不平等也是合乎自然的。20 世纪，德国的地理学家、人种志学家拉策尔（Friedrich Ratzel，1844—1904）和美国地理学家亨廷顿（Elisworth Huntington，1876—1947）也强调地理环境对人类文明形成与发展的决定作用。物质文化和技术通常被认为受环境影响最大，但环境因素同时也可以解释非物质文化。地理环境虽然具有一定的合理性，但将社会发展的各种综合因素完全归因于地理环境和自然条件，显然是片面的。它忽视了社会活动主体——人的作用，抹杀了人的社会性因素。20 世纪二三十年代，文化人类学界以环境解释文化的"地理环境决定论"由"环境可能论"加以代替，这一转变起因于博厄斯。博厄斯提出文化的特点，说明文化的性质和形态受历史传统的影响，它是历史的产物，而不是环境决定的，由此形成了历史学派，又被指责为反环境论的学派。后来的梅森（Q. T. Mason）、克鲁伯（A. L. Kroeber）、威斯特（C. Wisster），考古学家梅格斯（B. Meggers）等人都被认为是环境可能论的文化人类学家。20 世纪上半叶，美国许多重要的早期人类学家如博厄斯和克鲁伯，都精通欧美哲学传统，并且深受进化论、功能主义和环境决定论的影响，同时也受到有关"超有机体的"文化特征和文化传播等多种思潮的影响。他们在研究北美的土著民族如印第安人时，通过认真思考文化与环境的联系，即所谓的"文化区"后，或主张"决定论"，认为环境直接决定文化；或主张"可能论"，即认为环境可能决定文化，这就为文化生态学开辟了道路。他们是文化生态学的先驱。克鲁伯说："文化根源于自然，要彻底认识文化，只有联系其根源的自然环境，这是事实；但是，像根植于土壤的植物不是由土壤制造或造成的一样，文化并不是由其根植的自然环境所制造的，文化现象的直接原因是其他文化现象。"可能论对"文化区"概念的形成贡献也很大，克鲁伯的研究也正基于对环境或文化区域的考察研究。总之，不管决定论还是可能论，都强调环境与文化二者之间的关系，但正如美国文化人类学者哈迪斯蒂（D. L. Hardesty）指出的，环境决定论认为环境能动地塑造人，反之亦然；而可能论则主张环境起到了限制或选择的作用，二者基于同样的共同点，"即人类处于一个方面，而环境则处于另一方面，两者绝不相容。两种模式的目的是要确定一方对另一方的作用影响"。两种环境论不断激辩下文化生态学应运而生，进一步解释了文化与环境之间的关系。文化生态学着重探讨的是地理环境和自然条件与人类文化之间的相互依存关系和动态平衡。1955 年克罗伯的学生、美国人类学家斯图尔德发表了他的《文化变迁理论》，阐述了文化生态学的基本理念，这部著作的出版被普遍认为是文化生态学正式诞生的标志。在他看来，文化与其生态环境是不可分离的，它们之间相互影响，相互作用，互为因果。他认为环境适应的概念构成了文化生态学的全部基础，相似的生态环境下会产生相似的文化形态及其发展线索，而相异的生态环境则造就了与之相应的文化形态及其发展线索的差别。由于世界上存在多种生态环境，所以由此形成了多种文化形态及不同的进化道路。在斯图尔德的影响下，20世纪60年代末有三部重要的文化生态学著作问世，即R.内廷（Robert Netting）的《尼日利亚的山地农民》（1968）、R.拉帕波特（R.A.Rappaport）的《献给祖先的猪：新几内亚一个民族的生态礼仪》（1968）和J.贝内特（Bennett J.W.）的《北方平原居民》（1969）。他们属于第一代受斯图尔德影响的美国人类学家。20世纪70年代，霍利对赞比亚的多加人（Toka）继承模式的变化进行研究，哈里斯提出"文化唯物论"，认为技艺、经济因素是形成一个社会特质最基本的角色。哈里斯指出社会下层建筑研究应优先于基础建筑和上层建筑。下层建筑由生产模式、人口结构以及宗教仪式构成；基础建筑则是指家庭经济、政治经济；而上层建筑由娱乐、美学的产品及服务构成。这些文化生态问题的研究成果，大大深化和拓展了斯图尔德的研究。

斯图尔德对文化生态学的理解是："文化生态学是以人类适应环境的过程为研究对象的。要点是确定这些适应是否引起社会内部的变革或进化性变迁。文化生态学是在结合其他变迁过程的同时来分析这些适应的。这一研究方法要求对社会群体和社会结构内部的相互作用进行考察。"而与斯图尔德同时代的怀特（Leslie White，1900—1975）则认为："人类文化是由技术体系、社会体系、观念体系三部分组成的，技术体系决定社会体系，以社会体系为媒介的艺术、哲学等观念体系，也是由技术体系所决定的。"斯图尔德的学生瑟维斯（E. R. Service，1915—　）和塞林斯（M. D. Sablins，1930—　）则进一步提出："世界诸文化由于适应各自的自然环境以及包括与周围诸民族关系在内的社会环境的整体环境，而呈现出复杂多样的文化形态。也就是说，文化在适应其环境的过程中呈现出特殊的趋势，倘若环境发生变化，文化也将由旧的形态发展变化为新的形态。此外，如果某种文化扩大分布在不同的环境中，则如同生物进化的系统发生变化一样，文化通过适应变化而产生多样性，新的文化形态也就从旧的形态中脱颖而出。"这一观点更加符合当前"世界地球村"的生态环境趋势，对影响文化生态的研究要在更宏观的视野上展开。

斯图尔德的文化生态学理论说明了不同地区特殊的文化类型、文化模式之起源，考察并发现人类社会为适应环境的行为方式是固定不变的，仍具有某种程度的可塑性，故而提出了"文化核心"的概念。"社会经济部分——与生计活动和经济安排最密切相关的社会特征，构成文化核心。"文化核心对于环境的适应，可以通过三个程序来审定：①对生产技术与环境之间相互关系的分析；②生产方式的分析；③确定生产方式对文化的其他方面所施加影响的程度。文化生态学重视技术、经济的因素，重视研究文化的形成和分布是在怎样的程度上受到环境因素的制约，但"忽略了仪式和意识形态与环境的相关作用，当然也未包括其他生物及其他人群"。美国的文化人类学者罗伯特·墨菲（Robert Murphy，1924—　）

在评价斯图尔德的文化生态学理论时指出："文化生态理论的实质是指文化与环境——包括技术、资源和劳动——之间存在一种动态的富有创造力的关系。"

20世纪80年代以后，文化生态学已基本成熟，影响也相应扩大，从美国人类学家的狭小范围扩大到全世界和多学科领域。当前文化生态学家的分布改变了多年来以美国学者为核心的状况，逐渐向多元化方向发展。不仅越来越多的欧洲学者加入了研究者的队伍，而且其他地区的学者也积极参与或开展了有关新媒体环境的文化生态学研究。目前，除人类学家和生态学家外，一些来自工程学、社会学、教育学、信息和传播学、经济学等学科的学者也纷纷加入文化生态学研究者的行列。以1999年在吉隆坡召开的"文化生态学国际讨论会"为代表的对文化生态学的研究，在美国、日本、印度等许多国家开展，呈现出多国家和地区、多学科合作的景象。

文化生态学理论将文化创造活动与环境之间的关系联系起来，使文化研究与自然科学相融合，无疑有着重要的进步意义。从自然环境以及社会环境中各种不同因素相互间的关系和作用来研究文化的创造活动，是一种开放的、整体的观念和方法。同时，文化生态系统结构模式图中，其中的一种变量——科学技术的迅猛发展是人们有目共睹的。科技是人类文化创造的结果，由于科技的发展和人类价值观念的变化及影响，离科技最近、最易受影响的自然环境发生了重要变化，产生了环境问题，从而导致人类的生存受到威胁。人类对自然环境的影响越大，自然环境变迁对人类社会的威胁也就越严重。在文化生态系统整体模式中，人类社会与自然环境之间的各种变量是动态发展、相互制约的，要维持人类社会与自然环境之间的生态平衡，就要协调各种变量之间的关系，使各种变量因素处于一种整体和谐的动态发展过程当中。要保护好非物质文化遗产，首先要正确处理社区文化创造与自然环境之间的关系，既要依存于自然环境，又要合理地开发和利用自然。对于文化遗产而言，生产力机制、经济体制、社会组织制度、价值观念之间，也要互相协调，建立动态、完整、和谐的文化生态系统，如此才能确保社会环境、自然环境和谐可持续地发展。

与文化生态学类似，布克钦（M. Bookchin）提出的社会生态学旨在研究人类社会和自然环境的相互作用，不同的是，社会生态学更多地关注人类社会结构体制带来的一系列生态破坏问题，对文化生态保护区规划中的生态保护、可持续发展以及相关体制保障等方面起到了重要的启示作用。

三、文化哲学理论

文化哲学是从哲学角度研究文化的本质、特征及其发展规律的学科。文化哲学试图把特定社会的总体文化构成看作是多个子文化的有机集合，注重它们之间的融通和互动，并以此作为解读文化演进和文化变迁的重要依据。与文化人类学、文化地理视角下侧重研究文化与环境之间的关系不同，文化哲学视角下的文化生态研究侧重研究文化与人的关系，这给文化生态保护区理论的研究提供了一个新的、重要的视角。

文化哲学视角下的文化多样性是文化生态保护区规划的重要理论基础之一。文化多样性是衡量一定地区文化资源丰富程度的一个客观指标，也是衡量文化生态系统生命力和可持续性的重要指标。国内外学术界对于文化多样性的影响一直有不同意见。一部分学者认为，多样的文化之间将会不可避免地产生冲突。如亨廷顿认为人类最大的分歧和冲突的主导因素将是文化方面的差异 ①。但大多数学者则认为，文化的多样性对人类文化发展至关重要，是人类进步的重要推动力。近年来，很多学者从经济与管理的角度对文化多样性进行探讨。如哈蒙（D. Harmon）认为："文化多样性可以诠释为人类表达方式和组织形式的多样性，包括生存与生计、创造性活动和群体鉴别。" ② 联合国教科文组织的《世界文化多样性宣言》（Universal Declaration on Cultural Diversity）和《保护和促进文化表现形式多样性公约》（Convention on the Protection and Promotion of the Diversity of Cultural Expressions）对文化多样性的肯定已成为世界范围内的共识。因此，对文化多样性的保护也是文化生态保护区规划的基本理念之一。

文化变迁是文化生态保护区规划中一个十分重要的研究方向。文化变迁是指由于内外因作用而引起的一个民族或区域文化的结构性变化，是文化生态系统演化的直接原因与重要动力。文化变迁的动力尽管千差万别，但其根本是由于经济基础的变化而引起生产力水平发展的结果，而经济基础的变化又很大程度受制于自然生态变迁影响。对文化变迁的研究涉及民族学、人类学、社会学、历史学等领域。美国民族学家摩尔根（L.H. Morgan）提出的古典进化论，依据生存技术划分文化进化为蒙昧、野蛮和文明三个阶段，并用技术标准来区分高、中、低三个次级阶段 ③。社会学家们更多地从人类社会的结构、制度等角度研究文化的形成发展。王跃生认为俄罗斯社会特有的历史文化传统，如臣民意识、依赖心理、平均主义思想，以及俄罗斯人脱离实际、容易空想的性格特点都在俄罗斯向市场经济转轨的制度变迁中产生了重要影响。④ 社会学功能论者马林诺夫斯基（B. K. Malinowski）则强调文化的社会功能和价值，把文化过程直接理解为文化变迁 ⑤；人类学新进化论者斯图尔德强调文化在适应环境中变迁的具体系列过程 ⑥；人类学家弗里德曼（M. Freedman）提出了著名的宗族发达的"边陲社会论"，认为边缘地区、稻作经济的发达和水利设施需要合作运行是中国宗族得以存续和发展的历史与现实因素 ⑦。历史学派研究的是在一个有限的文化区内各个时期中不同文化的互相影响，致力于有限的历史复原，并尽可能避免一般化的理论建构，直接为文化变迁的研究提供理论素材。

① Huntington, S. *The clash of civilizations and the remaking of world order*[M]. New York：Simon & Schuster, 1996.

② Harmon, D. *In light of our differences*[M]. Washington, D.C.：Smithsonian Institution Press, 2002.

③ Morgan, L. *Houses and house-life of the American aborigines*[R]. Chicago, 1965.

④ 王跃生 . 文化、传统与经济制度变迁——非正式约束理论与俄罗斯实例检验 [J]. 北京大学学报（哲学社会科学版）,1997（2）。

⑤ Firth, R. *Man and Culture. An Evaluation of the Work of Bronislaw Malinowski.* London：Routledge & Kegan Paul, 1957.

⑥ Steward, J. *Theory of Culture Change*[M]. Urbana：University of Illinois Press, 1955.

⑦ Freedman, M. and Skinner, G.*The study of Chinese society*[M]. Stanford, Calif.：Stanford University Press, 1979.

四、传播学相关理论

在信息革命的背景下，传播学中大众传媒和舆论对文化生态环境影响的研究，对当代的文化生态保护区规划也具有重要的参考意义。

传播论者认为人类文化变迁的过程，本质上应理解为传播过程，即文化是在传播中发生的。20 世纪 90 年代后期，随着以电视和网络为代表的新传播媒体广泛流行而出现新的发展方向，文化生态研究突破了以往仅重视自然环境的文化生态观，把人文环境特别是信息环境作为文化生态环境，媒体环境（包括电视、数字广播、个人计算机、因特网和移动通信等）成为文化生态学研究的热点。美国传播学者李普曼（W. Lippmann）在研究舆论的时候，首先意识到并系统地研究了现实世界和媒介世界（有时又被称为虚拟环境）两个世界的问题，并指出"在传播时代，媒介世界甚至比现实世界更真实，对人和社会的影响更大"[1]。

基于传播学理论，文化生态学开始探讨新旧媒体的文化生态关系、新媒体环境与文化之间的相互作用、新媒体环境下文化同一性的变化等研究问题。英尼斯（H. Innis）是较早研究传播技术影响人类、人类文化的学者，其代表作有《帝国与传播》[2]、《传播的偏向》[3]。阿什德（D. Altheide）的《传播生态学——控制的文化范式》[4] 则是关于传播生态学的重要著作，他立足于信息技术和传播对社会活动的渗透与控制，关注信息技术和传播对受众的影响，建立了比较完备的传播生态研究体系。1995 年，国际传播研究会举办了关于文化生态学的国际研讨会，标志着越来越多学者用传播学视角研究文化生态学。

第二节　文化地理学与区域规划相关理论

一、文化地理学

文化生态保护区规划中另一不可或缺的核心学科是文化地理学。文化地理学着重研究地域文化、文化的地域差异及其文化各要素的空间分布、空间组合和发展演化规律，强调从地域的观点探索文化现象的形成和发展，揭示文化现象的特性及其与地理环境的关系。

早在 19 世纪初，德国地理学家洪堡（A. Humboldt）就提出应把景观作为地理学的中心问题，探讨由原始的自然景观变成文化景观的过程。拉采尔（F.Ratzel）首次提出"文化景观"的概念，认为文化景观是人类不同时期历史面貌的写真，这后来成为文化地理学最核心的主题。1930 年，美国地理学家索尔（C. O. Sauer）提出把解释文化景观作为人文地理学研究的核心，开创了人文地理学的"景观学派"和文化地理学的先河。索尔认为："文

---

① Lippmann, W. and Blum, J. *Public philosopher*[M]. New York：Ticknor & Fields，1985.

② Freedman, M. and Skinner, G. *The Study of Chinese Society*[M]. Stanford, Calif.：Stanford University Press，1979.

③ Innis, H. *The Bias of Communication*[M]. Toronto：University of Toronto Press，1951.

④ Altheide D L.*An Ecology of Communication: Cultural Formats of Control*[M]. Hawthorne，NY：Aldine de Gruyter. 1995.

化景观是任何特定时间内形成一地基本特征的自然和人文因素的复合体，文化景观因人类的作用而不断变化。因此，文化景观反映了人类文化与自然环境相互影响、相互作用的关系和结果。"[①]索尔有关文化景观的研究使文化景观学派曾风靡一时。生态观点被理解为人类及其行为与环境，加之时间、空间和生产关系此三角态势的评判。美国文化地理学家乔丹（T. G. Jordan）和朗特里（L. Rowntree）在此基础上将文化地理学的研究内容归结为文化区、文化扩散、文化景观、文化生态和文化综合体五大主题。其中，文化生态主要研究文化现象与自然环境相互作用影响的关系，强调环境对文化和人类文化对自然环境的"双向作用"。不同的学派对文化和环境的人地关系有过不同的观点，主要有地理环境决定论、或然论、适应论、环境感应论和文化决定论等。它们对文化生态理论的研究都有一定的可借鉴性，但也有各自的不足，要视具体的问题而定。可以说地理学研究与人类学的不同点在于：人类学研究过分强调环境的力量，而地理学研究考虑到了人和环境的互动。

在文化生态保护领域，文化区域（简称文化区）往往是以文化景观的独特性而区别于周边一定范围的地理实体。它是文化景观、文化群落以及文化生态系统的空间载体，并以其位置、自然环境、资源条件等赋予它们基本特色。不同地区因其各具特点的文化特征、环境特征和模式的起源迥异，形成了不同的文化区域。

江金波认为现代文化生态学立足区域，探讨区域文化群落与其地理环境的发生、发展及其内在规律[②]。而区域是地理学的核心概念，文化地理学基于文化区域做出了不少研究。20世纪30年代起，索尔从景观入手分析文化区的特征和范围。传统文化地理学中，文化区被划分为形式文化区、机能文化区和乡土文化区，可见其独特的"文化地域性"。文化地理学研究者认为初步划出的文化区往往当作进一步研究文化内容的纲目而被采用，他们对这些文化内容进行甄选、比较、考证，最后得出结论，划分出更为合理的文化区域。文化区划分的理论已经较为成熟，如主导因素原则、历史地域完整性原则、地理环境及区位原则、划分相对一致性原则等，实践经验也有相当的积累。但区划多处于定性分区的水平，文化区划的说服力较弱。

区域文化生态研究的是区域文化与其所在地理环境的关系。这是一种双向关系，文化在其中扮演双重角色。一方面研究地理环境对区域文化特质形成的影响，另一方面研究区域文化在其发展阶段中对地理环境的不同影响。阐明这种双向关系、双重作用对区域文化成型及其变迁的不同效应是地理学研究文化生态特色所在，也是文化生态学传统的研究领域。

例如，索尔的著作《早期的西班牙加勒比地区》[③]就是一部关于加勒比海地区文化生态演变过程的力作。它复原了地理大发现以前中美洲地区的自然景观和文化景观，系统揭示了印第安人的生活方式、土地利用方式、社会形态与当地特殊的生态环境之间的关系，以

---

① Sauer，C.O. *The Morphology of Landscape*[J]. University of California Publications in Geography，1925（2）：19-54.

② 江金波. 论文化生态学的理论发展与新构架 [J]. 人文地理，2005（4）。

③ Sauer，C. O. *The Early Spanish Main*[M].Berkeley：University of California Press，1966.

及地理大发现以后西班牙殖民主义文化对当地印第安人文化及其社会形态、生活方式的破坏过程。索尔认为"人文地理学的核心是研究人在生物世界组成的生态环境中的位置"[①]。司马云杰也指出区域文化生态研究的重点是人类文化行为,研究环境适应的不同区域的文化特征[②]。美国人类学家穆尔(J. D. Moore)把区域文化生态调查分为三个步骤:首先需要分析物质文化与自然资源之间的关系,再分析运用某种特定技术来开发某一地区时涉及的行为模式,最后确定开发环境过程中所需要的行为模式对文化的其他方面的影响。可见,区域文化生态研究的关键是研究人、文化、地域三者的关系[③]。

二、城乡与区域规划

区域规划是对区域内未来一定时期经济社会发展和土地利用的总体部署[④]。区域规划首先是综合性的规划。在规划设计时,它针对区域自然、社会、经济、技术条件作综合分析,对资源的开发、利用、整治、保护作综合布置,对人口、资源、环境和经济社会发展作综合协调,谋求在生态保护、经济发展和社会和谐等方面取得综合效益。在规划实施时,综合运用法律、法规以及财政、金融、价格、环保、土地、投资、产业政策等综合手段推动落实,依靠经济社会调查统计、遥感动态监测以及地理信息系统技术等多种技术手段进行落实、核查与评估。另外,区域规划具有显著的地域空间特性。这种特性首先表现为区域规划方案本身与特定地域相关联,其次表现为规划要素、规划措施应落实到具体空间位置上。区域规划的区域性和空间特性决定了规划的目标、内容、重点等会随着规划区的不同而发生变化,新时期区域规划更是要求以资源、环境、社会、经济等的空间配置作为核心,规划成果需要以空间化、可视化的形式展示。[⑤]

区域科学是将特定区域,即依赖于空间的经济体作为有机整体进行研究的科学。通过对区域的资源环境结构、人口经济结构、城镇体系、空间结构、地缘结构等的分析,研究人类活动与地理环境的关系、经济社会活动的空间分布、区域差异及其产生原因等。地理学和经济学是区域科学的基础。

区域科学创始人伊萨德(W. Isard)于1954年成立了美国区域科学协会,并创办区域科学杂志,标志着区域科学的诞生。区域科学的理论主要包括区位论、城市经济学理论等,重点方法包括对空间经济现象进行解析性研究和实证性研究等。

城乡与区域规划立足于区域科学,是各级政府统筹安排城乡发展建设空间布局、保护和合理利用自然资源的重要依据,具有公共政策属性。区域规划是为实现一定地区范围内的开发和建设目标而进行的总体部署,广义指对地区社会经济发展和建设进行总体部署,

---

① 李旭旦. 文化景观论 [M]. 北京:中国大百科全书出版社,1984:5。
② 司马云杰. 文化社会学 [M]. 太原:山西教育出版社,2007:119-120。
③ Moore, J. *Visions of Culture*[M]. Lanham, MD: AltaMira Press, 2009.
④ 崔功豪,魏清泉,陈宗兴. 区域分析与规划 [M]. 北京:高等教育出版社,1999。
⑤ 胡云锋,曾澜,李军等. 新时期区域规划的基本任务与工作框架 [J]. 地域研究与开发,2010,29(4):6-9,60。

包括区际规划和区内规划，前者主要解决区域之间的发展不平衡或区际分工协作问题，后者系全面规划区域内的社会经济发展和建设布局；狭义的区域规划指一定区域内与国土开发整治有关的建设布局总体规划。

区域规划以国家和地区的国民经济与社会发展长期规划为指导，通过全面掌握地区经济社会基础资料，对地区自然、社会、经济等方面资源进行分析评价。这其中需要确定土地利用规划及其空间结构布局并划定重点开发区，对地区内工农业等生产力进行合理布局，制定城镇居民点体系规划、基础设施保障规划和环境保护规划。把各项重大建设落实到具体地域，并进行各管理部门综合协调，以期达到地区经济社会全面协调可持续发展的目标。

区域规划最早是 20 世纪二三十年代，"二战"及经济危机后美、苏等国对本国社会经济区域空间组织矛盾日益加剧的地区进行重整所采取的措施。到 90 年代后，国际国内的区域规划新趋势包括：通过咨询讨论、公众参与等方式寻求解决区域发展中各方利益冲突的途径，重视社会因素和生态环境因素等。中国的空间规划体系经过长期实践，从无到有逐步调整、完善，形成了由国土资源部主导的"国土规划"，国家发展改革委主导的"区域规划与主体功能区规划"，住建部主导的"城乡规划"等三大系列。同时，省（直辖市）、地市、县市各级地方"国土"、"发改"和"住建"行政主管部门分别主导辖区内的规划管理并对同级政府负责，从不同层次和不同视角实现对国土空间的全方位调控。国土规划强调对国土空间进行综合安排，着重耕地保有量，指标主导，有较强的约束力，包括全国土地利用总体规划、各省市级土地利用总体规划、地市级土地利用总体规划、县市级土地利用总体规划、乡镇土地利用总体规划，规划期限一般为 15 ~ 20 年。区域规划对国土空间发展做出主动的战略性安排，强调政策和投资方面的示范和引导作用。城乡规划对城乡空间进行具体的规模与容量调控、景观塑造和政策策略安排，侧重建设活动的可实施性。

文化生态保护区规划属于区域性专项规划，以保护非物质文化遗产为核心，通过空间划定与空间管控等措施，对区域内非物质文化遗产及其所依存的文化生态进行整体性保护，同时协调区域经济社会发展，对地区经济社会发展起到指导作用。

三、景观生态规划理论

"景观生态"（Landscape Ecology）是以天空为顶，地表为底，在一定范围内之户外空间及其所包含的有机无机、有形无形因子与其之间的互动关系所产生的自然效应组合[①]。"景观"这一概念是指处于生态系统之上，大地理区域之下，几公里到几百公里的中间尺度范围，是一个自然与人文因素相互作用的具有镶嵌结构的异质性陆域空间单元（可包括陆域

---

① 宗跃光.城市景观生态价值的边值效用分析法 [J].城市环境与城市生态，1998（4）

水体）。景观生态学是研究景观结构、功能与动态变化的综合性交叉学科。景观生态学可被表述为："景观生态学是以异质性景观为研究对象，探讨不同尺度上景观的空间格局、系统功能和动态变化及其相互作用的综合性交叉学科，同时也是一门以景观多样性保护、人与自然和谐与可持续发展为目的开展景观评价、规划与管理的应用性学科。强调空间格局、生态学过程与尺度之间的相互作用是景观生态学的核心所在。"[1]

在文化生态研究中，借用景观生态规划的空间理论，从空间形态、轮廓和分布等基本特征入手，可以区分出斑（Patch）、廊（Corridor）、基（Matrix）、网（Net）及缘（Edge）五种空间类型，形成文化基质和文化社区等空间概念。元素类型不同，空间形态不同，基本的功能性质和特征也不同。

"斑"又称斑块，在景观生态学中指"不同于周围背景的非线性景观生态系统单元"[2]；"依赖于尺度的，与周围环境（基底）在性质上或者外观上不同的空间实体"[3]。借鉴这一理论，文化基质可以界定为非物质文化遗产项目的传承群体、团体、代表性传承人及其传承空间。

"廊"又称廊道，是指具有线或带形的景观生态系统空间类型，如道路、溪流、小径及树篱，是线性的景观单元，具有通道和阻隔的双重作用。廊道对一个景观的生态过程有着强烈的影响，文化生态中的廊道即为文化交流与传播的通道，起着维护文化生态系统的平衡和完整的作用。

"基"又称基质，是一定区域内面积最大、分布最广而优质性很突出的景观生态系统，往往表现为斑、廊等的环境背景，在景观功能上具有重要作用，在整体上控制着景观动态。文化生态中的基质是文化社区，表现为街道、社区或乡镇、村落等相对完整的人类居住或（群体性）生产的最小聚落单元。文化社区是非物质文化遗产传承发展的最小生态单元。

"网"又称网络，在景观中指将不同的生态系统相互连接起来的一种结构，廊道的相互交叉或相连即形成网络，在区域尺度上对生态进程有着极其重要的影响。在文化生态系统中，特定地域的空间结构对文化的传播和交流融合发挥着同样关键的作用。

"缘"又称过渡带、脆弱带、边缘带、生态交错带等，是指景观生态系统中不同景观板块空间之间有显著过渡特征的部分。文化生态中的过渡带，可以理解为不同文化类型过渡的地域，或非物质文化遗产项目分布的一般（非核心）区域。

景观稳定性指景观的各种参数在长期变化中呈现水平状态，或是在水平线上下摆动的幅度和周期性，具有统计特征。[4]景观的稳定性可以从两方面进行理解，一种是从景观变化的趋势看景观的稳定性，另一种是从景观对干扰的反应来认识景观的稳定性。文化生态系统的稳定性，同样可以从变化趋势以及干扰因素两方面进行观察判断。

[1] 王让会，丁玉华，陆志家等.景观规划与管理及其相关领域研究的新进展 [J].生态环境学报，2010，19（9）：2240-2245.
[2] 余新晓.景观生态学 [M].北京：高等教育出版社，2006。
[3] Wu，J.，J. L. Vankat and W. Gao. *Ecological succession: An Overview of Theories and Models.* Pages 49-64 In：SinoEco（ed），*Advances in Modern Ecology.* Science and Technology Press，Beijing，1992.
[4] Forman，R. and Godron，M. *Landscape Ecology*[M]. New York：Wiley，1986.

景观安全格局，是在景观生态规划方法的理论基础上，针对景观生物多样性的保护，学者提出了最小阻力面（MCR）模型，并借助 GIS 中的表面扩张技术，构建了一系列生态上安全的景观格局，可将其称为"安全格局的表面模型"。在该模型中，生态安全的景观格局应包含如下组分：①源地，指作为物种扩散源的现有自然栖息地；②缓冲区（带），指围绕源地或生态廊道周围较易被目标物种利用的景观空间；③廊道，指源地之间可为目标物种迁移所利用的联系通道；④可能扩散路径，指目标物种由种源地向周围扩散的可能方向，这种路径共同构成目标物种利用景观的潜在生态网络。⑤战略点，指景观中对于物种的迁移或扩散过程具有关键作用的地段。对文化生态系统的空间研究亦可借鉴此理论模型，对文化生态的五种空间组分进行甄别，对文化生态系统内在因素相互作用进行研究，以期达到对文化生态更有效的保护。

四、聚落和社区理论

聚落是人们经济活动和社会活动中心。在地图上常被称为居民点。聚落地理学（Settlement Geography）又称居民点地理学，是一门研究聚落形成发展、组合分布以及发展演化规律的学科。聚落地理学的研究对象就是聚落本身，按聚落规模和性质大小，又可以分为乡村聚落地理学（Rural Settlement Geography）和城市地理学（Urban Geography）两大分支学科。聚落地理学的研究内容主要包括聚落的形成条件、起源和发展、内部空间结构、聚落所在地的环境对聚落形态的影响、城镇化等[①]。社区理论（Theories of Community）着眼于社区研究，将社区作为一种空间现象或区域单位，对社区所处区位、结构体系、互动冲突等问题进行研究。聚落和社区是文化生态保护区中重要的保护单元，城镇化是文化生态保护区建设中的重要影响因素之一，因此聚落和社区理论在文化生态保护区规划中也有着重要的地位。

第三节　非物质文化遗产相关理论

从《保护非物质文化遗产公约》颁布至今，非物质文化遗产研究作为一门学科出现在世人面前不足 20 年。在全球范围内，非物质文化遗产学作为遗产学的一个分支尚未形成自己完善的理论系统。非物质文化遗产研究需要不同学科的理论支持，是"一个综合性的跨学科研究领域"[②]。

非物质文化遗产涵盖了民间文学、传统音乐、传统舞蹈、传统戏剧、曲艺、传统体育、传统美术、传统技艺、传统医药、民俗等各个方面的文化表象以及物质载体。对各类非物

---

① 吴鹏森，章友德. 城市社区建设与管理 [M]. 上海：上海人民出版社，2007。

② Albert, M. *Heritage studies – Paradigmatic Reflections*[M]//Albert, M., Bernecker, R. and Rudolff, B. eds.. *Understanding Heritage: Perspectives in Heritage Studies*. Cottbus：Walter de Gruyter & Co, 2013；Bortolotto, C.. *From Objects to Processes: UNESCO's Intangible Cultural Heritage*[J]. Journal of Museum Ethnography, 2007（19）：21-33.

质文化遗产的保护、传承和合理利用发展需要从不同层面、不同视角进行研究。对非物质文化遗产的微观研究应是认识文化生态保护区内区域文化特征的基础。微观层面的理论研究涉及语言、文学、艺术、民俗、宗教、心理、政治、经济、媒体、管理、信息科学等多种学科。

此外，与非物质文化遗产密切相关的历史文物、传统建筑等物质文化遗产也是文化生态保护的研究对象。这就牵涉到建筑、考古、文博等学科的理论知识，在文化生态保护区规划中也是不可或缺的。因此，文化生态保护区规划在实践中，一方面需要大量的基础研究资料作为支撑，另一方面也需要多学科多专业的专家学者通力配合、共同编制。

第三章 文化生态保护区划定原则与标准

第一节 区域与区划

一、区域的概念

区域，最早出自《周礼·地官·序官》"廛人"。汉代郑玄注："廛，民居区域之称。"指土地的界划，地区区域自治。晋代潘岳《为贾谧作赠陆机》诗："芒芒九有，区域以分。"清代陈康祺《郎潜纪闻》卷三："咨其风土，考其区域。"郭沫若《苏联纪行日记·七月十日》："工人住宅系木造小屋，自成一区域。"唐代刘知几《史通·序例》："昔夫子修经，始发凡例；左氏立传，显其区域。科条一辨，彪炳可观。"中国古代名著《禹贡》（《尚书》中的一篇）是最古老和最有系统性地理观念的著作，将以地理为径，以自然地理实体（山脉、河流等）为标志，将全国划分为9个区（即"九州"），并对每区（州）的疆域、山脉、河流、植被、土壤、物产、贡赋、少数民族、交通等自然和人文地理现象，作了简要的描述。这是撰著者理想中的政治区划。

区域的研究涉及多种学科，各门不同学科从其各自的观点出发对区域有不同的定义。经济学认为区域是人类的经济活动所形成的具有特定地域特征的经济社会综合体；社会学将区域看成是具有相同语言、相同信仰和民族特征的人类社会聚落；而地理学则认为区域就是地球表层某一具有物质实体、具有现实或潜在经济功能的空间，是人类赖以生存和发展的重要场所，地球是由无数区域组成的。20世纪50年代，美国地理学家惠特尔西（D. Whittlessey）较全面和本质化地界定了区域概念，提出"区域是选取并研究地球上存在的复杂现象的地区分类的一种方法"，"地球表面的任何部分，如果它在某种指标的地区分类中是均质的话，即为一个区域"，"这种分类指标是选取出来阐明一系列在地区上紧密结合的多种因素的特殊组合"。区域特征显著表现为可度量性、系统性和不可重复性。[①]迪金森（Dickinson）认为区域概念是用来研究各种现象（物质、生物和人文）在地表特定地区内结合成复合体之趋向的。这种复合体有一个场所，一个核心以及其在边缘地区的明确程度不同的变化梯度。陈传康教授结合国内外研究，给区域下了一个最通用的定义：区域是用某个或某几个特定指标划分出来的一个连续而不分离的空间，这个空间是指地球表层的一定范围，它的界限是由这些指标来确定。这些指标可以是物质共性（如气候区，植被地带等），

---

① 刘小鹏，米文宝，张前进，马正亮. 区域经济分析与规划研究 [M]. 银川：宁夏人民出版社，2005。

也可以是辐射吸引力（如运输枢纽、流域、贸易区等），也可以是一定的管理权（如行政区、教区等），更可以是一定的土地类型结构分布范围（如一定土地类型组合在该区内经常重复出现，构成一定复域分布的自然区），还可以是所起的一定的职能作用（如城市规划中的功能区）。

此外，《简明大英百科全书》将区域定义为"有内聚力的地区"。根据一定标准，区域本身具有同质性，并以同样标准而与相邻诸地区或诸区域相区别。区域是一种学术概念，是通过选择与特定问题相关的特征并排除不相关的特征而划定的。区域的界限是由地球表面这个部分的同质性和内聚性决定的。区域可以由单个或几个特征来划定，也可按一个地区人类居处的总情况来划定。社会科学中最普遍的特征是民族、文化或语言，气候或地貌，工业区或都市区，专门化经济区，行政单位以及国际政治区域（如中东）。

二、区划的概念

区划则是人们为了将地球表面地理因素分划为不同区域的过程。在自然地理方面，有陆地海洋之分，有平原、丘陵、山地、盆地之分；在人文地理方面，国家内部有行政区域、经济或文化区域的划分。区划是人们有意识的一种行为与过程，也是人们认识地理空间的一种不可或缺的工具。地貌形态具有最显而易见的地域差异，但进行的自然地理区划也是人们主观意识的产物。人文地理区划具有很强的相对性和主观性，更是一件复杂的工作，划分方案也不唯一。

有学者对区划的实质描述如下：地区是一组事物的一个连续的坐落。这组事物称为"滞体组合"，地区的边界表示这个滞体组合的大致范围。界内的事物并不全部都加入该滞体组合，并且与区外事物发生关联，这样就出现了地区的交叉。区域是由不同滞体组合交换事物而组成的一个"地理结构"。在地区之间交换的事物叫作流体，代表着区域间的关联。流体流经的路径叫作通道，通道也有其示座性边界，一个区域所包括的地区可以交叉，但更多的是存在间隔。因此，区域的界线也是示座性的，而非排他性的[①]。

区划一般具有基础性、约束性和长期性的特点，是确定区域主导功能的行为，也是编制相关规划的重要依据[②]。行政区划、经济区划、自然区划、农业区划、生态功能区划、海洋功能区划、主体功能区规划等都是我国区划体系的重要组成部分，对区域发展有着重要的指导作用。

我国幅员辽阔，文化与自然环境一样有着巨大的区域差异。在全国范围内，南北差异是文化区域差异的主旋律[③]。哲学思想领域春秋时期就有"南老北孔"一说，语言则是南繁北齐，戏曲音乐南柔北刚，武术南拳北腿，饮食南米北面、南细北粗、南甜北咸，建筑南

① 路卓明.路卓明先生经济地理学论文集 [M].北京：北京大学出版社，2011。
② 周振鹤.行政区划史研究的基本概念与学术用语刍议 [J].复旦学报（社会科学版），2001（3）：35。
③ 胡兆量，阿尔斯朗，琼达等编著.中国文化地理概述 [M].第 3 版.北京：北京大学出版社，2009。

敞北实等等。而文化生态保护区的划定就主要基于区域自然环境、社会环境、经济特征等方面的差异性。通常所说的区划最基本的可分为自然区划、经济区划和行政区划三大类别。

（一）自然区划

地球表面由于受各种地域分异规律的综合作用，使其各部分的自然地理特征发生明显的地域差异。按照区域的内部差异，把其自然特征不相似的部分划分为不同的自然区，并确定其界线，进而对各自然区的特征及其发生、发展和分布规律进行研究，按照区域从属关系建立一定的等级系统，这种地域系统研究方法，就是自然地理区划（Physico-geographical Regionalization）[1]。

自然区划的划定必须同时满足三个基本条件：具有统一的发生学联系，具有完整毗连的空间，具有相对一致的整体特征的发生学联系，具有完整毗连的空间和具有相对一致的整体特征。

通常，一个高一级的单位往往包含若干个性质与结构相似的低级单位，它们可以合并成高一级的单位，而同一等级的若干个单位之间又总存在一定的差异，正是这些差异把它们划分开来。相似性和差异性通常被视为自然区划的依据。然而，没有共同的发育联系和共同的边界接壤的，分离的区域单位，即使在景观外貌上有很大的相似性，也不能合并为一个完整单位；反过来，也不能把有共同的发展过程和地域毗连的一个完整单位，因为其内部局部景观外貌的特殊而划分出脱离这个高级单位的低级单位。因此，只有在发展一致和空间完整前提下的"相似性和差异性"，才具有自然区划的意义[2]。

自然区划必须遵循综合性和主导因素两大基本原则。综合性原则指自然区划必须综合分析各自然地理要素作用的方式和过程，认识其地域分异的具体规律性，只有这样才能掌握区域地理环境的相似性和差异性，以及相似程度和差异程度，保证划分出的地域单元是不同等级的自然综合体。主导因素原则指在进行自然区划时，必须分析形成各自然区域特征诸要素的因果关系，找到1~2个起主导作用的自然因素，作为划分自然区域的依据。主导因素必须能够对区域特征的形成，不同区域的分异产生重要影响，其变化会导致区域组成、结构的变化。

自然区划的方法主要有古地理法、类型制图法、顺序划分和合并法、部门区划叠置法、地理相关分析法、主导标志法等。蒙吉军（2005）提出建立在地理相关分析基础上的主导标志法是目前最好的区划方法，即运用综合性原则选取具有确定区界意义的并且相互联系的标志后，再从其中选定具有决定性意义的主导标志。任何主导标志与地域分异之间都只是相关关系，因此不能过分强调以某一主导标志确定区界，或硬性规定在进行某一级分区

---

① 蒙吉军 . 综合自然地理学 [M]. 北京：北京大学出版社，2005。
② 蒙吉军 . 综合自然地理学 [M]. 北京：北京大学出版社，2005。

时必须采用统一的指标。事实上，每一个区域单位都有分异主导因素，但反映这一主导因素的往往不是某一主导标志，而是几个相互联系的标志和指标。建立在地理相关分析基础上的主导标志法实际上是综合性原则和主导因素原则相结合的方法。[①]

（二）经济区划

经济区划作为区域经济研究的基础，可以有效分析地区之间的差距，是区域经济发展政策落实的最基本的单元。经济区划的定义为：根据社会劳动地域分工的规律，区域经济发展的水平以及特征的相似性，经济联系的密切程度，也可以依据国家经济社会的发展目标与任务分工，对国土进行的战略性区划。区划的目的是为了揭示各区域经济发展的有利条件和制约因素，指出各经济区经济发展专业化的方向和产业结构的特点，为区域产业布局、区域规划、经济发展计划提供科学依据[②]。经济区划的主要对象是物质资料的生产运输部门，亦即工业、农业、矿业与运输业。

经济区域划分是一项复杂的系统工程，涉及自然、技术、经济和社会等方面。各地区自然资源的丰度、质量、结构、分布和开发利用情况都不相同，直接影响着地域的分工，因此在划分经济区时要充分考虑自然条件的类似性和相关性。经济条件主要包括地区的经济发展历史、现有产业结构特点及未来的发展方向，应充分发挥地区比较优势，处理好专业化与综合发展的关系，考虑现状的同时兼顾未来发展方向的一致性。此外，划分经济区时还要适当考虑社会因素，各地区文化、教育、科学、技术水平的差异直接反映着当地劳动资源的素质，影响地区劳动生产率及产业的布局。

众多学者基于经济区划的理论研究认为，一个经济区在经济上的统一性是经济区划最主要的依据。所谓经济的统一性，是指一个经济区内各个部门之间具有多方面的生产经济联系，从而使得每个经济区在自然资源的结合方式，生产发展和布局条件，历史发展的道路，生产部门的结构及专业化部门等多方面，都具有其他地区明显不同的特点。同时又具有紧密的生产经济联系，共同形成一个完整的经济体，能够满足地区生产专门化需求。

单一功能区是为达到某种特定经济发展目标而划分的经济区域，主要有两类：①部门经济区，这是为在大区域内合理布局规划某个经济部门而划分的区域，如农业区、工业区、矿业、旅游等，这是一种专业化经济区，每个经济区又可进一步划分为二级、三级区，如农业区又可分为棉花、玉米区等，工业区可划分为钢铁工业区、纺织工业区等；②经济问题区，这是为解决某些局部地区的特定经济问题而划分的经济区，如经济贫困区、经济萧条区、经济过密区。

单一功能区的划分原则：①该地区在地理上连成一片，形成一个相对匀质区；②该地

---

① 蒙吉军 . 综合自然地理学 [M]. 北京：北京大学出版社，2005：78-81。

② 张金锁，康凯 . 区域经济学 [M]. 天津：天津大学出版社，1998：97。

区的生产发展条件基本一致，有相同的经济、自然资源特征。

多功能综合经济区是为了充分发挥各地区的优势，合理组织各行业之间与城乡之间的生产与非生产联系，建立合理的区际分工与协作而划分的经济区。划分综合经济区要遵循三项原则：①服从大区域分工的需要，同时使各综合经济区能依靠自身的各种条件发展生产，在相当程度上满足本地区生产和生活的需要；②应有一个已形成或正在形成的具有一定规模、一定辐射力的区域性经济中心或经济核心区；③各经济区的界线应尽可能与行政区域界线一致。具体实践中，只能以其中一项原则为主，兼顾其他两项原则。

经济区划的方法分为两类：①采用自上而下、逐层划区的方法，按地域分工划分。如在划分大区域的二级综合经济区时，首先要划出大区域的部门专业化地区，在此基础上可以组合成若干重要的综合产业基地，然后把这些产业基地以外的地区，根据其与周围各基地经济联系的密切程度、地域上连成片的可能性、行政区划完整性，划归各基地，共同形成综合经济区。②以城市为中心划分。根据各个城市的经济实力和影响范围不同，确定全区多层次的城市系统，然后分别以大、中、小城市为中心划分出城市的腹地范围。也就是首先确定区域的节点与等级体系，再考虑节点的域面[①]。

（三）行政区划

行政区划作为一种有意识的国家行为，是国家为实施其政权建立和行政管理，依据领土大小，自然环境，政治、经济及文化状态，民族、人口分布，历史传统，军事防御，国家发展战略等，将领土进行合理的分级划分，并设置相应的地方国家行政机关，它们构成一国的地方行政建制。行政区域不单单有自然、地理之含义，更重要的是一个政治、经济和社会综合体；它通过地方国家行政系统行使一定的决策权、调控权，发挥应有职能，进行利益表达。行政区划随社会历史条件的变化而变更，包括行政区域管辖范围变化，区域界线更替，行政机关驻地迁移和行政区域的置废、分合等。其变更频率在某种程度上反映出一个国家或地区社会、经济的稳定程度及发展态势，是一国国情国力、社情和民意的重要表征[②]。

行政区域界线的划分遵循山川形变和犬牙交错两大原则，其形成大致包含三种情况：天然构成、历史形成、人为确定。最初的行政区域界线，大都是自然构成的。在古代社会，人类活动在很大程度上受地理形势的限制，因而行政管辖权的行使范围也同样受制于地理形势。从今天来看，这类行政区域界线较多地存在于基层或下层行政区域。当一个统一王朝长期存在时，它基于自身政治统治考虑而划分的行政区域界线，被其后继的统治者相应沿袭。一旦后继的王朝承袭了这一行政区域界线，且长期存在时，它就变成历史形成的行政区域界线（中国自 1279 年以后，一直处于元、明、清三个统一王朝及现代中国的统治下）。由于历史条件，

---

① 张金锁，康凯.区域经济学 [M].天津：天津大学出版社，1998：106-108。
② 宋月红.行政区划与当代中国行政区域、区域行政类型分析 [J].北京大学学报（哲学社会科学版），1999（04）：56。

这类行政区域界线大都是一种未经实地勘查的、粗略的边界线。人为确定的行政区域界线出现最迟，它通常是在产生边界纠纷以后，为彻底解决纠纷，经过实地勘查后划定的。[①]

虽然许多学者认为行政区划从某种意义上来说是一种特殊的经济区划，但两者还是有本质区别的。首先，两者的运行机制不一样。行政区的运行过程是一种政治过程，它的运行主体是政府，运行机制是依托自上而下的纵向行政管理系统。而经济区的运行过程是一种经济过程，它的运行主体是企业，依靠市场机制的力量运行。其次，两者的功能不一样。行政区重点在政治功能，而经济区的功能主要体现在经济上。第三，两者的边界确定不一致。行政区是与一定等级政府相对应的政治、经济、社会综合体，具有明确的和相对稳定的区域界定，并有法律效力；而经济区是与一定等级的经济中心相对应的自然、地理和经济综合体，在现实生活中，相邻经济区边界不一定泾渭分明[②]。然而政府介入现实经济活动是不可避免的，因此，行政区与经济区两个系统是很难相互独立的，两者总是会发生不同程度的相互作用[③]。各经济区的界线也应尽可能与行政区域的界线一致，因为经济区的发展目标要靠地区政策来实现，否则利益协调与分工合作将遇到很多困难。[④]

第二节　文化生态保护区划定依据

按照文化部《国家"十一五"时期文化发展规划纲要》，文化生态保护区是指"对非物质和物质文化遗产内容丰富、较为集中的区域实施整体性保护"的区域；按照《文化部关于加强国家级文化生态保护区建设的指导意见》(文非遗发[2010]7号)，"国家级文化生态保护区"是指"以保护非物质文化遗产为核心，对历史文化积淀丰厚、存续状态良好，具有重要价值和鲜明特色的文化形态进行整体性保护；并经文化部批准设立的特定区域"。而国家级文化生态保护区设立的条件包括：

（1）传统文化历史积淀丰厚，存续状态良好，并为社会广泛认同；

（2）非物质文化遗产资源丰富，分布较为集中，且具有较高的历史、文化、科学价值和鲜明的区域特色、民族特色；

（3）物质文化遗产所依存的自然生态环境和人文生态环境良好；

（4）当地群众的文化认同与参与保护的自觉性较高；

（5）当地人民政府重视文化生态保护区建设工作，保护措施有力。

从以上定义可以看出，文化生态保护区首先是一个具有特质文化和特定功能的文化区域，具有以下基本特征：

① 田穗生，罗辉，曾伟. 中国行政区划概论 [M]. 北京：北京大学出版社，2005：232。

② 周克瑜. 论行政区与经济区的关系及协调 [J]. 经济地理，1994（2）。

③ 侯景新，蒲善新，肖金成. 行政区划与区域管理 [M]. 北京：中国人民大学出版社，2006。

④ 张金锁，康凯. 区域经济学 [M]. 天津：天津大学出版社，1998：107。

（1）具有一定边界的特定区域；

（2）文化遗产内容丰富且较为集中；

（3）非物质文化遗产保护为核心；

（4）历史文化积淀丰厚，存续状态良好；

（5）价值重要、特色鲜明的文化形态；

（6）对文化形态进行整体性保护的区域。

根据文化生态保护区的定义，文化生态保护区首先应是一个特定的文化区划；其次，它也应是一个特定的生态区划；此外，它还应是一个特定的景观区划。文化生态保护区划定应以文化区划为主要依据，生态区划、景观区划为辅助依据。

文化区划即按照一定的标准对文化区进行划分从而分出不同的文化区类型。正如文化内涵错综复杂一样，文化区的形成和发展也受到多种因素的影响，如自然环境、行政区划、经济类型以及移民等。每个文化区的形成和演变都是诸多因素共同作用的结果。

生态区划是按照同质的自然生态系统进行区划的方式，是指从系统观点出发，考虑地区功能的整体性而不是从形态（水平结构）的同型性进行地面划分，即不同等级区域生态系统的确定，是根据生态系统的自然属性和所具有的主导服务功能类型，可将全国划分为生态调节、产品提供与人居保障等三类一级生态功能区。

景观区划是指根据不同的景观类型进行区划的方式，如自然景观区划、文化景观区划等。

第三节　文化生态保护区划定原则

由于文化生态保护区划定是以文化区划为主，生态区划、景观区划为辅的区划方式，因此文化生态保护区划定的原则包括：文化形态特异性原则、文化生态完整性原则、地理环境及区位原则、区内相似性和区际差异性原则。

一、文化形态特异性原则

文化形态特异性原则，指的是划定文化生态保护区，必须得依托特定的文化形态。

所谓文化形态，是指民族、国家或群体的整体文化系统的构成形式，是由一系列子系统如语言文字，物质生产与生活，精神生产与生活，各种层次的社会组织与社会关系等构成的大系统。它具有普遍性和整体性，是直观的、具体的和丰富多彩的。文化形态是与社会经济形态相适应的观念形态，是在一定社会经济结构中发展起来，并受这个结构的制约；同时，文化形态也具相对独立性，并影响其社会经济形态的发展。文化形态是一个复杂、庞大的体系，有着不同的结构形式和表现风格，并随着历史的发展不断演化、变迁①。

---

① 蒋宝德等. 对外交流大百科 [M]. 北京：华艺出版社，1991。

文化生态保护区是对"历史积淀深厚，存续状态良好，特色鲜明且具有重要价值"的文化形态进行整体性保护而设立的特定区域，这是文化生态保护区设立的首要前提。设立文化生态保护区，通过保护文化形态的具体表现形式（非物质文化遗产、物质文化遗产）以及与其产生、传承、保护密切相关的场所、自然环境和生产生活氛围等文化生态要素的途径来实现对文化形态的整体性保护。

这种文化形态可以是区域（地域）文化系统也可以是区域文化系统的一部分，当其指代区域文化系统的时候，概念可因指定区域而或大，或中，或小。大如东部农业文化、西部游牧文化；中如中国传统农业文化、西南少数民族农业文化、蒙新草原——沙漠游牧文化、青藏高原游牧文化；小如燕赵文化、齐鲁文化、吴越文化、中原文化[1]；还能更加细分，如徽州文化、陕北文化、晋中文化、胶东文化等，甚至还能进一步细分（如潍水文化）。

这种文化形态原生于中国的传统文化，虽然也部分融入了现代文化元素，但其主体仍然是产生于农业社会的农耕（农牧、游牧）文化。由于历史、政治的原因和现代化、工业化等外部因素的影响，导致这种"文化形态"在当下，虽可能仍为社会大众所公认且具有较高的辨识度，但在具体表现形式上（特别是非物质文化遗产）体现的特色并非特别明显，或是总体保护传承状况不佳。如吴越文化为社会所公认，但至今只有所属的徽州文化成功申报了国家级文化生态保护区，究其原因，还是与长三角区域的城镇化、现代化有关，使得传统的吴越文化失去水乡农耕、织布养蚕的原生环境，失去了原汁原味，失去了独特的文化生态。

二、文化生态完整性原则

文化生态完整性原则，指的是文化生态保护区的划定，必须兼顾其所依托的生态环境，应将其文化分布（传播）的区域以及相互作用的环境要素所分布的区域进行打包划定。

行政区政治、经济联系的内向性加强了文化上的统一性，每个地区在语言、建筑、民俗方面，都有行政区的烙印。江西省婺源县从唐朝中叶以来归属徽州，1949 年才划入江西。1000 多年的北向联系，促成婺源与徽州文化的统一性，民风民俗、语言戏曲、建筑格局都酷似徽州。当行政区划与民族分布、语言分布不一致时，需要采取兼容的方法以保障文化生态的完整性。例如，西藏自治区是以藏族为主体的一级行政区，但藏族分布范围超出西藏，青海、四川、甘肃、云南都有藏族，地域连片，文化上有明显的相似性。研究藏文化时，地域范围可以突破行政区。客家人有明显的文化共性，分布是跨省域的，研究客家文化可以超越省界[2]。

三、地理环境及区位原则

地理环境及区位原则，则是指文化生态保护区的划定，还得考虑到地理环境（如大山、

---

[1] 对文化区的划分参考：周尚意等.文化地理学 [M].北京：高等教育出版社，2004：237。
[2] 胡兆量，阿尔斯朗，琼达等编著.中国文化地理概述 [M].第 3 版.北京：北京大学出版社，2009：207。

大江等的阻隔），以及区位的因素（地理区位，或是文化区位）。

四、区内相似性和区际差异性原则

区内相似性和区际差异性原则，这是区域的一般划分原则，也是文化生态保护区划分的原则，指的是文化生态保护区内部具有一定的同质性，而文化生态保护区之间具有一定的差别性。

第四节　文化生态保护区划定标准

一、区域空间的生态界定

区域的界定首先是一个空间层次结构问题。从整体上看，一个区域的生态异质性首先表现为地质、地貌与气候变异，其次是土壤和水文，其三是植被及其他生物，其四是人类活动（通常表现为土地利用）。因此，一般的，区域生态分区或区划可以按照生态演化的时间、空间系列以四级基本分类层次来考虑。不同等级的分区体系可以按如下分类体系来表征：

生态带（Zone）：地质、地貌、气候等地质地理因素。

生态类（Category）：土壤、水文等物理生态因子。

生态型（Type）：植被与其他生物等生物因素。

生态区（Region or Area）：人类活动与自然过程关系。

在"区"级以下的进一步划分可以按照亚区或子区（Sub-area）等来表征。例如，生态区这一级的分类体系可以分为人类（活动）亚区、生态亚区和交错亚区。大尺度的空间区域（如全球、洲、国家等）需要考虑这四级分类体系，中尺度的空间区域（国家以下的地区或省或州一级的区域，以及跨省或州的流域以及长三角、珠三角等大的城市群地区）原则上只需要考虑类、型和区等三级分类体系（特殊情况下涉及"带"的分类）。小尺度的空间区域（中小城市群地区或城市）仅需要考虑区一级的分类体系，即按照人类（活动）亚区—生态亚区—交错亚区的三元分类体系来考虑，这一分类体系还可以进一步明确表征为城市化亚区—城乡交错亚区—乡村亚区—自然亚区的四元生态分类体系。

"生态交错地（区）"概念对区域空间一致性表征具有重大的生态学意义，指的是一定地域中不同类别土地与土地之间的交错过渡地带，它常常具有独特的生态构成、结构和生态功能，对周边不同类别的主体土地单元具有重要的生态调节作用，尤其是它调节和影响不同类别土地之间的生态流过程，进而影响不同土地之间的生态服务功能的供给、交换和维护动态。生态交错地（区）土地的类别可以按生态系统或生物群落类别来界定，或者在基本生态系统类别的基础上复合、叠加而形成的土地单元类别。从土地生态分类来看，土地（生态）交错地（区）应该作为一类独立的分类单元，对生态系统物质、能量、信息过程具有不可或缺的影响或调节作用。[①]

（一）生态功能区划

随着全球化、城市化进程的发展和全球人类活动的增强，经济和环境间的矛盾日益凸显，带来了生态系统结构破坏、功能紊乱等等环境问题，保护生态系统健康成为人地关系中最迫切的任务。在这样的背景下，产生了对生态功能区划的需求。"生态功能区划"指的是"在充分认识区域生态系统结构、过程及生态服务功能空间分异规律的基础上，划分生态功能区，明确对保障国家生态安全有重要意义的区域，以指导我国生态保护与建设、自然资源有序开发和产业合理布局，推动我国经济社会与生态保护协调、健康发展"。

《全国生态功能区划》确定了下面的区划原则：

（1）主导功能原则：生态功能的确定以生态系统的主导服务功能为主。在具有多种生态服务功能的地域，以生态调节功能优先；在具有多种生态调节功能的地域，以主导调节功能优先。

（2）区域相关性原则：在区划过程中，综合考虑流域上下游的关系，区域间生态功能的互补作用，根据保障区域、流域与国家生态安全的要求，分析和确定区域的主导生态功能。

（3）协调原则：生态功能区的确定要与国家主体功能区规划、重大经济技术政策、社会发展规划、经济发展规划和其他各种专项规划相衔接。

（4）分级区划原则：全国生态功能区划应从满足国家经济社会发展和生态保护工作宏观管理的需要出发，进行大尺度范围划分。省级生态功能区划应与全国生态功能区划相衔接，在区划尺度上应更能满足省域经济社会发展和生态保护工作微观管理的需要。

全国生态功能区划的划分方法：在生态现状调查、生态敏感性与生态服务功能评价的基础上，分析其空间分布规律，确定不同区域的生态功能，提出全国生态功能区划方案。生态现状调查是生态系统报告的基础工作，生态系统服务功能及其重要性评价则是根据主导生态服务功能原则划区的依据。生态系统服务功能评价的目的是明确生态服务功能类型及其空间分布。全国生态服务功能包括生态调节功能、产品提供功能与人居保障功能。生态系统服务功能重要性评价是根据生态系统结构、过程与生态服务功能的关系，分析生态服务功能特征，按其对全国和区域生态安全的重要性程度分为极重要、重要、中等重要、一般重要四个等级[②]。

（二）生态经济区划

生态经济区是生态经济现象与其所在空间的统一体，是人们利用自然、改造自然，进

---

① 吴人坚，王寿兵，胡聃，任文伟. 中国区域发展生态学 [M]. 南京：东南大学出版社，2012：143。
② 吴人坚，王寿兵，胡聃，任文伟. 中国区域发展生态学 [M]. 南京：东南大学出版社，2012：319。

行生态经济活动的历史产物。离开了人类的技术手段对自然生态系统的干预、改造和建设，自然地理类型永远只能是自然生态系统，而不能成为生态经济系统[①]。

生态经济区划是一种功能区划，要求从区域生态的、社会经济的功能分析入手，剖析自然生态地域结构和社会经济地域结构，科学总结自然、经济功能的地域分异规律，划分融合生态和经济要素的地域单元。生态经济区划也是一种目的性区划。区划服务于区域生态保护和建设、区域经济持续发展的需求。第三，生态经济区划属于自然区划、生态区划和经济区划的交叉范畴。区划指标的选择除考虑基本的单一自然要素、生态要素和经济要素外，还应尽量选择和设计一些综合指标，以求连接人、地两大系统，实现基于自然资源、生态环境的社会与经济的持续稳定发展[②]。

生态经济区划遵循的原则包括：

（1）地理区划的一般性原则，如地域分异原则、区域共轭性原则、区内相似性和区间差异性原则等。

（2）人文要素与自然要素综合分析原则。以自然地域分异为基础，通过选取反映人类活动的关键指标，揭示它们的地域分异规律，分析人文因子和自然因子在空间分异上的关系及其规律，寻求二者在空间上的套合。

（3）坚持生态经济系统性原则。从系统论的观点出发，生态经济系统是建立在生态系统的能量交换和系统自平衡法则基础之上的生态和经济的复合系统。区划的结果要能够反映生态经济区域系统的整体性，不同等级地域单元具有生态经济系统的等级层次性，为在实践中加强生态到经济的链接和延伸，分析生态经济区域中生态与经济的协调关系提供依据。

（4）行政区划遵循完整性和区划单元在空间上相对集中连片的原则。区划要使政府在经济发展、生态建设和保护过程中具有可操作性，应尽量保证县级行政区界，兼顾地级行政区界，适当考虑省级行政区界的完整性原则，并在地域上相对集中连片。

（5）主导因素及其定性定量分析原则。区划要选择反映地域生态经济系统整体和主要特征的要素，要素要能反映主流生态经济系统，体现主要经济活动。通过对生态经济系统主导因素的定性定量分析，选择合理的界限指标，实施生态经济区划。

生态经济区划的方法包括分类单元的划分、生态经济类型的划分及生态经济特征分析、综合归并分区三个步骤。区划的过程是按三级分级体系由低级向高级进行的。

（1）一级生态经济区划。人类活动强度指数作为划分的一级生态经济区中和自然生态指标相对应的人文指标。某地的综合人类活动强度指数为该地人类活动的空间密度（即单位空间面积人类的综合活动量）相对于全国（全区）的水平。

（2）二级生态经济区划。除自然指标外，选取土地利用结构作为综合生态与经济两大

① 胡宝清，严志强，廖赤眉等．区域生态经济学理论、方法与实践 [M].北京：中国环境科学出版社，2005：67-68。
② 王传胜，范振军，董锁成等．生态经济区划研究——以西北6省为例 [J].生态学报，2005，25（7）。

系统的主要指标。因为土地利用结构不仅反映了人类活动的方式，也不同深度地反映了不同生态条件对土地资源可开发方式的影响。运用土地利用结构作为生态经济地区划分的标志，不仅能体现人类活动的一般特征，而且在一定程度上也能大致反映自然景观带分异，从而为区划上下级之间的衔接提供了方便。

（3）三级生态经济区划。以中小尺度地貌单元为自然生态背景，选取产业结构、城镇化水平、城镇工矿用地和交通用地结构等反映人类活动的指标，首先通过相关指标与全国和全区平均水平的对比，确定区划的指标体系；其次，根据指标体系划分出不同的生态经济区。[1]

二、区域空间的文化界定

文化区，也称文化地域或文化圈，是指不同性质的文化现象的分布范围，也就是根据生产方式、语言、宗教、政治形态、日常生活、房屋构造、风俗以及对自然的适应的各种文化现象的差异所划分的地域。

文化区划分及划分的结果往往因选取的标准不同而有所差别。文化区之间，甚至某一个文化区内部的文化特质，都既有差异，又有共同之处；既有一定的独立性，又相互影响和彼此渗透。张文奎等认为文化区划分最重要的指标是语言和宗教[2]。肯达尔（H. M. Kendall）1976 年在《地理学导言》中提到"文化区是一组相类似的内部有相互联系的文化占主导地位的区域，这些文化通常具有许多共同因素，特别是语言和宗教[3]。"

语言学上的萨丕尔—沃尔夫假设（Sapir-Whorf Hypothesis）认为，语言能对文化起决定性的作用，认为语言不仅仅是人类经验的客观记录，还有其内在的强制力量。人类所了解的客观真实只不过是被语言简化了的形象。"从来没有两种语言想死到足以被认为是反映同意社会实际的地步。"[4] 不同社会的人由于语言的不同而观察到的客观实际不同，因为每一种语言都将客观实际强制纳入了独特的模式。萨丕尔—沃尔夫假设可能过分强调了语言对文化塑造的作用，但在提出了语言、思想和社会行为是紧密相关的这一点上有其积极意义。[5]

民族是具有共同语言、共同地域、共同经济生活，以共同文化为基础的共同心理素质的人群。我国是统一的多民族国家，多数民族分布地域集中，各少数民族在长期历史发展过程中，创造了许多优美的诗歌、神话、传说、音乐、舞蹈、戏剧和美术作品，留下了多彩的服饰文化，丰富的饮食文化，灿烂的建筑文化。因此我国的许多文化生态保护区的划分以民族为单位。

区划的界线有两类：一类是突变型，界线十分明晰，例如政治区划；另一类是渐变型，界线比较模糊，例如动植物区划。人的可移动性和混合居住性，决定文化区界线的模糊性。

① 王传胜，范振军，董锁成等. 生态经济区划研究——以西北 6 省为例 [J]. 生态学报，2005，25（7）：324。

② 张文奎主编. 人文地理学概论（修订本）[M]. 长春：东北师范大学出版社，1990。

③ 肯达尔. 现代文化区 [J]. 李根良译. 国外人文地理，1986（年创刊号）：83。

④ Sapir E.*The Status of Languistics as a Science*[J].Language，1929（5）：214.

⑤ 童恩正. 文化人类学 [M]. 上海：上海人民出版社，1989。

文化区划比经济区划和自然区划困难得多。文化现象的区域分异大都是渐变的、插花式的，有宽阔的过渡地带，也存在犬牙交错的文化岛。文化区的文化特性常从一个范围较小的核心区向着过渡带逐渐减弱。因此，对区域文化特征的概括宜简不宜繁，文化区划的层次宜少不宜多，文化区划的界线宜粗不宜细①。

按照目前比较流行且广泛接受的文化区划定的方式，文化区大致可以分为：形式文化区（Formal Culture Regions）、功能（或机能）文化区（Functional Culture Regions）和乡土文化区（也叫感觉文化区）（Vernacular Culture Regions）三种类型②。

（一）形式文化区

目前通称的文化区一般指形式文化区③。形式文化区是一种或多种相互间有联系的文化特征所分布的地域范围。在空间分布上，它具有集中的核心区与模糊的边界。形式文化区的确立，往往选择一种或多种文化要素，如语言、宗教、民族、民俗等，根据所收集的资料，在地图上绘出所对应的文化特质的分布范围，且确定具体的边界，该区域就是某种文化特征的形式文化区。如中国的客家人分布区、闽南语分布区、伊斯兰教分布区等，这些都是以某一种文化特征作为标志性指标而划分出的文化区。更普遍的划分方法是以多个相互关联的文化特征为标志而划分出文化区。

形式文化区多由一个文化特征鲜明的核心区域，文化特征相对一致而又逐渐弱化的外围区以及边界较为模糊的过渡带三个部分组成，这种文化区是该文化现象在自然状态下，不受外部的某种作用而形成的。此外，形式文化区的划分带有颇多主观性，它主要依循划分者所指定的指标。例如，按照宗教指标，内蒙古和西藏可以划分为同一个形式文化区。但如果根据语言、民族、风俗习惯等因素综合考虑，则它们显然是两个截然不同的形式文化区。

（二）功能文化区

功能文化区在形成上与形式文化区不同，是在非自然状态下形成的，受政治、经济或社会功能影响导致内部彼此之间有一种相互联系从而确定其分布区范围的文化区。与均质文化区不一样，它往往是异质的，是按照行政或者某种职能而划分出来的。例如一个行政区划的一级单位、一座城市，甚至一个国家，都可以算作是一个功能文化区。

如上文所述，行政区划对文化区域具有直接影响，它促进区域共同传统的形成。在同一行政区域内，文化接触比较频繁，文化联系更加紧密。如果某一政区长期维持稳定，那么区域内多种文化特征就逐渐趋同，进而达到均质。此外，行政区域往往还是同一文化的传播区，更容易形成共同的文化景观。因而，从这个角度看，功能文化区的形成往往有其

---

① 胡兆量，阿尔斯朗，琼达.中国文化地理概述[M].北京：北京大学出版社，2006：206.
② 王恩涌等.人文地理学[M].北京：高等教育出版社，2000：33；周尚意等.文化地理学[M].北京：高等教育出版社，2004：228。
③ 张文奎 主编.人文地理学概论（修订本）[M].长春：东北师范大学出版社，1990。

历史和政治的原因。特别是在现今行政区划体制影响下，经济、文化、制度等均以一级行政区为单位，这就更突出了功能文化区的地位和重要程度。例如广东文化、上海文化、港澳文化等，就直接以行政区名称来命名文化区。

功能文化区一般都有一个中心，它是起协调和指导作用的中枢，如国家首都、省区的省会城市等，这一中心也是实现其功能作用的中心。应该明确的是，功能文化区的边界并无一个交错的过渡带，而是由明确该功能中心的范围所划定的确切界线，这与形式文化区边界较为模糊的情形有显著的差异。

功能文化区和形式文化区由于形成机制存在差异而有所不同，但在某些情况下则会相互重叠，如日本，作为国家的政治功能文化区与作为语言的形式文化区就完全一致。

（三）乡土文化区

乡土文化区又称感觉文化区，它是人们对于文化区域的一种认同，既存在于区域内居民的心目之中，也得到区域外人们的广泛认可，换言之，它是人们头脑中对区域民间文化的一种感性认识，或曰区域意识。吴越文化区、齐鲁文化区等就是一种感觉文化区。再如对欧美国家的人们来说，东方文化是一种笼统的、感觉化的，但得到他们广泛认可的概念，是对于包括中国文化、日本文化、韩国文化以及东南亚文化等所有属于东方区域文化的总体印象。

乡土文化区与功能文化区的差异性在于，其既无功能中心，又无明确边界线；与形式文化区的区别在于，其区内缺乏形式文化区那种文化特性上的一致性。这种存在于人民思想感情上的文化，往往会在某种利益的活动中表现出来，有的则扎根于当地的民俗中，并成为维系某一群体或区域的内在能量。

文化生态保护区是为了保护某个特定的文化形态而设立的区域，因此，对特定"文化形态"的内涵界定，成为划定文化生态保护区地理外延（范围）的最主要参考标准。从文化形态的定义来看，它包括了语言、风俗、行为习惯、精神等诸多标准，因此，从这个意义上来说，作为保护特定"文化形态"而设立的文化生态保护区应该是形式文化区，是这种特定的文化形态投影在地理空间上的范围。

这种"文化形态"，可以是广为公认的区域（或地域）文化系统的全部，如闽南文化、徽州文化、陕北文化、晋中文化、大理文化；也可以是某个区域（或地域）文化系统的部分，如某个地域内特定人群承载的民族（民系）文化系统（羌族文化、客家文化、迪庆民族文化等）或是一个地区特有的特征文化系统（热贡文化、铜鼓文化、海洋渔文化等）。

然而，我们还必须看到，在现有行政管理体制下，完全按形式文化区对"文化形态"进行保护是无法行之有效地贯彻落实的。省级文化行政部门、地市级文化行政部门都有自己相应的事权范围，都有明确的事权边界。因此，文化生态保护区不但是形式文化区，也是功能文化区，它是形式文化区和功能文化区的最大公约数。对形式文化区跨地、跨省甚至在空间上不连续的，往往在文化生态保护实验区命名中注明行政地域范围，如客家文化

（赣南）生态保护实验区、海洋渔文化（象山）生态保护实验区等等。

　　在文化生态保护区的命名中，部分也考虑到乡土文化区的因素，如徽州文化生态保护实验区、闽南文化生态保护实验区、晋中文化生态保护实验区、陕北文化生态保护实验区等等。前已述及，乡土文化区往往没有明确的边界，因此，这些文化生态保护实验区也往往跨行政单元，如徽州文化生态保护实验区包括了安徽省黄山市和江西省婺源县，闽南文化生态保护实验区包括了厦门、漳州、泉州等三市，陕北文化生态保护实验区包括了陕西的延安、榆林两市。

　　综上，文化生态保护区是综合了形式文化区、功能文化区及乡土文化区的综合文化区划方式，核心在于对文化形态内涵的界定（表3-1）。

16个国家级文化生态保护实验区文化形态分类　　　　　　　　　　　　表 3-1

国家级文化生态保护（实验）区名录	文化形态分类
闽南文化生态保护实验区	区域文化系统
徽州文化生态保护实验区	区域文化系统
热贡文化生态保护实验区	地域特征文化系统
羌族文化生态保护实验区	地域民族文化系统
客家文化（梅州）生态保护实验区	地域民系文化系统
武陵山区（湘西）土家族苗族文化生态保护实验区	地域民族文化系统
海洋渔文化（象山）生态保护实验区	地域特征文化系统
晋中文化生态保护实验区	区域文化系统
潍水文化生态保护实验区	地域文化系统
迪庆民族文化生态保护实验区	地域民族文化系统
大理文化生态保护实验区	地域文化系统
陕北文化生态保护实验区	区域文化系统
客家文化（赣南）生态保护实验区	地域民系文化系统
铜鼓文化（河池）生态保护实验区	地域特征文化系统
黔东南民族文化生态保护实验区	地域民族文化系统
武陵山区（鄂西南）土家族苗族文化生态保护实验区	地域民族文化系统
黔江渝东南文化生态保护区	地域民族文化系统
格萨尔文化（果洛）生态保护实验区	地域特征文化系统

第五节　文化生态保护区的地域类型结构

　　文化生态保护区的区域类型结构包含以下几个层次：

　　1. 保护核心区（文化生态核）

　　文化生态保护核心区是指以代表性传承人为核心的非物质文化遗产项目活态传承最完好，标志性文化最突出，文化生态最健康，最具保护价值的聚落场所或文化空间，表现为街道、社区或乡镇、村落等相对完整的人类居住或（群体性）生产的最小聚落单元。核心区一般包括非物质文化遗产项目及其传承人所依托的物质载体，如社区街道、乡村居民点、院落、单个建筑等，以及具有一定传承活动的文化空间。其中非物质文化遗产项目及传承主体需要实施重点与高效保护。

2. 重点保护区

文化生态重点保护区指的是针对分物质文化遗产整体性的保护要求，为确保文化生态核心区的安全而划定的特定区域。重点保护区主要由若干个空间相连的核心保护区组成，它们之间通过生产生活方式联系进行文化交流与传承，形成较为稳定的对文化生态具有较好控制作用的地域。

划定依据是：非物质文化遗产项目是否丰富，遗产类型是否突出，文化同质性强，生产生活方式是否传统和生产生活方式的内部依存度是否较高作为依据，以乡镇为基本单位，划定文化生态保护区重点保护区。

3. 一般保护区

除核心保护区、重点保护区外，将具有非物质文化遗产项目及其代表性传承人四级名录的其他地域作为一般保护区，以乡镇为基本单位。保护一般保护区内的各级各类非物质文化遗产项目、代表性传承人及其传承空间，提供传承场所，鼓励传承活动，有条件的应鼓励参评生产性保护示范基地。

4. 环境支撑区

环境支撑区是除核心保护区、重点保护区、一般保护区三级保护区之外的其他区域。环境支撑区根据遗存共生与区系生态平衡原则划定，以乡镇为基本单位。环境支撑区的划定主要是为了保护区内文化生态多样性以及非物质文化遗产项目物质载体所依存的自然生态环境。

5. 专项保护区

本着就地保护的原则，将特定的非物质文化遗产项目集中的文化聚落（社区街道、城乡村镇）区域划定具有一定传承活动范围的空间，即为非物质文化遗产专项保护空间，例如民族语言专项保护区、传统手工艺专项保护区、特色舞蹈专项保护区等。其大小与形式不一，以非物质文化遗产项目及传承主体为保护重点。划定专项保护区的目的是为了更有针对性地制定保护措施。规划以县为单位，以某类非物质文化遗产集中的地域为特征，划定县（市）属非物质文化专项生态保护区。

6. 文化传播通道

文化生态保护区的文化传播通道一般包括水系、陆路交往通道等。丝绸之路除连通古时亚非欧大陆的商业贸易外，在文化的传播互通方面也起到了不可磨灭的作用，如造纸术、印刷术、井渠技术等都是通过丝绸之路传到西方，佛教也是借丝绸之路从西域传播到中原。丝绸之路沿线至今留存的莫高窟等文化遗迹都是中西文化交流、民族融合的见证。此外，古时由于交通不便，更为依赖的是水上文化传播通道，而到近代随着水利设施的兴建，水运受到一定限制，陆路交通成了文化交流传播的主要通道，主要包括铁路、国道、省道以及其他公路。这些文化传播通道是文化生态保护区中对外联系最多，包容性最强的区域，代表了文化融合发展的过程。

7. 文化传播扩散区域

文化传播扩散区域是文化生态保护区中除核心重要文化地理区域之外的其他周边影响区域。文化生态保护区通常从其文化核心区域出发，文化效力向着环境支撑区逐渐减弱。因为各种文化现象混杂重叠，所以文化生态保护区的界线并不一定是泾渭分明的，各区域之间往往存在较大的过渡地带。

第二部分

文化生态保护区中的非物质文化遗产保护规划

第四章　非物质文化遗产的认知

第一节　非物质文化遗产的内涵

一、非物质文化遗产的概念

"遗产"，从字面上理解，即先人留下的财产。《后汉书·郭丹传》中就有提到："丹出典州郡，入为三公，而家无遗产，子孙困匮。"[①] 稍加引申，其意为历史上遗留下来的精神财富或物质财富。在法学概念内，"遗产"则指被继承人死亡时遗留的个人所有财产和法律规定可以继承的其他财产权益。综合来看，遗产不仅仅指金钱，任何被视为财富的东西均可以进入"遗产"的范畴。

文化，一个内涵极为广泛的概念，包罗了人类生活的方方面面。历史、地理、风土人情、传统习俗、生活方式、文学艺术、行为规范、思维方式、价值观念等均可列入文化的范畴。文化是一种社会现象，同时又是一种历史现象，是人类历史发展的产物，也是人类所创造的物质的和精神的成果，包括器物和产品、技术和知识、规范和习惯、信仰和价值等。作为一种长期的历史积淀，文化也是一种资源和财富，而"文化遗产"正是其中最优秀的那一部分。

文化遗产，即指"某个民族、国家或群体在社会发展过程中所创造的一切精神财富和物质财富，这种精神财富和物质财富代代相传，构成了该民族、国家或群体区别于其他民族、国家或群体的重要文化特征"[②]。文化遗产根据其自身形态可以分为有形文化遗产和无形（非物质）文化遗产两大类。根据联合国教科文组织 1972 年出台的《保护世界文化和自然遗产公约》（Convention Concerning the Protection of the World Cultural and Natural Heritage）第一条，有形文化遗产的定义包括以下诸事项：

"文物（Monuments）：从历史、艺术或科学角度看具有卓越普世价值（Outstanding Universal Value）的建筑物、碑雕和碑画，具有考古性质的构件或结构、铭文、窟洞及以上特质的联合体；建筑群（Groups of Buildings）：从历史、艺术或科学角度看在建筑式样、一致性或与周围景观的结合方面具有卓越普世价值的单立或连接的建筑群；遗址（Sites）：从历史、审美、民族学或人类学角度看具有卓越普世价值的人类工程，或自然与人类合造之工程以及包含考古遗址的区域。"

---

① [南朝宋] 范晔撰. 罗文军编. 后汉书.[M]. 西安：太白文艺出版社，2006。
② 王云霞. 文化遗产的概念与分类探析 [J]. 理论月刊，2010（11）：5-9。

此外，自然遗产是 1972 年《保护世界文化和自然遗产公约》的另外一个组成部分。"自然遗产"包括以下三方面内容："从美学或科学角度看，具有突出、普遍价值的，由地质和生物结构或这类结构群组成的自然面貌；从科学或保护角度看，具有突出、普遍价值的地质和自然地理结构以及明确划定的濒危动植物物种生态区；从科学、保护或自然美角度看，具有突出、普遍价值的天然名胜或明确划定的自然地带。"自然遗产与有形文化遗产共同构成了世界遗产的概念。缔约国在执行公约时参考的《实施世界遗产公约的操作指南》，也是把有形文化遗产与自然遗产视为一个整体概念而修编的。

有形文化遗产和自然遗产的概念从 1972 年《保护世界文化和自然遗产公约》正式颁布后，就被人们所接触和了解。直到 30 年后的 2003 年，联合国教科文组织才以"非物质文化遗产"这一概念完善、补充了文化遗产的内涵。本章着重阐述非物质文化遗产含义及其与文化生态的关系。

中文的"非物质文化遗产"，英文对应为"Intangible Cultural Heritage"。这一术语，包括中英名词的正式形成经历了一个漫长的演变过程。

国际上，日本在战后 20 世纪 50 年代最早出现了与现代"非物质文化遗产"概念对应的词，称为"无形文化财"；1997 年联合国教科文组织制定《人类口头及无形文化遗产代表作宣言》（Proclamation of Masterpieces of the Oral and Intangible Heritage of Humanity）时使用的是"口头与无形遗产"（Oral and Intangible Heritage）；直至 2003 年联合国教科文组织颁布《保护非物质文化遗产公约》（Convention for the Safeguarding of the Intangible Cultural Heritage）时才确定了现今通用的名词"非物质文化遗产"（Intangible Cultural Heritage）。

在中国，"民俗"一词在 20 世纪初时曾被大规模使用。新中国成立后的 20 世纪 50 年代，学者开始使用"民族民间文化"来普查、搜集、记录传统的民族民间艺术。20 世纪 80 年代后，受日语影响，"无形文化遗产"这一名词在中国被广泛应用。2004 年，文化部在翻译联合国教科文组织公布的《保护非物质文化遗产公约》时，正式把"非物质文化遗产"名词确定下来。与此同时，正式文件中开始全面使用"非物质文化遗产"，代替原先的"无形文化遗产"。不过，在学术界依旧有人使用"无形文化遗产"一词，两个词的内涵完全一致。

关于这一概念的内涵，目前被广泛接受的是《保护非物质文化遗产公约》中对非物质文化遗产的定义，即："被各社区、群体，有时为个人，视其为文化遗产组成部分的各种社会实践、观念表述、表现形式、知识、技能及相关的工具、实物、手工艺品和文化场所。"它包含五个方面的内容："口头传统和表现形式，包括作为非物质文化遗产媒介的语言；表演艺术；社会实践、礼仪、节庆活动；有关自然界和宇宙的知识和实践；传统手工艺。"这种非物质文化遗产世代相传，在各社区和群体适应周围环境以及与自然和历史的互动中，被不断地再创造，为这些社区和群体提供认同感和持续感，从而增强对文化多样性和人类创造力的尊重。在该公约中，只考虑符合现有的国际人权文件，各社区、群体和个人之间相互尊重的需要和顺应可持续发展的非物质文化遗产。

中国 2005 年出台的《国务院关于加强文化遗产保护的通知》中，也对非物质文化遗产进行了定义："各种以非物质形态存在的与群众生活密切相关、世代相承的传统文化表现形式，包括口头传统、传统表演艺术、民俗活动和礼仪与节庆、有关自然界和宇宙的民间传统知识和实践、传统手工艺技能等以及与上述传统文化表现形式相关的文化空间。"

2011 年 6 月，中国颁布的《中华人民共和国非物质文化遗产法》中对非物质文化遗产的定义是："指各族人民世代相传并视为其文化遗产组成部分的各种传统文化表现形式，以及与传统文化表现形式相关的实物和场所"，包含六个方面内容："传统口头文学以及作为其载体的语言；传统美术、书法、音乐、舞蹈、戏剧、曲艺和杂技；传统技艺、医药和历法；传统礼仪、节庆等民俗；传统体育和游艺；其他非物质文化遗产。"

二、非物质文化遗产的价值

非物质文化遗产世代相传至今，本身就代表了人类历史，具有重要的历史价值。如非物质文化遗产中传统口头文学以及作为其载体的语言这一类中的神话，就是叙述历史、记忆历史和保存历史的重要载体，往往通过人类起源神话、洪水神话、图腾神话等类型，记载在原始时代发生的自然现象和社会现象。非物质文化遗产是文化多样性的体现，是文化的结晶，具有重要的文化价值。非物质文化遗产是历史上人类创造力和伟大智慧的集中表现，从传统技艺到传统医药等各类非物质文化遗产，均以其丰富的文化表现形式，反映了历史上不同时期的生产力发展状况、科学技术发展程度、工艺加工水平、人类创造能力和认识水平，是后人获取科技信息的源泉，蕴含了大量知识内容，具有重要的教育、科学、经济价值。绝大多数非物质文化遗产如传统美术、书法、音乐、舞蹈、戏剧、曲艺和杂技等本身就是艺术形式，均具有高超的艺术价值。非物质文化遗产作为一个民族集体认同的产物和民族精神的集中体现，是人类社会可持续发展的重要保障，是保持社区和群体认同感的重要介质，有利于促进各社区、群体和个人之间的相互尊重，蕴含了重要的社会价值。

（一）历史价值

非物质文化遗产本身就是历史的产物，其历史价值首先需要被人们认识。无论是物质文化遗产还是非物质文化遗产都是人类历史活动中的遗留产物，体现了历史的珍贵价值。特别是非物质文化遗产包罗万象，几乎囊括了人类历史上衣食住行的方方面面，是反映传统生活风貌的"活化石"。其历史价值在传统口头文学和民俗类非物质文化遗产中表现尤为突出。

以表演类的海南黎族人歌唱为例。歌唱是黎族人生活的一部分。海南"黎族人民爱唱歌，山歌传唱在世上；口头代代传歌下，从古至今万年长"[①]。因为黎族是"无字"的民族，歌唱成为其民族一种重要的"记忆"方式。"歌为史"，作为历史过程的表达，它反映了黎

---

① 唐启翠. 歌谣与族群记忆——黎族情歌的文化人类学阐释 [J]. 海南大学学报（人文社会科学版），2007，25（4）：361-365.

族民众的生活、情感及体验。同时，随着歌唱内容和形式的变化，也反映了不同的社会历史特征和风貌。再以满族说部为例。满族说部是满族及其先民口耳相传的一种古老的民间长篇说唱艺术，满语称"乌勒本"（Ulabun），汉译为传或传记。满族说部风格凝重，气势恢宏，囊括氏族部落崛起、蛮荒古祭、开拓创业、英雄史传、民族习俗和生产生活知识等内容，被称为北方民族的百科全书。这种独特的说唱艺术反映了满族这个少数民族的发展历史。再看广受群众欢迎的传统节日，亦是历史上民间社会实践、仪式、活动的重要载体。春节是中国民间传统节日，是一年中最隆重的节日，其起源于殷商时期年头岁尾的祭神活动，历史十分悠久。自汉武帝改用农历以后，中国历代都以二十四节气中的立春日为春节，农历正月初一为新年。立春最早是祭天、祭农神和祭春神、鞭春牛、祈丰年的日子。《史记》《汉书》称正月初一为"四始"（岁之始、时之始、日之始、月之始）和"三朝"（岁之朝、月之朝、日之朝，朝亦始也）。古人常在此时举行朝贺，进行各种娱乐活动，迎神祭祖、占卜气候、祈求丰收，后来逐渐形成内容丰富的新春佳节。辛亥革命之后，改农历正月初一为春节，立春逐渐淡化。透过春节这一传统节日内涵的时代变化，不难窥探到各个历史时期的社会风貌，有助于了解当时的社会、群体的整体状况。

非物质文化遗产的历史价值还体现在证实补全历史上。物质文化遗产是在一定文化背景下的人类作品，体现了当时文化的价值观念、知识、技能等。而非物质文化遗产则是知识、技能本身，是最根本的人类智慧。众所周知，物质文化遗产在证实和补全历史方面发挥了至关重要的作用，但仅靠物质文化遗产这种静态的物质存在难以实现对整个历史的还原，于是非物质文化遗产以其鲜活、生动、形象的记录同物质文化遗产互为补充，共同全面地发挥了佐证历史的功能。非物质文化遗产在一定程度上是物质文化遗产联系历史的重要纽带。如贵州威宁县的苗族服饰，从物质文化遗产的角度来看，我们只能看到一件由各种图案、颜色、银器所构成的穿在身上具有保暖功能的衣服。但仔细考察苗族妇女裙裾上镶着的三道杠杠，却有特殊的含义：最上面一条代表"坝子"（山地中的平原），中间的一条代表"浑水河"（黄河），下面一条代表"清水河"（长江）。当地人解释说："原来我们苗族生活在坝子上，后来与黄帝打仗，败北后才跨过浑水河，越过清水河，来到现在这个地方。"据考，当时的黄河入海口在天津，故可知苗族的原乡应在渤海北岸。这一点与远古典籍《山海经》中黄帝与蚩尤曾战于冀州之野的记载可谓不谋而合。[①] 可见，这些符号和图像包含着大量的历史认识价值。

（二）文化价值

非物质文化遗产涵盖着丰富的文化资源，是每个民族传统文化的精髓。各民族的非物质文化遗产，都体现着该民族特有的生活方式、行为模式、思维模式、制度模式等，是一个民族文化身份的象征。它反映着该民族的文化发展轨迹，同时也是一个民族发展的不竭

---

① 苑利，顾军. 非物质文化遗产学 [M]. 北京：高等教育出版社，2007：43。

动力和创作源泉，表现出鲜明独特的文化价值。

联合国教科文组织《世界文化多样性宣言》指出："文化在不同的时代和不同的地方具有各种不同的表现形式。这种多样性的具体表现是构成人类的各群体和各社会的特征所具有的独特性和多样化，文化多样性是交流和创作的源泉，对人类来讲就像生物多样性对维持生态平衡那样必不可少，从这个意义上讲，文化多样性是人类的共同遗产，应当从当代人和子孙后代的利益予以承认和肯定。"保护非物质文化遗产根本上就是要保护文化多样性，多样性的文化构成了世界丰富多彩的文化模式、文化形态、文化观念。同时，各种文化之间不断交流碰撞，形成了文化既保持独特性又相互融合影响的局面，因此这种多样性是非物质文化遗产文化价值的重要表现之一。

非物质文化遗产传承着丰富的历史文化，是各民族或群体的精神依托，蕴藏着各民族或群体的文化基因和精神特质，反映了各民族或群体的文化行为和生活态度，集中表现为一个民族的精神特质和精髓，是民族精神情感的活态遗存，是一个民族前进发展过程中的内在动力。崇尚伦理道德，追捧忠孝仁义，这些道德伦理条约不仅规定了民族大众的价值观和行为方式，也是族群中人们恪守的维系社会和人伦关系的准则尺度，渗透到民众的观念信仰、生活风俗、思想情感等方方面面。

另一方面，非物质文化遗产与本民族的民间艺术相融合，在族群的艺术审美素养中深深打上了追求伦理道德等民族精神的烙印。可以说非物质文化遗产往往成为承载民族精神的最佳媒介和手段。以古琴艺术为例，古琴演奏是中国历史上最古老，艺术水准最高，最具民族精神、审美情趣和传统艺术特征的器乐演奏形式之一。古琴艺术集诗书礼乐为一体，包含并传承了儒家传统精神及崇尚自然、琴道即人道的道家思想境界。再如端午节，从对人体疾病的防御转向对人性弱点的批判，对自然界不良环境的改造转向对社会不良邪恶势力的斗争，并最终将端午精神固定在屈原身上，都突出体现了中华民族爱国爱民的忧患意识，团结协力的共进精神和应对灾异的生活智慧。

非物质文化遗产的文化价值丰富却十分脆弱。在全球化和现代化的今天，极易遭到毁灭和破坏，特别是少数民族偏远地区的非物质文化遗产更需要倍加爱惜和保护。它们忠实地反映和记录了这些民族、种群的文化发展进程。保护好这些珍贵的非物质文化遗产其实就是保持文化多样性的手段，具有十分重要的文化价值。

（三）社会价值

联合国教科文组织在《保护非物质文化遗产公约》中指出："非物质文化遗产是密切人与人之间的关系以及他们之间进行交流和了解的要素。"非物质文化遗产的社会价值突出表现在促进文化认同，促进社会和谐以及维系社会秩序和社会公德上。

非物质文化遗产中的许多内容，反映了民族共同的心理结构、思维习惯、生活习俗等，规范着民族的群体生活方式、思维价值取向，能产生强大的民族凝聚力，促进民族共识和认同，具有重要的社会和谐价值。如以春节为代表的传统节日为例，它们是中华民族优秀传统文化的重要载体，凝聚着中华民族的精神追求和情感寄托，传承着中国人的家庭伦理和社会伦理观念。历经千百年的积淀，异彩纷呈的节日民俗，已形成底蕴深厚且独具特色的节日文化。再如中秋节起源于人们对月亮的崇拜，中秋月圆，象征着丰收和喜悦，象征着家庭和美，社会和顺，国家和平。每个人都有月饼吃，每个人都向亲戚朋友祝福，这就是一种和谐精神。中秋节往往也是政府访贫问孤，化解各种社会矛盾的最好时机。非物质文化遗产中众多的和谐价值因素，有助于维系民族团结、社会稳定，百姓安分守己、恪守礼法，有助于形成牢固的民族凝聚心和社会向心力。

非物质文化遗产中含有大量伦理道德内容，如尊老爱幼、谦逊礼让、仁义诚信等。这些体现民族伦理道德的内容，通过选择、呈现和宣扬与传统道德追求相一致的题材和内容，为人类社会和谐健康平稳发展提供保障，促进人与人、人与社会的和谐共处。这些丰富的传统伦理道德资源，也是当代社会道德建设的重要源泉。如在北京平谷老城区广为流传的"仁义胡同"传说，讲述了这样一个故事：明朝时，有金、倪两位大官的亲戚住在仁义胡同，两家只有一墙之隔，平时相安无事。但有一年夏天下大雨，两家中间的院墙倒了。在恢复院墙时，两家开始争执，都想多占一些面积，各不相让。两家人都想着自己在朝中有人，就各自修书，请大官亲戚为自己撑腰。没想到尚书接到书信后回复："百里捎书为堵墙，让他一墙又何妨？万里长城今犹在，不见当年秦始皇。"这两家大官的亲戚见到信后，都十分惭愧，主动示好。待到修墙时，各自主动让出一墙之地，于是形成了如今一条进口五尺宽的胡同，让邻里行走至今。而邻里见状无不称赞，从此把这条胡同叫仁义胡同。故事中所表现的与人为善、和睦相处、互敬互让等美好向善的伦理道德内容，极大地助益于和谐社会的建设。再如重阳节集中体现的"孝"文化内涵，展示了我们中华民族尊老敬老，"老吾老，以及人之老"的大同精神。在中国进入老龄化的今天，应当弘扬重阳节文化传统，使更多人敬老爱老，关注老人生活，从而促进中国社会的和谐发展。在传统道德体系不断遭受破坏，道德底线一再被突破的今天，重视和挖掘非物质文化遗产中的社会价值显得十分必要和紧迫，保护好非物质文化遗产其实就是在保护中华民族千百年传承下来的传统道德理念。

非物质文化遗产的社会价值还表现在推动国家交流与合作上。文化的交流互动有助于文化的交融与发展，通过保护非物质文化遗产推动国际交往和合作，有利于促进地区的和平与稳定。如2005年中国与蒙古国联合申报"蒙古族长调民歌"。该项目的成功申报与保护已经成为两国友好合作的标志性事件，促进了两国的密切联系。因此，在对外交往中，特别是与亚洲邻国，要多通过非物质文化遗产保护这一共同的价值观，加强合作，密切沟通，充分发挥非物质文化遗产在建设和谐社会、和谐世界中的社会价值。

（四）审美价值

非物质文化遗产中，无论是民间文学还是传统音乐、舞蹈、戏剧、传统美术和传统技艺，其中大部分都是以"艺术"的形式和形态来表现的，是人类的"艺术遗产"。这些遗产流传到今天，仍具有极高的审美价值。在不同时代、不同民族、不同区域，各具特色的非物质文化遗产凝结着广大劳动者的智慧结晶，体现了一定时期的审美风尚，具有极高的审美价值，是各民族艺术珍品和美的杰作。通过非物质文化遗产中的诸多艺术作品，我们可以直观、形象地了解当时当地的生活状况、风土民情、思想情感和历史典故，以及当时当地人民的审美倾向、艺术追求、艺术特点及其艺术创作方式。

在中华民族发展历程中，文学艺术中仅算流传下来的唐诗，就有 5 万多首。唐诗之后，更出现了宋词、元曲、明清小说等几个文学艺术的发展高潮，形成了中华民族独特的审美意识和人文精神。再如传统表演艺术中传统戏剧、曲艺都是历史的活态表现形式。被称为"百戏之祖，百戏之师"的昆曲是中国传统戏曲中最古老的剧种之一，是戏曲艺术中的珍品。"昆曲是一种由俗而不鄙的内容与细腻的歌舞形式相结合的高品位戏曲艺术。它自身文学性的丰富不是仅仅为了表达文字的优美，而是为了使剧本结构更加完整，演唱更加富有韵律，旋律感更强。它是作用于舞台演出的，不是纯文学的，它始终都应界定为一种'俗'的艺术。如果说我们能通过它的形式感觉到她的高品位的话，那也是通过'俗'的形式来实现的。所以，昆曲实际是一种'俗而不媚，雅而不涩'的艺术样式，这样一种雅俗共赏的特点使它应该拥有不同层次的观众群，并以其独特的艺术品位傲立于各个艺术门类之中，去满足每一个凡夫俗子渴望入世又追求出世的心境。"[①] 又如发端于东晋时期的南京云锦，因其绚丽多姿，美如天上云霞而得名，至今已有 1580 年历史。其工艺、配色、用料、审美无不达到历史的极致。特别是云锦图案的配色，主调鲜明强烈，具有一种庄重、典丽、明快、轩昂的气势，这种配色手法与中国宫殿建筑的彩绘装饰艺术是一脉相承的。

非物质文化遗产是见证一个民族艺术审美价值存在变迁的"活化石"，为我们民族艺术得以呈现和发展提供了必不可少的养料。它的艺术价值体现在其存储的文化艺术创作元素和素材中，是专业艺术取之不尽用之不竭的源泉和土壤。当代许多影视作品、小说、戏剧、舞蹈等文艺作品也从非物质文化遗产中孕育而出，彰显了非物质文化遗产的艺术价值。在日本，无形文化财保持者的选定将艺能表演艺术家和工艺美术家的地位提到了相当的高度。他们也将新的现代美意识引入传统创作，这样的创作活动昭示了现当代的审美观和艺术观。再如欧洲史诗也是众多艺术体裁和形式的素材与主题。希腊史诗出现未久，史诗故事的片段就以极为精美的形式大量出现在希腊彩陶绘制艺术上。再后来，在整个欧洲的艺术史上，希腊神话和史诗无数次地成为造型艺术作品的核心内容，它们不仅是艺术审美体验的永恒对象，也是创新艺术的灵感源泉。

（五）科学价值

非物质文化遗产作为历史的产物，是对历史上不同时期生产力发展状况、科学技术发

---

① 陶健昕.从昆曲的艺术价值看其生命力 [EB/OL].2003-09-01.http://www.china.com.cn/zhuanti2005/txt/2003-09/11/content_5402303.htm.

展程度、人类创造能力和认识水平的原生态保留与反映，是后人获取科技信息的源泉。许多非物质文化遗产本身就含有相当程度的科学因素和成分，具有科学研究的价值，为后人创新奠定了基础。

非物质文化遗产的科学价值首先体现在它涵盖了许多珍贵的科学资料和信息，包括农业生产、牧业生产、渔猎生产以及手工艺生产等方面的知识与技能。从这些非物质文化遗产中我们可以更好地了解祖先创造的各种生产经验，学习祖先在漫长的历史实践中总结和积累的珍贵科学资料，以便克服现代文明带来的种种弊端。这些非物质文化遗产在新的历史条件下对发展农林牧副渔等产业具有十分重要的作用。而有关自然界和宇宙的知识和实践也是非物质文化遗产的重要组成部分，从二十四节气到风水学，都是先民对自然和宇宙客观规律的科学认识，其中很多知识到今天仍具有十分重要的借鉴意义。

非物质文化遗产的科学价值还指某些非物质文化遗产本身就具有相当高的科学含量和内容。从阴阳五行、望闻问切的中医诊法到中药炮制技术或制剂方法，传统中医药无不渗透着科学内涵。"药引子"是中医特有的现象，通俗的定义就是"药物的引导"。"药引子"可以是药，也可以是其他各种事物。如露水即可作为"药引子"，中医认为，雨露雪霜的水质清轻，易于上达肺部而起到治疗的作用。名医王孟英的《随息居饮食谱》上记载："露水，甘凉。润燥，涤暑，除烦。"由此看到，露水正是治疗瘟病的特效药。现代科学研究表明，雨、露、霜、雪这些自然水含的杂质少。尤其是霜雪，是由水蒸气直接凝固而成的，进入人体后易被吸收利用，并能激发酶的活性，促进新陈代谢，充分发挥药物疗效。可见露水作为"药引子"是有相当的科学道理的[1]。这个例子只是传统中医药科学价值的最微小表现之一，其丰富的科学价值，在世代积累的基础上包含了对事物的科学认知和把握，值得我们倍加珍视。

（六）经济价值

非物质文化遗产是特定人群中的个人或集体性文化创造。如传统医药、农业、技术技能、设计、知识以及传统艺术等文化表现形式，其本身具有大量的积极因素以及潜在的经济价值。北京市国家级非物质文化遗产项目内联陞千层底布鞋制作技艺就突出体现了非物质文化遗产的经济价值。内联陞千层底布鞋制作技艺将传统布鞋制作技艺与当代文化和审美需求相结合，并进行产品设计创新，2012年全年产品销售额达1亿元。因此，加强非物质文化遗产的社会实用功能，供人们使用、娱乐和观赏，不仅能打造文化品牌，形成民族特色经济，还能拉动文化消费，是非物质文化遗产经济价值的重要体现之一。

非物质文化遗产的经济价值还表现在形成新的产业上，如利用民族服饰文化发展现代时装产业。中国民族服装曾有过高度发达的时期，有着"衣冠大国"的美名。各民族服装相互影响相互联系，形成了独具东方韵味的服装体系。不断发掘民族服饰文化精髓，从中

---

① 蒋明．中药的"神奇"[EB/OL].2013-07-02.http://blog.sina.com.cn/s/blog_6aa6fabd01019jbe.html.

汲取创作灵感，将民族设计元素与当代设计理念、审美趣味、时尚潮流结合起来，形成既适应国际市场又兼具民族风格的民族服装产业新格局。另外，饮食文化也是非物质文化遗产的重要组成部分。充分理解和发掘中华传统饮食文化内涵，挖掘中华饮食文化资源，运用现代服务思想和经营观念，形成具有中华民族文化风格的现代饮食产业，也是对非物质文化遗产经济价值的充分挖掘和利用。在产业化的过程中，要树立科学的发展思路，进行正确的品牌定位，运用现代营销理念，培育文化品牌，扩大国内外的影响力。

非物质文化遗产可以与产业结合也是其经济价值的表现。这些产业包括旅游产业开发和文化创意产业。首先，非物质文化遗产旅游以其独特的文化内涵，鲜明的地域风格以及朴实性、地域性、神秘性与人情味等特征对旅游者产生巨大的吸引力，成为国际旅游发展的新趋势。例如日本和韩国都极为重视本国非物质文化遗产资源，保护和恢复传统节庆礼仪，吸引外国游客，借此创造可观的经济收入，推动本国旅游产业的发展。瑞士、芬兰等国家也十分重视本国的少数民族文化，积极创造非物质文化遗产保护、传承的条件，将独具风情的民族地区与文化旅游有效结合。其次，合理利用非物质文化遗产发展文化创意产业。文化创意产业的发展一方面要学习国外先进的理念、独特的创意，以及和技术信息的结合，更重要的是要从本民族的文化中汲取营养。

非物质文化遗产资源在"合理利用"的同时，"保护为主"仍是第一位的，要兼顾社会效益和经济效益。在利用于经济开发时，要把握好度，不能为了追求经济利益而进行盲目的过度开发和破坏性开发。要防止在市场利益驱动下用现代机器和科技进行批量复制，生产假的产品对非物质文化遗产造成歪曲和贬损。在开发民俗旅游时，必须做到保护和利用并重，先保护再利用。利用是为了更好的保护，要坚决反对和杜绝肢解民俗文化，把民俗文化功利化、庸俗化、商业化。

（七）教育价值

非物质文化遗产具有重要的教育价值。主要体现在以下两个方面：

首先，非物质文化遗产本身含有大量历史文化知识和宝贵的生产生活经验。如以神话、传说、故事、寓言、歌谣等为代表的民间文学类非物质文化遗产，具有丰富的历史、文化、文学等内涵。传统手工技艺类非物质文化遗产本身就是宝贵的生产知识技能。通过一代又一代传承人的口传心授，历经徒弟或学生的学习与实践，得以传承至今。

其次，通过展示、练习和宣传非物质文化遗产，可以增强青年人的文化身份认同，推动国民素质提高。要把非物质文化遗产教育引入学校，推动非物质文化遗产进校园。非物质文化遗产的传承如果在一个封闭的、自给自足的民族文化时代是没有问题的，特殊的环境使其具有生命活力，能够在潜移默化中进行传承；但是在全球化的今天，文化之间交流、碰撞频繁，非物质文化遗产的消亡与濒危现象日益严重，保障传承显得十分必要和紧迫。除了非物质文化遗产持有者或代表性传承人主要担负起传承的历史责任外，本民族的青少年在接受现代教育的同时，也要有意识地去专门学习本民族传统文化，在生活中运用和继承。这种教育主要采取两种方式实现：一是将非物质文化遗产持有者或代表性传承人请进学校直接面对学生传授技艺，如邀请京剧名角到学校面对面讲授京剧的知识和演唱方法等；二是由专家和学者教授非物质文化遗产专门知识，展示其魅力和价值，教育人们特别是青少年树立新的文化自觉意识和文化价值观。

第二节　非物质文化遗产的主要特征

全面把握非物质文化遗产的特性是科学认知和保护非物质文化遗产的前提。非物质文化遗产区别于物质文化遗产的特点主要展现在它的传承性、无形性和活态性等特点。

一、传承性

传承性，即非物质文化遗产可以通过个人、群体一代代地传承，供后人享用、继承或发展。非物质文化遗产的传承性是由非物质文化遗产的本质所决定的，它是非物质文化遗产的基本属性。

非物质文化遗产与物质文化遗产都具有传承性，但二者存在显著区别。物质文化遗产以具体"物件"的形态呈现和传承；非物质文化遗产则通过"人"来呈现和传承。物质文化遗产的"物"，既是其存在呈现和传承的载体，又是传承的终极方式；而非物质文化遗产传承的载体是"人"，传承方式主要通过人的口述语言、身体语言、个人或集体记忆、观念等精神活动进行交流。

二、无形性

非物质文化遗产的无形性也可以称之为"非物质性"，就是指非物质文化遗产本身，并非以某种实体形式存在，而是建立在人的语言、观念、知识、技术、心理等抽象层面上。非物质文化遗产本身，如传说、信仰、技能、艺术、习俗、仪式等，往往存在于人们的精神和思维中，且随着人们观念的改变而发生变化。一方面它不像物质文化遗产那样是有形可感的物质；另一方面它也不像物质文化遗产那般具有稳定性。很多非物质文化遗产不能纯粹地存在，比如泥塑和剪纸艺术的制作工艺是非物质文化遗产，是无形的，但它的表现和传承都必须借助某些有形的、物化的形式。这些技艺、习俗等非物质文化可以发生变化，但其物化的表现形式则是相对静止的。

三、活态性

非物质文化遗产的活态性，是指非物质文化遗产的文化内涵是通过人的活动来表现出来，又通过人的活动传达给受众。它可以随着遗产及其传承人其所处环境，与自然界的相互关系和历史条件的变化而不断得以发展和演变。非物质文化遗产的活态性是物质文化遗产所不具有的。如果我们从非物质文化遗产的活态性这一特性出发考察其文化内涵，它所具有的地域性、民族性、文化多样性等，随着时间的推移，所表现出来的内容将会发生很大的改变。

正因为非物质文化遗产具有这一特性，因此，在对其进行保护时，不能像保护文物一样，将其置于封闭、固化的空间内加以审视或保存，而应该为其创造更好的传承和发展环境。只有流动、发展的非物质文化遗产才是真正的活态遗产，非物质文化遗产的停滞不前则是其衰亡的前兆。

第三节　非物质文化遗产保护面临的主要问题

一、全球化带来的文化同质化现象不断蔓延

1985 年，莱维特（T. Levitt）在《哈佛商报》上首次提出全球化一词用以探讨 20 世纪 80 年代前的 20 多年里发生在全球经济及国际贸易的巨大变化。这一词汇受到世界范围内各领域学者的高度关注，随后风靡全球。全球化最开始主要针对经济领域，但随着时间的推移和研究的深入，全球化发展为一个包含政治、经济、文化等多维度相互作用的概念。全球化给世界带来的正面作用是不容置疑的，它不仅促成了世界范围内贸易的发展，也促进了全球资源的有效配置，同时，这种全球化也为世界各国表达各自的政治诉求提供了基础，降低了全球政治和军事摩擦的产生。

然而，我们还要看到的是，伴随着发达国家商品和现代消费方式的涌入，他们的文化以其强大的吸引力正不断入侵发展中国家。文化同质化现象正在世界上演，文化多样性受到严重挑战。在全球信息与文化快速传播、蔓延的背景下，随着中国改革开放的不断深入，否定中华传统文化价值的社会思潮依然存在，这给非物质文化遗产的生存和发展带来巨大的挑战。

二、环境巨变导致非物质文化遗产与文化生态发生变异

改革开放以来，伴随着经济的高速发展，自然生态环境面临的破坏问题十分严峻。自然生态环境不仅是人们赖以生存的物质条件，更是其文化所依附的必要环境。传统文化和人文资源存在发展的自然环境正在受到破坏，以至于逐步变异和消失。"皮之不存，毛将焉附"的中国古代哲学阐述的就是这个观点。试想，失去草原和森林的狩猎民族，其狩猎文化也将消失，自然生态环境的改变和破坏，不仅威胁着人们正常的生产生活，更悄悄吞噬着非物质文化遗产存在发展的土壤。

政府改善民生的社会主义新农村建设，正在全国广大农村强力推进。这一举措促进了广大农村的快速发展，给广大农民带来了巨大实惠。在这当中，农民上楼成为新农村建设

最明显的成果。大量传统村落环境"焕然一新",大批新式楼房、建筑取代传统村落文化景观,非物质文化遗产所依附的文化景观遭受毁灭性破坏。同时,地方政府和官员为树政绩,急功近利,在土地供应、资金支持、税收减免等方面出台优惠政策,在一定程度上助长了农村传统村落文化景观的破坏。拆旧村建新村,不对蕴含历史文化内容的有形遗存加以认真保护,承载这个村庄历史文化的载体也就荡然无存。①

另外,在城市开发过程中,也必须经过严谨的论证和分析,尤其重要的是文化的定位。有些地方虽然改善了城市的使用功能,却忽略了城市的文化功能,在城市文化建设上留下永远的、难以弥补的损失。忽略当地居民的生活感受,人为的减少对话空间,从此城市的文化特征落入了虚空,如浮萍般无所凭借。归根结底是开发者没有对自己的城市文化特征进行认真的认识。城市不仅是物质性的,也是精神性的。城市是历史的记忆、情感的载体,钢筋混凝土里,也应该承载着人类的情感。②

三、生产生活方式变化导致非物质文化遗产传承面临挑战

随着改革开放的不断深入,中国逐步走上了从农耕文明向工业文明转化的快车道,传统的农耕文明结构发生了翻天覆地的变化。过去,农村经济模式比较单一,村落内部形成了较封闭的经济模式,即男耕女织模式。当家庭妇女独自在家从事简单的手工劳动或者三五成群的妇女集中到一家人中一起做工时,民间的传说、故事、传统手工技艺等民间文化很容易在她们中口耳相传重复传播。与此同时,她们的丈夫在野外种地,而田野这个空间恰恰是民间众多艺术形式生根发芽的重要生产场和传播场。这种相对封闭的农村聚落有着聚族群体性和血缘延续性,是一个个相对稳定的社会单位。

然而,现代化社会进程在变动的历史中大步推进,偏远地区通路、通电以后,传统的手工农耕文明,迅速被电动的、机械化的现代工业文明取代。这种现象并非从手工向机械转化这么简单,背后的实质是依赖于农耕条件和与之相适应的宗法社会家族制度、上层建筑领域的人伦观念与价值观念,逐渐淡化甚至被新的生产关系、社会关系、观念所代替。同时,交通的发达和大量外来游客的涌入,电视、电话的普及,信息的快捷与多元改变着新一代青年人的价值取向、知识结构、娱乐趣味。他们对传统"慢节奏"的娱乐项目失去了兴趣,与非物质文化遗产的传承越来越疏远。另外,青壮年大量外出打工谋生,农村出现"空壳"现象。传统村落原住民锐减,乡村文化瓦解,村落原有的民俗、生活方式、生产方式、社会关系也渐渐逝去,失去了农耕文明的活态传承,只剩下年老体迈的老人。没有年轻人的传承,非物质文化遗产面临后继乏人的窘境。更为紧迫的是,中国已快速步入老龄化社会。特别在农村,代表性传承人高龄化导致非物质文化遗产人亡艺绝的现象屡见

---

① 王文章. 非物质文化遗产概论 [J]. 文艺理论与批评,2007(1):4-6.
② 侯鑫. 基于文化生态学的城市空间理论研究——以天津、青岛、大连为例 [J]. 新建筑,2009(3):136-137.

不鲜。我们假定掌握某一类非物质文化遗产的传承人在 1949 年新中国成立时 20 岁的话，到现在已是 80 岁以上的耄耋老者。传承人的自然死亡不可避免，这些代表性传承人先后逝世，使他们所代表的项目因而处于濒危状态或成为绝唱。这使许多珍贵的非物质文化遗产项目的可持续发展受到了严重威胁。

四、过度旅游导致非物质文化遗产开发性破坏

非物质文化遗产科学地、合理地、适度地和旅游产业相结合，有利于促进非物质文化遗产的保护与传承，但如果开发利用过度，就必将带来隐患，使非物质文化遗产的可持续发展受到挑战。

非物质文化遗产在与旅游相结合的过程中，开发主体往往以经济利益最大化为目标。太强的逐利性决定了较低的自律性。为追求经济利益不惜牺牲环境、社会等利益，对地区文化资源造成一定程度的破坏。首先表现在旅游开发通过对有形遗产原有风貌的直接改造，进而间接破坏与之相依存的非物质文化遗产。为了凸显某地的文化特色，很多地方甚至在毁掉传统建筑的同时，另外新建复制假冒的建筑遗址。随后强制原住民迁出，导致该地区的文化生态环境、人文环境遭到严重破坏。有形遗产的被破坏导致与之依存的非物质文化遗产消失的情况层出不穷。这种"杀鸡取卵"的旅游开发模式对非物质文化遗产的毁灭无疑是灾难性的。

其次，旅游产品的批量机械化大生产，迫使传承人放弃传统手工技艺和传统原材料。大量非物质文化遗产项目面临消亡危险，甚至在很多地方非物质文化遗产传承人也为了现实的经济利益参与到旅游商品的粗放复制中去。这些旅游产品文化内涵低，设计雷同，形式单一，缺乏创新，其中很多商品冠以非物质文化遗产的名头，显然会对地方非物质文化遗产的品质和品牌形象产生进一步破坏。

再次，非物质文化遗产在旅游区的高度商业化和庸俗化成为保护的一个难题。一些旅游区以文物古迹的历史阐述及名人轶事的讲解等较为低层次的文化观光项目为主，使一些非物质文化遗产展示展演活动过度商业化，无法满足旅游者更深层次的文化需求和良好的互动参与。如某些民俗旅游村传统的民间习俗、仪式和庆典活动本来是在特定时间和地点，按照传统规定的内容和方式举行，但是旅游地的民俗往往根据旅游需求随时随地表演，活动的形式和内容也相当灵活，带有明显的现代表演色彩，在很大程度上失去了文化原有的意义和价值，这对非物质文化遗产的发展是极其有害的。最后，非物质文化遗产保护比较好的地方往往是地理位置偏远或者交通不便的欠发达地区，旅游活动的开展打破了原本相对封闭的文化生态，外来旅游者潮水般涌入，导致旅游者在旅游目的地显示出相对强势的经济、文化地位，反而使当地居民轻易接受旅游者带来的现代文明，在潜意识里不自觉地模仿甚至努力学习旅游者的生活方式，从而改变了其本土的生活方式、生活习惯乃至传统习俗，传统文化尤其是非物质文化遗产受到极大冲击。

发展旅游无可厚非，而且合理利用资源发展旅游，本身也是对资源的保护，但商业化不能超过合理的度。把资源当作摇钱树，一味追求经济效益，这就是一种破坏。国家级非物质文化遗产评审专家委员会主任冯骥才一针见血指出："可以利用，但不是开发。"[①] 承载着大量非物质文化遗产项目的传统村落发展旅游不能一味追求收益的最大化，更不能为招徕游人任意编造和添加与村落历史文化无关的"景点"。[②]

五、非物质文化遗产科学保护体系尚需完善

在非物质文化遗产抢救与保护工作中，政府是最重要的保护主体，只有政府充分发挥保护主体的作用，保护工作才能有序展开。近年来，中国政府在抢救和保护非物质文化遗产方面做了大量卓有成效的工作，投入了大量人力、物力、财力，采取多种积极有效的保护措施，使非物质文化遗产保护工作不断得到加强和发展。然而，随着保护工作的不断深入，也出现了一些需要尽快解决的困难和新的问题，主要有以下几方面：

（1）地方政府"重申报、轻保护"。冯骥才如是说："一些地方政府把劲儿都使到申报前，一旦申遗成功，得到国家相关部门认定后，地方政府的政绩完成了，就又是庆祝会，又是文化节的，具体的保护工作却被扔到一边。这种做法是非常令人担忧的。"[③] 重申报、轻保护，甚至超负荷利用和破坏性开发的现象，如今在全国普遍存在。许多地方申遗成功后，将其视为广告招牌，专注于挖掘非物质文化遗产的含金量，而非将重点放在保护上。一些地方申报工作轰轰烈烈，具体保护工作却难以落到实处。还有个别地方政府并不清楚保护非物质文化遗产的意义所在，缺乏文化自觉。

（2）"重开发、轻管理"屡见不鲜。不少地方的非物质文化遗产保护与生活脱节，打上了政绩化、体制化、商业化、功利主义的印记。特别是以地方政府为引领的商业模式下的过度旅游开发，对非物质文化遗产的破坏尤为常见。少数地区进行超负荷利用和破坏性开发，商业化、人工化、旅游化倾向突出，甚至借创新的名义，对非物质文化遗产进行开发，进行篡改，损害了非物质文化遗产的原汁原味和传承发展。

（3）还需进一步完善法律法规建设，规范非物质文化遗产保护行为。2011年我国颁布《中华人民共和国非物质文化遗产法》，将非物质文化遗产保护的成功经验上升为法律制度，将各级政府部门保护非物质文化遗产的职责上升为法律责任，为非物质文化遗产保护政策的长期实施和有效运行提供了坚实保障。但是相关条文对各级政府的具体保护行为之规范还不够具体，也没有相应的监督和处罚办法。另外，各省市应尽快出台地方非物质文化遗产保护条例等地方性法律法规，与《中华人民共和国非物质文化遗产法》共同构成我国的

---

① 李佳霖. 传统村落应避免空心化与过度商业化 [N]. 中国文化报，2010-03-28（6）。

② 同上.

③ 吴晓东. 重申报轻保护 警惕"非遗"申报走上功利路 [EB/OL].2010-06-03.http://news.china.com.cn/rollnews/2010-06/13/content_2669294_2.htm。

非物质文化遗产保护法律法规体系。

（4）非物质文化遗产科学保护体系建设仍需进一步加强。"尊重非物质文化遗产传承规律，科学保护非物质文化遗产，已成为时代赋予我们的非常紧迫的历史使命。"[①]目前，对非物质文化遗产传承规律的研究仍需加强，对文化生态保护区整体性保护、手工技艺等非物质文化遗产生产性保护等科学保护方式还需进行系统性研究；对已入选各级"非物质文化遗产名录"的项目应进行定期检查，建立非物质文化遗产保护监督、退出机制；对保护不力的项目和单位予以警告或摘牌。另外，还要重视非物质文化遗产保护不均衡的现象。在城市中生存的声名显赫的大项目，如京剧、昆曲等，生存状况、传承与保护状况越来越好，而在边远地区、经济落后的贫穷农村生存的一些剧种，则愈发无人问津。同样的情况也出现在传统舞蹈、传统美术等类别的非物质文化遗产项目中。因此，需进一步加强非物质文化遗产科学保护体系建设，防止错误的保护理念和方法带来非物质文化遗产的保护性破坏。

第四节　非物质文化遗产状态评估

一、项目分类评估

对一个地区的非物质文化遗产保护、传承状态的评估主要从项目及项目传承人两个方面着手。两者的存续状况、濒危程度直接反映和决定了某一地区非物质文化遗产的保护传承状态，同时，两者也是不可分割的统一体。项目保护离不开传承人的保护；传承人保护的好坏，是判断非物质文化遗产项目保护优劣的重要评判元素。

非物质文化遗产保护、传承状态评估根本上是对某一地区非物质文化遗产濒危程度的评价，主要从以下几个方面进行评估和考量：①传承人数量、年龄；②传承人身体状况；③传承人自身保护意识和理念；④自然环境的改变；⑤人文环境的改变；⑥政府等保护主体的保护理念、保护方法是否科学。

根据上述几方面进行综合评价，我们将非物质文化遗产濒危度分为五个等级：完好、较好、一般、濒危、消失。完好是指目前传承有序，保护现状理想，遗产项目的传承能顺利进行；较好是指遗产项目的传承、保护情况基本正常，但本真性和完整性已经发生小的改变；一般是指由于理念的错误或传承环境的改变，传承出现问题；濒危是指遗产项目的传承和保护出现严重问题，已经很难传承；消失是指遗产项目由于传承人的亡故、传承人的拒绝传承或环境发生重大改变等原因而被除名。具体到某一类非物质文化遗产的保护和传承状态的评估主要按照以下标准进行：

---

① 吴晓东.重申报轻保护警惕"非遗"用报走上功利路[EB/OL].2010-06-03.http：// news.china.com.cn/rollnews/2010-06/13/content-2669294-2.htm。

（1）民间文学保护现况评估：包括项目总数，遗产总数占比，项目级别；传承人数量，年龄段构成，年轻传承人占比，老龄化程度；传承人身体健康程度；传承人和年轻人传承意愿；表现的自然空间或讲述场所、地点的保护情况；现代阅读方式与娱乐项目冲击民间文学类项目传承的程度；新编创作对该类遗产原真性的影响程度；地方政府对此类遗产保护重视情况。

（2）传统音乐保护现状评估：包括项目总数，遗产总数占比，项目级别；传承人数量，年龄段构成，年轻传承人占比，老龄化程度；传承人身体健康程度；传承人和年轻人传承意愿；演唱的自然空间、场所、地点保护情况；现代娱乐项目冲击该类遗产传承的程度；宗教信仰淡化及参加宗教仪式机会减少对传统音乐传承的影响程度；现代化音乐设备对音乐传统的影响程度；新编创作对该类遗产原真性的影响程度；地方政府对此类遗产保护重视情况。

（3）传统舞蹈保护现状评估：包括项目总数，遗产总数占比，项目级别；传承人数量，年龄段构成，年轻传承人占比，老龄化程度；传承人身体健康程度；传承人和年轻人传承意愿；舞蹈表演的自然空间、场所、地点保护情况；现代化传媒侵占传统舞蹈原有市场程度；民俗活动逐渐消失对此类遗产传承的影响程度；新编创作对该类遗产原真性的影响程度；地方政府对此类遗产保护重视情况。

（4）传统戏剧保护现状评估：包括项目总数，遗产总数占比，项目级别；传承人数量，年龄段构成，年轻传承人占比，老龄化程度；传承人身体健康程度；传承人和年轻人传承意愿；戏剧表演的舞台、场所、地点保护情况；戏剧表演市场表现情况，专业团体数量、收入情况，业余剧团生存现状；传统剧目存续和传承情况，在传统基础上进行符合现代市场需求的剧目创新情况；地方政府对此类遗产保护重视情况。

（5）传统曲艺保护现状评估：包括项目总数，遗产总数占比，项目级别；传承人数量，年龄段构成，年轻传承人占比，老龄化程度；传承人身体健康程度；传承人和年轻人传承意愿；曲艺表演的舞台、场所、地点保护情况；曲艺表演市场情况；传统剧本及唱法传承情况；传统剧本及演唱技巧发掘、记录情况；地方政府对此类遗产保护重视情况。

（6）传统体育游艺保护现状评估：包括项目总数，遗产总数占比，项目级别；传承人数量，年龄段构成，年轻传承人占比，老龄化程度；传承人身体健康程度；传承人和年轻人传承意愿；现代化娱乐方式冲击替代传统体育游艺原有市场情况；政府对此类遗产保护重视情况。

（7）传统美术保护现状评估：包括项目总数，遗产总数占比，项目级别；传承人数量，年龄段构成，年轻传承人占比，老龄化程度；传承人身体健康程度；传承人和年轻人传承意愿；现代制图和印刷技术对传统美术的冲击情况；新兴材料对传统美术的冲击情况；市场销路分析；政府对此类遗产保护重视情况。

（8）传统技艺保护现状评估：包括项目总数，遗产总数占比，项目级别；传承人数量，年龄段构成，年轻传承人占比，老龄化程度；传承人身体健康程度；传承人和年轻人传承意愿；机械化生产取代传统手工技艺情况；原材料消耗和供应情况；新兴材料对传统技艺的冲击情况；产品市场销路分析；品牌建设情况；政府对此类遗产保护重视情况。

（9）传统医药保护现状评估：包括项目总数，遗产总数占比，项目级别；传承人数量，年龄段构成，年轻传承人占比，老龄化程度；传承人身体健康程度；传承人和年轻人传承意愿；西医冲击情况；传统中草药种植环境变化情况；政府对此类遗产保护重视情况。

（10）传统民俗保护现状评估：包括项目总数，遗产总数占比，项目级别；传承人数量，年龄段构成，年轻传承人占比，老龄化程度；传承人身体健康程度；传承人和年轻人传承意愿；民俗仪式存废情况；政府介入以"官俗"取代"民俗"分析；学术界介入明显的艺术化、表演化倾向分析；仪式原真性保护情况；旅游开发对传统民俗的影响情况；政府对此类遗产保护重视情况。

二、项目存续状态评估

存续状态评估即通过非物质文化遗产项目的传承现状考察，判断非物质文化遗产项目是否处于濒危状态。要想保护好非物质文化遗产，首先要弄清哪些非物质文化遗产保存状态良好，哪些非物质文化遗产已经濒危，从而制定出严谨而科学的保护方案。因而，设定一套科学而严谨的非物质文化遗产保护状态评估指数是非常重要的。

中、日、韩三国在非物质文化遗产保护过程中，都考虑过濒危指数的设定问题。将他们的主张集合到一起，并提出一个更全面、更具有可操作性的非物质文化遗产濒危指数评估标准，显然十分重要。非物质文化遗产的濒危主要是由主观和客观这两方面因素共同促成的。这些因素包括：传承人年龄，传承人身体状况，自然环境的改变，人文环境的改变，传承人自身理念的错误，政府等保护主体的保护理念、保护方法的错误等。综合考量以上因素，一般将非物质文化遗产的存续状态分为较好、轻度濒危和严重濒危。

造成非物质文化遗产濒危的原因通常包括：传人绝续，技艺传承后继无人，人亡艺绝；缺乏保存和保护的手段；因时代变迁不能适应，如农耕文明和手工文化与工业时代的格格不入；城市化，如乡村城市化对乡土艺术的摧毁，如旧城改造对古城民居的摧毁；

第五章 非物质文化遗产的保护

第一节 "五化"背景下的非物质文化遗产传承发展

一、"五位一体"战略布局

党在十八大报告中提出"五位一体"战略总布局，引领全国人民全面建成小康社会。它涉及国家经济、政治、文化、社会以及生态文明建设等方方面面，是实现社会主义现代化和中华民族伟大复兴的重大战略举措。

所谓"五位一体"战略布局是指：经济建设要加快完善社会主义市场经济体制，加快转变经济发展方式，把经济发展活力和竞争力提高到新的水平；政治建设要坚持走中国特色社会主义政治发展道路，推进政治体制改革，使我国社会主义民主政治展现出更加旺盛的生命力；文化建设要加强社会主义核心价值体系建设，全面提高公民道德素质，丰富人民精神文化生活，增强文化整体实力和竞争力，向社会主义文化强国目标前进；社会建设要努力办好人民满意的教育，推动实现更高质量的就业，千方百计增加居民收入，统筹推进城乡社会保障体系建设，提高人民健康水平，加强和创新社会管理，开创社会和谐人人有责、和谐社会人人共享的生动局面；生态文明建设要优化国土空间开发格局，全面促进资源节约，加大自然生态系统和环境保护力度，加强生态文明制度建设，努力走向社会主义生态文明新时代。

从十二届六中全会的"三位一体"到十六大的"四位一体"再到十八大的"五位一体"，体现了党在国家建设中历经了实践、认识、完善、再实践、再认识、再完善的发展过程，表明了党对社会和谐建设、文化建设和生态文明建设的高度重视，是建设中国特色社会主义理论体系的进一步完善。

二、"新型城镇化"发展道路

在党的十八大、十八届三中全会精神以及"五位一体"战略总布局的指引下，为引领新形势下全国城镇健康发展和科学建设，国家提出新型城镇化战略。

所谓"新型城镇化"是指：紧紧围绕全面提高城镇化质量，加快转变城镇化发展方式，以人的城镇化为核心，有序推进农业转移人口市民化；以城市群为主体形态，推动大中小城市和小城镇协调发展；以综合承载能力为支撑，提升城市可持续发展水平；以体制机制创新为保障，通过改革释放城镇化发展潜力，走以人为本、四化同步、优化布局、生态文明、文化传承的中国特色新型城镇化道路，促进经济转型升级和社会和谐进步，为全面建成小康社会、加快推进社会主义现代化、实现中华民族伟大复兴的中国梦奠定坚实基础。

新型城镇化发展道路，是党和国家重新审视城镇发展经验，放弃了改革开放以来一直追求的城镇化速度，紧紧围绕全面提高城镇化质量，加快转变城镇化发展方式，以人的城镇化为核心，以城市群为主体形态，以综合承载能力为支撑，以体制机制创新为保障，走一条科学的可持续的城镇化道路。它体现了以人为本的和谐社会建设理念，体现了城镇化的科学发展观，是"五位一体"宏观战略在全国城镇化事业中的具体部署。在《国家新型城镇化规划（2014—2020年）》中，特别强调了要加快绿色城市建设，推进智慧城市建设和注重人文城市建设。在新型城镇化建设背景下如何统筹兼顾城乡文化发展，注重文化传承与繁荣，成为新型城镇化的关键因子。"发掘城市文化资源，强化文化传承创新，把城市建设成为历史底蕴厚重、时代特色鲜明的人文魅力空间。"抓好非物质文化遗产保护传承，深入挖掘地方特色传统节日文化内涵，广泛开展优秀传统文化教育普及活动。把中华文明的保护、传承、展示、创新、发展紧密结合在一起，使之与时代精神相融合，与新型城镇化进程相融合，与人民群众的文化需求相融合。"加强历史文化名城名镇、历史文化街区、民族风情小镇文化资源挖掘和文化生态的整体保护，传承和弘扬优秀传统文化，推动地方特色文化发展，保存城市文化记忆。"①

加强非物质文化遗产保护。坚持非物质文化遗产保护的真实性和整体性，在有效保护的前提下合理利用，防止对非物质文化遗产的误解、歪曲或滥用。开展非物质文化遗产普查工作，建立非物质文化遗产代表作名录体系。建立非物质文化遗产传承人管理体系、细化传承人认定标准、确定各个主体在非物质文化遗产保护过程中的责任分配，加强对非物质文化遗产项目传承人的扶持。对传统文化生态保持较完整并具有特殊价值的村落或非物质文化遗产相对丰富的特定区域，推动文化生态保护区建设工作。在传统文化特色鲜明，具有广泛群众基础的社区、乡村，开展民间传统文化之乡创建活动。

加大优秀传统村落保护力度。一要积极开展现有地方传统村落古建筑保护维修工作；二要加大力度，切实做好中国传统村落的遴选申报工作；三要支持传统村落发展，激发传统村落发展活力，实现传统村落"物（村落和环境）、人（原住民）、文（传统文化传承）"的整体保护。加快推进"乡村记忆"工程、"特色文化村镇筛选保护"工程。建立地方传统村落档案，编制传统村落保护规划，开展抢救性保护工作，研究完善保护技术方法，制定保护发

---

① 国家新型城镇化规划（2014—2020年）[EB/OL].2014-03-16.http://www.gov.cn/xinwen/2014-03/16/content_2639841.htm#rd。

展技术指南。从资金、土地和人才培养等方面出台相关政策支持传统村落保护工作。

三、新农村建设和非物质文化遗产保护传承发展

1. 新农村建设的由来与发展

中国是历史悠久的农业大国，农村人口众多，在漫长的历史进程中常常汇聚成巨大的力量深刻影响了国家和民族的命运，更创造并传承了中华民族璀璨的农耕文明，支撑着国家和社会发展的大半边天。因应历史趋势和世界潮流，中国在进入新时代后也不可避免地迈开了现代化、城市化的步伐。而农村社会的现代化水平直接影响着整个国家的现代化水平，有鉴于此，我们必须审慎处理好"三农"的未来发展。然而，摆在我们面前的严峻问题是：由于特殊的历史原因，城乡二元经济结构的存在以及观念和体制等种种阻碍，现阶段我国城市和农村的发展背向而行，城乡差距不断扩大。一方面，农业生产效率低，农村发展缓慢，农民收入增长困难，农村文化教育卫生等社会事业发展严重落后，"三农"问题逐渐成为制约我国经济持续稳定发展和建设社会主义和谐社会的最大病灶；另一方面，我国城镇化率虽有显著增长，但随之而来的交通拥堵、环境污染、就业困难、失业增加等"城市病"也令人担忧。如果不能尽快补齐"三农"问题这一短板，不能医治好"城市病"和"农村病"，无疑也不利于我国参与日益加剧的国际竞争。[①] 在此背景下，正如党的十六届五中全会所说的，建设社会主义新农村已然成为"我国现代化进程中的重大历史任务"，是与时俱进的必然途径。

事实上，新农村建设的说法由来已久。新中国成立以后，在党和国家的文献中，建设社会主义新农村的提法曾多次出现。20 世纪 50 年代国民经济的"二五"和"三五"计划中，早已提出"建设社会主义新农村"的问题。一届人大三次会议通过的高级农业合作社示范章程，亦曾明确提到"建设社会主义新农村"。改革开放后，在 1982 年、1983 年和 1984 年的三个中央 1 号文件、1987 年的中央 5 号文件以及 1991 年的中央 21 号文件中都曾出现过这一提法或基本相同的提法。1998 年 10 月，党的十五届三中全会通过《中共中央关于农业和农村工作若干重大问题的决定》，在政治、经济和文化上坚定了"建设有中国特色社会主义新农村"的目标。[②] 可见，新农村建设并非一个新课题，有长期努力累积下的一定成果和经验作基础，加上紧迫的时代和社会形势，建设社会主义新农村在新时代得到深化发展也是势在必行。

2005 年，我国正式提出建设社会主义新农村的决议，党的第十六届五中全会通过《中共中央关于制定国民经济和社会发展的第十一个五年规划的建议》指出："要按照生产发展、生活富裕、乡风文明、村容整洁、管理民主的要求，坚持从各地的实际出发。尊重农民意愿，

---

① 杨琼 . 城镇化与新农村建设协调发展问题研究 [D]. 石家庄：河北师范大学，2013。

② 胡运锋 . 新农村建设与中国现代化探析 [D]. 昆明：云南师范大学，2006。

扎实稳步推进新农村建设。"此处的"新农村建设"相较于21世纪之前的提法已有不同的背景和内涵，更体现了鲜明的时代特征和重要的战略意义。从背景上看，当下的新农村建设是基于我国经济实力不断提高、农村生产力持续发展等新形势而开展的，发展起点较高；其次，当下的新农村建设指导方针更加明确，贯彻落实了科学发展观；另外，党和政府从国民经济和社会发展的全局出发，高度重视"三农"问题，做出了一系列重大部署，要求国家加大投入，动员全社会广泛参与，工作布局更为全面。[①] 正如2006年中央1号文件明确指出的那样，要"协调推进农村经济建设、政治建设、文化建设、社会建设和党的建设，促进五大建设并举"，"三农"问题逐渐成为政府工作的重点，偏向城市的战略开始向城乡统筹的战略转变。新农村建设已然是一项综合性系统工程，也是我们党和国家的重大战略决策之一及长期奋斗目标。

2. 新农村建设与优秀传统文化保护：矛盾与出路

社会主义新农村是指"在社会主义制度下，反映一定时期农村社会以经济发展为基础，以社会全面进步为标志的社会状态，是相对于传统农村、计划经济时代的农村以及改革开放后新时期的农村，是在新的时代背景下具有新内涵、新风貌的农村"。细究定义我们不难发现，新农村建设是与传统农村相对立的。这不免让人担忧，如果新农村对立于传统农耕形态下的农村，是否也将与农耕时代下诞生的传统文化相对立？在新时代城镇化和现代化快速发展的现实中，答案恐怕是肯定的。

近一个世纪以来，我们的社会逐渐由农耕文明步入现代工业文明。生产力飞跃式地提高，科技成果日新月异，人们的生活水平显著改善，思想得到解放……诚然，现代工业文明的进步和便利对人类的贡献是毋庸置疑的，新农村建设亦让广大农民的生产生活方式产生了翻天覆地的改变，但是种种繁华表象的深处潜藏着一种传统逝去的悲哀，现代化和新农村建设所带来的负面影响也是不容忽视的。

在长达数千年的农耕时代，农村是最基本的社会单元。中华民族丰富深厚的历史记忆和根脉，以及各具特色的传统文化一直依赖广大农村的土壤而得以生存传承。然而，而今大规模的新农村建设像星火燎原势不可挡：经济形式转变，商业文化大肆涌入，大量农村人口转移到城镇，广大的农村地区渐渐"空巢化"、"老龄化"，慢慢了无生机，农民的土地或被城市建设占用或因无人耕种荒废……凡此种种的弊端下，农村传统文化面临着极大的冲击。一是传统文化失传，农村中青年更追求富足的城市生活，对传统民间工艺等传统文化缺乏兴趣，以至于这些传统文化后继无人；二是传统道德观念失落，在物质至上的观念大行其道下，亲情淡漠、道德沦丧等现象屡见不鲜；三是传统风貌失却，农村城镇开发和乡村旅游开发往往重开发轻保护，带来的建设性破坏使得农村原本各具特色的乡村风貌面目全非，甚至千村一面，令人乏味。这种种现象的根源，皆出于新农村建设与传统

---

① 胡运锋. 新农村建设与中国现代化探析 [D]. 昆明：云南师范大学，2006。

文化保护的矛盾，许多新农村的建设往往急功近利而忽视了对农村优秀传统文化的保护与传承。[①]

"优秀传统文化凝聚着中华民族自强不息的精神追求和历久弥新的精神财富，是发展社会主义先进文化的深厚基础，是建设中华民族共有精神家园的重要支撑。"十七届六中全会提出要建设优秀传统文化传承体系，肯定了优秀传统文化作为中华民族核心价值的重要地位。保护好优秀传统文化，就是保护民族的根基和精神，有利于社会主义精神文明的建设，也有利于和谐社会的创建。那么该如何协调新农村建设与传统文化保护？

首先我们应当认识到的是，我国农村蕴藏着丰厚的传统文化。我国农村传统文化本质是农业文化，但其作用范围远远大于其溯源范围，亦曾渗透和影响到社会生活各领域以及社会其他阶层。农村传统文化与农村区域的生产方式和生活方式相联系，是农村经济、政治、社会生活发展变化的反映，同时也是农民深层意识、思想观念、道德伦理的集中体现。例如强烈的民族自尊心，勤劳勇敢和吃苦耐劳的美德，百折不挠愈挫愈勇的自强精神，"家庭价值观"、"家族主义"、"平均思想"、"乡土观念"等，皆体现了融入于农民血脉中的独特性和美好品质。[②]此外，优秀传统文化还具有文化功能、旅游功能、经济功能、教育功能等多种功能。因而保护农村优秀传统文化，对于促进新农村建设并巩固新农村建设成果有极其重要的作用。一方面，保护农村优秀传统文化有利于保持中华文化的独特性，增强中华文化的凝聚力和生命力，对建设具有中国特色社会主义新农村有相当重要的价值。另一方面，在新农村建设中，注重优秀传统文化的传承发展，有助于促进人与自然环境、社会环境的和谐，促进社会的精神和谐，并进一步有利于新农村建设长远地、可持续地发展。

20世纪30年代，梁漱溟在《乡村建设理论》中提出了"文化复兴—乡村学校化"的建设模式，主张以传统文化为本位推进乡村建设，依托乡村文化力量开展自救。因此，我们还应认识到，优秀传统文化是新农村文化建设的根基。加强农村优秀传统文化保护，是建设社会主义新农村先进文化，贯彻落实科学发展观和构建社会主义和谐社会的必然要求。推动新农村建设，必须加强农村文化建设，要继续发挥优秀传统文化活动在满足农民文化生活方面的重要作用，加大优秀传统文化的保护力度。一方面必须彻底打破过去关于文化传统与现代势不两立的对立思维模式，正确认识文化传统与现代的承传和延续关系，意识到新农村文化建设必然是在对农村传统文化批判性继承基础上的创新性建设。另一方面，要彻底改变城市文化中心论，改变主流意识对农村文化的认识、想象与评价体系，重新思考发掘农村优秀传统文化的价值。只有在城乡循环系统中重新发现优秀传统文化，才能重现乡村的活力和魅力。[③]

① "人的新农村"弘扬优秀传统文化 [J]. 城乡建设，2015（2）。
② 李晓琴，汪静. 农村传统文化在新农村建设中的转变 [J]. 南昌高专学报，2011（5）。
③ 李晓琴，汪静. 农村传统文化在新农村建设中的转变 [J]. 南昌高专学报，2011（5）。

3. 新农村建设与非物质文化遗产保护传承发展

中国广大的农村地区作为中华文化的原生地，至今以最传统的方式保留着大量非物质文化遗产，诸如各类民俗、民族语言、民间文学、民间美术、民间音乐、民间舞蹈、民间戏剧、民间曲艺、民间杂技及各种传统技艺等都属于重要的非物质文化遗产。非物质文化遗产植根于农业文明的沃土而生，依赖传统自然经济的滋养而成长，深深蕴含了中华民族特有的精神价值和思维方式，体现着中华民族强大的生命力及创造力，是各民族智慧的结晶，也是全人类文明的瑰宝。保护非物质文化遗产，保持民族文化的传承，是联结民族情感纽带，增进民族团结和维护国家统一及社会稳定的重要文化基础，也是维护世界文化多样性和创造性，促进人类共同发展的前提。可以说，积淀深厚的非物质文化遗产就是新农村建设必要的文化基础。在当前非物质文化遗产保护语境和社会主义新农村建设的背景下，如何认识非物质文化遗产的价值和作用，保护工作做得如何，最终关系到新农村文化建设的精神内涵与文化主体的确立以及和谐社会的构建。因此，非物质文化遗产的保护对于新农村建设具有不容忽视的意义。

首先，非物质文化遗产是新农村文化价值体系建设的重要根基。新农村文化建设既要注入与时代精神密切相关的先进文化内容，也更需要融合中华优秀传统文化尤其是非物质文化遗产的重要资源。其次，非物质文化遗产是新农村文化特色建设的重要基础。农村非物质文化遗产形式和内容独具特质，富于地域文化特色，必将成为新农村特色文化建设的不竭源泉和永久动力。再者，非物质文化遗产是新农村文化产业发展的重要资源。一些非物质文化遗产既具有意识形态属性，又具有商品属性，是永不过时的文化资源和文化资本。在确保非物质文化遗产的核心要素和基本因素不被破坏的前提下，可以对其进行适度的市场化开发，合理挖掘其经济价值，通过切实可行的市场运作，使其成为人们新的消费需求，从而实现其商品价值的转换，推动相关产业的综合发展，促进文化保护和经济发展的良性循环互动。[①]

而若从反哺的角度来说，正如覃德清、杨丽萍所指出的："非遗保护与现代新农村建设各自相互为对方提供了创造性发展的历史契机，非遗保护可为现代乡村人文重建注入文化灵魂，而新农村的文化建设可以为非遗保护创造新的衍生空间。"[②] 新农村建设与非物质文化遗产保护不存在对立相悖的关系，而是相互作用，相辅相成。因此，二者发展的关键在于能否处理好非物质文化遗产保护与新农村建设之间的关系，让二者相互协调发展，共同进步。

然而，不难看到的是，在推动现代化、城镇化及新农村建设的浪潮中，非物质文化遗产逐渐失去赖以生存的根基，又面临在工业文明夹缝中求生的尴尬局面，处境艰难，命运堪忧。一方面，农村青壮年离乡背井远离农村，老一辈传承人时日无多，导致非物质文化遗产传承青黄不接，断层巨大。另一方面，非物质文化遗产的保护讲究原地、原人、原物

---

① 黄永林. 非物质文化遗产保护语境下的新农村文化建设 [J]. 文化遗产，2010（2）。
② 覃德清，杨丽萍."后申遗时代"的非物质文化遗产保护与乡村人文重建 [J]. 江南大学学报，2012（1）。

保护和整体性保护的原则，既要延续非物质文化遗产的原貌，又要对与之相关的各种元素实行整体性保护，而农村大量拆迁新建，征用改造农村农业用地，改变农村原有生态环境，以机器代替手工生产等做法显然会破坏这样的原则。长此以往，必然会带来非物质文化遗产与新农村建设的双双失败。我们必须充分认识非物质文化遗产保护与新农村文化建设是应该也可以双赢的。

采取行之有效的措施加强对新农村文化建设中的非物质文化遗产的保护工作，既保护非物质文化遗产又促进新农村建设是我们今后工作的重中之重。首先应当将非物质文化遗产保护列入政府重要议事日程，纳入经济和社会发展总体规划，纳入新农村的总体规划中，形成良性互动，同时建立非物质文化遗产保护定期通报制度、专家咨询制度以及公众和舆论监督机制，健全非物质文化遗产保护责任制度，推进非物质文化遗产保护工作的科学化、民主化。正如冯骥才所指出的："在新农村建设起步之时，应以全面的、科学的、协调的发展观为统领，将文化遗产的保护率先列入新农村建设的总体规划之中，千万不要把新农村变为洋农村。"[①] 李红的观点则颇具警醒意义，她主张新农村建设和非遗保护共同面对的问题都是要留住人。[②] 故而我们要采取积极的措施改善农民的生活水平，增强人们对乡土文化的认同和文化自觉意识。此外，应当充分整合和利用社会各方面的资源及力量，对新农村建设中的非物质文化遗产实行整体保护，综合保护非物质文化遗产本身及其在新农村中的文化生态环境。

四、新时代特征下非物质文化遗产的传承发展

非物质文化遗产是融于广大人民群众日常生产生活的各种精神生活、文化活动、手工技艺和相关知识，也会随着社会经济条件的不断流变而产生新的变化。在新的时代语境下，其保护、传承、发展同样具有重要的现实意义。

1. 非物质文化遗产的保护、传承和发展是社会主义特色文化事业的重要组成部分

"五位一体"文化建设要求"丰富人民精神文化生活"，这与非物质文化遗产保护、传承、发展的目标是一致的。

现有的非物质文化遗产存在于当代城乡特别是农村人群的日常生活中，为群众所喜闻乐见，具有相当旺盛的生命力，本身已然是群众文化生活的一部分。保护好非物质文化遗产，要以合理的机制体制和政策、充足的资金保障非物质文化遗产的有序传承，并与时俱进发展，才能满足城乡群众日益提升的精神需求，丰富城乡群众精神文化生活。

因此，在新的时代语境下，非物质文化遗产的传承发展是社会主义特色文化事业的重要组成部分。

---

① 冯骥才.千万不要把"新农村"变为"洋农村"[J].民主，2006（8）。
② 李红.略论新农村建设中的非物质文化遗产开发与保护[J].南方论丛，2013（1）：65-70。

2. 非物质文化遗产的保护、传承和发展是发展社会主义特色文化产业，提升文化竞争力的前提和基础

"五位一体"文化建设要求"增强文化整体实力和竞争力，向社会主义文化强国目标前进"。

非物质文化遗产是多元的中华文明在特定地区自然人文环境下的独特表达方式，蕴含着地区丰厚的历史文化积淀，是地域传统文化的基因，也是一个地区文化不同于其他地区文化的根本所在，体现了文化的独特性和多样性。而这种独特性和多样性，是发展文化竞争力的源和根，是"五位一体"文化建设的前提和基础。联合国教科文组织在第 31 届全体会议上通过的《世界文化多样性宣言》中指出："文化在不同的时空中会有不同的表现形式。这种多样性的表现形式构成了各人类群体所具有的独特性与多样性。文化的多样性是交流、革新和创作的源泉，对人类来说，保护它就像保护生物多样性进而维持生态平衡一样重要。从这个意义上讲，文化多样性是人类的共同遗产，应当从当代人和子孙后代的利益考虑予以承认和肯定。"

传承好非物质文化遗产，保护好传统文化基因，才能使社会主义文化事业、文化产业建设体现浓郁的民族特色、国家特色，才能提升社会主义文化竞争力，增强综合国力。

3. 非物质文化遗产的保护、传承和发展有利于推进新型城镇化发展道路的实施

新型城镇化强调人的城镇化，重视乡村发展和城乡统筹。在新的时代语境下，保护、传承和发展非物质文化遗产有利于活跃农村经济，缩小城乡差距，实现农民就地城镇化。

非物质文化遗产作为一种传统文化资源，可以与县域特色农业、特色旅游业、特色文化产业的发展有效结合，充分发挥地方传统文化资源的经济效益，同时使村域产业得到合理发展，让农民得到真正的实惠，最终活跃农村经济，繁荣农村市场，缩小城乡差距，推动农民就地城镇化。

同时，非物质文化遗产的保护、传承和发展客观上要求建设相应的保护传承环境和相应的基础设施。而这些非物质文化遗产保护的基础设施，诸如非物质文化遗产展示馆、群众活动中心、综合传习所等，往往还是群众开展文化活动的文化服务设施。因此，非物质文化遗产的保护传承发展过程，客观上有利于推动城乡公共文化服务设施均等化建设，有利于城乡统筹和一体化发展。

第二节　国际非物质文化遗产的保护

一、联合国教科文组织对非物质文化遗产保护

回顾联合国教科文组织对非物质文化遗产的保护实践，可以发现这一工作被确定为一项国际性事业的历史并不长。前文中已经提到，1972 年出台的《保护世界文化和自然遗产

公约》只明确提到了"文物"、"建筑群"、"遗址"三大类。后来，联合国教科文组织在日本、韩国等国家的影响下，才开始了非物质文化遗产保护方面的探索。

联合国教科文组织于 1989 年提出《保护传统文化和民俗的建议》（Recommendation on the Safeguarding of Traditional Culture and Folklore），倡导各成员国保护传统文化和民间文化，提出保护传统文化和民俗的时代背景和必要性，开启了这一工作的先河。

1997 年 11 月，联合国教科文组织第二十九届大会通过了成立《人类口头和无形遗产代表作条例》（Proclamation of Masterpieces of the Oral and Intangible Heritage of Humanity）的决议。条例旨在"鼓励各国政府、各非政府组织和各地方社区开展鉴别、保护和利用其口头和非物质遗产的活动，因为这种遗产是各国人民集体记忆的保管者，只有它能够确保文化特性永存"。

2000 年 4 月，联合国教科文组织总干事致函各国，正式启动了"人类口头和无形遗产代表作名录"的申报、评估工作，并于 2001 年开始在全球范围内开展首批人类口头和无形遗产代表作名录的评定工作。

2002 年 8 月，联合国教科文组织专门就非物质文化遗产的保护召开第三次全球文化部长会议，并通过了《伊斯坦布尔宣言》（Declaration of Istanbul）。该宣言强调非物质文化遗产是构成人类文化特性的基本要素，是全人类的共同财富，各国政府有责任制定政策和采取措施保护它们，使之源源不断地传承和传播。

2003 年 10 月，联合国教科文组织第 32 届大会通过了《保护非物质文化遗产公约》。《公约》开宗明义地提出了非物质文化遗产的定义，并明确了保护非物质文化遗产的背景和意义，要求各缔约国应该采取必要措施，确保非物质文化遗产的生命力。《公约》还点明了非物质文化遗产与其所处环境中的物质文化遗产和自然遗产之间存在内在的相互依存关系。这是对文化遗产整体性保护的又一次确认和阐述。

《保护非物质文化遗产公约》的颁布，使得非物质文化遗产保护在法律层面上有了与物质文化遗产和自然遗产保护相对等的国际条约作为依据，也为各成员国制定相关国内法律提供了国际法依据。《保护非物质文化遗产公约》的颁布，将国际非物质文化遗产保护工作提到了一个新的高度。通过这项工作，保护文化多样性、保护非物质文化遗产被确立为一项国际共识，非物质文化遗产保护正式作为一项国际性事业在全球范围内推广。

（一）确认、立档、研究、保护和保存

《保护非物质文化遗产公约》第二条中对"保护"的定义是指"确保非物质文化遗产生命力的各种措施，包括这种遗产各个方面的确认、立档、研究、保护、保存、宣传、弘扬、传承（特别是通过正规和非正规教育）和振兴"。由此可看出非物质文化遗产的保护方法包含确保非物质文化遗产生命力的各种措施，具有多样性。其中确认、立档、研究、保存等措施偏重于相对静态的保护，而保护、促进、宣传、弘扬、传承和振兴则体现了非物质文化遗产动态、活态保护的特点。

1. 确认

非物质文化遗产确认是非物质文化遗产保护的基础，是我们了解非物质文化遗产保存现状的重要途径。此处的确认一般可被理解为对本国境内非物质文化遗产的普查和详查。普查不仅可以对各国家领土上现存的非物质文化遗产进行透彻的摸底了解，也可增强民众保护非物质文化遗产的意识。

1964 年法国曾进行了一次全国性的，也是其文化历史上最重要的一次文化遗产大普查。该次普查提出了"大到教堂，小到汤匙"的普查观念后，法国仅国家等级入册的就有 4 万多件。在我们的邻国日本，政府、学术界曾先后组织、实施了多次全国范围的农村、山村及岛屿、渔村民俗调查，积累了大量可靠而又翔实的资料。现在几乎所有的村、町（镇）、市、县均有各自颇为详尽的地方史记录和民俗志报告出版或印行。此外，还有"民俗资料紧急调查"、"民谣紧急调查"以及"无形文化财记录"等多种学术调查活动。1950 年《文化财保护法》颁布后，日本接着开展了全国范围内的"文化财调查"，以丰富的《文化财调查报告书》为其成果，这些报告书通常是把有形文化财、无形文化财和民俗文化财加以分类之后又编在一起的。所有这些调查及其成果的积累，对日本文化遗产的认定、登录、保护及灵活应用等创造了坚实的基础，几乎每一项被认定的文化遗产，均有将其历史与现状、价值和特点、传承方式等予以全面、科学记录的田野工作报告问世。可以说日本在文化遗产保护方面取得的成就，与他们的田野调查先行和全面、扎实的学术理论研究积累是密不可分的。

2. 立档

在联合国教科文组织规定的所有保护措施里，记录立档也是一个有效的保护方法，其目标和意义在于以资料的形式保存非物质文化遗产，从而有助于了解其变化过程。

巴西是世界上拥有非物质文化遗产较为丰富的国家之一。2000 年，巴西颁布了总统令，要求建立对非物质文化遗产的登记制度，目的是对文化遗产准确定位，也是价值评估的有效手段。另外，在其颁布的《无形文化遗产全国纲要》的要求和指导下，巴西设立了相关的管理机构，国家提供必要的资金以开展无形文化遗产的登记工作。

1996 年，日本国会通过了经新一轮修改的《文化财保护法》，出台了非物质文化遗产的登录制度，即将文化遗产和非物质文化遗产进行注册、登记。通过登录认定文化遗产和非物质文化遗产的资格，确定它们的历史文化价值。同时用一定的法律法规条例加以约束，并通过大众媒体公布于众。现在登录制度已成为世界各国广泛采用的保护文化遗产和非物质文化遗产的重要方式，实践证明它也是一种行之有效的方法，所以联合国教科文组织对世界文化和自然遗产和非物质文化遗产也采用了登录制度。

韩国早在 1962 年就制定并公布了《文化财保护法》，其中有对以文化遗产原形保存为目的的记录工程的规定。如第 33 条第 1 项明确规定：文化财厅长与有关市长、郡守、区厅长及管理团体长官应制定国家指定文化遗产的保存、管理及变更内容的相关规定；同法之施行规则第 3 条规定：指定文化财的同时应存簿备置有关项目的资料；施行规则第 2 条规定：对于国家指定的重要无形文化财应制作资料存簿，备置录音物、摄像物、乐谱、剧本及保存状况相片。[①] 另外，依据《文化财保护法》的无形文化财之指定陪同指定调查规则，对指定项目采取以保存与普及为目的的制作记录书籍与纪录片等措施。

韩国非物质文化遗产的记录成果主要有三类：一是通过非物质文化遗产的指定调查制作的文字报告书和获取的音像及相片资料；二是以指定非物质文化遗产的现状调查及记录工作为基础制作的调查报告书、记录书籍和纪录电影；三是在全国范围对民俗文化进行调查后整理的综合报告书。对非物质文化遗产采取以上三种形式记录后，韩国开始考虑向普通民众开放现有的文化遗产记录资料，为此开始进行有关资料的档案建设以服务大众，主要通过数字技术将文字资料、录音资料、相片资料、影像资料按照主题分类进行数字化保存，并通过网站对外公开。[②]

3. 研究

非物质文化遗产保护的成功离不开学界理论指导，应重视非物质文化遗产基础理论的研究与学科建设。非物质文化遗产保护是一项实践性很强的事业，但也是人文社会科学的一个独特研究对象、研究领域，有其深奥复杂的规律性、学理性，需要深入开展对它的基本理论研究，进行非物质文化遗产学的学科建设。在这方面，中国较早上升到理性的自觉，多年来积极探索，涌现了一大批学术研究成果。特别是积极向联合国和其他先行国家学习先进的保护理念和方法，用以指导中国的非物质文化遗产保护实践，为各级政府和文化遗产持有者提供政策咨询和技术指导。

国际上，为保护好本国文化遗产，许多国家成立了专门的科研机构，如法国建立了古迹保护与历史研究高级中心，日本设立文化财研究所，韩国设立国立文化财研究所等；同时建立专门的教学机构，如法国的文化遗产保护学院，意大利专门负责文物修复教学工作的罗马修复中心、佛罗伦萨文物保护研究所等国家级培训机构，韩国有传统文化财学校等。[③] 随着中国非物质文化遗产保护工作的不断深入，社会实践中对文化遗产保护研究的需求越来越急迫。和欧洲、日韩文化遗产管理体制相比，作为非物质文化遗产大国，我国在教育领域的学科开拓严重滞后。而且，专业研究缺乏社会学视野，具有针对性与实践意义的个案研究成果较少；变革时代的文化遗产保护包含着复杂而艰巨的实践内容，但有关文化遗产的国家政策、文化管理、文明研究、文化保护等系列专业问题，则需要通过学科建设和专业学院发展才能得到真正解决。

4. 保存和保护

---

① 朴原模 . 韩国非物质文化遗产的记录工程与数码档案的构建 [J]. 河南社会科学，2009，17（4）：22-25。

② 同上。

③ 顾军，苑利 . 文化遗产报告：世界文化遗产保护运动的理论与实践 [M]. 北京：社会科学文献出版社，2005：90-92。

非物质文化遗产具有物质性和非物质性两个方面的特点，两者之间有千丝万缕的联系。非物质性的知识和技能等有时要通过物质性的载体来体现。因此，在现实中两者不可截然分开。《保护非物质文化遗产公约》正是考虑到非物质文化遗产的这个特点，在规定了以"研究"作为一种保护方法后，又列出了"保存"和"保护"这两种方式。保存是指将部分承载非物质文化遗产物质性的载体客观、全面地记录、保存下来，防止其损毁、丢失、灭绝，以供后人了解研究；而保护则更具积极意义，不仅要完成保存工作，更要通过传承、传播等积极措施，使其发扬光大。非物质文化遗产虽然是看不见摸不着的，但加强非物质文化遗产的保护不能单纯靠人的记忆去保护和保存，必须采取现代的技术手段，用一种物化的形式对非物质文化遗产进行妥善保存。主要包括用声画方式记录普查及采用数字技术整理、分析、存储、保存文字、图片、录音、录像，建设网站或数据库，完成非物质文化遗产资源数字化保存并进行网上展示。另外，要对与非物质文化遗产相关的实物进行保存或放进博物馆进行珍藏展示，收集代表性传承人作品等。

（二）宣传、弘扬、传承和振兴

《保护非物质文化遗产公约》除了第二条总括式的对保护概念进行了阐述外，又在第十四条，特别对宣传和教育作出建议和规定。这充分显示了对这些保护方式的重视。第十四条提到："各缔约国应竭力采取种种必要的手段，以便：①使非物质文化遗产在社会中得到确认、尊重和弘扬，主要通过：向公众，尤其是向青年进行宣传和传播信息的教育计划；有关群体和团体的具体的教育和培训计划；保护非物质文化遗产，尤其是管理和科研方面的能力培养活动；非正规的知识传播手段。②不断向公众宣传对这种遗产造成的威胁以及根据本公约所开展的活动。③促进保护表现非物质文化遗产所需的自然场所和纪念地点的教育。"

1.宣传

提升民众的"文化自觉"是加强非物质文化遗产宣传的核心目标。全球经济一体化和现代化生活方式的巨大发展，使各种传统的文化形式出现危机，进而使人们产生文化自觉意识。日本是现代化进程颇为迅速的国家，在受到多种文化冲击后日本国民对自己的文化遗产也油然生出了高度的危机感。在日本，包括报纸、电视、广播、因特网等媒体都很热衷于无形文化遗产的宣传。他们或大量播放跟乡情和地域文化有关的影像节目，或采用传统文化的表述方式组织广告，或积极赞助地方频繁举行的传统节祭活动。此外，政府、地方自治体、民间社团、博物馆和各类美术馆、艺术馆、出版界、行业组织等，也都分别在文化遗产的宣传活动中发挥着重要的作用。例如，日本有著名的全国"斗牛"比赛、全国"艺能"表演大赛、国技"相扑"比赛、"人间国宝"的各种展演活动，传统曲目演奏会、茶艺和插花的表演会、西阵织与服会馆的和服表演，以及为数众多、名目繁多的展示及陈列活动等，都是宣传的良好途径。活动层出不穷地推出，媒体大力配合，日本国民中逐渐形成了一种浓郁的氛围，即热爱和珍重自己民族的传统文化。而法国在1984年正式设立"文化遗产日"，并规定每年9月的第三个周末为"文化遗产日"。在"文化遗产日"期间，政府和非政府组织通过大力宣传他们组织的活动，提高民众对文化遗产保护的意识。例如在这期间对所有公立博物馆免票，私立博物馆门票减价并给予税收优惠，吸引了大量民众走进博物馆。如此设定特定遗产保护节日并实行相应配套措施无疑是加强宣传的良好办法。

2. 弘扬

非物质文化遗产是人类文化多样性的集中体现，在现实中它分别属于不同的国家行政区域，但亦是全人类共同的文化财富，因此，非物质文化遗产的弘扬主要包括对内的宣传展示和对外的传播交流弘扬。

在日本，文化遗产必须向全体国民和社会公众公开展示，以最大限度地发挥其影响和价值。公开的含义不仅局限于展示，也包括透明的"国有化"过程。若是有人想变卖具有文化遗产价值的房产或收藏品，政府就会设法将它买下来，作为公共的财富予以保护。其次，日本政府努力促进文化遗产的公开展示，以便尽量充分地发挥文化遗产在国民教育、文化认知、传播与交流等多方面的功能。如每年的11月1~7日在日本的文化遗产保护强化周期间，以都、道、府、县及市、町、村教育委员会为中心，全国各地都会举办诸如开放历史建筑物、展示工艺美术品、史迹踏寻、传统艺能发表会等各种各样的活动，从而为普通国民提供亲近文化遗产和了解日本各地方的历史与文化的机会。从1996年起，文化厅每年都要在全国举办两场主题为"日本的技能和美——重要无形文化遗产及其传承者们"的展览，这是文化厅致力于将重要无形文化遗产的"技能"及其技术传承者们予以"公开"的一环。展览的内容主要涉及被指定为重要无形文化遗产的"陶艺"、"染织"、"漆艺"等传统的工艺技术，展示了这些工艺技术所不可或缺的用具与材料的制作和生产，以及特别选定的文化遗产保存技术等。届时，文化厅通常还会将所收藏的"人间国宝"及保持团体的代表性作品与有关的珍贵资料一同予以公开展示。此外，在展览举办期间，往往还要同时上映由文化厅主持制作的工艺技术纪录片等。[①]

此外，日本善于运用现代技术推动其文化的传播，如日本政府文化厅和总务省互相合作，积极推进的"非物质文化遗产在线构想"就是运用现代科技加强宣扬非物质文化遗产的最佳代言。通过现代的高科技通信网络，对日本整个国家和全国各个地区关于文化遗产的种种信息积极予以传播；在大力保护其著作权和知识产权的同时，积极地促进对文化遗产的利用。非物质文化遗产在线所能提供的有关文化遗产的信息，主要有全国各大美术馆、博物馆的网站主页链接，全国各大美术馆、博物馆的展览会信息，以及由全国的美术馆和博物馆所提供的有关各自藏品的信息等。另外，日本政府在传播弘扬本国传统文化方面还进一步把文化遗产作为国家文化软实力的象征，通过申报世界遗产和开展有关文化遗产的国际合作等方式，不断提高日本文化在全人类文化中的地位、比重和影响。

---

① 陈又林. 从日本经验看非物质文化遗产的活态传承 [J]. 神州民俗（学术版）2012（3）: 9-12.

3. 教育

《保护非物质文化遗产公约》第十四条对非物质文化遗产的教育传承进行了规定，包括向公众，尤其是青年进行宣传和传播信息的教育计划；针对社区和群体的具体教育培训计划；非正规的知识传播手段，还包括促进保护非物质文化遗产所需自然场所和纪念地点的教育。教育传承主要有学校正规教育和非正规教育两类。

日本和韩国在教育传承方面有许多宝贵的做法和经验值得我们学习。日本的学校教育非常重视民族传统文化的学习。1981年，日本中小学社会科设立了传统工艺品课程，让孩子们从小就认识民族的传统文化，培养他们对传统文化的尊重态度和爱好心理，丰富他们的感性和理性认识。日本政府还修改了《教育基本法》，为强化国民的爱国心，规定国民要热爱"乡土"。在日本的教育大纲中，教育孩子尊重和维护日本传统文化等内容也被列入其中。韩国则制定专门的规章制度，要求中小学生有到"民俗村"体验生活的学习经历，且此种经历与考试成绩同样重要，是学生升学、考评、毕业的重要依据。通过在"民俗村"中收集、保存、展示韩国民族、民俗资料和文化遗产以及体验传统的韩国民族、民间生活，进一步强化了下一代弘扬优秀文化、保护文化遗产的意识。另外，韩国政府还特设奖学金，资助有志于学习非物质文化遗产项目的年轻人，大大促进了韩国年轻人传承非物质文化遗产的热情和积极性。

至于非正规教育，主要体现在日常生活中利用节日时间或文化遗产日，在特定的文化空间内，举办互动体验活动，培养民众文化自信和文化自觉，唤起人们特别是青少年保护传统文化的意识。在日本，传统的节日都是国家假日，每到传统节日，家家户户都扎起门松，摆起祭坛，男女老少都穿着传统的和服上街参加各种传统的节日活动。凡是能走路的小孩，都会被家长穿上和服，带着参加活动。另外，在一年的不同时期，日本各地都会举行不同规模且风格迥异的民俗庆典活动。其中很多民俗庆典活动的道具以及举行过程都已经被认定为日本重要无形文化财。通过让民众过节的方式，传统文化进入到大众之中，这正是培养非物质文化遗产群体传承人的最好途径。

4. 振兴

非物质文化遗产的保护并不是将其束之高阁，放进博物馆珍藏起来，而是要合理利用，在新时代使其融入当代生活，与经济有机结合。通过对非物质文化遗产进行合理利用，让非物质文化遗产充满活力，自行健康发展。

韩国在非物质文化遗产与商业、现代旅游业结合方面积累了不少宝贵经验。商业方面，诸如地铁站的广告栏、外国游客服务中心、韩国产香烟的包装盒，甚至韩国飞机的座背上，非物质文化遗产的各种宣传广告皆是随处可见。而表演类的非物质文化遗产经常在各大宾馆为外国游客表演，各类文化遗产和无形文化遗产保有者也常常在电视上露面。另一方面，韩国重视利用非物质文化遗产来促进旅游业的发展，同时通过现代观光旅游推动非物质文化遗产的保护，这是韩国旅游文化产业开发的主要目标。比如韩国十分注重以民俗节日和祭祀活动来吸引游客，发展本国旅游业。像被国家指定为"重要无形文化财第13号"的江陵端午祭和祭日演出的假面戏年年在当地举办盛大的旅游活动，吸引了国内外百万人次前来观光，亦使这一非物质文化遗产转化为巨大的文化产业，发展了当地的经济。[①]

　　在日本也有这方面的努力，如开展了"日本世界文化遗产之旅"之类的项目等。但是，对非物质文化遗产或一般意义上文化遗产的利用不应只盯着经济效益。日本政府和学术界认为，文化遗产是日本全体国民的财产，它既是理解日本历史和文化的基本教材，同时也是日本文化未来发展的重要基础。除了上述所说旅游业发展外，也充分利用非物质文化遗产来振兴地方文化，如"家乡文化再兴事业"、"地域艺术文化活性化事业"、"地方文化情报系统"、"推进青少年体验文化艺术活动"等项目。一是对地方所拥有的文化遗产、风土人情、民俗等予以保护和活化；二是以此为基础，努力发展当地具有特色的地方艺术、地方文化产业和文化生活。

二、各国非物质文化遗产保护的实践

　　国际上，现代意义上的非物质文化遗产保护实践要晚于物质文化遗产保护实践。对非物质文化遗产保护重要性的认识也是随着物质文化遗产保护的浪潮而产生的。在保护物质文化遗产卓有成效后，世界各国政府开始逐渐认识到一些民俗、艺术、民间知识对人类发展的重要程度丝毫不亚于那些文物古迹，有的甚至超过了它们。一些国家的有识之士、团体纷纷呼吁对其全面保护，政府也意识到这一问题的紧迫性，开始加入到保护非物质文化遗产的事业中来。然而，由于非物质文化遗产的无形和活态的特征，其认知和保护的难度均高于物质文化遗产或自然遗产。

　　1. 日本的实践

　　日本是现代非物质文化遗产保护的先行者。日本较早就采取诸多举措保护文物、遗迹等"有形文化财"。譬如从 19 世纪末期开始，日本就陆续制定《古器旧物保存法》、《古社寺保存法》、《国宝保存法》、《古迹名胜天然纪念物保护法》、《遗失物法》、《重要美术品保存法》等多部法律，并完成了大量的文物普查工作。[②] 这也为后来的非物质文化遗产保护奠定了坚实的基础。二战结束后，日本对非物质文化遗产的保护更加重视，开始了现代意义上的非物质文化遗产保护工作。其中有两个因素尤为重要：一是大量文物古迹在战争中遭到损毁，许多宝贵的文化艺术也因艺人的亡故而失传；二是在战后重建过程中，日本本土文化受到了包括美国文化在内的外来文化的强烈冲击。在这样的历史背景下，日本政府和国民更加认识到保护文化遗产，尤其是保护其中非物质文化遗产的重要性和紧迫性。

　　1950 年日本颁布了《文化财保护法》。在这部法律中，日本明确提到"无形文化财"这一概念，即我们现在所说的"非物质文化遗产"，并且强调了"人"的作用。那些被指

---

① 王文章. 非物质文化遗产概论 [J]. 文艺理论与批评，2007(1):257-258。
② 顾军，苑利. 文化遗产报告：世界文化遗产保护运动的理论与实践 [M]. 北京：社会科学文献出版社，2005：90-92.

定为"无形文化财持有者"的人，必须将其所掌握的艺能传承给后人。日本的"无形文化财"这一概念中又包括了"无形文化财"与"民俗无形文化财"两类。"无形文化财是指那些具有较高历史价值与艺术价值的国粹及传统戏剧、音乐、工艺技术以及其他无形文化遗产；而民俗无形文化财即民俗非物质文化遗产，则是指那些与普通民众衣食住行、生产民俗、信仰、岁时年节有关的风俗习惯和民间传统艺能"①。

2. 韩国的实践

紧随日本之后，韩国也开始了保护非物质文化遗产的工作。由于韩国在二战前一直处于日本的统治之下，许多本国的传统文化都被禁止。而战后的 60 年代，美国加大了对韩国的扶持力度，韩国经济迅速崛起，但随之而来的是西方文化、意识形态和生活方式的涌入，韩国面临着与日本相同的困境，即选择发展还是坚持传统，或者走中间道路、在二者之间寻求平衡。在日本文化遗产保护浪潮的影响下，韩国也参考和学习日本的多种措施及制度，于 20 世纪 60 年代开始了包括非物质文化遗产在内的文化财普查工作，并于 1962 年 1 月推出了韩国的《文化财保护法》。这一法令与日本的《文化财保护法》有很多相似之处，都强调了"人"的作用，"在指定重要无形文化财时，亦应同时制定重要无形文化财持有者或持有团体"②，并明确了无形文化财持有人应有的传承责任。

3. 美国的实践

美国作为战后的全球第一大经济体和文化强国，对非物质文化遗产保护工作亦有较早的探索。1976 年 1 月 2 日，美国第 94 届国会通过了《民俗保护法案》。该法案认为："美国民俗所固有的多样性对丰富国家文化做出了巨大贡献，并培育了美国人民的个性和特性"③，"美国民俗对美国人民的思想、信仰、观念和性格的形成有着根本性的影响"④，"美国的历史有力地证明建设一个强国不需要牺牲文化间的差异"⑤，"美国民俗对美国人民的思想、信仰、观念和性格的形成有着根本性的影响"⑥，"保存、支持、复兴并传播美国民俗的传统和艺术是美国民众的全体利益之所在"⑦。尽管美国并未正式提到"非物质文化遗产"这一概念，但"美国民俗"却在事实上包括了非物质文化遗产的大部分内容。在这一法案中，"美国民俗"一词所含的范围相当广泛，"风俗、信仰、技巧、语言、文学、艺术、建筑、音乐、游戏、舞蹈、戏剧、宗教仪式、庆典、手工艺"⑧等在"美国境内各群体所持有的家族的、种族的、职业的、宗教的和地域的文化表现形式"⑨都属于美国民俗，也都在《民俗保护法案》保护之列。

---

① 苑利，顾军.非物质文化遗产学 [M].北京：高等教育出版社，2007：20。
② 苑利，顾军.非物质文化遗产学 [M].北京：高等教育出版社，2007：22。
③ 顾军，苑利.文化遗产报告：世界文化遗产保护运动的理论与实践 [M].北京：社会科学文献出版社,2005:86-87。
④ 同上。
⑤ 同上。
⑥ 同上。
⑦ 同上。
⑧ 同上。
⑨ 同上。

4. 意大利的实践

作为罗马文明的中心，意大利拥有丰富的非物质文化遗产。随着西西里傀儡戏、撒丁岛牧歌文化、地中海饮食等被相继列入"人类非物质文化遗产代表作"，意大利政府和民间对非物质文化遗产的保护更加重视。意大利的《艺术及历史文化遗产保护法》（1089 号法令）是一部与保护非物质文化遗产高度相关的法律。该法令在文首提到了保护的主要对象："下列具有艺术、历史、考古或民族学价值的不动物和可动物，系本法调整的对象：①涉及古生物学、史前史和原始文明的物品；②具有古钱币学价值的物品；③具有珍奇特点的手稿、手迹、通信、重要文件、古书、典籍、印刷品和铭刻。具有艺术或历史价值的别墅、公园和花园也包括在上述物品之列，但在世的作者的作品或者完成创作的时间不满50 年的作品，不属本法调整的范围之内。第二条因同政治的、军事的、文学的、艺术的和文化的历史有关而被认为具有特别重要的价值并且应当按照行政程序向国家教育部报告的物品，也受到本法的保护。"该法对文化遗产可能出现的种种问题和解决、制裁措施作了细致的说明。

值得一提的是，意大利文化遗产保护的难点在于有形文化遗产和非物质文化遗产的分散化与高度私有化。为解决文化遗产理论上的全民共有与事实上的个人私有这对矛盾，保护好私有藏品，该法律规定政府有权对私有文化遗产实施特别保护。这些法律条文的核心精神在于："国家在尊重财产私有的前提下，以法律形式强调了国家对民族文化遗产所具有的绝对特权。这些特权包括国家对重要文化遗产的监护权、对考古遗址发掘的专控权和对流通文物的优先购买权等等。"

第三节　中国非物质文化遗产保护的原则、理念与措施

一、中国非物质文化遗产保护工作的开展历史

中华先民很早就注重对"非物质文化遗产"的记录，如《诗经》、史书中的艺文志以及大量地方志书中均对辖境内的民俗、技艺做过记录。从广义的角度看，这些活动可以被视为中国非物质文化遗产保护工作的最早实践。19 世纪以来，随着清朝帝国衰微和国门的开放，一些新学如民俗学、社会学、民族学、人类学等学科逐渐传入国内；一些仁人志士也逐渐将目光由精英阶层、政治领域转移到了普通民众的日常生活，并且自下而上地去理解中国历史、社会、文化的发展历程。进入 20 世纪后，"民俗"作为最能代表民众生活的一个文化集中体，被文人学者关注得越来越多。北京大学成立的歌谣征集处、歌谣研究会、《歌谣周刊》，以及在中山大学出版的《民俗周刊》等均为这一阶段的产物。[①] 事实上，在"非

---

① 苑利，顾军.非物质文化遗产学 [M].北京：高等教育出版社，2007：26。

物质文化遗产"这一概念出现之前，"民俗"是一个较为理想的替代概念，也容易被人理解。新中国成立后，随着全国少数民族调查的开始，一批与民族民间文化相关的普查、调研、资料汇编工作也随之展开。20世纪80年代，文化部、国家民委、中国文联共同发起了十套"中国民族民间文艺集成志书"的编纂，启动了民间艺术之乡的评选以及民族古籍抢救工程。这些工作抢救、保存了大量珍贵的非物质文化遗产，意义极为重大。

1982年，中国制定了《文物保护法》。《文物保护法》的颁布，结束了自共和国建立以来在文物保护方面没有一部正式法律的历史，标志着中国文化遗产保护事业法制化管理时期的到来。该法虽然只有33条，但它首次从国家法律的角度对文物的对象和保护范围、标准，对文物保护单位、考古发掘、馆藏文物、私人收藏文物、文物出境都作了规定。《文物保护法》不仅对单体文物作出了保护的规定，而且还对历史文化名城提出了整体保护的原则，同时对民间的文物收藏，也进行了必要限定。

从20世纪90年代中期起，有关部门就开始了对文物保护法的修改调研工作。2002年，全国人大常委会颁布了新修订的文物保护法。该法明确规定文物工作的基本方针是"保护为主、抢救第一、合理利用、加强管理"。该法也进一步扩大文物的范围，特别是在文物的第二项中增加了近现代重要史迹、实物、代表性建筑；并增加了历史文化街区、村镇保护制度。

进入21世纪，中国响应联合国号召，正式开始了非物质文化遗产的保护工作。2004年8月，中国政府正式向十届全国人大常委会第十一次会议提请加入《保护非物质文化遗产公约》，经常委会审议后得到了批准。中国成为全球率先批准加入该公约的国家之一。同年，中国成为该公约的政府间委员会成员。[①] 中国的昆曲、古琴艺术、新疆维吾尔木卡姆艺术和蒙古族长调民歌分别于2001年、2003年、2005年入选联合国"人类非物质文化遗产代表作名录"（the Representative List of the Intangible Cultural Heritage of Humanity）。2005年，文化部部署开展了针对全国范围内非物质文化遗产的大普查；2006年，国务院批准公布了第一批国家级非物质文化遗产名录，共分为民间文学、传统音乐、传统舞蹈、传统戏剧、曲艺、传统体育游艺与杂技、传统美术、传统技艺、传统医药、民俗十大类。2007年，第一批国家级非物质文化遗产代表性传承人公布。

在国际上，截至2014年初，中国列入联合国"人类非物质文化遗产代表作名录"的非遗项目共有38项；另有羌年、黎族传统纺染织绣技艺、中国木拱桥传统营造技艺、麦西热甫、中国水密隔舱福船制造技艺、中国活字印刷术、赫哲族伊玛堪等7个项目列入联合国"急需保护的非物质文化遗产名录"；福建皮影传承1项入选"非物质文化遗产优秀实践名册"。在国内，文化部公布了四批国家级非物质文化遗产名录共1372项，四批代表性传承人共1986人，并且形成了国家、省、市、县四级申报和保护体系。

---

① 李树文，信春鹰，袁曙宏，王文章. 非物质文化遗产法律指南 [M]. 北京：文化艺术出版社，2011：38。

2011年2月25日，十一届全国人大常委会第十九次会议表决通过了《中华人民共和国非物质文化遗产法》。该法表明中国非物质文化遗产保护真正步入有法可依的阶段。这部法律的亮点在于首次明确了传承人并引入传承人的"退出机制"；规范非遗项目申报工作，引入非遗项目"退出机制"，同时对非物质文化遗产保护不力的将依法追究主管部门及责任人，政府也将为保护工作提供财政保障。《非物质文化遗产法》对代表性传承人的审定、保护及应当履行的义务都作了明确规定。同时还规定，非物质文化遗产传承人不认真履行传承和培养后继人才等义务的，文化主管部门可以取消其代表性传承人资格，重新认定该项目的代表性传承人。此外，非物质文化遗产生产性保护、数字化保护、生态博物馆建设、文化生态保护区建设等新理念、新方法也逐渐兴起，中国的非物质文化遗产保护工作正在实践中逐渐完善，走向成熟。

二、中国非物质文化遗产保护工作的经验

（一）保护原则

1.濒危遗产优先保护原则

中国非物质文化遗产保护工作方针是"保护为主，抢救第一，合理利用，传承发展"。"抢救第一"说明了非物质文化遗产保护工作的紧迫性，也强调了抢救性保护的重要性。那么抢救什么？如何抢救？日本早在1919年颁布的《古迹名胜天然纪念物保护法》就给出了答案。该法规定在紧急情况下，地方政府在没有获得上级主管部门正式批复的情况下，有权指定那些面临破坏威胁的文物为国家重要文化遗产。在这样的规定下，日本抢救了许多宝贵的名胜古迹和天然纪念物。虽然，上述规定主要是针对物质文化遗产的，但对非物质文化遗产的保护也有参考作用。因为与物质文化遗产相比，非物质文化遗产的活态性和流变性的特点更容易受传承人本身和外界环境的影响发生不可逆转的破坏甚至毁灭。

国务院办公厅在2005年3月颁布的《关于加强我国非物质文化遗产保护工作的意见》指出："随着全球化趋势的增强，经济和社会的急剧变迁，中国非物质文化遗产的生存、保护和发展遇到很多新的情况和问题，面临严峻的形势。"这种严峻的形势一方面是因为非物质文化遗产失去生存和发展的环境基础；时代变迁使其处于生存困境濒临消亡；城市化对民间文化、传统民居的摧毁；传承人身故，技艺传承后继无人，人亡艺绝；另一方面，也是因为缺乏保存和保护手段。

上述种种情况的出现，有的或许不可避免，但是需要我们第一时间按照濒危优先的原则，通过"临时性制定制度"的实施，对其进行抢救式保存和记录，以便后人进行深入研究。当然，临时性制定制度的实施必须以专家学者的科学论证为前提，否则会因为匆忙和草率导致非物质文化遗产项目认定失去科学性和严肃性。从根本上说，非物质文化遗产的濒危主要是表现在传承危机。解决传承危机的关键是传承人的保护和传承人的培养。这些濒危的情况中如传承人自然死亡我们无法阻止，但我们完全可以完善传承方式，如预先采取加

强传承人培养的措施、制止环境改变等一系列科学保护方式最终做到未雨绸缪。

2. 活态保护原则

非物质文化遗产和物质文化遗产的本质决定了对两者保护的方式明显不同。物质文化遗产因为其物质形态，采取技术保存、博物馆珍藏等手段就能达到保护的目的。但非物质文化遗产却不一样，需要以保护传承人为核心进行保护。即使非物质文化遗产有外在的物质形态，由于它的本质是文化表现形式，属于人类行为活动的范畴，需要借助于人类的活动和行为才能表现出来，因此，他们始终离不开动态的人的因素的存在，如民间文学、传统音乐、传统舞蹈等需要人的动态行为来表现，传统美术、传统技艺也是通过人的动作和行为来表现，民俗、体育游艺等更是如此。"活鱼还要水中看"，保护好非物质文化遗产根本上就是要保护好传承人。因为非物质文化遗产一般都是由传承人的口传心授而得以代代传递，他们以超人的才智、灵性，储存和掌握着非物质文化遗产的文化传统、精湛技艺、信仰密码，他们是非物质文化遗产活的宝库。

所谓活态保护，就是以非物质文化遗产传承人为核心，采取各种科学的保护方式，为他们营造出一个更加适合于他们传承的社会和自然环境。只有这样，非物质文化遗产才能如水中之鱼，自由生产、繁衍，不断发展壮大。日本非常重视非物质文化遗产的保护，留下了许多值得我们学习的重要经验，其中之一便是通过重视非物质文化遗产传承人保护非物质文化遗产。在日本，非物质文化遗产传承人被赋予"人间国宝"的称号。在表演界，"人间国宝"是指那些在艺术表演领域具有突出的表演才能、精湛的表演技艺并愿意将自己的这些技艺传授后人的杰出的表演艺术家；在工艺制作领域则特指那些身怀绝技并愿意通过带徒方式将自己的技艺传授后人的著名艺人或匠人。对于这些杰出的非物质文化遗产传承人，国家每年都会给予一定的补贴以鼓励他们再接再厉、精益求精。[1]

活态保护除了加强传承人的保护外，还要对整个文化生态环境进行保护。因为鱼离不开水，文化生态环境的好坏直接决定了非物质文化遗产传承与发展的质量。在现代化的影响下，非物质文化遗产依赖的农耕文化及相关的自然、社会环境急剧变迁，许多非物质文化遗产失去了生存的土壤，因此，如何保护非物质文化遗产存在和发展的文化空间，是一件需要思考且必须去做的事情。

3. 整体性原则

由于非物质文化遗产，其传承人，以及他们赖以生存的自然和社会环境不可分割，因此，对非物质文化遗产的保护需要实行整体性保护原则。方李莉从非物质文化遗产的独特系统，来理解非物质文化遗产的整体性保护。她指出："在文化遗产保护中，我们很容易从艺术的形式和表面状况来关注对象，而忽视其背后内在的完整性和统一性。"[2] 这说明保护非物质

---

① 苑利，顾军. 非物质文化遗产学 [M]. 北京：高等教育出版社，2007：57。
② 方李莉. 遗产：实践与经验 [M]. 昆明：云南教育出版社，2008：78。

文化遗产必须考虑保护它自身的完整性。非物质文化遗产项目和传承人的关系已在本书中多次论述，他们与之赖以生存的自然和社会环境，也要一并放入保护体系中。《中华人民共和国非物质文化遗产法》第二十六条规定：对非物质文化遗产代表性项目集中、特色鲜明、形式和内涵保持完整的特定区域，当地文化主管部门可以制定专项保护规划，报经本级人民政府批准后，实行区域性整体保护。确定对非物质文化遗产实行区域性整体保护，应当尊重当地居民的意愿，并保护属于非物质文化遗产组成部分的实物和场所，避免遭受破坏。实行区域性整体保护涉及非物质文化遗产集中的村镇或者街区空间规划的，应当由当地城乡规划主管部门依据相关法规制定专项保护规划。《文化部关于加强国家级文化生态保护区建设的指导意见》也指出："设立国家级文化生态保护区，以非物质文化遗产为核心加强文化生态保护，对于推动非物质文化遗产的整体性保护和传承发展，维护文化生态系统的平衡和完整；对于提高文化自觉，建设中华民族共有精神家园，增进民族团结，增强民族自信心和凝聚力；对于促进经济社会全面协调和可持续发展，具有重要的意义。在文化生态保护区的建设工作中，应坚持以保护非物质文化遗产为核心的原则，坚持人文环境与自然环境协调、维护文化生态平衡的整体性保护原则，坚持尊重人民群众文化主体地位的原则，坚持以人为本、活态传承的原则，坚持文化与经济社会协调发展的原则，坚持保护优先、开发服从保护的原则，坚持政府主导、社会参与的原则。"

对非物质文化遗产进行整体性保护不仅是法律法规的要求，也符合非物质文化遗产本身的特性。首先，中国民间许多习俗都与特定的文化生态环境紧密相依，保护非物质文化遗产，就要保护其文化生态环境。在非物质文化遗产保护工作中，比如我们保护民歌演唱传统，如果只是单纯整理歌词、录音录像是不够的，必须设法保护民歌演唱活动最基本的生态环境，才能使之继续活在民间。这包括保护非物质文化遗产产生的社会环境和依存的自然环境。由于非物质文化遗产与文化主体是不可分离的，非物质文化遗产与原生的文化空间不可分离，因此那些非物质文化遗产项目较集中的古村落应被施以整体性保护。关注各种文化事象的发生、存在发展的过程，就要求我们要注重非物质文化遗产项目本身与周边其他文化遗产的密切联系，这就是保护非物质文化遗产的生态整体性，是文化生态保护区建设的根本基础。

20世纪70年代，欧洲出现了"生态博物馆"的保护形式，联合国教科文组织也提出了"文化空间"的概念，中国也正在开展文化生态保护区建设工作。现已设立闽南文化生态保护实验区、徽州文化生态保护实验区等18个国家级文化生态保护实验区。邱春林在他的《古村落，重要的文化空间》中谈到："目前，全国各省市县都在积极规划、申报立项、建设非物质文化遗产展示馆。国家层面上建馆自然要通过民间征集或行政命令方式从地方调集项目内容，省市县要建馆自然要向村里调东西，如此难免造成大量承载非物质文化的物态化产品、作品和工具等都要从它原生的文化空间里剥离出来，在非遗展示馆中它们的功能变成了文字上的功能'展示'。而对于大量民间戏曲、民俗、舞蹈、音乐、传说而言，因为要集中作'展示',同样会遇到脱离它们的'老主顾'、'老戏台'的问题。常识告诉我们,人为搭建的场景再逼真也取代不了原生文化空间的意义。"①

其次,物质文化遗产和非物质文化遗产都是祖先留下的宝贵财富,虽然在具体形式、内涵、功能上有所不同,但它们都是中华民族精神情感的衍生物,是同源共生、休戚与共的文化整体,我们不能将二者割裂开来,而应当同时加以有效的保护,才能继承完整的中华文化传统。

最后,就非物质文化遗产本身来讲,必须对其全部程序与技能实施全方位的保护。任何一种工艺类非物质文化遗产,都是由多种技艺、多种工序共同构成的,只保护其中部分技艺和工序,是不能将其完整地传承下来的。因此必须对其全部程序与技能实施全方位的保护。例如列入联合国教科文组织"人类非物质文化遗产代表作名录"的中国古琴艺术,包括了古琴乐器、古琴制作技艺、演奏技艺等多种内容,它们是一个整体,共同构成"古琴艺术"这一中华民族传统文化表现形式。还要注意各项非物质文化遗产之间的密切联系,如本地民间文学与传统工艺美术的联系、民俗与表演艺术的联系等。

综上所述,非物质文化遗产保护除了保护某一文化之外,重要的还有非物质文化遗产存在的社会生活基础和自然环境。非物质文化遗产保护的关键是让它保持生命力,这就要保护它的生态环境,更重要的还在于相关文化群体能接受它,愿意传承它。"如果相关文化群体无法认同被保护,那这样的保护基本上就失败了。梭戛长角苗生态保护中出现的问题在于被保护文化群体的主体性并没有被重视。在保护之前,文化群体并不会意识到'我'为什么要那样生活。问题往往出在'我'的主体意识中,当这种主体性与外界的非物质文化遗产保护意图相违背时,被保护的非物质文化遗产就可能变成无主体的文化空壳。"② 因此,非物质文化遗产整体性保护原则要求重视文化生态保护区民众主体性的培育,在外界力量介入时,需要当地文化群体的文化自觉,认同自己的传统与习俗,才能最终达到整体性保护的目的。

4. 可持续发展原则

可持续发展(Sustainable Development)的概念发端于 20 世纪 70 年代。1972 年,斯德哥尔摩联合国人类环境会议通过了《联合国人类环境会议宣言》(Declaration of the United Nations Conference on the Human Environment),环境问题从边缘走向核心。到 70 年代后期,人们基本达成了一个比较一致的结论,即经济发展可以不断持续下去,但必须对发展加以调整,必须考虑发展对自然资源的依赖性。1987 年"世界环境与发展委员会"公布的著名报告《我们共同的未来》,首次比较系统地阐述了可持续发展思想,即"既满足当代人的需要,又不对后代人满足其需要的能力构成危害的发展"。

可持续发展是以人为中心的发展观,是生态、资源、经济、社会相互依存的永续发展。《非物质文化遗产公约》强调非物质文化遗产是可持续发展的保证,非物质文化遗产的保护和发展,

---

① 邱春林. 古村落,重要的文化空间 [N]. 中国文化报,2013-03-26(6)。
② 高小康. 非遗保护应从更新的视野构建未来 [J]. 人文岭南,2012(22)。

已经成为在经济全球化过程中人类社会可持续发展的重要方面。"事实是，物质意义上的社会发展是有限度的。发展到一定程度，人需要重新返回自己的传统，寻找人与大地、现在与过去的关系。这种返回其实是一种更高层次上的发展，所以我们说非物质文化遗产保护是一个着眼于未来的保护，其真正意义在于从更新的视野上构建未来。"① "非遗保护应该被视为前瞻性的东西，它真正的意义应在于未来，没有非遗就没有文化之根，人们就没有认同感和归属感。"②

同时，可持续发展也是非物质文化遗产保护的基础。这就要求非物质文化遗产的保护不是保守的保护、自我封闭的保护，不是将其束之高阁，放到博物馆里保存，应强调"文化互动和文化创造力对滋养和革新文化表现形式所发挥的关键作用"③，"鼓励不同文化间的对话，以保证世界上的文化交流更广泛和均衡，促进不同文化间的相互尊重与和平文化建设"④。这也是在充分保护的前提下促进其合理利用、传承发展，满足当代人的需要。当然这种利用必须按照可持续发展的思路进行，不可影响子孙后代的发展，尤其要注意防止盲目、急功近利等破坏情况出现。

（二）保护理念

1. 以人为本

非物质文化遗产的传承载体是人。保护好传承人是保护非物质文化遗产的第一要素。保护非物质文化遗产最简单最有效的方式，就是充分调动非物质文化遗产传承人的主观能动性，而不是让政府凭借自己的强势地位取代传承人，亲自参与传承。

2. 活态传承

展览馆是保护非物质文化遗产的一种重要的辅助手段，但不是唯一手段，更不是主要手段。不能以建立非物质文化遗产展览馆取代其活态传承。这一理念如果落实到操作层面，就是通过激励、鼓励传承人，让他们带徒授艺将传统技艺以活态的形式一代一代传承下去。所以，定期考察、考核非物质文化遗产传承人传承计划的制定、落实十分重要。

3. 展示传播

实施文化遗产展示传播可依靠数字化技术，通过建立非物质文化遗产项目数据库、传承人数据库等，促进文化遗产资源的检索和管理。另外，还可积极进行文化展示，建设综合展示馆、专题展示馆和传习所三级展示体系；加强文化生态项目和文化内涵的展示；建设文化生态保护区网站和数字综合展示馆，促进文化的跨域展示和传播。

4. 整体性保护

"整体性保护"包括两个方面：一是指对非物质文化遗产自身的所有表现形式实施整体

---

① 高小康. 非遗保护应从更新的视野构建未来 [J]. 人文岭南，2012（22）。

② 同上。

③ 联合国教科文组织. 保护和促进文化表现形式多样性公约 [EB/OL]. 2005. http://unesdoc.unesco.org/images/0021/002148/214824c.pdf。

④ 同上。

性保护；二是指对非物质文化遗产及其生存环境实施整体性保护。

任何一个遗产项目在保护过程中都必须遵循整体性保护原则，确保非物质文化遗产及其环境的本真性、完整性、多样性和可持续性。任何将非物质文化遗产从其生存环境中完全剥离出去的想法与做法，都将不利于对非物质文化遗产的整体性保护。

5. 濒危遗产优先保护

在文化生态保护区中，由于艺人年龄偏高、后继人才匮乏等原因，有相当部分的非物质文化遗产项目，特别是那些个体传承项目，多已进入濒危期。如不抓紧时间抢救，随时都可能因为艺人的辞世而"人亡艺绝"。各级政府应当通过签订责任状的方式，督促下级政府尽快制定出相关政策，将这部分遗产抢救下来，传承下去。

（三）主要保护方式

非物质文化遗产活态性和流变性的特征决定其保护方式与保护措施的复杂性。根据《文化部关于加强国家级文化生态保护区建设的指导意见》，"文化生态保护区规划中应根据各级非物质文化遗产名录项目，特别是国家级名录项目不同类型特点，因地制宜、因类制宜地采取针对性保护方式，做好非物质文化遗产名录项目的保护工作"。

对非物质文化遗产的保护工作应该是多方面、全方位的，这些工作包括普查、整理、认定和研究，又包括继承、传播、利用及发展，因此建设科学保护体系十分必要，主要包括以下几方面：

1. 抢救性保护

对一些处于濒危而又脱离了现实生产生活方式的非物质文化遗产进行抢救性保护；传承人严重老化且后继乏人的非物质文化遗产项目，也要采取抢救性保护。这类非物质文化遗产几乎涵盖整个十大类别，但不同地域有较大差异。濒危遗产类型主要包括以下几类：①学习周期长，见效慢，效益差，很难传承的濒危型项目；②以家族传承为主，而家族中又缺少后继人才的一脉单传型濒危项目；③传承人年龄老化（80岁以上）或身体欠佳（有严重疾病）的濒危型项目；④已进行过产业化开发，并被机械化生产所取代的传统手工技艺类项目；⑤市场严重萎缩的濒危型项目；⑥因传承群体外出打工、搬迁而引发的难以为继的集体传承类濒危型项目；⑦因体制约束而难以正常发挥的濒危型项目；⑧旅游开发过程中被严重破坏和改编过的遗产项目；⑨经政府、专业人士及团体指导、改编、改造，已经失去原有味道的濒危型遗产项目；⑩年龄及技术断层日益严重的濒危型项目。[1] 抢救性保护力求完整、准确、多介质保护非物质文化遗产表现形式及其传承人资料，以及此类非物质文化遗产的承载场所。

抢救性保护主要途径包括开展普查、立档馆藏保护、学术研究等。普查主要是对文化

---

① 《武陵山区（湘西）土家族苗族文化生态保护区规划》第四章。

生态保护实验区内的非物质文化遗产以及与之相关的物质文化遗产进行详细调查。调查包括非物质文化遗产的种类、数量、现状、生态环境以及传承人情况。此外，还要对现有名录体系进行核实、评估、归类、确认。对于传承不力者给予警告，必要时可以除名。坚持普查工作的常态化，要在普查工作中不断发现新问题，总结新经验，提出新思路。同时加强普查工作的科学化管理，用文字、音像及多媒体手段，对非物质文化遗产进行全面、真实、系统的记录。为确保普查工作的全面性、系统性，普查中要注意对非物质文化遗产传承的有关实物资料进行搜集整理。

馆藏保护是对文化生态保护区的非物质文化遗产成果进行全面收集整理和保存。内容包括非物质文化遗产所涉及的作品、文字、图像、影音资料，以及代表性传承人谱系、实物、器材、表演道具、服装等，用文字、录音、录像、数字化多媒体等手段对其进行采录，建立完整档案，并加以保存和展示，如音乐、舞蹈的服装、道具、乐器、剧本，手工技艺的制作工具、原材料、工艺流程、制作产品，传统医药的研究记载、研究成果以及相关的民间信俗与民间信仰器物等。这是一种可进行馆藏式的、固态化的文化遗产保护方式，是非物质文化遗产项目辅助性的保护方式，将对文化遗产项目整体研究起到积极和科学的保护作用。文化生态保护区规划中，将综合考虑非物质文化遗产专项博物馆、档案馆的建设，将馆藏保护相关基础设施纳入近期实施项目中。

2. 生产性保护

文化部非物质文化遗产司 2012 年的《关于加强非物质文化遗产生产性保护的指导意见》中指出："非物质文化遗产生产性保护是指在具有生产性质的实践过程中，以保持非物质文化遗产的真实性、整体性和传承性为核心，以有效传承非物质文化遗产技艺为前提，借助生产、流通、销售等手段，将非物质文化遗产及其资源转化为文化产品的保护方式。"目前，这一保护方式主要是在传统技艺、传统美术和传统医药药物炮制类非物质文化遗产领域实施。

生产性保护是在保护的基础上，突出非物质文化遗产的经济价值，使之与经济相关产业结合，达到更新自我活力和生命力的目的。这个过程使非物质文化遗产在生产实践中得到积极保护，实现非物质文化遗产保护与经济社会协调发展的良性互动。例如，传统技艺类项目相对最适宜采取生产性保护的方式，通过产品的制作、使用，实现遗产的经济价值。

在非物质文化遗产生产性保护工作中，要坚持以人为本、活态传承原则，坚持保护传统工艺流程的整体性和核心技艺的真实性原则；坚持保护优先、开发服从保护原则；坚持把社会效益放在首位，社会效益和经济效益有机统一原则；坚持依法保护、科学保护原则。生产性保护必须严格遵循原有的生产过程、生产技艺，不能随意进行商业性的加工、改造，不能改变其本真性、整体性和核心手工技艺。

生产性保护主要针对非物质文化遗产名录项目及其传承人，以及原材料产地。生产性保护包括以下具体措施：

（1）生产资源保护：密切关注与传统技艺相关的原材料稀缺情况，加强原材料产地的保护，依照相关法规制度保障对传承人的材料供给。

（2）技艺传承保护：广泛开展核心技艺的传承培训，加强传承梯队的建设。在保证传统手工制作的前提下适应市场需求，适当扩大生产规模。鼓励传承人在传承传统技艺、坚守传统工艺流程和核心技艺的基础上进行合理创新和发展，推动传统产品价值提升以适应当代社会需求。

（3）空间场地保护：为非物质文化遗产的生产性保护提供必要的生产场地，并在生产性保护项目较为集中、保护工作开展良好的地域设立生产性保护示范基地，集中生产销售传统产品并进行传统技艺展示。

（4）市场竞争保护：采取政策扶持、经济补贴、税收优惠等方式，扶持生产性保护项目进入市场，保证其市场竞争力。禁止以机器操作替代以手工制作为核心的传统手工技艺，为产品增加传统手工制作的认证标记。引入现代的包装推广、商业运作理念，提高传统产品的市场竞争力。规范市场，实施专利保护，保证传承人权益。

（5）渠道推广保护：支持帮助代表性传承人树立品牌意识，打造精品形成品牌优势，积极开展产品宣传，拓展市场销路与外贸出口途径，提供产品销售的渠道与平台。

（6）监督与自律：设立技术监督、手工制品资格认定机制，保障产品的质量。发挥工艺美术等行业协会的积极作用，制定原材料、传统工艺流程、核心技艺等方面的行业标准，加强行业自律和行业监管。

3. 社会性保护

社会性保护主要针对传统节日、仪式、信俗等民俗类非物质文化遗产，重点保护传承人及传承主体、文化空间及其承载场所。

社会性保护的主要保护方式包括保护传统节会活动及其举办场所，鼓励传统仪式活动的恢复等。文化生态保护区中往往拥有众多丰富的民族民间传统节日活动。这些节庆活动时间相对集中，且基本上以村落为单位，具有较高的群众参与度。因此应积极保护各类传统节日，并将节会保护与相关非物质文化遗产项目保护、文化展示相结合；同时在节会期间对各类传统工艺产品和食品的生产销售活动、传统表演及游艺活动进行保护与传承。此外，应对保护区内各类民间传统的成人礼、婚俗、祭祀、丧葬仪式等传统人生礼仪进行保护。通过政府鼓励支持，制定社会性保护实施方案，建设非物质文化遗产社会性保护示范基地，保护文化空间，开展宣传教育等方式，营造保护传统节日习俗的社会氛围，形成民间主导的保护行动。

4. 传承性保护

传承性保护主要针对民间文学、传统音乐、传统舞蹈、传统戏剧、传统曲艺等在现今已很难创造经济收入，主要作为个人修养和兴趣爱好传承的非物质文化遗产项目。这些项目由于学艺周期长且缺乏必要的资金支撑，往往处于濒危状态难以传承。

传承性保护主要通过提供资金支持，建设传习所及演出场所，媒体传播，政府采购等方式进行，特别是通过非物质文化遗产进学校、进课堂等方式，以及父母传子女、师傅传徒弟等方式传承。对非物质文化遗产项目及传承人的资助应以申报和审批相结合的方式，从实际情况出发实施。在此类项目的传承中，政府应通过引导扶持的方式进行传承保护：出台优惠政策和措施，对资金不足、无以为继的项目以及生活困难的传承人进行及时的扶持帮助，并提供长期的传承平台；出台对学习者的奖励措施，鼓励文化传承和学习，将传承人保护和传习保护结合起来；通过将非物质文化遗产编入教材，让非物质文化遗产进入主流教育，通过跨代传承，解决因适龄青年外出打工而出现的传承断档问题。

传承性保护的资金支持应重点考量不同类型、不同等级非物质文化遗产项目的驱动因子与动力大小。争取政府、民间、社会等多方面的资金来源，力求利用有限的资金取得最好的保护效果。传承性保护在实际操作中应注意适度原则，在保护中坚持非物质文化遗产的本真性，重点关注传承动力的恢复。在扶持的同时保护民众的文化主体地位，避免完全的"官办"对非物质文化遗产本真性造成损害。

5. 数字化保护

数字化保护就是利用数字技术对非物质文化遗产项目进行文字、照片、录音、录像、数字化多媒体等各类载体的记录，并将数据资源进行标准化输入和转化，实现系统化整合、专业化分类和信息化存储，最终通过数据库等形式，达到非物质文化遗产资源的数字化保存、管理、交换和利用，达成非物质文化遗产数字化保护的目的，并以此实现以另一种形式保护与传承非物质文化遗产的最终目的。

6. 整体性保护

文化生态保护区作为一种新的对非物质文化遗产的保护方式，是在文化部《国家"十二五"时期文化改革发展规划纲要》中被明确提出的，其中规定："'十二五'期间，研究制定《国家级文化生态保护区申报与管理暂行办法》，在充分调研和专家指导基础上考虑民族和地域特点，选择历史文化积淀丰厚、存续性良好、具有重要价值和鲜明特色的文化形态进行整体性保护，科学划定保护范围，新设立 20 个国家级文化生态保护区。积极推进省级文化生态保护区建设；研究制定《国家级文化生态保护区总体规划编制规范》，指导新设立的国家级文化生态保护区总体规划的编制工作；依据论证、审批后的总体规划，推进文化生态保护区建设。"[1]

实现这一目标需要加强国家级文化生态保护区建设情况的调查研究，总结、交流各个保护区的实践经验，在此基础上，探索文化生态保护区整体性保护非物质文化遗产的新范式。按照非物质文化遗产保护整体性原则和原真性原则的要求，建立文化生态保护区也是科学保护非物质文化遗产的重要方式。文化生态保护区建设就是要保护非物质文化遗产赖

---

[1]　中共中央办公厅，国务院办公厅. 国家"十二五"时期文化改革发展规划纲要 [EB/OL].2012-02-16.http：//www.china.com.cn/policy/txt/2012-02/16/content_24647982.htm。

以生存的文化空间。非物质文化遗产必须存在、依托于某个特定空间，依赖相应的空间资源和其他自然、社会结构。这种文化空间的保护体现在保护自然生态环境和村落（社区）人文环境以及空间内的物质文化遗产。

（四）保护措施

1. 立法保护

所有保护主体履行保护责任并依照某种方式对非物质文化遗产进行保护的前提是有相关法律的指导和约束。有法可依才能保证保护工作的科学和规范，否则保护就会变样，甚至招致对非物质文化遗产的破坏。因此，保护传承方式首要的是立法保护。

日本在非物质文化遗产保护立法方面走在前列，积累了丰富成熟的经验。1950 年，日本制定了《文化财保护法》，该法是日本关于文化遗产保护工作的一部重要法典，是今天日本历史文化遗产保护运动的根本性法律。该法律拓展了文化遗产保护范围，在传统建筑、美术工艺品、名胜古迹及天然纪念物等四个方面的基础上，将无形文化财（即非物质文化遗产）、地下文物一并列入文化遗产的保护范围，从而形成大文化财理念。应当说，无形文化财的提出具有世界意义，它为人们更加全面、系统地了解传统文化遗产在法律上开创了一代先河。同时，经过多次修法，所谓"文化财登录制度"被引入，使得文化遗产保护的范围进一步扩大，并调动了全体国民参与的积极性。该法明确了"指定都市"的责、权、利以及各级地方政府所应承担的职责，要求进一步促进文化遗产的应用、公开与国际文化交流事业等，充分反映出日本社会在保护传统文化遗产过程中的全民意识。另外，日本《文化财保护法》的最近一次修订是在 2004 年。也就是说，他们能够随时发现问题，并立刻修订法律予以应对。这一点也是各国学习的榜样：在制定法律后不能死守成规，要针对新问题随时进行修改和补充。

韩国政府 1962 年颁布的《文化财保护法》，是一部综合性文化遗产保护法规。韩国充分吸取了日本在文化遗产保护方面的经验，根据价值大小把文化遗产分为不同等级，分别是有形文化财、无形文化财、纪念物、民俗资料；并根据不同等级予以资金支持和补助。此外，政府建立了严格的管理体系，高度关注无形文化遗产及其传承人，严格指定、奖惩分明，从政策和多种措施上鼓励传承、积极保护。

意大利历史上最重要的文化遗产保护法有两部，一部是《艺术及历史文化遗产保护法》，另一部是《自然景观保护法》①。这两部法律都是在 1939 年颁布，它们的确立奠定了意大利文化遗产保护工作的法律基础。1999 年，意大利议会将以往众多有关保护文化及自然遗产的法律法规汇集一起，经反复修改后颁布实施，这便是意大利的"联合法"。联合法颁布

---

① 《自然景观保护法》的适用对象包括：①具有明显的自然美特点或地质学特色的不动物；②在《关于保护艺术品和历史文化财产的法律》中未列举的，但因与众不同的美色而著称的别墅、花园和公园；③共同形成美学价值和传统价值的不动物复合体；④被视为自然图画的美景以及供公众观赏美景的眺望点或眺望台。

后即成为意大利文化遗产保护方面的唯一大法。其核心精神主要源自《艺术及历史文化遗产保护法》和《自然景观保护法》：文化和环境财产部负责依照现行立法保护和利用文化和环境、考古、历史、艺术、档案和图书馆等方面的财产。该法保护一切不属于其他国家行政机关权限范围内的国家的文化财产以及法律授权它保护的国家文化财产。

1975年12月31日，第805号共和国总统令还对意大利执行文化遗产保护的"文化和环境财产部"的组织机构和职权作出了规定——"①为保护涉及文化和环境财产的利益，就国家的一般或局部安排的手段发表意见，并就其实施发表意见；②就行政机关拟定的有关文化和环境财产的国家计划发表意见；③同部长一起审查由各中央局和中央学会拟定的年度活动报告和计划实施报告；④根据部长的要求就一般的行政规范文件草案发表意见；⑤就与文化和环境财产有关的一般性问题……以及其他交由部长处理的问题发表意见，也可根据地区和文化机构的要求，就上述问题发表意见；⑥就法律或规章授权它过问的问题发表意见"[①]。该委员会由文化和环境财产部部长任主席，下设环境和建筑财产部门委员会、考古财产部门委员会、历史和艺术财产部门委员会、档案财产部门委员会、图书财产和文化机构部门委员会，负责相关领域的文化遗产保护工作。

英国作为最早开展城乡规划立法的国家之一，1909年即颁布了第一部关于城乡规划的法律——《住房及城市规划诸法》。在1919年和1932年，这部法律被相继修改为《住房与城市规划法》《城乡规划法》。这也是英国政府颁布的第一部有关历史建筑的法律条文。该法案明文规定：经中央政府同意，地方政府有权指定具有特殊建筑价值与历史意义的古建筑为历史建筑，并有权以保护历史街区的方式，对建筑类文化遗产实施整体保护。英国《城乡规划法》从颁布之日起，一直在经历演变和调整，二战结束后，城市恢复建设，经济迅速发展，法案在20世纪50~60年代的修订尤其频繁。经过长期的修改，基本建立起了一个完整、协作的法律法规体系。

1979年英国政府颁布了《古代建筑与考古地域法》（Ancient Monuments and Archaeological Areas Act），该法案是目前英国有关考古遗址保护的最重要的法律法规。1983年，英国司法当局颁布了《国家遗产法案》（National Heritage Act），该法的突出贡献是从法律上明确地将历史建筑与遗址委员会从环境部中独立出来，从而使这个委员会具有了更大的自主权。1987年又颁布了《规划（指定建筑与保护区）法》，对保护建筑类文化遗产及历史街区提出了更新的要求。

法国第一部文化遗产保护法——梅里美《历史性建筑法案》颁布于1840年。此后，又颁布了《纪念物保护法》（1887年）及《历史古迹法》（1913年）。从这些法律的内容不难发现，法国社会对文化遗产的保护是从对历史建筑的保护开始的。

---

① 中国文物局. 意大利：文化和环境财产部的组织机构（摘录）[EB/OL].2007-10-28.http://www.sach.gov.cn/art/2007/10/28/art_1596_53547.html。

1913 年，法国颁布了《历史建筑保护法》，首次对"历史建筑"作出了法律上的解释，并且明确指出了政府干预的范围。在此基础上，法国政府颁布了《历史古迹法》，该部法律开启了以"历史建筑"为核心的历史遗产保护实践。《历史古迹法》根据历史建筑的不同价值，明确了两种级别的保护方法：一种是列入国家保护的历史建筑；一种是等级注册的历史建筑。这种以单体建筑为保护工作重点的保护措施一直延续至今。

20 世纪 30 年代后，法国文化遗产保护工作已扩展到自然景观的保护。随着保护时间的深入以及保护中所面对的实际问题不断出现，人们开始意识到：一味单纯地保护单体建筑是不全面的，建筑与环境、历史文化之间的关系意味着环境的保护与单体建筑的保护一样重要。法国政府 1930 年颁布了《景观保护法》，并在文化部下设立了全国历史遗迹景观保护委员会，以便更好地协调景观保护方面的工作。1943 年颁布的《历史建筑及其周边环境》中，明确了以历史建筑为中心，半径 500m 的保护范围。"当一座历史建筑被确定以后，无论是列级保护还是等级注册保护，对其周边环境的保护就自动生效。"[1] 将"环境"的概念加入到遗产保护的理念中，是法国文化遗产保护的一次创举。1962 年，《马尔罗法》即《历史街区保护法》获得通过，旨在对"体现了历史、美学的特征或者从本质上足以对其整体或者部分建筑群进行保护、修复和价值重现"[2]。其建立的目的基于两点："通过建立一个法律的保护机制来避免或者阻止在历史街区中可能造成的不可挽救的损失；通过特殊的运行机制来保证历史的、建筑的、城市遗产的品质，并且改善老住宅的设施以保证其中的生活品质能够满足现代化的标准。保护区建立的程序一般需要三个阶段：保护区建立研究、保护规划公布与保护规划批准。"[3] 这部法律和后来在此基础上制定并于 1973 年颁布的《城市规划法》一同构筑了法国历史建筑与历史街区保护工作中最为重要的法律防线。该法重申历史街区保护的意义和必要性，并规定那些不遵守规划而擅自施工导致原有城市景观遭到破坏者，将受到法律追究。

美国 1906 年颁布的《联邦文物法》(The Antiquities Act)是美国最早的文化遗产保护法。该法律对存在于美国境内的史前文化遗迹的保护作了明确规定，严禁任何人对国有史前遗址进行非法挖掘、转移和破坏，除此之外，该法还规定，所有历史性纪念地，无论属于哪个联邦，均属国家纪念物，属国家所有。1979 年，美国政府颁布的《考古资源保护法》是对 1906 年《联邦文物法》的重要补充，其目的在于有效控制文物走私，以遏制文化遗产的流失。

19 世纪末，美国西部荒野随着西进运动的步伐而逐渐消失，西部自然资源采伐无度，掠夺式的资源开发模式造成了美国西部地区乃至整个国家国土生态环境的恶化。城市运动、西进运动造成西部原始土著居民——印第安人人口剧减，印第安人被逼退到最后的保留地；

---

① 张姝 . 法国区域保护模式研究 [J]. 建筑与文化，2012（1）。
② 同上。
③ 同上。

与此同时，印第安人所拥有的土著文化受到巨大的破坏，面临着消失的危险。

在这样的背景下，美国政府和民众开始寻找一种切实有效的保护方式，几经探索后，国家公园模式应运而生。1872 年第一座国家公园——黄石国家公园成立，标志美国国家公园体系开始形成。1872 年《黄石法案》中规定："黄石河边的广阔山林将永久保护起来。保护永久的树林、矿藏、自然奇观和风景，使之永久免遭损害和不合理利用。"[①]1916 年,《国家公园管理局法》颁布，该法规定了管理局的管理任务和目标："改善和规范作为国家公园、国家纪念地、国家保护区的联邦土地的利用方法和手段，通过这些手段和方法确定国家公园、国家纪念地、国家保护区的基本目的，这个目的就是保护风景、自然和历史遗存和野生生物，让人们以保护的态度和方法欣赏它们，并让我们的后代也享有同样的权利。"[②] 该法的颁布不但扩大了传统意义上的文化遗产保护范围，使这些文化遗产的周边景观也得到了整体关照，同时山水、田园等自然景观的纳入，也进一步扩大了整个人类遗产的保护范围。因此该组织法的诞生，其意义已经远远超出了体制建设范畴，对美国文化遗产及自然遗产的保护产生了积极影响。

此外，对于无形文化，1976 年，美国国会通过了《民俗保护法案》(Folklore Protection Act)。如前文所述，该法案极力肯定了含义范围相当广泛（包括"风俗、信仰、技巧、语言、文学、艺术、建筑、音乐、游戏、舞蹈、戏剧、宗教仪式、庆典、手工艺"等在"美国境内各群体所持有的家族的、种族的、职业的、宗教的和地域的文化表现形式"[③]）的美国民俗对丰富国家文化、培育国民性格所作出的巨大贡献，将民俗文化的意义和地位提到了一个新高度。尽管美国并未正式提到"非物质文化遗产"这一概念，但"美国民俗"却在事实上包括了非物质文化遗产的大部分内容，以上种种文化表现形式皆在《民俗保护法案》保护之列。

中国非物质文化遗产的立法工作从 1998 年开始，当时全国人大教科文卫委员会先后赴云南、广西等省区就民族民间文化艺术、传统工艺、民间艺术之乡的保护现状等问题开展了深入调研，并向文化部提出研究起草民族民间传统文化保护法的建议。2002 年，文化部向全国人大报送立法建议稿。2003 年,《中华人民共和国民族民间传统文化保护法草案》起草完毕。后在 2004 年全国人大批准加入《保护非物质文化遗产公约》后将上述草案名称调整为《中华人民共和国非物质文化遗产法》，由文化部牵头，组织相关部门力量，加快立法进程。2006 年，文化部将《中华人民共和国非物质文化遗产法（草案）》提交国务院并经国务院第 115 次常务会议讨论通过，并于 2011 年 2 月经第十一届全国人大十九次会议审议通过。在此期间，对非物质文化遗产保护立法的行动率先从地方开端，云南、贵州等先后颁布省级民族民间传统文化保护条例，为国家立法提供了基础。

---

① 吴保光 . 美国国家公园体系的起源及其形成 [D]. 厦门：厦门大学, 2009。

② 同上。

③ 宋华 . 论民间文学艺术作品的版权保护 [D]. 长沙：湖南师范大学, 2009。

2011 年全国人大审议通过的《中华人民共和国非物质文化遗产法》，让中国非物质文化遗产保护真正步入有法可依的阶段，该法明确了继承和弘扬中华民族优秀传统文化这个目标，提出了非物质文化遗产保护的两大原则：①保护非物质文化遗产，应当注重其真实性、整体性和传承性；②保护非物质文化遗产应当有利于增强中华民族的文化认同，有利于维护国家统一和民族团结，有利于促进社会和谐和可持续发展。《中华人民共和国非物质文化遗产法》规定了三项制度，即调查制度、代表性项目名录制度、传承与传播制度。该法的出台为非物质文化遗产保护工作提供了坚实的法律保障，特别是将非物质文化遗产保护的有效经验上升为法律制度，将各级政府部门保护非物质文化遗产的职责上升为法律责任，有利于建立健全科学有效的保护体系，为非物质文化遗产保护政策的长期实施和有效运行提供了坚实保障。

《中华人民共和国非物质文化遗产法》出台以后，还需要尽快制定《中华人民共和国非物质文化遗产法实施细则》，没有细则规定就无法有效实施。另外，法律有一个不断完善的过程，要根据实际情况进行及时修改不断完善。最后，应尽快建立起《中华人民共和国非物质文化遗产法》和其他相关法律协调配合实施的有效机制。

2. 资源调查

对非物质文化遗产资源进行调查、搜集、整理、记录、建档也是对文化生态保护区中的非物质文化遗产保护的一项重要措施。中国签署《保护非物质文化遗产公约》后，履行的第一个义务就是对中国境内的非物质文化遗产进行大规模普查。2005 年 6 月，文化部办公厅在其印发的《关于开展非物质文化遗产普查工作的通知》中部署了对全国非物质文化遗产普查的计划。时间跨度定为从 2005 年到 2009 年底普查工作基本结束。其目的是通过普查，全面了解和掌握各地各民族非物质文化遗产的种类、数量、分布状况、生存环境、保护现状和存在的问题。据不完全统计，参与这次普查的有 76 万人次，走访民间艺人 86 万人次，投入经费 3.7 亿元，收集珍贵实物和资料 26 万多件，普查的文字记录量达 8.9 亿字，录音记录 7.2 万小时，录像记录 13 万小时，拍摄图片 408 万张，汇编普查资料 8 万册，非物质文化遗产资源总量近 56 万项。这是中国第一次对非物质文化遗产进行系统的摸底调查。全国投入了大量人力、物力和财力，最后迅速掌握了全国非物质文化遗产资源分布情况。

对文化生态保护区内的非物质文化遗产的详细调查应包括，非物质文化遗产的种类、数量、现状、生态环境以及传承人情况。此外，还要对现有名录体系和普查结果进行核实、评估、归类、确认。在普查过程中，针对非物质文化遗产分类，不仅要摸清某一地区民间文学、表演艺术、传统工艺美术、传统节日仪式、传统生产生活知识、文化空间等资源情况，还要重点调查地域性标志文化。这是因为，非物质文化遗产都是在一定地域产生的，是某一地域文化特色的集中代表。因此，只有集中精力将代表某一地区的传统文化的精华部分甄选出来，才能说明调查工作做好了。另外，按照整体保护的需要，还要摸清该地区的自然遗产、自然和文化双重遗产、物质文化遗产等。在甄选的过程中，要避免假遗产、伪遗产的流入，加大对濒危遗产的调查力度，按照濒危优先保护的原则对其进行优先保护。坚持普查工作的常态化，在普查工作中要不断发现新问题，总结新经验，提出新思路。同时加强普查工作的科学化管理，利用文字、音像及多媒体手段，对非物质文化遗产进行全面、真实、系统的记录。这些都是保护文化生态保护区中非物质文化遗产所必须进行的基本工作。

认识到资源调查的重要性和其特点后，再谈谈资源调查需要遵循的原则和方法。前文中已经提到过非物质文化遗产与物质文化遗产的关系，二者虽然互为一个硬币的两面，但在表现形式和保护方法上都有明显区别。活态性传承是非物质文化遗产的本质属性，这也是其与物质文化遗产在传承状态上的根本差异，能否继续"活态"传承是衡量非物质文化遗产保护效果和遗产濒危度的基本准则。保持"活态"传承是非物质文化遗产保护的根本目的所在。因此，非物质文化遗产调查需要考虑的第一原则和方法就是要坚持实地调查，具体而言就是依靠田野调查对非物质文化遗产进行资料搜集，进而开展科学研究以及保护工作。与物质文化遗产的获取和调查方式不同，非物质文化遗产由于其"看不见摸不着"和"口传心授"等方面的原因，加之其一直处于动态变化的过程中，因此不能单纯地依靠书本、文献等资料静态地对其加以审视。开展非物质文化遗产的田野调查应深入遗产原生地，在特定环境中认识遗产的功能与价值，了解其现状和流变情况。考察遗产传承人和当地民众对待遗产的真实态度，这也是辨别遗产真伪、认定遗产价值、评估遗产状况最重要的方法。

其次，非物质文化遗产调查的第二个原则是应以传承人、传承主体和遗产所处社区为中心开展。联合国教科文组织《保护非物质文化遗产公约》把调查作为保护非物质文化遗产的一种基本方法，也是各缔约国需要履行的义务之一，但却未对调查方法作出详细规定，每个国家可根据各自特有的国情制定可行的方案和方法。无论是西方或东方国家，在对非物质文化遗产进行田野考察的时候，都离不开以传承人、传承主体为核心这一原则，考察方式包括文物文献搜集、参与观察、问卷调查、口述史调查等等。调查工作应当更加注重的是研究现场被访者的讲述内容与态度、被访者的生活环境、非物质文化遗产与当地其他文化事项的关联以及调查者的参与性等等。必须要注重和尊重传承人对自身遗产的理解认识。即使调查人员在收集地方文献，挖掘流传于民间的文献资料，如博物馆档案、展示室收藏文献、碑刻、民间族谱、图像符号等，都离不开传承主体的协助。最后，还需要充分利用各种科技手段，如录音、录像等，将调查信息全面立体地记录和保存下来，确保普查资料的全息化与永续利用。要注意的是，对传承人的访谈记录、录音、录像需得到他们的同意，才是有效的调查数据。

再次，非物质文化遗产调查工作的另外一个原则是以实事求是为基础，对同一调查对象不同描述的反馈需详细记录，不可因个人好恶作出价值判断，夸大或忽略某些调查资料。

另外，非物质文化遗产调查应遵循"濒危优先"的原则，加大对濒危遗产的调查和保护力度。近年来，在工业化和城镇化的背景下，很多地方的非物质文化遗产受到前所未有的冲击，加之不正当的商业旅游开发、不恰当的保护理念和不正确的政绩观念，使得原本有限的资源继续遭受损失，濒临消失的窘境。因此，在非物质文化遗产调查工作中，要确定濒危遗产，集中有限的人力、物力和财力，优先将濒危遗产及时、有效地保护起来。同时为濒危的遗产项目和高龄、技艺精湛的传承人提供更多的政策、资金等方面优待和鼓励，促使其为文化传承和发展留下更多的基因和创新源泉。

最后，非物质文化遗产调查结果的分析和评判要以非物质文化遗产的活态性作为原则。非物质文化遗产在传承过程中是活态的、不断发生变化的，因此，在对非物质文化遗产进行实地考察之后，不可一劳永逸地认为该田野调查工作已永久完成。非物质文化遗产档案一经整理完毕，还应对其展开持续关注，以期掌握非物质文化遗产传承过程中的机制与传承规律。非物质文化遗产具有很重要的历史认识价值、艺术价值、文化价值、科学价值和社会价值。对于非物质文化遗产调查结果，需运用多学科的研究方法，综合分析在文化生态保护区收集到的数据，为非物质文化遗产的保护打好牢固可靠的基础。

3. 记录立档

立档工作是非物质文化遗产保护工作科学化的基本标志。对调查获得的非物质文化遗产成果应进行分类整理，应用数字技术进行记录和管理，建立并更新非物质文化遗产档案及相关数据库。运用影视技术记录非物质文化遗产的流传和依存情况，特别是把那些难以延续发展、濒危的项目及时进行记录，作为以后展示和研究的重要资料。此外，还应加强对非物质文化遗产相关实物和传承人代表作品的收集，开设专业博物馆进行收藏与展示。在确立口述史调查制度的基础上，记录非物质文化遗产传承人的生活史，按照整体性保护的原则加强对非物质文化遗产周边物质环境的保存保管。

同时，非物质文化遗产数据库应当合理化公开，便于公众查阅，相关实物和作品应加强展览展示，注重非物质文化遗产在其原生空间的展示，最终促进非物质文化遗产的传播。在非物质文化遗产保存与保管的过程中，要积极利用现代科技手段，特别是现代数字信息技术，通过兴建具有互动性与开放性的大型图、文、声、像遗产数据库，并借助互联网的平台实现全球性资源共享，也符合少花钱多办事的经营原则。专用互联网站的建设也有利于各种调查表格和文件的上传下达，促进各地专家学者以及调查人员之间的学术交流，实现真正的互动。

4. 学术研究

非物质文化遗产的研究工作是保护工作开展的基础之一。通过设立相关课题，组织专家并鼓励高校科研院所专家、学者，进行科学、技术、艺术等方面理论与实践的专题研究。定期举办研讨会、经验交流会等，开展海内外政策研究和学术交流。建立长效性研究发布与交流平台，整合已有文化研究成果，促进相关学术成果的实际应用。动员海内外力量，设立学术研究基金，支持相关研究。

5. 妥善保存

《中华人民共和国非物质文化遗产法》第三条规定："国家对非物质文化遗产采取认定、记录、建档等措施予以保存，对体现中华民族优秀传统文化，具有历史、文学、艺术、科学价值的非物质文化遗产采取传承、传播等措施予以保护。"此条规定体现了中国非物质文化遗产保护的特殊性。非物质文化遗产保护工作开展以来，社会上一直存在可能会保护一些消极、负面文化的担忧，争论颇多，于是《中华人民共和国非物质文化遗产法》对非物质文化遗产进行了分类处理，一类采取认定、记录、建档等措施，通过影像资料、文献资料作为历史记录下来就可以了；而另一类体现中华民族优秀传统文化，具有历史、文学、艺术、科学价值的非物质文化遗产，则要采取积极有效的措施，将其列入名录、建立传承传播机制进行保护和弘扬。

2008 年汶川大地震和 2010 年青海玉树地震对当地非物质文化遗产造成的严重毁坏和冲击迫使我们思考自然灾害对非物质文化遗产的巨大影响。社会各界探索更多切合实际、富有成效的保存手段，以最大限度地降低灾难所造成的损失。目前，国际上某些机构和国内一些重要部门对重要的档案和科技含量较高的资料已经采取了"异地存放"式的保护，以保证其资料的安全性。因此借鉴这些经验，我们完全可以将珍贵的非物质文化遗产资料进行"异地存放式"保护，以确保非物质文化遗产珍贵资料的安全。假设我们把汶川等地珍贵的羌族非物质文化遗产资料和玉树地区珍贵的藏族非物质文化遗产资料进行备份分别存放在自然灾害甚少的异地，那么这些资料的安全性就会大大提高，同时也会促进非遗资料的流传与推广。

6. 科学保护

建设科学保护体系对非物质文化遗产的保护有着不容忽视的作用。科学保护体系主要包括以下七个方面。

（1）普查并建立资料数据库：普查工作是抢救和保护非物质文化遗产的首要任务，普查是对现在还在传承的各类非物质文化遗产的形态、作品、优秀的非物质文化遗产传承人进行调查、登记、采录、建档工作，并按照全国统一编码进行登记并分级建档。[①]

（2）建设名录体系：建设非物质文化遗产名录体系，是推动非物质文化遗产抢救、保护与传承的重要工作，逐步建设国家、省、市、县四级宝塔形名录体系。

（3）传承人认定：我国规定在认定非物质文化遗产项目的同时应认定传承人。保护好传承人，就是保护非物质文化遗产活态传承的核心，要积极为传承人创造更好的生活、工作条件。

（4）生产性保护：非物质文化遗产的生产性方式保护是针对非物质文化遗产中部分具有生产性质的项目特点而提出来的一种保护方式。在开展生产性保护[②]方式工作中，一定要坚持对非物质文化遗产项目的手工制作技艺和传统工艺流程的重点保护，这是开展此类非物质文化遗产项目保护工作的底线。同时，应更加关注生产过程，关注蕴含和体现非物质文化遗产核心技艺和文化内涵的环节。在生产实践过程中，如果我们一旦冲破这一底线，

---

①　王文章.非物质文化遗产概论 [J]. 文艺理论与批评，2007（1）：257-258。

②　马盛德.生产性方式保护非物质文化遗产 [EB/OL].2012-01-08.http://finance.sina.com.cn/hy/20120108/104711151219.shtml。

一旦项目的制作工艺被完全机械化，完全被现代工艺所取代，就会断送这些非物质文化遗产的生命，从而也就丧失了它的文化价值和艺术魅力。

（5）抢救性保护：随着现代化进程的不断推进，大量宝贵的非物质文化遗产迅速流失，因此对濒危遗产进行抢救性保护十分紧迫，特别是非物质文化遗产会因为传承人的病危或因自然人文环境的巨变濒临失传，要及时进行抢救性保护。

（6）文化生态保护区：文化部《国家"十二五"时期文化改革发展规划纲要》明确指出要加强文化生态保护区建设。目前，在全世界范围内尚未找到一种对非物质文化遗产切实有效的保护方式时，中国提出的文化生态保护区也许能成为一种新的保护范式。

（7）知识产权制度：当前，我国未建立非物质文化遗产保护的知识产权保护制度，非物质文化遗产的滥用随处可见，非物质文化遗产的流失更是数不胜数，这种现象令人痛惜。为了保护非物质文化遗产所体现的民族精神以及与其相关的物质利益，中国必须建立、健全相应的非物质文化遗产知识产权保护制度。知识产权保护制度首先要明确非物质文化遗产保护的主体、客体及内容，建立非物质文化遗产的使用许可制度，并且还应包括一些强制性保护措施，如对民间传统工艺、民间绝技的保密，对重要的非物质文化艺术资料出境的限制，对著作权转让的限制等，以防珍贵的非物质文化遗产资源被掠夺，流失海外等。这些举措对非物质文化遗产的保护是十分必要且不能缺少的。

7. 宣传弘扬

在中国非物质文化遗产保护实践工作中，媒体的作用是促进非物质文化遗产保护理念深入人心，成为全民自觉行动的重要推手。其工作主要集中在宣传、普及、教育、传播等几个方面。宣传弘扬的具体职责如下：普及非物质文化遗产相关知识，使民众能够充分了解到非物质文化遗产概念、特点、存量、分布、品质；宣传非物质文化遗产保护意义，使民众了解非物质文化遗产保护在社会、经济、文化发展过程中的重要价值，使保护变为全体民众的自觉行动；介绍非物质文化遗产保护方法，通过各种宣传渠道，普及非物质文化遗产保护理念、知识、经验与方法，使民众在正确理念的引导下保护、传承非物质文化遗产。传播非物质文化遗产，要发挥媒体宣传、传播工具的作用，让民众直观地了解到当地的非物质文化遗产，进行最直接的非物质文化遗产传播工作。

例如，根据党的十八大提出的"弘扬中华优秀传统文化"，中国在世界上很多国家建立了孔子学院，不妨利用孔子学院的平台，推动非物质文化遗产走出国门，把中华优秀文化列入孔子学院课程，加大对非物质文化遗产的展示、宣传和教育，让更多的外国人在学习汉语的同时深刻感受中华文化的博大精深。

对宣传的主要媒介包括以下几种：

（1）多媒体：多媒体是指为实现人际交流而直接作用于人感官的各种文字、数字、图形、图像、动画、声音和视频等表现形式与传递方式的综合体。由于它具有方便快捷、直观形象的特点，所以，在传播、宣传、介绍非物质文化遗产时具有天然优势，是传播、普及非物质文化遗产知识的重要手段。

（2）会展：会展传播模式是指通过会议、展览以及大型活动等形式，定期或不定期、制度或非制度化开展的非物质文化遗产宣传介绍活动。通过非物质文化遗产博览会、非物质文化遗产展销会、歌舞擂台赛、非物质文化遗产演唱会以及大型民俗活动，对非物质文化遗产进行传播。

（3）纸媒：作为最具传统特色的新闻媒体，报纸、杂志等传统纸媒在非物质文化遗产宣传、介绍、研究上具有非常重要的作用。由于这类媒介普及率高，便于收藏，常常被视为地方政府宣传、介绍当地非物质文化遗产最为常用的手段。应该充分利用当地的报纸、杂志，做好非物质文化遗产知识普及宣传工作。

（4）演艺：演艺传播模式是指通过舞台演出等手段传播非物质文化遗产的一种独特的传播方式。这种传播方式具有较强的欣赏性，广受社会欢迎。在节假日期间，应充分利用当地的演艺资源，做好非物质文化遗产普及宣传工作。

（5）讲座：讲座是一种学术性较强的非物质文化遗产知识与理论的传播方式。大致可分为以下三种模式：①专门针对行业人员的专业性学术讲座；②专门针对领导阶层的业务指导型学术讲座；③专门针对广大市民阶层的科普型学术讲座。对象不同，讲座内容、表达方式也会有很大差别。

8. 重视教育

首先，非物质文化遗产保护要从娃娃抓起，要把非物质文化遗产引入学校教育，纳入国民教育体系。将传统文化列入保护区乡土教材，充分利用保护区各种文化设施与新闻媒体，对全区人民，特别是青少年进行文化普及教育，使青少年在启蒙时代就能够较为直观地了解到当地文化的优秀传统，感受少数民族的伟大创造力。在民族认同、文化认同过程中，培养起青年人的文化自觉意识，树立起文化自信心与自豪感。建议开展"非物质文化遗产进课堂活动"，从当地最具特色的歌舞、银饰、绣花甚至知名小吃制作等简单易行型非物质文化项目做起。

日本政府在制定无形文化财保护以及地域文化振兴的相关法律法规中，就特别注重儿童的问题，希望通过提高接触传统艺能的机会，培养对传统艺能感兴趣的人群。如日本文部省①规定，小学生在学期间必须观看一次戏剧，借此增加孩子们亲身接触传统艺能的机会，增加孩子们接近生活文化和国民娱乐的机会，在学校和社区充实孩子们学习、体验仍然存在的文化财的机会。同时，日本被确定为民俗文化财的活动中，几乎都有儿童的方阵、儿童的参与，而且始终将儿童放在首要的位置。以"歌舞伎"为例，2006年度日本"小学生歌舞伎体验教室"于7~8月间分别在日本国立剧场和江户东京博物馆举行，参加活动的小学生们可以直接接受到歌舞伎演员和演奏家们的指导，参加歌舞伎的表演，试穿歌舞伎的装束，学习

---

① 日本中央政府行政机关之一，负责统筹日本国内教育、科学技术、学术、文化及体育等事务。

歌舞伎的表演动作和情节等，最后在活动结束时，孩子们还要身穿歌舞伎的服装化妆打扮，在国立剧场的舞台上利用真正的舞台装置和道具，举行他们的学习成果发布会。①

其次，建设非物质文化遗产专题博物馆及非物质文化遗产传习所，帮助实现教育。建立非物质文化遗产专题博物馆，通过征集非物质文化遗产相关实物，作为非物质文化遗产博物馆的基本陈列内容，是政府协助传承人从事非物质文化遗产传承的一项重要工作，能够为宣传教育和学术研究发挥作用。其固态展览展示并不影响传承人的活态传承，又具有长效性，可以视为非物质文化遗产信息传承的一种有效手段。传习所则用以解决传承人传承场地不足的问题，为传承人传承活动的展开创造必要条件，同时给予民众近距离接触、学习非物质文化遗产的可能。

最后，为非物质文化遗产保护和文化生态保护区建设营造良好的社会氛围也是教育工作的一个方面。教育和宣传密不可分。充分利用报刊、广播电视、互联网等新闻媒体对文化生态保护区建设进行宣传报道，开展"文化遗产日"等系列活动，利用传统节日、民俗活动，举办展览、展演，扩大宣传，大力开展丰富多彩的群众文化活动，都可达到教育的目的，以鼓励健康有益的传统民俗活动，增强全民珍爱民族文化和参与文化遗产保护、传承的自觉意识。

9. 加强人才培养

人才队伍是做好非物质文化遗产保护工作的关键。首先，要加强对领导及领导部门的知识体系建设。非物质文化遗产的传承离不开文化行政管理人员和专业人员的参与，要加强工作人员队伍建设，通过开设培训班、举办讲座等形式，定期实地考察非物质文化遗产的原生态环境，由专家进行保护方法的指导，并且组织学习国际、国内非物质文化遗产保护的新趋势、新动向及成功的经验与方法，以及国内相关法律、法规和政策。如文化部每年都会组织主题鲜明、内容充实、理论与实践相结合的专题培训。2012年先后在山西太原和河南郑州组织举办生产性保护培训班和项目补贴资金申报培训班，结合工作最新动向，传授理论，实地考察先进典型。最后，还需加强研究人才队伍建设，在高等院校、科研院所中设立与非物质文化遗产相关的专业，建立一批研究、培训基地，培养一批硕士、博士研究生，为非物质文化遗产保护提供专业人才。另外，也可以通过网络授课的方式，对专业保护的知识进行宣传和普及。提高非物质文化遗产工作人员的思想觉悟、工作技能和知识层次，形成一支专业化保护队伍。

其次，要注重传承人队伍建设。各级文化行政主管部门应积极开展对传承人的政策、法规培训和教育等。如北京市组织全市传统美术、传统技艺类代表性传承人参加商业营销和设计课程，培训传承人掌握现代市场规律，把握最新设计理念，以便让他们的作品在保持传统核心技艺的基础上，进行适度改良和创新，特别是在作品设计上下功夫，让作品更

加符合现代审美情趣和时尚潮流。

10. 发展振兴

中国在非物质文化遗产发展振兴方面进行着积极的探索，提出了非物质文化遗产生产性保护方式。所谓生产性保护，是指通过生产、流通、销售等方式，将非物质文化遗产及其资源转化为生产力和产品产生经济效益，并促进相关产业的发展，使非物质文化遗产在生产实践中得到积极保护，实现非物质文化遗产保护与经济社会协调发展的良性互动。其宗旨是"以保护带动发展，以发展促进保护"。在各级非遗名录中包含着丰富的民间美术和民族民间手工艺门类。这些门类的项目日益成为人们关注保护的重点，但也同样面临着一个共同的问题，即民俗信仰和习俗活动的淡化与流变引起了造物需求的减少甚至是消失。观察古代的手工造物史，造物的观念和形制是随着不同时代的生存需要而变化的。

最近一些国外高端奢侈品企业开始把产品设计研发的目光投向非物质文化遗产，有些品牌直接提出在中国传统手工艺中寻找灵感，发现技艺。国内设计领域也在开发非遗手工技艺中衍生出的产品。手工艺类非物质文化遗产项目的技艺、材质符合低碳时代倡导的价值观，手工技艺体现了朴素的身心智慧和人性化的功能与审美，或许会在低碳时代有一个渐趋光明的未来。目前中国提出生产性保护的理念，但以什么样的生产观念去传承，在传承中发挥多大的生产创造性，如何应对生产性保护中多重多元的发展可能，还需要深入的思考和研究。

此外，在生产性保护过程中，往往难以避免商业资本的强势进入。他们受获取利润的强大动力驱使，对文化传统毫无顾忌，由此带来的过度商业开发导致我们失去对文化传统的敬畏感。长此以往，一个民族必须具有的神圣不可侵犯的价值观将会逐渐消退。因此，除了引进资本外，各地也应该重视对文化传统的研究，必要时应举办包括非物质文化遗产专家在内的各方参加的论证会，在开发初期就注意到这个问题，使非物质文化遗产生产性保护最终实现社会效益和经济效益双赢。

11. 增加资金投入

非物质文化遗产保护工作是一项长期的、大投入、公益性的事业，必须要有可靠的经费作保障，因此需要建立一个比较完善的投入机制。国际经验表明，在文化遗产保护工作中，充足的资金投入是基本保障，其资金主要来自三个方面："一是政府的直接投入，二是个人与财团的直接投入，三是以发行彩券方式让政府进行的间接投入。"[①] 如英国的经费投入主要来自政府支出和彩券发行，英国每年的文化经费达 10 亿英镑，占国家财政总预算的 0.5%；从 1995 年起，英国发行国家彩票，每年从中筹集超过 10 亿英镑的巨额资金用于保护和发展文化事业，其中专门用于文化遗产的经费达 2 亿英镑。法国的经费除了政府支出稳定在国民预算的 1% 外，还十分重视企业和个人对历史文化遗产包括非物质文化遗产

---

① 顾军，苑利. 文化遗产报告：世界文化遗产保护运动的理论与实践 [M]. 北京：社会科学文献出版社，2005：272。

的赞助。美国的经费则主要来自民间的各种财团，美国联邦政府对文化艺术事业年投入约为 11 亿美元，而州、地方和企业财团的赞助则高达 50 亿美元以上。在日本，文化财保护法规定，重要文化财保护投入的下限是国家财政预算的 0.01%，同时，日本成立振兴文化艺术基金会，由政府和民间共同出资用于保护和发展日本的文化艺术事业。

《中华人民共和国非物质文化遗产法》规定："县级以上人民政府应当将非物质文化遗产保护、保存工作纳入本级国民经济和社会发展规划，并将保护、保存经费列入本级财政预算。国家扶持民族地区、边远地区、贫困地区的非物质文化遗产保护、保存工作。"文化部设立了非物质文化遗产专项基金，用于支持非物质文化遗产保护项目，定期给予每个国家级非物质文化遗产项目数量不等的保护补贴资金，同时给予国家级代表性传承人每年一定数额的传习补贴，以支持其传承活动。另外，地方政府也根据各地情况给予非物质文化遗产项目和代表性传承人补贴。

与此同时，还应加强社会公益性资金的筹集力度，以多种渠道确保非物质文化遗产的保护资金来源，拓宽社会资金筹集渠道和形式，为非物质文化遗产保护提供更多的物资支持。社会资本在非物质文化遗产保护中所发挥的作用主要表现为以下两个方面：通过资本的注入，为具有强大市场潜力的非物质文化遗产项目提供巨大的资金支持；通过经济效益的调节，促进一些非物质文化遗产项目的振兴与繁荣。如中国非物质文化遗产公益基金、中国华夏文化遗产基金会等都已在这方面发挥了重要作用。

12. 增进国际交流合作

文化是软实力，是生产力，每一种文化形式只有自觉融入全球文化，在全球化进程中加强合作，凸显自己的文化特色，才能不断发展和传承下去。加入国际社会中，加强对外文化交流合作，将自己的文化理念与现代国际机制的合理因素相结合，展示自身文化的特色，扩展交流合作平台，得到支持和认可，既能为世界文化之林的多样性增添特色和风采，又能保证非物质文化遗产不受外来文化的胁迫和冲击，从而实现内外部共同发展的双赢局面。如日本除了积极申报世界遗产外，努力扩大日本文化在国际社会中影响的同时，还热衷于文化遗产保护与活用等方面的国际合作事业。除了与联合国教科文组织等国际机构或有关国家相互合作召开国际会议等方式之外，日本政府还以强大的经济实力为后盾，在推动建构有关文化遗产的国际合作体制方面作出了不少努力，并在学术研究与交流，文化遗产的保护与修缮，建构数据库和培养专门人才等方面均作出了一定的贡献。

中国在 2013 年春节期间利用现代传播技术手段，拓展交流崭新平台，对外传播和弘扬中华文化，展示春节文化特色。如为了吸引海内外民众参与春节活动，2013 年海外"欢乐春节"活动正式启用新的视觉识别系统，以甲骨文"春"字为主体的图案，体现了万象更新的春节节庆特点及天人合一的中华文化精髓。同时，为适应数字化时代传播方式的新发展，推出二维码新媒体平台，探索中华文化走向世界的新路径，该平台运用现代传播技术手段，汇集 App 电子书架、"百子庆春" App 游戏等多项内容，兼容多种运行系统，拓展了春节文化对外传播的新渠道。特别是开发"百子庆春"网络游戏，在苹果商店上线，以动漫的内容、游戏的形式、互动的特点，吸引广大民众，特别是年轻人关注和了解中国传统春节文化，积极参与"欢乐春节"网上展示活动。另外，举办网上知识竞赛和征文。为广泛吸引海外民众积极参与"欢乐春节"活动，了解中国春节文化知识，文化部外联局联合中国日报社，在全球范围内开展中国春节网上知识竞赛和征文活动。①

但另一方面也要注意文化安全问题。国务院《关于加强文化遗产保护的通知》中强调了"要从对历史和国家负责的高度，从维护国家文化主权的高度，认识加强文化遗产保护的重要性"。这就要求我们在增进国家交流合作的同时，要重视国家的文化安全。中国已有不少珍贵的非物质文化遗产如景泰蓝制作技艺、徽州宣纸技艺等被外国人窃取，因此在加强国际交往的同时，要采取有效的措施，杜绝中国文化遗产被随意窃取；另一方面也需要有国际共同遵循的知识产权保护方面的约法，各国共同遵守和监督，保护好各民族和国家的精神家园。

（五）保护制度

对非物质文化遗产保护实施制度建设是一项必要措施。重要的制度建设包括以下几点。

1. 专家委员会评审制度

建立完善的专家委员会评审制度有利于保护非物质文化遗产。根据国际上文化遗产保护先进国家的实践经验，文化遗产保护目标的确定、保护规划的制定等均由各级政府的咨询机构——专家咨询委员会全权负责。如韩国文化财厅下设的文化财专业委员会、日本的文化财保护审议会等，这些机构或协助政府制定政策，或为政府决策提供技术咨询，或直接参与政府所统管的国有遗产登记、审查、保护、管理与维护工作。

日本代表作名录和传承人认定等均需要背后专家委员会评审机制作为支撑，如1950年在文部省建"文化财保护委员会"，文部大臣任命5位日本国内一流的文化专家出任委员，委员会下设4个文化财保护审议会，专门负责文化财保护的专业指导、技术咨询和调查审议以及相关的时务性工作。该委员会虽然是一个非常设机构，但它却是日本当时保护有形文化财和无形文化财的最高机关。1968年，日本废除了"文化财保护委员会"，改在国家文化厅内设置"文化财保护审议会"。新成立的审议会负责为文部大臣和文化厅长官提供咨询，会内设有"无形文化课"，专门负责日本传统戏曲的保存与振兴工作，同样地方政府也设置了"文化财保护审议会"，与民间团体共同承担保护当地文化财的重任。

韩国在评审委员的选拔过程中，除了要求具备专业的知识素养外，特别强调委员的人品，在《韩国文化财委员会规程》中明确规定：文化财委员会委员必须由德高望重、学识渊博的专家学者组成。为了保障评审工作的公正性，世界各国还进行了许多制度方面的建

---

① 刘传. "欢乐春节" 有了数字化手段 [N]. 中国文化报，2013-02-05（9）。

设，如专家组考察经费均由国家支付，地方行政部门不得向专家支付任何费用，从而抑制了评审工作中的贪腐行为。[①]

2006年，为规范和加强中国非物质文化遗产保护工作的咨询、论证、评审和专业指导，文化部办公厅公布了《关于成立国家非物质文化遗产保护工作专家委员会的通知》，通知包含"国家非物质文化遗产保护工作专家委员会名单"和"国家非物质文化遗产专家委员会章程"。"章程"中规定了专家委员会的职责范围为：①非物质文化遗产保护规划的制定；②普查方案的制定和实施；③国家级非物质文化遗产名录的评审；④国家级非物质文化遗产项目传承人的认定；⑤国家级非物质文化遗产名录的保护与管理；⑥非物质文化遗产保护相关标准规范的制定；⑦其他重要事项。

《国家级非物质文化遗产代表作申报评定暂行办法》第十三条规定："评审委员会由国家行政部门有关负责同志和相关领域的专家组成，承担国家级非物质文化遗产代表作的评审和专业咨询。评审委员会每届任期四年。评审委员会设主任一名、副主任若干名，主任由国家文化行政部门有关负责同志担任。"国家非物质文化遗产保护工作专家委员会的成立，符合国务院有关重大事项必须经过专家研究、咨询的决策规则和程序要求，保障了中国非物质文化遗产保护的专业性和科学性。

2. 保护可行性分析报告制度

建立非物质文化遗产保护可行性分析报告是一项必要的制度。为确保当地遗产的原生价值，避免同化行为的发生，应尽早建立专门针对文化遗产利用、活化与改造的可行性分析报告制度。此制度应建立在专家、社区民众和广大社会团体参与的基础上。可行性分析报告制度大体可分为这样两个不同的层次，一是可行性分析，二是不可行性分析。在这个过程中，学界应充分发挥自身优势，帮助政府分析在利用过程中可能出现的问题。政府也应该从制度层面入手，通过与学界的沟通，更准确地把握好各种非物质文化遗产的传承规律。

3. 定期调研制度和定期报告制度

通过定期调研发现问题，特别是濒危遗产所出现的问题，指出濒危原因，提出解决方案。在建立专门针对当地遗产的定期报告制度上，在文化遗产保护理念尚未完全深入人心的今天，有必要建立一套以年度或季度为时限的报告形式。定期报告制度也可称之为"零冲击报告制度"，是指即便当地的文化遗产没有遭受冲击，没有被开发，当地政府也必须定期向上级有关部门报告当地遗产遭受或未遭受冲击的情况。这种活态保护报告制度的建立，对于提升各级政府文化遗产保护意识，让上级主管部门随时掌握各种非物质文化遗产保护情况与传承情况，强化对当地遗产的安全监管等，都将起到一定程度的推动作用。

4. 临时性指定制度

建立各种文化遗产的临时性指定制度。临时性指定制度是指在某些遗产面临被拆除、

---

① 苑利，顾军. 非物质文化遗产学 [M]. 北京：高等教育出版社，2007：88。

毁坏之时，当地政府如果认为该遗产很可能有重要价值者，可以马上指定为某类遗产，并将它暂时保护起来。目前，这种暂时性指定制度在个别国家已经实行，也确实保护下了很多非常有价值的文化遗产。但这种临时性指定制度往往仅局限于物质遗产自身，而对非物质文化遗产、自然遗产以及综合性遗产并没有给予更多关注。如果我们有意识地设立一套切实可行的临时性指定制度，不仅可以避免一些遗产在尚未弄清其真正价值之前就惨遭人为破坏，同时也不会因申报过程的漫长让它失去最佳抢救时机。

5. 保障制度

非物质文化遗产保护工作的保障制度主要由组织保障、政策保障、资金保障、人才保障和技术保障等几方面构成。

组织保障主要在于中央和各级地方政府要逐步完善非物质文化遗产保护机构的建设。如中国现在构建起以部级联席会议为决策机构、文化部为行政领导机构、中国非物质文化遗产保护中心为执行机构的中央组织；配合全国 31 个省市自治区也相继在文化厅（局）下设非物质文化遗产处及非物质文化遗产保护中心；二者组成了非物质文化遗产的保护体系。然而，由于各地经济发展不平衡，情况各异，至今仍然有个别的省份未独立设置非物质文化遗产处及非物质文化遗产保护中心，许多是临时借用人员或另一部门人员兼职从事非物质文化遗产处保护工作，这在实际操作中难以保证工作的质量和效率。

完善的政策保障是非物质文化遗产科学保护的重要保证。为确保非物质文化遗产的有效传承，国家需要出台一系列保护扶持政策和发展振兴政策。保护扶持政策由非物质文化遗产资源调查制度、名录体系保护政策、传承人保护政策、专项补贴制度、文化生态保护区制度等构成，发展振兴政策主要是指生产性保护政策、税收优惠政策、产业促进政策等。

资金是保障非物质文化遗产持续得到保护的前提。根据国外的经验，资金的来源一方面是采取国家投资的方式，另一方面来自社会渠道。政府在国民经济预算中逐年增加对非物质文化遗产保护的投资，是非物质文化遗产保护资金的主要来源。同时，采取社会化方式，接受社会投资、捐款等，鼓励和吸引社会资本参与非物质文化遗产保护与发展振兴，是对国家投资的重要补充。随着非物质文化遗产保护工作的不断深入，应逐步开拓社会资本参与非物质文化遗产保护的方式。

人才是非物质文化遗产保护工作的关键，非物质文化遗产保护主体应具备非物质文化遗产学方面的知识和素养，必须具备高尚的人品与崇高的职业道德。[1] 国家非物质文化遗产专家委员会主任冯骥才指出："目前中国虽然有 1400 项非物质文化遗产，但其中一半都是没有专家参与管理的。这就使得很多项目的保护处于混乱无序之中。"[2] 因此，必须加强对各级行政管理人员和专业人员的专业培训，建立系统的管理非物质文化遗产从业人员的

---

① 苑利，顾军. 非物质文化遗产学 [M]. 北京：高等教育出版社，2007：86-88.
② 吴晓东. 警惕"非遗"申报走上功利路 [EB/OL].2010-06-13.http: //zqb.cyol.com/content/2010/06/13/content_3277746.htm.

培训体系，提升从业人员的专业素养，加强非物质文化遗产保护的队伍建设和能力建设，建立专业高效的队伍保障机制。

技术保障贯穿整个非物质文化遗产保护工作的全过程，如在资源调查阶段，需要相应的录音、录像等全息化技术手段的支持；在资源立档、数据库建设阶段需要相关档案技术和数字技术的保障；在传播和弘扬阶段，需要现代化的传播手段使非物质文化遗产的宣传展示更加迅捷、生动，特别是符合现代年轻人的审美趣味和生活习惯等。

6. 责任制度

在中国，项目保护单位和传承人承担具体的非物质文化遗产保护工作，因此，明确其职责，建立相应的保护责任机制十分必要。

非物质文化遗产项目代表性传承人的主要职责主要有以下几点：①提高文化自觉和保护意识，对传承的非物质文化遗产有一个清晰的认识，对其历史渊源、发展过程、遗产特色、革新发展要进行梳理；意识到传承的非物质文化遗产是全中国甚至是全人类的宝贵财富，能够充满自信地介绍、传播、传承所掌握的技艺与技术；具有开放的心态和广阔的胸襟，积极培养传承人。同时，要不断创新，不断使自身的技艺和技术符合当代人们的审美情趣，使传承的非物质文化遗产融入现代人们的日常生活中；②配合非物质文化遗产资源调查，保护实物，积极配合口述史调查；③妥善保存相关实物、资料，并适时地对这些实物和资料进行展览展示；④培养后继人才，开展传承活动，扩大带徒授艺的范围，同时，传承人还应积极组织开展各种传承活动，充分利用国家传承补贴，制定项目保护规划方案；⑤积极参与非遗公益性宣传教育，包括积极配合政府、媒体组织的宣传活动，积极参与非物质文化遗产教育进学校、进课堂。

非物质文化遗产项目保护单位的职责主要有以下几点：①积极收集非物质文化遗产实物和非物质文化遗产项目代表性传承人的作品；②保护项目相关场所，重视非物质文化遗产生存环境的保护；③积极组织和开展有关本项目的培训、讲座、展览展示、竞赛、理论研究出版、广告、影视制作等宣传展示活动，开办专业学校，走进学校开设理论和实践课程等。

7. 知识产权保护制度

当前，中国尚未建立非物质文化遗产保护的知识产权保护制度，导致非物质文化遗产的滥用与流失无从监控。为了保护非物质文化遗产所体现的民族精神权益及与其相关的物质利益，我们必须建立、健全相应的非物质文化遗产知识产权保护制度。知识产权保护制度首先要明确非物质文化遗产保护的主体、客体及内容，建立非物质文化遗产的使用许可制度，并且还应包括一些强制性保护措施，以防珍贵的非物质文化遗产资源被掠夺、流失海外。

中国非物质文化遗产被国外抢注的事件屡屡发生，如"少林功夫"，虽被列入了国家级非物质文化遗产，却早已被日本等国家大量抢注，这种随意的抢注和滥用，致使国际社会对"少林功夫"的认识产生了曲解和混乱。同样的事件也发生在国内，如国家级非物质文化遗产项目"二人转"被注册为安全套商标，引发激烈的争论：作为国家级非物质文化遗产，其知识产权的权利人是谁？如何对其知识产权进行保护？无疑值得我们抓紧思考。

《中华人民共和国非物质文化遗产法》第44条对非物质文化遗产民事权利保护进行了原则性规定："使用非物质文化遗产涉及知识产权的，适用有关法律、行政法规的规定。"非物质文化遗产民事权利保护问题主要涉及有形客体（实物和场所）的物权和无形客体（传统文化表现形式）的知识产权两个方面。在中国，《民法通则》是调整民事关系的基本法律，也是适用于非物质文化遗产民事权利保护的一般性规定；结合《物权法》和《文物保护法》可适用于非物质文化遗产中有形客体的保护，而知识产权法则相应地承担调整非物质文化遗产中无形客体保护的责任。但是，现有知识产权法律体系并未对非物质文化遗产的无形客体专门制定相关法律、法规，《著作权法》第6条提及的专门针对民间文学艺术的著作权保护办法也迟迟没有出台。[①] 因此，建立、健全相应的非物质文化遗产知识产权保护制度已是不容忽视、迫在眉睫的时代要求。

另外，作为保护非物质文化遗产的方法之一，在探讨非物质文化遗产与经济发展时，也不应忘记知识产权因素。完善知识产权保护也是合理利用的一个环节。非物质文化遗产作为知识产权保护客体已获得广泛共识。非物质文化遗产的传承群体及个人是非物质文化遗产的创造者与承载者，依法保护非物质文化遗产传承主体的知识产权相关权益，有利于非物质文化遗产的保护、发扬与创新。

根据国务院办公厅《关于加强我国非物质文化遗产保护工作的意见》和《中华人民共和国非物质文化遗产法》中的规定，在非物质文化遗产保护中应依法对非物质文化遗产进行知识产权的保护；文化主管部门应当指导非物质文化遗产代表性项目保护单位和代表性传承人依法保护其知识产权相关权益。

应组织非物质文化遗产保护及知识产权方面专家学者研究讨论，制定完善相关政策法规，为文化生态保护区内非物质文化遗产知识产权保护提供依据。明确保护区内非物质文化遗产保护名录项目知识产权的权利主体。对于知识产权归属明确，符合保护条件的传统技艺、传统美术、传统医药等非物质文化遗产项目，政府与社会组织应积极帮助项目传承人申请专利、商标，依法保护其权益。针对民俗节庆、歌舞音乐等传承分布范围较广的群体传承类项目，建立合理的项目使用收益制度，同时进一步探索合适的知识产权保护模式。

要建立非物质文化遗产知识产权的长期保护制度，形成保护预警机制，定期检查整顿侵权行为，避免项目被盗用、篡改、丑化。宣传保护非物质文化遗产知识产权的重要性，鼓励公众参与到非物质文化遗产知识产权保护工作中，形成社会舆论监督。

在知识产权保护中还要注意权利与义务相结合。在保护项目传承主体权益的同时，应明确非物质文化遗产传承人的义务。传承人应配合资料记录工作提供技术技艺相关信息，并积极公开展示技艺，广收学徒传艺，使非物质文化遗产正确发挥其社会功能。鼓励传承

---

① 王云霞. 文化遗产法：概念、体系与视角 [M]. 北京：中国人民大学出版社，2012：193-194。

人之间开放交流，共同发展提升技艺，营造良好的氛围，避免项目传承人及申报地区间的恶性竞争。

8. 监督与退出制度

在中国非物质文化遗产保护工作中应实行监督与退出机制。全国人大制定《中华人民共和国非物质文化遗产保护法》，要求行政机关依法行政，并要求各级政府投入要列入政府预算和经济社会发展规划，同时明确规定了对非物质文化遗产破坏的责任和惩罚问题。国家监督，由国家机关依法实施，具有国家约束力，能够直接产生相应的法律效果。从监督主体构成来看，主要由权力机关、司法机关和行政机关（包括一般行政机关和专门的行政监察机关、审计机关）组成。

法律制定后，各级人大机关应严格审查政府所制定的行政法规、地方性法规。从对非物质文化遗产监督流程上来看，监督包括非物质文化遗产的事前监督，即对申遗的项目、对象进行监督，可以有效避免某些伪项目进入非物质文化遗产行列；非物质文化遗产的事中监督，即对非物质文化遗产的评审过程进行监督，体现评审的公平、公正、公开和科学的原则；非物质文化遗产的事后监督，即对已批准的非物质文化遗产项目的传承、保护及其开发等运作状况进行监督，可有效避免非物质文化遗产承而不传、用而不护的现象，杜绝某些地方大打非物质文化遗产牌，却对非物质文化遗产滥开发滥利用的现象。

在实际监督过程中，需要国家监督和社会监督两种方式共同运用，二者缺一不可，方能保证监督的有效，推动非物质文化遗产的合法、科学保护。对在监督过程中发现保护不力的情况，要督促进行整改直至撤销项目或项目保护单位。全国政协委员、中国艺术研究院院长、文化部原副部长王文章在接受中国青年报记者专访时提出："为了治理非遗保护不力的问题，文化部门一直在尝试酝酿一套合理的退出机制，有的地方没有落实保护措施、项目保护单位发生变化、保护不得力等，我们就撤销了一批非遗项目，重新调整了一批非遗项目的保护单位。"[①] 退出机制目前在中国尚处在探索阶段，及时出台相关评估标准和制度细则是退出机制的前提，面对各地在非物质文化遗产保护过程中水平参差不齐、重视程度千差万别的情况，退出机制应尽快尽早建立。韩国在非物质文化遗产舆论监督方面有许多经验值得学习，如国家成立专门的非物质文化遗产委员会，由来自大学、研究机构、文化团体的专职专家以及政府聘请的50多名非专职专家包括普通群众组成。由各道、市及文化财厅提出的非物质文化遗产项目交由他们论证，委员们将进行项目调研并撰写提交调查报告，通过审议后最终确立国家重点非物质文化遗产名录，确立的名录要公示一年，期间接受社会民众的监督并听取各方意见，没有被公众接受的项目将重新进行调研论证。同时委员会要对各项非物质文化遗产的保护工作进行监督，对那些违法、损害文化遗产的现

---

① 王烨捷. 退出机制是非遗保护不可缺的一环 [EB/OL]. http://zqb.cyol.com/html/2013-03/19/nw.D110000zgqnb_20130319_3-09. htm，2013.

象、行为积极地揭发举报，并通过媒体曝光。在这样的社会舆论监督和民众支持下，韩国非物质文化遗产保护政策得以不断健全，也更有利于韩国非物质文化遗产保护各项工作的实施和开展。韩国的监督主要是社会监督，社会监督是由国家机关以外的组织或个人进行的不具有直接法律效力的监督。

第四节　非物质文化遗产名录体系

一、分级名录体系

《保护非物质文化遗产公约》第十二条规定："为了使其领土上的非物质文化遗产得到确认以便加以保护，各缔约国应根据自己的国情拟定一份或数份关于这类遗产的清单，并应定期加以更新。"这一清单通常指的是国家层面的非物质文化遗产普查。在普查的基础上，中国建立了国家级和地方非物质文化遗产名录体系。因为名录体系的建设在非物质文化遗产保护中作用突出，是中国非物质文化遗产保护的基本制度，不管是传承人保护制度还是保护规划均以其为基础。

2005年，国务院《关于加强文化遗产保护的通知》和国务院办公厅《关于加强我国非物质文化遗产保护工作的意见》规定，通过制定评审标准并经过科学认定，建立国家级和地方非物质文化遗产名录体系。中国的非物质文化遗产名录体系是一种分级保护的体系，它涵盖国家级、省级、市级、县级四级非物质文化遗产名录。其中，国家级遗产由中央政府进行认定，省、自治区及直辖市级遗产由省自治区直辖市政府认定，地市级、县市级由相应级别的人民政府认定。除了国内四级名录外，世界级非物质文化遗产由联合国教科文组织进行注册认定，按照国际惯例，上一级遗产均需从下一级遗产中推荐产生，不得越级申报。

日本的非物质文化遗产代表作名录以指定制度为基础，其非物质文化遗产指定和遴选程序包括事前调查、选定候选项目及指定、遴选的最终确定三个步骤。所谓"指定制度"，主要是从国家的立场出发而对文化遗产中特别重要、突出和具有特殊价值的无形文化财予以严格筛选和"指定"，进而对其所有者也作出一些必要的限制。但此种指定制度并不能够很好地适应更大面积、品种和门类更多的文化遗产保护的需求。随着全社会富裕程度的提升、生活方式和价值观的多样化趋势和全体国民对文化遗产重要性认识的不断深化，应运而生地出台了"登录制度"。较为灵活的登录制度，其实也就是申报制，它是在由拥有者申报之后，再通过指导、建议、劝告等手段，对各种文化遗产进行较具缓和性和宽泛性的保护。

目前，日本已经建立起五套名录：①重要无形文化财指定名录，重要无形文化财技能保持者被称为"人间国宝"；②采取记录等措施的无形文化财，这类遗产虽没有被选为重要无形文化财，但应采取记录的方式保存下来；③重要无形民俗文化财指定名录，包括风俗习惯、民俗艺能和民俗技术；④需要记录等措施的无形民俗文化财遴选目录，意即需要用记录的方式保存下来的无形民俗文化财；⑤选定保存技术遴选目录，主要指对文化财的保存至关重要的技术和技能。以上是日本代表作名录体系，内容比较齐全，分类相对合理，是一套相当科学的名录保护机制。

二、基于分级名录体系的分类保护

名录体系集中有限的资源，对体现中华民族优秀传统文化，具有历史、文学、艺术、科学价值的非物质文化遗产项目制定保护规划，进行重点保护。这标志着中国非物质文化遗产保护工作迈入了科学化和体系化保护阶段。中国非物质文化遗产资源丰富，借鉴国内外先进经验，建立非物质文化遗产名录是中国非物质文化遗产保护的有效抓手。它可以使中国的行政、财政资源得到有效利用，有利于提高中国非物质文化遗产保护的水平。通过建立保护名录制度，将非物质文化遗产转变为有形形式进行保护。

在非物质文化遗产保护中，针对遗产的类型、级别、保护状况进行针对性的分类保护。对传统表演艺术类的项目，要注重传统剧（节）目及其资料的挖掘和整理，及时抢救记录老艺人及其代表性剧（节）目。对传统技艺类的项目，要注重代表性传统传承人的技艺传承及原材料保护，征集代表性传承人主要代表作品，鼓励探索生产性保护方式。对民俗类的项目，注重在相关社区的宣传、教育和民俗活动的开展，促进群体传承。对区域内濒危的非物质文化遗产名录项目，要优先抢救保护。针对世界级、国家级、省（直辖市、自治区）级、地市（州、盟）级、县（市、旗）级等不同级别的项目，在保护要求、资金来源等方面作出分级保护措施。需要注意的是，非物质文化遗产的保护级别并不等同于对其价值高低进行判断。在保护工作中，应做到全面兼顾、重点突出。

第五节　传承人保护机制

一、选培传承人

传承人是非物质文化遗产活态传承的重要主体，对传承人的保护是整个文化生态保护区保护工作的重中之重。保护区工作就是提升传承人的地位和影响，为其创造良好的传承环境，使其有效地履行传承人职责，以确保非物质文化遗产有效传承。《保护非物质文化遗产公约》指出："缔约国在开展保护非物质文化遗产活动时，应努力确保创造、延续和传承这种遗产的社区、群体，有时是个人的最大限度的参与，并吸收他们积极地参与有关的管理。"因此，传承人的认定和培养是非物质文化遗产保护的关键。在选培传承人的行为中，弄清非物质文化遗产传承的规律和传承线索是其核心问题。

（一）非物质文化遗产的传承规律

在中国，非物质文化遗产的传承规律和传承人的传承模式密不可分。中国很多地区的传承主体主要由个人、群体和社区组成，形成了个体（家庭）保护传承模式、群体保护传承模式及社区（更为广泛的社会）保护模式。对传承模式的分析就能清楚地掌握传承规律。

（二）传承模式

1. 个体或家庭传承保护模式

以个体为代表或以家庭名义传承的个体（家庭）保护传承模式，经常出现在传统手工技艺类、民间文学类以及部分表演类非物质文化遗产中。这些非物质文化遗产通常采用世代相传的方式，在具有血缘关系的人们中间进行传授，由家族的某一特定人选或家族多人进行传承，一般不传外人，有的甚至传男不传女。如国家级非物质文化遗产项目"聚元号弓箭制作技艺"，考察其传承谱系，可发现其均在杨氏家族内部传承，是一个封闭式的传承系统。这代表了相当一部分非物质文化遗产传承的特点，反映了以家庭为细胞，家族为纽带的中国社会构成特征。另外，在个体保护传承模式中还有一种神授传承比较特别，如国家级非物质文化遗产项目"格萨尔"的传承，并非是人与人之间的传承，而是由自己想出来的或梦中神秘力量授予的，这种类型多出现在少数民族中。

2. 群体传承保护模式

在非物质文化遗产中，有许多项目是由群体创造和拥有，通过群体传承的方式传承至今。这种群体传承，一般是在一个文化区（圈）或特定社区内，有时候是一个族群共同传承一种非物质文化遗产的现象。群体内传承模式主要集中在民俗类非物质文化遗产中。如传统节日，中国的传统节日体现了人与自然和谐相处的深刻内核和生生不息的民族精神，在其形成和演变过程中，内容不断丰富，大量仪式与精神不断附加，使其愈发弥足珍贵。这类遗产由中华民族整个族群进行着群体传承。在群体传承的同时，各地以各自的文化区（圈）为活动范围又形成了多姿多彩的地域文化。地域性是非物质文化遗产的突出特色，非物质文化遗产是特定地域社会里的文化，固然它其中可能蕴含着超越地域、族群或国家的普世性价值，但归根到底，它是地域的，若是脱离了其存在的文化生态环境，它就会变样，甚至失去其价值干枯而死。基层社区、地域社会或族群的居民们应该认识到这些非物质文化遗产对于他们自身和整个国家的价值及意义，因此如果想保护得好，首先必须承认和尊重这一点。正如在日本，一年四季几乎每个城市或村镇、街区，都有自己地方性的"节祭"，届时社区居民均会踊跃参加，既有效地保护了以节祭形态存续的非物质文化遗产，又增加了地区的文化认同和社会和谐。

3. 社会传承保护模式

除了上述个体（家庭）保护传承模式和群体保护传承模式两种相对自然的保护传承模

式外，社会保护传承模式是现代社会非物质文化遗产保护传承的主要模式。人类社会现代化的进行，在提供了丰富的物质生活条件外，同时带来的文化同化现象，迅速消解着与人类精神、情感世界紧密相连的非物质文化遗产，人们逐渐认识到非物质文化遗产的重要价值，也更加认识到加强对其保护的重要性和紧迫性。《保护非物质文化遗产公约》在国际上喊出了保护非物质文化遗产的最强音，明确规定了签约国的工作任务。于是伴随着世界对非物质文化遗产保护的愈加重视，各国政府行政保护传承模式的力量日益凸显。政府主管部门为了避免非物质文化遗产的流失、消失和破坏，采取各种行政措施，调动社会各方面力量，积极、主动地对非物质文化遗产进行保护传承。如政府建立非物质文化遗产名录体系、传承制度等。

《保护非物质文化遗产公约》要求："各缔约国应该采取必要措施确保其领土上的非物质文化遗产受到保护"，即要求各缔约国施以行政手段，采取"适当的法律、技术、行政和财政措施"，通过拟定清单，制定保护规划，建立保护机构，培养保护队伍，加强宣传、传播、教育等来确认、展示、保护和传承非物质文化遗产。这种调动全社会力量进行的保护，效果立竿见影，是对个体（家庭）保护传承模式和群体保护传承模式的一种有力补充，其能量之大足以抵抗各种威胁及不利于保护非物质文化遗产的因素。然而，事物永远是一把双刃剑，社会保护传承如果没有统筹安排、科学规划，没有按照非物质文化遗产保护传承的科学规律办事，没有科学的保护体系为前提，其破坏力量之大甚至大于其带来的积极作用。

二、保育传承链

在认清传承规律后，确立一个科学和系统的保护机制的就是对传承链的保育。保护机制分为对传承人的认定和保护。

（一）认定代表性传承人

根据国家文化部的规定，中国的非物质文化遗产代表性传承人认定机制是由县（县级市）、地级市（州）、省（自治区）、国家形成的从下至上的四级认定机制。县级非物质文化遗产传承人由县级保护中心通过定期开展命名认定工作，公布县级名录并上报地市级非物质文化遗产保护中心，以此认定传承人所属批次、类别，录入相关信息，纳入管理体系。地市级非物质文化代表性传承人由地市非物质文化遗产保护中心根据各省相关保护条例及办法进行评选认定，以地市文化局公布名单为准。省级非物质文化代表性传承人由省文化部门根据各省保护条例及办法从各地市级部门上报的非物质文化遗产代表性传承人中进行遴选。通过省级专家委员会评审，省文化厅公示、公布省级非物质文化遗产代表性传承人名录。而根据国家文化部对国家级代表性传承人评审的要求，省级有关部门向国家有关部门提交申请材料或推荐材料，通过国家专家委员会评审，文化部公示，从而确定公布国家级非物质文化遗产代表性传承人名录。各地非物质文化遗产保护中心根据文化部的评审结果，为该传承人立档备案，并纳入相关的管理体系。

日本在非物质文化遗产的保护中非常重视传承主体，强调对传统文化持有人的保护。无形文化财保护工作的第一步是对传承人的认定，认定工作非常的谨慎与严格。实际操作中作为被认定对象的"重要无形文化财"持有者，有时是个人，有时是多人，有时可能是群体。于是《文化财保护法》规定，"重要无形文化财"的传承人认定，有"个别认定"、"综合认定"和"团体认定"三种方式。

在传承人保护方面，韩国的做法比日本更为全面。如制定了金字塔式的文化传承人制度，最顶层被授予"保有者"称号，他们是全国具有传统文化技能、民间文化艺能或是掌握传统工艺制作、加工的最杰出的文化遗产传承人。"保有者"要履行每年举行国内外2次以上公演的任务，同时还有义务将其技能或艺能传授给金字塔后两层（"助教"、"履职者"）人员。他们在"保有者"的带领下进行传统技能、艺能的研习，并在"保有者"不能承担义务或离世后继任。这种"以师带徒"的制度，不但保证了非物质文化遗产的可延续性，而且还提供了不断丰富完善民俗文化技能与艺能的条件，非常值得借鉴和学习。

（二）保护方法

日本《文化财保护法》对传统文化持有者的认定对象主要包括个别认定、综合认定和保护团体认定三种形式：个别认定指对于某个技艺传承者个人资格的认定，综合认定指对那些具有多重文化事项的民俗活动的认定，保护团体认定指对那些由一个以上文化财产持有者的集团的认定。[①] 其中"人间国宝"是指被个别认定的重要无形文化财产的保持者，他们都是在工艺技术上或表演艺术上有"绝技"、"绝艺"、"绝活儿"的老艺人，其精湛技艺受到日本政府的正式肯定，列为传承保护的对象，成为各相关方面的名人、名手。一旦认定后，国家就会拨出可观的专项资金，录制"人间国宝"的艺术资料，保存其作品，资助他（她）传习技艺、培养传人，改善其生活和从艺条件。日本政府不但对"人间国宝"在经济上给予必要的补助，在税收等制度上也提供一定优惠，还给他们相当高的社会地位，以激励他们在工艺方面的创新和技艺方面的提高。

在中国，在保护区内全面系统地对代表性传承人进行保护，通过建立健全四级传承人体系和培育体系，开展代表性传承人抢救性保护。通过加强对传承人的服务、管理与研究，确立以传承人为主体的活态传承地位，有效构建传承人保护体系，有计划有步骤地开展代表性传承人抢救性保护工作。制定各种有利于传承人改善自身生活状况和工作状况的配套政策，不断探索适应、满足传承人工作和生活必要需求及全面改善传承人工作环境的新途径。最大限度地消除各种不利因素，建立传承、传习、传播三位一体的保护机制，使文化

---

① 苑利，顾军. 非物质文化遗产学 [M]. 北京：高等教育出版社，2007：51-52。

生态保护区的传承人保护，成为中国非物质文化遗产传承人保护的"成功模式"。

代表性传承的保护工作主要由以下几方面工作：

1. 经济生活保障

在日本，一旦被认定为"人间国宝"，也就意味着其技艺或绝技和作品被全社会所认可，自然也会价值倍增，有国家拨专款资助其传习技艺、培养传人，改善其生活和从艺条件。对没有获得这些称号的国家级非物质文化传承人，政府则每个月都会拿出一定的经费作为其生活补贴，补贴的额度与该国的最低生活标准持平。据日本文化厅公布的数据，迄今艺能方面的"人间国宝"有57名，工艺技术方面有57名，共计114名。据了解，日本文化厅年度预算超过1000亿日元，其中10%被用来保护国内重要有形文化财和重要无形文化财，而每年为每位"人间国宝"提供的经济补助为200万日元（人民币约120000元）。韩国的"保有者"不但得到各级政府的大力保护和财政支持，得到用于研究、扩展技能、艺能的全部经费，同时每人每月政府还提供一定的生活补助和一系列医疗保障，以保证他们衣食无忧。

中国广大中西部及农村等欠发达地区拥有丰富的非物质文化遗产，但却面临着当地居民缺乏文化自觉和参与能力，并受到城镇化加速发展等传承环境急剧变化的严峻挑战。这些地区的许多文化遗产传承人所面临的生存境遇极为困难，不仅缺少必要的传承条件，甚至连衣食温饱都难以为继，需要各级政府给予特殊关注。

从2009年开始，国家对国家级非物质文化遗产项目代表性传承人每年补贴8000元，2011年，该补贴增加到每人每年1万元，同时，地方财政每年也会给予非物质文化遗产项目代表性传承人不同金额的补贴，如2007年浙江省发布《浙江省非物质文化遗产代表性传承人（老艺人）补贴办法》，规定对年满65~69周岁的代表性传承人，每人每年3000元的补贴；年满70周岁以上的代表性传承人，每人每年4000元补贴。北京市从2012年起给予北京市级非物质文化遗产项目代表性传承人每人每年1万元，用于传承人开展非物质文化遗产保护和传承活动。

除了上述补贴以外，政府还应通过各种表彰、命名等行政手段，给予精神关怀奖励，调动传承人的积极性，因为随着非物质文化遗产传承人的知名度和美誉度的提高，其作品或产品的附加值也会随之上升。日本和韩国在保护非物质文化遗产传承人时通过赋予"人间国宝"称号，给予非物质文化遗产传承人至高无上的荣誉，有了"人间国宝"的金字招牌，他们的技艺得到社会和政府的承认与肯定，非物质文化遗产传承人才会以自己传承的非物质文化遗产为荣，才会不断进取把手中的文化遗产传承下去。在这个过程中，他们的社会地位不断提高，他们的作品价值陡增，这种精神上的鼓励是对他们自我价值的最好实现。

截至2013年6月，中国已经认定国家级代表性传承人1986名。定期对他们表彰奖励，提高他们的荣誉感和自豪感，如2012年为表彰在中华非物质文化遗产传承方面作出杰出贡献的各级非物质文化遗产代表性传承人，由中国非物质文化遗产保护中心主办，中国泛海控股集团有限公司出资设立"中华非物质文化遗产传承人薪传奖"颁奖仪式在北京举行，梅葆玖、文乾刚等50名传承人获得"中华非物质文化遗产传承人薪传奖颁奖"。类似这种评选应经常由各级行政文化主管部门组织举办，用于奖励在非物质文化遗产保护过程中作出努力和贡献的传承人，激励他们更好地传承非物质文化遗产，树立保护非物质文化遗产的先进典型。

2. 支持传承振兴

在日本，传承人虽然可以从政府那里获得一定的资助，但往往要拿出更多的钱用于其事业的振兴和传承。"人间国宝"的认定和扶持制度，是促成了一种很好的奖励传统文化持续延绵和发展的机制，如像日本很多传统艺术表演，"能乐"、"歌舞伎"、"狂言"、"讲谈"（类似说书），进而还有"茶道"、"漫才"（类似相声）等，都因此而获得了有力的保护和扶持。这种支持其传承、振兴的保护措施包括提供传承场所，帮助招徒，税收优惠政策，商标，专利保护，拓宽销售渠道，产品回购，开展传承人营销培训等综合方式，在这些措施中，支持传承人传艺授徒是非物质文化遗产保护的关键。

流传于青海省同仁县的热贡艺术，随着许多老艺人的相继去世，加上在市场经济和商品意识的不断冲击下，旅游者云集，艺术精品愈来愈少，而充斥市场的赝品、复制品，粗制滥造现象越来越多。为此，除了在生活保障、卫生医疗等方面提供特殊关照外，首先要充分运用现代数字化手段，做好记录、录音和摄像，为代表性传承人的精湛技艺建立数据库，更为重要的是，要积极提供其传承场所，加快传承人培养，对传承人作品进行商标和专利保护，拓宽其销售渠道等。

2010年，在北京非物质文化遗产保护中心帮助下，北京市牙雕厂面向社会为这一急需保护的非物质文化遗产项目招收学徒，7位80后学员在牙雕厂内正式拜师学艺。2012年，这些学徒以作品展示的方式正式出徒，其中25岁的李茜，她的作品《福寿仕女》和《画眉仕女》也已获得了国家级的奖项。各级文化行政专管部门采取支持传承人收徒传艺等方式，吸引更多的年轻人投入到非物质文化遗产传承中，更多的非物质文化遗产将后继有人。

第六节　非物质文化遗产与文化生态

一、文化生态系统中的非物质文化遗产

作为传统文化的表现形态，并存在于特定人群之中，非物质文化遗产产生于一个地区的社会文化生态之中，与其依托的自然环境有着密不可分的关系。非物质文化遗产随着文化生态环境的变化而变化，其与文化生态环境之间存在作用与反作用。因此，非物质文

遗产与它所处的自然环境、经济环境和社会组织环境构成的"自然—经济—社会"三位一体的复合结构不可分割。①

首先，非物质文化遗产及其传承人都是自然环境的产物。所谓自然环境，是指"被人类改造、利用，为人类提供文化生活的物质资源和活动场所的自然系统"②。自然环境是产生人类文明的母体，也是非物质文化遗产的客观存在条件。因此，非物质文化遗产都在一定的地域产生，其产生和发展必然与该地的自然环境密切相连。不同地域不同的自然环境，造就了不同特征的非物质文化遗产。③

其次，非物质文化遗产与经济环境有着千丝万缕的联系。所谓经济环境，是指"人类加工、改造自然以创造物质财富所形成的一套生产条件，包括工具、技术、生产方式等"④。非物质文化遗产与人们的生产活动不可分割。很多非物质文化遗产的产生和发展都与生产工具、生产力、生产交换和社会分工有关。

最后，社会组织环境也是非物质文化遗产保护与发展的土壤。社会组织环境是指"人类创造出来为其文化活动提供协作、秩序、目标的组织条件，包括社会组织、机构、制度等结合而成的体系"⑤。作为社会活动的主体，个人、家庭、宗族、社区或群体在社会组织中起到了决定性作用，是创作非物质文化遗产的具体生产者。因此，非物质文化遗产的保护与发展要求以人们生产生活的真实的社会组织环境为依托。⑥

自 2003 年《保护非物质文化遗产公约》实施以来，各缔约国都在探索对非物质文化遗产保护行之有效的方法。虽然东西方每个国家经济发展水平不同，文化背景不同，但在保护非物质文化遗产的问题上却遇到了多多少少相似的难题。

欧洲作了大量的实践探索，尝试把非物质文化遗产与文化生态整合加以保护。最为显著的就是"生态博物馆"（Eco-museum）模式。前文提到了各国在生态博物馆方面的一系列尝试，其概念也逐渐得以确认。1971 年，在巴黎举行的国际博物馆协会（International Council of Museums）大会上，生态博物馆的概念被认可。1972 年召开的国际博物馆协会讨论会上对生态博物馆确定了更准确的解释，并且和区域性或社区型博物馆相关联。此定义也被称为"里维埃定义"⑦。生态博物馆这一概念的提出，打破了传统上保护固化、有形的文化遗产的窠臼，将保护的范围扩大到与之相关的文化生态上，将关注点扩大到一个相互依赖的共生系统。生态博物馆强调整体性、原地性、原生性的保护，强化了非物质文化遗产概念中"人"这一本体的重要意义。它主张社区记忆

---

① 戢斗勇. 文化生态学论纲 [J]. 佛山科学技术学院学报（社会科学版），2004，22（5）：1-7。
② 冯天瑜，何晓明，周积明. 中华文明史 [M]. 上海：人民出版社，2006：9。
③ 汪欣. 非物质文化遗产保护的文化生态论 [J]. 民间文化论坛，2011（1）。
④ 胡兆量，阿尔斯朗，琼达. 中国文化地理概述 [M]. 北京：北京大学出版社，2006：109。
⑤ 胡兆量，阿尔斯朗，琼达. 中国文化地理概述 [M]. 北京：北京大学出版社，2006：109。
⑥ 汪欣. 非物质文化遗产保护的文化生态论 [J]. 民间文化论坛，2011（1）。
⑦ 苏东海. 2005 年贵州生态博物馆国际论坛论文集：交流与探索 [C]. 北京：紫禁城出版社，2006。

的保存，既反映出理念上的进步，又在事实上起到了保护无形文化遗产的作用。目前，欧洲的意大利、法国、瑞典等国家均建设有多个生态博物馆，对无形文化遗产的传承与保护起到了积极作用。

然而，欧洲对非物质文化遗产和文化生态的整合理念的探索只局限在发展生态博物馆等具体项目上，中国则更深一层地提出了运用文化生态学的方法来保护非物质文化遗产，并首次落实到建设和发展文化生态保护区上，这无疑是一项创举。目前，文化生态理论及文化生态学的研究方法成为中国文化生态保护区规划的理论基础和方法论之一。

二、不同类型遗产保护与文化生态保护的联系

虽然中国在 1985 年就由全国人大常委会批准签署了联合国教科文组织的《保护世界文化和自然遗产公约》，成为缔约国之一，但到 2005 年才在出台的《国务院关于加强文化遗产保护的通知》正式文件中第一次以"文化遗产"这一称谓代替了过去常用的"文物古迹"。中国政府充分参考了联合国教科文组织出台的多个国际性公约，并基于多年国内实际保护工作经验，形成了一套中国自己的遗产分类方式（图 5-1）。在中国，遗产分为文化遗产和自然遗产，文化遗产的内容涵盖了物质文化遗产与非物质文化遗产两部分。无论何种类型的遗产，在保护规划中都有共同点和不同点。

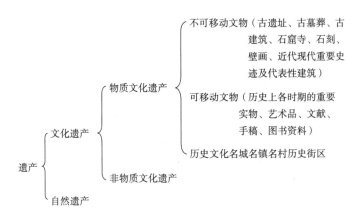

图5-1　中国遗产保护体系

首先，不同类型遗产保护规划拥有共同点。无论是非物质文化遗产、物质文化遗产还是自然遗产，都统一在"遗产"概念的大框架之下。各类遗产保护规划和规划性质都属于遗产保护。保护规划原则都来自国际遗产保护理念：真实性和完整性。规划目标都围绕着传承文化遗产的任务，力求真实、全面地保存并延续遗产的历史信息及全部价值，具体规划手段都需要将保护落实在空间上（文化空间、社会空间、物理空间）。

不同的保护规划虽然侧重点不同，但各种遗产并不是孤立存在的，而是彼此相关、相互交融的。物质文化遗产的保护在着力保护文化遗产物质载体的同时，越来越重视发掘和

保存其蕴含的精神价值、思想观念和生活方式等非物质文化遗产;而非物质文化遗产的保护，则在保护非物质文化遗产和传承人的同时，还要保护其所依存的自然生态环境和人文生态环境。

其次，不同类型遗产的保护规划有不同特点。不同类型的遗产保护规划具有不同的保护核心内容。非物质文化遗产是根植于民族土壤的活态文化，是传承发展着的传统行为方式和生活方式，不能脱离生产者和享用者而独立存在。它是存在于特定群体生活中的活的内容，因而保护最核心的内容是传承人和传承主体。物质文化遗产主要侧重保护历史文化名城名镇名村的格局和风貌，与历史文化密切相关的自然地貌、水系、风景名胜、古树名木，反映历史风貌的建筑群、街区、村镇，各级文物保护单位;民俗精华、传统工艺、传统文化等。自然遗产则主要侧重对自然资源的保护。

不同类型的遗产保护规划具有不同的保护原则与指导方针。非物质文化遗产保护规划的原则是：尊重人民群众的文化主体地位，以人为本，活态传承;政府主导，社会参与，强调民众在非物质文化遗产保护中的重要作用。文物保护单位保护规划的原则是不改变文物原状，所有的保护措施都必须严格以此为标准;历史文化街区保护规划的原则是历史真实性、风貌完整性和生活延续性，要严格保护街区传统格局、历史建筑，着力恢复传统风貌，同时要兼顾其中百姓的日常生活;历史文化名城保护规划的原则是保护和延续古城传统格局及风貌特色。

非物质文化遗产保护规划的指导方针是：保护为主，抢救第一，合理利用，传承发展;物质文化遗产（文物保护单位）保护规划的指导方针是：保护为主，抢救第一，合理利用，加强管理;自然遗产（风景名胜区①）保护规划的指导方针是：严格保护，统一管理，合理开发，永续利用。

不同类型的遗产保护规划具有不同的保护方式。非物质文化遗产的保护方式主要包括：建立保护名录制度，将非物质文化遗产在它产生发展的原始氛围中保持其活力，以生产性保护方式保护传承人等。物质文化遗产的保护方式主要是静态"保存"。文物作为记载历史信息的实物，具有极高的历史科学价值，因此，重点在于原封不动的保存。此外，作为活的机体的历史街区、历史文化名城，则是城市最具生命力的部分，对其的保护包括遗产本身的"保存与维护"，还包括通过"改造与更新"的方式，对其所变化的城市环境的控制与引导。

不同类型的遗产保护规划参照不同的技术规范。在文化遗产保护中，非物质文化遗产保护依据的相关法律、行政法规、部门规章等包括:《保护非物质文化遗产公约》《国务院关于加强文化遗产保护的通知》《国家"十一五"时期文化发展规划纲要》《国务院办公厅关于加强我国非物质文化遗产保护工作的意见》《文化部关于加强国家级文化生态保护区

---

① 风景名胜区指风景资源集中、环境优美，具有一定规模和游览条件，可供人们游览欣赏、休憩娱乐或进行科学文化活动的地域。

建设的指导意见》《国家级非物质文化遗产保护与管理暂行办法》《国家级非物质文化遗产项目代表性传承人认定与管理暂行办法》等。

物质文化遗产中，文物保护单位规划的依据是《全国重点文物保护单位保护规划编制要求》，主要内容包括保护对象、保护内容、空间划定（保护区、建控地带、风貌协调区等）；历史文化名城、名镇、名村规划的依据是《历史文化名城保护规划规范》，主要内容包括保护范围、保护内容、保护等级与空间划定、保护措施、专项规划等。

自然遗产保护可分为风景名胜区、自然保护区、森林公园、地质公园等类型。风景名胜区的规划依据是《风景名胜区规划规范》。其内容包括保护培育、风景游赏、设施规划、发展协调、分期发展等。自然保护区建设规划依据《中华人民共和国自然保护区条例》《国家级自然保护区总体规划大纲》《自然保护区生态旅游规划技术规程》《自然保护区工程建设标准》。在保护区开展旅游，另需编制《自然保护区生态旅游规划》。森林公园规划主要依据《森林公园总体设计规范》，主要内容包括保护工程（资源环境保护与设施建设、环境容量控制）、旅游利用、总体布局等。地质公园规划主要依据《中国地质公园总体规划编制技术要求》，主要内容包括地质遗迹景观调查及评价、性质与发展目标、地质遗迹及生态环境保护规划、科学研究与旅游利用、总体布局与功能分区等。

区域自然保护区发展规划对其他类型的遗产保护有借鉴作用。其编制的指导思想是以减缓和控制生态环境恶化，保护自然资源和生物多样性，最终实现自然资源的持续利用和自然生态系统良性循环为目的；根据区域发展实际，近期从抢救保护角度出发，合理确定规划目标和划定保护区域；到规划期末，在区域范围内建成布局合理、类型齐全、管理科学、执法严格的自然保护区网络。

自然保护区，是指对有代表性的自然生态系统、珍稀濒危野生动植物物种的天然集中分布区、有特殊意义的自然遗迹等保护对象所在的陆地、陆地水体或者海域，依法划出一定面积予以特殊保护和管理的区域。《中华人民共和国自然保护区条例》和《自然保护区工程建设标准》中规定，自然保护区可以分为核心区、缓冲区和实验区，其中核心区应是最具保护价值或在生态进化中起到关键作用的保护地区，同时三区的划分不应人为割断自然生态的连续性。

自然保护区规划编制的基本原则包括：根据自然地带的递变规律和自然资源的分布特点，全面合理地规划自然保护区；全面规划和突出重点相结合，根据主要保护对象的典型性和代表性，确定不同生物地理区域的国家级自然保护区；从抢救应该保护的生态系统和珍稀濒危物种出发，把亟须保护的关键地区尽可能划定为自然保护区；对因开发时间较长原生态环境消失但其次生环境有代表性，以及在保护条件下能自然恢复或人工恢复为有保护价值的生态系统，也应划定为自然保护区；加强自然保护区的能力建设，逐步提高自然保护区的管理水平。

自然保护区规划编制的规划目标是建立一个类型齐全，分布合理，面积适宜，建设和管理科学，效益良好的区域自然保护区网络。主要规划内容包括：根据自然条件、社会经济状况、自然资源分布特点等因素，进行分区和分类规划；编制部门建设规划，明确林业、农业、海洋、地矿等资源行政主管部门的责任；编制管理规划和科研与人员培训和能力建设规划，加强管理机构建设和加强自然保护区基本建设；编制实施规划的保证措施等。

自然保护区总体规划也可以被借鉴。国家级自然保护区总体规划是指导自然保护区今后建设、管理和保护工作的纲领性文件，应当阐述保护区规划的指导思想和原则，规划的期限，以及总目标和近期目标、中期目标、远期目标，对保护、科研、宣教、旅游等多种经营和行政管理等作出规划，并对这些规划提出效益评估和提供保证措施等。自然保护区总体规划内容包括：基本概况及现状评价；保护区性质和保护对象、规划目标、保护区功能区划和总体布局；保护管理规划、科研监测规划、宣传教育规划、基础设施规划、社区共管规划、生态旅游规划、多种经营规划以及重点建设工程（包括生物多样性保护工程、科研设施和监测工程、宣传教育和培训工程、生态旅游设施工程和多种经营设施工程），投资概算、组织机构与人员配置、实施规划的保障措施等。

自然保护区生态旅游规划也可为其他类型的遗产保护规划带来新的思路。自然保护区生态旅游规划指导思想是：在全面保护和依托自然保护区内的资源及生态环境的前提下，充分利用保护区外围地带的生态旅游资源，合理布局，适度开发建设，为人们提供旅游度假、休憩、疗养、科学教育、文化娱乐的场所，以开展生态旅游为宗旨，逐步提高保护区的生态效益、经济效益和社会效益。

自然保护区生态旅游规划设计的总体目标是通过自然保护区生态旅游的规划设计与开发利用，满足人们日益增长的生态旅游需求，更好地发挥自然保护区的保护、教育等功能，并促进生物多样性保护与社会经济发展的有机结合，从而促进自然保护区的可持续发展。由于自然保护区生态资源是一种特殊的旅游资源，其规划设计与开发利用思路等不同于一般的旅游区，要考虑的因素很多。

自然保护区生态旅游规划原则同其他旅游地开发规划一样，均需遵循：特色原则（优势突出原则），多样性原则，市场导向原则，效益原则，多渠道筹资原则，循序渐进、滚动发展原则等。进一步细化的要求是，自然保护区生态旅游规划更应强调以下几个特殊原则：生态安全原则、强调社区参与原则、技术保障原则、法制监控原则、分期规划原则。

第六章 非物质文化遗产保护责任体系

设立文化生态保护区的目的，就是对区内非物质文化遗产进行整体性保护，促进非物质文化遗产有效保护和可持续利用。

本章通过阐述不同社会责任主体的职责，分析每个角色在文化生态保护区中对非物质文化遗产保护所应起的作用。

第一节 责任体系

一、非物质文化遗产传承人的职责

联合国教科文组织《关于建立"人类活珍宝"制度的指导性意见》中规定"人类活珍宝"的义务是：①改进他们的技艺与技术；②将他们的技艺和技术传授给徒弟；③在无版权问题和争议的情况下允许以有形的方式（录像、录音、出版）对他们的活动进行记录；④在常规条件下，向公众发表运用其技艺和技术生产的作品。在日本，要求获得命名的传承人，即人间国宝，一方面要带徒弟，培养接班人；一方面仍要坚持进行演出或者展览自己的工艺美术作品，并且要把这一职责明文化、制度化。对那些不履行责任，如不参加演出，对展览不予以配合的，应考虑取消其代表性传承人的资格。[①]

2006年，文化部颁布了《国家级非物质文化遗产保护与管理暂行办法》，其中规定："国家级非物质文化遗产项目代表性传承人应当符合以下条件：①完整掌握该项目或者其他特殊技能；②具有该项目公认的代表性、权威性与影响力；③积极开展传承活动，培养后继人才。"2008年颁布的《国家级非物质文化遗产项目代表性传承人认定与管理暂行办法》进一步规定并细化了对代表性传承人的保护与管理，其中第十三条规定了国家级项目代表性传承人应尽的五项义务："①在不违反国家有关法律法规的前提下，根据文化行政部门的要求，提供完整的项目操作程序、技术规范、原材料要求、技艺要领等；②制定项目传承计划和具体目标任务，报文化行政部门备案；③采取收徒、办学等方式，开展传承工作，无保留地传授技艺，培养后继人才；④积极参与展览、演示、研讨、交流等活动；⑤定期向所在地文化行政部门提交项目传承情况报告。"2011年颁布的《中华人民共和国非物质文化遗产法》中第三十一条以立法的形式正式规定了非物质文化遗产代表性项目的代表性传承人应当履行下列

---

① 李荣启. 论非物质文化遗产保护的方法与措施 [C]// 中国非物质文化遗产保护论坛，2006。

义务："①开展传承活动，培养后继人才；②妥善保存相关的实物、资料；③配合文化主管部门和其他有关部门进行非物质文化遗产调查；④参与非物质文化遗产公益性宣传。非物质文化遗产代表性项目的代表性传承人无正当理由不履行前款规定义务的，文化主管部门可以取消其代表性传承人资格，重新认定该项目的代表性传承人；丧失传承能力的，文化主管部门可以重新认定该项目的代表性传承人。"日本《文化财保护法》中明确要求被认定的项目保持者只有从事与"指定要件"相关的研究、传承和公开活动，才能获得政府层面的保护与资助。

根据上述国际经验和国内的相关规定，我们认为非物质文化遗产项目代表性传承人的职责包括以下几方面：

（一）提高文化自觉和保护意识

作为非物质文化遗产的传承主体，代表性传承人的首要职责是提升文化自觉和保护意识。文化自觉是费孝通先生提到的概念，"是指生活在一定文化中的人对其文化有'自知之明'，明白它的来历、形成过程、所具有的特色和它发展的趋向，不带任何'文化回归'的意思，不是要复旧，同时也不主张'全盘西化'或'坚守传统'。自知之明是为了增强对文化转型的自主能力，取得为适应新环境、新时代而进行文化选择的自主地位"[①]。

根据以上定义，代表性传承人文化自觉意识应该包括：①对其传承的非物质文化遗产有明确清晰的认知，尤其是掌握其历史渊源、演变过程、遗产特色、革新发展等；②对非物质文化遗产的价值及意义有清楚认识并引以为豪；③具有开放的心态和广阔的胸襟，克服家族内部传承的狭隘做法，积极培养传承人特别是年轻传承人；④要具备科学的保护意识，关注非物质文化遗产的可持续发展，并且不断创新，不断改进与提高自身的技艺和水平，积极推动非物质文化遗产融入现代人的日常生活中。

（二）配合非物质文化遗产资源调查

非物质文化遗产资源调查是摸清家底的重要方式，是非物质文化遗产保护工作的基础，直接影响到非物质文化遗产的认定，代表性项目名录制度的建立和非物质文化遗产的传承、弘扬等工作，意义重大。代表性传承人对本项目的情况了解是最直接、最全面的，因此，积极配合相关部门进行非物质文化遗产资源调查是代表性传承人的任务之一。在调查过程中，对代表性传承人进行口述史调查是常用的调查方式，符合活态保护这一非物质文化遗产保护的根本原则。

口述史调查是以口述史学的方式记录非物质文化遗产，即通过录音、录像等手段将传承人记忆中的技艺、技术转化为文字、音视频等物质载体。口述史学是指以访谈经历者来记录历史的一种田野调查方式，用口述史学的方式记录非物质文化遗产的生活史，通过对

---

① 费孝通.重建社会学与人类学的回顾和体会 [J].中国社会科学，2000（1）。

传承人的采访，不但可以让我们知道他所传承的非物质文化遗产的历史、工艺、艺术特点，对非物质文化遗产有一个全面、深入而专业的了解，同时我们也深刻的了解生活实情，他们的人生观、价值观等。因此，口述史调查是非物质文化遗产保护的重要方法之一。在调查时，需要传承人积极配合，按照真实客观、积极坦诚、全面完整的原则，将自身所知道、了解、掌握的有关技艺表达出来。

（三）妥善保存相关实物和资料

非物质文化遗产因其无形性和活态性，保护难度很大，但是非物质文化遗产往往有其外在的物化形式。如此一来在保护非物质文化遗产的时候我们就有了抓手，即通过保护其实物，收藏其实物的形式来保护。比如收藏民间绘画作品、雕塑陶艺作品等，是保护传统美术实物的重要方式之一。

在非物质文化遗产漫长的传承过程中，很多项目保留了丰富的实物载体。将这些艺术精品、制作工具、相关实物载体进行妥善保存和收藏，对了解该非物质文化遗产项目及其当时当地的文化风俗、生活生产方式、艺术审美等具有重要作用。非物质文化遗产项目代表性传承人负有对这些实物载体妥善保存的责任。这些实物载体中很多是文物，一旦丢失或破坏，对民族文化都是极大的损失。另外，传承人还应适时地对这些实物载体进行展览展示，用生动的现场展示，让人们对非物质文化遗产蕴含的技艺、知识、经验有更多的了解。

（四）培养后继人才，开展传承活动

日本法律明确规定，如果文化财产的持有者将自己的技艺密不传人，那么，无论他的技术有多高，都不会被政府指定为"人间国宝"或"重要无形文化财的持有人"。在韩国，"作为无形文化财传承者，除可获得必要的生活补贴和崇高的荣誉外，也有义务将他们的技艺或艺能传授他人，这也是获得'重要无形文化财持有者'荣誉称号的基本条件。按照韩国《文化财保护法》规定，即或具有很高的技能或技艺，如果拒绝技艺外传也不可能获得'重要无形文化财持有者'的光荣称号"[①]。

培养后继人才及开展传承活动是非物质文化遗产项目代表性传承人的核心责任。作为传承主体，除了要不断增强文化自觉和保护意识，配合非物质文化遗产资源调查，妥善保存实物资料外，最重要的就是要积极培养后继人才，扩大带徒授艺的范围，广纳良才，悉心选择愿意学、适合学、有灵气的年轻一代来继承和发扬自身的技艺。如空竹制作技艺国家级代表性传承人张国良与抖空竹国家级代表性传承人李连元直接走进北京市西城区上斜街小学教授空竹知识、抖空竹和制作空竹的技巧，借此也扩大了传授范围，甚至可能在其中发现可传承的后备力量。

---

① 顾军，苑利．文化遗产报告：世界文化遗产保护运动的理论与实践 [M]．北京：社会科学文献出版社，2005：125-126。

同时，传承人还应积极组织开展各种传承活动，充分利用国家传承补贴，制定项目保护规划方案。如北京出现了几家对外挂牌开放的家庭艺术馆，面人艺人张宝琳用自己多年创作的作品布置出一个展厅，供喜好民间工艺美术的人来参观鉴赏；剪纸艺人刘韧创办"刘韧剪纸屋"，将几百件精美的剪纸作品放在展厅内，供人欣赏把玩，展示了观看的审美情趣和丰富的文化内涵。以上这些传承人利用自己现有的条件，既展示了个人的手艺绝活，也培养了观众的兴趣，许多人在参观完这些展厅后，都想学习这些传统手工技艺。可见，这些传承活动的开展对非物质文化遗产的弘扬和推广起到了至关重要的作用。①

（五）积极参与非物质文化遗产公益性宣传教育

国外经验和联合国公约的要求表明，非物质文化遗产在社会中得到确认、尊重和弘扬，需要不断向公众，尤其是向青少年进行宣传和传播信息，不断向公众宣传对遗产造成威胁的因素等。非物质文化遗产保护不只是某个人、某个部门的事情，而应该是全社会共同参与，这应当成为全民的共识，成为全民自觉的保护行动。因此，加强对非物质文化遗产的宣传，使人人认识到此项工作的重要性，形成全社会保护非物质文化遗产的社会氛围十分必要。非物质文化遗产代表性传承人应积极配合政府组织的宣传活动，包括参加非物质文化遗产展览展示活动、"文化遗产日"主题活动等。在这些活动中，向社会广大民众介绍非物质文化遗产知识，阐释项目价值，展览项目作品，展示技术技艺等，通过各种生动的形式传播非物质文化遗产；同时，积极参与媒体组织的各种宣传活动，如新闻制作、专题片、电影制作等，利用现代媒体准确、迅速、广泛地告知人们什么是非物质文化遗产，其保护的重要性和怎样保护；最后，积极参与非物质文化遗产教育引入学校，以通俗易懂的方式将传承的非物质文化遗产教给青少年，培养他们对非物质文化遗产的兴趣，使他们认识到民间文化艺术的重要性，达到"非物质文化遗产保护从娃娃抓起"的目的。

二、民间组织及相关保护单位的职责

在日本，除了"人间国宝"作为传承主体承担非物质文化遗产保护的主体责任外，还有一个重要的组织就是相关民间协会组织，为本行业的保护和振兴做了很多具体工作。如文乐协会、能乐协会、传统歌舞伎保存会等，这些协会接受政府和企业的资助，在全国成立分会，发展会员，并开展演出、宣传、授徒等活动。这几个协会也被指定为国家的重要无形文化财保存机构而受到保护。

与日本的民间协会组织类似，中国把非物质文化遗产保护机构统称为非物质文化遗产项目保护单位。这些保护单位在非物质文化遗产保护过程中起了巨大的作用，它们是保护工作的实施者、实践者。非物质文化遗产保护单位除了政府外，还包括传统艺术表演团体、

---

① 王文章. 非物质文化遗产概论 [J]. 文艺理论与批评，2007（1）。

民间团体、公司、公共文化机构、艺术研究院所等。2006年文化部颁布的《国家级非物质文化遗产保护与管理暂行办法》，其中第十一条的主要内容规定了项目保护单位的保护职责：国家级非物质文化遗产项目保护单位应采取文字、图片、录音、录像等方式，全面记录该项目代表性传承人掌握的非物质文化遗产表现形式、技艺和知识等，有计划地征集并保管代表性传承人的代表作品，建立有关档案。这些规定包括：①全面记录其所掌握项目的表现形式、技艺和知识等；②有计划地征集并保管代表性传承人的代表作品，建立有关档案。按照文化部对项目保护单位认定的要求，项目保护单位应具备以下条件：①具备独立法人资格，并有专人负责该项目保护工作；②有该项目代表性传承人或者相对完整的资料；③有实施该项目保护计划的能力；④有开展传承、展示活动的场所和条件。根据以上的项目保护单位职责规定和认定的条件，项目保护单位的职责由以下几方面构成。

（一）收集项目实物和作品

项目保护单位在收集和保存非物质文化遗产项目的实物和作品方面有着天然的优势和能力，其人力、物力、财力的相对集中性和对非物质文化遗产项目多年管理、经营带来的专业性，决定了项目保护单位作为收集项目实物、作品的首要责任。

在非物质文化遗产漫长的传承发展过程中，大量的制作工具、民俗实物、大师作品被遗留下来，这些实物很多在传承人的手中，有的可能散落在民间或已经被收藏进了博物馆，通过项目保护单位积极把这些实物收集起来，并以合适的方式展示出来。这不但有利于让更多的人了解这个非物质文化遗产的历史脉络、文化内涵，还有利于这些非物质文化遗产大师精品的收藏。这种静态的保护，对非物质文化遗产实现其自身价值是最有效的手段。更为重要的是，对这些实物不能仅仅停留在收集的层面上，实物的价值体现在应通过建立非物质文化遗产项目博物馆、展示馆等方式，将这些实物资料展示出来，配合传承人对非物质文化遗产活的展示，让人们对该非物质文化遗产项目进行全方位的了解。另外，将这些实物、资料用多媒体的方式记录下来，进行数字化处理，发至网站或制作成影视作品，通过现代媒体进行传播，实现全球性资源共享，是传播和弘扬非物质文化遗产的有效方式。

对非物质文化遗产项目代表性传承人的作品进行收藏，是活态保护的体现之一。许多民间文化的艺术大师年事已高，作品产量越来越少甚至很多已经难以再从事作品创作，因此，及时主动地向他们收集或征集代表作品，开展作品征集工作十分必要。如北京市开展抢救性征集年事已高的代表性传承人作品的活动，这个活动累计征集非物质文化遗产代表性作品132件，积极发挥非物质文化遗产以"物质"为载体的特性，对进一步挖掘和整理非物质文化遗产资源，更好地全面保存、研究、收藏和展示非物质文化遗产精华产生了积极的影响。

（二）保护项目相关场所

非物质文化遗产保护的整体性原则，要求在保护非物质文化遗产本身的同时，要重视非物质文化遗产生存环境的保护。因为非物质文化遗产一旦离开其传承的特定环境，就会成为无源之水、无本之木而难以传承下去。因此，作为非物质文化遗产项目保护单位，应注重保护项目所赖以生存的周遭环境。北京市国家级非物质文化遗产项目金漆镶嵌髹饰技艺项目保护单位——北京金漆镶嵌有限责任公司，在北京市东城区恢复了百年漆器老店"英明斋"和"艺俱轩"。他们在朝阳区建立了"金漆艺术馆"、"金漆艺苑"和"物华苑门市部"，在房山区建立了"金漆镶嵌奇石馆"等场所，在恢复本项目传承和建设新的传习场所方面下了很大的功夫，为项目的整体保护奠定了很好的基础。再如北京市国家级非物质文化遗产项目景泰蓝制作技艺，其项目保护单位北京市珐琅厂有限责任公司利用公司场地建设景泰蓝博物馆。在博物馆中，可以看到景泰蓝制作技艺中的精髓，现场欣赏大师、高级技师、传承人的技艺演示。博物馆采用实物征集、资料搜集、影像再现等手段，着手建立景泰蓝非物质文化遗产资料库。博物馆还将成为面向社会的"非物质文化遗产传习课堂"，建设景泰蓝的非物质文化遗产传承教育基地。

（三）积极开展展示活动

开展宣传展示活动，是提高全民非物质文化遗产保护意识的重要任务之一。为使非物质文化遗产的保护得到更多民众的关注和重视，项目保护单位须积极配合政府、媒体等组织的非物质文化遗产宣传、展示、展览活动，积极提供项目资料、实物、大师作品；积极支持传承人或学徒参加有关活动并为其提供良好的条件。

同时，项目保护单位应积极组织和开展有关本项目的培训、讲座、展览展示、竞赛、理论研究出版、广告、影视制作等宣传展示活动；大力宣传项目及项目保护工作，在单位内部激发员工保护非物质文化遗产的热情和积极性，使每个成员都成为非物质文化遗产保护宣传志愿者，带动更多的公众参与非物质文化遗产保护。非物质文化遗产项目保护单位还应充分利用熟悉本项目相关技艺、技术和知识的优势，利用自己的资源或借助其他力量开办专业学校，走进学校开设理论和实践课程，向年轻一代传授知识和技能，培养非物质文化遗产保护人才。如北京市西城区（原宣武区）上斜街小学，开发建设了《空竹》校本课程，邀请北京抖空竹国家级代表性传承人李连元，空竹制作技艺国家级代表性传承人张国良向学生传授各种空竹知识。组织学生走进宣南文化博物馆，了解老北京空竹发展的历史，向长期在那里进行空竹表演的老艺人学习花样技法，同时还走进社区，走进公园，走出国门，向人们展示空竹技法，宣传空竹文化。学生们不仅在课堂上学习空竹的知识，感悟中华传统文化，也在欣赏空竹、制作空竹的活动中，提高了动手能力和实践创新的能力。

最后，非物质文化遗产项目保护单位应定期对项目保护工作作出规划并付诸实施，及时向上级文化主管部门上报保护情况，配合文化部等相关部门定期对保护情况进行督察工作。若存在保护不力的情况，项目保护单位按照要求进行整改。总之，只有项目保护单位切实负起保护的责任，做好各项保护工作，非物质文化遗产的保护才能真正落到实处。

三、政府部门的职责

在非物质文化遗产抢救与保护工作中，只有充分发挥政府的主导作用，保护工作才能有效地开展。自联合国教科文组织公布《保护非物质文化遗产公约》以来，中国政府开始积极关注非物质文化遗产的保护，如加入该公约，出台意见，制定《国家级非物质文化遗产代表作申报评定暂行办法》，设立文化遗产保护工作部际联席会议制度等，制定了"政府主导、社会参与，明确职责、形成合力，长远规划、分步实施，点面结合、讲求实效"的原则。特别是 2011 年颁布了《中华人民共和国非物质文化遗产保护法》，标志着中国非物质文化遗产保护工作走上依法保护的道路。应该说中国政府对非物质文化遗产的保护工作正在逐步深入，充分体现了中国政府对非物质文化遗产保护工作的重视。

在保护非物质文化遗产的工作中，要充分发挥政府的主导作用，建立长效保护工作领导机制。由文化部牵头，文化行政部门与各相关部门积极配合，形成合力。充分发挥专家的技术支撑作用，建立非物质文化遗产保护的专家咨询机制和监督制度。地方各级政府要加强领导，将保护工作纳入国民经济和社会发展整体规划。不断加强非物质文化遗产保护法律法规建设，及时研究制定有关政策措施。要制定非物质文化遗产保护规划，明确保护对象、保护目标、保护重点、保护内容、保护措施。各级政府要不断加大非物质文化遗产保护工作的经费投入等。政府在非物质文化遗产保护过程中主要作用体现在以下几方面。

（一）健全领导管理体系

在非物质文化遗产保护工作过程中，政府的组织、领导协调和行政指导作用至关重要，要充分发挥政府领导和宏观调控作用，加强对非物质文化遗产保护的统一规划和领导。目前，中国已经建立起比较完善的非物质文化遗产保护领导管理体系，主要由部际联席会议、文化部、中国非物质文化遗产保护中心、亚太地区非物质文化遗产国际培训中心以及各级地方政府文化行政主管部门组成。

这些部门的主要作用包括以下几个方面：①作为决策机构的非物质文化遗产保护工作部际联席会议，其主要职能是拟订保护工作的方针政策，审定中国非物质文化遗产保护规划，协调处理保护中涉及的重大事项，审核"国家级非物质文化遗产代表作名录"名单，并上报国务院批准公布等；②文化部是非物质文化遗产保护的行政主管单位，其下设非物质文化遗产司的主要职能是制定非物质文化遗产保护政策，起草有关法规，组织编制国家级非物质文化遗产项目保护规划，组织开展非物质文化遗产保护工作，承办国家级非物质文化遗产代表性项目的申报与评审工作等；③中国非物质文化遗产保护中心是非物质文化遗产保护工作的具体执行机构，其主要工作范围是履行非物质文化遗产保护工作的政策咨询，组织开展全国范围普查工作，指导保护计划的实施，进行非物质文化遗产保护的理论研究，举办学术展览等公益活动并宣传和推介保护工作的成果和经验等；④亚太地区非物质文化遗产国际培训中心主要致力于宣传和推广《保护非物质文化遗产公约》，通过长期和短期课程培训与田野考察相结合等多种方式提高教科文组织亚太地区会员国在非物质文化遗产保护方面的能力，是中国在非物质文化遗产领域积极开展地区和国际性合作的重要平台；⑤各级地方政府文化行政主管部门负责各自地区的非物质文化遗产具体保护工作。可以说，以上组织领导管理体系是非物质文化遗产保护工作的重要组织保证，在其中发挥着主导作用。

（二）构建科学的非物质文化遗产保护体系

构建科学的非物质文化遗产保护体系是政府的重要责任，同时，非物质文化遗产的丰富性决定了保护方式的多样性。在保护工作中，中国逐渐探索出了多种科学的非物质文化遗产保护方式，主要包括：对非物质文化遗产资源进行普查并建立数据库，建立名录体系，认定保护传承人，对不同项目采取抢救性保护和生产性保护，建立文化生态保护区以达到整体性保护的目的。

在中国，非物质文化遗产以项目和文化空间为主要表现形式，以建立项目名录、保护项目为主要工作。经过几年的发展，中国在"保护为主、抢救第一，合理利用、传承发展"的保护方针指导下，逐步形成了符合中国国情的非物质文化遗产保护体系，基本完成了第一次全国非物质文化遗产普查的工作。初步查明，全国非物质文化遗产资源总量共87万余项，建立了较为完善的国家、省、市、县四级非物质文化遗产名录体系。2006~2014年国务院公布了四批1372项国家级非物质文化遗产名录。

非物质文化遗产主要依靠传承人口传心授进行活态传承，决定了在非物质文化遗产保护中传承人的关键地位。2007~2012年中国评定并公布了四批共1986名国家级非物质文化遗产项目代表性传承人，初步形成了非物质文化遗产代表性传承人保护体系，同时采取每年给予传承人传习补贴、生活补助，提供传承活动场所，组织参加宣传、参展、交流、培训、研讨等方式，对代表性传承人给予全方位的保护，为非物质文化遗产后继有人打下了坚实的基础。

非物质文化遗产保护工作方针是把抢救放在第一位。非物质文化遗产的不可再生性和脆弱性，要求我们运用现代科技手段对这些非物质文化遗产项目和代表性传承人进行抢救性保护，即通过拍摄、记录、建档、整理、保存，建立有效的传承机制，力争保护好这些代表民族历史记忆的文化遗产。目前，文化部正在积极开展非物质文化遗产数字化工作、国家级代表性传承人的抢救性记录工作。

非物质文化遗产与人民大众生产生活息息相关，提出了生产性保护等积极保护方式。非物质文化遗产中的传统技艺、传统美术和传统中医药炮制技艺项目，根据其特点，中国提出了"生产性方式保护"的理念。"生产性"是这几类非物质文化遗产项目的共有属性，这些非物质文化遗产的文化内涵和技艺价值要靠人的手工创造来体现。只有在生产实践中，这些非物质文化遗产的传统工艺流程、核心技艺等才能实现保护、传承和弘扬。它的前提是生产性保护方式，而不是生产性开发方式。在生产与经营流通等环节中使此类非物质文化遗产项目得到有效、健康的发展，最终达到科学保护，这是这一保护方式的终极目的。[①]

建设文化生态保护区，将非物质文化遗产从单纯的项目保护、传承人保护，提升到与之依存的环境进行整体性保护，是遵循非物质文化遗产保护、传承和发展规律的科学保护方式。建设文化生态保护区也是当前大规模新农村建设和快速城市化进程中保护非物质文化遗产的重要举措，也有利于调动地方政府和民众保护非物质文化遗产的积极性。2007年中国启动的文化生态保护区建设也是科学保护非物质文化遗产的一个方面。目前，除了已经设立的15个国家级文化生态保护实验区外，许多省份也正积极开展文化生态保护区建设探索工作。

（三）建立法律政策体系

《保护非物质文化遗产公约》第13条规定：“各缔约国应努力做到制定一项总的政策，使非物质文化遗产在社会中发挥应有的作用，并将这种遗产的保护纳入规划工作”，同时还应“采取适当的法律、技术、行政和财政措施”等。日本、韩国等均制定了《文化财保护法》，对非物质文化遗产进行全面保护，在保护法中明确了保护的范围、保护机构、具体的保护措施等，另外，法律随着社会的进步随时修改，更新保护措施，保证了法律的实效性。

中国在非物质文化遗产方面的立法探索其实从20世纪90年代已经开始，如1997年国务院颁布的《传统工艺美术条例》，拉开了立法保护非物质文化遗产的序幕。该法对非物质文化遗产的重要组成部分的传统工艺美术类的保护进行了详细的论述。2003年，全国人大教科文卫委员会成立起草小组，形成了《中华人民共和国民族民间传统文化保护法草案》。紧接着2004年中国加入联合国《保护非物质文化遗产公约》，按照《公约》的有关要求和精神，结合国外立法经验，2004年8月全国人大将《中华人民共和国民族民间传统文化保护法草案》改名为《中华人民共和国非物质文化遗产法》。2005年国务院下发《国务院关于加强文化遗产保护的通知》，国务院办公厅下发《国务院办公厅关于加强我国非物质文化遗产保护工作的意见》，两个文件指出了保护非物质文化遗产的重要性和紧迫性，确立了非物质文化遗产保护工作的目标和方针，并要求建立名录体系，逐步形成有中国特色的非物质文化遗产保护制度。同时，国家有关部委相继出台规章制度加强非物质文化遗产保护，如2005年，中央文明办等五部委下发《关于运用传统节日弘扬民族文化的优秀传统的意见》，提出运用传统节日弘扬民族文化的优秀传统的重要意义和原则要求，对运用传统节日弘扬民族文化的具体措施进行详细规定。2006年，财政部和文化部印发《国家非物质文化遗产保护专项资金管理

① 马盛德.生产性方式保护非物质文化遗产[EB/OL].2012-01-08.http://finance.sina.com.cn/hy/20120108/104711151219.shtml.

暂行办法》，从专项资金的分类、开支范围、申报与管理、监督与检查等方面规定了专项资金的使用办法。2007年，财政部、国家税务总局下发《关于宣传文化所得税优惠政策的通知》，商务部和文化部联合下发《关于加强老字号非物质文化遗产保护工作的通知》，分别对宣传文化税收优惠政策进行了规范，并对加强老字号非物质文化遗产保护提出了要求。

自2005年起，文化部先后出台《文化部办公厅关于开展非物质文化遗产普查工作的通知》《文化部办公厅关于成立国家非物质文化遗产名录评审委员会的通知》《国家级非物质文化遗产保护与管理办法》《文化部办公厅关于成立国家非物质文化遗产保护工作专家委员会的通知》《文化部办公厅关于印发〈中国非物质文化遗产标识管理办法〉的通知》《国家级非物质文化遗产项目代表性传承人认定与管理办法》等一系列部门规章、文件，与上述法律规章一起形成了一整套比较完善的法规和政策体系。

2011年，十一届全国人大常委会第十九次会议审议通过《中华人民共和国非物质文化遗产法》，使中国非物质文化遗产保护真正步入有法可依的阶段，该法明确了继承和弘扬中华民族优秀传统文化这个目标，提出了非物质文化遗产保护的两大原则：一是保护非物质文化遗产，应当注重其真实性、整体性和传承性；二是保护非物质文化遗产应当有利于增强中华民族的文化认同，有利于维护国家统一和民族团结，有利于促进社会和谐和可持续发展。同时规定了三项制度，即调查制度、代表性项目名录制度、传承与传播制度。该法的出台为非物质文化遗产保护工作提供了坚实保障，特别是将非物质文化遗产保护的有效经验上升为法律制度，将各级政府部门保护非物质文化遗产的职责上升为法律责任，有利于建立健全科学有效的保护体系，为非物质文化遗产保护政策的长期实施和有效运行提供了坚实保障。[①]该法的公布是中华民族文化自觉上升到一个新高度的标志，是值得欢呼的文化大事。

但比照国外经验，接下来还有很多工作要做：①应该尽快制定《中华人民共和国非物质文化遗产法》实施细则，没有细则规定就无法有效实施。这部法律的许多条文只是原则性的规定，但非物质文化遗产现状纷纭复杂，不适于简单化、一刀切地加以处理，需要分别不同情况予以细化、量化或个性化处理。例如依法严格执行从国家级非物质文化遗产代表性项目名录退出或除名处理的，对保护不力与进行破坏性开发的项目和单位予以警告处理的，对于新老代表性传承人更替重新认定的，对无正当理由不履行规定义务准备取消其代表性传承人资格的，对违法行为罚款的等，都需要各类不同的细则和办法保障实施。②法律有一个不断完善的过程。中国文物保护法立法之初只有33条，到2001年进行了修改完善，新增了89条，翻了近2倍。日本的《文化财保护法》也是历经多次修改。这说明法律要与时俱进，根据新实际进行及时修改才能不断完善，因此要及时发现新的问题，不断创新、摸索、总结；③应尽快建立起《中华人民共和国非物质文化遗产法》和其他相关法律协调配合实施的有效机制。《中华人民共和国非物质文化遗产法》中有许多条文和

---

① 详见《文化部办公厅关于宣传贯彻〈中华人民共和国非物质文化遗产法〉的通知》。

中国其他法律法规有不同程度的关联，如非物质文化遗产实物的保存涉及文物保护法规和海关稽查法规，合理利用非物质文化遗产代表性项目开发涉及国家税法及企业法规，境外人员介入中国非物质遗产收集或调查涉及涉外法规，跨国非物质文化遗产涉及国际法，传承人或保护单位的保护涉及知识产权法及专利法，与少数民族或宗教密切相关的非物质文化遗产涉及民族或宗教法规，还有其他涉及刑事法律责任等，都需要事先建立好法律协调机制，才能有利于"非遗法"的有效实施。否则，虽有法可依，但难以执行。[①]

（四）健全资金运作体系

非物质文化遗产保护工作庞杂而艰巨，需要投入大量的资金，这就需要政府逐步健全资金运作体系，加大财政投入，广开财源。众所周知，文化艺术事业成本高、收效低，尤其像非物质文化遗产的保护，许多前期投入几乎没有回报，收益更无从谈起；而且，中国尚未建立起完善的非物质文化遗产保护体系，资金的分配难免出现不当，效率比较低下，监督不够。非物质文化遗产保护本身的公益性使单个文化组织或部门无法独立承担非物质文化遗产的保护工作，所以，资助文化组织（部门）及传承人进行非物质文化遗产的保护是政府的一项重要职能。《中华人民共和国非物质文化遗产法》第六条规定："县级以上人民政府应当将非物质文化遗产保护、保存工作纳入本级政府的国民经济和社会发展规划，并将保护、保存经费列入本级财政预算。国家扶持民族地区、边远地区、贫困地区的非物质文化遗产保护、保存工作。"本条规定把各级政府相关财政经费投入从政策层面上升到法律层面，并明确了对经济不发达地区进行扶持。

法国历史文化遗产资源丰富，国家对文化遗产的保护十分重视，其背后拥有雄厚的财政支持，形成了比较完备的资金运作体系，主要采取国家拨款的方式，如1997年，法国的文化预算为151亿法郎，占到了国民预算的1%。进入21世纪，法国虽然面临财政赤字巨大、失业率居高不下的严峻形势，但法国政府对文化投资的绝对数额一直在逐年增加，稳定在1%。法国的主要做法是：①设立文化信贷，政府给予贷款和拨款资助，鼓励银行和财政机构投资；②调动地方文化机构及文化组织的积极性，给予经济资助，帮助其建立文化活动中心、文化发展中心等核心工程；③建立文化合同制，除给予经常性财力支援外，对地方重要文化建设项目予以投资；④提供固定经济补贴，金额逐年增长；⑤成立专门基金会，挽救和扶持难以生存的文化团体；⑥对重点文化工作进行重点投资保护。[②]中国文化体育与传媒支出在2014年仅占国民预算的0.34%，仍有不少差距。

然而，光靠政府的直接投入是不够的，政府还应积极拓展其他的资金来源渠道，广开财源。如法国设立了全国性的文化资助委员会、文化遗产基金会，接受企业、私人的捐助，

① 参见：专家建议建立有效机制确保《非遗法》的实施 [EB/OL].2011-03-03.http://www.chinanews.com/cul/2011/03-03/2882075.shtml。
② 赵方.中国非物质文化遗产的法律保护研究 [M].北京：中国社会科学出版社，2009：198。

还有在国际社会通常都设立专门的面向文化遗产保护专项博彩基金的传统，这些彩票收入在一定程度上缓解了文化遗产保护经费不足的问题。[①]

（五）建立完善监督机制

国家监督，由国家机关依法实施，具有国家约束力，能够直接产生相应的法律效果。它们是权力机关、司法机关和行政机关，包括一般行政机关和专门的行政监察机关、审计机关。在非物质文化遗产保护工作中，全国人大制定《中华人民共和国非物质文化遗产保护法》，要求行政机关依法行政，并要求各级政府投入，列入政府预算和经济社会发展规划，同时明确规定了对非物质文化遗产破坏的责任和惩罚问题。法律制定后，人大机关应严格依照立法对政府所制定的行政法规、地方性法规等进行违宪或违法审查。

社会监督是由国家机关以外的组织或个人进行的不具有直接法律效力的监督。在中国，社会监督的主体主要有社会舆论和公民个人。韩国在非物质文化遗产舆论监督方面有许多经验值得学习，如国家成立专门的非物质文化遗产委员会，由来自大学、研究机构、文化团体的专职专家以及政府聘请的50多名包括普通群众的非专家组成。由各道、市及文化财厅提出的非物质文化遗产项目将交由他们论证，委员们将进行项目调研并撰写提交调查报告，通过审议后最终确立国家重点非物质文化遗产名录，确立的名录要公示一年。期间接受社会民众的监督并听取各方意见，没有被公众接受的项目将重新进行调研论证。委员会要对各项非物质文化遗产的保护工作进行监督，对那些违法、损害文化遗产的现象、行为积极地揭发举报，并通过媒体曝光。在这样的社会舆论和民众支持下，韩国非物质文化遗产保护政策得以不断健全，也更有利于韩国非物质文化遗产保护各项工作的实施和开展。

（六）加大宣传教育力度

联合国《保护非物质文化遗产公约》和《保护世界文化和自然遗产公约》中"教育、宣传和能力培养"部分均对加入公约的国家提出了加强宣传的要求。如《保护非物质文化遗产公约》规定：

各缔约国应竭力采取种种必要的手段，以便：①使非物质文化遗产在社会中得到确认、尊重和弘扬，主要通过：向公众，尤其是向青年进行宣传和传播信息的教育计划；有关群体和团体的具体教育和培训计划；保护非物质文化遗产，尤其是管理和科研方面的能力培养活动；非正规的知识传播手段。②不断向公众宣传对这种遗产造成的威胁以及根据本公约所开展的活动。③促进保护表现非物质文化遗产所需的自然场所和纪念地点的教育。《中华人民共和国保护非物质文化遗产法》第三十二条规定："县级以上人民政府应当结合实际情况，采取有效措施，组织文化主管部门和其他有关部门宣传、展示非物质文化遗产代表性项目。"

---

① 苑利，顾军.非物质文化遗产学[M].北京：高等教育出版社，2007：82。

第三十四条规定："学校应当按照国务院教育主管部门的规定，开展相关的非物质文化遗产教育。新闻媒体应当开展非物质文化遗产代表性项目的宣传，普及非物质文化遗产知识。"

以上法律条款都表明，政府要积极做好非物质文化遗产的宣传展示和教育工作。提高人民群众保护非物质文化遗产的意识，推动非物质文化遗产融入当代生活，主要有以下几方面工作。首先，政府要充分利用现代传媒，加强舆论宣传，调动广大民众的积极性，介绍非物质文化遗产知识、理念及其保护工作，记录传播非物质文化遗产项目及其代表性传承人，及时监督非物质文化遗产保护存在问题，形成全社会保护非物质文化遗产的氛围；其次，图书馆、文化馆、博物馆、科技馆等各级公共文化机构及利用财政性资金举办的文艺表演团体、演出场所经营单位应该利用自身优势，积极开展非物质文化遗产实物和代表性作品的收集、整理、展览展示，为非物质文化遗产的宣传展示提供空间；最后，政府通过正规的和非正规的教育，为非物质文化遗产的传承提供艺术、人文学科教育与专业的文化职业培训。例如，近年来，中国通过设立"文化遗产日"，各地建立的非物质文化遗产研习所、非物质文化遗产保护基地及非物质文化遗产进校园活动等，都是政府为保护非物质文化遗产传承进行的有益探索和尝试。

四、学界与教育界的职责

非物质文化遗产保护的成功离不开学界和教育界的理论指导和人才支撑，为了确保非物质文化遗产保护工作的科学性，确保保护工作健康有序地开展，学界和教育界责任重大，主要有以下职责：

（一）研究保护传承科学规律

非物质文化遗产作为一个崭新名词进入人们的视野，最初被人们按照字面的意思翻译成"不是东西"，令大众困惑，搞不清"不是东西"到底是个什么东西。此时，学界必须承担起解释的义务，通过深入的理论研究和国内外实践经验的整理，从理论的层面解释什么是非物质文化遗产，为什么要保护它，怎样保护的问题，并且发布相关理论影响广大民众。另外，要积极投身非物质文化遗产保护的社会宣传工作，利用其掌握的非物质文化遗产知识服务社会，积极配合媒体各种宣传工作，促进非物质文化遗产的教育和宣传工作。

（二）介绍国外先进经验

非物质文化遗产保护由联合国和其他国家先行发起，中国很多工作基本上从零做起，没有现成的理论和经验供借鉴。因此，积极向联合国和其他国家学习是迅速推进中国非物质文化遗产保护的重要途径，特别是积极引进国外先进的保护理念和方法，用来指导中国的非物质文化遗产保护实践。从 20 世纪中叶起，在日韩等国家就率先开始了非物质文化遗产保护工作，形成了其独特的、自成体系的保护方法。西欧国家在非物质文化遗产保护方面，强调整体性保护和知识产权保护，很多国家甚至未单独提出非物质文化遗产保护的概念。因此，对这些文化遗产先进经验进行研究、学习，结合中国实际，介绍先进经验和做法，指导中国的非物质文化遗产保护实践是学界和教育界的重要职责。

（三）提供政府决策咨询

在日本，各级文化审议会的专门委员或文化财保护指导委员，参加文化财的调查、审议，为各级政府和文化遗产持有者提供政策咨询和技术指导。根据规定，文化审议会委员从有学识经验者中任命，临时委员从具有某一特别事项的专业知识者中任命，专门委员从具有某项专门学识经验者中任命。审议会就文化财保护利用的有关重要事项直接向文部大臣和文化厅长官提供咨询，提出建议。此外，每个都道府县，都有文化审议会和文化财保护指导委员，其成员多由当地的大学教授和专家担任。韩国的每一项非物质文化遗产背后也都有专家组在提供咨询、服务和利用开发的评估。

中国于2006年成立国家非物质文化遗产保护工作专家委员会，规定了专家委员会的职责范围为：①非物质文化遗产保护规划的制定；②普查方案的制定和实施；③国家级非物质文化遗产名录的评审；④国家级非物质文化遗产项目传承人的认定；⑤国家级非物质文化遗产名录的保护与管理；⑥非物质文化遗产保护相关标准规范的制定；⑦其他重要事项。

（四）培养专业保护人才

教育界承担着培养非物质文化遗产专业人才的重任，首先是做好非物质文化遗产传承人的培养。这包括协助他们建立培训基地和师徒关系，通过授课、带徒授业等方式培养接班人，提高他们的知识技能和文化自觉；同时鼓励和支持代表性传承人积极展示个人技艺和作品，逐步扩大其社会影响。在保持核心技艺的前提下，加强对代表性传承人现代市场营销观念、设计理念和方法的辅导，推进非物质文化遗产生产性保护。其次，加强保护工作者的培养，包括对在职保护工作者的培养和专业人才的培养，采取集中和分散培训的方式，通过开设培训班、网络课程的方式，系统地培训科学保护方式和方法，指导他们的保护工作。再次，是做好普及非物质文化遗产知识的工作，非物质文化遗产保护从娃娃抓起，从年轻人抓起，在学校中设置专门的非物质文化遗产课程，通过课程教学和社会实践，让更多的孩子、年轻人了解非物质文化遗产内容，特别是本地区的非物质文化遗产知识，积极推广本地的优秀传统文化，开拓学生视野。另外，承担起培养保护非物质文化遗产专业后备人才的重任，积极创建非物质文化遗产相关学科，建设非物质文化遗产学课程体系，培养一批专业教学队伍，为非物质文化遗产保护工作积累专业人才。

五、传媒职责

文化部《国家"十二五"时期文化发展规划纲要》指出："进一步加大宣传力度。通过报刊、电视、广播、互联网等媒体和其他方式加强宣传，普及非物质文化遗产保护知识，提高社会公众保护非物质文化遗产的自觉意识，营造有利于非物质文化遗产传承发展的良好社会氛围。"①传媒参与非物质文化遗产保护，使其传播方式发生了改变，过去仅仅依赖口耳相传的人际传播模式，逐渐转为利用现代大众传播媒介进行更迅速、更广泛、更深入的传播。只有学会通过大众传播媒介收集、整理、宣传、刊发、反馈的功能，充分利用现代传媒的优势，跨越时间和空间的限制，拓展非物质文化遗产的传播传承范围，延续非物质文化遗产的传承时间，丰富非物质文化遗产的传承内涵，才能保证非物质文化遗产传播的效果。特别是在全球化的背景下，在跨文化传播过程中，通过大众传播媒介的推介，使非物质文化遗产能够获得国际性的广泛关注，进而为其传承赢得更为广阔和更加多元化的发展空间。传媒在非物质文化遗产保护工作中的主要职责概括为以下几方面。

（一）介绍非物质文化遗产知识、理念及其保护工作

现代传媒已经成为人们迅速获取知识的重要手段，非物质文化遗产保护要想深入人心，就要充分利用传媒的优势介绍非物质文化遗产的概念内涵，宣传非物质文化遗产保护的内容和重要性，宣传非物质文化遗产保护的法律法规，引导人们加深对非物质文化遗产保护工作重要性的认识，唤起公众的关注，提高他们的参与意识、保护意识，形成全方位的非物质文化遗产保护的舆论氛围。

更为重要的是，传媒要善于挖掘和宣传非物质文化遗产中的"正能量"，提升社会大众的道德修养和精神境界，促进社会和谐与进步。"正能量"指的是"一种健康乐观、积极向上的动力和情感"②。"正能量"的流行源于英国心理学家理查德·怀斯曼的专著《正能量》，他将人体比作一个能量场，通过激发内在潜能，可以使人表现出一个新的自我，从而更加自信、更加充满活力。非物质文化遗产蕴含大量"正能量"，集中表现为其凝聚的民族精神，如中华民族自强不息、助人为乐、诚信仁爱、与人为善、天下兴亡、匹夫有责的美德，还有爱国主义和集体主义的优良传统。这些宝贵的民族精神和情感品性，对今天的和谐社会建设具有重要意义，主流媒体应努力挖掘和展示这些民族精神，不断进行宣传，为造就一个有着良好文化道德修养的民族与和谐社会建设作出应有的贡献。

（二）记录传播非物质文化遗产项目及其代表性传承人

在信息化高度发达的今天，传媒扮演的角色愈发重要。报纸、广播、影视等传统媒体具有信息容量大、时效性强、报道深入、声画结合的特点，在介绍非物质文化遗产的知识现状、未来发展、对中国社会的影响等方面及将非物质文化遗产由文化表现形式变成直观

① 中共中央办公厅，国务院办公厅.国家"十二五"时期文化改革发展规划纲要[EB/OL].2012-02-16.http：//www.china.com.cn/policy/txt/2012-02/16/content_24647982.htm。

② 正能量[EB/OL].http：//baike.baidu.com/subview/4318053/11048433.htm。

的视听感受的优势十分明显，成为非物质文化遗产传播的主体宣传形式。网络作为新兴媒体以其崭新的传播模式，用更加迅速、大信息量、强调互动、兴趣群广的传播特点，在保护工作中的作用进一步凸显。通过建立非物质文化遗产网站或在一些大的门户网站设立专题网页的方式进行宣传，往往更加吸引现在的年轻人。

非物质文化遗产本身是无形的，在这样的情况下，通过影像化的保存方式把非物质文化遗产转化为一定的物质形态，有利于保存、传承，进而再推广传播。通过节目的不断传播，源源不断地强化非物质文化遗产中内含的人文特质，把非物质文化遗产品质传承下去。如"北京春节庙会·灯会·文化活动评选"自2005年至今已成功举办多届，北京电视台全程对重点活动采用高清技术进行记录并播出，受到广泛关注并成为年俗活动的重要组成部分，评出的"非遗"展示奖、"非遗"展演奖、创意奖、社区文化活动奖等奖项都成为媒体宣传报道的重点和热点。这些记录也将成为北京庙会的重要影像资料，是后人了解和研究北京庙会的重要途径。再如中央电视台纪录片《舌尖上的中国》、北京电视台《这里是北京》栏目，通过拍摄纪录片和开设栏目的方式，运用故事化的讲述和精致的画面，对非物质文化遗产项目和传承人进行宣传介绍，取得了良好的宣传效果。需要强调的是，在宣传过程中，应多角度、多层次地充分体现非物质文化遗产代表性项目的文化内涵，比如形成的渊源、发展中的人文背景等，凸显非物质文化遗产的深厚内涵和独特魅力。

日本还结合现代时尚产业的发展，利用多种表现形式，如口袋书、游戏、MP4、手机铃声等，将非物质文化遗产的内容和保护理念渗入到现代人的生活中。总之，利用先进的数字技术，将民间歌舞、传统音乐、民间工艺美术以及民间文学等这些非物质文化遗产的文化资源与原创视频、微博、电子杂志、电子书等网络文化产业相结合，使古老的非物质文化遗产借助现代传媒的力量和现代化的媒体包装走得更远。

（三）监督非物质文化遗产保护中存在的问题

传媒是社会监督的重要方式之一。借助媒体的深入采访、批评性报道、评论等舆论监督手段，引起政府职能部门的重视，促成相关法律、法规和机制的完善建立。媒体的监督主要包括几方面：①对政府的保护工作进行监督，及时发现政府保护不作为的现象以及违法行为，特别是政府在保护过程中违反非物质文化遗产保护的规律，对非物质文化遗产的过度开发利用和破坏情况；②对代表性传承人和项目保护单位的保护工作进行监督，监督其履职情况，及时揭露保护不力和破坏现象，为政府提供相应证据，确保非物质文化遗产得到有效传承和保护；③监督商界等其他保护主体在保护传承、振兴发展非物质文化遗产过程中存在的违法行为，依法及时进行曝光，敦促并监督其整改。[1]

六、商界的职责

《中华人民共和国非物质文化遗产法》第三十七条规定："国家鼓励和支持发挥非物质文化遗产资源特殊优势，在有效保护的基础上，合理利用非物质文化遗产代表性项目，开发具有地方、民族特色和市场潜力的文化产品和文化服务。"在生产实践中保护非物质文化遗产具有重要意义，对非物质文化遗产进行生产性保护既是非物质文化遗产保护方式的创新，又增强了非物质文化遗产的生命力和活力；既传承了文化，又为经济的发展作出贡献。而非物质文化遗产的振兴发展离不开商界的参与，其职责主要包括非物质文化遗产产品经营和非物质文化遗产产业化两方面。

（一）非物质文化遗产产品经营

上文多处谈到韩国将无形文化财的东西都开发成特色商品。韩国的经验表明，商界参与非物质文化遗产商品开发营销是非物质文化遗产保护的重要方式。许多非物质文化遗产如传统美术、传统技艺类，其作品很多以商品的形式存在。因此，商界参与到这些非物质文化遗产作品的营销，使其适销对路，增加项目保护单位和传承人的收入，可以反过来促进非物质文化遗产的保护。当然，这种参与一定是在保持传统核心技艺的基础上，在保护非物质文化遗产的前提下进行的，否则商界的参与将是对非物质文化遗产的破坏。要坚决避免盲目追求销量，对非物质文化遗产进行任意加工和改造的现象。[①]

（二）非物质文化遗产产业化开发

韩国对非物质文化遗产的产业开发走在世界的前列，主要是利用非物质文化遗产促进旅游业的发展，但同时韩国提出现代观光旅游的主要目标是推动非物质文化遗产的保护和发展。这提醒我们产业化开发的根本目的不是增加收入，推动经济发展，而是首先确保非物质文化遗产得到有效的保护。在推动非物质文化遗产旅游产业发展过程中，要避免政绩化和效益最大化的思路，让当地的文化遗产得到全面深入的阐释，将遗产中富有魅力的部分在旅游产业发展中得到充分展现，让人们在享受旅游环境的同时享受到来自文化遗产本身的魅力。

同时，有针对性地对非物质文化遗产进行产业开发，如传统美术和传统技艺类非物质文化遗产。部分传统美术产品，如反映民俗喜庆类产品，可以利用其原有作品产权进行机械化方式生产。因为这类产品有大众需求，同时其需求的功能和价值是其反映的内容，而不是遗产本身的真实性。但一般来说，传统技艺类非物质文化遗产尚不存在规模化、市场化运作的条件，应主要通过政府公益性政策的完善，扩大人才储备基础，延续与发展艺术门类。另外，充分挖掘非物质文化遗产中的传统元素，用于文化创意产业的发展，如将民

---

① 马知遥.非物质文化遗产生存的困境解析 [J].长春市委党校学报，2012（2）：24-28。

间文学、传统戏剧改编成现代影视动漫作品，并鼓励通过市场化运作方式，组建专业剧团，开展市场营销与推广，集聚多方面的社会资源，努力拓展社会影响力，弘扬传统艺术，同时还应充分利用现代传媒传播非物质文化遗产，特别是文化遗产的数字化带给城市新的发展机遇，使得传统文化资源转化为经济资源，具有巨大的发展前景。许多以往存在于经济边缘之外的文化形态，以及需要政府直接补贴的文化部门如图书馆、博物馆等，由于文化载体的扩展而焕发出巨大的经济价值。文化遗产的数字化将激发旅游业、现代教育以及娱乐业发展新的机遇，可以促进新型经济的发展与文化繁荣紧密联系起来。[①]

在对非物质文化遗产资源进行产业开发的同时，我们坚决不能忘记非物质文化遗产的本真性，不能忘记非物质文化遗产与文化产品的差异性。因此必须坚持合理利用、传承发展的原则，坚持合理利用是为了保护的目标。

第二节　保障措施

一、组织保障

（一）国际组织

联合国教科文组织是保护非物质文化遗产最重要的国际组织，自 20 世纪 70 年代起，教科文组织就开始致力于非物质文化遗产保护工作。1982 年，教科文组织设立非物质文化遗产中心，专门负责推动非物质文化遗产保护工程。从 1982 年的《示范条款》，1989 年的《建议案》到 1998 年的《宣布人类口头和非物质文化遗产代表作》，再到 2001 年的《文化多样性宣言》，以及 2003 年的《保护非物质文化遗产公约》，加上到 2005 年的《保护和促进文化表现形式多样化公约》，体现了联合国教科文组织在保护非物质文化遗产方面所作出的巨大努力和卓越成效。

《保护非物质文化遗产公约》通过后，与其相关的机构成为保护非物质文化遗产的主要国际组织。这包括缔约国大会和政府间保护非物质文化遗产委员会，其中缔约国大会是公约的最高权力机关，每两年举行一次常会，负责接收并通过政府间保护非物质文化遗产委员会的报告等。政府间保护非物质文化遗产委员会的核心职能是促进公约目标的实现，并就好的做法和保护非物质文化遗产的措施提出建议，委员会还应当拟订利用保护非物质文化遗产基金的计划并提交大会批准；努力寻求增加其资金的方式方法，并为此采取必要的措施；拟订实施公约的业务指南并提交大会批准；审议缔约国的报告并将报告综述提交大会；根据委员会制定的、大会批准的客观遴选标准，审议缔约国提出的申请并就名录、提名和国际援助作出决定。

---

① 侯鑫. 基于文化生态学的城市空间理论研究——以天津、青岛、大连为例 [J]. 新建筑，2009（3）：211-212。

除了以上非物质文化遗产的直接保护机构外，世界知识产权组织（World Intellectual Property Organization）、联合国环境规划署（United Nations Environment Programme）、世界银行（World Bank）等国际组织分别从事传统知识、遗产资源和民间文学艺术的知识产权保护等方面的保护工作，也是保护非物质文化遗产的重要国际组织和力量。

（二）各级政府

只有各级政府积极参与和介入非物质文化遗产保护工作，才能为非物质文化遗产提供充分有效的保护。这个事实在日本和韩国的实践经验中得到了很好的证明。日本和韩国的政府十分重视非物质文化遗产的保护，通过采取指定制度保护重要的非物质文化遗产，采取认定"人间国宝"或"重要文化财保有者"的荣誉称号来保护杰出的传承人。另外，两国政府还通过立法保护、增加资金投入、加大宣传保护等方面对非物质文化遗产进行保护。到今天，人们对非物质文化遗产有着较高的保护意识，两国的传统文化也得到了很好的保护。

保护非物质文化遗产的政府机构主要由管理机构和咨询机构组成。管理机构主要负责贯彻相关法律法规，制定相关政策规划及执行具体保护措施。在日本，负责非物质文化遗产保护管理机构的是文化厅，在韩国则是文化财厅，在中国则是文化部。咨询机构主要负责非物质文化遗产专业指导、技术咨询及调查审议等工作，如日本有文化财保护审议会，韩国是文化财委员会，中国则是国家非物质文化遗产保护工作专家委员会。以上主要是中央国家机构的组成，在各地方政府也会设立以各级地方文化行政部门为主的管理机构和相应的地方咨询机构。如前文所述政府机构的主要职能是健全领导管理体系，构建科学保护体系，建立法律政策体系，健全资金运作体系，建立完善监督机制等。

（三）其他非物质文化遗产保护机构

政府在非物质文化遗产保护工作中的主导作用固然十分重要，但是政府以外的其他非物质文化遗产保护机构也发挥着重要的作用。非物质文化遗产保护机构主要包括：①各非物质文化遗产项目保护单位是非物质文化遗产保护的第一责任单位，承担主要保护工作，如前文所述，主要包括收集项目实物、作品，保护项目相关场所，积极开展展示活动；②科研教育机构，包括科研院所、大专院校等，为非物质文化遗产保护工作提供强大的智力支持和人才保障，如日本文化财研究所专门从事文化遗产保护和传承的研究工作，中国艺术研究院下属的中国非物质文化遗产保护中心是中国非物质文化遗产保护工作的理论研究机构和保护工作执行机构；③公共文化机构，包括群众艺术馆、图书馆、文化馆、博物馆等文化机构，这些机构在相关资料的搜集、整理、保存、展览及文化活动组织、教育培训上具有天然的优势；④民间团体，主要完成资料搜集整理、宣传、文化活动组织等工作。在法国，其文化遗产的保护工作绝大多数是通过委托民间社团组织托管的方式实现的。据统计，法国目前有 15.7 万个文化协会，其中 1.8 万多个把保护和展示遗产作为自己的主要

工作，约占协会总数的 12%。^①

二、政策、资金与人才保障

（一）政策

非物质文化遗产保护的政策主要由保护和发展振兴政策两方面组成。保护政策主要是指非物质文化遗产扶持保护层面的政策组合，发展振兴政策主要是指合理利用推动非物质文化遗产弘扬振兴的相关政策组合。

保护扶持政策主要包括：非物质文化遗产资源普查制度、名录体系制度、与传承人认定和保护相关的政策制度、非物质文化遗产专项补贴资金政策制度、文化生态保护区保护政策等。这些政策保障非物质文化遗产得到有效的保存和保护。

发展振兴政策包含生产性保护政策、税收优惠政策等，今后还应逐步建立非物质文化遗产合理利用的政策规制体系，具体明确哪些非物质文化遗产可以开展适度的产业化运行，哪些产业门类应当规避产业化发展，建立具体的区分界定标准。

（二）资金

按照《中华人民共和国非物质文化遗产法》的相关规定，即"县级以上人民政府应当将非物质文化遗产保护、保存工作纳入本级国民经济和社会发展规划，并将保护、保存经费列入本级财政预算。国家扶持民族地区、边远地区、贫困地区的非物质文化遗产保护、保存工作"。文化部设立了非物质文化遗产专项基金，用于支持非物质文化遗产项目保护，定期给予每个国家级非物质文化遗产项目数量不等的保护补贴资金和一定数目的传习补贴。地方政府也根据各地情况给予非物质文化遗产项目和代表性传承人补贴。

与此同时，社会资本能够通过资本的注入，为具有强大市场潜力的非物质文化遗产项目提供巨大的资金支持；通过经济效益的调节，促进一些非物质文化遗产项目的振兴与繁荣。因此应不断加强社会公益性资金的筹集力度，拓宽社会资金筹集渠道和形式，为非物质文化遗产保护提供更多的物资支持。

（三）人才

加强人才队伍建设，有利于非物质文化遗产保护工作的顺利进行。可从以下几方面着手努力。首先，传承人队伍建设首当其冲，传承人开展传习工作需要资金保障、权益保护，各级文化行政主管部门应积极提供优惠政策，并开展对传承人的政策、法规培训等。其次，要通过开设培训班、举办讲座等形式，提高非物质文化遗产工作人员的思想觉悟、工作技能和知识层次，形成一支专业化保护队伍，做好工作人员队伍建设。最后，研究人才队伍

---

① 李墨丝. 非物质文化遗产保护国际法制研究 [M]. 北京：法律出版社，2010：171。

建设也不容忽视，高等院校、科研院所是开展相关专业教育，提供非物质文化遗产专业人才的肥沃土地。

三、法律保障

（一）中央立法

立法保护是非物质文化遗产保护的根本。从 2005 年国务院颁布《国务院关于加强文化遗产保护的通知》，决定从 2006 年起，每年 6 月的第二个星期六为中国的"文化遗产日"；中央文明办等五部委下发《关于运用传统节日弘扬民族文化的优秀传统的意见》，提出运用传统节日弘扬民族文化的优秀传统的重要意义和原则要求，对运用传统节日弘扬民族文化的具体措施进行详细规定；还有 2005 年起先后出台的《文化部办公厅关于开展非物质文化遗产普查工作的通知》《文化部办公厅关于成立国家非物质文化遗产名录评审委员会的通知》《国家级非物质文化遗产保护与管理办法》等一系列部门规章制度；再到 2011年颁布实施的《中华人民共和国非物质文化遗产法》，我国非物质文化遗产法制化保护的进程一步步推进，逐渐形成了现今比较完备的法律法规保障体系，但仍有漫长的再完善道路要走。

（二）地方法规

中国保护非物质文化遗产的地方立法工作开始的较早，在 2000 年云南省即通过了《云南省非物质文化遗产保护条例》，是中国第一个专门保护非物质文化遗产的地方法规，它的出台不仅对保护云南的非物质文化遗产资源起到重要作用，也给其他省市立法提供了参考和借鉴。贵州省在 2002 年颁布了《贵州省民族民间文化保护条例》，对非物质文化遗产保护原则、职能部门、抢救和保护要求，以及非物质文化遗产传承人和项目保护单位的命名等进行了详细规定，作出大量有益的尝试和探索，并且贵州省还制定了条例的实施细则，建立了联席会议制度等。随后，广西、福建、新疆、甘肃、江苏、浙江、湖北等省相继颁布非物质文化遗产保护条例，用地方立法的形式保护地域文化。

四、技术保障

现代数字技术具有大容量存储、高速度计算、多媒体呈现、远距离传输等特点，因此运用现代数字技术保护文化遗产是一个必要且行之有效的办法。文化遗产的数字化应用包括以下几方面：数字化存档、遗产保护与修复、考古研究和文化交流与传播。[①] 数字技术为当代保护非物质文化遗产提供了重要的技术保障，采用现代数字技术对非物质文化遗产进行数字化保存、保护、传承和传播是新时期非物质文化遗产保护的重要方式。

---

① 周明全，耿国华，武仲科 . 文化遗产数字化保护技术及应用 [M]. 北京：高等教育出版社，2011。

（一）采用数字化信息与处理技术对非物质文化遗产进行保存

国务院办公厅《关于加强我国非物质文化遗产保护工作的意见》指出，要"用文字、录音、录像、数字化多媒体等手段，对保护对象进行真实、全面、系统的记录，并积极搜集有关实物资料，选定有关机构妥善保存并合理利用"。韩国非物质文化遗产文字类记录在初期阶段使用锉版印刷，现在则使用电脑录入。音像类记录在调查初期使用磁带、卷轴带以及DAT 磁带，现在则多使用声音记录装置。专门录音工作在初期使用密纹版，现在使用光盘（CD 或 DVD）。相片类资料主要有黑白与彩色相片及幻灯胶卷，最近还有用数码相机制作的数码图像等。影像资料初期使用 16mm 电影胶卷，现在使用贝塔带。①

韩国的经验表明，为了避免书籍的生霉、录像带的老化等问题，采取数字化技术手段，包括图文扫描、立体扫描、全息拍摄、数字摄影、运动捕捉等，能够确保对非物质文化遗产全息化记录。同时，数字化存储技术也为非物质文化遗产的保护提供了许多新的保护手段，包括数据库、磁盘阵列、光盘塔、光纤和网络连接以及一系列相关规定、协议。这些都能实现对非物质文化遗产资源的有效保护。

（二）运用虚拟再现技术和动画还原保护非物质文化遗产

虚拟现实（Virtual Reality）是近年来出现的高新技术。虚拟现实是利用电脑模拟产生一个三维空间的虚拟世界，提供使用者关于视觉、听觉、触觉等感官的模拟，让使用者如同在现实世界中一样，可以及时、没有限制地观察三维空间内的事物。虚拟现实具有参与性、沉浸性、交互性和想象性。② 文化遗产的虚拟再现是指运用数字摄影、三维信息获取、多媒体及虚拟现实技术等手段还原文化遗产，创设体验文化遗产的虚拟情景，对文化遗产进行再现和保护。一方面，虚拟再现技术可以打破时空限制，模拟非物质文化遗产传承和保护的文化生态时空，实现数字化整体保护的目的；另一方面，在传承人或环境发生变化或遭受破坏时，利用虚拟技术，创作者可根据相关的资料、文献进行空间、造型的模拟制作，还原出具有一定真实性的影像，可对非物质文化遗产特别是传统手工艺的生产方式、使用方式、消费方式等进行真实再现。

另外，利用动画数字技术制作非物质文化遗产宣传片、动漫产品等也是保护非物质文化遗产的重要途径，如以轻松简易的卡通风格来创作一个关于传承人的非物质文化遗产影片或漫画作品，则可以从现实的传承人身上提取特定的元素进行造型设计。虽然最终的形象与真实相去甚远，但依然保留了对象身上某些真实的元素，再辅以人物真实的情感和思想，仍然可以引起情感共鸣，并且其风格更适宜于一些特定的人群来观看。

---

① 朴原模.韩国非物质文化遗产的记录工程与数码档案的构建 [J]. 河南社会科学，2009，17（4）：22-25。
② 王建明，王树斌，陈仕品等 . 基于数字技术的非物质文化遗产保护策略研究 [J]. 软件导刊，2011（8）：49-51。

（三）使用资料数据库和数字化展示平台对非物质文化遗产进行展示

通过建立非物质文化遗产网络数据库对非物质文化遗产资源进行立档整理和利用，方便检索，最终达到安全、长期、有效地保存非物质文化遗产的目的。据统计，目前中国已建成国家级非物质文化遗产专业网站三个；各省（自治区、直辖市）逐步建立起地方非物质文化遗产专业网站，为非物质文化遗产及其保护工作的信息化奠定了坚实的基础。建立专业数据资料网站仅仅是数字化保护非物质文化遗产的第一步，对其进行生动的展示和传播，是推进非物质文化遗产保护的重要方式。基于数字媒介统一平台而建立的数字博物馆，将多种媒介形式的非物质文化遗产信息整合在一起，借助电信、无线通信、互联网、有线电视以及各种数字电视网络进行传播，打破特定时间、场所的限制，使之成为现代技术条件下适合于大众传播的一种新的应用平台，让非物质文化遗产的展示、传播与利用更为便利和充分，使海量存储的非物质文化遗产资源得到最大限度的共享利用。[①]

数字博物馆是一种适合于非物质文化遗产展示传播的平台，它与普通的博物馆不同，不仅有静态的作品展示，更能够将非物质文化遗产活态的特点畅快地表现出来。如传统工艺的制作过程、历史发展，传统音乐、戏剧的表演过程经数字化编程后形成数字化网络，这种鲜活的方式可以利用没有时空限制的网络将活态的非物质文化遗产进行十分生动活泼的展示和传播。2006 年，在文化部的大力倡导下，由中国艺术研究院研发的"中国非物质文化遗产网·中国非物质文化遗产数字博物馆"在互联网上发布。与此同时，非物质文化遗产的数据库建设也紧锣密鼓地进行，如已经制定了蒙古族、藏族、维吾尔族、朝鲜族、彝族等少数民族文字的编码字符集、字型、键盘国家标准；蒙古族、藏族、维吾尔族、朝鲜族等少数民族文字软件已实现 Windows 系统上的运行和激光照排。

[①]　黄永林，谈国新 . 中国非物质文化遗产数字化保护与开发研究 [J]. 华中师范大学学报（人文社会科学版）2012, 51（2）。

第三部分

文化生态系统保护规划

第七章 文化资源调查与文化生态评价

第一节 文化资源调查

一、调查的原则

按照自然生态学的定义，生态学是研究生物有机体与其周围环境（生物环境与非生物环境）关系的科学[①]。文化生态学则认为，文化与生物一样，具有生态特征，它将自然生态学的视角和方法引入到文化研究领域，关注于文化的性质与状态，认为一个文化生态系统中，各种文化事物存在相互影响、相互作用的互动关系。[②]

准确认识和定位某地文化生态并施以恰当的保护措施的前提是对该地文化资源进行详细的调查和分析。正如自然生态一样，文化生态会受多种因素影响而形成自身独特的面貌。调查分析的最终目的在于归纳出这一地区独有的文化特点，以及此地文化何以成为一种"生态"而非一些散杂的文化个体的原因。因此，在开展文化资源调查时，需要强调和注意一些基本原则。

（一）整体性原则

调查时必须全面整体性地记录某一文化事物，以及与之相关或是构成了该地文化生态系统的其他组成部分。整体性原则已经成为文化研究和保护领域的一个共识。这一理念最先出现在物质文化遗产保护领域。1964 年的《威尼斯宪章中》最早提出了"完整性"一词："保护一座文物建筑，意味着要适当地保护一个环境。任何地方，凡传统的环境还存在，就必须保护。""一座文物建筑不可以从它所见证的历史和它所从产生的环境中分离出来。""必须把文物建筑所在的地段当作专门注意的对象，要保护它们的整体性，要保证用恰当的方式清理和展示它们。"宪章通过国际公约的形式明确文化遗产与其所在自然、人文环境的不可割裂性。在 1950 年日本的《文化财保护法》中提出了无形文化财产的概念后，联合国教科文组织于 1989 年颁布《关于保护传统文化与民俗建议案》，进一步强调了民俗作为人类文化遗产和活态文化一部分所具有的特殊价值。这一文件是对文化遗产保护体系的重要拓展。2003 年正式颁布的《非物质文化遗产保护公约》将非物质

---

① Frodin, D. G. *Guide to Standard Floras of the World*[M]. Cambridge：Cambridge University Press，2001：72.
② 汪欣. 非物质文化遗产保护的文化生态论 [J]. 民间文化论坛，2011（1）。

文化遗产正式纳入了人类遗产保护体系中。随后，在《非物质文化遗产代表作申报书编写指南》中又提出了"文化空间"概念，认为"这种空间可确定为民间或传统文化活动的集中场所，也可确定为具有周期性或事件性的特定时间，这种具有时间或实体性质的空间之所以能够得以存在，是因为它是文化表现活动的传统表现场所，即举行各种非物质文化遗产活动的特定场所"①。

整体性原则逐渐成为一种主流的保护理念。在进行文化资源调查时，同样应该遵循这一原则。文化生态学主张从人、自然、社会、文化的各种变量的交互作用中研究文化产生、发展的规律，用以寻求不同民族文化发展的特殊形貌和模式。这一概念的核心之一就是强调文化与环境、文化与人、文化与文化之间的相互影响、相互依存和动态平衡。无论是有形还是无形的文化遗产，它们都是所处时代文化构成中的一部分。因此，调查时，不应将眼光和重点局限于某个单一的、孤立的、静止的、片面的文化事物中，而应将其置入其所产生和发展的历史背景中，调查与之相关的环境、历史、信仰、习俗、民族、经济社会结构等方面，以及与之有联系的其他文化事物，搞清其赖以生存和发展的人文及自然环境，立体地审视、收集资料，确保它们之间的相互联系不被割裂，为日后加强对文化遗产在艺术、科学、历史、社会等方面价值的理解，并从中提炼出一个地域标志性文化奠定必要的基础。

（二）跨学科调查方法交互运用原则

文化遗产学和文化生态学都是建立在跨学科研究方法上的新型学科。其中涉及的学科领域有人类学、社会学、文化学、政治学、生态学、文化景观学、城市规划学、建筑学等等。只立足于单独的一个学科，而不借用其他学科的理论与方法，就无法对某一文化生态区域内的遗产进行全面而翔实的普查与研究。因此，在进行文化资源调查时，应掌握的第二个原则就是运用跨学科的研究方法，交互式的开展研究和考察活动。例如，对文化生态区内的有形文化遗产、建筑物和文化景观等的调查应参考规划和建筑领域的研究方法，以原真性原则作为调查和总结的尺度标准；对非物质文化遗产项目的普查，应参考人类学、社会学及政治学的参与观察、深入访谈等方式进行资料采集和最终数据分析。

二、调查的方法

文化资源调查的方法主要有：

1. 数据统计

统计分析是运用统计方法从定量与定性结合上进行的研究。运用不同方式、不同程度的数据统计。在文化资源调查以及文化生态保护区保护规划的制定中，数据统计有重要的

---

① 苑利，顾军. 非物质文化遗产学 [M]. 北京：高等教育出版社，2007：231。

意义。通过对保护区内文化遗产数量、分布地域、名录级别，传承人年龄、性别、职业等的统计，有助于精确掌握文化遗产的存续情况、特点等。

2. 参与观察

参与观察法是质性研究中的一种常用研究方法。运用参与观察法，研究者可以描述发生了什么，所牵涉的人或物，事发的时间和地点，怎样发生，为什么发生等问题，尤其适用于研究人类活动所体现的当时的社会文化背景，研究事件的发生过程，人们与事件的关系及组合，事件的时间连贯性和模式。[1] 参与观察法为弥合专业研究人员与被研究组织的成员之间的裂隙提供了一种重要手段。[2] 由于观察者长期置身于该群体或社区，这一方法可以获取较为详尽的信息，对于中国文化生态保护区中部分无文字少数民族无疑是进行民族志调查的最有效途径。

3. 问卷调查

问卷调查是以书面提出问题的方式搜集资料的一种研究方法。研究者将所要研究的问题编制成问题表格，以邮寄方式、当面作答或者追踪访问方式填答，从而了解被试者对某一现象或问题的看法和意见。

4. 文献资料梳理与综述

文献资料梳理与综述即"案头工作"。通过对文献资料、地方志、研究著作等的梳理和综述，了解当地文化资源、特色的基本情况，为之后的资料收集、资料对比等奠定基础。

5. 调查结果的分析和评判

通过各种方法收集到所需数据后，要进行调查结果的分析和评判。首先，开展统计分析，进行数据对比。通过对区域内非物质文化遗产的主要类型和特点、分布区域、数量，传承人数量、年龄、职业等开展归类统计，归纳其出现原因，对保护区内遗产状况有基本了解。其次，从非物质文化遗产的形态和相互关系上入手，指出它们与自然环境、人文环境、区域内其他文化事物等的关系，并分析原因。其目的在于提炼出文化的脉络，它是对文化生态定性描述的关键。这包括对区域内相关民俗活动作出梳理和分析。民俗活动与多项非物质文化遗产的传承密不可分，互相依存。只要民俗活动继续存在，继续发挥其原有文化功能，那么与之相关的传统技艺类遗产也将继续保持其生命力。[3] 只有做好了对形态和关联性的调查分析，才能了解保护区内的文化能否或者何以成为一个生态系统，进而了解这个系统及其中的每一个文化个体是如何受到影响，受到何种程度的影响而发生改变，这是文化生态保护区建设和开展保护工作的基础。再次，对文化事物的构成部分进行横向、纵向的动态比较，重点关注各部分变化的内外因因素，总结这些变化对文化事物面貌的影响程度，并在此基础上对该文化事物未来的发展作出评估。

---

① 丹尼·乔金森. 参与观察法 [M]. 重庆：重庆大学出版社，2009：2-4。
② 何世鲁. 参与观察法的一个成功范例——介评怀特的《街角社会》[J]. 国外社会科学，1995（03）。
③ 参见《客家文化（梅州）生态保护实验区总体规划》。

以客家文化（梅州）生态保护实验区为例（表 7-1），梅州市域范围即是梅州客家文化生态保护区的全部。调查显示：梅州市非物质文化遗产具有数量众多，级别相对较高和类型丰富的特点。表 7-1 的数据表明，虽然梅州市的非物质文化遗产项目涵盖了分类体系的全部门类且类型丰富，但其中最为突出的还是传统技艺类、民俗类非物质文化遗产。另外，数据也显示梅州的非物质文化遗产资源级别相对较高，其中国家级、省级、市级遗产项目多达 38 项。

这些数据从侧面体现出梅州市非物质文化遗产的以下特点。首先，梅州市尽管地处文化交流活跃、经济发达的广东地区，但本地文化受到的冲击较少，传统技艺、民俗类项目保护传承得相对较好；其次，这些项目一方面反映了客家文化与其他文化的融合、交流，同时又显示出梅州市客家文化的独特性；另外，因为梅州市的传统音乐、传统戏剧、曲艺，甚至包括传统美术，都与传统庙会节庆有着密不可分的关系，因此传承相对完整，原生性和完整性保存较好。

从空间分布上看，梅州市客家非物质文化遗产的总体特点是，空间分布广泛，各种类型在各地区的分布上呈现出差异性。其中传统技艺类、民俗类非物质文化遗产项目数量最多，且各市、县、区分布均衡。一些带有客家文化普遍性的非物质文化遗产项目广泛、均衡分布于保护区内各县市；一些与当地特殊文化相关联的项目，如宗教、仪式活动，则集中分布于诸如寺庙等特定的文化空间。这些资源的大量存世，特别是与传统信仰息息相关的传统庙会、传统节俗的存在，既确保了梅州市非物质文化遗产的原生性，也确保了梅州客家文化生态保护区内各项遗产的有序传承。这是梅州传统文化的生存基础，也是非物质文化遗产产业化的重要前提。[①]

梅州市非物质文化遗产项目类型统计表　　　　　　　　　　　　表 7-1

级别	类型										
	民间文学	传统音乐	传统舞蹈	传统戏剧	曲艺	传统体育	传统美术	传统技艺	传统医药	民俗	总计
国家级	0	2	1	2	0	0	0	0	0	1	6
省级	0	2	8	3	0	0	0	2	0	0	15
市级	1	3	6	0	2	1	1	12	0	6	32
县级	12	9	5	3	5	2	1	66	8	23	134
总计	13	16	20	8	7	3	2	80	8	30	187

来源：《客家文化（梅州）生态保护实验区总体规划》。

---

① 参见《客家文化（梅州）生态保护实验区总体规划》。

第二节　文化生态保护区的价值、特征和功能

一、文化生态保护区的价值

文化生态保护区的价值主要体现在保护文化多样性、文化生态内部非物质文化遗产的良性传承，以及在此基础上的创新。此外，文化生态保护区还具有历史认识价值、艺术价值、科学价值、社会价值等诸多价值。

文化生态保护区的价值核心体现在保护文化多样性，这正是遵循国际社会对文化多样性之重要程度的认可。联合国教科文组织2001年通过的《世界文化多样性宣言》的序言中指出："尊重文化多样性、宽容、对话及合作是国际和平与安全的最佳保障之一。"第三条更肯定了文化多样性与人和社会生活的重要关系："文化多样性增加了每个人的选择机会；它是发展的源泉之一，它不仅是促进经济增长的因素，而且还是享有令人满意的智力、情感、道德精神生活的手段。"

中华文明恰恰是文化多样性在东方的代表性体现。中国历史悠久，民族众多，文化构成多元。几千年来，尽管发生无数政治变动、民族迁徙、民族融合，但中华文化依然保留着十分显著的多样性。费孝通先生提出的"中华民族多元一体格局"理论从民族研究领域解释了中国的文化多样性。中国就是在"不同（民族）层次并存不悖，认同的基础上可以各自发展原有的特点，形成多语言、多文化的整体"[①]。由各民族在不同时期创造的不同文化的差异性为中国文化的延续和创新提供了丰饶的土壤。

因此，一个良好的文化生态能为其中的文化传统提供优越的传承环境。划定文化生态保护区，将民族民间文化遗产健康地保存在其所属的区域及环境中，使之成为"活文化"，是文化生态保护区设立的主要目的，也是这种方式的最大优势。在文化生态保护区内确保某一区域内或数个区域间文化能呈现并保持多样性。另外，通过认识和确立文化生态保护区内最核心的文化特质，使其得以传承，确保文化生态的动态平衡。

二、文化生态保护区的特征

一个文化生态保护区的文化特征取决于区域内非物质文化遗产的独特性与特殊性。这些特性主要体现在具有区域内特性的非物质文化遗产以及它们所折射出的重要或特殊的文化功能、精神观念、文化源流、历史、社会背景。换言之，这些显著特色是该区域文化生态的内在核心，是该区域被认定为文化生态保护区的重要标准。这些特殊性可以从以下两方面来提炼和归纳：

---

① 费孝通.中华民族多元一体格局[M].北京：中央民族大学出版社，1999。

从历时性角度提炼文化的独特性与特殊性，主要着眼点可以放在文化的根源和流变方面，用历史的眼光考察其文化从何而来。文化的差异，从根本上说是时代性的差异，归根结底是社会实践基础上社会发展程度和社会分化上的差异。[①] 由时代性决定的文化的时代性内容是变动发展的，使同一文化形成不同发展阶段。[②] 历时性角度的分析可以着眼于民族源流、制度、风俗习惯、宗教信仰等方面，在此基础上通过对比分析差异性，总结出生态区内最显著的特点。

梅州客家文化可以作为从历时性角度分析文化的独特性与特殊性的佐证。虽因战乱客家人迁徙至梅州已有上千年之久，但由于山峦阻隔，交通不畅，外加没有与当地人通婚的传统，当地的客家人始终保持着中古时期中原汉人的文化传统。这些文化传统既是该族群文化个性的集体记忆，也是支撑该群体生存与发展的最核心的驱动力。在现实生活中，客家人的文化传统体现为各类有形与无形文化遗产。此外，在漫长的历史进程中客家人吸收了很多包括百越民族在内的原住民文化。这使得中原汉人的文化传统在和其他文化交融贯通的同时，也丰富、保持了自己的文化内涵。在目前所统计的 246 项非物质文化遗产项目中，竹板表演艺术、席狮舞、汉剧、汉乐、五华木偶戏、兴宁杯花舞、围龙屋营造技艺、罗家通书、火龙制作技艺、竹马制作技艺、陶瓷制作技艺以及闹元宵习俗等，几乎都与中原传统息息相关，表现出强烈的寻根意识和对中原故土的眷恋情结。客家文化是了解中原中古文化的一个重要窗口，是研究中原中古文化的一块"活化石"。从某种角度来说，梅州客家非物质文化遗产的最大价值，就是它的历史认识价值。[③]

从共时性角度提炼文化的独特性与特殊性也具有重要意义。不同文化体系在生产方式、思维方式、情感方式等方面的差异性形成了不同民族、不同地域性的特殊文化。通过地域、民族等方面的横向比较，归纳出与其他地域、民族在文化层面上的差异与特性。这种差异和特性最多地体现在不同地域、民族的地方性的知识中。而具体来讲，民族源流、制度、风俗习惯、生产贸易、生活习俗（包括丧葬、饮食、婚嫁）、礼仪习俗、岁时节令、宗教信仰、语言、文物古迹、技能及艺术等方面，都是可以进行历时性和共时性比较的角度。

三、文化生态系统功能

文化生态保护区的功能在于从整体性的高度，保护并保障了非物质文化遗产的传承。此外，它还在无形中发挥重要的社会功能——调和区域内部的协调稳定。

利用文化生态学理论，在一个特定的区域中，通过采取有效的保护措施，修复一个互相依存的非物质文化遗产和与之相关的物质文化遗产以及与人们的生活生产紧密相关的，并与自然环境、经济环境、社会环境和谐共处的生态环境。[④] 刘魁立认为"文化生态保护

①　辛景亮. 如何理解文化的民族性和文化民族主义 [J]. 教学与研究，1998（05）。
②　宝燕园. 中华文化多样性与文化生态平衡——论中华文化多样性是社会进步的动力 [D]. 北京：中央民族大学，2004。
③　参见《客家文化（梅州）生态保护实验区总体规划》。
④　石登雄. 关于文化生态保护与保护基地建设的思考 [N]. 团结报，2008-10-08（9）。

区的建设，是根据同一性质的区域文化特点，选定传统文化保存得相对完整，在生产方式、生活方式和观念形态等方面具有一定代表性，在价值观、民间信仰以及诸多具体文化表现形式方面具有突出特点的人群聚居空间给予特别的关注，使这一特定地区传统的物质及非物质文化遗产能够得到有效的保护和健康的传承。"①

文化生态保护区的设立，其根本目的就在于创造一个有利于文化健康而又可持续发展的生态环境，通过整体性保护和活态传承，使得那些凝聚着民族历史、艺术、人文和科学价值的文明成果，不与周围的环境割裂开来，不成无源之水，能够继续有机地传承下去，并且有条件在传统文化生存环境发生巨大变化的今天继续发展。即便其中有部分文化事象因为种种原因发生萎缩、濒危或损坏，良性的文化生态环境也能发挥其系统优势，在一定程度上对其进行修复和还原。从这个意义上讲，文化生态保护区建设是结合了目前物质文化遗产保护与非物质文化遗产保护的经验及理念的一种创新保护方式。

第三节　文化生态安全格局

一、相关理论基础

（一）生态安全格局

生态安全起源于20世纪80年代初期，布朗（Brown）在1977年提出要对国家安全进行重新界定，并在1981年的著作《建立一个持续发展的社会》中指出："目前对安全的威胁，来自于人与自然关系的可能性要远大于国家间关系威胁。"随着环境变化问题的出现，如全球气候变化、景观破碎化、人口剧增、传染病暴发和资源安全等问题，生态安全理论和概念都有了较大变化。目前一般来说，生态安全有广义和狭义两层概念，广义的生态安全概念是从人类本身出发，考虑生态环境对自身的保障，狭义的生态安全是指自然半自然生态系统的生态完整性与健康水平的整体反映，其实这两种思路本质上殊途同归，两者只是从不同角度考虑了生态安全的概念，但这两种角度使用人为建立的评判方法构建起自然环境影响人类自身安全的认识，最终目的都是指导人类对自然的利用与管理，从而使自然资源能够更好地服务于人类社会。

生态安全可认为是生态保障的函数，具有一定的先验性，体现人类活动的主动性。区域尺度能够较好地研究诸如沙尘暴、水土流失和洪水灾害的区域生态问题。一般认为，安全与风险互为反函数：风险是指评价对象偏离期望值的受胁迫程度，或事件发生的不确定性，其计算值为概率与可能损失结果的乘积；而安全是指评价对象在期望值状态的保障程度，或防止不确定事件发生的可靠性。生态风险是指特定生态系统中所发生的非期望事件的概率和后

---

① 刘魁立．文化生态保护区问题刍议 [J]．浙江师范大学学报（社会科学版），2007（3）：9-12。

果；如干扰或灾害对生态系统结构和功能造成的损害，其特点是具有不确定性、危害性与客观性。因此，生态安全可以认为是：人类在生产、生活和健康等方面不受生态破坏与环境污染等影响的保障程度，包括饮用水与食物安全、空气质量与绿色环境等基本要素[①]。

生态安全研究在选择生态阈值时，要将目标与过程紧密联系，不仅考虑关键性的生态系统要素（如关键物种、景观要素等）外，还需要从系统整体的结构功能出发，选择那些具有重要生态意义的受胁迫的生态过程[②]，如流域中的水文过程、生物迁徙过程等。在人为活动占优势的景观内，不同土地利用方式和强度产生的生态影响具有区域性和累计性特征，并可直观地反映在生态系统的结构和组成上。因此，区域尺度上生态安全的评估分析可从区域生态系统的结构出发，综合评估各种潜在生态影响类型及其累积性后果。

景观生态学的发展为研究生态系统结构和过程提供了直观视角，20 世纪 90 年代末期已有部分生态学开始尝试运用景观生态学的观点理解生态安全，并在此基础上提出"生态安全格局"（Ecological Security Pattern）这一概念。Yu 认为生态安全格局是景观特定构型和少数具有重要生态意义的景观要素，这些结构和景观要素对景观内生态过程具有较好的支持作用，一旦这些位置遭受破坏，生态过程将受到极大影响。生态安全格局的组分对过程来说具有主动、空间联系和高效的优势，因而对生物保护和景观改变具有重要的意义[③]。

近年来，随着对生态安全的全面理解和可持续发展能力的重视，一些学者提出了区域生态安全格局的概念和规划设计方法[④]，将人类社会发展需求与生态可持续发展需求相结合，使生态安全格局从单纯的物种生态过程保护层面向生态、环境和人类活动多维度保护转移。因此，在这一意义上，生态安全格局已经超出了传统生物多样性保护的范围，可将其定义为：以维持区域可持续发展为导向的景观优化配置关键模式，针对区域生态环境主要问题，通过对区域尺度上斑块、廊道、网络等关键景观要素的优化配置，减缓或消除人类活动带来的负面效应，维持区域景观过程的连续性和完整性，适应不同使用者的多维功能需求，保护不同发展水平下区域可持续发展能力。

因此，生态安全格局注定是一个多学科知识交融的规划设计途径，它基于对区域生态变化趋势和内在关系特征的理解，将生态问题诊断、生态功能需求评估和景观格局规划三者紧密结合，通过发挥人的主观能动性促使景观向健康、稳定和可持续方向发展。

（二）景观生态学：格局与过程的相互作用

区域生态安全应该通过优化景观格局来实现。优化的景观格局来源于对景观格局与生态过程关系的充分了解，特别是要判定出哪些过程有害，哪些过程有利。通过改变景观格局，

---

① 肖笃宁，陈文波，郭福良. 论生态安全的基本概念和研究内容 [J]. 应用生态学报，2002，13（3）：354-358.

② 傅伯杰，刘世梁，马克明. 生态系统综合评价的内容与方法 [J]. 生态学报，2001，21（11）：1885-1892.

③ Yu K. *Security patterns and surface model in landscape ecological planning*[J].Landscape and Urban Planning, 1996,36（1）: 1-17.

④ 马克明，傅伯杰，黎晓亚，关文彬. 区域生态安全格局：概念与理论基础 [J]. 生态学报，2004，24（4）：761-768.

控制有害过程恢复有利过程，才能实现区域生态安全。优化的景观格局是基于相关理论支持的空间描述，能够方便地付诸实践和管理。

优化景观格局的实现手段是景观恢复与重建。景观恢复与重建是指恢复原生态系统间被人类活动断裂或破碎的相互联系，以景观单元空间结构的调整和重新构建为基本措施，包括调整原有景观格局，引进新的景观组分等，以改善受威胁或受损生态系统的功能。景观生态学关注的焦点是景观层次上的生态恢复模式及恢复技术，选择恢复的关键位置，构筑生态安全格局。

格局与过程相互作用的原理，如"集中与分散相结合"（Aggregate-with-outliers Patterns）和"必要格局"（Indispensable Patterns）原则、"景观生态安全格局"（Ecological Security Patterns in Landscape），以及节点网络和多用途系统单元的自然保护区设计方法，已在实践中进行了广泛应用并接受检验，都可为区域生态安全格局设计提供借鉴。

（三）干扰生态学：干扰与格局的相互作用

干扰一般指显著改变系统自然格局的事件，它导致景观中各类资源的改变和景观结构的重组。自然干扰可以促进生态系统的演化更新，是生态系统演变过程中不可或缺的自然现象。但是，人类干扰及其诱发的自然灾害却成为区域生态环境恶化的主要原因。人类干扰与自然干扰不同，它具有干扰方式的相似性与作用时间的同步性，干扰历时的长期性与作用的深刻性，干扰范围的广泛性与作用方式的多样性，以及干扰活动的小尺度与作用后果的大尺度等特点。

区域生态安全格局设计的目的就是针对干扰的这些特点，排除与生态环境问题相应的人为干扰，并通过有利的人类干扰恢复自然生态格局与过程。干扰改变景观格局同时又受制约于景观格局。干扰在不同景观类型和不同程度的异质性景观中扩散能力有明显差异，通过改变景观格局可以控制干扰的形成和扩散，因此研究干扰对区域生态格局的破坏以及区域生态格局对各类干扰的影响是进行区域生态安全格局设计的基础。景观格局对干扰的反应存在一系列阈值，只有在干扰规模和强度高于这些阈值时，景观格局才会发生质的变化。区域生态安全格局设计应该在明确人类干扰效应阈值的基础上进行。

确定人类干扰适宜尺度最安全、最可靠的办法就是通过对自然干扰的发生尺度和运行机制进行研究，向自然界学习。既要注意研究有利于原生生态过程的人为干扰，作为实施生态工程的依据，同时不能忽视它所带来的不良影响。总之，有目的地施加某些有益的人为干扰，促进生态系统恢复，是生态系统管理和实现区域生态安全的必要手段。

（四）保护生物学：生物多样性保护

日益剧烈和不合理的人类活动导致全球生物多样性的严重危机，当前生物多样性的丧失大大超出自然速度，引发了一系列生态环境问题。因此，作为生态安全的基础，保护和恢复生物多样性是实现区域生态安全的必由途径。保护生物学就是研究保护物种及其生存环境的科学，通过评估人类对生物多样性的影响，提出防止物种灭绝的对策和保存物种进化潜力的具体措施。具体包括物种迁地保护到栖息地保护，群落保护到生态系统和景观保护，环境对生物多样性的影响以及多样性对生态环境安全的意义等各个方面。目前比较活跃的研究领域主要是物种灭绝机制、生境破碎化的影响、种群生存力分析、自然保护区的建设、生物多样性热点地区的确定和保护以及公众教育与立法等。随着生物保护策略由物种转向生态系统和景观，景观规划设计在生物多样性保护中的作用日益突出。

建设区域生态安全格局可对生物多样性保护产生直接的促进作用，在生态学理论、方法、经验与生物多样性保护实践之间架起一座桥梁。而区域生物多样性的恢复为保持生态系统功能过程的完整性和稳定性奠定基础，从而确保了区域生态安全格局的可持续性。因此，针对区域生态环境问题，优化景观生态格局，从区域尺度保护和恢复生物多样性，维持生态系统结构和功能的完整性，才能长久实现区域生态安全。

（五）恢复生态学：生态系统结构和功能恢复

生态系统健康是保证生态系统服务功能的前提。生态系统健康是指一个生态系统所具有的稳定性和可持续性，即在时间上具有维持其组织结构、自我调节和对胁迫的恢复能力。健康诊断是对生态系统质量与活力的评价。区域生态安全的研究目的就是平衡人类在自然资源利用与生存环境质量需求之间的矛盾，保证生态系统在持续健康的状态下提供服务。

按照国际恢复生态学会的解释，生态恢复（Ecological Restoration）是研究恢复和管理原生生态系统完整性的过程。这种生态完整性包括生物多样性的临界变化范围，生态系统结构和过程，区域和历史内容，以及可持续的社会实践等。恢复生态学研究在不同方式的内外源干扰格局下特定生态系统类型受损或退化机理，探究生态系统选择性恢复或重建的方法和技术。

恢复生态学虽然关注的是生态系统，但必须涉及多尺度多层次的研究，内容十分综合。它包含了从分子至全球所有尺度上的生态恢复选择，具体有：①非生物要素（包括土壤、水体、大气）的恢复技术；②生物因素（包括物种、种群和群落）恢复技术；③生态系统（包括结构与功能）的总体规划、设计与组装技术。同时，它不仅包含对自然生态系统的生物多样性、系统结构和功能的选择性恢复，也包括对一定地域和时间尺度上人类的心理生态、社会生态、文化生态、经济生态的组成多样性、结构与功能过程的选择性恢复与重建。

虽然恢复生态学强调对受损生态系统进行恢复，但其首要目标仍然是保护原生生态系统；第二目标才是恢复已经退化的生态系统，尤其是与人类关系密切的生态系统；第三个目标则是对现有的生态系统进行合理的管理，避免退化；第四个目标是保持区域文化的可持续性。其他还包括实现景观层次的完整性、保持生物多样性以及良好的生态环境等目标。

由此可见，区域尺度的生态系统恢复目标符合了区域生态安全格局的要求，生态系统恢复措施为区域生态安全格局的构建和实施奠定了技术基础。区域生态安全格局设计应该在适当采用退化生态系统恢复技术和方法的同时，突出强调区域尺度上退化生态系统的空间恢复格局，从而达到恢复区域景观格局和功能的目的。

（六）生态经济学：自然资源保护性利用

生态经济学研究经济发展与环境保护之间的相互关系，探索对经济再生产与自然再生产之间的物质交换的合理调节，主张用较少的经济代价取得较大的社会效益、环境效益和经济效益。因此，生态经济学视域下，解决经济无序发展造成的一系列环境问题不乏对策和方法。

生物多样性和生态系统服务作为人类社会生存和发展的基础，是一种有限资源。但是，当前经济发展的主导模式和观念是获取一定时间内经济利益的最大化，这与可持续发展倡导的大时间尺度内经济效益、社会效益和生态效益的综合最大化存在着激烈矛盾。要解决这个矛盾，必须寻找人们能够接受的合理的生态、经济、社会效益评估方法，平衡经济发展与生态环境保护，并通过产权和税收等经济杠杆的具体实施来实现。

一些经济措施可以保护生物多样性，例如：①建立有效的产权制度，明确生物多样性的所有权关系；②对生物资源和生态环境进行合理定价，实行有偿使用；③建立生物多样性保护的财政调控系统；④健全国民经济核算体系，使其能反映出由于生物多样性丧失而带来的经济损失。

排污收费、产品收费、押金退款制度和可交易许可证制度是控制生态系统服务功能利用的经济措施，它们的实施保证了区域生态安全格局的建立。目前正在广泛进行的生态系统服务功能价值评估，为采用经济手段规范生态系统服务的利用奠定了理论基础。我国即将实施流域水资源分配及收费制度，但是森林砍伐、草场过牧等还缺乏相关经济措施。现在应该是大力提倡采用经济手段调控生态系统服务利用的时候了。

（七）生态伦理学：人与自然和谐区域生态

生态伦理学主要研究人对待自然的态度问题，存在着人类中心主义和非人类中心主义（或称生态中心主义）两种价值观。尽管单独的理论都存在偏颇，但它们都为生物多样性保护、生态系统恢复及建立人与自然之间的和谐关系提供了独特的道德依据。特别是倍受推崇的生态中心主义（Non-anthropocentralism），承认自然生态环境具有内在价值，强调人与自然的平等，适应了可持续发展的伦理要求，为解决生态环境问题提供了道德规范和社会认同。生态伦理学还注重研究基于生态伦理的原则和规范，比如它所提出的自卫原则、对称原则、最小错误原则和补偿正义原则，作为环境意义上的行为道德准则，为生态环境保护作出了贡献。应用生态伦理学原则指导实践，首先要确立可持续发展的观念，并关注人口发展的伦理、科技发展的伦理、环境保护的伦理、消费方式的伦理以及公众的环境伦理教育等，用这些行为道德准则来规范人类的社会经济活动。

在此基础上，环境社会学可以帮助解决一些实际生态环境问题，诸如：①人类、技术以及文化、社会和人格系统等如何影响自然环境？②自然环境的变化如何影响人类、技术以及文化、社会和人格系统？如何调控二者之间的关系？③环境衰退的社会根源是什么？④究竟谁应对环境破坏负责？⑤为什么一些环境问题早就存在，但只是到了特定时候才引起广泛注意？此类研究从更加实用的角度提出了社会与自然和谐的对策。

区域生态安全格局研究的终极目标是可持续发展，而生态环境问题发生的根源在于社会的不良环境意识。因此，及时从生态伦理学角度发现不利于自然生态的社会导向和行为，提出相应的解决对策，是消除生态环境问题的根本途径之一。

（八）复合生态系统理论：整体观

复合生态系统理论是区域生态安全格局研究的思想源泉。只有把人和人类活动看作生态系统的一个有机组分，综合考虑区域生态环境问题的生态、经济和社会机制，才能提出切实的解决对策。人类社会发展中的环境问题的实质就是复合生态系统的功能代谢、结构耦合及控制行为的失调，必须通过生态建设手段加以解决。通过生态规划、生态恢复、生态工程与生态管理，将单一的生物环境、社会、经济组成一个强有力的生命系统，从技术个性和体制改革和行为诱导入手，调节系统的主导性和多样性、开放性和自主性、灵活性与稳定性，使生态学的竞争、共生、再生和自生原理得到充分的体现，资源得以高效利用，人与自然高度和谐。

总之，区域生态安全格局研究以生态系统恢复和生物多样性保护为目的，以格局与过程的相互作用关系为原则，排除人类干扰对自然生态系统的影响，并寻找其社会经济原因来控制干扰源头，综合考虑社会、经济和生态系统的协调发展，从而实现区域生态环境的整体改善。可持续发展是区域生态安全格局研究的最高目标。

二、生态安全格局研究现状

国外对生态安全的研究始于20世纪70年代末，按照时间顺序和研究内容可以分为安全定义的扩展、环境变化与安全的经验性研究、环境变化与安全的综合性研究及环境变化与安全内在关系研究四个阶段，当前已进入环境变化和安全内在关系的探讨。

亚克维茨（Yakowitz）等利用多目标决策支持系统对美国亚利桑那州一个农业区域进行了控制水土流失、地表水质和增加农业收入导向的土地利用规划；[①] 什拉（Shila）等利用 GIS 和线性规划模型对伊朗甘米什卢（Ghamishloo）野生动物保护区土地利用结构进行了多目标优化设计。[②] 张利权和王海珍利用网络结构指标对厦门岛最优绿地网络格局进行

---

① Yakowitz D S, Lane L J, Szidarovszky F. Multi-attribute decision making: dominance with respect to an importance order of the attributes[J]. Applied Mathematics and Computation, 1993, 54（2）: 167-181.

② Hajehforooshnia S, Soffianian A, Mahiny A S, et al. Multi objective land allocation（MOLA）for zoning Ghamishloo Wildlife Sanctuary in Iran[J]. Journal for Nature Conservation, 2011, 19（4）: 254-262.

了优化设计，提出了功能与费用平衡的网络发展模式。[1]雷涛（Leitao）和阿赫恩（Ahern）则提出利用景观格局指数进行可持续景观规划的方法框架，该框架由水平分析与垂直分析两部分五个步骤构成，可较好地用于可持续景观规划。[2]

一些学者开始利用经验数据模拟潜在的生态过程扩散特征，建立和使用费用距离模型分析和模拟潜在的最优空间布局模式阿德雷森（Adriaensen et al.，2003），由于具有适度的数据需求和直观模拟生态过程，这一方法得到广泛应用古郎夏（Gurrutxaga et al.，2010；普灵格 Pullinger et al.，2010；贝雷 Beier et al.，2011；萨叶雷 Sawyer et al.，2011），已经成为景观可持续规划的重要方法，通过比较不同距离水平和潜在利用率便可非常容易地判断出景观要素的优先性，从而构建可持续的景观格局。图论模型是最近才开始应用于景观规划领域中的新方法，通过将各种生态过程图形化，利用景观格局指标探讨不同景观要素的优先性，从而构建强壮的可持续景观网络结构。这一模型近年来受到越来越多的关注，例如绍拉（Saura）和托尔内（Torne）（2009）基于图论网络分析理论开发了生境斑块重要性评估软件 Conefor Sensinode 2.2，并在众多规划研究中有所应用；而麦克雷等（McRae et al. 2008）则提出了利用电路理论评估景观连接度用于生态保育规划。

国内目前生态安全格局研究主要以景观格局优化、土地利用结构优化、生态系统服务价值、生态系统承载力、生态足迹评估、土地资源可持续利用等为切入点，研究区域主要集中在一些生态敏感区，如郭明等对黑河流域酒泉绿洲景观生态安全格局进行了分析[3]，王月健分析了玛纳斯河流域生态安全格局与农业生产力演变[4]；对快速城市化区域的生态安全格局研究包括：李月辉等对沈阳市城市空间扩展的生态安全格局的研究[5]，俞孔坚等对北京市生态安全格局及城市增长的预景[6]和胡道生等对城市新区的生态安全格局的分析[7]。

此外，还有生态环境脆弱地带的生态安全格局分析，包括刘吉平等对别拉洪河流域湿地鸟类丰富度的空间自相关分析[8]和杨子生等对云南金沙江流域土地利用生态安全格局的研究[9]。

---

[1] Zhang L, Wang H. Planning an ecological network of Xiamen Island（China）usinglandscape metrics and network analysis[J]. Landscape and Urban Planning, 2006, 78（4）: 449-456.

[2] Leitao A.B, Ahern J. Applying landscape ecological concepts and metrics insustainable landscape planning[J]. Landscape and Urban Planning, 2002, 59（2）: 65-93.

[3] 郭明，肖笃宁，李新. 黑河流域酒泉绿洲景观生态安全格局分析 [J]. 生态学报，2006，26（2）: 457-466。

[4] 王月健，徐海量，王成，凌红波，刘红玲，王绍明. 过去 30a 玛纳斯河流域生态安全格局与农业生产力演变 [J]. 生态学报，2011，31（9）: 2539-2549。

[5] 李月辉，胡志斌，高琼，肖笃宁，胡远满，穆阳，关竹心，张小云. 沈阳市城市空间扩展的生态安全格局 [J]. 生态学杂志，2007，26（6）: 875-881。

[6] 俞孔坚，王思思，李迪华，李春波. 北京市生态安全格局及城市增长预景 [J]. 生态学报，2009，29（3）: 1189-1202。

[7] 胡道生，宗跃光，许文雯. 城市新区景观生态安全格局构建——基于生态网络分析的研究 [J]. 城市发展研究，2011，18（6）:37-43。

[8] 刘吉平，吕宪国，刘庆凤，高俊琴. 别拉洪河流域湿地鸟类丰富度的空间自相关分析 [J]. 生态学报，2010，30（10）: 2647-2655。

[9] 杨子生，王云鹏. 基于水土流失防治的云南金沙江流域土地利用生态安全格局初探 [J]. 山地学报，2003，21（4）: 402-409。

近年来，一些学者提出了区域生态安全格局的概念与理论基础[1]、设计原则与方法[2]，将研究尺度扩展到区域上，力求在宏观层面上谋求社会经济需求与生态安全的平衡。我国的西北干旱区、西南喀斯特地区、黄土高原地区以及农牧交错带，由于干旱缺水、水土流失和强烈的人类活动，生态环境非常脆弱。2008年的南方雪灾和汶川地震引发的生态安全问题更加吸引社会各界的广泛关注，如何在灾后地区和生态脆弱区构建安全的生态格局，成为目前研究的热点。[3]

三、生态安全格局研究方法

（一）数量优化方法

1. 最优化技术法

最优化方法是从所有可能的方案中搜索出最合理的、达到事先预定的最优目标方案的方法，主要包括了线性规划、非线性规划、多目标规划、动态规划以及图论与网络流等。土地利用数量结构优化属于较典型的多目标规划问题，它是在全面认识区域土地资源现状构成及存在问题的前提下，对土地资源数量结构进行调整，使其达到经济、生态和社会效益的最大化。1984年，加拿大的一个评估小组最早将多目标规划应用到土地利用配置中。随后，多目标规划作为土地利用结构优化强有力的工具得到广泛应用，其主要步骤包括目标函数和约束条件的建立以及多目标优化模型的求解和方案择优。戴维·马科夫斯基（David Makowski）以欧共体农用土地资源面临的最主要的污染问题为导向，以氮流失量最小为规划目标，建立了农业土地利用结构优化模型。[4] 加百列（Gabriel）等以马里兰州蒙哥马利郡为例，采用多目标优化模型来优化土地利用结构。[5] 萨迪吉（Sadeghi）等本着最小的土壤侵蚀、最大的经济效益的目的，利用多目标线性规划技术，对伊朗克尔曼沙汗省布林凡德（Brimvand）流域土地利用方式进行优化配置。[6]

最优化技术法在应用时仍有需要改进的地方。首先，对生态效益考量的指标和标准体系还不完善。目前，在数量结构优化中多以经济效益为主导目标，而生态效益尚缺乏系统的量化标准，因此常以森林覆盖率等作为生态约束条件，以政策规定或地方经验值作为生

[1] 黎晓亚，马克明，傅伯杰，牛树奎. 区域生态安全格局：设计原则与方法 [J]. 生态学报，2004，24（5）：1055-1062.

[2] 肖笃宁，陈文波，郭福良. 论生态安全的基本概念与研究方法 [J]. 应用生态学报，2002，13（3）：354-358.

[3] 郝润梅，海春兴，雷军. 农牧交错带农田景观格局对土地生态环境安全的影响——以呼和浩特市为例 [J]. 干旱区地理，2006，29（5）：700-704；刘吉平，吕宪国，杨青，王海霞. 三江平原东北部湿地生态安全格局设计 [J]. 生态学报，2009，29（3）：1083-1090.

[4] Makowski D, HendrixEM T, van Ittersum M K, RossingW A H. *A framework to study nearly optimal solutions of linear programming models developed for agricultural land use exploration*[J]. EcologicalModelling, 2000, 1（131）: 65-77.

[5] Gabriel S A, Faria JA, Moglen G E. *A multi objective optimization approach to smart growth in land development*[J]. Socio-Economic PlanningSciences, 2006, 40（3）: 212-248.

[6] Sadeghi SH R, JaliliKh, NikkamiD. *Land use optimization in watershed scale*[J]. Land Use Policy, 2009, 26（2）: 186-193.

态指标的量化标准，近几年也有学者提出"碳平衡"①、"生态绿当量"② 等约束条件，但对于水土流失、土地退化、水资源安全等这类典型的区域生态问题，仍缺乏有效的约束指标，直接制约着土地利用生态安全格局的科学性和合理性。其次，基于数学规划的格局优化多停留在数量结构的优化上，难以进行格局的空间优化，其使用不免受到一定的限制。空间明晰化的优化模型考虑到空间格局的形成机制，能够对各种土地类型需求进行空间分配，提高了优化方案的可操作性，成为土地利用生态安全格局构建的主要趋势之一。

2. 系统动力模型

系统动力学模型（System Dynamics，简称 SD）是建立在控制论、系统论和信息论基础上的一种动力学模型，其突出特点是能够反映复杂系统结构、功能与动态行为之间的相互作用关系，通过规划目标与规划因素之间的因果关系建立信息反馈机制，考察系统在不同情景下的变化行为和趋势。已有的研究工作表明，SD 模型能够从宏观上反映土地利用系统的复杂行为，可用来模拟不同情景的土地利用。涂小松运用 SD 原理探讨了在经济发展优先和生态保护优先两种情景下，江苏省无锡市的土地资源优化配置。③ 杨莉建立了 SD 模型，对黔西县土地利用结构数量变化进行仿真模拟。④ SD 模型考虑到土地系统复杂的因果反馈机制，在模拟土地系统数量结构变化方面具有一定的可靠性，但是这种模型亦存在着缺陷和局限性。

首先，目前的 SD 模型仅能够模拟简单的、理想状况的土地利用结构。而土地利用系统是相互独立、相互作用的要素通过物质、能量和信息联系在一起的复杂系统。系统各要素之间具有强烈的非线性相互作用，复杂的反馈机制和显著的时空滞后性、不连续性和阈值。受到系统自身复杂性和研究者认识水平的差异和限制，构建模型时对系统各种要素、过程、因果反馈关系做了很多主观的、理想化的假设，造成模拟的结果往往脱离实际。其次，SD 模型缺乏模拟结果的空间表达，它通过建立各要素之间的因果反馈机制对土地利用数量结构进行模拟，但在空间可视化表达方面存在不足。

（二）空间优化方法

1. 基于生态学理论的景观格局优化模型

景观格局优化模型主要运用生态学理论来设计一些关键的点、线、面或其空间组合，保护和恢复生物多样性，维持生态系统结构和过程的完整性，实现对区域生态环境的有效控制和持续改善。以景观格局整体优化为核心，哈勃（Haber）建立了土地利用分异战略

① 汤洁，毛子龙，王晨野，徐小明，韩维峥. 基于碳平衡的区域土地利用结构优化——以吉林省通榆县为例 [J]. 资源科学，2009，31（1）：130-135。
② 刘艳芳，明冬萍，杨建宇. 基于生态绿当量的土地利用结构优化 [J]. 武汉大学学报（信息科学版），2002，27（5）：493-498。
③ 涂小松，濮励杰，严祥，朱明. 土地资源优化配置与土壤质量调控的系统动力学分析 [J]. 环境科学研究，2009，22（2）：221-226。
④ 杨莉，何腾兵，林昌虎，袁成军，童倩倩. 基于系统动力学的黔西县土地利用结构优化研究 [J]. 山地农业生物学报，2009，28（1）：24-27。

DLU（Differentiated Land Use）战略 ①，弗尔曼（Forman）提出了"不可替代格局"和"集聚间有离析"的景观整体模式。② 国内学者也有针对性地进行了研究。魏（Wei）构建最小阻力模型 MCR 对甘肃省石羊河流域景观格局进行优化配置。③ 关文彬认为景观生态恢复与重建是区域生态安全格局构建的关键途径。④ 孙立在景观格局分析的基础上形成北京市自然保护区分布格局"三区二带"的规划理念。⑤ 刘吉平基于 GAP 分析提出扩大保护区面积、建立廊道和设立微型保护地块的规划措施。⑥ 王伟霞构建了生态园区和生态廊道组成的生态空间安全格局。⑦

景观格局优化经历了从定性到定量，由静态到动态，由单一模型到多种模型综合的发展，但这种模型仍需要进一步完善。首先，景观格局构建的理论基础相对薄弱。由于景观格局优化是在景观格局与过程相互作用方式深入理解的基础上进行的，景观格局与过程相互作用也是复杂的过程，导致对景观各组分、不同景观类型、斑块及廊道相互作用方式的理解比较困难。目前的认识水平还无法满足对景观格局优化的理论指导要求。其次，景观格局的生态目标和评价标准难以确定，而这是景观格局优化设计的前提条件。景观安全格局的构建需要确定自然生态过程的一系列阈值和安全层次，提出维护与控制生态过程的关键性时空格局。最后，景观格局优化常在较小尺度上进行，如景观层次、自然保护区等，而在区域大尺度上对景观组分的调整存在一定困难。

2. 元胞自动机

元胞自动机（Cellular Automata，简称 CA）是体现时间、空间和状态都离散的空间相互作用及因果关系皆局部的网格动力学模型。CA 模型没有明确的方程形式，而是包含了一系列模型构造规则。CA 模型中的所有元胞是相互离散的，在某一时刻一个元胞只有一个状态，下一时刻状态是上一时刻领域状态的函数。近年来许多学者尝试运用 CA 模型探讨土地利用格局优化问题。马泰（Mathey）等在 CA 的进化算法中整合了时间和空间目标，探索了一种协同演化的 CA 模型。⑧

刘小平利用元胞的"生态位"适宜度来制定概率转换规则，并结合 GIS 进行土地可持

---

① Haber W. *UsingLandscape Ecology in Planning and Management*[M]. New York：Springer-Verlag，1990.

② Forman R T T. *Land Mosaics: the Ecology of Landscape and Regions*[M]. Cambridge：Cambridge University Press，1995.

③ WeiW，Zhao J，WangX F，Zhou Z Y，Li H L. *Landscape pattern MACRS analysis and the optimal utilization of Shiyang River Basin based on RSand GIS approach*[J]. Acta Ecologica Sinica，2009，29（4）：216-221.

④ 关文彬，谢春华，马克明，牛健植，赵玉涛，汪西林．景观生态恢复与重建是区域生态安全格局构建的关键途径 [J]. 生态学报，2003，23（1）：64-73.

⑤ 孙立，李俊清．北京市自然保护区空间布局与三区二带理念 [J]. 生态学报，2008，28（12）：6379-6384.

⑥ 刘吉平，吕宪国，杨青，王海霞．三江平原东北部湿地生态安全格局设计 [J]. 生态学报，2009，29（3）：1083-1090.

⑦ 王伟霞，张磊，董雅文，黄文钰．基于沿江开发建设的生态安全格局研究——以九江市为例 [J]. 长江流域资源与环境，2009，18（2）：186-191.

⑧ MatheyA H，Krcmar E，Vertinsky I. *Re-evaluating our approach to forest management planning: a complex journey*[J]. The Forestry Chronicle，2005，81（3）：359-364；Mathey A H，Krcmar E，Tait D，Vertinsky I，Innes J. Forest *planning using co-evolutionary cellular automata*[J]. Forest Ecology and Management，2007，239（1/3）：45-56；Mathey A H，Krcmar E，Tait D，Dragicevic S，Vertinsky I. *An object-oriented cellular automatamodel for forest planning problems*[J]. Ecological Modelling，2008，212（3/4）：359-371.

续利用规划。[①] 杨小雄则在 CA 模型中加入政策约束、适宜性约束、继承性约束等一系列约束条件来控制模拟过程，并以广西东兴市为例进行土地利用规划布局的仿真研究。[②] 王汉花提出基于多目标线性规划与 CA 模型的土地利用优化配置模型 MOP-CA。[③]

CA 模型自身固有的特点决定了它适合用于时空动态过程的模拟。然而，CA 模型仍有不足之处：①作为一种自下而上的建模方式，CA 模型主要取决于自身和领域状态的组合，因素过于单一，难以反映影响区域生态安全格局的社会、经济等宏观因素。区域生态安全格局不仅取决于系统本身局部规则的作用，也是各种尺度的多种因素综合作用的结果。微观自组织与宏观影响因素的有效结合，应该在 CA 模型中得到充分重视。②定义转化规则的理论基础薄弱。合理的转化规则是 CA 模型成功应用的关键。目前常用 CA 模型与其他方法结合起来定义转化规则，提高模拟性能，如利用神经网络来获得参数和转换规则，利用蒙特卡罗法引入随机干扰因素增加模拟真实性等。③空间尺度的选择问题。不同的空间尺度下，由于模型的表现效果以及影响模型的各种外在因素作用程度的差异，系统单元表现的规律也不相同。因此根据研究需要，确定合适的空间分辨率也是一个需要解决的问题。

（三）综合优化法

综合优化法是将不同的优化模型有机结合起来，寻求解决问题的最优方法。这种模型往往综合了各种模型的优点，又能满足数量结构上的优化，还考虑到空间格局的优化。目前，具有代表性的有 CLUE-S 模型和集成模型。

1. CLUE-S 模型

CLUE-S 模型是荷兰瓦赫宁根大学费尔堡（Verburg）等在 CLUE 模型基础上发展起来的，更适于区域尺度的土地利用变化研究。其基本原理是在综合分析土地利用的空间分布概率适宜图、土地利用变化规则和研究初期土地利用分布现状图的基础上，根据总概率大小对土地利用需求进行空间分配的过程。该模块包括非空间模块（土地利用数量需求预测）和空间模块（土地利用空间分配）。它能够模拟不同情境下的土地利用空间格局，在土地利用规划方面应用颇为广泛。Verburg 集成宏观经济模型 GTAP、综合评估模型 IMAGE 与 CLUE-S 模型对欧洲土地利用进行多尺度的优化配置。[④] 陆汝成应用 CLUE-S、Markov 复合模型及 GIS 技术分别在两种情景对比下对土地利用格局进行时空优化。[⑤]

① 刘小平，黎夏，彭晓鹃. "生态位"元胞自动机在土地可持续规划模型中的应用 [J]. 生态学报，2007，27（6）：2391-2402。

② 杨小雄，刘耀林，王晓红，段滔. 基于约束条件的元胞自动机土地利用规划布局模型 [J]. 武汉大学学报（信息科学版），2007，32（12）：1164-1167。

③ 王汉花，刘艳芳. 基于 MOP-CA 整合模型的土地利用优化研究 [J]. 武汉大学学报（信息科学版），2009，34（2）：174-177。

④ Verburg P H, Eickhout B, Meijl H V. *A mult-i scale, multi model approach for analyzing the future dynamics of European land use*[J]. The Annals of Regional Science, 2008, 42（1）: 57-77.

⑤ 陆汝成，黄贤金，左天惠，肖思思，赵小风，张兴榆. 基于 CLUE-S 和 Markov 复合模型的土地利用情景模拟研究——以江苏省环太湖地区为例 [J]. 地理科学，2009，29（4）：577-581。

尽管 CLUE-S 模型能够从时间 [1] 和空间 [2] 上对土地利用变化进行多尺度模拟,但是在模拟过程中亦存在许多需要改进的地方。诸如模型模拟的情景设定存在困难:CLUE-S 模型中所需要的土地利用数量需求作为外设参数应用到模型中,其客观性和准确性受到限制;CLUE-S 模型忽略了土地利用类型间的相互作用:土地利用变化是由自发性过程、自组织过程和土地利用类型之间的综合竞争作用的结果,该模型却未将邻域效应作为影响土地利用格局的驱动力,因而在自组织性过程明显的土地利用变化模拟中显得不足;CLUE-S 模型属于经验模型,预测的准确性受到驱动因子选择的影响:很多难以量化和预见的驱动因子,如政策、产权等人文驱动因子难以包含到模型中,难免对模拟结果的准确性产生影响。

2. 集成模型

不同模型在格局优化方面均存在自身的局限性,综合运用多种模型可以弥补单一模型在某些环节上的不足。何春阳等人结合 SD 模型与 CA 模型,建立了土地利用情景变化动力学模型 LUSD,模拟中国北方 13 省未来 20 年土地利用变化的情景。[3] 邱炳文结合宏观用地总体需求与微观土地利用适宜性,集成灰色预测模型、多目标决策模型、CA 模型、GIS 技术,建立了土地利用变化预测模型 GCMG。[4] 此外,还有一些学者结合 GIS 和水文模型、非点源污染模型等,通过模拟来构建流域生态安全格局。沃伊诺夫（Voinov）利用模块化的建模方法,开发了基于过程的 Patuxent 景观生态模型（PLM）和 Everglades 景观生态模型（ELM）。[5] 艾伦（Allan）以保护区域水质为目标,应用 GIS 和缓冲区设计方法,建立了小流域土地利用格局优化模型。[6] 塞佩尔特（Seppelt）旨在控制化肥引起的污染问题,将 GIS 以及景观空间分异模型应用在美国南部 Hunting Creek 小流域内的土地利用空间配置方案设计上。[7] 不同模型在解决特定问题上的优势使得多种模型的有机综合为土地利用生态安全格局构建提供一条有效实用的研究途径,尤其是计算机技术、GIS 技术、现代数学方法（遗传算法、神经网络、模拟退火等）的快速发展,已经成为格局优化强有力的工具。阿尔茨（Aerts）和胡弗林克（Heuvelink）利用模拟退火算法来解决高维的土地利用空间优化问题。[8] 霍兹坎培（Holzkamper）利用 C/C++ 语言和 GA 遗传算法库 GAlib,开发了一

[1] 刘淼,胡远满,常禹,贺红士,布仁仓.土地利用模型时间尺度预测能力分析——以 CLUE-S 模型为例 [J].生态学报,2009,29（11）:6110-6119。

[2] 盛晟,刘茂松,徐驰,郁文,陈虹.CLUE-S 模型在南京市土地利用变化研究中的应用 [J].生态学杂志,2008,27（2）:235-239。

[3] 何春阳,史培军,李景刚,潘耀忠,陈晋.中国北方未来土地利用变化情景模拟 [J].地理学报,2004,59（4）:599-607。

[4] 邱炳文,陈崇成.基于多目标决策和 CA 模型的土地利用变化预测模型及其应用 [J].地理学报,2008,63（2）:166-174。

[5] VoinovA, CostanzaR, FitzC, MaxwellT. *Patuxent landscape model: 1. Hydrological model development*[J]. Water Resources,2007, 34（2）:163-170.

[6] Allan I, Peterson J. *Spatial modeling in decision support for land-use planning: a demonstration from the LalLal catchment*,Victoria, Australia[J].Australian Geographical Studies, 2002, 40（1）:84-92.

[7] Seppelt R, Voinov A. *Optimization methodology for land use patterns using spatially explicit landscape models*[J]. Ecological Modelling, 2002, 151（2 /3）:125-142.

[8] Aerts C J H, Heuvelink G B M. *Using simulated annealing for resource allocation*[J]. International Journal of Geographical Information Science, 2002, 16（6）:571-587.

个土地利用格局优化软件 LUPOlib。[①] 徐昔保耦合 GIS、CA 模型和 GA 遗传算法,构建了两种情景下的土地利用优化模型 ULOM。[②] 杨励雅融合遗传算法、模拟退火算法和动态惩罚函数法,建立了在土地及人口约束下的土地利用形态和交通结构的组合优化模型。[③]

综上所述,由于不同模型在解决特定问题上同时具有优势和局限性,以及区域生态安全格局构建要综合考虑经济、社会、生态系统的协调发展,是涉及多学科、多尺度、多层次的综合性问题,故而在目前缺乏成熟完善的理论指导的情况下,多种模型的有机综合为区域生态安全格局构建提供了一条有前景的研究途径。

四、区域生态安全格局构建的基本思路

区域生态安全格局构建方法可整合为如下几个步骤(图7-1):

(1)区域生态现状分析。从土地利用变化特征、土地适宜性以及区域生态安全状况等三个方面对区域生态现状进行分析。根据地图代数方法,建立土地利用转移矩阵,在此基础上分析该区域的土地利用变化特征。按照 FAO 土地适宜性评价方法,将区域气候、地形以及土壤有机质等限制因子作为参评因子,该区域可分为三个适宜类(宜耕地、宜林地和宜草地)和四个适宜等级(高度适宜、中度适宜、临界适宜和不适宜)。基于"压力—状态—相应"模型,针对区域生态问题,构建区域生态安全评价指标体系、量化方法、评价模型,确定安全阈值,对研究区进行生态安全评价。在区域生态现状分析的基础上,识别生态系统中的脆弱敏感区和存在的主要功能问题,辨识区域尺度上影响生态安全格局的关键组分,分析自然或人为干扰的来源、频率、强度等特征,得到土地利用适宜性评价图、生态安全评价等级图、生态环境敏感性分析图或生态风险空间分布图等,为构建生态安全空间格局提供数据支持和目标导向。

(2)情景预案与目标设定。结合区域未来发展目标,从区域尺度上提出生态恢复和安全格局设计的初步方案,如保护重要生态功能区,恢复与重建生态敏感和脆弱区,控制干扰源等;设计多种情景预案,对未来干扰变化下的区域生态安全水平进行预测,对各预案可能导致的生态安全状况进行比较,在此基础上确定规划目标,如经济效益目标、生态安全目标、生态系统服务功能目标、土壤侵蚀控制目标等,平衡生态保护与社会经济发展的各种矛盾。

(3)区域生态安全格局设计。根据研究区数据类型、质量,在技术允许的条件下,采用综合集成优化法设计区域生态安全格局。首先,基于上一步设定的区域生态安全目标,采用多目标规划等最优化技术对土地利用数量结构进行优化调整;其次,采用 CA 模型、

① Holzkamper A, Seppelt R. *A generic tool for optimizing landuse patterns and landscape structures*[J]. EnvironmentalModelling& Software, 2007, 22(12): 1801-1804.

② 徐昔保,杨桂山,张建明.兰州市城市土地利用优化研究.武汉大学学报(信息科学版),2009,34(7): 878-881。

③ 杨励雅,邵春福,聂伟.基于混合遗传算法的城市土地利用形态与交通结构的组合优化[J].上海交通大学学报,2008,42(6): 896-899。

MCR 模型等空间直观模型，以及神经网络、遗传算法等仿生学优化算法，结合 GIS 的空间分析和制图功能，对土地利用进行空间优化配置。如此在数量和空间的双重优化下，构建的生态安全下的区域土地利用格局也较为可靠。此外，在方案设计过程中，应主动控制自然与人为干扰的影响，顺应一些原有景观格局，防止格局中一些关键部位被破坏，同时恢复和改善因不利干扰造成生态系统受损的关键部位。

（4）执行实施设计好的方案，动态监测方案的实施效果，并对监测结果进行评价，包括生态安全评价、景观生态评价等，找出实施结果与最初目标之间的差异，将获取的信息反馈到最初的设计中，作为方案调整的依据。

（5）从政府管理、政策制定与公众参与的角度，提出区域生态安全格局管理方案，根据社会经济的发展和区域生态安全的新问题，动态调整生态安全层次、建模技术和设计方案，不断优化区域生态安全格局，直到达到预定的安全目标。

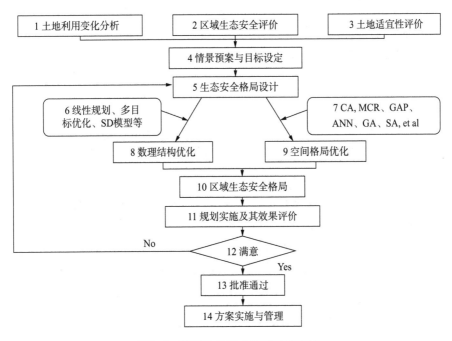

图7-1 区域生态安全格局构建方法

五、文化生态保护区安全格局的建立

在文化生态系统健康性的评价基础上，建立生态安全格局尤为重要。其重要意义在于维护或控制特定地段的某种生态过程。通过对生态过程潜在的和表面的空间分析，可以判别和设计景观生态安全格局，实现对生态过程的有效控制。不同区域具有不同特征的生态安全格局。对文化生态保护区安全格局的建立，可以引入景观生态安全格局理论。景观生态安全格局是指"景观中存在着某种潜在的生态系统空间格局，它由景观中某些关键局部、所处方位和空间联系共同构成"①。景观生态安全格局侧重于以下两个方面：①生物多样性和生态系统完整性；②生态系统状况与人类生存安全。

景观生态安全格局的构建以土地生态敏感性分析为基础，以"斑块—廊道—基质"为模式形成自然优先的景观格局。"斑块—廊道—基质"这一解释景观结构的基本模式普遍适用于各类景观，包括荒漠、森林、农田、草原、郊区和建成区景观。运用这一模式，景观生态规划可深入探讨地球表面的景观构成，定量和定性描述基本景观元素的形状、大小、数目和空间关系，以及这些空间属性对景观中的运动和生态流的影响。围绕着对这一系列问题的观察和分析，景观生态规划对区域的土地利用作出合理的安排，使其不仅符合土地垂直生态过程，还符合景观的水平作用过程。②

在城市规划的生态环境专题阶段，景观生态安全格局根据其发挥的生态功能的不同，一般可分为区域生态斑块、建设区内小斑块、生态廊道。大型斑块可以有效维持和保护物种的多样性，成为大型动物的生存场所。一般而言，两个大型的自然水景观斑块是保护某一物种所必需的最低景观斑块数目，4~5个同类型景观斑块则对维护物种的长期健康与安全较为理想。因此要保护斑块连接的完整性以及自然斑块物种和生境的原生性。景观生态规划中的安全格局表面模型③借助GIS表面扩散技术，针对景观生物多样性的保护，通过选择目标物种的栖息"源地"，依据景观单元对物种迁移的影响建立最小阻力表面（MCR）和耗费表面，识别"缓冲区（带）"、"廊道"、"可能扩散路径"、"战略点"等安全格局组分，通过对组分的有效调整和维护，能达到景观生态优化的目的。

借鉴景观生态安全格局的理论，文化生态保护区健康生态的基本路径总结如下：根据近年来的社会经济资料和实地调查记录，首先通过研究当地生态要素分布，在生态敏感区评价的基础之上，识别生态保护地区；再根据典型物种的空间分布规律和迁移特性及其他重要生态流（能量流、物质流和信息流）特征，确定重要生态斑块和生态廊道；综合考虑生态敏感区（生态要素垂直叠加分布）和生态廊道、斑块的分布（生态要素在水平空间分布），构建城乡一体的景观生态安全格局，并以此为前提建立城市空间结构；在人类活动集中区寻找"小型斑块"，通过建立和修复"通道"实现与"基质"、"大型斑块"的连接。

第四节　文化生态系统健康度

一、文化生态系统健康

随着中国城镇化、工业化、信息化、国际化的快速发展，文化生态保护区生态健康

---

① 俞孔坚.生物保护的景观生态安全格局[J].生态学报，1999（1）：8-15。

② 刘勇，刘东云.景观规划方法（模型）的比较研究[J].中国园林，2003，19（12）：10-11。

③ 俞孔坚.生物保护的景观生态安全格局[J].生态学报，1999（1）：8-15。

问题日益突出。"健康"一词在《简明不列颠百科全书》中的定义是："健康，使个体能长时期地适应环境的身体、情绪、精神及社交方面的能力。"[1]1946年世界卫生组织（World Health Organization）成立时在它的宪章中定义了健康的概念："健康乃是一种在身体上，心理上和社会上的完满状态，而不仅仅是没有疾病和虚弱的状态。"[2]完整的健康概念包括生理、心理和社会功能三方面的良好和完满状态，而不仅仅是生理上没有病态。

目前，生态系统健康尚无普遍认同的定义。不同学者从各自的学科背景和案例出发对生态系统的健康概念进行了定义。拉波特（Rapport）在他的专著《生态系统健康：环境管理的新目标》（*Ecosystem Health: New Goals for Environmental Management*）中阐明生态系统健康"不能等同于人类健康，生态系统没有病痛反映，它随时间的推移有活力并且能维持其组织及自主性,在外界胁迫下容易恢复"[3]。澳大利亚生态经济学家康斯坦萨（Constanza）认为：健康的生态系统稳定而且可持续，具有活力，能维持其组织且保持自我运作能力，对外界压力有一定弹性[4]。Karr认为："如果一个生态系统的潜能能够得到实现，条件稳定，受干扰时具有自我修复能力，这样的生态系统就是健康的。"[5]中国学者也尝试给出生态系统健康的定义。在《生态系统健康评价——概念构架与指标选择》一文中,作者把生态系统健康定义为"生态系统的内部秩序和组织的整体状况，系统正常的能量流动和物质循环未受到损伤，关键生态成分保留下来（如野生动植物、土壤和微生物区系），系统对自然干扰的长期效应应具有抵抗力和恢复力，系统能够维持自身的组织结构长期稳定，具有自我调节能力，并且能够提供合乎自然和人类需求的生态服务"[6]。

在学术界之外，国际组织也对生态健康作出了自己的定义。国际水生生态系统健康与管理学会（Aquatic Ecosystem Health and Management Society）将生态系统健康学定义为，"研究生态系统管理的预防性的、诊断性的和预兆的特征，以及生态系统健康与人类健康之间关系的一门科学，其主要任务是研究生态系统健康的评价方法、生态系统健康与人类健康的关系、环境变化与人类健康的关系以及各种尺度生态系统健康的管理方法"[7]。

---

[1]　美国不列颠百科全书公司.简明不列颠百科全书[M].北京：中国大百科全书出版社，1985。

[2]　WHO definition of Health, Preamble to the Constitution of the World Health Organization as adopted by the International Health Conference, New York, 19–22 June 1946; signed on 22 July 1946 by the representatives of 61 States（Official Records of the World Health Organization, no. 2, p. 100）and entered into force on 7 April 1948. In Grad, Frank P. The Preamble of the Constitution of the World Health Organization. Bulletin of the World Health Organization 80（12）: 982, 2002.

[3]　*Ecosystem Health: New Goals for Environmental Management* [M]//Costanza R，Norton Band Haskell, B. Ecosystem health. Washington, D.C.: Island Press, 1992.

[4]　Costanza R，Norton Band Haskell B. *Ecosystem Health*[M]. Washington, D.C.: Island Press, 1992.

[5]　*Assessing biological integrity in running waters: a method and its rationale*，James R. Karr, Illinois. Natural History Survey Division, Illinois Natural History Survey, 1986, 密歇根大学，2010年2月23日

[6]　袁兴中，刘红，陆健健.生态系统健康评价——概念构架与指标选择[J].应用生态学报，2001，12（4）：627-629。

[7]　Mc Micheel A J, Bolin B, Costanza R. *Globalization and the Sustainability of Human Health: an Ecological Perspectives*[J]. Bioscience, 1999（49）: 205-210.

二、文化生态系统健康性评价

探讨文化生态系统健康性评估不能不涉及"生态系统健康度"的概念。作为一个概念和一种实践，其历史可以追溯到苏格兰地质学家詹姆士·哈顿（James Hutton）的著作中的一些萌芽性理念[①]。同时在自然主义者奥尔多·利奥波德（Aldo Leopold）的文章中也能找到一些根源。20世纪70年代和80年代早期的出版物提供了一种全新的视角，用来比较个体层面和整个系统层面所面临的挑战的相似度。当时"生态系统医学"这个专业词汇被发明用于这个全新的领域，后来发展成为生态系统健康度的主要原则和概念。

至今，相当数量的文章是建立在"生态系统健康度"的概念上。但遗憾的是，这个理论的一些基本理念仍然存在争议。比如，如何才能定义生态系统的合理健康度？建立哪些指标可以用来检验所有的生态系统？如何评价生态系统的健康度？这些研究问题阻碍了"生态系统健康度"理论的向前发展。随着这些基本概念依旧存在争议，尽管人们知道怎样的生态系统是"不健康的"，可如何定义"健康生态系统"依旧困难。虽然定义和评估"生态系统健康度"依旧没有统一，对于不同的人群来说就有不同的含义。但评价原则在不同学科却有相同性。

社会绝大多数人定义"健康"就是"没有疾病"。在公共卫生领域，"健康"的含义远大于此（指"没有疾病"），它应包括生理、心理和社会的"良好状态"。本质上，"健康"应该有两个维度的含义。第一是维持新陈代谢的能力；第二是达成合理的人生目标的能力。因此，它包含了科学和人性的双重含义。因为新陈代谢是人的生理和社会经济分析和操作的基础，因此它是科学的；而人生目标的测定反映了我们社会的价值观和道德伦理，因此它是非常主观的，与每个人息息相关。

"健康"作为概念难于定义，但是在"健康和疾病"这对关系中，"健康"与"疾病"的含义是相反的。往往"疾病"更容易被理解，而"健康"就难以把握得多，因它必须消除一切获得"疾病"的可能性。从逻辑的视角来看，解释"疾病"比解释"健康"容易多了，原因在于用以解释的证据数量上是完全不对称的。因此，解释生态系统"健康度"与"疾病度"的难度也是不对称的。虽然无法找到一个相对客观的被大众所广泛接受的"生态系统健康度"概念，但是，人们普遍认为，对"生态系统健康度"的定义，应该包含"健康度"的量化指标、时空尺度指标和基于人类价值观的指标。

因此，我们得选取评价生态系统健康度的指标体系。在过去的十年中，许多指标被发明用于评价，而最近，一系列更能反映生态系统复杂度，更易用于管理的新指标体系被广泛应用：比如生物完整性指标（Index of Biotic Integrity）、网络优势指数（Index of Network Ascendency）。

---

① *The Theory of Rain. Transactions of the Royal Society of Edinburgh*, 1788. vol. 1, Part 2, pp. 41–86. *Theory of the Earth; or an investigation of the laws observable in the composition, dissolution, and restoration of land upon the Globe. Transactions of the Royal Society of Edinburgh*, 1788. vol. 1, Part 2, pp. 209–304.

但在现实世界中，由于组成成分数量繁多，非线性的交互活动、时滞和反馈以及空间异质，让生态系统变得无比复杂。这种复杂必须通过有效的方式处理才能被理解和测度。简而言之，生态系统已然如此复杂，它的测度不可能只有一个指标，而应该是一组在不同空间、时间、组织层次的指标体系。因此，这些能用于解释生态系统的指标，必须是一个整合的体系。

假设生态系统 E_1 对自然和人类社会之间的关系有着重要的含义，因此，需要被精确地评估。另假设一组指标 $X_1=\{x_{11}, x_{12}, \cdots, x_{1n}\}$ 用于解释这个生态系统 E_1，其中 n 表示有 n 个指标。如果有若干个生态系统 E_2, E_3, $\cdots$, E_n 和 E_1 有相同的人口数量和结构层次。

如此，就有一个指标矩阵，用于分析样本，其中 m 为样本的数量。$\{E_1{'}, E_2{'}, \cdots, E_m{'}\}$

$$X'=\begin{Bmatrix} x_{11}{'}, & x_{12}{'}, & \cdots, & x_{1n}{'} \\ x_{21}{'}, & x_{22}{'}, & \cdots, & x_{2n}{'} \\ \cdots \\ x_{m1}{'}, & x_{m2}{'}, & \cdots, & x_{mn}{'} \end{Bmatrix} \qquad （7\text{-}1）$$

式中，n 是指标的数量，m 是样本的数量。

在指标矩阵（7-1）中，第 i 个横排 $X_i{'}=\{x_{i1}{'}, x_{i2}{'}, \cdots, x_{in}{'}\}$ 表示了一组用于解释 i 个生态系统的指标体系；而第 j 个纵列 $X_j{'}=\{x_{1j}{'}, x_{2j}{'}, \cdots, x_{mj}{'}\}$ 表示用于解释所有生态系统的某个特殊的方面。

假设任一指标 $X_j{'}$ 在一个维度反映了生态系统的一个很小的方面。那么在这个维度上，$X_j{'}$ 应该呈正态分布，如果 m 数量足够大的话。因此，正态分布理论应该在任一维度能用于检测生态系统健康度的"质量"。

根据 Lindberg-Levy 中心极限定理，如果 $X_j{'}=\{x_{1j}{'}, x_{2j}{'}, \cdots, x_{mj}{'}\}$ 是一系列随机的变量 i，其生态系统的人口平均值为 μ，方差为 σ^2。如果 m 数量足够多，那么就有：

$$z_j{'} = \frac{\left(\dfrac{1}{m}\sum_{i=1}^{m} x_{ij}{'} - \mu\right)}{\dfrac{\sigma}{\sqrt{m}}} \to N(0,1) \qquad （7\text{-}2）$$

因此，$X_j{'}$ 的分布函数应该就是标准正态分布的密度函数，如下：

$$f\left(z_j{'}\right) = \frac{1}{\sqrt{2\pi}} e^{-\frac{z_j{'}^2}{2}} \qquad （7\text{-}3）$$

这个理论提供了一些区分人群非正常部分和正常部分的思路，它通过统计学方法评价了生态系统的"健康度"。

根据正态分布理论，我们知道：

$\mu \pm \sigma$（±1 标准差）覆盖了正态曲线下 66.7% 的面积；

$\mu \pm 2\sigma$（±2 标准差）覆盖了正态曲线下 95% 的面积；

$\mu \pm 3\sigma$（±3 标准差）覆盖了正态曲线下 99.7% 的面积。

因此，我们能断定，所有人口的 95% 在 $\mu - \sigma$ 和 $\mu + \sigma$ 之间。在这之间的那些样本应该是"健康"的。而在此区域之外（各 2.5%）的样本应该是"不健康"的。当然如何评价"不健康"的样本，对每个人来说，标准都不同，但是通常上面的 5% 标准和另一种 10% 标准得到广泛接受。

此外，也有一些学者致力于对生态系统健康评估的研究。20 世纪 90 年代兴起的综合分析法就是其中一种。康斯坦萨提出生态系统健康由活力、弹性和组织性这三个核心要素构成。[①] 而后的指标物种法、指标体系法、能值合成法、生态系统服务功能的价值评估方法、可持续性指数算法，以及生态系统健康指数方法等都是评估生态系统健康的方法。

张晓东从资源环境对产业结构的制约作用出发，构建了产业结构指数、经济效益指数、资源供需指数、资源效率指数和环境承载力指数对区域产业结构的生态合理性进行了评价[②]；彭建等分析了不同产业类型对生态环境的影响机理，构建了区域产业结构生态环境影响指数，从而对云南省丽江市区域产业结构变动的生态环境综合影响进行了定量分析。[③] 在研究方法上，以能值、生态足迹、系统动力学模型、人工神经网络模型、投入产出法、灰色系统分析和多目标规划法为主的定量分析方法开始应用于城市群地区产业集聚的生态环境效应评价、产业集聚与生态环境相互关系模拟及情景预测之中。

目前，生态系统健康的评价方法主要有四大类：指标体系法、统一换算法、指示物种法和关键区域指示法，其中，最为常用的是指标体系法。

（一）指标体系法

指标体系法首先选择能够表征生态系统主要特征的一系列指标，并对这些指标进行归类，分析每个指标对生态健康的意义，如生态指标、物理化学指标、社会经济指标等；然后对各个指标进行标准化，确定每个指标的权重；最后确定评价标准，评价目标生态系统的健康状况。

由于评价尺度、目标生态系统、指标筛选方法、赋权方法、评价标准等的不同，指标体系法可细分为多种不同的方法。

1. 尺度

在生态学中，尺度是指所研究的目标生态系统的面积大小（空间尺度）或其动态变化的时间间隔（时间尺度）。不同尺度的研究，内容也不尽相同。建立长期时间尺度上的健康监测指标，研究区域生态系统动态和演替过程，是生态系统健康评价的一个重要发展方

① Ecosystem Health：New Goals for Environmental Management [M]//Costanza R，Norton，Band Haskell，B. Ecosystem health. Washington，D.C.：Island Press，1992.
② 张晓东，池天河 . 基于区域资源环境容量的产业结构分析——以北京怀柔县为例 [J]. 地理科学进展，2000（4）：366-373.
③ 彭建，王仰麟，叶敏婷，常青 . 区域产业结构变化及其生态环境效应——以云南省丽江市为例 [J]. 地理学报，2005，60（5）.

向。如引入 GIS 技术，进行长期基于土地利用变化的区域生态系统健康评价。

2. 目标生态系统

由于目标生态系统的不同，在特征指标选取、评价方法选择上也有很大的不同，如城市生态系统、河流生态系统、湖泊生态系统、湿地生态系统、草地生态系统、森林生态系统、湖滨带生态系统、海岸带生态系统等。

3. 指标筛选方法

目前，将模型引入指标筛选过程，克服指标选取的主观性是大势所趋。其中，最为常见的是基于 PSR（压力—状态—响应）模型的指标筛选方法。

4. 赋权方法

由于赋权方法的不同而衍生出的生态系统健康评价方法是最多的。

主观赋权法多采用咨询和评分的方法来确定系统的指标权重，再对数据进行标准化处理，如专家打分法、模糊综合评判法等。但这种方法的准确性不是很高。

客观赋权法是根据各指标间的相关关系或变异程度来确定权重的，主要有层次分析法、主成分分析法、熵值法、神经网络法、模糊聚类法、分形理论法等。确定权重时应充分的考虑指标本身的相对重要性。

目前人们大多采用主客观同时赋权的方法进行评价。首先根据专家的经验对指标的权重进行确定，然后综合主客观确定的权重，进行加权平均处理。

5. 评价标准

目前学界尚没有统一认可的生态系统健康标准。依据人类对生态系统健康的实际要求，一般将健康的标准分为 5 级：病态、不健康、临界状态、健康、很健康，每一标准在不同的评价方法中对应不同的数值。

一般地，可将生态城市的建议值作为很健康的标准值，以区域最低值为病态的限定值，在前者基础上向下浮动 20% 作为较健康和一般健康的标准值，在后者基础上向上浮动 20% 作为不健康和一般健康的标准值，前后两次确定的一般健康标准值相互调整得到最终值，成为城市生态系统健康评价标准。

指标体系法选择不同组织水平的生物类群，而且考虑到了不同的尺度，同时将社会经济和人类健康等新的指标集引入到指标体系中来，体现了自然与人类活动的综合作用对于生态系统健康的影响，实现了生态、经济、社会三要素的整合，近年来在生态系统健康评价中被广泛应用。但现行的指标体系多是对传统评价指标的完善，部分研究方法在权重的判定上具有一定的主观色彩，或在健康标准的分级上仍存在争议，因此，关于指标体系法的全面性、科学性和典型性问题还有待深入研究。

（二）统一换算法

将不可比较的表征生态系统健康性的各类指标换算为可比较的测度单位，如生态足迹、能值、生态系统服务价值等。

1. 生态足迹法

生态足迹是指能够持续地向一定人口提供他们所消耗的所有资源和消纳他们所产生的所有废物的土地和水体的总面积。生态足迹对可持续性的度量，主要依据生态足迹和生态承载力差值，最后以生态足迹的大小来评价生态系统的健康状态。

2. 能值法

指以能值为测度单位的环境—经济系统综合核算方法，着重于系统整体特征，不同生态系统类别具有不同的能值转换率，最后以区域整体能值的高低来评价生态系统的健康状态。

3. 生态服务功能价值法

生态系统不仅为人类提供了食品、医药和其他生产生活原料，还提供了一系列的相关功能和服务，包括保存生物进化所需要的丰富的物种与遗传资源，提供太阳能，二氧化碳的固定，有机质的合成，区域气候调节，维持水及营养物质的循环，土壤的形成与保护，污染物的吸收与降解及创造物种赖以生存与繁育的条件，维持整个大气化学组分的平衡与稳定，以及由于生物多样性所形成的自然景观及其具有的美学、文化、科学、教育价值等。生态系统的这些功能虽不表现为直接的生产与消费价值，但它们是生物资源直接价值产生与形成的环境。

对生态服务功能价值进行评估，评价生态系统的健康状态。

（三）指示物种法

指示物种法主要是通过监测生态系统中指示物种对环境胁迫的反应，如种群数量、生物量、年龄结构、毒理反应、多样性、重要的生理指标等，来间接评价生态系统的健康状况。这些物种或类群通常是生态系统的关键种、特有种或濒危种，其数量及分布对环境质量的改变具有较为敏感的响应，研究它们的物种丰度、均度、多样性、机体的化学组成、繁殖和生长等特性能够间接指示生态系统的健康状况。如对于水生生态系统而言，其常用的指示物种有浮游生物、底栖无脊椎动物、营养顶级的鱼类等。

指示物种法最初在水生生态系统健康的评价中得到广泛应用，随后逐步发展成为生态系统健康评价的基本方法。该方法比较简单、容易操作，但是缺乏完善的指示物种筛选标准，指示物种选取的好坏直接影响到评价结果的可靠性。鉴于生态系统的复杂性，单凭一些指示物种无法完全反映整个生态系统的状态，大多数生态学者建议不能仅依靠单一的物种来评价生态系统的健康状态。因此，在选取指示物种时，要了解物种在生态系统中所处的地位与作用，明确它们对生态系统健康指示作用的强弱。

（四）关键区域指示法

指示区域法就是采用一些关键的敏感区域作为生态系统健康的指示器，实际上是从指示物种法变化而来的，它对于评价大尺度生态系统的健康具有很强的实践意义。

如一些学者建议将湖泊作为评价生态系统健康的"警报器"。湖泊汇集了各种陆地水体，而水循环是地球上其他物质循环（如氮、磷等）的载体，它的健康与否在一定程度上可以间接反映该湖泊集水范围内的生态系统健康状况，尤其是水生生态系统。当然，具有这种指示作用的湖泊必须具备一定的条件：①该湖泊是流域内所有水体的汇集点；②湖泊与汇入的支流具有良好的水文和生态联系；③没有人工渠道直接向湖泊排污，换言之，就是假设污染物来源主要通过入湖径流输入。

第五节　文化生态系统敏感性分析与濒危度

一、文化生态系统敏感性分析

如同自然生态一样，文化生态链条上任何一处的损坏或消失都有可能导致整个生态平衡的破坏。在文化生态系统中，有一些要素比较容易受到内外因素的影响而发生改变，进而影响文化生态系统的稳定和发展。诸如自然环境、语言、传统价值观念、信仰、人际关系结构、文化传承者等都是文化生态系统中的敏感部分。

首先，自然环境因素是影响文化生态的一个直接因素。自然环境的改变直接影响文化事物生存的土壤，也带来文化生态系统的明显变化。比如，传统上，长江三峡地区一些水流湍急的河道上都会有人拉纤，并有劳动歌曲、船工号子等伴生的文化事象。但随着三峡大坝的建设，原有的险滩暗流都已消失，拉纤以及与之相关的文化现象也就出现了明显的萎缩。

其次，社会发展因素更是影响文化生态环境的重要因素，包括语言、传统价值观念、信仰、人际关系结构和文化传承者本身。比如最为抽象的传统社会的价值观念在现代社会发生的微妙变化，会进而影响到区域内非物质文化遗产的面貌。以北京妙峰山的花会活动为例，"过去行香走会就是'抢洋斗胜'、'耗财买脸'，赚钱的事情连想都不要想"[1]。而今却是"走会赚钱，按陈旺（花会会首）的激愤之辞是：'瘾也过了，脸也露了，饭也吃了，钱也赚了。'"[2] 而今倘若想要遵守"分文不取，毫厘不要"[3]，"车笼自备，茶水不忧"[4] 的传统走会方式，反而没有什么吸引力，没有人愿意参加走会，可见金钱观念的强化不知不觉也改变了民俗传统的内容。

非物质文化遗产面貌的改变或消逝主要是受到现代文明的冲击。这包括生产方式的转

---

① 吴效群. 妙峰山：北京民间社会的历史变迁 [M]. 北京：人民出版社，2006：283。

② 同上。

③ 同上。

④ 同上。

变和现代市场经济的发展带来的各种方面的变化，例如价值观念改变、现代科技的发展、就业构成变化、社会结构转型等方面的变化。

生产方式的转变带来的影响最为明显。由于分工的更加细致和第二、三产业的兴起，传统农耕型生产方式在经济生活中所占的比重逐渐弱化，越来越多的人不再从事传统的农事，而选择外出就业，基于农业生产发展起来的传统文化遭到动摇。传统的手工制造业被大机器化生产的方式所代替，使大量传统手工制造技艺的形态面貌发生改变。例如方李莉在《从文化遗产到人文资源：西部人文资源研究总报告书》中谈到："凤翔泥塑本来是当地农民用于祈祷、庆祝、迎送一类的民俗活动中的道具，但现在已经成为当地富有特色的民间工艺品而进入市场。由于需求量增大，传统的家庭传授技艺方式使劳动力得不到满足，因此制作泥塑对外雇工成为必然。雇工学习的主要是制作技艺，而不包括捏塑的创作性技艺，以及蕴含在泥塑后面的文化意义。因此泥塑的制作还仍然存在，其生产规模还得到了更大的发展，但其中的文化内涵与意义却被抽离。"[①]杨阳在《自然、文化、人》中指出，受到市场的吸引，一些传承人也不再恪守祖辈流传下来的规矩，开始对文化进行人为的改造。一些最具有文化符号和象征意义代表性的仪式的表演化色彩愈发突出。"由于游客的介入，古老祭祀的目的已发生了变化，毕摩们变成了表演者，村民成了局外人、旁观者和供客人拍照的对象。神圣的宗教和神话的演绎和狂欢，变成了廉价的搞笑和逗乐。"[②]

市场经济的发展也加速了社会结构的转型。这种转型的体现之一是，局部社会或社区的管理体制、管理制度的转变。支撑传统乡土社会内部稳定运转的一些制度和组织均在一定程度上弱化。

现代的经济生产关系也替代了传统的以血缘、地缘、业缘为纽带的基础的社会关系，将人与人的社会关系简单化为分工合作的经济关系。契约制度取代了传统社会中的"熟人社会"模式。一些依赖民间自治组织、互助组织、民间约定、传统道德来维系的文化事象，其生存和传承因为它们的不断衰落而受到威胁。家庭结构和亲属关系的变化也是社会转型的一个重要表征。

此外，市场经济进程促进了科技的发达，大众传媒的普及，城市化进度的提高，传统社会的面貌发生了翻天覆地的变化。通过传媒，人们开始了解从未去过的地方和社会的人们的生活习惯、行为方式、风土人情、经济发展、政治大事等，并进行直接或间接的交流。生活方式逐渐从传统的、自给自足的、单一的、封闭的、慢节奏的生活方式转向现代的、互动的、多样的、开放的、快节奏的生活方式。这种爆炸式的开放和交流，使不少人开始动摇和放弃自身所拥有的文化传统，在缺少文化自觉意识的情况下，传统文化体系面临着重重挑战。

---

① 方李莉.从"遗产到资源"的理论阐释——以费孝通"人文资源"思想研究为起点 [J].江西社会科学，2010（10）：186-198.
② 杨阳.自然、文化、人 [J].西部人文通讯，2004（1）。

上述的这些现象在中国国内并不鲜见。这都说明了包括语言、传统价值观念、信仰、人际关系结构、文化传承者本身在内的社会发展因素更能影响文化生态环境。

二、文化生态濒危度及其分析

（一）文化生态濒危度

文化生态的濒危是由多种因素共同造成的，可以从其内在结构平衡度、环境完整度、传承发展远景几个方面考量，可分为生态状况情况好、良好、不乐观、濒危四个等次。一般来说，生态状况较好的地区通常在文化生态的原生性、完整性、平衡性、可扩展性方面表现得较为优良，区域内的非物质文化遗产项目传承有序，保护现状理想，未来发展的前景也较为乐观。生态状况较好则是指区域内项目的传承、保护情况总体正常，但有个别项目或者其所在环境出现不良迹象；生态状况不乐观指区域内的生态环境受到明显破坏，传承受到的阻碍较多，非物质文化遗产的原貌、功能发生明显改变；生态状况濒危指遗产所处生态环境的原真性和完整性已受到重大破坏，且项目的传承过程遇到阻碍，非物质文化遗产面临失传。

（二）文化生态濒危的主要问题及其成因

那么，哪些要素的变动会直接影响文化生态的面貌，最终导致该地区非物质文化遗产项目的濒危？这些要素的变动和濒危度的关系如何？笔者以为有如下要素：

（1）原有自然环境发生根本改变。这一要素对文化生态平衡影响重大，直接影响该地的非物质文化遗产。自然环境发生的改变主要影响到区域内传统农、牧、渔、手工业等生产、商业行为。例如，当传统生产的原材料获取出现困难，无法得到基本的满足时，建立在其基础上的非物质文化遗产连同物质遗产就很难得到保护和发展。这不仅导致其逐步萎缩消亡，也会在很大程度上影响当地民众对先人及他们创造的遗产的认知，从而导致他们对尚存遗产的理解和传承发生偏差。

（2）非物质文化遗产社会功能的转变和消退。这一要素也是影响文化生态，从而波及非物质文化遗产的传承和发展。非物质文化遗产的社会功能是某一文化生态区域的内核之一，也是地区内传承、传播的首要前提。从历史发展的整体进程上看，逐渐失去功能的，或者其功能不能适应所处时代需要的非物质文化遗产项目，都很难在历史的长河中得以留存。因此，当区域内非物质文化遗产的社会功能因自然、政治、经济等因素发生根本改变或消退时，遗产项目就会面临消亡的可能性，区域内的文化生态平衡也将受到挑战。

（3）非物质文化遗产在现代社会的适应程度。除了上述其社会功能是否能够适应当下社会的发展外，遗产项目本身的运行，如传承方式、开展时间、精神内涵是否符合现代社会各种社会规则，是否能为传承的群体、文化的受众带来精神和物质等方面的实际利益，凡此种种的问题都影响着一个地区文化生态的整体情况。

（4）传承和传承主体的自行消解。传承人的健康状况和观念也间接影响着该地区的文化生态和非物质文遗产。传承人的健康状况恶化或突然过世将直接导致遗产项目传承的断裂。另外，传承人传承观念的转变也必须考虑。由于上文中提到的自然、社会、经济、现代文化冲击等原因，传承人面临着诸多现实困境，如职业、生活、收入、家庭情况等，这些微观因素与宏观的自然环境和遗产项目社会功能改变，一同影响着传承人对所掌握的知识、技能的认知和态度。一些不利于传承人生存的文化事务会被传承人所逐渐边缘化，一些拥有现代职业身份的传承人或者潜在的传承人人选，也会因工作、生活原因而放弃遗产的传承，进而直接影响到文化的传承和文化生态的面貌。

（5）与有形文化遗产关系的断裂。在文化生态区域内，有形文化遗产与非物质文化遗产联系的断裂，会破坏该文化生态保护区的完整性及平衡性。例如，作为有形文化遗产其中的一个类别，文化景观的退化就必然破坏该地区非物质文化遗产的传承。这一问题表现在传统文化活动场所的减少，传统文化活动的载体——人的减少，构成文化生态景观的传统文化项目数量萎缩，传统文化活动的内容因观念偏差而过分旅游化、表演化等方面。此外，作为构成一个地区文化生态成立的基础，标志性有形文化遗产的存亡对文化生态濒危度的影响甚大。一旦非物质文化遗产必要载体消失，该地区的文化特色便不复存在，某些非物质文化遗产项目也失去立足点。

（6）保护主体的理念和方法的局限性。这一因素在中国目前的文化保护，尤其是非物质文化遗产保护领域中表现得较为突出。由于不能很好地认识非物质文化遗产的特点和保护原则，保护主体尤其是政府行政机关对自身在保护中的角色认识存在偏差，人为干预传承、改动项目内涵等的做法屡见不鲜。这对遗产及其依存的文化生态的面貌均有很大影响。

具体分析原因不外乎以下几个方面。首先，缺乏科学的可持续保护与发展观念。很多地方政府或者实施具体保护的机构，包括传承主体，对遗产及文化生态的保护理论理解不足，更不必谈科学的保护理念，对保护工作如何开展都不知所措。其次，对区域内的当地民众缺乏尊重。部分地方为了保存和开发利用一些街区、古镇，而完全不顾原住民们的正常生活，或无视他们改善生活的要求和愿望，以至于这些地方只见房屋不见人，完全失去了其原有的生活方式、生产条件、特色风貌，人与物俱非。这样的做法与国际上通行的做法背道而驰。《关于历史地区的保护及其当代作用的建议》（简称《内罗毕建议》，1976）中提到，遗产地区既要不损害街区的历史特征，也需同时满足这些居民在社会、文化和经济方面的需要。只有这种双赢的方法才能促使人们更加支持文化遗产的保护工作。再次，传承人遴选失准。传承人遴选过程中尺度把握不准，一些地区以文化干部充当传承人，或将集体传承的文化遗产的传承人指定到某个人身上，或指定的传承人并非水平最高或最有代表性者。另外，研究与记录工作薄弱。面对文献不曾记录的或记录不深入的文化遗产，尤其是其中的非物质文化遗产，需要全面和深入的记录和研究。中国在现阶段，由于具体的工作都是当地文化馆、非物质文化遗产保护中心等工作人员来做，受学术能力、工作职能上的局限，很多地方无法科学地完成这一工作。有鉴于此，政府、民众尚无法细致地认识和理解文化生态系统的运行及发展规律，也就无法制定出行之有效的保护措施，更多的时候，只能照搬国外理论和实践经验，但实际上，中国与外国在这一问题上显然还是存在差异的。最后，保护工作缺乏协调和监督机制。伴随着遗产热的兴起，"重申报，轻保护"的现象愈发突出。很多保护工作都浮于表面，过分热衷于搞展览、演出、写申报材料，却并没有将目光置于文化的传承上，有的遗产项目的保护单位、传承主体甚至都不复存在。尽管国家近年来开始通过文化遗产退出机制等多种政策、资金手段极力避免这种情况的产生，但由于行政体制等方面的原因，很多问题无法得到根治，有效保护文化遗产的道路依然任重道远。

第六节　文化生态风险评价

一、相关理论基础

（一）生态风险评价的定义

生态风险评价（Ecological Risk Assessment，ERA）是一个预测环境污染物对生态系统或其中一部分产生有害影响可能性的过程，是继早期人类健康风险评价之后发展起来的新的研究热点。它是指一个物种、种群、生态系统或整个景观的正常功能受外界胁迫，从而在目前和将来减小该系统内部某些要素或其本身的健康、生产力、遗传结构、经济价值和美学价值的可能性。[1] 简单地说就是指生态系统受一个或多个胁迫因素影响后，对不利的生态后果出现的可能性进行评估。[2]

（二）生态风险成因及特点

生态风险的成因包括自然、社会经济和人类活动等诸种因素，其中自然因素如全球气候变化引起的水资源危机、土地沙漠化与盐渍化等；社会经济方面的因素包括市场、资金的投入产出、流通与营销、产业结构布局等；人类活动的因素包括传统经营方式和技术产出的生态风险、资源开发利用方面的风险等。当前，生态风险研究主要集中在生物工程引起的生态风险、生态入侵引起的生态风险以及人类活动引起的生态风险三类，特别是自然资源综合开发中尤为突出。如自然资源的保护性利用中，资源储量耗损率、资源利用方式与对策、资源价格和投资形式等的确定，都是在信息不完全的基础上进行决策，因而需要

---

① 卢宏玮，曾光明，谢更新等．洞庭湖流域区域生态风险评价 [J]．生态学报，2003，23（12）：2520-2530．

② U.S.EPA.Guidelines for Ecological Risk Assessment [R].EPA/630/R—95/002F.1998.

进行风险决策分析。

生态风险具有如下特点：

（1）不确定性。生态系统具有哪种风险和造成这种风险的灾害（即风险源）是不确定的。人们事先难以预料危害性事件是否会发生以及发生的时间、地点、强度和范围，最多具有这些事件先前发生的概率信息，从而根据这些信息去推断和预测生态系统所具有的风险类型和大小。

（2）复杂性。生态风险的最终受体包括生命系统的各个组建水平（包括个体、种群、群落、生态系统、景观乃至区域），考虑生物之间的相互作用以及不同组建水平的相互关联，即风险级联。

（3）危害性。生态风险所关注的事件是灾害性事件，危害性是指这些事件发生后的作用效果对风险承受者（这里指生态系统及其组分）具有的负面影响。这些影响将有可能导致生态系统结构和功能的损伤，生态系统内物种的病变，植被演替过程的中断或改变，生物多样性的减少等。虽然某些事件发生以后对生态系统或其组分可能具有有利的作用，如土地整理提高了土地的质量和产出率等，但是，进行生态风险评价时将不考虑这些正面的影响。

（4）内在价值性。经济学上的风险和自然灾害风险常用经济损失来表示风险大小，而生态风险应体现和表征生态系统自身的结构和功能，以生态系统的内在价值为依据，不能用简单的物质或经济损失来表示。

（5）客观性和动态性。任何生态系统都不可能是封闭的和静止不变的，影响生态风险的各个随机因素也都是动态变化的，因此生态风险具有动态性。它必然会受诸多具有不确定性和危害性因素的影响，也就必然存在风险。由于生态风险对于生态系统来说是客观存在的，所以，人们在进行区域开发建设等活动，尤其是涉及影响生态系统结构和功能活动的时候，对生态风险要有充分的认识。

（三）生态风险评价类型

生态风险评价的类型多种多样，其技术程序也具有可变性。按照不同分类标准，可进行如下分类。从生态系统整体考虑，生态风险评价可以研究一种或多种压力形成或可能形成不利生态效应可能性的过程，也可以是主要评价干扰对生态系统或组分产生不利影响的概率以及干扰作用效果。[1]

从景观生态学角度看，景观生态风险评价是在景观基础上，描述人类活动或自然灾害对生态系统结构、功能等产生不利生态效应的可能性和危害程度。[2]

① Lipton J，Galbraith H，Burger J，et al. *A Paradigm for Ecological Risk Assessment*[J].Environmental Management，1993（17）：125.

② 刘爽，GIS 支持的农业景观土地利用变化及其生态风险评价——以天津市宁河县七里海国家级湿地自然保护区及其周边地区为例 [D]. 天津：南开大学，2001。

从评价对象考虑，生态风险评价可以重点评价污染物排放、自然灾害及环境变迁等环境事件对动植物和生态系统产生不利作用的大小及概率[①]，也可以主要评价人类活动或自然灾害产生负面影响的概率和作用[②]。

从评价区域范围来看，区域生态风险评价是利用环境学、生态学、地理学、生物学等多学科的综合知识，采用数学、概率论等量化分析技术手段来预测、分析和评价具有不确定性的灾害或事件对生态系统及其组分可能造成的损伤。区域生态风险评价作为生态风险评价的一个分支，与单一地点的生态风险评价相比，它强调不确定性因素的作用，所涉及的风险源和评价受体都有区域分异现象。[③]

生态风险评价还可分为回顾性生态风险评价、生态系统的风险评价、监视性生态风险评价或生物安全性风险评价。回顾性生态风险评价是风险事件发生在过去或正在进行的，它的特点是评价试验数据必须结合现场的生态学研究结果，而且现场数据有时对问题的形成和分析有重要影响。生态系统的风险评价需要考虑在时间和空间上的综合效应，并且往往评价的重点集中在生态系统的耐性和恢复能力上。监视性生态风险评价是通过对环境关键组分的监视性监测而分析生态质量的趋势。它不仅可以发现风险，而且有助于防范风险。

总之，不管哪类生态风险评价，其关键都是调查生态系统及其组分的风险源，预测风险出现的概率及其可能的负面效果，并据此提出相应的规避措施。

（四）生态风险评价内容、步骤

由于生态风险评价首先起源于环境科学领域，因此最初生态风险评价的研究很多集中在评价污染物可能给生态系统及其组分带来的概率损失领域。然而，对生态系统具有危害作用且具有不确定性的因素不仅仅只是污染物，各种灾害（包括自然灾害和人为灾害）、转基因生物的逃逸、生态入侵、景观结构的恶性改变等，对人类生存和生态系统的结构、功能都存在极大的威胁，一旦发生必然会对生态系统造成损害，从而危及生态系统及其内部组分的安全和健康，因而它们也是生态系统的风险源。生态风险对应发生在生态系统的不同层次上，与之相适应的评估方法也各有侧重。生物技术引起的生态风险主要应用分子生物学和生化技术进行评估，而生态入侵引发的生态风险侧重于应用生态学知识。当然，应用哪些原理和方法，没有绝对的界限，有时需要综合应用。生态风险评价要利用生物学、毒理学、生态学、环境学、地理学等多学科的综合知识，采用数学、概率论等风险分析的技术手段等。生态风险评价步骤主要参考美国国家环保局 1992 年公布的《生态风险评价工作框架》（Framework for Ecological Risk Assessment，）和 1998 年公布的生态风险评价指

① Fava J A，Adams W J，Larson R J，et al.*Research Priorities in Environmental RiskAssessment*[J]. ToxicologicalChemistry，1987（10）：949~960.

② Barnthouse LW，Suter GW. *Use Manual for Ecological Risk Assessment*[J].ORNL- 6251，1988

③ 许学工，林辉平，付在毅等．黄河三角洲湿地区域生态风险评价 [J]，北京大学学报（自然科学版），2001,37（1）:111-120；鞠强，博斯腾湖区域生态风险评价研究 [D]. 乌鲁木齐：新疆大学，2007。

导方针》(Guidelines for Ecological Risk Assessment，)，整个过程如图7-2所示。

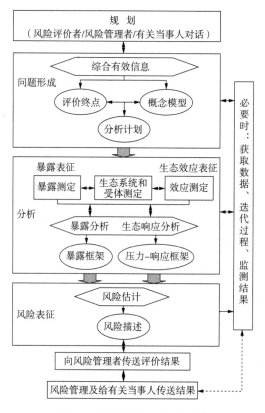

图7-2　生态风险评价的步骤

　　一般说来，生态风险评价主要包含以下四部分内容：危害评价（Hazard Assessment）、暴露评价（Exposure Assessment）、受体分析（Receptor Analysis）和风险表征（Risk Characterization），主要是以效应表征和暴露表征两个部分为基础的，集中在问题描述、分析和风险表征上。然而，由于生态风险评价运用范围极广，涵盖了从分子生态学到全球生态系统研究的广阔领域，所使用步骤、方法也各自不同。如巴恩豪斯（Barnthouse）等[1]将生态风险评价概括为以下几个步骤：选择终点；定性并定量地描述风险源；鉴别和描述环境效应；采用适宜的环境迁移模型，评价生态风险暴露的时空模式；定量计算风险暴露水平与效应之间的相关性；综合以上得到最终的生态风险评价结果。殷浩文[2]在对水环境进行生态风险评价时，将评价程序分为五个部分：源分析、受体评价、暴露评价、危害评价与风险表征。付在毅、许学工[3]介绍了与景观相关的宏观尺度生态风险评价方法，将区域生

① LW Barnthouse，G S Sayler，I I Glenn.A Biological Approach to Assessing Environmeutal Risks of Engineered Microorganisms[J].Springer Berlin Heidelberg，1988（18）：89-97.
② 殷浩文．水环境生态风险评价程序 [J]．上海环境科学，1995（11）：11-14。
③ 付在毅，许学工．区域生态风险评价 [J]．地理科学进展，2001，16（2）：267-271。

态风险评价的方法步骤概括为研究区的界定与分析、受体分析、风险识别与风险源分析、暴露与危害分析以及风险综合评价等几个部分。

区域或景观生态风险评价步骤如下：

（1）选择终点。评价终点是"期望保护的环境价值的明确表征"（U.S.EPA，1992），是指生态系统受危害性和不确定性因素的作用而导致的结果。终点选择有以下三个准则：终点的相关性（生态关联），终点对有关胁迫因子的敏感性，终点是否代表了管理目标。具体来讲，生态风险评价终点必须是具有生态学意义或社会意义的事件，它应具有清晰的、可操作的定义，便于预测和评价。这就要求生态终点是可以度量观测的。对陆地生态系统来说，潜在的生态终点包括植被覆盖率的变化、森林生产力的变化及某一物种的出现和消失等。景观生态学中那些与干扰相关联的，能反映生态系统概念及过程的景观格局指标如优势度、蔓延度、破碎度等，在生态风险评价中也可用以度量生态终点。

（2）受体分析。"受体"即风险承受者，在风险评价中指生态系统中可能受到来自风险源的不利作用的组成部分，它可能是生物体，也可能是非生物体。生态系统可以分为不同的层次和等级，在进行生态风险评价时，通常经过判断和分析，针对不同的风险因子，选取那些对风险因子的作用较为敏感或在生态过程中具有重要作用的生态系统，作为风险因子作用的受体，亦可用受体的风险来推断、分析或代替整个区域的生态风险。在进行区域景观生态风险评价时，在确定了景观生态风险评价受体之后，还要对受体进行分析。恰当地选取风险受体，可以在最大程度上反映整个区域的生态风险状况，又可达到简化分析和计算，便于理解与把握的目的。

（3）风险源分析。风险源分析是指区域中可能对生态系统或其组分产生不利作用的干扰进行识别、分析和度量。这一过程又可分为风险识别和风险源描述两部分。根据评价目的找出具有风险的因素，即进行风险识别。生态风险评价所涉及的风险源可能是自然或人为灾害，也可能是其他社会、经济、政治、文化等因素，只要它可能产生不利的生态影响并具有不确定性，即是生态风险评价所应考虑的。对区域或景观生态风险评价的风险源通常作用于较大的区域范围，影响的时间尺度也较长。风险源分析还要求对各种潜在风险源进行定性、定量和分布的分析，以便对各种风险源有更为深入的认识。这种分析一般根据区域的历史资料以及某一干扰发生的环境条件等因素进行。

（4）暴露和危害分析。"暴露分析"是研究各风险源在评价区域中的分布、流动及其与风险受体之间的接触暴露关系。如在水生态系统的生态风险评价中，暴露分析就是研究污染物进入水体后的迁移、转化过程，方法一般用数学或物理模型。区域或景观生态风险评价的暴露分析相对较难进行，因为风险源与受体都具有空间分异的特点，不同种类和级别的影响会复合叠加，从而使风险源与风险受体之间的关系更加复杂。"危害分析"是和暴露分析相关联的，其目的是确定风险源对生态系统及其风险受体的损害程度。传统的局地生态风险评价在评价污染物的排放时，多采用毒理实验外推技术，将实验结果与环境监测结合起来评价污染物对生物体的危害。有关区域或景观风险评价的危害分析,显然难以用实验室实验进行观测,而只能根据长期的野外观测,结合其他学科的相关知识进行推测与评估。

(5)风险综合评价。"风险评价"即评估危害作用的大小以及发生的概率的过程。风险评价是前述各评价部分的综合阶段,它将暴露分析和危害分析的结果结合起来,并考虑综合效应,得出区域范围内的综合生态风险值;将生态风险评价的其他组分有机地结合起来,得出评价的结论。另外,风险评价还应包括对风险表征方法、评价中的不确定性因素等方面的说明。在区域生态风险综合评价的过程中,要充分发挥地理学空间分析的特长,运用遥感(RS)、地理信息系统(GIS)等先进的技术手段,实现评价结果的定性、定量和可视化。

(6)生态风险管理对策。根据风险评价的结果,可以进一步提出综合的以及针对某个风险源、某方面影响的区域生态风险管理对策。

二、相关研究现状

(一)生态风险评价的发展历程

生态环境作为区域内各种自然因子组成的综合系统,是区域内人类和生物有机体的载体,是物质和能量的供应者,是人类生存和社会发展的基础。工业革命之后,在经济高速发展的同时,也引发了一系列生态环境问题,如物种灭绝、土地退化等,致使生态环境质量下降,严重影响了人类的生活质量,并制约着社会和经济的进一步发展。为了抑制生态环境的恶化,世界各国开展了人类活动对生态系统过度干预所引发的一系列生态环境问题的研究。生态风险评价就是随着生态环境问题和环境影响评价、环境风险评价研究逐渐兴起并得到发展的一个研究领域。

风险评价的历史可追溯到20世纪30年代,最开始主要进行环境影响评价的研究。环境影响评价(Environmental Impact Assessment,简称EIA)是指在一项人类活动开始之前即对它将来在各个不同时期所可能产生的环境影响(环境质量变化)进行的预测和评估。[①]环境影响评价大多是针对某一具体的工程或项目而做的。当时各工业化国家的环境管理政策目标是力图完全消除所有的环境危害,或将危害降到当时技术手段所能达到的最低水平。到20世纪70年代,这种"零风险"的环境管理逐渐暴露出其弱点,进入20世纪80年代后,便产生了风险管理这一全新的环境政策。生态风险评价就是适应环境管理目标和环境管理观念的转变而产生的。[②]生态风险评价(Ecological Risk Assessment,ERA)的概念是在1990年美国国家环保局(U.S.EPA)风险评价专题讨论会上提出的。在研究初期,它主要以化学、生态学、毒理学为理论基础,来预测污染物对生态系统的有害影响。20世

---

① 钟政林,曾光明,杨春平.环境风险评价研究进展[J].环境科学进展,1996(12):17-21;巫丽芸,黄义雄.东山岛景观生态风险评价[J].应用海洋学学报,2005,24(1):35-42。

② 付在毅,许学工.区域生态风险评价[J].地球科学进展,2001(4):261-271;毛小苓,刘阳生.国内外环境风险评价研究进展[J].应用基础与工程科学学报,2003,11(3):266-273。

90 年代初，美国科学家约书亚·立顿（Joshua Lipton）等人提出生态风险的最终受体不仅是人类自己，而且包括生命系统的各个组建水平（个体、种群、群落、生态系统乃至景观），并且考虑了生物之间的互相作用以及不同组建水平的生态风险之间的相互关系（即风险级联），这个更广泛的定义被普遍接受。之后，随着相关基础学科的发展，生态风险评价进一步发展和完善，研究领域也逐步扩大，评价技术也不断充实。1992 年美国国家环保局发表了《生态风险评价工作框架》（Framework for Ecological Risk Assessment）[1]，1998 年又公布了《生态风险评价指导方针》（Guidelines for Ecological Risk Assessment）[2]，对 1992 年的工作框架进行了完善和补充。其他国家，如加拿大、英国、澳大利亚等国也在 20 世纪 90 年代中期提出并开展了生态风险评价的研究工作。

由于生态风险评价是为风险管理提供科学依据和技术支持的，因而得到了迅速发展。目前的生态风险评价大概分为几个模式：美国模式、欧盟模式及其他。如前所述，美国的生态风险评价是在人体健康风险评价（主要是针对人类健康而言的，如评价化学污染物进入水体后通过食物链的传递，最终可能对人类造成的影响）的基础上发展起来，当前美国已将生态风险评价的研究重点放在生态系统对环境干扰的敏感性上。欧盟的生态风险评价研究则是在新化学品评价的基础上发展起来。欧盟国家在应用上集中于：发展更实用的污染物排放估计方法；针对评价数据参差不齐的现状，开发专业、简便的数据判断方法；逐步发展亚急性效应和慢性效应在生态风险评价中的应用，对高残留、高生物有效性的物质予以特别关注。其他国家诸如中国还处于起步阶段。由于这是一门新技术，又具有实用性，所以还有待在实践中去不断创新、完善。

当前，随着新技术和新方法的应用，生态风险评价的研究领域迅速扩展，已经不仅局限于早期的人类健康风险评价，还逐步扩大到地学领域。围绕着全球变化的区域响应、地球表层系统的环境效应、灾害与污染防治、区域可持续发展等重点研究领域的论题，生态风险评价受到越来越多的关注。目前生态风险评价在欧美环境管理中的地位也越来越突出，已经成为发现、解决环境问题的决策基础。中国的生态风险评价也已起步，研究领域和范围逐步扩大，并且越来越受到风险管理者的青睐。

（二）国内外生态风险评价研究实例

国外研究实例主要有：

岩佐（Y.Iwasa）等得到了一个逻辑斯蒂增长种群的平均灭绝时间的公式，环境的和统计学的随机性可用一个随机微分方程模型来表示。他们从时间系列数据上得出了三个参数（内禀增长率 r，容纳量 K 和环境随机性 C^2）的极大似然估计。通过上述数据和相应公式，

---

① U.S.EPA. *Framework Ecological Risk Assessment* [R].EPA/630/R-92/001.1992.

② U.S.EPA. *Guidelines for Ecological Risk Assessment* [R].EPA/630/R-95/002F.1998.

可以对种群灭绝的生态风险加以管理[①]。

霍普（Bruce K.Hope）描述了综合相对简单的方法来执行种群层次的生态风险评价的一个可行的过程。这个过程包括：确定单个受体暴露的分布和某一污染物的毒性参考值，或作为点值或分布；估计当地种群内这些受体的丰富度；估计暴露超过毒性参考值的单个受体的概率；估计当地种群内可能出现大于时间的 10%，暴露高于毒性参考值的单个受体的数值；确定这个数值是否大于整个当地种群的 20%。[②]

拉莫特（Lammert）等提出了在河漫滩的生态风险评价中，结合地理信息系统（GIS）和估计河漫滩最敏感物种暴露的模型来并入空间组分的这一过程。[③]

维克多（Victor），（2002）描述了流域方法的要素、生态风险评价的过程以及怎样合并这些部分。他认为流域生态风险评价的三个主要原则是：①用评价终点和概念模型；②在科学家和管理者之间进行定期的讨论；③形成一个多胁迫因子分析的核心。[④]

瑞恩（Ryan，2003）提出了将生物评价与生态风险评价综合用于得到水质标准的数值方法，并提供了得到潜在生态阈值的一般化方法：用集合层次的属性和多度量指数（生物综合指数 IBI）作为对水质数字变化反应的终点。[⑤]

国内生态风险评价起步较晚，目前还没有国家权威机构发布诸如生态风险评价指南之类的技术性文件。从 20 世纪 90 年代以来，中国学者在介绍和引入国外生态风险评价研究成果的同时，沈温芬（1990），沈英桂和曹洪法（1991），殷浩文（1995、1997），殷浩文和赵华青（1995）都在生态风险评价理论和技术程序方面作过不同层面的研讨。总结近十几年来，中国学者对生态风险评价研究主要集中在对生态环境污染因子、自然灾害、生态脆弱区或功能区，以及景观和区域等方面进行生态风险评价的理论基础和技术方法的探讨。

第一类是针对某一污染因子特别是重金属污染的生态风险评价，也是中国学者在引入国外生态风险评价时研究最多的方面。严雪等人综述了利用大型水生植物进行毒性试验的主要技术和方法，并阐述了它在污染物生态风险评价中的作用，指出了大型水生植物在对除草剂、污水和许多工业化学物的监测和评价中的重要作用逐渐得到认可[⑥]；刘文新等采用瑞典学者哈坎松（Hakanson）于 1980 年提出的潜在生态风险（危害）指数法对乐安江沉

① Y Iwasa, H Hakoyama, M Nakamaru, J Nakanishi.Estimate of population extinction risk and its application to ecological risk management [J]. Population Ecology, 2000, 42（1）: 73-80.

② B K Hope, J A Peterson.Erratum to: A Procedure for Performing Population-Level Ecological Risk Assessment[J].Environmental Managcment, 2000, 26（5）: 586.

③ E Lammert, O Cleaver, D Melton.Introduction of pancreatic differentiation by signals from blood vessels[J].Science, 2001, 294（5542）: 56-57.

④ S Victor, H C Beg.Receptor sensitivity in bacterial chemotaxis[J].Proceedings of the National Academy of Sciences of the United States of America, 2002, 99（1）: 123-127.

⑤ C Ryan, J N Thornpson, J E Richardson.Patterns of molecular elolution and diversification in a biodiversity hotspot: the California Floristic Province[J].Molecular Ecology, 2003, 12（4）: 1021-1029.

⑥ 严雪，沈国兴，严国安 . 水生植物毒性试验及在生态风险评价中的作用 [J]. 上海环境科学，1998，17（7）: 24-26。

积物中金属污染生态风险进行了评价[①]，其基本公式是

$$RI = \sum_{i=1} T_r^i \cdot C_s^i / C_n^i$$

其中，RI 表示风险指数值，C_s^i 表示沉积物重金属的实测值，C_n^i 表示沉积物重金属的背景值，T_r^i 表示各重金属元素的毒性响应系数（参数）。哈坎松（HaKanson）根据大量数据分析，提出 pCB、Hg、Cd、As、Pb、Cu、Cr 和 Zn 的毒性响应参数分别为 40、40、30、10、5、5、2 和 1[②]。之后，甘居利等对近岸海域底质重金属污染[③]，胡晴晖对枫亭湾滩涂底质、蚬蛙的重金属污染[④]，刘成等对环渤海湾诸河口采集的 19 处底泥样品中 Hg、As、Cu、Zn 和 Pb 对水域的污染[⑤]，何云峰等对运河（杭州段）沉积物中重金属污染[⑥]，殷晋铎对大沽排污河沉积物污染特别是重金属污染和砷污染[⑦]，马德毅等对中国主要河口沉积物污染[⑧]，周秀艳等对辽东湾湿地和辽东湾河口底泥中重金属污染[⑨]，吴攀等对碳酸盐岩矿区河流沉积物中重金属[⑩]，郭平等对长春市土壤重金属污染[⑪]，李朝生等对海河沉积物重金属污染、对黄河包头段沉积物重金属[⑫]，张丽旭等对东海三个倾倒区表层沉积物重金属[⑬]，王胜强等对海河沉积物重金属污染[⑭]，郝红等对漳卫南运河沉积物重金属污染[⑮]，方晓明等对沈阳市丁香地区土壤重金属污染亦采用此方法进行了生态风险评价[⑯]。值得一提的是，研究者在引用该方法时不仅对其前提条件进行了补充和丰富，还将其与其他方法相结合，拓展了该方法的应用范围，提高了应用效果。如李朝生等不仅采用了分层位的重金属潜在生态风险指数，还对其进行地统计学分析和 Kriging 插值重建，以此揭示潜在生态风险的空间分异。

另外，李清波等还分析总结了阿特拉津对水环境、大气和农田系统（土壤）的生态风险，并提出了相应的监测方法和修复技术[⑰]，用以监测天津地区 46 个水样中 8 种多环芳烃的浓

---

① 刘文新，栾兆坤，汤鸿霄．乐安江沉积物中金属污染的潜在生态风险评价 [J]．生态学报，1999（3）：206-211。

② Lars Hakanson. *An ecological risk index for aquatic pollution control: a sedimentological approach*[J]. Water Research，1980，14（8）：975-1001。

③ 甘居利，贾晓平，林钦等．近岸海域底质重金属生态风险评价初步研究 [J]．水产学报，2000，24（6）：533-538。

④ 胡晴晖．枫亭湾滩涂底质、蚬蛙的重金属污染与评价 [J]，福建环境，2001，18（6）：20-22。

⑤ 刘成，王兆印，何耘，吴永胜．环渤海湾诸河口潜在生态风险评价 [J]．环境科学研究，2002，15（5）：33-37。

⑥ 何云峰，朱广伟，陈英旭，田光明，陈华林．运河（杭州段）沉积物中重金属的潜在生态风险研究 [J]．浙江大学学报（农业与生命科学版），2002，28（6）：669-674．

⑦ 殷晋铎，么俊东．大沽排污河沉积物污染及生态风险 [J]．中国环保产业，2002（12）：30-32．

⑧ 马德毅，王菊英．中国主要河口沉积物污染及潜在生态风险评价 [J]．中国环境科学，2003，23（5）：521-52。

⑨ 周秀艳，李宇斌，王思德，刘秀云．辽东湾湿地重金属污染及潜在生态风险评价明 [J]．环境科学与技术，2004，27（5）：60-62。

⑩ 吴攀，刘丛强，张国平，杨元根．碳酸盐岩矿区河流沉积物中重金属的形态特征及潜在生态风险 [J]．农村生态环境，2004，20（3）：28-31，36。

⑪ 郭平，谢忠雷，李军，周琳峰．长春市土壤重金属污染特征及其潜在生态风险评价明 [J]．地理科学，2005（2）：108-112。

⑫ 李朝生，王新伟，何江，孙卫国．河流沉积物重金属潜在生态风险及其空间分异——以黄河包头段为例 [J]，农业环境科学学报，2005，24（2）：308-311。

⑬ 张丽旭，任松，蔡健．东海三个倾倒区表层沉积物重金属富积特征及其潜在生态风险评价 [J]．海洋通报，2005（4）：92-96。

⑭ 王胜强，孙津生．海河沉积物重金属污染及潜在生态风险评价 [J]．环境工程，2005，23（2）：62-64.

⑮ 郝红，周怀东，王剑影，李贵宝．漳卫南运河沉积物重金属污染及其潜在生态风险评价 [J]．中国水利水电科学研究院学报，2005，3（2）：109-114。

⑯ 方晓明，刘皙哲，刘中志，王蕊．沈阳市丁香地区土壤重金属污染及生态风险评价 [J]．环境保护科学，2005，31（4）：45-47。

⑰ 李清波，黄国宏，王颜红，刘孝义．阿特拉津生态风险及其检测和修复技术研究进展 [J]．应用生态学报，2002，13（5）：625-628。

度及其对 6 至 38 种水生生物的 LCS。杨宇、石漩等用重叠面积和联合概率曲线两种概率风险评价的方法分析了这些多环芳烃的相对生态风险。[①]

第二类是针对水环境、湿地、矿区、旅游地、森林等生态功能区、脆弱区的生态风险评价。殷浩文首先将生态风险评价引入到水环境的评价中，对水环境生态风险评价的原则和应用作了论述，并将生态风险评价程序分为五个部分：源分析、受体评价、暴露评价、危害评价与风险表征。[②]之后，何理、曾光明对内陆水环境中风险的概念、分类及风险分析的目的作了较为全面的阐述，综述了关于水环境风险分析的理论与方法，主要包括风险指数法、概率方法（如主观概率法、随机方法等）、模糊论方法等，并做了一定的展望，如加强灰色理论在不确定性上的应用，用非线性科学中的理论和方法研究环境系统中的风险问题。[③]付在毅、许学工等针对辽河和黄河三角洲主要生态风险——洪涝、干旱、风暴潮灾害和油田污染事故的概率进行了分级评价，并提出度量生态环境重要性和脆弱性的指标，分析了风险源的危害作用，最后运用遥感（RS）资料和地理信息系统（GIS）技术，完成了区域生态风险综合评。[④]文军从千岛湖国家森林公园旅游开发地的区域现状出发，从旅游业、外来生物入侵、工矿业、城市化、农业、林业、点源排污、非法猎捕等 10 个方面系统地分析了该区域的生态风险。[⑤]王春梅等分析了东北林区生态风险问题形成的主要胁迫因子：物理胁迫、化学胁迫、生物胁迫和社会胁迫，构建了评价指标体系，应用 Blither 生态风险评价模式，对东北 93 个林业局进行评价。[⑥]李维德等研究了农田生态系统产生的生态风险——土壤肥力退化风险，将生态风险的理论引进农田生态系统的风险评价中，建立了风险评价指标体系，构建了土壤肥力风险评价的实用数学模型，给出了一种度量土壤肥力风险的简单、合理的科学方法，并就具体实例进行了分析研究。[⑦]程建龙等以露天煤矿区这一脆弱生态系统为对象阐述了生态风险评价的基本概念，通过描述露天矿区的主要生态环境问题，分析了矿区风险源、风险受体以及评价终点，建立了典型露天煤矿区生态风险的评价指标体系，对露天矿区这一典型退化生态系统进行了生态风险评价方法及评价步骤的探索。[⑧]孟东平、张金屯对山西省以煤焦产业特征为主的复合生态带进行了生态风险评价，认为该生态带主要风险源是洪涝、干旱、风灾、煤焦工业污染等，并以此为研究对象，运用地理信息系统（GIS）分析技术，以区域为尺度探讨了复合生态区生态风险评价的理论

① 杨宇，石璇，徐福留，陶澍．天津地区土壤中萘的生态风险分析 [J]．环境科学，2004，25（2）：115-118。
② 殷浩文．水环境生态风险评价的原则与应用 [J]．污染防治技术，1995，8（2）：113~115；殷浩文．水环境生态风险评价程序 [J]．上海环境科学，1995，14（11）：11-14。
③ 何理，曾光明．内陆水环境风险分析的理论与方法研究 [J]．四川环境，2002，21（3）：365-373。
④ 付在毅，许学工，林辉平，王宪礼．辽河三角洲湿地区域生态风险评价明 [J]．生态学报，2001，21（3）：365-373。
⑤ 文军．千岛湖国家森林公园区域生态风险源与胁迫因子分析 [J]．中南林业调查规划，2004，23（1）：29-32；文军，唐代剑．千岛湖旅游开发的生态风险及管理对策 [J]．商业经济与管理，2004（5）：53-56。
⑥ 王春梅，王金达，刘景双，张学林，严登华．东北地区森林资源生态风险评价研究 [J]．应用生态学报，2003，14（6）：863-866。
⑦ 李维德，李自珍，石洪华．生态风险分析在农田肥力评价中的应用 [J]．西北植物学报，2004，24（3）：546-550。
⑧ 程建龙，陆兆华，范英宏．露天煤矿区生态风险评价方法 [J]．生态学报，2004，24（12）：2945-2950。

与方法，并针对其敏感性提出了区域生态环境安全的保护对策。[①]

周应星、王如松对江南地区乡村城镇化引起水污染的生态风险进行定量估测与相关分析表明：地表水水质参数与小城镇人口总数、人口密度存在着显著的正相关，并依据该地区地表水水质参数方程计算地区或类似地区小城镇的人口背景极限值、人口最大允许背景密度。[②] 他们还针对城镇化过程带来的癌症和高血压等"文明病"生态风险评价作了尝试，表明城镇生态系统中有害物浓度和输入通量增加对人类生存与发展的影响，反映了城镇化过程中所遭受的生态代价与风险。[③]

第三类是区域或景观生态风险评价研究（综合评价）。随着中国学者对生态风险评价认识的深入，其研究和应用领域逐步扩展。同时，景观生态学的兴起和发展也为生态风险评价注入新的理论血液，其理论与生态风险评价的结合也成为近几年来一个新的研究动向，并具有实际运用性。付在毅、许学工（2001）对区域生态风险评价进行了理论探讨，刘爽（2001）、巫丽芸（2004）分别在其硕士学位论文中对景观生态风险评价进行了探讨和实证研究。他们介绍了区域（或景观）生态风险评价概念、方法论基础、方法和步骤，认为区域（或景观）生态风险评价是"在区域尺度上描述和评估环境污染、人为活动或自然灾害对生态系统及其组分产生不利作用的可能性和大小的过程"，并指出区域（或景观）生态风险评价所涉及的风险源以及评价受体等都在区域内具有空间异质性，因而比一般生态风险评价更复杂。[④] 对于区域生态风险评价和景观生态风险评价区别，刘爽（2001）、巫丽芸（2004）认为景观生态风险评价以景观作为区域生态风险评价单元，还援引《景观生态学原理及应用》（傅伯杰，2002）指出："正是由于景观是一种有凝聚力的、重复出现的，具有高度异质性的土地镶嵌体，因此是最有希望成为区域生态风险评价的合适评价单元。"[⑤] 当前区域生态风险评价和景观生态风险评价已成为生态风险评价研究的热点，中国学者不仅进行了以上的理论探讨，还进行了一些案例研究。

曾辉、刘国军以深圳市龙华镇为中心的 324km^2 正方形区域为研究对象分析了 1988~1996 年期间不同时段景观元素的结构特征，并构造一个综合性生态风险指数。然后利用系统空间采样方法对生态风险指数进行变量空间化，通过对生态风险指数采样结果进行半变异函数分析和空间插值解释了生态风险的空间特征和内在形成机制。[⑥] 张学林等在分析区域农业景观特征、影响因素及主要环境问题的基础上提出了区域农业景观生态风险评价的框架和方法，认为区域农业景观生态风险评价是评价区域农业景观中各种生态风险因子对农业生态系统损害概率及其后果，可采用回顾和预测风险评价形式，评

① 孟东平，张金屯.山西省能源重工业复合生态带生态风险评价 [J].西北植物学报，2004，24（8）：1480-1484.
② 周启星，王如松.乡村城镇化水污染的生态风险及背景警戒值的研究 [J].应用生态学报，1997，8（3）：309-313.
③ 周启星，王如松.城镇化过程生态风险评价案例研究 [J].生态学报，1998（7）：337-342.
④ 付在毅，许学工.区域生态风险评价 [J].地球科学进展，2001，16（2）：267-271.
⑤ 傅伯杰，陈利顶，马克明，王仰麟等.景观生态学原理及应用 [M].北京：科学出版社，2002.
⑥ 曾辉，刘国军.基于景观结构的区域生态风险分析 [J].中国环境科学，1999，19（5）：454-457.

价框架包括问题提出、暴露评价、影响评价和风险表征四部分。[①] 卢宏玮等（2003）以洞庭湖地区的东、南、西三部分作为研究区域，根据其特殊的背景，将工业污染、农业污染及血防污染作为其污染类风险源，引入由氮毒性污染指数、磷毒性污染指数、重金属类毒性污染指数共同构成的毒性污染指数与自然灾害指数和系统本身的生态指数（包括生物指数、多样性指数、物种重要性指数以及脆弱性指数）完成了对洞庭湖流域的区域生态风险评价。[②] 陈鹏、潘晓玲以新疆阜康三工河流域为研究区域，在分析了干旱区内陆流域景观生态基本特点的基础上，基于景观格局构造了"景观损失指数"和"综合风险指数"作为区域景观生态风险评价指标，并利用空间分析方法对风险指数进行变量空间化，通过对生态风险指数采样结果进行半方差分析和空间插值，揭示了该区域生态环境状况的空间分布特征。结果表明研究区内的生态风险有不断扩大的趋势，区域内形成3个高的景观生态风险区域。此外，还根据评价结果提出了内陆流域生态环境的重点保护与治理区以及合理的保护与综合整治对策。[③] 文军在对千岛湖环境现状评价的基础上，对近10年来的常规监测数据、酸雨、底泥进行了系统分析，构建了水域生态风险胁迫因子总氮和总磷的预测模型。[④] 巫丽芸、黄义雄针对东山岛主要生态风险源—干旱、台风风沙、污染、水土流失可能对东山生态系统造成的损害，提出了度量生态损失与生态风险的指标与公式，并运用遥感资料、历史记录、调查数据和地理信息系统技术，完成了区域景观生态风险综合评价。[⑤] 另外，刘世梁、周华荣等分别对澜沧江流域道路和315国道新疆依吞布拉克—且末段对景观的影响进行了研究，并建立了公路景观生态环境风险评价体系，提出了基于格局和过程的生态风险指数，借助 GIS、RS 等手段，得到生态风险综合指数，半定量地描述道路影响带的相对生态风险程度。[⑥]

区域和景观生态风险评价的开展，离不开 RS、GIS 等技术手段的应用。如前所述，区域（或景观）生态风险评价比一般生态风险评价更复杂，就是因为它所涉及的风险源以及评价受体等都在区域内具有空间异质性，而 RS、GIS 等为这些空间异质性的正确表达提供了重要的技术支撑。巫丽芸、黄义雄对东山岛进行区域生态风险评价时，将不同风险源的影响范围通过 GIS 进行叠加，以此划分评价单元（风险小区）[⑦]。邹亚荣等以 ArcInfo 为平台，研究了水土流失影响各环境因子权重确定，得到了风险图，在 ArcView 下定出风险等级，从而对江西省的生态环境风险性作出评价。[⑧] 李梅等将景观生态学理论和3S技术相结合提

① 张学林，王金达，张博，洪梅. 区域农业景观生态风险评价初步构想 [J]. 地球科学进展，2000，15（6）：712-716。
② 卢宏玮，曾光明，谢更新等. 洞庭湖流域区域生态风险评价 [J]. 生态学报，2003，23（12）：2520-2530。
③ 陈鹏，潘晓玲. 干旱区内陆流域区域景观生态风险分析——以阜康三工河流域为例 [J]. 生态学杂志，2003，22（4）：116-120。
④ 文军. 千岛湖区域生态风险评价研究 [D]. 长沙：中南林学院，2004。
⑤ 巫丽芸，黄义雄. 东山岛景观生态风险评价 [J]. 应用海洋学学报，2005，24（1）：35-42。
⑥ 刘世梁，杨志峰，崔保山，甘淑. 道路对景观的影响及其生态风险评价——以澜沧江流域为例 [J]. 生态学杂志，2005，24（8）：897-901；周华荣，钱亦兵，吴兆宁，周可法. 公路景观生态环境风险评价体系的建立和应用——以315国道新疆依吞布拉克—且末段为例 [J]. 环境科学，2005，26（3）：192-197。
⑦ 巫丽芸，黄义雄. 东山岛景观生态评价研究 [J]. 应用海洋学学报，2005，24（1）：35-42。
⑧ 邹亚荣，张增祥，周全斌，刘斌. GIS支持下的江西省水土流失生态环境风险评价 [J]. 水土保持通报，2002（2）：18-19，50。

出了景观生态风险信息系统（LERIS）的概念，是通过对自然景观、人文因素和风险源的全面调查，将所需的各类信息进行方便快速的采集、处理和管理，并利用 GIS 对景观生态状况和潜在风险进行分析、模拟及预测。[1]

三、生态风险评价方法与模型

（一）物理化学方法

生态风险评价的物理方法主要包括熵值法和暴露—反应法，这两种方法是环境风险评价和人体健康评价比较常用的定量评价模型。

1. 熵值法

是判定某一浓度化学污染物是否具有潜在有害影响的半定量生态风险评价方法[2]，即依据已有文件或经验数据，设定需要被保护的受体的化学污染物浓度标准，再将污染物在受体中的实测浓度与浓度标准进行比较获得熵值，由熵值得出"有无风险"的结论。当风险表征结果为无风险时，并非表明没有污染发生，而表示污染尚处于可以接受的程度。之后出现的改进的熵值法则把污染物在受体中浓度的"有无风险"改进为"多个风险等级"。

改进的熵值法有两类。第一类是根据研究对象的特点，设定多个风险等级，将实测浓度与浓度标准进行比较获得的熵值，用"多个风险等级"表示风险表征判断结果。路永正等在分析松花江 12 种鱼类的汞含量时，就划分了无风险、低风险、较高风险、高风险 4 个风险等级。[3]

第二类是以熵值法为基础发展而成的地质累积指数法和潜在生态风险指数法。

（1）地质累计指数法是德国海德堡大学穆勒等在 1969 年研究河底沉积物时提出的一种计算沉积物中重金属元素污染程度的方法[4]，自然条件下或者人为活动影响下重金属在环境中的分布评价均可使用此方法。地质累计指数法通过测量环境样本浓度和背景浓度计算地质累计指数值 I_{geo}，以评价某种特定化学物造成的环境风险程度。[5] 计算公式如下：

$$I_{geo} = \log_2 \left[\frac{C_n}{k \times BE_n} \right]$$

式中，I_{geo} 为地质累积指数，C_n 为样品中元素 n 的浓度，BE_n 为环境背景浓度值，k 为修正指数，通常用来表征沉积特征、岩石地质以及其他影响。

① 李梅，朱红旗，蔡永立.景观生态风险信息系统的概念、方法和步骤 [J]. 国土与自然资源研究，2002（2）：42-44。
② 曹洪法，沈英娃.生态风险评价研究概述 [J]. 环境化学，1991，10（3）：26-30。
③ 路永正，阎百兴，李宏伟，王明君，郭立英.松花江鱼类中汞含量的演变趋势及其生态风险评价 [J].农业环境科学学报，2008，27（6）：2430-2433。
④ Müller G. *Index of geoaccumulation in sediments of the Rhine River*[J].Geojournal，1969，2（3）：108-118。
⑤ Peng J, Li Z Q, Hou J Y. *Application of the index of geo-accumulation index and ecological risk index to assess heavy metal pollution in soils*[J].GuangdongTrace Elements Science，2007，14（8）：13-17。

（2）潜在生态风险指数法是瑞典哈坎松于 1980 年研究水污染控制时建立的一种计算水体中重金属等主要污染物的沉积学方法。[①] 通过计算潜在生态风险因子 E_r^i 与潜在生态风险指数 RI，可以对水体沉积物中的重金属的污染程度进行评价。计算公式如下：

$$C_f^i = C_D^i / C_R^i$$

$$C_d = \sum_{i=1}^{m} C_f^i$$

$$E_r^i = T_r^i \times C_f^i$$

$$RI = \sum_{i=1}^{m} E_r^i$$

式中，C_f^i 为金属 i 污染系数，C_D^i 为金属 i 实测浓度值，C_r^i 为现代工业化以前沉积物中第 i 种重金属的最高背景值，C_d 为多金属污染度，T_r^i 为金属 i 的生物毒性系数，E_r^i 为金属 i 的潜在生态风险因子，RI 为多金属潜在生态风险指数。

由于分别计算 E_r^i 与 RI 的数值，因此潜在生态风险指数法的计算结果不仅能够反映单一重金属对环境造成的影响，还能够说明多种重金属并存时对周围环境造成的综合影响程度。更由于对 E_r^i。与 RI 的计算结果具有明确的划分等级标准，因而不同区域和时段的生态风险的评价结果之间也具有可比性。

熵值法的数据和标准一般易于获得，且成本低，便于操作，因此在生态环境管理初期，可以通过设定合适物种的污染物标准浓度，以方便对生态风险进行管理。但熵值法评价结果为半定量，属于一种低水平的风险评价，且由于不同物种对不同污染物之间敏感度的差异，对标准浓度的设定具有潜在的不准确性。尽管改进的熵值法在结果定量化上有很大进步，但依然有诸多不足，如无法反映污染物的浓度与被污染受体效应之间的关系，不能推论测度点之外的其他点上污染物浓度对受体的损伤效应，没有计算生态环境受到污染或损伤的范围等。

2. 暴露—反应法

暴露—反应法是依据受体在不同剂量化学污染物的暴露条件下产生的反应。建立暴露—反应曲线或模型，再根据暴露—反应曲线或模型，估计受体处于某种暴露浓度下产生的效应，这些效应可能是物种的死亡率、产量的变化、再生潜力变化等的一种或数种。暴露—反应曲线或模型一般在危害评价过程中专门建立，并因污染物的种类、毒性、受体的不同而变化。运用暴露—反应法可以对农作物的减产、鱼类数量减少等进行研究。[②] 针对单一物种建立的暴露—反应曲线或模型只能反映污染物对单一的被评价物种的危害效应，而无

[①] Hakanson L. *An ecology risk index for aquatic pollution contro l: a sedimentological approach*[J]. Water Research，1980，14（8）：995-1001.

[②] Hou S G, ZhangY Q. *Review of ecological risk assessment*[J]. Journal of Anyang Institute of Technology, 2006，（1）: 5-8.

法反映对整个环境的危害程度。目前有研究提出将物种敏感性分布引入对暴露在相同污染物中的不同物种的生态风险评价，对于克服暴露—反应法的这个缺点作出了有益探索。此外，建立暴露—反应曲线或模型，需要大量的污染物暴露与受体效应的数据，由于很难获得足够量的与实际情况更为接近的慢性毒理数据，因而研究者往往采用受控条件下的急性毒理数据。这种基于受控条件下急性毒理数据的研究，可能会将污染物在实际环境中出现的次生效应或因转化而引起的受体效应增强或减弱排除在外，从而引起不必要的误差。

（二）数学方法

生态风险具有模糊性、灰色性和不确定性等特点，可以采用相应的数学方法来解决问题。

1. 模糊数学方法

"风险"本身就是一个模糊概念，用模糊数学的语言来描述，风险就是对安全的隶属度。模糊评价之前被用于环境风险评价[①]，随着环境风险评价向生态风险评价的发展，此方法也被扩展应用到了生态风险评价的领域。胡弗林克（Heuvelink）和巴鲁（Burrough）基于模糊集合论的模糊分类法，通过建立模糊包络模型（Fuzzy Envelope Model）来预测物种的潜在分布区，判断生境被外来物种入侵的风险程度。[②]另外，自然灾害是生态风险评价重要的风险源，模糊数学方法在灾害风险评价中也曾大展身手。[③]

2. 灰色系统理论

由于生态系统的复杂性以及人们认识水平的限制，生态风险评价中许多因素之间的关系是灰色的，灰色系统理论也就成了解决该问题行之有效的方法。李自珍等在绿洲盐渍化农田生态系统研究中，通过建立基于灰色关联度的生态风险评价模型，将作物产量与各类盐分含量分布之间的关联度映射为具体数值，并据此求出了样区的相对生态风险大小。[④]吴泽宁等针对水资源系统的灰色不确定性特征将灰色系统理论和风险分析理论结合，提出了水资源系统灰色风险率和灰色风险度的概念，并导出了相应的计算公式，对于风险源参数的区间性、风险评价结果也采用区间灰数来表示，使数据信息利用更充分，计算结果更合理。[⑤]衷平等遵循全面性和独立性结合、系统性和层次性结合、可操作性强的原则，建立生态风险层次结构，列出相关的指标体系，并采用灰色关联度法和主成分法进行因子筛

① Roussel O, Cavelier A, van der Werf H M G. *Adaptation and use of a fuzzy expert system to assess the environmental effect of pesticides applied to field crops*[J].Agriculture, Ecosystems& Environment, 2000, 80（1-2）（80）: 143-158; Enea M, Salemi G. *Fuzzy approach to the environmental impact evaluation*[J].Ecological Modelling, 2001, 136（00）: 131-147。

② Heuvelink G B, Burrough P A. *Error propagation in cartographic modeling using Boolean logic and continuous classification*[J]. International Journal of Geographical Information Systems, 1993（7）: 231-246.

③ 杨思全，陈亚宁.1999.基于模糊模式识别理论的灾害损失等级划分.自然灾害学报，8（2）: 56-60.白海玲，黄崇福.自然灾害的模糊风险[J].自然灾害学报，2000, 9（1）: 47-93。

④ 李自珍，李维德，石洪华，贾晓红.生态风险灰色评价模型及其在绿洲盐渍化农田生态系统中的应用[J].中国沙漠，2002, 12（6）: 617-622。

⑤ 吴泽宁，王敬，赵南.水资源系统灰色风险计算模型[J].郑州大学学报（工学版），2002, 23（9）: 22-25。

选，从而对石羊河流域的生态风险状况作了评价。[①]

3. 马尔可夫预测法

马尔可夫预测法是对地理事件进行预测的基本方法，是地理预测中常用的重要方法之一。由于生态环境和风险源都具有一定范围的随机变动性，可用该方法进行风险预测。郑文瑞等用马尔可夫链理论研究水环境质量状态变化，并预测了变化趋势带来的风险。[②]

4. 概率风险分析方法

概率分布是风险估计中常用的方法。对于同一个风险事件在不同条件下所形成的概率可以用概率分布描述。与利用简单阈值或指数的风险分析相比，概率风险分析更接近真实情况。石璇等根据浓度—响应定量关系的基本形式，推导出基于等效系数概念的对多种污物生态危害的概率评价方法，并应用该方法评价了天津地区地表水中8种多环芳烃对水生生态系统的危害。[③]

5. 机理模型

机理模型是根据事物变化或运动的内在机理建立起来的数学模型，用于定量研究时间发展，变化的过程、规律和后果。生态系统十分复杂，建立机理模型，需要进行一些简化、抽象和假设，这样必然引起误差，但机理模型对生态风险评价问题仍然是非常有用的，因为它能够综合不同时空的复杂现象、过程和关系，可以从比较容易测量的变量预测难于或不可能测度的变量，如用于预测污染物的环境浓度分布与转归的暴露分析模型等。

（三）计算机模拟方法

由于生态系统中生境和物种的多样性，加上生物、物理、化学的相互作用使风险评价成了一个复杂的程序，计算机模拟在生态风险评价中显得十分必要，是理解和管理生态风险的强大的、低成本而高效率的工具。目前常用的方法有人工神经网络模型和蒙特—卡罗模型。

1. 人工神经网络模型

生态风险评价是一个典型的模式识别问题，人工神经网络技术在模式识别方面已经表现出了很好的特性。[④]陈辉等以人工神经网络技术代替传统的统计学方法对青藏公路铁路沿线生态系统进行了生态风险评价。[⑤]

2. 蒙特—卡罗模拟法

当系统的可靠性过于复杂，难以建立可靠性预计的精确数学模型或模型太复杂而不便

[①] 袁平，沈珍瑶，杨志峰.石羊河流域生态风险敏感性因子的确定 [J].干旱区研究，2003，20（3）：180-186。

[②] 郑文瑞，王新代，纪昆，王汉林.非确定数学方法在水污染状况风险评价中的应用 [J].吉林大学学报（地球科学版），2003，33（1）：59-63。

[③] 石璇，杨宇，徐福留.天津地区地表水中多环芳烃的生态风险 [J].环境科学学报，2004，24（4）：619-623。

[④] 郭宗楼，刘肇.人工神经网络在环境质量评价中的应用 [J].武汉水利电力大学学报，1997，30（2）：75-78；李双成，郑度.人工神经网络模型在地学研究中的应用进展 [J].地球科学进展，2003，18（1）：68-76。

[⑤] 陈辉，李双成，郑度.基于人工神经网络的青藏公路铁路沿线生态系统风险研究 [J].北京大学学报（自然科学版），2005，41（4）：585-592。

应用时，可用蒙特—卡罗随机模拟法（Monte-Carlo Simulation）近似计算出系统可靠性的预计值。在生态风险评价的不确定性分析方面，这是当前应用最为广泛的分析方法。[①]

（四）复合风险源类生态风险评价模型

1.模型风险度量方法

风险度量的基本公式：

$$R = P \cdot D$$

式中，R 为事故的风险，P 为事故发生的概率，D 为事故可能造成的损失。在有些情况下，事故可能被认为是连续的作用，它的概率和影响都随 t 而变化，则这种风险是一种积分形式，可以表示为：

$$R = \int P(t) D(t) \, dt$$

式中，t 为一定类型的事故，$P(t)$ 为事故发生的概率，$D(t)$ 为事故可能造成的损失。在进行区域生态风险评价时，根据研究需要，运用适当的函数关系式把 $R = P \cdot D$ 模型具体化；选用模型具体化过程中形成的典型指标，计算风险源发生的概率 P 和风险源可能造成的损失 D；在进行区域生态风险评价时，对指标的选取要考虑到被评价对象的特点，即生态系统的稳定性、完整性、生态系统功能的可持续性以及空间异质性。

国内应用生态损失度指数法进行生态风险评价的研究，较多地集中在湿地、湖区、流域、岛屿等生态风险的评价。[②]但是由于这些研究所选用的指标不尽一致，不同研究的结论之间也就缺乏可比性。蒙吉军等在研究区域生态风险评价的指标体系时，提出了建立统一指标体系的客观性、整体性、层次性、可比性原则[③]，这些原则对于完善生态损失度指数法的指标体系，提高不同研究结论之间的可比性具有借鉴意义。此外，由于生态风险的数学内涵定义的不统一，以及生态风险具有模糊性、灰色性和不确定性等特点，还有学者在进行评价时采用模糊数学或灰色系统理论的方法来构建生态风险的数学表征公式。[④]

2.生态梯度风险评价方法（Procedure for Ecological Tiered Assessment of Risks，简称 PETAR）

Moraes 与 Molander 设计了在背景资料、基本数据短缺情况下分步进行的生态梯度风险

① Hunsaker C T, Goodchild M F, Friedl M A, et al. *Spatial Uncertainty in Ecology*[M]. New York：Springer，2001；Chow T E, Gaines K F, Hodgson M E, et al. *Habitat and exposure modeling of raccoon for ecological risk assessment: A case study in Savannsh River Site*[J].Ecological Modelling，2005，189（1）：151-167；Ming F, Thongsri T, Axe L. *Using a probabilistic approach in an ecological risk assessment simulation tool: Test case for depleted uranium*[J].Chemosphere，2005，60（1）60：111-125。

② 付在毅，许学工，林辉平，王宪礼.辽河三角洲湿地区域生态风险评价[J].生态学报，2001，21（3）：365-373；贡璐，鞠强，潘晓玲.博斯腾湖区域景观生态风险评价研究[J].干旱区资源与环境，2007，21（1）：27-31；卢宏玮，曾光明，谢更新，张硕辅，黄国和，金相灿，刘鸿亮.洞庭湖流域区域生态风险评价[J].生态学报，2003，23（12）：2520-2530。

③ 蒙吉军，赵春红.区域生态风险评价指标体系[J].应用生态学报，2009，20（4）：983-990。

④ 周婷，蒙吉军.区域生态风险评价方法研究进展[J].生态学杂志，2009，28（4）：762-767。

评价方法。[①] ①在生态功能区域内，通过定性评价，初步确定风险源、风险受体、风险源特点，以及风险源对风险受体可能造成的生态效应；②在初步确定的风险源影响范围内，通过半定量评价，确定影响最大的风险源，面临风险最大的生境，最有可能遭受风险源影响的次级区域；③在最有可能遭受风险源影响的次级区域，通过定量评价，验证定性评价确定的生态效应是否在特定次级区域及特定生境发生，并且将特定风险源与生态效应一一对应。生态梯度风险评价方法有三个特点：①在概念模型构建中加入了对压力的产生、传递、形成风险的因果分析；②采用综合方法进行暴露和危害分析；③将证据权重分析法运用于因果分析。

3. 相对风险模型法（Relative Risk Model，简称 RRM）

此方法是美国学者兰蒂斯（Landis）与威格斯（Wiegers）1997 年在评价原油运输船压舱水处理站对瓦尔迪兹（Valdez）港口 151.2km² 范围内 11 个次级区域内 8 类生境的生态风险时，所构建的用于区域生态风险评价的方法。[②] RRM 方法的基本程序是：①确定评价区域及评价区域的生态环境管理与利益目标；②由熟悉评价区域情况的利益相关者，根据生态环境管理和利益目标，选择、确定作为风险受体的生境与评价终点；③通过对评价区域生态环境资料的分析，识别区域内的风险源；④根据资料与实际测量数据等，分析每种可能风险源的产生地点、压力作用、强度及潜在影响；⑤分析每种可能风险源是通过何种压力作用使生境发生变化的，分析生境变化是通过何种压力作用改变评价终点的；⑥构建 RRM 概念模型；⑦对风险源、生境、暴露系数、危害系数进行评分；⑧根据 RRM 模型的计算公式分别计算风险源、生境、生态终点的相对风险值；⑨对相对风险值进行不确定性分析。相对风险模型法的计算公式为：

$$RS_{ljm} = \Sigma (S_j \times H_l \times X_{jkl} \times E_{lm})$$

式中，RS 为各类相对风险得分（由下标决定是对于什么的相对风险），S_j 为风险源得分，H_l 为生境得分，X_{jkl} 为各风险源—压力作用—生境组合的暴露系数得分，E_{lm} 为各生境—评价终点组合的危害系数得分，j 为风险源类型，k 为压力作用类型，l 为生境类型，m 为评价终点类型。目前 RRM 方法在许多区域生态风险的研究中得到了应用，如：兰蒂斯、拉克森等应用 RRM 方法分别于 2000 年、2005 年先后两次评价了俄勒冈州威拉米特—麦肯齐（Willamette-McKenzie）流域的区域生态风险[③]；哈特·海耶斯（Hart Hayes）与兰蒂斯

① Moraes R, Molander S. *A procedure for ecological tiered assessment of risks (PETAR)*[J].Human and Ecological Risk Assessment，2004，10（2）：349-371.

② Landis W G, Wiegers J A. *Design considerations and a suggested approach for regional and comparative ecological risk assessment*[J]. Human and Ecological Risk Assessment, 1997, 3（3）：287-297.

③ Landis W G, Luxon M, Bodensteiner L R. *Design of a relative rank method regional scale risk assessment with conformational sampling for the Willamette and McKenzie Rivers: Oregon*[M]// Price F T, Brix K V, Lane N K eds. *Ninth Symposium on Environmental Toxicology and Risk Assessment: Recent Achievements in Environmental Fate and Transport.* West Conshohocken（PA）: American Society for Testing and Materials, 2000; Luxon M, Landis W G. *Regional Scale Ecological Risk Assessment Using the Relative Risk Model*[M]. Boca Raton（FL）: CRC, 2005.

于 2004 年应用 RRM 方法评价了华盛顿切里波因特（Cherry Point）区域的生态风险[①]；王小龙 2006 年应用 RRM 方法评价了山东省长岛县南五岛的生态系统风险[②]；付光辉 2007 年应用 RRM 方法评价了江苏省大丰市沿海滩涂项目开发土地整理的生态风险[③]。RRM 方法中的一个重要创新就是等级打分法（ranking method）的使用，通过设置等级使得多风险源、多压力以及多终点能够较好地结合在一起，同时概念模型中对风险源与栖息地、栖息地与评价终点之间暴露、效应"系数"（Filter）概念的引入也进一步推进了等级打分法的使用。RRM 方法进行风险表征时是分别对风险源、生境、评价终点进行计算，有利于后续生态风险管理中有重点的对风险源、生境进行治理与修复。

第七节　非物质文化遗产保护实效评价

非物质文化遗产的保护是一项实践性极强的工作。若要真正实现非物质文化遗产的有效保护，不仅要关注其内在的文化特性与社会文化价值，更要关注其具体的保护过程和最终效果。非物质文化遗产保护效果评价是文化生态保护区的重要内容之一。客观、科学、准确的遗产保护效果评价有利于及时发现和纠正非物质文化遗产保护工作中存在的问题和疏漏，指导今后的非物质文化遗产保护实践，使文化生态保护区的建设工作有的放矢。非物质文化遗产保护效果的评价需要制定一个明确的指标体系。指标体系的建立是非物质文化遗产保护和利用效果评价研究的关键。非物质文化遗产保护实效的评价体系由内部和外部评价指标构成：

一、内部评价指标

包括非物质文化遗产项目本身评价和传承人评价，直接关系非物质文化遗产保护传承的好坏，因此，是遗产保护实效评价的重点。

（一）项目本身评价

（1）项目基本情况评价：项目原真性程度，包括对项目内涵、有关实物、资料和场所的保有状态，知识、技能真实性的评价；项目完整性程度，包括项目所在文化空间的存在状态、知识、技能流程完整性的评价；项目保护单位履责情况，包括对项目保护单位开展的项目调查、申报、立档记录、实物和作品保存情况、保护传承规划、项目日常管理、宣传展示、利用及效益、现代科技的应用及效果等情况进行评价。

（2）项目本身的变迁情况评价：比较项目在进入名录及获得资金支持的前后所呈现出来的变化，通过比较来分析保护的行动、措施是否达到了预期的效果。

① Hayes E H, Landis W G. *Regional ecological risk assessment of a near shoremarine environment: Cherry Point, WA*[J]. Human Ecological Risk Assessment, 2004, 10（1）: 299-325.
② 王小龙 . 海岛生态系统风险评价方法及应用研究 [D]. 北京：中国科学院研究生院，2006。
③ 付光辉 . 土地整理生态风险评价研究 [D]. 南京：南京农业大学，2007。

（3）项目影响评价：项目进入名录对文化生态保护区内的民族、社会、文化或区域的作用及影响。

（二）传承人保护评价

在文化生态保护区内，各级文化行政主管部门通过认定非物质文化遗产代表性传承人，建立四级传承人体系和培育体系，开展代表性传承人保护。代表性传承人是传承人中的优秀代表，是评价的重中之重。除此之外，传承人评价也包括其他类型的传承人，如代表性传承人的徒弟、社区潜在的传承人等。

（1）遗产传承人基本情况评价，包括传承人的数量变化、年龄结构、基本素质（身体、文化、思想、社交）、掌握技能情况、传承情况、生存条件、对遗产项目的认识程度等。

（2）对遗产进入名录对传承人的作用及申遗前后的变化进行评价。

（3）潜在遗产传承人，即与项目密切相关的同一社区内的其他民众对非物质文化遗产的认识程度和所持的心态，对政府遗产保护措施的认同程度，在保护遗产的过程中具体的行为方式及其影响和作用。

二、外部评价指标

外部评价指标，包括政府、学界、媒体等保护主体在非物质文化遗产保护传承工作中的履职情况，这些指标中的任何一个虽难以单独决定保护传承工作的好坏，但只有它们有效地发挥综合作用，为非物质文化遗产保护创造良好的外部环境和条件，非物质文化遗产保护传承工作才能真正落到实处，取得实效。

（1）政府评价指标：法律、法规、政策、制度制定、落实、监督情况，管理机构设置及运行状况，科学保护体系建设情况，资金运作体系运转情况，检查监督机制设置情况，人才培训培养情况，教育宣传措施等。

（2）学界与教育界评价指标：遗产基础理论研究状况（数量、已解决的问题和未解决的问题、可操作性、实际效果），某一类遗产项目理论研究情况（数量、已解决的问题和未解决的问题、可操作性、实际效果），参与政府决策情况（数量、效果），遗产保护相关人才培养情况。

（3）媒体评价指标：媒体在非物质文化遗产保护中所发挥的作用，重点关注媒体的宣传形式、受众情况、宣传内容、发挥的作用、媒体数量、媒体的性质等。

（4）其他民间组织、机构评价指标：民间组织社团的参与程度及作用，公共服务机构在非物质文化遗产保护中的作用,应重点比较不同公共服务机构如图书馆、博物馆、艺术馆、展览馆、文化活动中心等在其中发挥作用的异同。

（5）文化生态评价指标：非物质文化遗产项目存在的人文环境现状、变迁及对非物质文化遗产的影响；自然环境现状、变迁及对非物质文化遗产的影响；社会氛围营造、社会参与方式、程度及其效果。

三、评价的基本步骤及方法

非物质文化遗产保护效果的评价是一个系统性、综合性较强的工作，需要在历史学、社会学、考古学、人类学、民族学、民俗学、艺术学等学科研究方法的指导下完成。

（一）评价的基础：田野调查

田野调查被公认为是人类学学科的基本方法论，也是最早的人类学方法论。它是来自文化人类学、考古学的基本研究方法论，即"直接观察法"的实践与应用，也是研究工作开展之前，为了取得第一手原始资料的前置步骤。田野调查中常用的两种方法是参与观察和深度访谈。在非物质文化遗产保护效果的评价中，要求评估人员根据评价体系的要求和内容，对当前已列入各级遗产名录的项目进行实地考察，通过走访有关部门的相关人士，深度访谈传承人，查阅相关文件资料，参与观察具体项目的实际运作情况，获取第一手资料，以此对这些项目的保护效果进行个别分析与综合评价，客观地评价当前所取得的成果及存在的问题，为今后有针对性地提出相应的改进措施奠定基础。

（二）评价的深化：共时性、历时性比较

共时性比较，是对空间上同时并存的事物的既定形态进行比较，是对多种相关事物的同层次比较。即对不同民族、不同地域、不同生态环境、不同社会文化背景下的遗产项目进行比较，以便发现同一遗产在不同地域、不同环境中的异同，寻找各自的特点，发现其中的问题，客观地评价同一遗产在不同背景下所取得的效果，在比较中得出最佳结论。此外，还应比较同一类别不同项目的保护效果，比较同一项目在实行不同保护措施的情况下所取得的效果等。历时性比较，是对不同时期、不同阶段、不同发展层次的非物质文化遗产项目进行比较。主要是考察同一非物质文化遗产项目在不同时间段内的变化，尤其要重点关注一些项目在列入各级遗产名录前后的变化，只有这样才能够发现保护的实际效果。同时，分析非物质文化遗产保护过程中存在的矛盾，发现问题的制约因素，把握非物质文化遗产形成、发展和演变的客观规律，科学地预测非物质文化遗产的历史趋势。

（三）评价的结论：综合研究分析

在非物质文化遗产保护效果的评价中，应该明确保护的目标和预期的效果。目标和预期效果主要来源于各种形式的文件和申报遗产名录的申请书。因此，在获得大量田野调查资料的基础上，经过共时性和历时性的比较，得出项目目前的保护情况，最后考察各项文件、政策以及"项目申报书"中的目标和预期效果的具体内容、指标要求，综合分析其科学性和现实性，得出相应的结论。若结论存在较大分歧，也可带着问题再次进行实地考察，以确定最终结论。

第八章 文化生态保护区规划

第一节 规划性质与任务

一、规划性质

《文化部关于加强国家级文化生态保护区建设的指导意见》第五部分"国家级文化生态保护区建设的基本措施"第一条"科学制定文化生态保护区总体规划"中提到"制定总体规划是建设文化生态保护区的前提条件"。

"总体规划"的概念来自城市规划学科。在《城市规划基本术语标准》GB/T 50280—98中，城市总体规划是指"对一定时期内城市性质、发展目标、发展规模、土地利用、空间布局以及各项建设的综合部署和实施措施"。它是引导和调控城市建设，保护和管理城市空间资源的重要依据和手段。经法定程序批准的城市总体规划文件，是编制近期建设规划、详细规划、专项规划和实施城市规划行政管理的法定依据。各类涉及城乡发展和建设的行业发展规划，都应符合城市总体规划的要求。

文化生态保护区规划应是一个达到总体规划深度的区域专项规划。文化生态保护区规划以非物质文化遗产保护为核心，以文化生态保护为重点，是一个以保护传承人和传承主体，以确保传承行为为主要目的的专业规划；同时是以空间管制为途径的非物质文化遗产及其文化生态保护的空间专项规划，具有专业性、创新性、科学性、综合性、前瞻性、操作性等特点。其规划性质可总结如下：

（1）保护为主，兼顾利用的保护规划。在《国家"十一五"时期文化发展规划纲要》首次提出要"确定10个国家级民族民间文化生态保护区"时就明确提出，"设立国家级文化生态保护区，以非物质文化遗产为核心加强文化生态保护，对于推动非物质文化遗产的整体性保护和传承发展，维护文化生态系统的平衡和完整；对于提高文化自觉，建设中华民族共有精神家园，增进民族团结，增强民族自信心和凝聚力；对于促进社会全面协调和可持续发展，具有重要的意义"。此外，《文化部关于加强国家级文化生态保护建设的指导意见》中明确规定，国家级文化生态保护区建设要认真贯彻非物质文化遗产保护工作"保护为主、抢救第一、合理利用、传承发展"的指导方针。故此，在这两个指导性文件的框架下，文化生态保护区规划应以保护为主，同时兼顾合理利用。它是以非物质文化遗产保护为核心，旨在对非物质文化遗产及其文化生态系统进行整体性保护的规划。

（2）不同保护等级划定和空间管治为特征的空间规划。文化生态保护区是一种特定保护对象的空间地域。在这个经一定原则划定的特定空间地域内，既具有"历史文化积淀丰厚、存续状态良好，具有重要价值和鲜明特色的文化形态"；又具有保护、传承非物质文化遗产的传承人或传承群体。其次，文化生态保护区体现了党的十八大提出的"五位一体"的中国特色社会主义建设总布局，即"生态文明建设与经济建设、政治建设、文化建设、社会建设并重"。这表明经一定原则划定的特定空间地域内既具有文化生态系统，又具有社会经济系统和自然生态系统。文化生态保护区规划针对文化生态系统的特征与问题划定各层次保护空间，是以不同保护等级划定和空间管治为特征的空间规划。

（3）区域规划中的专项规划。文化生态保护区规划属于区域性专项保护规划。规划在调查研究、统筹协调和科学论证基础上，根据文化生态区内非物质文化遗产的类型、结构及其空间分布特征，对非物质文化遗产及其文化生态系统进行整体性保护。通过突出文化生态保护区内非物质文化遗产资源的独特价值、文化内涵、民族与地方特色，体现人与自然和谐相处，文化遗产保护与区域经济社会全面协调发展要求，并对当地经济社会发展具有很强指导意义的规划。

综上所述，应该认识到，文化生态保护区的总体规划对保护非物质文化遗产发挥的作用不仅局限于单纯的对非物质文化遗产项目及代表性传承人的保护，而是以保护非物质文化遗产为核心，以非物质文化遗产的场所（空间）及其整个生态系统为保护区域的专项规划（空间规划），属于宏观层面规划。规划内容除了涉及非物质文化遗产项目及社区、群体、代表性传承人，还包括其生存、传承的特定的自然生态环境和人文生态环境，规划重点在于分析影响特定文化生态的构成要素，综合协调非物质文化遗产与社会协调发展之间的关系。

二、保护对象

文化生态保护区的保护对象是以非物质文化遗产名录项目及其传承人为核心，包括非物质文化遗产所依存的物质文化遗产、自然遗产等物质空间载体、文化场所在内的整个文化生态系统，具体包括以下内容：

（1）非物质文化遗产名录项目，包括保护区内被列入联合国教科文组织的"人类非物质文化遗产代表作名录"的项目，国家、省、市、县四级非物质文化遗产名录的项目，以及非物质文化遗产普查线索项目。

（2）传承人及传承群体，包括保护区内列入国家、省、市、县四级非物质文化遗产名录项目代表性传承人名单的传承人，以及承担非物质文化遗产传承的一般性传承人、优秀民间艺人、传承团体、传承社区等。

（3）与非物质文化遗产密切相关的物质载体，包括保护区内非物质文化遗产所依存的相关文物古迹、文化场所、自然景观及其他物质载体。

（4）文化生态系统环境，包括保护区内传统民俗活动、宗教信仰等各种文化形态，以及非物质文化遗产所依存的自然生态环境与社会人文环境。

三、规划任务

依据国家文化部对文化生态保护区规划的编制基本要求，文化生态保护区规划要在调查研究、统筹协调和科学论证的基础上组织编制。总体规划应当体现人与自然和谐相处，文化遗产保护与区域经济社会发展全面协调的要求，突出非物质文化遗产资源的独特价值、文化内涵和民族特色、地方特色。总体规划要翔实具体，内容应包括文化生态保护区的建设目标、工作原则与保护内容；文化生态保护区的保护范围与重点区域；文化生态保护区的保护内容、保护方式与保障措施；总体规划的分期实施方案等。要将《文化生态保护区总体规划》纳入当地经济社会发展规划。

文化生态保护区规划的任务可分为三大层次：非物质文化遗产与地区文化形态整体性保护、文化生态系统健康发展、区域社会经济发展协调。

整体性保护是文化生态保护区规划的关键。这其中对非物质文化遗产的保护是文化生态保护区规划的核心。它包括非物质文化遗产项目保护、传承人保护以及基础设施建设等任务。

（1）非物质文化遗产项目保护：在普查的基础上，对非物质文化遗产濒危程度及其原因进行调查。根据各级非物质文化遗产项目的不同类别特点，因地制宜、因类制宜地采取针对性保护措施，做好保护工作。对传统表演艺术类的项目，要注重传统剧（节）目及其资料的挖掘和整理，及时抢救记录老艺人及其代表性剧（节）目；对传统技艺类的项目，要注重代表性传承人的技艺传承及原材料保护，征集代表性传承人主要代表作品，鼓励探索生产性保护方式；对民俗类的项目，注重在相关社区的宣传、教育和民俗活动的开展，促进群体传承。对区域内濒危的非物质文化遗产名录项目，要优先抢救保护，建立非物质文化遗产档案和数据库。

（2）非物质文化遗产传承人保护：为文化生态保护区内各级代表性传承人提供开展传习活动所需的场所；资助其开展授徒传艺、教学交流等活动，对高龄和无固定经济来源的代表性传承人，可发放一定的生活补贴；对传承工作有突出贡献的代表性传承人给予表彰、奖励；对学艺者采取助学、奖学等方式，鼓励其学习、掌握非物质文化遗产，成为后继人才。

（3）非物质文化遗产基础设施建设：非物质文化遗产基础设施是展示和传习非物质文化遗产的重要场所。国家级文化生态保护区要在统筹规划的基础上，建设一个以上的国有综合性非物质文化遗产展示馆，为各级非物质文化遗产名录项目建设传习所；鼓励个人、企事业单位等社会力量参与多种形式的非物质文化遗产珍贵实物资料和传承人代表性作品的征集活动，并进行科学的展示陈列，充分发挥非物质文化遗产基础设施在保护、传承、展示、宣传非物质文化遗产等方面的积极作用。

非物质文化遗产与文化生态系统健康保护是文化生态保护区规划的重要基础。它是指对文化生态系统进行保育、修复和重建。通过分级保护与管治措施，在文化生态保护区中选择若干自然生态环境基本良好，传统文化生态保持较为完整的街道、社区或乡镇、村落等，作为实施整体性保护的重点区域。通过空间保护规划实现对境内物质文化遗产、非物质文化遗产以及承载场所的自然生态环境、社会人文环境的保护，修复并改善培育非物质文化遗产的文化生态，维护文化生态系统的平衡、完整和健康，提高全社会非物质文化遗产保护意识和文化自觉。

文化生态保护区规划应正确处理文化遗产保护与区域经济社会发展的关系，使其全面协调发展。通过处理文化遗产保护与合理利用的关系，协调文化空间与其他功能空间，协调保护规划与其他已有规划，协调文化生态系统与自然生态和社会经济系统的关系，协调国家文化部、规划编制委托方、行政主管部门、学者、当地民众等多方诉求，实现人与自然和谐相处，文化遗产保护与区域经济社会全面协调和可持续发展的目标。

第二节　规划原则和依据

一、规划指导思想

1. 以人为本

保障和实现群众的基本文化权益。群众有保护和传承文化的权利。依靠群众做好保护工作，关注群众的生活需求和满足群众的文化需求，通过提升当地群众的地方文化自豪感和文化自觉意识，并增加他们参与保护非物质文化遗产的机会，以促进当地非物质文化遗产的可持续发展。

2. 整体保护

通过综合保护以非物质文化为核心的文化形态，特别是保护与非物质文化遗产相关联的文化场所和物质载体，以及保育非物质文化遗产所依存的文化生态，实现文化生态的整体性保护。

3. 分区管控

将文化生态保护区按其非物质文化遗产类型、数量与价值、濒危程度、文化生态特征与社会经济协调情况划分出不同的空间管制区，以不同措施达成保护与利用功能的要求：将非物质文化遗产项目及遗产资源分布数量较多且相对集中，传统文化生态多样性保持较完整，区内自然生态环境相对良好的区域划定为重点保护区。重点保护区范围以外的其余区域划为一般保护区域。

4. 注重生态

不仅要重视非物质文化遗产项目和代表性传承人的价值，更要注重保护非物质文化遗产项目赖以生存、发展的生态环境。优化文化生态环境，维护文化生态平衡，营造一个良好的文化生态环境是保障非物质文化遗产可持续发展的关键。

5. 统筹兼顾

要分步实施，点面结合，讲求突破；区别对待，分类指导；区域合作，统筹规划；要将文化生态保护区规划纳入经济和社会发展规划,纳入传统村落保护、城镇建设及"美丽乡村"建设规划。

6. 共同保护

发挥政府保护文化生态的主导作用和领导责任,以群众和社区人民为文化生态保护的主体,联合其他相关团体和全社会人员共同参与文化生态保护。同时,采取依法保护与政策保障相结合,政府保护与民间保护相结合,决策系统与咨询系统相结合,财政投入与社会融资相结合等多种保护方式。

二、规划编制依据

目前中国的物质文化遗产保护中,文物保护单位保护规划遵循《全国重点文物保护单位保护规划编制要求》,主要内容包括保护对象、保护内容、空间划定(保护区、建控地带、风貌协调区等);历史文化名城、名镇、名村保护规划遵循《历史文化名城保护规划规范》,主要内容包括保护范围、保护内容、保护等级与空间划定、保护措施、专项规划等;非物质文化遗产保护适用的相关法律、行政法规、部门规章等包括《保护非物质文化遗产公约》《国务院关于加强文化遗产保护的通知》《国家"十一五"时期文化发展规划纲要》《国务院办公厅关于加强我国非物质文化遗产保护工作的意见》《文化部关于加强国家级文化生态保护区建设的指导意见》《国家级非物质文化遗产保护与管理暂行办法》《国家级非物质文化遗产项目代表性传承人认定与管理暂行办法》等。

由此出发,文化生态保护区规划编制依据的法律法规主要包括:

《中华人民共和国野生动物保护法》(1988);

《中华人民共和国自然保护区条例》(1994);

《中华人民共和国森林法》(1998);

《中华人民共和国环境法》(2002);

《中华人民共和国文物保护法》(2002);

《中华人民共和国土地管理法》(2004);

《中华人民共和国风景名胜区条例》(2006);

《中华人民共和国城乡规划法》(2007);

《历史文化名城名镇名村保护条例》(2008);

《中华人民共和国非物质文化遗产法》(2011)。

其他主要文件依据包括:

《保护世界文化和自然遗产公约》(联合国教科文组织,1972);

《保护非物质文化遗产公约》(联合国教科文组织,2003);

《国务院关于加强文化遗产保护的通知》(2005);

《国务院办公厅关于加强中国非物质文化遗产保护工作的意见》（2005）；

《文化部关于加强国家级文化生态保护区建设的指导意见》（2010）；

《中共中央关于深化文化体制改革推动社会主义文化大发展大繁荣若干重大问题的决定》（2011）；

《文化部"十二五"时期文化改革发展规划纲要》（2012）；

《文化部关于加强非物质文化遗产生产性保护的指导意见》（2012）。

三、规划原则

文化生态保护区规划的编制，应严格遵循《文化部关于加强国家级文化生态保护建设的指导意见》的精神与内容要求。文件中明确的规划原则包括：国家级文化生态保护区建设要以科学发展观为指导，认真贯彻非物质文化遗产保护工作"保护为主、抢救第一、合理利用、传承发展"的指导方针，坚持以非物质文化遗产为核心的保护原则，坚持人文环境与自然环境协调、维护文化生态平衡的整体性保护原则，坚持尊重人民群众的文化主体地位原则，坚持以人为本、活态传承的原则，坚持文化与经济社会协调发展原则；坚持保护优先、开发服从保护的原则，坚持政府主导、社会参与的原则。

第三节　规划目标与层次

一、规划目标

文化生态保护区规划编制的总体目标是：在对规划地域非物质文化遗产全面、系统调查，并对其文化生态进行科学分析评估的基础上，通过对非物质文化遗产各个方面的确认、立档、研究、保存、保护、宣传、弘扬、传承和振兴，确保非物质文化遗产的生命力，建立切实可行的非物质文化遗产保护制度和运行机制；在保护区内形成较为完善的非物质文化遗产保护体系，推动非物质文化遗产的整体性保护和传承发展；加强对文化生态（非物质文化遗产相关的物质载体、文化场所和自然人文环境等）的整体性保护，维护文化生态系统的平衡和完整，实现文化生态系统的健康、稳定、可持续发展。

通过对非物质文化遗产的有效保护与合理利用，实现文化生态保护区内非物质文化遗产保护、传承有序、社会经济协调可持续发展的总目标。规划要求具有科学性、前瞻性、政策性、技术性、驱动力。

二、规划编制层次

文化生态保护规划编制主要分为以下层次：

（1）文化生态保护区总体规划；

（2）"重点区域"和"专项保护区"分区规划；

（3）"文化生态核"建设控制规划；

（4）"文化生态核"和"非遗保护基础设施"详细规划设计；

（5）文化生态保护区总体规划实施方案。

第四节　规划技术路径和内容框架

一、规划技术路径

文化生态保护区规划一般依照以下技术路线进行编制，即现状研究、主要问题、总体思路、保护规划、保障机制、实施细则。规划主要分为三大部分（图8-1）：①现状调查与研究，通过地区文化生态环境现状分析和非物质文化遗产项目与代表性传承人分析提出存在的主要问题；②规划总体思路，包括规划目标和主要任务；③保护规划，分为非物质文化遗产保护和文化生态系统保护。在以上保护规划的基础上，制定社会经济协调规划，指导文化生态保护区保护与利用的关系，协调与衔接总体规划与已有的其他规划；落实保障机制，制定具体实施细则。文化生态保护区规划的制定，需要以民众为主体，以政府为主导，专家共同参与。

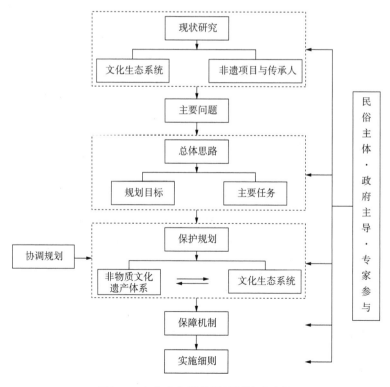

图8-1　文化生态保护区规划技术路径

　　下面以文化部首个审批通过的《热贡文化生态保护区总体规划》为例，说明规划技术路径。

　　《热贡文化生态保护区总体规划》的技术路径包含六大部分（图8-2）：

　　（1）组织团队。

　　由中国城市规划设计研究院牵头，联合北京大学、中国人民大学、中国科学院地理科学与资源研究所共同参与，保证了专业技术人员的配备。

　　（2）综合调研。通过现场勘查、各级政府文化主管部门和代表性传承人座谈、文献资料收集整理，对热贡文化得出基础认知。

　　（3）前期研究（表8-1）。从热贡文化遗产本体、热贡地区自然社会经济环境、文化生态保护区生态系统以及保护资金来源等方面进行了全面的分析论证，为规划编制奠定坚实的基础。

　　（4）规划编制。通过规划研究、现状问题、保护规划、项目实施的路径等，编制规划成果。

　　（5）实施保障。包括政策保障、资金保障、空间信息技术保障。

　　（6）监测管理。通过文化遗产保护监测管理信息系统的建立，保障后期规划实施的管理。

热贡文化生态保护区规划前期研究专题　　　　　　　　　　　　　　　　表8-1

编号	专题名称	研究目的	主要研究内容
1	热贡文化遗产梳理及评价	正确认识热贡文化遗产价值，为保护规划编制奠定基础	热贡文化形成的自然与历史背景 热贡文化遗产构成及特征 热贡文化遗产价值分析
2	热贡地区社会经济环境分析	正确认识热贡地区社会经济发展情况，明确产业分工及构成	社会经济条件分析 社会经济与产业发展动力分析 产业结构及特征分析 政策支持环境分析
3	热贡文化生态保护实验区空间信息系统分析	正确认识热贡文化遗产分布地域的自然环境本底，明确保护地域范围及保护要求	自然环境条件分析 生态环境稳定性分析 地址灾害危险性评估与土地适宜性评价
4	热贡文化遗产保护投融资模式分析	分析项目建设资金来源及规模，为热贡地区发展争取更多资金	投资内容与资金匡算 政策性资金来源及规模 其他资金筹措与项目融资
5	热贡文化生态保护实验区特征、功能、格局、演化系统分析	正确认识热贡文化生态区的生态系统功能，提出文化生态区的建设发展与控制要求	文化生态系统特征分析 文化生态保护案例分析 文化生态保护区功能区划方法 文化生态景观格局分析 文化生态区演化趋势分析与引导

来源：周建明.文化生态保护区规划建设的基本思路和技术特点[C]//文化部非物质文化遗产司.探索与实践——国家级文化生态保护区建设现场交流会暨专家论坛资料集.北京：文化艺术出版社，2011。

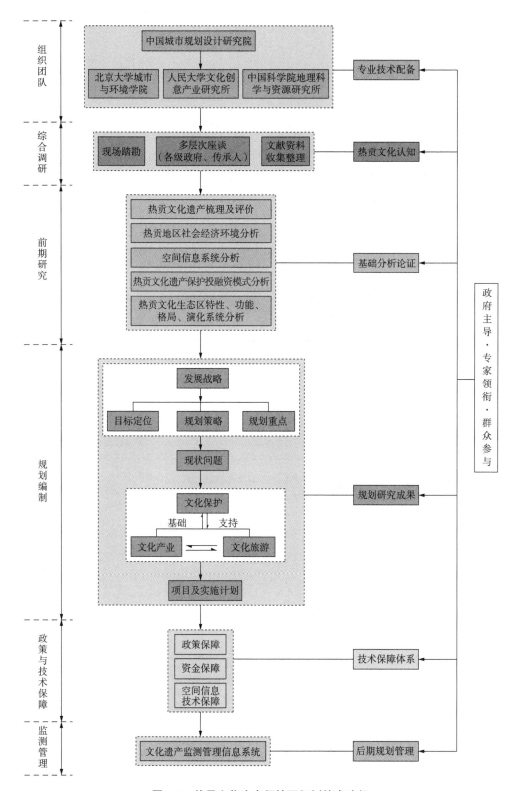

图8-2 热贡文化生态保护区规划技术路径

来源：周建明.文化生态保护区规划建设的基本思路和技术特点[C]//文化部非物质文化遗产司.探索与实践——国家级文化生态保护区建设现场交流会暨专家论坛资料集.北京：文化艺术出版社，2011

二、规划内容框架

依据《文化部办公厅关于加强国家级文化生态保护区总体规划编制工作的通知》，国家级文化生态保护区总体规划文本内容应包括保护区文化资源与文化生态的历史、现状描述与分析，建设目标与工作原则，保护对象与内容，保护范围与重点区域，保护方式与保护措施、分期实施方案与保障措施等基本内容。

（一）文本主体框架

第一章　规划总则

一、文化生态保护实验区建设的背景与意义

二、规划性质与编制依据

三、规划范围与期限

四、指导思想与原则

五、保护理念、保护方式和保护对象

六、保护区建设目标与重点任务

第二章　文化资源与文化生态分析

一、文化特征解读

二、文化资源内涵与价值分析

三、文化历史生成环境分析

四、文化生态保护现状和存在问题

第三章　非物质文化遗产保护传承规划

一、全面深入开展非物质文化遗产资源调查和研究

二、完善非物质文化遗产名录建设，加强针对性保护措施

三、加强名录项目代表性传承人及传承团体保护，完善活态传承机制

四、抢救性保护

五、生产性保护及适度利用

六、数字化保护

七、民俗节庆与文化空间保护

八、教育传承与社会宣传

九、保护传承基础设施建设

第四章　文化生态空间保护规划

一、文化分布特征

二、重点保护区域划定与分区保护措施

三、核心载体空间整体保护措施

第五章 社会经济协调规划

一、保护利用与发展策略

二、产业协调与重点项目发展规划

三、空间规划协调措施

第六章 分期实施方案

一、分期目标与建设内容

二、近期项目库建设与年度实施计划

第七章 保障体系建设

一、机制与体制保障

二、立法和政策保障

三、资金保障

四、人才保障

（二）规划图件组成

（1）区位分析图；

（2）行政区划图；

（3）文化分析图；

（4）保护区现状图（地形＋水系＋山系＋居民点＋道路交通）；

（5）非物质文化遗产资源分布图；

（6）非物质文化遗产项目传承人分布图；

（7）物质文化遗产分布图；

（8）自然生态与文化景观分析图；

（9）保护区文化生态评价图；

（10）区域交通分析图；

（11）文化生态保护规划图；

（12）保护区文化生态重建规划总图；

（13）保护利用空间协调规划图；

（14）保护区规划总图；

（15）保护区核心区域图；

（16）非物质文化遗产保护建设项目分布图；

（17）经济发展引导规划图；

（18）城乡居民点协调规划图；

（19）土地利用协调规划图；

（20）非物质文化遗产利用规划图；

（21）非物质文化遗产生产性保护规划图；

（22）文化生态区分期建设图；

（23）文化生态区近期建设图。

（三）附录组成

（1）各级各类非物质文化遗产名录项目总目录表；

（2）各级各类非物质文化遗产名录项目简介；

（3）各级各类非物质文化遗产名录代表性传承人总目录表及现状传习情况；

（4）保护实验区内主要物质文化遗产；

（5）保护实验区内主要自然遗产；

（6）保护实验区内主要传统民俗节庆活动；

（7）相关学术研究机构、学术刊物及主要研究方向；

（8）地方文化研究成果及重点研究课题；

（9）项目实施及资金测算表。

第五节　文化生态保护与社会经济协调发展规划

进入 21 世纪以来，随着世界旅游业迎来高速发展期，尤其是中国经济持续快速发展与各级政府对旅游发展的高度重视和关注，中国旅游产业得到了蓬勃发展，旅游产业规模不断扩张。据世界贸易组织（World Trade Organization）预测，到 2020 年中国将成为世界第一大旅游目的地和第四大旅游客源国。除旅游业外，文化产业被誉为 21 世纪最有发展前景的朝阳产业。这在中国得到了相当程度的验证。2002 年中国文化产业的产值已突破5000 亿元人民币。2004 年，中国文化产业的总产值已经达到 1.2 万亿元，加上文化带来的相关服务，总产值已经在 2 万亿元以上。据有关权威数据预测，到 2020 年中国文化产业将达到 2.9 万亿元人民币。国家文化产业与旅游业协同发展的时代背景，启示着文化生态保护区未来的创新发展方向。

根据《文化部关于加强国家级文化生态保护区建设的指导意见》，文化生态保护区规划应当体现人与自然和谐相处，文化遗产保护与区域经济发展全面协调发展的要求，突出非物质文化遗产资源的独特价值、文化内涵和民族特色、地方特色。《关于加强我国非物质文化遗产保护工作的意见》中也提出，保护和利用好中国非物质文化遗产，对落实科学发展观，实现经济社会的全面、协调、可持续发展具有重要意义。

文化生态保护区在规划建设中，需要正确处理保护和利用的关系，在有效保护的前提下合理利用。此外，为实现社会经济协调发展，文化生态保护区规划需要与综合性法定规划，如国民经济和社会发展规划、城乡规划、土地利用规划、生态建设规划等和其他专业规划相协调，还需要与区域（综合）规划相对接，并纳入地方经济社会发展总体规划中，保证其有效实施。

一、合理利用总体思路和重点方向

（一）总体思路

《中华人民共和国非物质文化遗产法》第三十七条规定："国家鼓励和支持发挥非物质文化遗产资源的特殊优势，在有效保护的基础上，合理利用非物质文化遗产代表性项目开发具有地方、民族特色和市场潜力的文化产品和文化服务。"文化生态保护区在非物质文化遗产生产性保护和合理利用上应遵循以下三方面的保护利用思路：

（1）非物质文化遗产保护与旅游发展相结合。《中共中央关于深化文化体制改革推动社会主义文化大发展大繁荣若干重大问题的决定》提出："积极发展文化旅游，促进非物质文化遗产保护传承与旅游相结合，发挥旅游对文化消费的促进作用。"把文化遗产保护与文化旅游相结合，可有效地发挥当地民俗文化优势，有机整合民俗文化保护和经济发展，提升当地群众保护民俗资源的积极性；与此同时，也要避免极端实用主义的做法，防止面目全非地改变其精神内涵，形成伪民俗和纯商业活动泛滥的不良局面。

（2）生产性保护与相关产业发展相结合。传统技艺、传统美术和传统医药药物炮制类非物质文化遗产资源，来源于日常生活的衣食住行，与当今经济生活发生直接的联系。可以文化产业及其相关产业的形式，丰富消费结构，滋养民众情怀，培育社会精神。以有效传承非物质文化遗产技艺为前提，重点加强天然原材料、珍稀原材料的保护，并处理好保护与利用的关系；鼓励和支持对技艺有所创新和发展，创作适应当代社会需求的作品；通过创新生产、流通、销售等手段，政府提供技艺展示、产品销售的渠道和平台，将非物质文化遗产及其资源转化为文化产品。

（3）文化遗产保护与文化设施建设相结合。文化设施是基本的公共服务设施，是居民接受历史文化熏陶的公共场所，更是对外宣传的窗口，是游客了解当地历史文化的重要途径。文化生态保护区丰富的文化遗产资源为文化设施建设提供大量素材。通过具有文化遗产特色的地区博物馆、文化馆、艺术馆等场馆的建设，一方面可以促进文化遗产的保存、保护，另一方面更可推动文化生态保护区整体文化内涵的提升。

（二）合理利用重点方向

文化生态保护与社会经济协调规划中的合理利用重点方向包括以下三方面：

（1）对传统技艺、传统美术、传统医药药物炮制等具有市场开发潜力的非物质文化遗产名录项目进行积极的生产性保护；

（2）对传统舞蹈类、传统音乐类、传统戏剧类、曲艺类等非物质文化遗产资源积极发展利用合理的文化演艺事业发展；

（3）对非物质文化遗产名录项目及其依存的物质文化遗产，结合全市文化旅游业发展进行适度的开发。

应当认识到，合理利用的目的是为了确保非物质文化遗产在社会环境中的生命力，提升其保护传承的动力。

二、合理利用规划

（一）保护利用空间协调

相关规划空间协调是社会经济协调发展中的重要内容。文化生态保护区是传统文化积淀深厚的地区，同时也是自然生态资源和传统文化遗存丰富地区，呈现空间上多样资源重叠的特征。空间涉及城镇区域、森林公园、自然保护区、地质公园、风景名胜区、文物古迹、江河水体等国家重点保护资源，及其主体功能区、各级各类保护区等空间管控规划与相关措施要求。

由于非物质文化遗产具有无形、动态、共享的特性，使得在空间上很难固化维系，因而采取相互衔接与协调纳入方式，避免实施困难和相互矛盾。更可以规避一些可见的因盲目建设造成的文化断层、环境破坏等不良现象，实现科学规划、统筹发展的空间格局。

因此文化生态保护区规划应以"依法规划、立法管理、综合纳入、相互协调"为基本原则，针对保护区空间保护规划中提出的非物质文化遗产保护单元、专项保护区及复合保护空间等空间地域，具体提出建立"文化生态粉线管理"的办法。所谓的"文化生态粉线管理"是指将划定的国家级及省级非物质文化遗产活态保护单元及复合保护空间的范围界线以闭合的虚线在图面上表达出来。其划定的地域空间，其他任何规划都应予以纳入保护内容，不得随意更改，更不能无故取消。其非物质文化遗产保护单元、复合保护空间及保护重点区域范围内的一切活动应严格遵循《中华人民共和国非物质文化遗产法》要求。

（二）经济发展引导规划

非物质文化遗产存在于当今社会经济环境中，与地区经济必然会产生或多或少的联系，地区相关产业的发展也会影响非物质文化遗产的可持续发展。为了保护非物质文化遗产，传承地域传统文化，维护文化生态平衡健康，必须对地区社会经济发展进行引导规划。规划的主要原则如下：

（1）对于干扰非物质文化遗产保护传承、破坏地区文化生态平衡的产业（或项目）禁止其进入。这些产业包括与非物质文化遗产所产产品产生恶意竞争，破坏产品市场信誉、扰乱市场的产业（或项目）；破坏非物质文化遗产生产需要原料、场所的产业（或项目）；破坏非物质文化遗产所依赖的自然环境、物质遗产的产业（或项目）；对传统文化造成强力冲击的文化经营性产业（或项目）等。

（2）对于有可能干扰非物质文化遗产保护传承的，应有条件地限制其进入，并积极对其进行规制。如一些打着宣传地域文化、非物质文化遗产的演艺业，可在设定严格的条件后准许其进入，并提出相应的规制措施。

（3）对于非物质文化遗产保护项目起到弘扬发展作用的产业（或事业），如文化旅游产业、群众文化事业、利用地方传统文化元素的文化创意产业，应积极鼓励其发展。

（三）城乡居民点协调规划

社会经济活动必然会影响非物质文化遗产的传承环境，进而影响传承活动。在当今城镇化大环境下，生态移民、迁村并点、新农村建设、城市拆迁等活动不知不觉也影响了非物质文化遗产传承人、传承群体的原有居住环境。居住环境的改变会进一步进而破坏原有文化生态的平衡，因此在规划中必须予以协调。

例如，对居住在城镇传承人（传承群体）的居民点进行拆迁变动的，规划应刚性规定必须上报文化主管部门批准；对特色文化乡村迁村并点、移民或进行新农村建设的，必须进行上报文化主管部门进行文化生态影响评估等等。

（四）土地利用协调规划

土地利用模式和利用方式从一定程度上决定了一个地区经济、社会以及景观生态安全格局的发展方向。而这些都是地区文化生态中的重要因子，因此土地利用模式必然会对地区文化生态平衡产生重要的影响。

文化生态保护区规划中，必须对影响地区土地利用的重大产业（项目）作出相关协调，维护地区文化生态的平衡和完整。例如，对重大基础设施（水电站、变电站、公路、铁路、水库）等影响景观生态安全格局的项目，必须上报文化主管部门并作文化生态影响评估；对影响传统农业景观，特别是占用基本农田的项目，必须在土地部门和文化部门的双重监管下，谨慎建设。

如图 8-3 所示，在严格保护热贡文化生态保护实验区人文、自然生态安全的基础上，规划对可能会对保护产生影响的重大拟建项目提出了调整选线的建议方案。

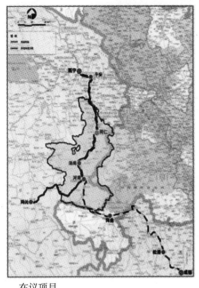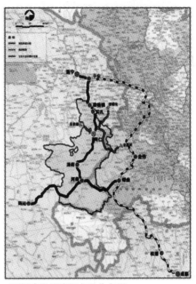

在议项目　　　　　　　　　　　　规划建议的路网交通分布图

图8-3　热贡文化生态保护区道路改线方案

第六节　保护区基础设施和服务设施规划

一、保护区基础设施规划

保护区基础设施是指与非物质文化遗产保护直接或间接相关的设施或空间场所，包括非物质文化遗产传习所、生产性保护示范基地，非物质文化遗产展示馆、博物馆，以及文化空间。

非物质文化遗产传习所（图 8-4），是指承载非物质文化遗产传承活动的场所，是保护环节中重要的物质空间保障之一。非物质文化遗产传习所的规划主要原则如下：

（1）要根据非物质遗产项目及其代表性传承人的分布以及传承人自身的意愿，在地域文化底蕴深厚、文化生态较好的区域（一般为核心保护区或重点保护区内）因地制宜地建设非物质文化遗产传习所，并做好相关设施配套工作。

（2）非物质文化遗产传习所的规划应与地区城镇规划相协调，避免建设在城镇规划所划定的生态敏感、高地质风险等限制建设的区域。

（3）根据项目级别以及在地区文化生态中的重要程度，科学合理地制定传习所规模和数量。

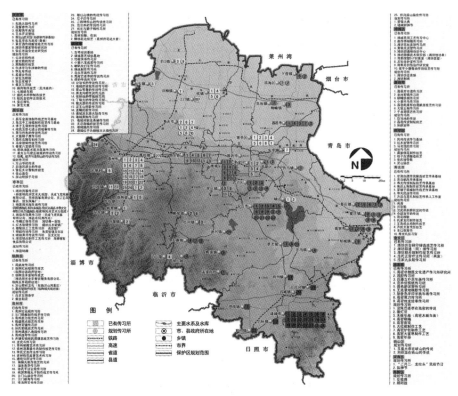

图8-4　潍水文化生态保护区非物质文化遗产传习所规划

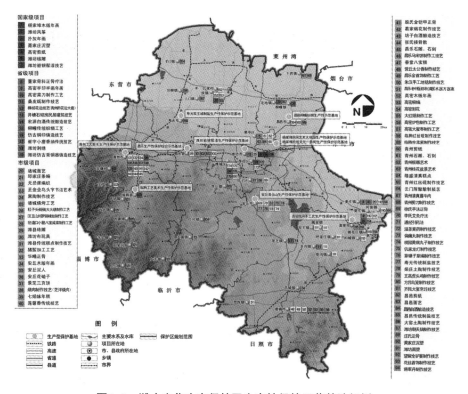

图8-5　潍水文化生态保护区生产性保护示范基地规划

生产性保护示范基地（图8-5）是指具有示范性的非物质文化遗产生产性保护场所。生产性保护示范基地的规划原则如下：

（1）根据现有项目生产性保护情况，项目的重要性程度，项目的市场开发潜力以及示范作用，因地制宜地建设生产性保护示范基地。

（2）生产性保护示范基地宜少而精，不能追求面面俱到。

（3）生产性保护示范基地的选址及规划建设，必须与城镇规划相协调。

非物质文化遗产展示馆（图8-6）是指以集中陈列展示非物质文化遗产及其相关实物和代表性作品为目的的场馆，同时也在一定程度上宣传、了解非物质文化遗产保护工作。

根据需要，非物质文化遗产展示馆一般应在重点保护区的县一级行政单位内设置。场馆的规模应与县域内非物质文化遗产数量相一致。

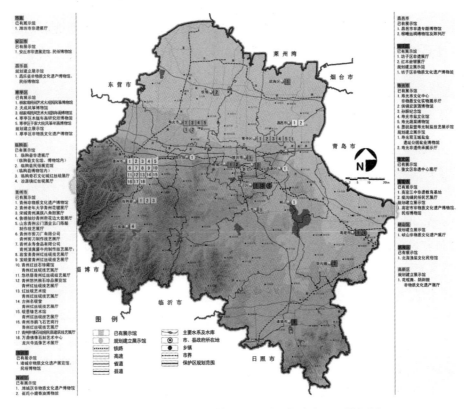

图8-6　潍水文化生态保护区非物质文化遗产展示馆规划

博物馆是征集、典藏、陈列和研究代表自然和人类文化遗产的实物场所，并对那些有科学性、历史性或者艺术价值的物品进行分类，为公众提供知识、教育和欣赏的文化教育的机构、建筑物、地点或者社会公共机构。博物馆保管展示的物品虽远远大于非物质文化遗产的范畴，但其中许多的物质文化遗产、历史事件、历史人物，却往往与非物质文化遗产产生联系。因此博物馆也是展示地区非物质文化遗产的重要场所。

对博物馆的规划虽不在文化生态保护区总体规划所含范畴内，但总体规划应提出充分利用地区现有博物馆，在介绍地区物质文化遗产的同时，展示非物质文化遗产，有条件的可以进行非物质文化遗产的活态展示。

二、保护区服务设施规划

保护区服务设施是指专为非物质文化遗产保护提供智力和技术支持并承担保护管理任务的设施。由于现行国家级文化生态保护区一般以地级行政单位为保护区范围，因此保护区服务设施一般包括市（自治州）一级、县（自治县）一级，以及乡镇（民族乡）一级。

市级服务设施一般包括：文化生态保护区工作领导小组、文化生态保护区管理办公室等，县一级服务设施一般包括文化生态保护区管理办公室，乡镇一级服务设施一般包括保护办公室。市一级文化生态保护区工作领导小组，应通过市委市政府成立工作领导小组并建立一套切实可行的文化生态保护区联席会议制度，统一协调各职能部门意见，解决文化生态保护区申报、评审、保护、督察、取缔等工作中存在的问题。其规划主要职能应包括：

（1）拟订保护工作的方针政策；

（2）审定文化生态保护实验区保护规划；

（3）协调处理保护中涉及的重大事项；

（4）审核文化生态保护实验区新增市级非物质文化遗产代表作名录，并上报市政府批准公布。

市一级文化生态保护区管理办公室负责全保护区内管理、研究、宣传、培训等行政与业务协调和宏观控制职能。办公室下设非物质文化遗产保护中心、政策法律中心、专家委员会等。

其中非物质文化遗产保护中心规划主要职能应包括：

（1）组织文化生态保护区内非物质文化遗产的普查、申报保护和申请解除等工作。

（2）审核"文化生态保护区新增市县（区）级非物质文化遗产代表作名录"名单，并上报市政府批准公布。

（3）组织研究成果的发表和从事非物质文化遗产保护工作的专业人才培训；举办各种学术、展览（演）和公益活动，交流、推介、宣传非物质文化遗产保护工作的成果和经验。

（4）针对保护区文化生态系统运行状况,建立全市及各县（市、区）定期撰写评估报告，形成常态化工作内容，作为审核备案，细化动态管理机制。

政策法律中心规划主要职能应包括：

（1）履行文化生态保护区保护工作的政策咨询；

（2）处理文化生态保护区保护工作中出现的各类法律事件。

专家委员会的规划主要职能应包括：

（1）参与生态保护区内各规划的评审和把关；

（2）参与保护区内非物质文化遗产代表性项目普查方案的制定与监督；

（3）参与保护区市级、县（区）级非物质文化遗产代表性项目名录的评审；

（4）参与保护区内非物质文化遗产名录项目《濒危名录》的评审；

（5）参与保护区市级、县（区）级传承人的认定评审；

（6）对非物质文化遗产保护、修复等工作提供专业咨询；

（7）参与非物质文化遗产保护工作中的教育培训工作；

（8）对定期报告，予以审核意见，备案记录。

县一级文化生态保护区管理办公室负责本县级行政单位内保护工作的管理、宣传等行政与业务日常工作。其规划具体职能应包括：

（1）指导实施《文化生态保护实验区实施细则》；

（2）管理各县行政范围内与保护工作相关的事宜；

（3）管理各传习所、展示馆等责任单位及责任人；

（4）组织鼓励民间力量参与保护工作。

乡镇一级的文化生态保护区保护办公室，一般设在文化生态核所含乡镇，是保护区内最具地域文化特色的空间地域。保护办公室规划职能应包含如下几项：

（1）指导《文化生态保护区实施细则》的在本行政区范围内的具体实施。

（2）每年需向市级文化生态保护区管理办公室汇报年度工作情况，办公室根据镇政府（村政府）工作完成情况对相关领导人进行政绩考核。

（3）配合市、县（区）各行政部门，做好行政区范围内重点非物质文化遗产名录项目的保护工作。

（4）所有与非物质文化遗产名录项目相关的商业行为，需在所在地政府备案并在政府监管下进行。对企图改变非物质文化遗产名录项目原真性的商业行为，所在地政府应予以制止并上报市级文化生态保护区管理办公室。

（5）保护文化生态核现有街巷格局和居民文化活动空间，保护地域特色文化氛围。

（6）切实关注保护区内非物质文化遗产名录项目代表性传承人的生活状况，对生活有困难的非物质文化遗产名录项目传承人，应给与积极帮助，有困难的，需及时上报市级文化生态保护区管理办公室。

（7）组织社区文化生态保护宣传科普工作，让非物质文化遗产保护深入人心。

第九章 文化生态系统保护规划

对非物质文化遗产所依存的文化生态系统进行保育、修复与重建，是文化生态保护区规划的重要任务。任何生态系统都与特定的空间相联系，都包含有一定区域和范围的空间概念。非物质文化遗产是整个文化生态系统中的重要组成和核心内容，脱离了赖以生存的文化生态系统，非物质文化遗产也将不可持续。因此，认清保护区内文化生态空间特征及其生态系统发展演变规律，对文化生态系统进行整体性保护规划，是文化生态保护区设立的重要任务之一。文化生态保护区保护范围较大，保护区内的自然环境、人文资源、社会经济情况亦较复杂，需多层次、不同等级的空间划定与空间管制。本章将结合在文化生态保护区总体规划中的实践经验，介绍文化生态系统空间保护规划的主要保护方法和技术手段。

第一节 文化生态系统保护规划主要原则

一、整体性保护

《中华人民共和国非物质文化遗产法》第二十六条规定："确定对非物质文化遗产实行区域性整体保护，应当尊重当地居民的意愿，并保护属于非物质文化遗产组成部分的实物和场所，避免遭受破坏。实行区域性整体保护涉及非物质文化遗产集中地村镇或者街区空间规划的，应当由当地城乡规划主管部门依据相关法规制定专项保护规划。"《文化部关于加强国家级文化生态保护区建设的指导意见》中也提到，国家级文化生态保护区是指以保护非物质文化遗产为核心，对历史文化积淀丰厚、存续状态良好，具有重要价值和鲜明特色的文化形态进行整体性保护，并经文化部批准设立的特定区域。

确定重点区域进行整体性保护，是文化生态保护区规划的关键任务之一。在文化生态保护区中选择若干自然生态环境基本良好，传统文化生态保持较为完整的街道、社区或乡镇、村落等，作为实施整体性保护的重点区域，要注意保持重点区域的历史风貌和传统文化生态，不得改变与其相互依存的自然景观和环境。注重非物质文化遗产的不同项目之间，非物质文化遗产与物质文化遗产之间，文化遗产与自然环境、人文环境之间的关联性，将单一项目、单一形态的保护模式，转变为文化生态保护区内文化形态整体性保护。

二、科学保护

文化生态保护区规划应以科学发展观为指导，认真贯彻非物质文化遗产保护工作"保护为主、抢救第一、合理利用、传承发展"的指导方针。通过基础研究和技术保障实现科学、合理的保护。文化生态保护区规划的基础研究分析主要包括文化生态要素空间叠合分析和文化生态系统空间结构分析,在此基础上,进行文化生态空间结构与保护区划(重点区、一般区与环境支撑区)、文化生态系统整体性保护规划、重点保护区域规划、文化生态保育规划、保护区服务设施规划以及保护区基础设施规划等。

第二节　文化生态系统保护规划空间分析

一、文化生态要素空间叠合分析

文化生态要素空间叠合分析是文化生态保护规划的基础。空间叠合分析运用地理信息技术,借助 ArcGIS 平台,通过对植被、土壤、降水、温度、土地覆被、高程等的叠加分析,对非物质文化遗产所依存的自然生态环境进行综合研究。

空间叠合分析是指在统一空间参照系统条件下,每次将同一地区两个地理对象的图层进行叠合,以产生空间区域的多重属性特征,或建立地理对象之间的空间对应关系。前者一般用于搜索同时具有几种地理属性的分布区域,或对叠合后产生的多重属性进行新的分类,称为空间合成叠合;后者一般用于提取某个区域范围内某些专题内容的数量特征,成为空间统计叠合。叠合分析是 GIS 最重要的功能之一,也正是在 GIS 环境下,叠合分析才能方便并且高精度地进行。在传统的地图分析中,为了比较两个不同专题要素之间的空间关系,我们只能将两个要素在同一幅图中描绘出来,或者用透写桌将两幅图叠置以便用于研究,这对于研究多种要素间的关系是困难的。在 GIS 中,各种不同的专题要素分类(层)存贮,在需要的时候由计算机自动将它们叠置起来进行分析。GIS 环境下叠合分析根据对象图形特征的不同,可分为点与多边形的叠合,线与多边形的叠合和多边形与多边形的叠合三种类型。其中,多边形与多边形的叠合是指将两个不同图层的多边形要素相叠合,产生输出层的新多边形要素,用以解决地理变量的多准则分析、区域多重属性的模拟分析、地理特征的动态变化分析,以及图幅要素更新、相邻图幅拼接、区域信息提取等。

由于具有广泛的应用功能,因而它是空间叠合分析的主要类型,主要包括以下六种操作命令:Union、Intersect、Identity、Erase、Update 以及 Clip。空间叠合分析根据所采用的数据结构的不同,又可分为基于矢量数据的叠合分析和基于栅格数据的叠合分析两种类型。两种分析方法各有优缺点:基于矢量数据的叠合分析数据存储量比较小,但是运算过程比较复杂;而基于栅格数据的叠合分析数据存储量比较大,运算过程则比较简单。

以热贡文化生态保护实验区总体规划为例,其文化生态要素空间叠合分析如图 9-1 所示。

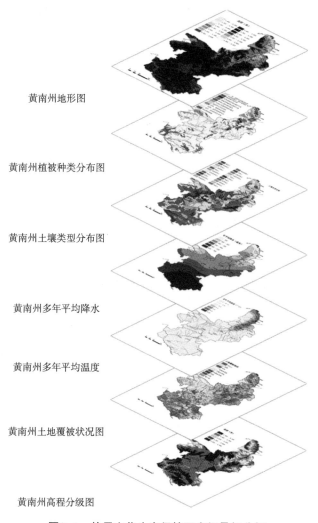

黄南州地形图

黄南州植被种类分布图

黄南州土壤类型分布图

黄南州多年平均降水

黄南州多年平均温度

黄南州土地覆被状况图

黄南州高程分级图

图9-1 热贡文化生态保护区空间叠加分析

来源：周建明.文化生态保护区规划建设的基本思路和技术特点[C]//文化部非物质文化遗产司.探索与实践——国家级文化生态保护区建设现场交流会暨专家论坛资料集.北京：文化艺术出版社，2011

二、文化生态系统空间结构分析

对文化生态空间结构的特征分析，是文化生态保护区空间规划的重要基础。文化生态保护区的特征包括高度开放性（与自然生态及景观生态比较）和空间层次性（文化生态系统可以分解为不同的等级层次，不同等级层次上的系统具有不同的特征）。文化生态保护区在规划中必须考虑到文化生态系统的动态性、地域性、有序性、综合整体性、有机关联性等特征。应当认识到，中国空间资源十分有限，文化生态保护区往往处于相对自然保护区而言人口稠密地区，在生存发展空间资源有限的情况下，对于文化生态保护区空间尺度和结构把握显得尤为重要。只有通过准确的空间结构分析，划定有效的保护空间尺度，才能使保护区的空间管制措施得以落实。文化生态系统的空间结构分析，一般根据地理区位、区内地形、山脉、水系等自然地理环境要素以及人文社会发展要素综合确定。

借鉴景观生态学相应理论中的"生态斑块"、"生态廊道"、"生态基质"等概念，文化生态系统的空间结构成分包括以下内容（图9-2）：

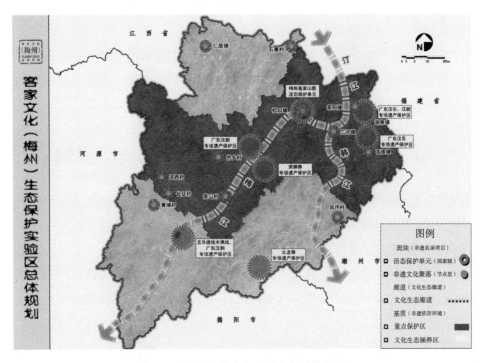

图9-2　梅州文化生态系统空间结构分析

来源：周建明.文化生态保护区规划建设的基本思路和技术特点[C]//文化部非物质文化遗产司.探索与实践——国家级文化生态保护区建设现场交流会暨专家论坛资料集.北京：文化艺术出版社，2011

（1）活态保护单元。非物质文化遗产项目及其传承人所依托的物质载体，如院落、单个建筑、文化空间，以及非遗项目集中所在的文化聚落（社区街道、乡村居民点）等具有一定传承活动范围的空间。其中非物质文化遗产项目及传承主体即为活态保护单元核（简称非遗核）。活态保护单元是非物质文化遗产项目活态基因的所在，需要实施重点与高效保护。

（2）复合保护空间。这是由生态群理论和岛屿生物地理学理论引申出的非物质文化遗产保护的空间概念。一个或多个非遗项目产生及依存互生形成的具有比较明确"边界"的最小地理空间，包括自然环境、人文环境形成的复合空间，即最底级文化生态系统，或可称为"文化斑块"。

（3）核心区域。在文化生态保护区中选择若干自然生态环境基本良好、传统文化生态保持较为完整的街道、社区或乡镇、村落等，作为实施整体性保护的重点区域。

（4）文化生态涵养区。生态文化涵养区即为文化生态支持区，是维护文化生态系统平衡和完整的环境支撑区。

（5）文化生态廊道。促使非遗项目形成、发展与流变的各种要素进出的通道以及非遗传播的通道或区域。

（6）文化生态空间结构。构架非物质文化遗产形成、发展、流变的各种空间要素组成的空间形态。

（7）文化生态空间网络。把不同的文化生态系统相互连接起来。网络节点既是文化生态廊道上的关键点，也是文化生态系统功能的集中点。

（8）文化生态系统边界与生态交错带。文化生态系统边界即为两个地域的边界，通常可以用文化生态涵养区的边界来划定。文化生态交错带即为邻接的同级文化生态系统的边缘带，这是景观生态学概念的借用。

第三节　文化生态系统不同空间类型规划

从非物质文化遗产项目及文化资源集聚程度所呈现出的文化特性与空间分布特征，以及非物质文化遗产与环境的依存关系等方面综合考虑，本书提出文化生态空间不同保护等级的基本类型组成包括：以传统村落等为文化生态核，以具有相似生产生活方式的区域为重点区域，以重要的文化地理区域为支撑区域，以水陆交通线路为传播通道，其余地缘联系密切的周边区域为文化传播区域。这五类区域相互穿插作用，共同构成了文化生态保护区完整的文化生态系统。

一、文化生态系统整体性保护规划

空间规划的依据和目标是特定文化生态系统的稳定性与安全性。文化生态系统的整体性保护，即应注重对非物质文化遗产的不同项目之间、非物质文化遗产与物质载体、文化场所以及自然人文环境等文化生态的整体性保护，将单一项目、单一形态的保护转变为文化形态的整体性保护。

《文化部关于加强国家级文化生态保护区建设的指导意见》中对于"重点区域"划定作出了要求："在文化生态保护区中选择若干自然生态环境基本良好、传统文化生态保持较为完整的街道、社区或乡镇、村落等，作为实施整体性保护的重点区域。"为了体现多层次保护和不同等级空间管治需要，文化生态保护区规划将"规划区"分解成核心保护区（对应于"意见"中的"重点区域"）、重点保护区、一般保护区和环境支撑区、专项保护区五个不同保护等级的空间管治地域，以及文化传播廊道和文化传播扩散区两种"流动"文化地域类型。通过区域等级划定，将非物质文化遗产的保护落实在具体的文化场所（空间）上，保护重要的非物质文化遗产、传承人及其技艺，保持重点区域的历史风貌和传统文化生态，不得改变与其相互依存的自然景观和环境。

二、核心区保护规划

保护核心区是文化生态区保护的重中之重。文化生态保护核心区一般表现为各种类型、不同地域分布的传统村落，以及城镇中的历史街区和传统社区，同时涵盖了历史文化名城名镇名村、国家级特色景观旅游名镇、中国民间文化艺术之乡与传统村落（特色村寨）等非物质文化遗产最为集中的场所。

根据《历史文化名城名镇名村保护条例》，历史文化名城名镇名村一般是保存文物特别丰富，历史建筑集中成片，保留着传统格局和历史风貌，历史上曾经作为政治、经济、文化、交通中心或者军事要地，或者发生过重要历史事件，或者其传统产业、历史上建设的重大工程对本地区的发展产生过重要影响，或者能够集中反映本地区建筑的文化特色、民族特色的城市、乡镇、村落。已列入国家、省级历史文化名城名镇名村的保护地区，往往也是文化生态保护区中文化形态特殊、保存完好的核心地域。

进行核心区域规划，可包括以下几种区域类型。首先是"中国民间文化艺术之乡"，指运用民间文化资源或某一特定艺术形式，通过创新发展，成为当地广大群众喜闻乐见并广泛参与的群众文化主要活动形式和表现形式，并对当地群众文化生活及经济社会发展产生积极影响的县（县级市、区）、乡镇（街道）。民间文化艺术之乡涉及的民间文化分为表演艺术、造型艺术、民间技艺、民俗活动四大类别，主要包括音乐、舞蹈、戏剧、曲艺、杂技、美术、书法、摄影、游艺、竞技、技艺、民俗、民间文学等。依据文化部研究制定的《"中国民间文化艺术之乡"命名办法》，原有的"中国民间艺术之乡"和"中国特色艺术之乡"名称统一为"中国民间文化艺术之乡"，并在全国范围内重新组织开展了"中国民间文化艺术之乡"评审命名工作。另外，山东、河南、云南、四川等省都有自己的民间文化艺术之乡或民族文化之乡评选办法。这些民族民间文化艺术之乡往往是民间文化形态突出、影响力较大的区域，其中涉及非物质文化遗产的地区，应纳入文化生态保护区的核心保护区范围。

其次是特色景观旅游名镇（村）。它是指拥有丰富的地文特色、水域特色、生物特色、气候特色等自然景观资源，且保存完好；有鲜明的非物质文化特色、特色建筑和设施、农林牧渔特色、产业特色、民族特色等人文景观资源，体现乡村、小城镇和地方风貌；具有较高的观光游览和休闲度假等旅游利用价值，具有显著的爱国主义、文化传承、城乡交流、科普教育等积极意义；在全国范围内知名较高，适宜开展旅游活动，形成一定的旅游主题的特色镇（村）。

值得注意的是，随着社会经济的发展与城镇化的推进，传统村落的保护面临各方面的威胁而日益艰难，其数量不断减少。文化生态保护区规划应遴选出保护区内保存较好、文化特色鲜明、风貌完整的传统村落进行统一保护。

核心区是保护要求最严格的地域。该区域要求"封闭"，即不仅要求整体保护、传承其地域范围内的非物质文化遗产项目及其代表性传承人，还要求保护其文化创造和传承的"影响要素和环境"。故此，需要"放弃"各种改变其传统技艺的现代化大生产的进入；需要"避免"工业化、城镇化、新农村建设对其文化生态的破坏。

核心区是文化生态保护区内政策、资金和（非物质文化遗产保护、文化生态保护）专家支持力度最大的地域，也是政府、市场"干预"最小的地域。除了不影响非物质文化遗产及其文化生态保护的部分生活设施的"现代化"，要确保当地民众收入水平。除传统生产方式所生产的产品的价值提升、生产性保护和合理的文化旅游利用外，政府、社会团体和各种保护组织的资助，不足部分由各级政府足额补给。

核心区要有明确的封闭界线，规划用圆点予以标识（图 9-3）。

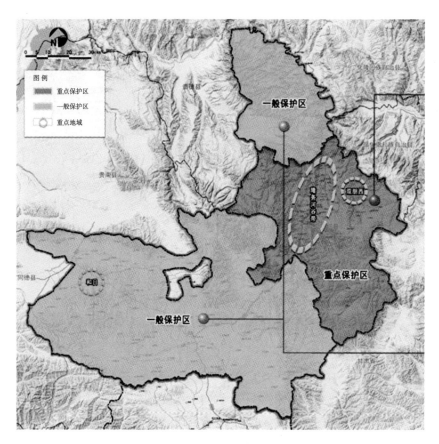

图9-3　热贡文化生态保护区保护区划图

来源：周建明.文化生态保护区规划建设的基本思路和技术特点[C]//文化部非物质文化遗产司.探索与实践——国家级文化生态保护区建设现场交流会暨专家论坛资料集.北京：文化艺术出版社，2011

三、重点区保护规划

重点保护区是文化生态保护区内非物质文化遗产项目丰富，遗产类型突出，文化同质性强，生产生活方式传统和内部依存度较高，且文化生态相对稳定聚集的区域，也是对文化传承有重要意义的地区。具体保护措施包括：

（1）按照规划建设布局非物质文化遗产项目的各传习场所，改善保护传承环境，同时设立必要的文化展示馆与文化活动中心等群众性文化设施、场馆等。

（2）重视依存村落的特色化景观建设，制定村落空间文化保护规划，并作为新农村建设的指导规划；加强保护历史遗存景观、特色民居和街巷建筑、整体村落环境与景观风貌建设。特别要保护非物质文化遗产发生的载体场所、名录项目保护传承场所等。

（3）保护重点保护区内的城乡环境，保护非物质文化遗产所依托的生态大环境以及多样的地域乡土景观。

（4）建设地方文化产品展卖中心，对深具地方文化底蕴的非物质文化遗产项目制成品进行集中展示和销售，推广文化产品概念，营造社会共识。

（5）保留传统的生活环境，保护修缮历史建筑与传统村落，保留与提升传统居住形式。保护整体景观格局，对传统风貌、街巷格局、环境本底予以保护，防止建设行为对聚落的破坏，保持格局完整性。

（6）重点保护区内应促进文化自觉性，对突出体现民族精神及人文生态的非物质文化遗产项目进行有效保护，促进文化遗产保护传承的可持续发展，以维护保护区文化的多样性及生态平衡。

（7）加强依法保护，针对重点保护区应严格按照有关保护规划要求，明确其保护管理权限范围及保护对象，将文化生态保护内容纳入到各相关规划的保护内容中，依法实施全面和重点保护。

（8）重点保护区也要有明确的封闭界线，规划中用"粉色"粗实线予以划定。

四、一般保护区规划

一般保护区的保护对象即为保护区内各级各类以及未在名录项目中的所有非物质文化遗产项目、传承群体与个人，特色文化聚落、城乡社区街道与自然生态环境等。具体保护措施包括：

（1）依据《中华人民共和国非物质文化遗产法》对各级非物质文化遗产保护名录项目和文化空间的保护要求进行科学保护。经各级文化行政主管部门认定的非物质文化遗产项目传承人实行原地保护，传承项目不得与传承人相分离，不得进行异地改编、创造，以便保持非物质文化遗产项目的本真性。

（2）保护代表性传承人的传承空间，建设各种形式的项目传习场所，为代表性传承人保护传承文化遗产、带徒授艺提供必要场所；保护非物质文化遗产项目所依托的资源环境；相关场所的拆迁变动必须上报省文化厅审批后方可实施。

（3）对省级以上非物质文化遗产项目的保护传承空间要落实具体保护工作，对濒危项目制定特别保护方案，并设定专人进行监督执行；对家族式传承的非物质文化遗产项目，应保护其家族传承空间和生活方式，提供传承场地，鼓励其传承活动。

（4）要保护其传统的手工技艺及制作流程维持不变，加大力度保护家庭手工作坊和集体作坊（工厂）。对生产性保护开展较好的非物质文化遗产项目应鼓励参评生产性保护示范基地，基地规划应体现文化特色并与环境相和谐。

（5）有条件设立市场的，应设立文化交易市场，纳入城乡配套的设施建设项目计划，为非物质文化遗产项目的产品商业化提供条件。

（6）尊重传统。积极营造社会文化环境，发挥民众在文化传播中的主体地位。保护文化依存的物质文化遗产以及自然生态环境。

（7）建立村民公约牌与宣传栏，树立全民非物质文化遗产保护意识，针对外来人员进行一定的行为礼仪与教育约束，减少外来文化对本地文化的破坏和影响。

（8）一般保护区有个大致的界线，规划用"粉色"细实线予以划定。

五、环境支撑区规划

环境支撑区主要针对保护区内文化生态多样性以及非物质文化遗产名录项目及物质载体所依存的自然生态环境进行有效保护。具体包括自然生态环境和社会文化环境。环境支撑区是维系文化多样性的生态平衡区和文化生态保护区的生态边界。

环境支撑区具体保护措施包括：

（1）加强自然生态环境全面保护。严格按照国家有关保护规划的规范标准，针对各类自然保护区、森林公园、风景名胜区等资源地域的生态环境，明确其保护管理权限范围及保护对象，将文化生态保护内容纳入到各相关规划的保护内容中，实施严格保护。

（2）对于环境支撑区内的文保单位，严格按照《中华人民共和国文物保护法》相关规定以及地方相关文物保护管理条例等进行保护。

（3）对于环境支撑区内的风景名胜区要严格按照《风景名胜区条例》相关内容执行。对于其他与非物质文化遗产相关的意象空间和意象实体，也应制定相关保护规划，以保证其不受旅游开发、城镇开发或经济活动的影响而失去原真性。

（4）确保河流不会因附近工业发展而导致污染，山体不会因采石、旅游等开发活动导致变形等。

（5）城镇化地区意象空间的保护，应注重与自然和人文环境相协调。要注意历史环境地区、传统村镇历史风貌和村镇格局的保护。

（6）扩大地方文化保护的地域范围至环境支撑区的群众。文化保护与观光体验相结合，提高文化宣传与价值认同，增强人们自觉参与文化生态保护的意识。

六、专项保护区规划

专项保护区内以各级非物质文化遗产名录项目及其代表性传承人、依存的物质载体与场所空间为保护对象。其中国家级、省级非物质文化遗产名录项目为重点保护对象。通过建立非物质文化遗产传习基地和特色非物质文化遗产社区，为民众认识、了解非物质文化遗产价值和传承人开展传承活动、培养后继人才创造必要的条件。

针对以不同类别非物质文化遗产项目为核心的专项保护区，应基于不同类型项目的保护现状与问题，结合专项保护区的空间特征，给予具体的空间管制措施规划。

七、文化传播通道规划

文化传播通道是文化生态系统中重要的组成部分，一般包括水系、陆路交往通道等。对于文化传播通道，应加强自然生态环境保护，建设生态防护林带，完善配套基础设施等，通过统一规划，强化管控力度；同时加强沿河沿路的历史文化保护，深入挖掘相关文化渊源和传播机制，对沿河沿路的文化节点进行重点保护。

八、文化传播区域规划

文化传播区域是文化生态保护区中除核心重要文化地理区域之外的其他周边影响区域。作为文化生态系统的基质，文化传播区域的保护既有赖于核心区域、传播通道等重点空间区域的保护，也离不开文化生态系统的整体性保护措施。

第四节　文化生态系统保护新技术应用

一、空间信息技术

区域规划中诸多与空间位置相关的问题可以借助先进的空间信息技术解决，而且空间信息技术也为文化生态保护区域规划的开展提供了一个崭新的平台。空间信息技术（Spatial Information Technology）是 20 世纪 60 年代兴起的一门新兴技术，70 年代中期以后在中国得到迅速发展。主要包括地理信息系统、遥感、卫星定位系统、虚拟现实等的理论与技术，同时结合计算机技术和通信技术，进行空间数据的采集、量测、分析、存储、管理、显示、传播和应用等。空间信息技术在广义上也被称为"地球空间信息科学"，在国外被称为 Geoinformatics。空间信息技术在区域规划中应用的方向主要包括：

（1）空间信息集成化。将海量的多源异构时空数据，包括遥感数据、基础地理数据、土地利用数据、社会经济统计数据等集成到统一的数据平台上并进行管理。

（2）信息提取与区域特征分析。从海量数据中提取规划关注的信息，进而对区域内的自然环境、资源禀赋、社会经济发展等方面的现状及存在的问题有科学的判断。

（3）空间分析与辅助决策。通过科学的分析方法对空间区划、区域内部与外部联系、公共设施布局等问题进行分析与辅助决策。

（4）方案模拟实验化。对多个规划方案进行模拟并进行比较、优化和选择。

（5）规划成果可视化。包括规范化的规划成果集成和图集、多媒体可视化系统。

（6）实施监测动态化。应用区域规划时空数据集成与模拟平台对规划方案实施过程进行监控。

对于区域规划编制工作来说，信息提取与区域特征分析、空间分析与辅助决策是空间信息技术应用的两个主要方面，应用的空间信息技术主要是遥感和地理信息系统。

（一）地理信息系统技术（GIS）

地理信息系统（Geographic Information System，简称 GIS）是关于地理信息存储、应用和管理的计算机技术系统。它最根本的特点是每个数据项都按地理坐标编码，即首先是定位，然后是定性（分类）、定量，以此为基础形成数据库，具备愈来愈完善的信息输入、存储、分析、管理功能。

GIS 除了具有海量数据的处理和管理功能外还具有强大的空间分析功能，区域规划编制的核心在于科学、合理地进行城市物质空间的规划决策，二者在"空间"上具有相互借鉴和吸收的契合点。虽然 GIS 本身不能完成规划和解决社会经济发展问题，但它的确是规划工作中非常有用和重要的工具。GIS 有着十分强大的管理空间信息的功能，并且可以把社会、经济、人口等属性信息与地表空间位置相连，以组成完整的规划信息数据库，方便查询、管理、分析、调用和显示；同时 GIS 也提供了许多地理空间分析功能，如图层叠加、缓冲区、最佳路径、自动配准等。因此 GIS 在城市规划中不仅是数据库，而且还是功能强大的"工具箱"。

GIS 在区域规划中的优势在于它将一种科学成分输入到规划的描述、预测和建议中。GIS 可应用于区域规划领域的各个方面：从设计到管理，从前期资料收集整理到成果出图，从综合性的总体规划到专业性的专项规划，从项目选址到可持续发展战略制定。建立在高速度、大容量的现代计算机基础之上的 GIS 的空间分析统计功能、数字地图优势，能帮助规划人员更全面地了解区域的基本情况及其内部差异，作出更为科学的规划决策；能方便、精确地进行区域规划的多方案比较，使方案修改，方案评价和比较，方案与现状的比较，方案对环境的影响，规划实施过程中方案的调整等都十分便捷。GIS 业已成为规划师和决策部门手中强有力的辅助决策工具。规划师利用 GIS 进行科学分析和规划决策，提供不同方案，并对各方案进行优选；决策部门在平衡各方面的利益关系，使区域整体利益最大化的同时，根据区域的实际情况选择合适方案，并在实施过程中根据形势的变化进行适当的调整。

GIS 在区域规划中的应用具体体现在以下三个方面。

（1）数据处理与管理。区域规划是建立在对规划区域自然地理环境、人文社会经济发展状况等诸多要素全面了解的基础之上的，相关数据的获取和有效管理是规划编制的前提和必要保障。区域规划编制涉及面广，空间数据量大，包括基础地形、遥感影像、土地利用、水文地质、工程地质、交通、电力等方方面面的基础空间数据，还包括各个阶段的规划成果数据。面对形式多样（文字、图表、地图、影像）、比例尺不等、格式不同的数据资料，需要强有力的数据管理工具，尤其是针对空间数据的管理工具。

利用 GIS 技术建立海量空间数据库，可以实现数据的存储、管理、网络发布、网络数据服务等多项功能。目前，国内多家城市规划编制单位已经开始建立面向城市规划的空间数据库与服务平台，为满足城市规划对空间数据应用、存储、管理与共享建立基础。

（2）空间分析与辅助决策。纷繁复杂的各种空间数据和属性数据构成区域的空间关系。面对如此海量且不断快速更新的数据，传统的区域规划设计由于缺乏大规模快速准确的数据分析工具，无法对所获取的数据进行科学有效的定量分析。而定性分析中长期使用的经验分析法也因数据分析中感性因素的过多介入而带有太多主观随意性，规划数据分析的落后成为制约规划学科发展的技术瓶颈，直接导致对区域未来发展方向预测失据。

GIS 软件平台的引入给规划设计领域带来了新的思维方式转变，GIS 可以管理和分析大容量的数据，具有数据更新快捷、空间分析实时直观等特性，促进规划实现从静态展示到动态模拟，从终极描述到全程辅助的转变。同时，GIS 技术还极大地丰富了规划设计手段和成果，直观而理性的空间分析模块可以辅助规划师对规划方案进行模拟、选择和评估，从而优选优化设计，弥补了原来区域规划纯图形、纯文字，以及定量分析与定性分析脱节的缺陷。

（3）公众参与。在城市规划的公众参与过程中，让大多数没有经过训练或只受过有限正规教育的普通市民去理解专业性较强的规划是十分困难的，规划师必须掌握更有效的交流方法和工具以使得规划师和公众之间能够架起沟通的桥梁。GIS 作为可视化公众参与技术最大的特点和益处在于它提供给普通公众一个通向海量复杂空间数据的可理解途径以及一个强大的分析工具。规划设计、管理都涉及大量复杂的城市空间地理信息和社会经济信息，往往只有专家才有能力获取、处理和分析这些信息，从而完成专业性较强的城市规划工作。而 GIS 技术提供了完善的数据库组织、形象的可视化语言（主要为地图）和强大的分析工具，这使得把握复杂的空间信息，更有效地参与到规划决策中对于普通市民来说成为可能。

（二）遥感技术（RS）在城市规划中的应用

遥感技术是应用探测仪器，其特点是不与探测目标直接接触，从远处把目标的电磁波特性记录下来，通过分析揭示出物体的特性性质及其变化的综合性探测及技术。该技术主要是通过传感器来接收和记录目标物的电磁波信息，如扫描仪、雷达、摄影机、摄像机和辐射计等。遥感技术具有探测范围大、现势性强、成图速度快、收集资料方便等特点，遥感图像具有信息量丰富、形象直观、覆盖面广、宏观全面、多波段、多时相及准确等特性，使其成为区域规划编制的重要信息源。

区域规划一般涉及范围较广、面积大，并且存在大量交通不便、难以到达的区域。区域规划需要研究区域一段时间内的发展变化，总结规律发现问题，这就需要多期的历史数据加以参考。遥感影像覆盖面广、宏观全面、多时相的优点为解决上述难题提供了帮助，规划人员可以借助遥感影像了解区域整体概况及长时间序列中的发展演变过程。

伴随遥感数据源的不断增多，遥感信息提取技术也在不断发展。利用多波段遥感影像数据，可以针对规划内容提取需要的信息，包括城镇建设情况、植被分布与涨势、重大基础设施分布、土地利用现状等等，为区域规划的分析与决策提供了科学、全面的数据支撑。

国内将遥感技术应用到空间规划领域始于 20 世纪 80 年代。以 1980~1983 年天津—渤海湾地区的环境遥感调查为起点，在短短的几十年时间里实现了跨越式发展（尤其是在一些发达城市），遥感在空间规划管理中的应用逐渐从定性转为定量，在规划管理中的应用范围和深度不断扩大，逐步形成了相对较为固化的技术体系和工作模式。

遥感技术尤其航天遥感技术在用地规模与用地结构判别、区域发展变化分析、区域综合现状调查与分析、交通及基础设施调查及社会经济要素的遥感调查与反演中得到广泛应用，为区域规划提供了准确、实时的现状数据，极大地提高了区域规划工作的科学性、准确性和工作效率。

（三）虚拟现实和仿真技术在城市规划中的应用

虚拟现实（Virtual Reality，简称 VR）是一种可以创建和体验虚拟世界（Virtual World）的计算机系统。虚拟现实是多种技术的综合，是集先进的计算机技术、传感与测量技术、仿真技术、微电子技术等为一体的综合集成技术。在计算机技术中，虚拟现实技术依赖于人工智能、图形学、网络、面向对象、人机交互和高性能计算机技术。

虚拟现实技术为多种真实世界的规划项目创建了虚拟环境，仿真数据库在多方面极大地帮助城市的改建、更新和开发过程。虚拟现实也是一种用户界面工具，用户不仅可以观察数据，而且可以与数据交互，虚拟现实是一种多技术、多学科相互渗透和集成的技术。

作为空间信息技术重要组成的 VR 技术，在城乡规划领域具有非常重要的地位和应用价值。当前应用 VR 技术的目的主要有两个方面：其一是在规划方案形成阶段，让规划师在交互式三维视景中考察、讨论和修改规划方案；其二是在规划方案形成之后，通过 VR 模型充分表现规划方案，以便向评审者或公众展示规划方案，而其中又以第二种方式为主。

由于采用虚拟现实技术，规划设计方案与成果的表现形式非常直观和形象，使公众能更直观地理解规划师的意图和规划设计方案，参与规划审批，通过各种方式与规划师、管理人员和其他有关人员进行对话，提高了公众参与的有效性，有利于促进决策过程的民主化。

二、空间信息提取

（一）信息提取的内容与方法

进行区域规划编制的前提是要对规划区有科学、全面的认识和了解。然而，现有的资料往往不能满足工作需要，无法提供规划编制对特定信息尤其是空间信息的需求。区域规划需要的空间信息涉及自然、生态、社会、经济等各个方面各种类型，以此支撑起对区域现状的了解和空间布局的决策。随着以遥感技术为道标的信息获取技术不断发展，在能够获得极其丰富的数据资源的同时，也面临着如何利用有效的信息提取技术将这些数据转换为各个应用领域急需信息的挑战。

以遥感处理技术为代表的空间信息提取技术为区域规划中信息的获取提供了强大的支撑，利用多源、海量的空间信息数据，运用遥感、GIS 等信息提取与数据挖掘的方法，可以提取区域规划所需要的信息。这些信息涵盖区域城镇化发展现状、区域自然特征、生态环境特征、基础设施条件、社会经济发展特征等。信息提取的数据源包括遥感影像、其他矢量或栅格空间数据、统计数据、抽样调查数据等，提取方法也有很多种，按照区域规划对信息提取目标类型的需求，可以分为地物类型分类方法、定量环境信息提取方法以及变化信息的提取方法。

（二）地物类别信息的提取

狭义的信息提取就是指地物类别信息的提取。在遥感卫星的数据获取技术与不断扩大的应用需求共同推动下，遥感信息提取技术经历了从人工提取到计算机提取的发展阶段。人工信息提取技术的效率低，劳动强度大，而且依赖参与解译分析人员的经验，在很大程度上不具备重复性。利用计算机进行遥感信息的自动提取则具有效率高、速度快、精度高等优点。随着系列遥感系统和运行计划的不断形成，以及遥感的应用领域逐渐拓展，进一步促进遥感信息提取技术日新月异地发展。

目前遥感信息提取技术正在不断汲取和集成人工智能领域的优秀研究成果，智能化成为遥感数据处理的时代特征。遥感信息提取过程中，通过采用能够提供自学习、自适应及自推理的高效率处理方法的人工智技术，在应用于目标识别、土地利用分类、变化检测等遥感信息提取方面时，显示出了处理效率高、智能化等优点。下面简单介绍几种遥感地物信息提取的方法。

（1）参数分类方法。该类方法假设遥感数据是正态分布，则可以根据先验概率和概率密度函数设计最优分类器，从而对影像数据进行类别划分。根据先验概率等信息是否已知可以分为监督分类和非监督分类。监督分类方法根据获取的样本信息事先确定判别函数，然后将未知类别的样本的像元值依据确定的判别函数进行分类；非监督分类是一种自组织分类，它不依赖于样本，根据待识别对象在特征空间的分布来进行聚类，常用的处理方法有平行六面体分类、动态聚类分类等。监督分类和非监督分类方法简单，而且在早期遥感数据分辨率不高时，对于细节特征等形状信息难以清晰表达，影像数据主要提供的是光谱信息，这种参数分类方法得到了广泛的应用。

（2）神经网络分类。神经网络模拟人类大脑采用连通的神经元来处理接收到信号的思维过程，是一种具有学习、联想、记忆和模式识别等智能信息处理功能的人工系统。与基于统计模型的影像分类方法相比，神经网络算法不要求数据成正态分布，自适应性强，具有模拟特定拓扑结构复杂模型的能力，对不规则分布的复杂数据具有很强的处理能力，从而得到了广泛的应用，而且有很多实例表明其分类结果优于基于统计模型的参数分类方法。但其神经网络提供的是一种隐式知识表达的方式，学习到的分类规则和解译规则都藏在隐含层的神经元的权重里，对用户来讲难以理解和进行调整，因此是个黑盒模型；此外随着问题复杂度的增加，神经网络方法的学习时间也会大大增加，如何适应信息提取的需要，与知识规则有效结合是该类方法发展中亟待解决的问题。

（3）模糊分类。模糊分类方法是基于现实世界不确定、异质的原则建立的，其理论基础是模糊集合论。模糊分类并不是将待分对象分到确定的类别中，而是通过 0 与 1 之间的模糊值（表示待分对象属于某一类的概率）来表示，即该对象属于某一特定类的隶属度。模糊分类方法有以下优点：特征值向模糊值的转化，实际上是特征标准化和知识转化的过程；提供了明确的和可调整的特征描述；通过模糊运算和层次类型描述语义知识，结合特征之间的组合，可以进行复杂地物的特征描述，因而对于地表空间信息提取具有较强的实用意义。

（4）基于专家知识的信息提取方法专家知识库是随着智能化系统的发展而逐步兴起的。基于专家知识的方法依据某一领域的专家方法或经验，对地物的多种属性进行分析、判断，从而确定各地物的归属。专家系统方法一般需要建立利用计算机的规则和数据表示专家领域的知识库，但需要分类时，系统调用这些专家知识按某种可信度进行不确定性推理，进而确定类别。基于专家知识的信息提取方法相较其他分类方法，它对输入数据的分布没有任何假设，有能力处理高维数据，在知识规则完整的情况下分类精度较传统模型方法更高，而且知识规则易于被人们理解，因此成为目前研究的热点。

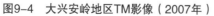

图9-4　大兴安岭地区TM影像（2007年）

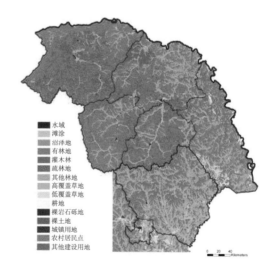

图9-5　大兴安岭地区土地利用状况（2007年）

以编制《大兴安岭地区旅游城镇体系规划》为例，规划区面积 8.35 万 km²，多数地区为交通不便的林区。由于缺少土地利用现状图，给了解规划区土地覆被与土地利用状况及后续的区域综合分析带来很大困难。在规划编制过程中应用 TM 多光谱影像（图 9-4）和 DEM 高程数据，结合实地调查采样，对全区的土地利用类别进行了信息提取，提取结果如图 9-5 所示。

（三）定量信息提取

地物类别信息提取为规划人员了解大面积的区域概况提供了有效手段，但这些定性的信息并不能满足区域规划对信息的需求。为了能够更加科学、翔实地了解区域现状，分析区域内各地方的差别，分析区域内部自然、生态、环境等方面专题信息的空间分异情况，需要对规划区进行定量的分析和研究。区域规划中定量信息的提取方法包括定量遥感方法、地统计等方法等。

1. 定量遥感方法

定量遥感，主要指从对地观测电磁波信号中定量提取地表参数的技术和方法研究，区别于仅依靠经验判读的定性识别地物的方法。它有两重含义：遥感信息在电磁波的不同波段内给出的地表物质的定量的物理量和准确的空间位置；从这些定量的遥感信息中，通过实验的或物理的模型将遥感信息与地学参量联系起来，定量地反演或推算某些地学或生物学信息。

伴随定量遥感技术的发展及在自然、生态等领域的应用，出现了大量可以用来反演地表环境的模型与方法，运用这些模型与方法，可以从遥感影像及其他辅助数据中提取大量对区域规划有用的信息。下面以反映植被状况的植被指数和反映城镇化发展的不透水表面指数来说明定量反演模型在环境信息提取中的应用。

（1）植被指数。植被指数是遥感领域中用来表征地表植被覆盖，生长状况的一个简单、有效的度量参数。[①] 随着遥感技术的发展，植被指数在环境、生态、农业等领域有了广泛的应用。植被指数的建立是基于植被在红色和近红外波段反差较大的光谱特征，本质上是在综合考虑各有关的光谱信号的基础上，把多波段反射率作一定的数学变换，使其在增强植被信息的同时，并使非植被信号最小化。植被指数是可以监测地表植被状况的定量指标。通过计算植被指数可以知道区域植被的空间分布状况、植被的长势，以及不同时期上述两项指标的变化情况。表 9-1 列举了常用的几种植被指数模型，其中 IR 是像元在近红外区的反射值，R 是像元在红光区的反射值。

植被指数计算模型 表 9-1

指数名称	计算公式	指数特征
比值植被指数（RVI）	$RVI = \dfrac{IR}{R}$	缺点是对大气影响敏感，而且当植被覆盖不够浓密时（小于 50%），其分辨能力也很弱
差值植被指数（DVI）	$DVI = IR - R$	噪声较大，表现植被空间分布的效果较差
归一化植被指数（NDVI）	$NDVI = \dfrac{IR - R}{IR + R}$	值域为 −1 ~ 1，正值的增加表示绿色植被的增加；负值表示无植被覆盖，如水体、冰雪等

① 郭铌. 植被指数及其研究进展 [J]. 干旱气象，2003，21（4）：71-75.

在《大兴安岭地区旅游城镇体系规划》规划编制过程中，应用 TM 多光谱影像计算了规划区的 NDVI 值（图 9-6）。

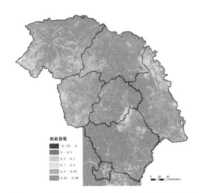

图9-6　大兴安岭地区NDVI计算结果

分析结果中，NDVI<0 为水体；0<NDVI<0.5 为无植被覆盖土地，基本为城镇建设用地；0.5<NDVI<0.7 为植被覆盖率低的区域，以低覆盖的荒草地和农村居民点为主；0.7<NDVI<0.8 为植被覆盖率中等区域，植被以耕地和草地为主。0.8<NDVI<0.85 的区域植被覆盖率较高，多为灌木林和疏林地；NDVI>0.85 的区域是植被高覆盖地区，以林地为主。

对于 NDVI 的计算结果，还可以结合实地调查进行更加详细的划分，找到覆盖度极高，长势好的林地，为生态环境保护规划和旅游规划提供参考。

（2）不透水表面。城市地区逐渐被认为是影响环境变化的热点区域，快速城市化影响下的不透水地表大面积增长，会增加地表径流，从而使城市地表污染物直接以径流的方式进入河流，进而加剧河流污染，降低水质，对流域地表水环境产生重要影响。城市面源污染成为流域地表水环境恶化的重要原因之一，当流域不透水地表面积大于 25% 时会导致地表水环境的严重退化与毁坏。不透水地表被认为是评价城市化带来的环境影响以及城市生态系统健康状况的重要内容，在城市生态环境以及气候变化效应评价方面具有重要意义。

例如，在《京津唐城市群不透水地表增长格局以及水环境效应》中匡文慧、刘纪远、陆灯盛等运用 MODIS NDVI 与 DMSP-OLS 遥感信息建立的城乡建设用地不透水地表指数，嵌入人工数字化解译的城乡建设用地高精度空间信息，实现与中国土地利用、覆盖数据同期动态更新的城乡建设用地不透水地表信息提取。[1]

根据提取不透水地表空间信息算法，具体公式如下[2]：

$$ISA_{pri} = \frac{(1+NDVI_{max})+OLS_{nor}}{(1-OLS_{nor})+NDVI_{max}+OLS_{nor}\times NDVI_{max}}$$

式中，ISA_{pri} 为初步计算的不透水地表指数，$NDVI_{max}$ 为 MODIS NDVI 年中 4~10 月份最大值，OLS_{nor} 为归一化灯光指数（0~1）。

在研究区内随机选择 203 个采样点将初步计算的不透水地表指数与航空影像和 SPOT 影像人工数字化解译的样本提取的不透水地表真实值进行回归参数校正，公式如下：

$$ISA_{cal} = 0.657 + 0.241 \times \ln(ISA_{pri})$$

式中，ISA_{cal} 为校正后的不透水地表指数。

① 匡文慧, 刘纪远, 陆灯盛. 京津唐城市群不透水地表增长格局以及水环境效应 [J]. 地理学报, 2011,66(11):1486-1496。
② 同上。

城乡建设用地不透水地表增长遥感信息分析表明，8 年间城乡建设用地不透水地表增长了 1160.22km²，以每年 145.03km² 的速度增长，城镇不透水地表面积占总增长面积的 55%，农村不透水地表面积占总增长面积的 22%，城乡工矿用地占总增长面积的 23%。研究区 8 年间城镇不透水地表面积从 1579.59km² 增长到 2222.95km²，总计增长了 643.36km²，以每年 80.42km² 的速度增长（图 9-7）。总体上，京津唐城市群在 21 世纪初 8 年受国家新一轮国土大开发的影响，作为中国三大城市群新的增长极，城乡建设用地大规模增长，城市呈现快速的向外蔓延态势。

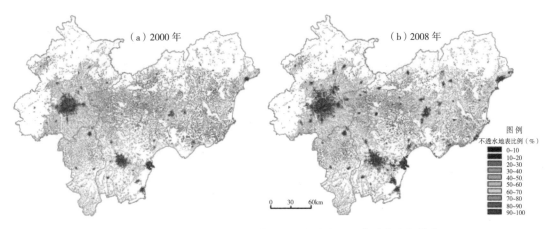

图9-7 2000年（a）和2008年（b）京津唐不透水地表空间信息

来源：匡文慧，刘纪远，陆灯盛.京津唐城市群不透水地表增长格局以及水环境效应[J].地理学报，2011，66（11）：1486-1496。

2. 地统计学方法

地统计学是以具有空间分布特点的区域化变量理论为基础，研究自然现象的空间变异与空间结构的一门学科。由于最先在地学领域应用，故称为地统计学。地统计学的主要理论是法国统计学家马特隆（G. Matheron）创立的，经过不断完善和改进，目前已成为具有坚实理论基础和实用价值的数学工具。地统计学的应用范围十分广泛，不仅可以研究空间分布数据的结构性和随机性，空间相关性和依赖性，空间格局与变异，还可以对空间数据进行最优无偏内插，以及模拟空间数据的离散性及波动性。地统计学由分析空间变异与结构的变异函数及其参数和空间局部估计的克里格插值法（Kriging）[①] 两个主要部分组成，目前已在地球物理、地质、生态、土壤等领域应用。

地统计分析的核心就是通过对采样数据的分析以及对采样区地理特征的认识选择合适的空间内插方法创建表面。插值方法按其实现的数学原理可以分为两类：一是确定性插值

---

① 克里格插值（Kriging）又称空间局部插值法，是目前应用最为广泛的地统计差值方法，是以变异函数理论和结构分析为基础，在有限区域内对区域化变量进行无偏最优估计的一种方法。克里格方法是根据未知样点有限邻域内的若干已知样本点数据，在考虑了样本点的形状、大小和空间方位，与未知样点的相互空间位置关系，以及变异函数提供的结构信息之后，对未知样点进行的一种线性无偏最优估计。

方法，另一类是地统计插值。确定性插值方法以研究区域内部的相似性（如反距离加权插值法），或者以平滑度为基础（如径向基函数插值法）由已知样点来创建表面。地统计插值方法利用的则是已知样点的统计特性。地统计插值方法不但能够量化已知点之间的空间自相关性，而且能够解释说明采样点在预测区域范围内的空间分布情况。

《大兴安岭地区旅游城镇体系规划》编制过程中应用克里格差值方法对区域内火灾的空间分布特征进行了分析。防火对于大兴安岭地区来说具有举足轻重的意义，规划编制中对于空间布局的研究要有充分的认识。因此，首先要对火灾发生的空间特征进行分析。

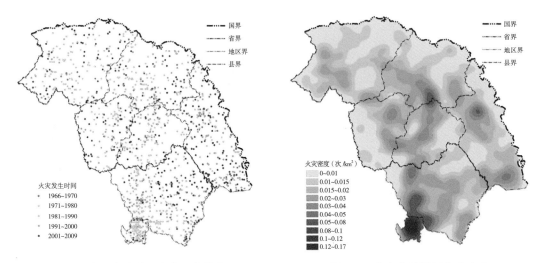

图9-8　大兴安岭地区火灾历史分布　　　　图9-9　大兴安岭地区火灾密度

图 9-8 为消防部门提供的 1966~2009 年火灾记录，根据经纬度坐标生成空间分布图，图 9-9 是对该分布数据进行克里格插值的结果。结果显示火灾高发区与人类活动的密集区（城镇周边、主要交通廊道）基本重合。分析火灾发生的原因可以发现，雷击火灾占火灾发生总量的 32%，去掉原因不明的火灾记录，雷击火灾占查明原因火灾总量的 50% 左右。近年来随着防火工作的深入和人民防火意识的提高，人为原因的火灾数量明显减少，而由雷击引发的火灾频率没有明显的变化。因此，分析雷击火灾的空间分布特征对区域规划中的空间分析与空间布局具有重要的指导意义。

图 9-10 是雷击火灾历史记录的空间分布图，图 9-11 是对该分布数据进行克里格插值的结果，该结果与用全部历史记录差值的结果具有明显差别，去除了人类活动的影响，为规划编制提供了参考信息。

在区域规划工作中，地统计学方法不仅可以对自然环境的定量特征进行提取和分析，还可以对社会、经济等数据进行分析，从中提取定量的空间分布信息。例如可以制作人口密度图反映城市人口聚集情况，或根据污染源数据来分析城市污染的分布情况。

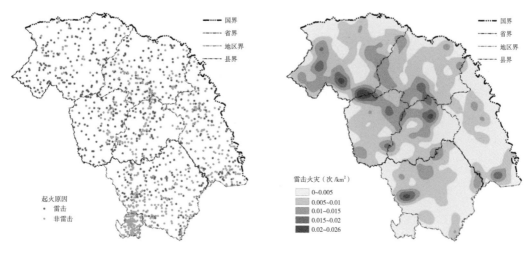

图9-10　大兴安岭地区火灾历史分布　　　　图9-11　大大兴安岭地区火灾历史分布

图 9-12 和图 9-13 是在石家庄城市空间战略规划编制过程中，应用地统计学方法对京津冀地区城市 GDP 进行空间分布模拟，并进行变化分析。从分析结果可以看出，2007 年京津冀地区的 GDP 地均密度不仅普遍比 2002 年有所提升，分布特征也从以直辖市、省会城市和地级市为中心的简单辐射状态向连片方向发展。

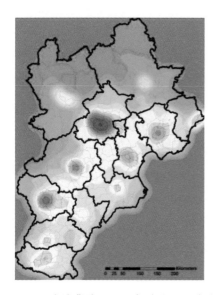

图9-12　京津冀地区2002年地均GDP密度

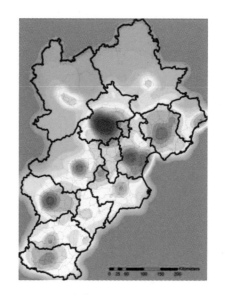

图9-13　京津冀地区2007年地均GDP密度

（四）变化信息提取

区域规划除了关注规划区现状外，还要了解区域内的历史变化信息，包括自然环境的变化、社会经济发展的变化等等，通过对变化信息的提取和分析，掌握区域发展的特点与趋势，分析这些变化的驱动力和驱动机制，从而为规划的编制提供依据。下面以基于遥感影像的变化检测技术为例，说明变化信息提取在区域规划中的应用。

由于遥感对地观测具有实时、快速、覆盖范围广、多光谱、周期性等特点，遥感技术已经成为变化检测最主要的技术手段，变化检测研究也是目前遥感应用方法研究中的热点之一。最近 20 年来，各国学者相继发展了许多基于遥感技术的变化检测方法，也出现了不同的划分方法，大致可以归纳为以下几种。按数据源将变化检测方法分为 3 类，基于新旧影像的变化检测，基于新期影像旧期非影像数据的变化检测，基于立体像对的三维变化检测；按处理的信息层次将变化检测划分为像元级、特征级与决策级 3 个层次；按是否经过分类将其分为直接比较法和分类后比较法两类；最近还有学者按照采用的数学方法将变化检测技术分成代数运算法、变换法、分类法、GIS 法、高级模型法等 7 种。随着土地覆盖变化的复杂性以及遥感数据多样性的增加，新的变化检测方法以及新的图像处理算法不断涌现，例如，利用变化向量分析法、马尔科夫随机场模型进行变化检测，利用概率统计学理论进行基于图斑的变化检测法，利用支撑向量机、面向对象技术进行分类等。

遥感影像变化检测是从不同时期的遥感数据中，定量地分析和确定地表变化的特征与过程。简单地说就是通过遥感手段，对同一地区不同时期的两个影像提供的信息进行分析、处理与比较，获取该时间段内的土地利用与覆盖变化信息。从技术流程上看，一般包括影像预处理、变化信息发现、变化区域提取与变化类型确定几个过程，其中关键环节是变化信息发现，变化检测方法分为直接比较法和分类后比较法两种类型。

（1）直接比较法。直接比较法是不经过分类，而直接对同一区域不同时相遥感影像的光谱信息进行处理比较，进而确定变化的位置与范围，然后通过人工目视解译或分类确定变化的类型。目前常用的直接比较法主要有影像代数法、主成分分析法、影像回归法、假彩色合成法、光谱特征变异法、交叉相关分析法、变化矢量分析法等。

（2）分类后比较法。分类后比较法是一种较为简单明晰的变化发现方法。首先运用统一的分类体系对每一时相遥感影像单独进行分类，然后通过对分类结果的比较直接发现变化。该方法经单独分类后比较，可以直接获取变化的类型、数量和位置，对研究区的土地覆盖变化不需要有先验认识，而且能回避所用多时相数据因获取季节不同和传感器不同所带来的归一化问题；另外，因为它是单独分类，无时相数的限制，因此分类后比较法可以同时进行两个时相以上的遥感影像的变化检测分析。以温州为例可说明分类后比较法的优越性（图 9-14）。

三、空间分析与辅助决策

（一）区域规划中的空间分析

空间分析是为了解决地理空间问题而进行的数据分析与数据挖掘，是从 GIS 目标之间的空间关系中获取派生的信息和新的知识，是从一个或多个空间数据图层中获取信息的过程。空间分析通过地理计算和空间表达挖掘潜在的空间信息，其本质包括探测空间数据中的模式，研究数据间的关系并建立空间数据模型，使得空间数据更为直观表达出其潜在含义，改进地理空间事件的预测和控制能力。

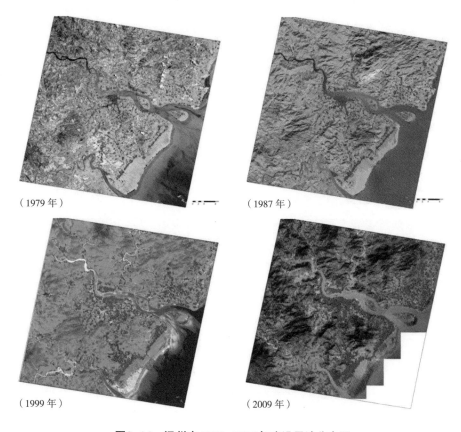

（1979 年）   （1987 年）

（1999 年）   （2009 年）

图9-14 温州市1979~2009年建设用地分布图

空间分析主要通过空间数据和空间模型的联合分析来挖掘空间目标的潜在信息，而这些空间目标的基本信息，包括空间位置、分布、形态、距离、方位、拓扑关系等，其中距离、方位、拓扑关系组成了空间目标的空间关系，它是地理实体之间的空间特性，可以作为数据组织、查询、分析和推理的基础。

空间分析是 GIS 系统先进性的标志。早期的 GIS 强调的是简单的空间查询，空间分析功能很弱或根本没有，随着 GIS 的发展，用户需要更多更复杂的空间分析的功能，这就促进了 GIS 空间分析技术的发展，也使得多种空间分析技术出现。根据分析的数据性质不同，可以分为三种：①基于空间图形数据的分析运算；②基于非空间属性的数据运算；③空间和非空间数据的联合运算。

在区域规划中，纷繁复杂的各种空间数据和属性数据构成区域内部的空间关系。面对如此海量且不断快速更新的数据，传统的城市规划设计由于缺乏大规模快速准确的数据分析工具，无法对所获取的数据进行科学有效的定量分析。而定性分析中长期使用的经验分析法也因数据分析中感性因素的过多介入而带有太多主观随意性，规划数据分析的落后成为制约规划学科发展的技术瓶颈，直接导致运行机制研究不足，对区域未来发展方向预测失据。

区域规划实质上是对各种（历史的、现状的、预测的）空间数据进行分析并进行决策的过程。GIS 区别于其他信息系统、辅助设计系统的关键在于其强大的空间分析功能。在区域规划过程中，GIS 方法可根据实际需要对数据进行逻辑性或空间性的分类和分层，进而应用各种分析功能产生多种新的信息或连接不同来源的信息，用以辅助决策。国内外的实践证明，在区域规划中，利用 GIS 把区域社会、经济统计数据和用地情况同空间分布联系起来，使复杂的空间分析能很快完成，避免了手工操作的费时、不精确和难以修正等缺点，为空间研究和规划制定提供依据。利用 GIS 的空间分析技术，能够高效、便捷地根据规划原则确定鼓励建设区域、限制建设区域和禁止建设区域，并提供详细的相关数据，为区域规划决策服务。①

随着空间信息技术的发展和在区域规划中的实践应用，以 GIS 技术为主的空间分析与辅助决策已经在区域规划的各个阶段得到了广泛的应用。在系统分析阶段协助分析区域内有关经济、社会和自然要素空间分布格局特点，总结区域系统的结构特征和关键功能，确立规划区的发展定位及总体目标；模拟预测阶段通过对重要经济社会要素的时空演化过程进行数学化、模型化和数值化的表达和建模，模拟和评价这些要素的时空演化过程，预测它们未来的发展趋势和空间分布格局；规划发展阶段依据总体目标，结合对区域经济、社会、资源和环境要素的模拟及预测成果，将有关要素的数量、结构和强度等指标落实到时空地域上。

规划发展阶段协助完成各类专项规划的编制，例如交通规划中对现有区域交通网络的类型组成、空间布局、运输能力等进行分析，构建高效合理的交通网络空间布局和枢纽节点等；协调决策阶段辅助进行区域规划要素时空协调，对各项规划要素（即社会、经济、资源、环境等要素）及各个具体规划对象（即特定公路、铁路、工业园、生态保护区等）在时间进度、空间布置上进行协调性检查；跟踪调控阶通过遥感动态监测、空间对比分析等方法和手段，将规划实施情况与规划目标开展对比，揭示区域规划方案落实的方向、进度以及执行中存在的问题。

空间分析模型是在空间数据基础上建立起来的空间模型，是分析型和辅助决策型 GIS 区别于管理型 GIS 的一个重要特征，是空间数据综合分析和应用的主要实现手段，是联系 GIS 应用系统与专业领域的纽带。空间分析模型与一般的空间模型既有区别又有联系。特征主要表现在以下几个方面②：①空间定位是空间分析模特有的特征，构成空间分析模型的

---

① 侯丽，宋小冬，赵民．应用 GIS 技术，深化区域问题研究 [J]．城市规划汇刊，1996（5）：39-47．

② 胡鹏，刘沛兰，胡海等．地球信息的度量空间和 Global GIS[J]．武汉大学学报（信息科学版），2005，30(4)：317-321．

空间目标（点、线、面、网络、复杂地物等）的多样性决定了空间分析模型建立的复杂性；②空间关系也是空间分析模型的一个重要特征，空间层次关系、相邻关系及空间目标的拓扑关系决定了空间分析模型的特殊性；③包括笛卡尔坐标、高程、属性以及时序特征的空间数据极其庞大，大量的数据构成的空间分析模型也具有了可视化的图形特征。

空间分析模型不是一个独立的模型实体，它与广义模型中的抽象模型的定义是交叉的。GIS 要求完全精确地表达地理环境间复杂的空间关系，因而常用数学模型。

空间分析的方法有很多，本书按照应用的方式分为简单空间分析和复杂空间分析模型进行介绍。

（二）简单空间分析

简单分析方法包括普遍应用的已经在 GIS 软件中实现的空间分析功能，例如地形分析、视域分析、水文分析、缓冲区分析、空间叠加分析、网络分析等。

1. 地形分析

地形分析应用等高线、高程点生成数字高程模型，在此基础上对区域的高程、坡度、坡向、起伏度的地形特征进行分析，帮助规划人员了解规划区的地形条件特征，同时分析结果可以作为生态敏感性、用地适宜性等专项评价的因子。

以《迪庆生态文化保护实验区规划为例》，应用 1∶50000 等高线和高程点数据构建DEM（图 9-15），并在此基础上对坡度（图 9-16）、坡向（图 9-17）等地形要素进行了分析，为后续的水土流失风险评价和生态适宜性评价提供了数据源。

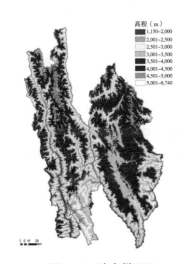

图9-15 迪庆州DEM

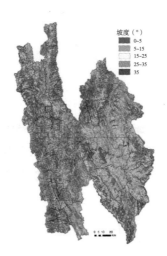

图9-16 迪庆州坡度图

图9-17 迪庆州坡向图

2. 再看水文分析

水文分析是 DEM 数据应用的一个重要方面。利用 DEM 生成的集水流域和水流网络，

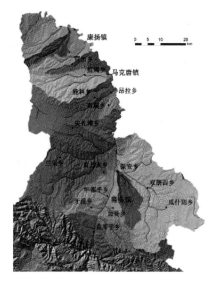

图9-18　黄南州水土保持小流域划分

成为大多数地表水文分析模型的主要输入数据。表面水文分析模型应用于研究与地表水流有关的各种自然现象如洪水水位及泛滥情况，或者划定受污染源影响的地区，以及预测当某一地区的地貌改变时对整个地区将造成的影响等；应用在城市和区域规划、农业及森林、交通道路等许多领域，对地球表面形状的理解也具有十分重要的意义。这些领域需要知道水流怎样流经某一地区，以及这个地区地貌的改变会以什么样的方式影响水流的流动。

基于 DEM 的地表水文分析的主要内容是利用水文分析工具提取地表水流径流模型的水流方向、汇流累积量、水流长度、河流网络（包括河流网络的分级等）以及对研究区的流域进行分割等。通过对这些基本水文因子的提取和基本水文分析，可以在 DEM 表面之上再现水流的流动过程，最终完成水文分析过程。

在青海黄南州热贡文化生态保护实验区总体规划中应用了水文分析模型。由于黄南地区在全国生态功能区划中属于水源涵养区。因此，保持流域整体性在区内生态功能区划中是主要因素。以小流域为单元，开展针对水土流失的综合治理，是解决区域生态环境问题的有效方法。利用地形数据，通过计算水流方向、累积水流量、提取水网和模拟集水区域四个步骤实现小流域范围的划分。划分结果如图 9-18 所示。规划中提出以小流域为单位，采取上中下游相协调的综合治理措施，防治水土流失。

（三）复杂空间分析模型

近年来以 GIS 结合其他的专业模型及系统解决的规划问题越来越多。其思路为：GIS 仅是一种数据管理与空间分析工具，对具体规划问题的解决要运用专业知识，结合传统经典理论模型和新技术，有针对性地选择最优的系统模型，并配以 GIS 强大的空间数据库，提供空间及属性信息，同时运用 GIS 空间展示功能，形象直观地表现分析结果，以提高规划工作的效率和精度。如 Batty 在澳大利亚墨尔本试验了传统的城市居住区选址模型，与 GIS 结合辅助城市规划中居住区的选择[1]；阿伦兹（Arentze），博格斯（Borgers）和蒂默曼（Timmermans）把 GIS 运用到空间决策支持系统（SDSS）的建设中，以提高决策的依据[2]。而扬科斯基（Jankowski）和理查德（Richard）则结合多范畴分析模型与 GIS，提高规划

[1]　Batty.P. *Exploiting Relational Database Technology in a GIS*[J]. Computers & Geosciences，1992，18（4）：453-462.

[2]　Arentze，T. A，Borgers，A. W. J.& Timmermans，H. J. P. *An Efficient Search Strategy for Site-selection Decisions in an Expert-system*[J]. Geographical Analysis，1996，28（2），126-146，

选址的系统性[①]。Yeh 和 Li 运用 GIS 与可持续发展模型解决土地发展监测及可持续发展利用战略问题，用 CA 系统提高 GIS 应用中动态空间分析的能力，并模拟城市发展。[②]Shi 和 Yeh 结合 GIS 建设实例驱动知识系统（Case Based Reasoning Knowledge–Cased System）以帮助控制城市发展。[③]Ranzinger 和 Gleixner 用 GIS 数据库结合 3D 软件，虚拟城市发展面貌。[④]Jones，Copas 和 Edmonds 综合用户交互管理信息系统、客户支持系统、WWW 技术及传统 GIS，提供分布式 GIS 环境，使远程分布式协作规划成为可能等等。[⑤]

① Jankowski，P，and Richard，L. *Integration of GIS-Based Suitability Analysis and Multicriteria Evaluation in a Spatial Decision Support System for Site Selection*[J].Environment and Planning B，1994，21（6）：323-340.

② Yeh，A. G. O，and Li. X. *An Integrated Remote Sensing and GIS Approach in the Monitoring and Evaluation of Rapid Urban Growth for Sustainable Development in the Pearl River Delta, China*，International Planning Studies，1997，2（2）：193-210.

③ Yeh A G O，Shi X."*Applying Case-based Reasoning to Urban Planning: a New Planning-support System Tool*[J]. Environment and Planning B：Planning and Design. 1999，26（1）：101-115.

④ Ranzinger，M，and Gleixner G. *GIS Datasets for 3D Urban Planning*，Computers[J].Environment and Urban Systems，1997，21（2）：159-173.

⑤ Jones，R. M，Copas C. V. & Edmonds. E. A. *GIS Support for Distributed Group-Work* in Regional Planning [J].International Journal of Geographical Information Science，1997，11（1）：53-71.

第四部分

文化生态保护区管理与建设

第十章　我国文化生态保护区管理现状

第一节　主要类型

截至 2015 年底，文化部共公布设立了 18 个国家级文化生态保护实验区。这 18 个已设立的国家级文化生态保护区从行政地域上看，以地市级行政地域为主的有 10 个，分别是热贡文化生态保护实验区、客家文化（梅州）生态保护实验区、武陵山区（湘西）土家族苗族文化生态保护实验区、晋中文化生态保护实验区、潍水文化生态保护实验区、迪庆民族文化生态保护实验区、大理文化生态保护实验区、黔东南民族文化生态保护实验区、客家文化（赣南）生态保护实验区、铜鼓文化（河池）生态保护实验区、黔江渝东南文化生态保护实验区、格萨尔文化生态保护实验区；跨行政地域的有 4 个，包括徽州文化生态保护实验区（涉及安徽省、江西省）、闽南文化生态保护实验区（涉及厦门、漳州、泉州市）、陕北文化生态保护实验区（涉及延安市、榆林市）、羌族文化生态保护实验区（涉及阿坝藏族羌族自治州、绵阳市）；属于县级行政地域的只有海洋渔文化（象山）生态保护实验区，主要范围是浙江象山县。

在空间分布上，东部地区 4 个，分别是闽南文化生态保护实验区、客家文化（梅州）生态保护实验区、海洋渔文化（象山）生态保护实验区、潍水文化生态保护实验区；中部地区 4 个，分别是徽州文化生态保护实验区、武陵山区（湘西）土家族苗族文化生态保护实验区、晋中文化生态保护实验区和客家文化（赣南）生态保护实验区；西部地区有 7 个，包括热贡文化生态保护实验区、羌族文化生态保护实验区、迪庆民族义化生态保护实验区、大理文化生态保护实验区、陕北文化生态保护实验区、黔东南民族文化生态保护实验区、铜鼓文化（河池）生态保护实验区。

从文化类型上看，分为 2 种，以汉族文化为主体的有 8 个，包括闽南文化生态保护实验区、客家文化（梅州）生态保护实验区、海洋渔文化（象山）生态保护实验区、潍水文化生态保护实验区、徽州文化生态保护实验区、晋中文化生态保护实验区、陕北文化生态保护实验区，客家文化（赣南）生态保护实验区；以少数民族文化为主体的有 7 个，包括热贡文化生态保护实验区、羌族文化生态保护实验区、迪庆民族文化生态保护实验区、大理文化生态实验保护区、武陵山区（湘西）土家族苗族文化生态保护实验区、黔东南民族文化生态保护实验区、铜鼓文化（河池）生态保护实验区。

从保护区面积上看，大于 2 万 km² 的有 7 个，包括闽南文化生态保护实验区、迪庆民族文化生态保护实验区、大理文化生态保护实验区、陕北文化生态保护实验区、黔东南民族文化生态保护实验区、客家文化（赣南）生态保护实验区、铜鼓文化（河池）生态保护实验区；1～2万km²有7个，包括羌族文化生态保护实验区、晋中文化生态保护实验区、潍水文化生态保护实验区、客家文化（梅州）生态保护实验区、武陵山区（湘西）土家族苗族文化生态保护实验区、徽州文化生态保护实验区及热贡文化生态保护实验区；小于2000km²的有1个，即海洋渔文化（象山）生态保护实验区。

第二节　管理现状

在管理上，15个国家级文化生态保护实验区基本采用了政府、专家、团体及社会民众共同参与的方式。

首先，政府在其中发挥了主导作用。部分国家级文化生态保护实验区已由相关政府领导牵头，联合相关部门成立实验区领导机构，如安徽省徽州文化生态保护区成立了由省长任组长、分管副省长任副组长，文化厅、发改委等部门及保护区所在地政府主要负责人为小组成员的保护区领导小组；福建省闽南文化生态保护实验区组建了以分管副省长为组长，省政府副秘书长和省文化厅厅长为副组长，省政府相关部门主要负责人等组成的保护区建设领导小组。同时，由政府制定相关法规和政策、制度，并将保护区建设列入当地经济社会发展规划和工作考核目标，如山东省制定下发了《山东省文化厅关于加强文化生态保护区建设工作的意见》；湖南省武陵山区（湘西）土家族苗族文化生态保护实验区建设注重每年对文化行政部门进行绩效考核。此外，有些地方还在文化行政部门设立日常工作机构负责具体工作，如福建省成立省非物质文化遗产保护中心，承担全省非物质文化遗产保护（包括闽南文化生态保护实验区）的日常工作，等等。

其次，通过设立专家咨询机制，对保护区建设提供相关专业咨询和指导。如云南建立文化生态保护实验区建设专家咨询机构，充分发挥专家的工作指导、咨询和参谋作用。

再次，充分调动高等院校、学术机构、各企事业单位及社会组织参与保护区建设工作。其中，福建省充分利用高校、研究机构和民间研究团体的力量，加强与台港澳学者的学术交流，发掘闽南非物质文化遗产的价值和渊源。目前，这些实验区均取得了众多宝贵的管理经验，坚持政府主导保障了保护区建设工作的开展，专家咨询机制和社会的广泛参与为保护区的建设提供了智力支持和良好的社会氛围。

然而，在保护区建设实践中，也发现了不少问题。如大部分保护区未设立专职管理机构对保护区的日常工作进行管理，仅通过现有文化行政部门或其下属机构来兼职管理，因此，实际的管理效能和协调能力大大降低，与文化生态保护区对管理部门的要求相去甚远，导致目前保护区规划落实和建设工作的实际效果大打折扣。

必须指出，文化生态保护区建设是一项涉及面广、周期长、任务繁重的系统工程，光靠文化部门的自身力量很难完成，目前文化生态保护区管理的主要特点有：①保护对象的不可再生性，保护管理的责任大。作为一种以传承人为载体和动力的特殊类型的文化遗产，一旦（传承）人亡艺绝，该非物质文化遗产项目就再难存在了。②保护区域的开放分散性，保护管理的难度大。文化生态保护区保护的核心是非物质文化遗产，关键在于保护传承人，基础在于保护文化生态。而人是开放的、流动的、社会的。人的这些属性决定了对非物质文化遗产的保护，将涉及传承人生活劳作的方方面面。③保护管理机构的相对弱势，保护管理的复杂性。现有的管理机构如文化（广新）局、非遗中心等因其行政级别低，职能有限，人员配备不足且兼职现象普遍等问题，造成保护区建设工作面临一些困难和障碍。针对目前文化生态保护区管理特点和现状，有必要探索一种新型的保护区管理模式。

青海省黄南州热贡文化生态保护实验区在此方面作出了一些十分有借鉴意义的探索实践。

热贡文化生态保护实验区是 2008 年文化部批准设立的第三个国家级文化生态保护实验区。2009 年成立由省委常委、省委宣传部长吉狄马加任组长，副省长、省政协主席、中共黄南州委书记、省文化厅厅长及各有关部门负责人为成员的保护区建设领导小组，通过召开动员大会，出台《关于加强热贡文化生态保护实验区建设的若干意见》等措施，全面部署全州合力推进保护区建设。尤其是 2010 年 2 月，黄南州单独成立了热贡文化生态保护实验区管理委员会（副厅级建制），并落实了人员编制，其主要职能是对保护区建设实施统一协调管理。管委会的设立，使保护区建设有专门人员抓，专门机构管，保护区建设由文化部门单一管理模式上升为政府设立独立派出机构进行单独、专项管理模式，提升了保护区主管部门的管理级别，大大增强了保护区建设任务的协调落实力度。[①]

第三节　职能

《中华人民共和国非物质文化遗产法》第 26 条规定：对非物质文化遗产代表性项目集中、特色鲜明、形式和内涵保持完整的特定区域，当地文化部门可以制定专项保护规划，报经本级人民政府批准后，实行区域性整体保护。《文化部关于加强国家级文化生态保护区建设的指导意见》（文非遗发 [2010]7 号）中明确指出了国家级文化生态保护区的含义并规定了国家级文化生态保护区建设的基本措施，主要有：科学制定文化生态保护区总体规划，确定重点区域进行整体性保护，加强非物质文化遗产名录项目的保护，加强非物质文化遗产名录项目代表性传承人的保护，加强非物质文化遗产基础设施建设，加强文化生态保护区理论和政策研究，加强非物质文化遗产教育传承，加强非物质文化遗产保护人才队伍建

---

① 文化部非物质文化遗产司编.《探索与指南——国家级文化生态保护区建设现场交流会暨专家论坛资料集［M］.北京：文化艺术出版社，2011：91。

设，突出社会公众的文化主体地位；营造有利于文化生态可持续发展的良好社会氛围。这些措施涵盖了非物质文化遗产项目保护、传承人保护、基础设施建设、理论研究、教育传承、人才队伍建设、社会氛围营造等多种手段，涉及保护文化事象本身、保护主体、传承主体、社会环境等多个方面，是我国非物质文化遗产整体性保护思路的一种贯彻和体现。

　　然而，这些措施都是围绕非物质文化遗产保护进行的，是全国范围内普遍推行的非物质文化遗产保护方法，非文化生态保护区内文化形态的保护应采用的方式和方法。文化生态保护区不是只孤立地保护非物质文化遗产项目，不是纯粹的非物质文化遗产保护区，而是对以非物质文化遗产为核心的文化形态进行整体性保护的特定区域。因此，文化生态保护区的建设需要由非物质文化遗产的整体性保护扩展到文化形态的整体性保护。文化生态保护区既要实现对非物质文化遗产保护的核心保护，又要避免仅成为单纯的非物质文化遗产保护区，这需要我们探索更深层次、更广范围的建设思路和保护方式。设立文化生态保护区，不仅仅只为非物质文化遗产保护，而应当是以非物质文化遗产为重点保护对象，与自然生态环境和人文生态环境的保护完美结合的一种全方位保护。文化生态保护区是一个整体广阔的地理空间，文化生态保护区的保护是一个整体的保护，是对非物质文化产生和存续的自然生态、人文生态和社会生态空间的全方位保护。因此，一定要高度重视保护区内全体民众原真性生产与生活状态的活态保护和传承，而不是简单地进行划区保护以及建设各种保护工程。从这一角度出发，文化生态保护区的保护与建设的主管部门，应当是政府各级物质文化遗产和非物质文化遗产保护管理部门。而环境保护、林业保护、城乡建设规划、旅游等部门在文化生态保护区建设中，也应肩负着举足轻重的责任和义务。因为整体性保护要求完整地保护好文化生态保护区良好的自然生态环境，维护和修复保护区内山水环境和动植物生存等生态环境。没有了良好的山水和动植物生态环境，就意味着失去了文化保护区生存的物质基础。因此，如果没有国土、资源环境、林业、城乡规划和旅游部门的配合，要想完成文化生态保护区建设的任务，实现文化生态的整体原生态保护就只能是一句空话，很难落实和贯彻到实际的实质性保护和建设之中。

第十一章　国内外保护区（地）管理模式借鉴

第一节　国外保护区（地）管理模式借鉴

一、国外保护区（地）管理概况

（一）美国

1. 概况

1872 年，美国建立第一个国家公园也即世界第一个国家公园——黄石国家公园。经过 100 多年的实践与发展，美国形成了完整的国家公园系统及相应法律法规和管理体制所构成的国家公园体系。目前，美国的国家公园数量为 57 个，多数位于西部，面积约 21 万 km²，数量上仅占国家公园体系总数的 14%，但面积却占到公园总面积的 61%。

2. 管理机构

美国的国家公园均由内政部的国家公园管理局统一管理。国家公园管理局下设十个地区局，分片管理各地的国家公园。国家公园内部设有公园管理局，具体负责本公园的管理事务。国家管理局、地区管理局、基层管理局三级管理机构实行垂直领导，与公园所在地政府没有业务关系。国家公园的管理人员由总局统一任命、调配。工作人员由两部分组成，一部分为纳入国家公务员系列的固定员工，另一部分为临时员工，以满足旅游旺季工作的需要。

3. 国家公园管理

美国公园管理局下设的丹佛规划中心，负责全国国家公园规划与设计工作，各地区管理局设有规划设计室，基层管理局设有规划设计小组。国家公园的规划设计方案必须经过公众讨论并吸收公众的合理意见，才能最终完成。美国国家公园为非营利性公益事业，经费主要靠政府拨款，部分来源于社会捐助，而门票作为管理手段旨在提高人们的保护意识，且门票收入不用于公园的日常开支和管理人员工薪而全部用于环境资源保护建设和环保宣传教育。一旦确定为国家公园，原有居民全部迁出，因此国家公园的管理机构不承担发展社区经济的职能。公园内的住宿、餐饮和娱乐等商业设施严格按照规划要求建设，并通过特许商业处批准由特许承租人经营，在财务上收支两条线，与公园管理机构无关。美国国家公园的建设要求十分严格，除了必要的风景资源保护设施和必要的旅游设施外，严禁在国家公园内搞开发性项目，只允许建造少量的、小型的、分散的旅游基本生活服务设施。而且建筑风格力求与当地自然环境和风俗民情相协调，不得破坏自然景观和资源。严格控制国家公园内游客量、游人住宿的旅馆床位和野营地床位，并且十分重视野生动植物保护。国家公园鼓励并号召公民和社会参与，支持国家公园公益性建设，如义务劳动清扫垃圾、专家无偿咨询、志愿者参加服务。美国国家公园已然有一套良好的资源保护管理办法：①国家公园内的建筑物风格力求简朴，色彩力求淡雅，不搞大体量、高层的建筑物，也不能设置显眼的大门及永久性建筑，更不能搞索道建设；②生活设施一般距景点较远，并分散设置，以相互不能见到为原则，尽量与自然环境融合；③国家公园都必须严格按照规划要求，控制旅游者数量；④在国家公园内不允许建娱乐性的旅游项目。

4. 启示

（1）美国国家公园的管理者将自己定位于管家或服务员的角色，而不是业主的角色。它们认为国家遗产的继承人是当代和子孙后代的全体美国公民，管理者对遗产只有照看和维护的义务，而没有随意支配的权利。

（2）美国的遗产保护建立在较为完善的法律体系之上，几乎每一个国家公园都有独立立法，美国国家公园局的设立及其各项政策也都以联邦法律为依据。多部联邦法律，几十部规则、标准和执行命令保证了美国国家公园作为国家遗产在联邦公共支出中的财政地位，也避免了美国国家公园局与林业局、国防部等之间的矛盾。

（3）1965年美国国会通过了《特许经营法》，要求在国家公园体系内全面实行特许经营制度，即公园的餐饮、住宿等旅游服务设施向社会公开招标，经济上与国家公园无关。国家公园管理机构是纯联邦政府的非营利机构，专注于自然文化遗产的保护与管理，日常开支由联邦政府拨款解决。特许经营制度的实施，形成了管理者和经营者角色的分离，避免了重经济效益、轻资源保护的弊端。

（4）科学的规划决策系统是保证国家遗产有效管理的有力工具，这一方面美国也积累了一些有益的经验，如用地管理分区制度、公众参与、环境影响评价、总体管理规划、实施计划、年度报告三级规划决策体系等等。

（二）加拿大

1. 概况

加拿大是世界上面积第二大的国家，自然生态系统类型多样，拥有森林、草原、冻原、沼泽等多种陆地生态系统类型。其领土的东、西和北部分别为大西洋、太平洋和北冰洋。自1885年建立第一个国家公园以来，目前已拥有39个国家公园，多个国家公园被列为世界遗产。加拿大最早建立的国家公园是位于落基山脉的班夫（Banff）国家公园。它是仅次于美国黄石公园的世界上第二个国家公园。

2. 管理机构

领土公园分部（Dominion Parks Branch），亦即现在的公园管理处（Parks Canada Agency）成立于1911年，是世界上最早的国家公园管理机构。

3. 国家公园管理

加拿大的公园分为四个级别，国家级、省级、地区级和市级。1971年通过的国家公园系统规划给国家公园的选址提供了依据。这一计划将加拿大划分成39个自然区域，每一个自然区域在植被格局、地形、气候和野生动物方面都有自己的独特性。公园的管理主要通过国家级、省级、地区级和市级四级政府的立法。1930年提出并于1988年修正的国家公园行动计划为加拿大国家公园的管理提供了法律依据，它规定国家公园的建立必须得到上、下议院的许可。每个国家公园必须依法制定正式的管理规划。这一规划首先要考虑公园的生态完整性，而且必须每隔5年评估一次。法律还禁止国家公园内的各种形式的资源开采，诸如采矿，林业，石油天然气和水电开发，以娱乐为目的的狩猎等。但对于新建的国家公园，当地居民传统的资源利用方式可以继续保留。在某些情况下，印第安人打猎、捕鱼和诱捕动物等活动可以得到允许。1994年出台了指导原则和操作政策（Guiding Principles and Operational Policies）。这一政策并不排斥在国家公园开展旅游活动，但明确把旅游活动放到一个次要的位置，游憩利用必须在维护生态完整性的基础上进行。为了保护和利用的双重目的，国家公园通常划分成五带——特殊保护带、原始生境带、自然环境带、户外游憩带、公园服务带。在特殊保护带，严禁机动车进入和游憩设施的修建。国家公园行动计划明确规定了必须给公众提供机会，使他们有机会参与公园政策、管理规划等相关事宜。

4. 启示

（1）建立专门的管理机构，以及保护区协会来监督保护区的管理工作。

（2）加拿大国家公园管理处评估所有游憩活动对国家公园的生态完整性可能造成的影响，提出42种允许开展的游憩活动类型，并对一些游憩活动提出了明确的限定条件。

（3）加拿大国家公园非常重视原住民在公园管理中的作用，与他们建立真正的伙伴关系，尊重原住民文化在生态完整性建设中的作用。

（4）加拿大国家公园的国会立法共有6部，全国性主要法规多达30余项，国家公园局还颁布了一系列的专项政策以具体落实相应的法律条款。

（三）日本

1. 概况

日本国立公园的发展历史可追溯到1911年，当时在帝国会议中提出了把日光、富士山设为国立公园的提案，1915年，日本内务省开始着手就国立公园的候选地进行调查，但真正开始实施则是1930年以后的事。在日本经济高速发展时期，由于过于强调经济的发展而忽略了对公害和对自然环境破坏问题的治理，导致日本环境问题不断恶化，在付出惨痛代价之后，1971 年，日本设立了由总理大臣直接领导的环境省，对环境问题进行行政的直接干预，并逐步建立起以环境省为核心的日本环境行政体系。自然公园的行政管理部门由原来的厚生省移交到环境省，在环境省内设置了自然保护局，这是由原厚生省自然公园管理部门与农林省、鸟兽保护管理部门合并组成的新的自然保护管理机构。截至目前，日本共有 29 个国立公园，占地面积合计约 209 万 hm^2，占国土面积的 5.5%，有 56 个国定公园，占地面积合计约 136 万 hm^2，占国土面积的 3.6%。

2. 管理机构

日本的国家公园由国家环境署主管，自然保护委员会协管。环境大臣负责管理日本的国家公园事务。环境省自然环境局国立公园课，以及环境省在北海道东部、北海道西部、东北地区、关东北部地区、关东南部地区、近畿地区、中部地区、山阴地区、山阳四国地区、九州地区及冲绳奄美地区等 10 个地方设置的自然保护事务所负责执行《自然公园法》和落实该法律的实施细则。

3. 国家公园管理

日本所有的国家公园都依照国家公园法进行规划管理，国家公园内的土地存在着多种所有制——国家所有、地方政府所有、私人所有（24% 的国家公园面积为私人所有）和多种经济活动产业——农业、林业、旅游业及娱乐产业，因而，日本有针对性地按照生态系统完整和风光秀丽等级、人类对自然环境的影响程度、旅游者使用的重要性等指标将所有国家公园的土地划分为 4 种类型区域，即特殊保护区、海洋公园区、特别区和普通区。日本的国家公园在自然保护方面的管理，主要包括：①在国家公园内控制人类活动。除非得到国家环境署的批准并领取了执照，许多对环境有影响的人类活动都禁止在国家公园内进行。②由地方政府、特许承租人、科学家、当地群众等组成的志愿队伍，对国家公园中的主要游客集中场所进行美化和清洁。③收购国家公园内的私人土地。

4. 启示

（1）对景区实行分区管理。按照生态系统完整和风光秀丽等级、人类对自然环境的影响程度、旅游游客使用的重要性等指标将所有国家公园的土地划分为特别地域和普通区域。特别地域又细划为特别保护地区、I 级特别区、II 级特别区、III 级特别区四种类型，对不同的区域采取不同的管理办法，什么样的区域可进行什么样的活动都有严格的规定，对环境或者资源产生有害的行为要依法处置。

（2）日本国家公园在管理上实行统一规划，对公园内的旅游活动的范围、内容作出严格规定，对公园的食宿设施、交通系统和各种户外活动制定统一详细的规划，并提出具体要求，在注重发挥中央政府（国家环境省）的作用的同时，充分发挥地方政府、特许承租人、科学家、当地群众的积极性，共同参与管理。

（四）肯尼亚

1. 概况

为了保护肯尼亚的野生动植物，肯尼亚政府于 1977 年宣布禁猎令，通过强迫原住民迁离等办法，建立国家公园。肯尼亚共成立了 26 座国家公园、28 处保护区和 1 处自然保留区，共占陆地面积的 12%。[①] 严格的保护措施，使肯尼亚 58 万 km² 国土上保存有 350 多种野生动物，500 余种鸟类，其中大型哺乳动物 50 余种。

国家公园由国家野生生物服务署的一个部门管理，国家野生生物服务署派驻专门工作人员，在国家公园设立办公室，管理国家公园内部的所有事务，包括收取门票、基础设施建设、野生动物保护及设立公园警察等。按国家相关法律管理，国家公园在管理上比自然保护区更严格、规范，有明确的范围，有的以铁丝网隔开。国家公园办公室管理酒店和旅游车辆业务。酒店由私人公司投资或连锁酒店投资经营，旅游车辆为私人或私有公司经营。除非在国家公园范围之外，否则旅游商店只能在国家公园内的酒店里设立。国家公园门票收入的 20%，酒店等私人经营性收入的一部分要用于向国家交税。国家公园的剩余收入用于道路等基础设施建设。

自然保护区由各省地方政府（Local Authority）派驻专门工作人员，设立办公室进行管理。自然保护区的范围不固定，没有明确的隔离设施。如果自然保护区的管理水平跟不上，国家野生动物保护部门可以收回其管理权限，派驻专门工作人员进行管理。自然保护区内经营性收入也需要向国家交税。

2. 相关管理部门

（1）国家旅游部

1976 年肯尼亚成立旅游部，野生动物保护局是一个职能司局。随着以野生动物观光为主的旅游业逐渐发展，1990 年旅游部更名为旅游与野生动物保护部，野生动物保护局也升格为半自治的独立机构。国家旅游部的职责主要有：负责对外宣传、广告营销；在旅游淡季推出更便宜的价格吸引国内游客旅游；规定国家公园或保护区必须修路等强制性要求等。

为了保证游客的安全，肯尼亚旅游部还组建了一支正规、专业化的旅游警察部队。第一批共 300 名旅游特种警察已经训练完毕，配备有武器、警车等，将在所有主要的旅游景点巡逻执勤。肯尼亚的主要旅游景点还建立安全中心及闭路电视监视系统。[②]

（2）肯尼亚野生生物服务署

1989 年肯尼亚政府成立了肯尼亚野生生物服务署。首任主席理查德·利基（Richard Leakey）宣布保护野生动物是国家公园最重要的工作。在他的领导下，肯尼亚制定了斑马文件（Zebra Book），明确指出肯尼亚野生生物服务署以自然保护和发展生态旅游共存共荣

---

① 张建萍. 生态旅游与当地居民利益——肯尼亚生态旅游成功经验分析［J］. 旅游学刊，2003，18（1）：60-63.
② 刘莉. 非洲：五兽招徕八方客［J］. 瞭望新闻周刊，2005（7）：73.

为目标，将设计出一套与当地居民有效的互助模式。利基重视与当地居民的互动关系，强调要保障居民的生命财产安全，并尽力减少野生动物对居民生活的干扰，并于 1992 年成立社区服务协会（CWS），目的在于通过该组织给予居住于国家公园或保护区周围的民众以实质的帮助，如提供经费赞助、地方发展计划等。利基还提出要从肯尼亚野生生物服务署门票所得收入中提取 25% 给受野生动物骚扰的村落作为回报（这项承诺最终未能实现）。为保证保护区的正常发展，鼓励当地居民参与到与野生生物相关的行业，如旅游、畜养、提供食物或制作纪念品及表演等，从而使当地居民从旅游业中获取利润，进而赞成和加入环境保护活动，在更大程度上保证了野生动植物较大的生存空间和较安全的庇护所。利基的继任者戴维·魏诗登（David Western）继续推行以当地部落居民为出发点的生态旅游，力推在肯尼亚的国家公园内建立一套兼顾当地民众权益、自然环境保护和野生动植物永续生存的管理模式。

3. 启示

（1）严格的生态环境保护政策是生态旅游的前提，野生动物已成为肯尼亚旅游的主要吸引物。

肯尼亚已颁布实施的自然保护区管理法律有《环境管理和协调法》《森林法》和《野生动植物保护和管理法》等。政府主要通过保护政策和土地利用政策，推动保护区及不同保护区之间廊道的识别和保护。肯尼亚政府所制定的涉及人与动物关系的一系列政策，大都偏向动物，限制人类。在肯尼亚，公民利益一旦受到野生动物侵害，全部由政府负责赔偿，而任何捕杀野生动物的行为，都将受到法律的严厉制裁。尤其在园区内严禁游客下车、投食、挑逗、惊吓和骚扰等一切影响野生动物正常活动的行为。肯尼亚几乎所有主要城市都设有野生动物救助机构，经费主要来源于慈善机构和国际志愿者资助。肯尼亚法律规定，只有马赛人才有资格居住在国家公园，理由是：第一他们不怕猛兽，第二他们不吃野味。

基于严格的保护，野生动物吸引了旅游者的主要目光。如肯尼亚安博塞利国家公园，游人会花上 41% 的时间看狮子和猎豹。布朗和亨利（Brown & Henry，1989）的研究估计平均每个到肯尼亚的旅游者会为观看大象花去 727 美元。穆尼（Mooney，1992）指出肯尼亚每年由大象带来的旅游收入总计达 2 亿美元。观看火烈鸟成为肯尼亚纳库鲁国家公园最受欢迎的活动项目，最近的一项研究发现观看火烈鸟每年带来 750 ~ 1500 万美元的收入，该项收入占纳库鲁国家公园观赏野生动物总收入的 1/3。

（2）有效的激励措施使当地居民成为野生动物及生态环境保护的主体，强调社区参与和兼顾当地居民的利益成为生态旅游成功的关键。

肯尼亚野生生物服务署一直鼓励当地居民参与野生生物相关的行业，力推兼顾当地居民权益和保护自然环境的管理模式，使得当地居民切实分享到生态旅游的收益，并成为野生动物及生态环境保护的积极主体。伴随着生态旅游带来的丰厚收益，肯尼亚许多旅游业者和土地拥有者对发展以观赏野生动物为主的生态旅游事业兴致勃勃，并且对保护工作抱积极的态度。当地居民也不愿再冒险去打猎，偷猎的情形大大改观。他们已视野生动物为重要的经济资源，不仅不会去伤害他们，而且还会尽力保护他们。

（五）津巴布韦

1. 概况

津巴布韦现有 6 个国家公园，最大的国家公园有 14000km²。国家公园以保护森林和动物为目的，国家公园的所有权归国家，使用权归国家公园。国家公园由国家公园管理局（Management of Wildlife & National Parks）管理，由其派驻工作人员，成立各国家公园办公室，行使职能包括收取门票、基础设施建设、野生动物保护及设立警察等。国家公园规划要求只能设一条主路，为柏油路，设单车道，其余道路均为土路。旅游活动仅限于国家公园的道路之上，若进及无道路的区域，按破坏森林罪或偷猎野生动物罪论处。在国家公园内部不准修建任何设施，只允许申请帐篷式酒店（Camp），帐篷式酒店经营公司与国家公园达成协议，将利润的一部分上缴国家公园。国家公园主要实施公益性项目，营利性项目很少。有的国家公园虽然经营简易帐篷，但仍以公共教育和公共服务为目的，一般收费标准为 1 ～ 5 美金 /人 / 天。国家公园的收益来源包括：门票收入、发放在公园范围内的被准许的行为或业务的牌照（若是经营性项目牌照，只能经营指定业务及用途）、打猎收入、土地租金和其他收入（如死大象象牙拍卖）。为解决人类活动与野生动物的利益冲突，津巴布韦成功实施的"篝火计划"让当地社区从野生动物打猎中获得利益，但允许打猎的野生动物只能是数量过剩的物种。

津巴布韦只有 2 处自然保护区，其中 1 处已卖给私人。自然保护区规模较少，在1000km² 以内。

2. 相关管理部门

国家主管旅游部门发放执照，包括猎手证、餐厅、酒店、旅行社、旅游用车牌照（由旅行社或私人买车，旅游局、交通局发放用于公共交通服务而非私人交通的牌照）等。

3. 启示

津巴布韦通过严格的法律手段，切实保护野生动物，规范旅游行为。比如对国家公园的规划建设，要求只能设一条主路。旅游活动仅限于在国家公园的道路之上，不得进及无道路的区域，否则以重罪论处。

（六）南非

1. 概况

南非拥有陆地保护区和国家公园 403 个，总面积达到 660 万 hm²，占国土面积的 5.5%（其中 20 个国家公园面积占保护区总面积的 53%）；拥有 57 个海洋保护区，占国土面积的17%。陆地保护区类型包括特别自然保护区、国家公园、世界遗产地、森林荒野地、山地集水区以及国家森林等。近年来，南非政府制定的保护区发展目标是官方保护的陆地区域由现在的 5.5% 增加到 2010 年的 8%，最终达到 10%，海洋自然保护区由现有的 17% 发展到 2010 年的 20%。[①]

南非的国家公园相对于自然保护区面积较小，有具体范围和边界，有围栏或围墙等隔离设施，收取门票，由政府监管，私人运营。以好望角国家公园为例，为防止野生动物走出国家公园，在国家公园的边界铺设一排细管，动物因在上站立不稳而不敢走出，表面上虽无围栏和围墙，实际上仍然达到很好的圈护野生动物的目的。国家公园夏季下午 5 点关门，冬季下午 6 点关门，游客及车辆逾时将受到罚款。

2002 年南非、莫桑比克、津巴布韦签署协议，把南非的克鲁格国家公园、津巴布韦的戈纳雷若国家公园和莫桑比克的林波波国家公园合三为一，成立大林波波跨国公园，保护区面积约为 3.5 万 km²，被称为世界上最大的保护区。在大林波波跨国公园，动物们可以自由地从一个国家迁徙到另一个国家，游客们也只需要办理简单的手续就可以跨国自由观光。

南非的自然保护区无具体范围和边界，没有具体的隔离设施，由政府管护。如同国家公园一样，自然保护区内也不能建设包括宾馆等永久设施和大型建筑物，只能建设动物、植物保护的研究机构。

2. 相关管理部门

1）环境事务和旅游局

环境事务和旅游局是南非主管旅游的政府机构。其职责为发放导游牌照、景点管理、游客管理等。

2）国家保护部门

按照相关法律，南非负责保护区管理的政府部门是环境事务和旅游部以及水务和林业部。国家保护部门在国家公园成立分支机构，管理各公园内部所有事务，包括管理国家公园、保护区里面的动物、生态环境，以及相关研究、建设及发展等。各分支机构上报相关信息及请求，由国家保护部门决策，向中央政府申请资金。

南非关于保护区的立法比较完善。在国家层面，先后制定了《保护区法令》《生物多样性法令》《环境保护法令》《国家公园法令》《湖泊发展法令》《世界遗产公约法令》《海洋生物资源法令》《国家森林法令》《山地集水区域法令》等。这些保护法令的颁布，促进了保护区的有效管理。[②]

3. 启示

1）旅游扶贫

1994 年种族隔离结束后，南非新政府即宣布要把旅游业作为国家增加就业、发展外汇的首要产业。2000 年旅游业被确定为国家发展的优先产业，是国民经济中居前五位的重点

---

① 任瑛. 南非、肯尼亚自然保护区管理考察及启示［J］. 农村财政与财务，2008（2）：47-48。

② 任瑛. 南非、肯尼亚自然保护区管理考察及启示［J］. 农村财政与财务，2008（2）：47-48。

部门之一。为推进旅游扶贫，南非实施以下几项措施。

（1）减少贫困计划（Poverty Relief Programme）。环境事务与旅游局作为南非推行旅游扶贫战略的主要政府执行部门，在 2001 年推出的《减少贫困计划》是南非政府最直接、最重要的旅游扶贫项目，其目的是探索通过长期的可持续旅游工作，减少南非最贫穷社区的数量。通过旅游部门建设新的基础设施，帮助地方社区生产和提供更好的服务，以增加旅游业的发展潜力，这些基础设施包括道路、信息中心、步行道、公园围墙等，旅游产品涵盖文化乡村、博物馆、旅馆以及手工艺制品等。

（2）2005 年南非环境事务和旅游局发布了《旅游业提高黑人经济实力宪章和记分卡》文件，为执行"提高黑人经济实力"制定框架和原则，提供了与其他利益相关者合作的基础。

（3）旅游扶贫的企业激励（Business incentives）。通过对企业的激励措施使他们给穷人创造更多的利益。

（4）设立旅游扶贫试验区（Case studies and pilot sites）。为了研究、探索旅游扶贫战略及其对企业和社区穷人等社会阶层的影响，南非有许多旅游景区或企业被确定为旅游扶贫的案例研究区。这些扶贫试验区的目标是通过帮助上述旅游的主要企业与当地人或企业建立和加强联系，使后者参与企业活动，最终达到使旅游业为地方经济作出更大贡献。

2）负责任旅游（Responsible Tourism）

1996 年南非政府发表了《发展和推进南非旅游》的白皮书，把负责任旅游作为旅游发展的主要指导原则和行动议程，提出个体、企业、商会、社区和政府均应负责任地实现变革，以满足可持续发展旅游要求的 3 条底线——经济、社会和环境的可持续性。白皮书把负责任旅游定义为"参与发展旅游业者的一种积极行动的途径，以负责任的营销和管理建立竞争优势"，它要求旅游业为当地人们提供较大的经济利益，使他们能参与市场，提高接待社区的福利，改善工作条件，以及保护当地的文化。1997 年有关旅游业的"发展、就业、再分配"报告，再次宣称坚定地执行白皮书的战略和框架，强调旅游业应该"政府主导、企业驱动、社区为基础、员工参与"。2002 年南非环境事务与旅游局进一步发表可持续旅游的指南，把旅游扶贫理念进一步贯穿于白皮书的执行过程中，提出国家保证旅游业按照白皮书要求开展负责任旅游，要求个体旅游协会和企业在国家指导的框架下，承诺以负责任旅游形式发展自己的特有市场。旅游业要考虑到那些在历史上受到不公正待遇的人，提高其在所有权方面参与度，其中包括在新企业中提高黑人的经济地位，贫穷的农村社区从旅游业中提高参与度，并获得更多利益。2003 年，为进一步落实白皮书和指南提出各项要求，南非还发布了《负责任旅游手册》，在经济、社会和环境三方面提出了"负责任旅游"的具体要求，该手册简明易读，并配有实际操作的例子，对推动"负责任旅游"起到了很大的作用。①

---

① 朱海森，王颖 . 南非旅游扶贫探析［J］. 西亚非洲，2007（1）：32-37。

二、国外经典案例分析

（一）美国黄石国家公园的基本特点与经验借鉴

1. 基本特点

1）世界级自然景观旅游目的地

美国黄石公园是世界上著名的自然景观旅游目的地。黄石公园面积约 9000hm²，拥有北温带地区现存最大最完整的自然生态系统，世界上最大的间歇性喷泉带，北美最大的高海拔湖泊之一，北美最大且仍处于活跃状态的超级火山，旅游吸引物丰富。

2）拥有多个世界级品牌，国际知名度高

美国黄石公园是世界上第一个国家公园，被列入世界遗产名录。2009 年黄石公园接待游客 330 万人次，在美国国家公园中位居第四。有 1/3 的美国人一生中至少到黄石公园一次，同时黄石公园也是国外游客必到之处。

2. 经验借鉴

1）保护第一原则

以"保护第一"为原则，黄石国家公园采取许多环境保护措施：①大面积保护，国家公园内开发区域面积仅占公园总面积的 1%；②国家公园内禁止开展狩猎等对环境及生物多样性影响较大的旅游活动；③对国家公园内的各种旅游活动进行控制，把旅游活动限制在一定范围和时间之内；④对垂钓等活动采取许可证制度，具体规定了活动的时间、地点，限制了游客人数；⑤对国家公园内的设施进行控制，禁止修建索道，尽量避免修建道路对环境造成破坏。

2）丰富的旅游吸引物体系

除传统观光旅游项目外，黄石公园根据不同游客的需求开展了一些特色旅游项目，如针对 5 ~ 12 岁的孩子的"初级护林员"项目，针对 4 ~ 8 年级学生的"探险：黄石"活动，针对滑雪爱好者、野生动物爱好者、徒步旅游者的"寄宿和学习"活动。此外，还推出了野生动物教育—探险活动，包括野营、野餐、钓鱼、划船、骑自行车和骑马等丰富的活动项目。

3）具有典范意义的国家公园管理体制

黄石公园是世界上第一个国家公园，具有明确的宗旨和清晰的定位，管理运作成为其他国家公园的典范。经营管理体制采取了国家公园管理局＋商业公司特许经营的高效管理体系。为有效保护公园环境，制定了完善的法律和各项规章制度。

（二）肯尼亚马赛马拉国家公园的基本特点与经验借鉴

1. 基本特点

1）世界级原生态旅游目的地

肯尼亚马赛马拉国家公园是世界上著名的原生态旅游目的地。公园面积4000km²，其中肯尼亚境内有1500km²，是世界上最好的野生动物保护区之一。种类繁多的野生动物、壮观的动物大迁徙、原始的马赛部落文化，在全球具有垄断性，对国际游客具有很强的吸引力。在世界自然基金会网站2006年公布的由网民投票选出的世界十大必游之地排行榜上，马赛马拉野生动物保护区名列第四。

2）游客以国外远距离高端游客为主

马赛马拉年接待游客量约70万人次，游客主要来自欧洲、北美洲和亚洲：欧美游客约占总接待量的50%以上；亚洲市场约占1/4，其中中国游客约占7%；非洲本地市场占市场份额不足10%。游客呈现以远距离游客为主，停留时间长，人均消费大，以高端游客为主的特征。

2. 经验借鉴

1）核心吸引力的打造

围绕野生动物的原真体验这一核心主题，马赛马拉国家公园推出了多种观光方式和活动内容。除了传统的乘坐越野车方式外，还推出了大草原热气球之旅、参观马赛村、访问野生动物保护区等符合市场需求的多样化的观光方式。为了满足游客近距离观察南部非洲充满生机的生态世界和动物行为，很多度假区设计了独特的室内生态观光场所。这些观光设施提升了景区的整体竞争力。

2）特色鲜明的生态度假设施

国家公园内的度假村和生态营地各有特色，但都体现了浓郁的地方特色以及与自然环境的高度融合。度假村的设计注重生态性、景观性、舒适性。度假村的管理水平普遍较高，尤其在精细管理方面，明显领先于国内的度假村。

3）严格的环境保护和较少的人为干扰

在马赛马拉国家公园内，绝大部分区域保持原生状态，人为设施集中于各度假村和生态营地，从而将人类对自然环境的破坏和影响控制在最低程度。游客在国家公园的行为受到严格的约束，工作人员协助国家公园和保护区的警察，对游客干扰动物生境等不当的行为提出劝诫。

第二节　国内保护区（地）管理模式借鉴

一、旅游景区

（一）概念

苏格兰旅游委员会认为，"景区是一个长久性的游览目的地，其主要目的是让公众得到消遣的机会，做感兴趣的事情，或受到教育"。按照中华人民共和国国家标准《旅游区

（点）质量等级的划分与评定》GB／T 17775—1999 中旅游区（点）的定义，旅游景区即指经县以上（含县级）行政管理部门批准设立，有统一管理机构，范围明确，具有参观、游览、度假、康乐、求知等功能，并提供相应旅游服务设施的独立单位。它包括各种风景区、文博院（馆）、寺庙观堂、旅游度假区、自然保护区、森林公园、主题公园、地质公园、游乐园、动植物园以及工业、农业、经贸、科教、军事、体育、文化艺术等各类旅游区（点）。之所以称之为旅游景区，一是为了尊重约定俗成的概念，方便理解；二是强调它们的旅游功能，即这些旅游景区主要是为旅游者服务，与那些主要为所在地居民服务的景点相区别。在国际上，前者称为旅游景区，后者则称为景区或景点；三是强调它们的经济功能，即经营性的旅游景区，向公众免费开放的公益性景区景点。

梅得尔敦（Middleton，1988）对景区的定义是"一个指定的、长久性的、由专人管理经营的，为出游者提供享受、消遣、娱乐、受教育机会的地方"。史蒂文斯（Stevens，1990）认为，景区应该是有特色活动的地点、场所或集中地，应该具备以下特点：①吸引旅游者和当地居民来访，并为此而经营；②为顾客提供获得轻松愉快经历的机会和消遣的方式，使他们度过闲暇时间；③尽量发挥其潜在能力；④按旅游需求进行管理，使顾客得以满足；⑤按游客的要求、需要和兴趣，提供相应水准的设施和服务。我国学者王德刚（2000）认为，旅游景区是"以旅游资源或一定的景观、娱乐设施为主体，开展参观游览、娱乐休闲、康体健身、科学考察、文化教育等活动和服务的一切场所和设施。在实践中，它们往往作为一个独立的事业或企业单位，从事经营和管理活动"。

（二）管理现状

1. 多头管理

我国旅游景区分属不同部门，较多景区同时属于不同部门。初步估计，各种类型的景区、景点达到 15000 多家。这些景区景点从隶属关系上涉及建设、林业、环保、地质、文物、宗教、科技、教育、农业、水利、体育等多个部门。比如，风景名胜区归属建设部门，国家森林公园归口林业部门，自然保护区隶属于环保部门，文物保护区（单位）听从文化部门，地质公园由国土资源部门统筹管理，宗教部门负责寺庙道观，江河湖泊和水利工程则归于交通、水利部门。从对旅游景区的微观管理机制上看，也是各种类型兼有，目前绝大部分属事业单位编制，有的则属企业运营。在实行企业化管理的旅游景区中，国营、合资、股份制、私有等多种所有制形式均有。

2. 不同体制

旅游景区的管理体制模式的形成来源于我国市场经济发展的大势和旅游景区经营管理的实践，建立旅游景区管理体制模式体系应遵循以下四个因素：①景区经营主体的市场化程度；②景区经营主体的所有制形式；③景区及其经营主体的隶属关系；④景区的权属关系。

旅游景区是否按照市场机制进行经营管理，是划分景区经营管理模式的首要因素。按此，将中国旅游区经营管理模式分为企业型与非企业型两大类别。按照景区经营主体性质，可分为国有全资企业经营、股份制企业经营（包括国有股份制企业经营和混合股份制企业经营）以及整体租赁经营3种类型。

在旅游区的治理管理中，最重要的权属关系是旅游区的所有权与经营权、资源保护权与开发权的相互关系。景区的所有权与经营权是否分开，资源的开发权与保护权是否统一，是旅游区的核心内涵。这"四权"关系，决定着旅游区的管理体制、经营机制、动力机制及景区经营的任务、职责与目标。"四权"关系不同，旅游区的经营管理模式不同。按照上述原则与依据，可以把我国旅游区经营管理模式大体划分为两大类别、五种类型、十种模式：旅游区经营管理模式共分为企业化治理与非企业化治理两大类别；前者分为整体租赁经营、股份制企业经营和国有企业经营三种类型，后者分为具有行政职能的治理与不具有行政职能的治理两种类型；中国旅游区经营管理模式体系共包括十种经营管理模式，按其经营的市场化程度从高到低依次排列如图11-1所示。

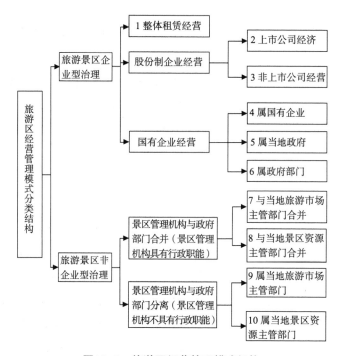

图11-1　旅游区经营管理模式机构

二、国内案例分析

（一）神农架国际旅游目的地

1. 管理模式

神农架旅游管理模式为政府主导型和多部门管理相结合（图11-2）。管理机构主要包括神农架林区旅游产业发展领导小组和神农架旅游委员会。

神农架林区旅游产业发展领导小组：2011年成立，由党委副书记任组长，相关部门领导任成员，定期研究部署、协调解决神农架旅游产业发展中的重大问题，统筹推进全区旅游产业发展。

神农架林区旅游委员会：神农架旅游的主要管理机构，科级单位，主要职责统筹协调全区旅游业发展，会同有关部门管理林区旅游资源等10个方面。下设6个科室和2个下设机构。

2. 经营模式

神农架旅游经营模式以授权经营为主，景区租赁为辅。

集团授权经营为主：神农架林区党委政府授权神旅集团进行旅游投资和资本运营，神旅集团管理神农顶、天燕红坪、神农坛、官门山、天生桥、大九湖湿地六大旅游景区，配套市场营销、旅行社、旅游运输、宾馆、餐饮、购物、娱乐等业务。

景区租赁为辅：神农架部分景区采取租赁经营模式，如神农架国际滑雪场由鄂西生态文化旅游圈投资有限公司经营，香溪源景区由神农架野人国生态旅游有限公司经营，杉后景区由兴发集团经营。景区经营主体是民营企业或民营资本占绝对主导的股份制企业。

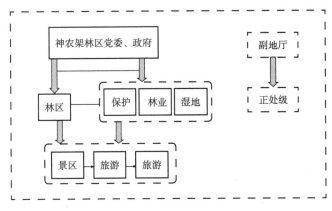

图 11-2 神农架林区政府机构设置与层级关系

（二）黄山风景区

黄山拥有世界自然与文化遗产、世界地质公园等世界级品牌，1999年，黄山荣获联合国教科文组织颁发的"世界文化景观保护与管理国际荣誉奖"。2010年黄山荣获世界旅游业理事会（WTTC）"明日旅业"大奖赛颁发的"全球旅游目的地管理奖"，成为当年获奖的唯一一家中国单位。黄山的经验包括：

1. 将景观环境保护放在高于一切的地位

黄山高度重视环境保护，将景观环境保护放在高于一切的地位。1989年颁布《黄山风景名胜区管理条例》，在全国率先对风景区的保护与管理立法。多年来，黄山以环境资源承载力为基础，在全国首创了一系列保护管理做法，成为国内外同类景区的典范。2008年在联合国世界旅游组织和联合国教科文组织与中国首次共同举办的世界遗产地旅游管理与可持续发展会议上，"黄山经验"向全球推广。

2. 构建具有绝对权威的行政管理体制

设立风景区管委会：《黄山风景名胜区管理条例》明确规定，黄山市人民政府设立黄山风景区管理委员会，管委会主任由市长兼任。风景区内的所有单位必须服从管委会的统一管理。条例赋予管委会7项主要职责，管理主体和执法主体明确，有利于景区的统一规划、保护和管理。黄山管委会为地厅级建制，根据省、市政府的授权，黄山管委会行使相应的行政执法权和国有资产经营权，同时在资源保护、规划建设等方面接受省、市相关部门的指导和监督。

成立建设保护委员会：安徽省成立黄山建设保护委员会，省长任主任，所有有关黄山开发的重大决定都必须经该委员会通过。

3. 实行所有权与经营权分离的经营管理体制

从金融市场筹集发展资金：1989年黄山发起成立了股份公司，1996年成立黄山旅游发展股份有限公司并成功上市，共募集资金4.3亿元。

实施所有权与经营权分离的上市公司管理模式：景区管委会授予公司在一定时间内专营，代理经营范围包括园林门票、旅游服务、酒店经营、旅游运输、饮食服务、旅游资源开发、旅游商品开发与销售、其他相关的贸易活动及广告代理等。上市公司成为景区内唯一负责旅游经营的机构，对旅游景区实行垄断性经营。公司行使经营决策权、市场营销权、投资决策权等合法权限。

管委会主要行使公共管理职责：管委会从景区规划、环境保护、文化遗产保护、安全生产、综合治理等方面进行监督和管理。管委会的国有企业在上市公司中具有控股地位。

第十二章 我国文化生态保护区管理模式设计

第一节 管理对象

一、非物质文化遗产保护

明确以非物质文化遗产为核心保护和管理对象。文化部门组织专家深入挖掘，广泛调研，对保护区内非物质文化遗产进行普查，建立和完善国家、省（直辖市、自治区）、地市和县市（区）级四级名录体系，并建立非物质文化遗产档案和数据库。针对不同项目类别特点和濒危状况，对保护区内的非物质文化遗产名录项目，采取不同的保护方式，制定相应的保护措施，并在文化生态保护实验区总体规划的指导下，由文化生态保护区所在地市和县（区）制定具体的保护、建设与利用规划，并负责实施、执行和监督。对保护区内各级非物质文化遗产名录项目代表性传承人进行认定，资助其开展传习活动；保护与非物质文化遗产有关的实物和相关物质遗存；修复和维护保护区内的自然生态环境。

二、文化形态（表现形式、存续状态）整体性保护

《文化部关于加强国家级文化生态保护区建设的指导意见》明确提出了"确定对重点区域进行整体性保护"的措施，"要注意保持重点区域的历史风貌和传统文化生态，不得改变与其相互依存的自然景观和环境。要注重非物质文化遗产的不同项目之间，非物质文化遗产与物质文化遗产之间，文化遗产与自然环境、人文环境之间的关联性，将单一项目、单一形态的保护模式，转变为多种文化表现形式的综合性保护"。这里的整体性保护强调保护环境，提倡对多种文化表现形式进行综合性保护。

闽南、徽州等文化生态保护实验区探索对区域内的多种文化形态进行共同保护。闽南文化生态保护实验区在2008年11月和2010年8月相继公布了2批50个示范（41个示范点，9个示范园区），既有单体项目，也有整体保护项目，如泉州鲤城古城区历史文化保护示范园区，就包括了历史文化街区、大量文物古迹和20余项国家级与省级非物质文化遗产项目。徽州文化生态保护实验区中，婺源选择8个非物质文化遗产集中、生态环境优良的村落来建设"文化生态保护小区"，从而加强小区内自然生态环境保护、民居古建维护修缮、传统民风民俗挖掘传承等工作。黄山也积极将古村落保护与非物质文化遗产保护结合起来，

徽州古村落保护通过对古民居、古祠堂、古戏台等建筑的修复，很好地保护了传统木结构营造技艺、徽州三雕、徽州楹联匾额等一系列代表性的徽州非物质文化遗产，同时也对诸如徽州祠祭、徽剧、徽州民歌、目连戏等非遗项目的生存空间进行了良性的修复。通过物质和非物质文化遗产的整体保护利用，古村落形成"幢幢有故事，村村有文化"的良好文化生态。在特定区域内，将非物质文化遗产项目与物质文化遗产和自然遗产进行共同保护，既能实现完整保护非物质文化遗产的初衷，又能促进文化生态和谐发展。

三、文化生态（空间）保护

文化生态保护区建设是通过综合协调机制营造良好的文化生态，保证以非物质文化遗产为核心的文化形态在适合的环境中生存，从而实现文化形态的良性保护和发展。

首先是确定重点区域进行整体性保护。在文化生态保护区中选择若干自然生态环境基本良好、传统文化生态保持较为完整的街道、社区或乡镇、村落等，作为实施整体性保护的重点区域。要注意保持重点区域的历史风貌和传统文化生态，不得改变与其相互依存的自然景观和环境。要注重非物质文化遗产的不同项目之间，非物质文化遗产与物质文化遗产之间，文化遗产与自然环境、人文环境之间的关联性，将单一项目、单一形态的保护模式，转变为多种文化表现形式的综合性保护。文化生态保护区内涉及文物，历史文化街区、名镇、名村、名城自然保护区，风景名胜区的，应当执行国家有关法律、法规的规定。

另外，文化生态保护区也要积极营造有利于文化形态保护的氛围、空间和环境。除了诸如通过加强教育，传播普及保护知识，提高公众认知度和保护意识，营造浓郁的有利于文化形态保护的社会氛围外，文化生态保护区还应为文化形态创造更和谐的自然、文化生态环境。在这方面，徽州文化生态保护区下的婺源提出了"呵护空间、培植沃土"的思路。在保护区创建过程中，婺源实施了"自然生态保护工程、建筑徽派风格改造工程和民俗风情保护工程"。在保护区禁止乱砍滥伐，保护良好的自然生态环境；新建民居必须按徽派风格建造，对县城主要街道和重点村落的非徽派建筑进行了大规模改造；鼓励支持群众依托传统节庆平台，开展舞板龙、扮抬阁、跳傩舞等各类民俗文化活动，每年组织大型乡村文化节活动，为婺源非物质文化遗产提供一个宣传、展示、竞技的平台。婺源这种建设思路集自然生态保护、建筑风格营造和民俗文化氛围为一体，不仅有利于快速恢复徽州文化生态，也为保护非物质文化遗产在内的文化形态提供了有利的环境和条件。

第二节　管理职责

根据国外国家公园管理的先进经验，管理者往往将自己定位于管家或服务员的角色，而不是业主的角色。他们认为国家遗产的继承人是当代和子孙后代的全体国民，管理者对遗产只有照看和维护的义务，而没有随意支配的权力。

笔者认为，文化生态保护区应借鉴国外国家公园管理的经验，建立一个服务型的管理机构，明确其职能边界，其主要职责应是提供服务、依法监督和积极协调。

一、提供服务

（1）文化生态保护区管理部门应认真贯彻执行国家和地方有关遗产保护和开发利用的方针政策、法律、法规。依法组织开展非物质文化遗产和文化生态的普查和调研工作。充分认识文化生态保护区的特点和价值，突出保护非物质文化遗产为核心，注重整体性保护，维护文化生态平衡。

（2）组织保护区总体规划和专项规划的编制、修订和实施，为保护区申请保护建设项目提供技术咨询服务。科学的规划决策系统是保证遗产有效管理的有力工具，文化生态保护区规划应与国民经济和社会发展计划相衔接，与当地区域国土规划和城市规划相协调，要协调处理保护与建设、近期与远期、局部与整体的关系，对文化生态保护区各项事业作出全面规划。同时，积极为保护区申请保护建设项目提供技术咨询服务。

（3）"他山之石，可以攻玉"。要积极组织开展国际、国内保护区工作的交流与合作，为保护区各类保护提供技术咨询服务。积极推动国内外文化生态保护区理论和方法的交流、资金与技术的合作，加强国内外民间文化艺术交流。另外，文化生态保护区建设是一项专业性极强的工作，需要各方面的专业技术、人才的充分参与，因此，应积极组织专业技术力量提供专业咨询并参与保护区建设工作。

二、依法监督

（1）明确监督内容，分为对人的监督和对事的监督，主要是对保护区的开发、建设、保护和旅游服务行业进行管理和监督，依法查处破坏保护区资源和环境的违法行为。既对行政人员、管理机构及其工作人员进行监督，也不姑息保护区管理机构的管理行为（包括对保护区的管理行为和对自身的管理行为）的失当之处。尤其要加强对人的监督，加强对工作人员任职资格和失职行为的监督，对不符合任职条件而用的人员以及有严重失职行为的行政主管人员进行处罚。

（2）完善监督机制，实行行政监督和社会监督双重监督方式。行政监督的主体主要是文化行政部门，其他相关部门共同监督。在监督方式方面，可以建立保护区管理绩效考评办法，通过定期和不定期的方式对保护区的管理状况、管理效果等事项进行全方位的考核，作为管理人员工作绩效考核和任职考核的重要依据。社会监督的主体包括公众、社会组织机构、社会团体和各类非政府组织等。在监督内容上，包括对管理机构的管理行为的监督和管理人员职责行为的监督。当然，社会对这些内容的监督，往往滞后于问题发生，相对行政监督，它相当于事后监督，是对行政监督的有益补充。

三、积极协调

文化生态保护区作为一项探索性的实践，它囊括的内容无比纷杂，需要处理的问题很多。保护区内部的文化形态之间，文化形态与自然社会环境之间都是一个有机整体，文化生态的保护与经济社会的发展、民众日常生活都密切关联，不可贸然分开。文化生态保护区建设的复杂性决定了政府主导的必要性和重要性，也强调了进一步完善整体协调规划机制的紧迫性。因此，无论是文化形态的综合性保护，还是生态环境的综合性保护，抑或是力求文化生态保护同社会经济发展相协调，最终都离不开政府整体协调规划机制的构建。理想的状态应是政府将文化生态保护区纳入经济社会发展的统一规划，将文化生态保护区、自然保护区、历史文化名城和名镇（乡、村），以及各种文化古迹的保护同社会建设、经济发展综合考量，统筹协调，最终实现和谐发展。这恐怕需要在现有领导小组的基础上更进一步，由政府统筹多部门建立更加完善的整体协调领导机制。只有实行科学的统筹规划和有效的协调机制，坚持物质文化遗产和非物质文化遗产相融，文化生态和自然生态兼顾，传承保护和经济社会发展协调，变单纯的项目保护为文化生态系统的整体性保护，使文化生态保护造福社会，惠及百姓，我们才能有效推进文化生态保护区的建设，实现整体保护文化生态，促进社会和谐发展的理想目标。

第三节　管理目标

一、首要目标：以非物质文化遗产保护为核心，对文化形态进行整体性保护

文化生态保护区是将区域内的文化遗产及其相关环境作为一个整体，综合考虑区域特殊的历史、社会、经济、自然条件，从整体上保护特色风貌和文化遗产，从全局的角度认真研究保护区的文化特色，分析各类文化遗产的分布规律、特色与作用，将对单个项目的重点保护与区域性整体保护很好地结合起来，把散在的"点"状和区域性的"片"状结构整合成"网"状结构，实现保护区的整体文化生态环境的保护。文化生态保护实验区从名称上看是就划定区域进行整体性保护，但在具体实施过程中，关注的点依旧是活态的非物质文化遗产。通过将丰富的非物质文化遗产在一定的区域内整体和活态的保护与传承，达到保存、保护具有地方或民族特色的传统文化生态。那些静态的文物或文化赖以依存的自然地理环境、气候环境，则为非物质文化遗产的保护提供服务并构成一个完整而和谐的文化生态系统。以活态形式存在的非物质文化遗产，则通过整体性保护的形式，与自然、社会、经济、历史、语言等各种文化生态环境要素一起得到健全的保护。

二、关联目标：非物质文化遗产的利用与当地社会经济发展

目前，各个文化生态保护区建设之所以裹足不前，关键就在于认识不到非物质文化遗产的合理利用对当地社会经济发展的巨大贡献。目前地方政府现有 GDP 考核指标的制约和压力，决定了如果仅仅关注保护，不言利用与开发，那么文化生态保护区所在的地方政府对保护区建设的主动性和积极性就很难被调动和激发起来。因此，保护区管理的关联目标是要正确处理非物质文化遗产的利用与当地社会经济发展的管理关系，即通过遗产的合理利用促进当地经济的发展，反过来，经济的发展反哺遗产的保护，促进二者的良性循环。非物质文化遗产的保护并不是将其束之高阁，放进博物馆珍藏起来，而是要合理利用，在新时代使其融入当代生活，促进产业转型，推动经济发展，取得良好的社会效益和经济效益。通过开展非物质文化遗产保护，有可能带动或孵化出国民经济的新型部门和产业，如信息、餐饮、房地产、服装、交通等产业的发展。

文化生态保护区的管理部门应认识到文化生态保护区是要在动态和整体的保护中，将历史和现实相结合，把文化传承和现代文化建设相统一，是守护中华民族特色精神家园。文化复兴可以带动经济振兴，文化复兴和经济振兴应该两位一体。保护区的建设强调文化生态保护与社会经济的协调发展，这是建设工作得以顺利推进的必要保证。不过，将文化建设与社会经济发展捆绑在一起时，文化又极容易成为点缀，或者被商业化所异化。如果一味强调发展经济和旅游的目标，文化生态保护区就有异化为经济开发区和旅游开发区的危险，这是必须警惕和注意的。

第四节　管理模式

国家公园的管理特色是以自然资源保护为前提，适度兼顾产业的开发，在资金筹措、资源保护、规划制定实施、区划和分区管理、科研科普活动开展、营利和非营利社会力量参与、管理和经营等方面均有规范的管理机制。同时，国家公园既不同于严格的自然保护区，也不同于一般的旅游景区，通常具有保护、教育、游憩和改善当地生计等多种功能，这已被证明是行之有效的能够实现多赢的国际通行管理模式，易于解决保护与开发之间的矛盾。这种模式不仅能够有力地促进遗产地生态环境和生物多样性的保护，同时也可以极大地带动当地旅游业和社会经济的发展，有利于平衡中国遗产地开发和保护利用之间的关系。因此，借鉴国家公园的管理模式，根据中国的国情，笔者认为应探索建立新型的文化生态保护区管理模式——"国外国家公园 + 中国国情"模式。

一、主要职能机构：文化生态保护区管理委员会（文广新局 + 非遗中心）

建立高效运转的独立职能管理机构是文化生态保护区建设工作正常开展的前提。美国、

日本、西欧的一些国家很早就依法成立了专门负责国家公园管理的机构，据此，我们认为，应由保护区所在地文化行政主管部门如文广新（化）局和地方非物质文化遗产保护中心派出专门人员及相应编制，设立独立的具有行政职能的政府派出机构——保护管理委员会，作为保护区管理机构进行统一管理。同时，要明确管委会法律地位，设立相应级别代表政府对保护区实行统一管理。保护区事业的社会公益性决定了其需要由代表国家社会公共利益的机构对其进行管理，在保护区范围内行使法律法规规定的遗产保护、规划、管理、监督检查、违法查处等职责。

二、"上级行政机构政府主管部门 + 地方政府"联合领导小组

（一）主要职能

在文化生态保护区领导小组领导下，由文化生态保护区管理委员会统筹协调文化生态保护区规划、建设、管理的全面工作；对保护区工作进行宏观指导，提出保护区保护建设的方针政策；协调解决保护区中的重大问题，研究保护区建设中的其他重要工作等。

（二）成员单位

联合领导小组由文广新（化）局、发改委、教育局、民委、住建局、财政局、文物局、农业局、商务局、体育局、旅游局、中医药管理局、园林局、文联等行业主管部门组成，文广新（化）局为牵头单位。

文广新（化）局局长为联合领导小组会议召集人，文广新（化）局主管副局长为联合领导小组成员兼秘书长。各成员单位有关负责同志任联合领导小组成员，相关处室的负责人担任联络员。联合领导小组办公室设在文广新（化）局，负责日常工作。联合领导小组及各有关部门应根据有关法律法规和政府赋予的职能开展工作。

（三）工作规则

联合领导小组根据工作需要定期或不定期召开会议，由召集人或召集人委托的副召集人主持。成员单位根据工作需要可以提出召开会议的建议。在全体会议之前，召开联络员会议，研究讨论联席会议议题和需提交联席会议议定的事项及其他有关事项。联席会议以会议纪要形式明确会议议定事项，印发有关方面并抄报国务院，重大事项按程序报批。

（四）工作要求

各成员单位要按照职责分工，主动研究保护区建设工作中的重大问题，认真落实联席会议议定事项。要互通信息，相互支持，密切配合，充分发挥联席会议作用，形成高效运行的长效工作机制。联席会议办公室要及时向各成员单位通报有关情况。

三、"国家公园模式+中国国情"管理模式

保护区管理是保护区管理机构对划定区域内的特定保护内容的照料管理，并约束使其遭到破坏和干扰的各种行为，使保护对象顺利实现保护所进行的组织、领导、协调的全过程，体现保护区管理机构的职能。保护区管理机构传统的管理是将管理区域划定为禁止进入的区域，以便于保护区管理机构对保护对象的照料和防止破坏保护对象的行为。传统使保护区成为"禁区"的管理模式不适用文化生态保护区的管理。为使保护对象得到有效保护，必须寻找新的保护区管理模式。

前文已述，文化生态保护区管理的主要特点是：保护对象的不可再生性，保护管理的责任大；保护区域的开放分散性，保护管理的难度大；保护管理机构的相对弱势，保护管理的复杂性。

但与此同时，我们又必须认识到对文化生态保护区具有与社会经济系统、城乡建设系统共处同一时空之内的这一特点。结合保护管理部门多年来的探索和实践，目前，已基本形成一套"两位一体、社区参与、共同管理"的管理模式。

"两位一体"即保护区与社区通过协调沟通落实科学发展观和可持续发展战略，在文化生态保护和利用涉及全局长远利益方面，双方的目标是一致的，应成为一个有机的整体；"社区参与"，即社区通过对保护区内资源保护和利用重大问题的共同决策，充分参与保护区的管理工作，达到共同管理保护区的目的。社区与保护区管理机构共同管理保护区，使保护管理工作不局限在保护区管理机构，而是扩展到众多社区的节点，编织成保护网络。

实践证明，可持续发展强调的经济发展和文化生态保护是相互联系和不可分割的。单纯消极的保护，害怕遗产遭到破坏，只关心发展利用不能满足社会需求的保护区，本身也难以发展。保护区作为实施可持续发展战略的基本单元，不应单纯从保护的角度来认识它，应从可持续发展的高度来认识遗产的保护和利用。保护区与周边社区具有共同的利益，保护区管理机构与社区双方应是一种合作伙伴关系，只有彼此构成一个有机的整体，保护区的管理才不会局限于自身。

经过几年的实践，"两位一体、社区参与、共同管理"这一套保护区新的管理模式已逐步完善，作为一套支撑新的管理模式的管理机制，主要有宏观决策机制、协调共管机制、协议约束机制、兼职管护机制等。

（一）宏观决策机制

宏观决策机制，是为进一步加强保护区的管理，落实科学发展观和可持续发展战略，在保护优先的原则下发展社区经济而建立的一种机制。保护区管委会与当地政府部门双方在保护文化生态，发展经济方面的目标是一致的。管委会应与当地区（县）政府沟通、协商、共同决策，建立起宏观决策机制。

（二）协调共管机制

协调共管机制，是为进一步加强保护区的管理工作，协调解决保护与开发问题而建立的一种机制。主要是指导社区合理利用自然资源，为社区服务，遏制破坏保护对象的违法行为。

（三）协议约束机制

为进一步加强保护区的管理工作，保护区管理机构与当地社区在自愿的基础上，签署"共同保护协议"。"共同保护协议"的主要内容有：社区单位坐落在保护区区域内的位置说明，应保护的基本内容，双方的责任和义务，协议的期限等。单位法人违法破坏保护对象的现象基本消失。

（四）兼职管护机制

兼职管护机制，是为进一步加强保护区的管理工作，在管理区域内聘请兼职人员和志愿者，协助专职管理人员做好管护工作的机制。通过聘请兼职管护人员和志愿者将保护区管理触角延伸到基层，解决保护区管理区域大，人员数量相对少，监察管护设备不足，不便于时时监护的被动局面。

四、现代技术应用

现代技术应用是指借助那些既能提高管理效率，又能把文化生态破坏控制到最小限度的技术，以及先进的空间管控技术等来达到保护文化生态的手段，现代技术应用实际上是使影响文化生态保护区可持续发展的各项因子体系化、规律化，以便于我们应用和掌握。

（一）以 GIS 为基础平台建立综合管理信息系统

文化生态保护区的综合信息具有明显的空间分布特征，而 GIS 具有空间数据的输入与编辑、组织与分析、查询与管理以及制图输出等功能，因此适合用米管理保护区监管数据。一方面，利用 GIS 技术对文化生态保护区各类要素进行空间定位，分析其空间特点，确定重点保护区域；另一方面，以 GIS 为基础平台建立的风景名胜区综合管理信息系统能用于文化生态保护区的日常事务及保护监管工作，具备办公自动化、数据管理和查询可视化、网络化综合服务、工具化应用系统维护与开发、空中遥感影像信息处理、地面遥测信息获取与处理、综合信息动态分析比对与评价、智能化预警及决策支持应用等功能。

（二）建立文化生态保护区评价指标体系及分类评价标准

建立文化生态保护区评价指标体系实际上是为实现保护区建设工作评价这一目标而对

各相关指标要素的研究、分析与科学组合过程。评价指标体系的研究与制定是文化生态保护区综合管理信息系统、保护监管、功能定位所必需的数量化依据，通过建立保护区指标体系和评价标准，在揭示保护区的环境问题方面我们才有了可靠的依据，从而能掌握好治理的力度，真正实现资源的合理配置和永续利用。

（三）强化量化管理方法，提高管理科技含量

在我国文化生态保护区的管理经营中，由于缺乏量化方法，管理决策往往带有较大的主观性，因此，我们应强化文化生态保护区管理的量化方法如非物质文化遗产存续状态评价指标体系、文物环境监测定量指标等。利用计算机科学和现代信息技术对文化生态保护区进行全面宏观、动态的管理是技术应用的根本，包括对保护区非物质文化遗产及其相关信息进行输入、储存、查询、检索、分析、管理、统计、制图和输出；反映和揭示保护区地遗产资源的区域分布特征、结构、地域组合、资源品质、开发条件和发展前景等，最终为管理部门分析和掌握保护区开发、发展现状，及时制定长远规划等提供现代化的管理工具和决策依据，并为规划、研究人员、企业及其他对保护区有兴趣的人员提供丰富的保护区信息。

第十三章 文化生态保护区分期实施方案与实施细则

第一节 分期实施方案

一、分期建设目标

为保证文化生态保护区规划能够按期顺利落地实施，需对规划期限进行阶段划分，并设立每一阶段的分期建设目标。依据《文化部办公厅关于加强国家级文化生态保护区总体规划编制工作的通知》，文化生态保护区总体规划的期限一般为15年，保护区的规划期限一般分为近期、中期、远期，其中近期规划一般不超过5年。

文化生态保护区建设主要分三个阶段进行：基础建设阶段、全面发展阶段、良性循环阶段。

在基础建设阶段，主要建设内容包括：初步完成非物质文化遗产名录项目的普查与评定，落实保护区关于非物质文化遗产保护规划的主要内容，进行行之有效、科学有序的管理，为今后发展奠定基础。同时，将普查成果建立档案，实行数字化、网络化、规范化管理，为后续工作提供资料及操作平台。优先解决文化生态保护中存在的主要问题，安排亟待实施的保护项目。

在全面发展阶段，主要建设内容包括：在全面普查的基础上，落实实施细则，健全完善非物质文化遗产传承机制，使保护区内大部分项目得到有效的保护，传承人得到全面保护，并培养出一批新的传承人；完善基础设施建设，各展馆建设等硬件设施达到国家标准，最大限度地健全工程运作机制，保证工程的全面开展；文化生态环境得到良好改善；文化生态保护逐渐成为全社会的自觉意识和自觉行动。

在良性循环阶段，主要建设内容包括：在基础普查与全面建设的基础上，非物质文化遗产名录项目和代表性传承人得到有效保护，生存环境得到明显改善，从而实现对境内物质文化遗产、非物质文化遗产以及自然遗产的整体保护，进而实现人与自然和谐相处，经济、文化、社会可持续发展的总体目标。

二、近期行动计划

近期阶段是文化生态保护区规划实施的第一阶段，其任务对文化生态保护区建设尤为重要，因此需在文化生态保护区总体规划基础上编制近期阶段内的具体实施方案与行动计划，将基础建设阶段的规划建设内容进行细化。

以《热贡文化生态保护区总体规划实施方案（2012—2015）》为例，其主要内容包括以下方面：导言与目标任务、非物质文化遗产项目保护实施办法、非物质文化遗产传承人保护传承实施办法、项目实施规划、工作机制与管理模式、管委会年度工作重点、各县近期实施细则等。

三、近期建设项目

为将文化生态保护区规划的保护措施落实到具体实施项目上，规划需要分类列出重点实施项目，明确项目实施内容、责任主体、所需资金、年度预算等。明确地方和中央政府出资的重点项目，详细列出申请国家非物质文化遗产专项资金的投资方向和数量。部分项目可通过市场和社会出资。

近期行动计划一般包括但不限于以下方面的项目：非物质文化遗产普查、档案整理及基础研究，非物质文化遗产名录保护重点项目，传承人保护经费，文化生态系统保护经费，非物质文化遗产数字化保护建设项目，综合性传习中心、传习所、展示馆建设项目，档案馆建设项目，文化教育宣传普及项目，文化人才培养项目，机构建设项目等。

第二节　实施细则

一、年度实施细则

针对文化生态保护区管理机构（如文化生态保护区管理委员会），规划将结合地方已有五年规划与工作计划等，设立规划近期的年度实施细则，对保护区管理工作起到目标导引的作用。

以《热贡文化生态保护区总体规划实施方案（2012—2015）》为例，管委会的年度工作重点细则包括：制定条例办法及规章制度，完善管委会工作机制，落实保护措施，启动示范基地，加强对外宣传交流，协调相关部门，加强文化生态区建设，建设传习所、民俗馆、纪念馆，完善四级名录体系建设，加强人才队伍建设，实物征集保护，加强保护研究，非物质文化遗产进校园进社区，改善生态环境，协调经济与社会发展等。

二、分（省、市）县保护重点与实施细则

针对跨省市的文化生态保护区（如闽南、徽州），为协调各省的保护工作开展，需单独制定各省（市）保护区单元的保护工作重点。例如《闽南文化生态保护区规划纲要》由泉州市、漳州市、厦门市分别根据三市实施方案开展工作。另外，地域范围较大的文化生态保护区（如大理、潍坊、赣州），由于涉及县市较多，也需制定各县（市）的保护工作重点与实施细则，将总体规划真正落实到各县（市），保证保护工作的顺利开展与实施。

第十四章 文化生态保护区规划实施与管理

一、发挥政府主导作用

按照文化部相关要求，国家级文化生态保护区总体规划编制完成后，应经省级文化行政部门组织专家论证通过后报送文化部，由文化部论证通过后正式批准实施。国家级文化生态保护区总体规划的实施管理要充分发挥政府主导作用，加强领导，建立由有关政府领导牵头，各相关部门共同参与的领导机构。对机构设置提出相应要求，明确由文化管理部门和非物质文化遗产中心担任政府职能机构，建设由地方政府领导协调管理各关联部门的协调机制。将文化生态保护区总体规划纳入本地区国民经济与社会发展规划、城乡建设规划，与相关生态保护、环境治理、土地利用、旅游发展、文化产业等各类规划相衔接。将文化生态保护区总体规划的实施纳入政府工作考核目标，并根据文化生态保护区总体规划和当地特点制定出台文化生态保护区建设的相关政策。在文化行政部门设立日常工作机构，负责总体规划实施的具体工作。

二、加大资金投入

依据《国家非物质文化遗产保护专项资金管理办法》，总体规划已通过文化部审批实施的国家级文化生态保护区可申请国家级文化生态保护区补助费，主要补助国家级文化生态保护区相关的调查研究、规划编制、传习设施租借或修缮、普及教育、宣传支出等。要将文化生态保护区规划实施纳入本地区公共文化服务体系建设，所需经费列入本级财政预算，加大资金投入确保规划的实施和相关项目的建设。同时通过政策引导等措施，鼓励个人、企业和社会组织对文化生态保护区建设予以资助，多渠道吸纳社会资金投入。

三、建立专家咨询机制，调动社会各方力量

国家级文化生态保护区的规划实施与建设是公共文化事业建设的一项重要工作，需要提供智力服务的专家团队、非物质文化遗产保护实践者（个人、团体、社群）、社会相关组织和公众的自愿参与。

成立文化生态保护区建设专家咨询机构，充分发挥专家的工作指导、咨询、参谋作用，结合工作实际开展理论研究，为文化生态保护区总体规划的实施提供支持。采取多种方式，

广泛调动有关学术研究机构、高等院校、企事业单位、社会组织、个人等各种社会力量的积极性，形成合力，共同开展文化生态保护区建设工作。

四、加强管理和建设评估

科学的管理和规范的评估是文化生态保护区规划实施管理可持续良性发展的重要保障。各级文化行政部门应建立健全文化生态保护区建设的评估机制，对国家级文化生态保护区总体规划的实施情况进行定期检查评估，及时发现问题，纠正偏差，总结经验，改进工作。对规划实施建设成绩突出的地区，给予表彰奖励。

第五部分

文化生态保护区规划实践

第十五章 我国文化生态保护区规划案例与评价

第一节 规划简介

截至 2014 年 9 月，我国已批准设立的 15 个文化生态保护区中，已完成总体规划编制并通过文化部审批通过的有 9 个，包括《热贡文化生态保护区总体规划》（2011 年 3 月获批通过）、《徽文化生态保护实验区总体规划》（2011 年 4 月获批通过）、《迪庆文化生态保护区总体规划》（2013 年 2 月获批通过）、《晋中国家级文化生态保护区总体规划》（2013 年 2 月获批通过）、《闽南文化生态保护实验区总体规划》（2013 年 2 月获批通过）、《潍水文化生态保护区总体规划》（2013 年 3 月获批通过）、《武陵山区（湘西）土家族苗族文化生态保护区总体规划》（2013 年 3 月获批通过）、《海洋渔文化（象山）生态保护实验区总体规划》（2013 年 3 月获批通过）、《阿坝藏族羌族自治州羌族文化生态保护实验区实施方案》（2013 年获批通过）。

第二节 规划成果组成

依据《文化部办公厅关于加强国家级文化生态保护区总体规划编制工作的通知》相关要求，全套规划成果应包括规划文本、图件、附录。

第三节 规划案例评价

一、《闽南文化生态保护实验区总体规划》

（一）保护区概况

2007 年 6 月 9 日，中国首届文化遗产日颁奖仪式在京举行。文化部正式批准设立闽南文化生态保护实验区，仪式上文化部为闽南文化生态保护实验区授牌。闽南文化生态保护实验区是中国第一个国家级文化生态保护区，实验区包括福建的泉州、漳州、厦门三地，这里是台胞的主要祖籍地，也是闽南文化的发祥地和保存地（图 15-1）。作为我国首个文化生态保护区，它的成立标志着我国文化遗产的保护进入一个整体、活态保护的新阶段，为探索文化遗产的保护和发展、继承与创新开辟了新道路。2013 年 2 月，文化部批准实施《闽南文化生态保护区总体规划》，闽南文化生态保护实验区建设进入新阶段。

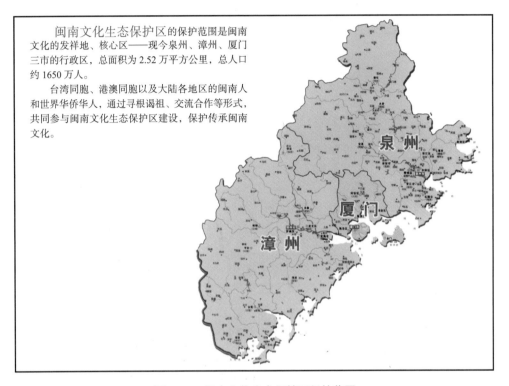

　　闽南文化生态保护区的保护范围是闽南文化的发祥地、核心区——现今泉州、漳州、厦门三市的行政区，总面积为 2.52 万平方公里，总人口约 1650 万人。
　　台湾同胞、港澳同胞以及大陆各地区的闽南人和世界华侨华人，通过寻根谒祖、交流合作等形式，共同参与闽南文化生态保护区建设，保护传承闽南文化。

图15-1　闽南文化生态保护区保护范围

　　福建古称"闽"，闽南是福建南部地区。现今闽南地区指的是泉州市、漳州市、厦门市，三市共辖十二区四市（县级市）十三县（含金门县）。泉州市辖鲤城、丰泽、洛江、泉港四区，晋江、石狮、南安三市（县级市），惠安、安溪、永春、德化、金门五县；漳州市辖芗城、龙文二区，龙海市（县级市）、漳浦、云霄、东山、诏安、南靖、平和、长泰、华安八县；厦门市辖思明、湖里、集美、海沧、同安、翔安六区（图 15-2）。三市常住人口约 1647 万人，居民以汉族为主，还有回、满、壮、畲、苗、高山等多个少数民族，全区通行闽南方言。

　　闽南文化的产生与形成，与闽南地处东南沿海的地理环境和移民社会历史、航海贸易活动等各种经济社会环境有着密不可分的联系。闽南陆地总面积约 2.5 万 km^2。西北多山，东南濒海，地势从西北向东南倾斜，地形多样，山地、丘陵、平原、河流俱全。在晋江、九龙江中下游，形成了福建两大著名的三角洲平原——泉州平原和漳州平原，有着比较良好的农业生产环境。闽南海域面积约 3 万 km^2，海岸线总长度约 1400km。沿海岛屿星罗棋布，拥有大小港湾数十个，主要有湄洲湾、大港湾、泉州湾、深沪湾、围头湾、安海湾、厦门湾、旧镇湾、东山湾、诏安湾等。自古以来，沿海闽南人过着"以海为田"的生产生活方式。

北部的戴云山、南部的博平岭以及东临的台湾海峡大体构成闽南区域范围。戴云山脉主峰在泉州市德化县，呈东南走向，从德化延伸到惠安县西北部临海；博平岭山脉起于漳平南部，呈东北—西南走向，沿龙岩与漳州两地市交界处延伸至广东省境内。两条山脉走向将闽南与闽中、闽西、广东天然区隔。区域内晋江、九龙江蜿蜒而过，直入大海，成为闽南地区物质能量循环的两大动脉。两江串联着两岸众多的河谷盆地，成为闽南区域文化发展的物质依托。历史上闽南的州、府、县大都散布于这些河谷盆地之中。"三面环山、两江入海"的地理环境，是闽南文化生成、发展的舞台（图15-3）。

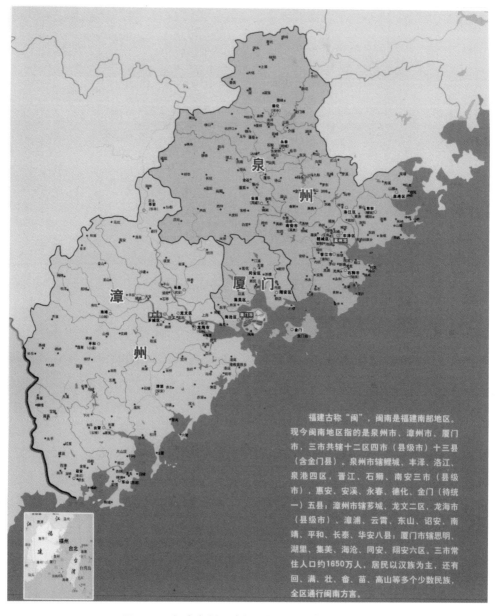

福建古称"闽"，闽南是福建南部地区。现今闽南地区指的是泉州市、漳州市、厦门市，三市共辖十二区四市（县级市）十三县（含金门县）。泉州市辖鲤城、丰泽、洛江、泉港四区，晋江、石狮、南安三市（县级市），惠安、安溪、永春、德化、金门（待统一）五县；漳州市辖芗城、龙文二区，龙海市（县级市），漳浦、云霄、东山、诏安、南靖、平和、长泰、华安八县；厦门市辖思明、湖里、集美、海沧、同安、翔安六区，三市常住人口约1650万人，居民以汉族为主，还有回、满、壮、畲、苗、高山等多个少数民族，全区通行闽南方言。

图15-2　闽南泉州、漳州、厦门三市行政区划图

闽南陆地总面积约2.52万平方公里，西北多山，东南濒海，地势从西北向东南倾斜，地形多样，山地、丘陵、平原、河流俱全，在晋江、九龙江中下游，形成了福建两大著名的三角洲平原——泉州平原和漳州平原，有着比较良好的农业生产环境。

闽南海域面积约3.02万平方公里，海岸线总长度约1421多公里，沿海岛屿星罗棋布，拥有大小港湾数十个，主要有湄洲湾、大港湾、泉州湾、深沪湾、围头湾、安海湾、厦门湾、旧镇湾、东山湾、诏安湾等，自古以来是闽南人"以海为田"的自然环境。

北部的戴云山、南部的博平岭以及东临的台湾海峡大体构成闽南区域范围。戴云山脉主峰在泉州市德化县，呈东南走向，从德化延伸到惠安县西北部临海；博平岭山脉起于漳平南部，呈东北——西南走向，沿龙岩与漳州两地市交界处延伸到广东省境内。两条山脉走向将闽南与闽中、闽西、广东天然隔，区域内晋江、九龙江蜿蜒而过，直入大海，成为闽南地区物质能量循环的两大动脉，两江串联着两岸众多的河谷盆地，成为闽南区域文化发展的物质依托。历史上闽南的州、府、县大都散布于这些河谷盆地之中。"三面环山、两江入海"的地理环境，是闽南文化生成、发展的舞台。

图15-3 闽南泉州、漳州、厦门三市地理位置图

闽南文化以中华文化为主体，融合了闽越文化、闽南本土文化，吸收了异域有益文化，既保留了闽越文化、中原汉文化的浓厚色彩，又具有东南沿海的海洋文化特色（图15-4）。闽南文化既是独特的地域文化，也是中华文化在闽南地区的具体表现。建设闽南文化生态保护区，对于保护、传承和发展闽南文化，维护文化多样性，弘扬中华民族精神，具有重要意义。

福建省与台湾地区地缘相近，血缘相亲，文缘相承，商缘相连，法缘相循，具有对台交往的独特优势。台湾是闽南文化重要的传播区，1700万闽南人在传承闽南文化。闽南文化对加强闽台两岸文化交流，促进民族文化认同，增强中华民族凝聚力，维护两岸和平关系，推进祖国和平统一大业，具有重要作用。

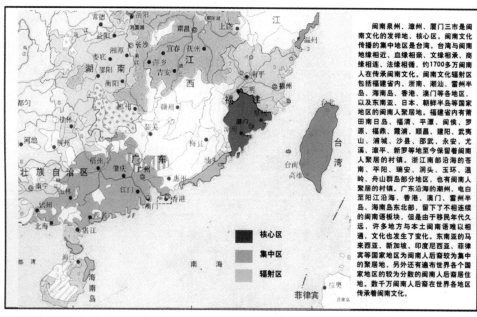

闽南泉州、漳州、厦门三市是闽南文化的发祥地、核心区，闽南文化传播的集中地区是台湾。台湾与闽南地缘相近、血缘相亲、文缘相承、商缘相连、法缘相循，约1700多万闽南人在传承闽南文化。闽南文化辐射区包括福建省内、浙南、潮汕、雷州半岛、海南岛、香港、澳门等各地区，以及东南亚、日本、朝鲜半岛等国家地区的闽南人聚居地。福建省内有莆田南日岛、福清、平潭、罗源、福鼎、霞浦、顺昌、建阳、武夷山、浦城、沙县、邵武、永安、尤溪、漳平、新罗等地至今保留着闽南人聚居的村镇。浙江省沿海的苍南、平阳、瑞安、洞头、玉环、温岭、舟山群岛部分地区，也有闽南人聚居的村镇。广东沿海的潮州、电白至阳江沿海、香港、澳门、雷州半岛、海南岛东北部，留下了不相连续的闽南语板块，但是由于移民年代久远，许多地方与本土闽南语难以相通，文化也发生了变化。东南亚的马来西亚、新加坡、印度尼西亚、菲律宾等国家地区为闽南人后裔较为集中的聚居地，另外还有遍布世界各个国家地区的较为分散的闽南人后裔居住着。数千万闽南人后裔在世界各地区传承着闽南文化。

核心区
集中区
辐射区

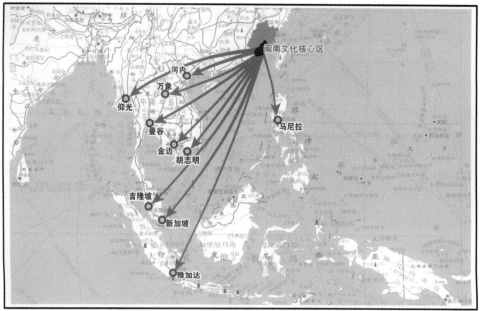

图15-4　闽南文化传播图

闽南文化经历了先秦时期闽越文化的融合，汉晋至唐末五代时期的形成，宋元时期的发展，明清时期的曲折前进等历史发展阶段。闽南文化是秦汉晋唐期间南迁汉人携带来的中原文化在福建东南沿海特殊的地理环境中与闽越、闽南本土文化多次融合的产物。至唐末五代，形成了具有地域特色的闽南民系和闽南文化。宋元明清时期闽南文化不断发展扩散，闽南人通过海上商贸、军事、移民等活动，将闽南文化传播到大陆各地、台湾地区以及东南亚各个国家和地区，形成大大小小的闽南文化区。在与异域经济文化交流和向外拓展中吸收了东南亚、阿拉伯、西方等外来优秀文化因素而形成的农耕文化与海洋文化交织的闽南民系文化，是历代闽南人创造出来的精神文明与物质文明的总和，是中华文化的重要组成部分。闽南文化至今仍然传承延续于闽南地区、大陆部分地区，以及台湾、香港、澳门地区和世界各地闽南人的生活方式之中，其文化特征包括：开放性的海洋文化，复合型的人文性格，世代延续的宗族文化，多样性的民间信仰，个性鲜明的民间艺术，追求和平的民族精神等。

闽南文化形态主要以非物质文化遗产和物质文化遗产表现出来，包括了人类非物质文化遗产代表作南音、闽南传统民居营造技艺、福建土楼营造技艺、妈祖信俗、剪纸与木版年画、刻纸、纸织画、无骨花灯、木偶头雕刻等，还有梨园戏、木偶戏、高甲戏、歌仔戏、打城戏，闽南灯谜、闽南童谣等民间文学，拍胸舞、踢球舞、火鼎公婆、大鼓凉伞、车鼓弄等传统舞蹈和蜈蚣阁等民间游艺，技艺精湛的惠安石雕、厦门漆线雕，远销国内外的德化瓷，香飘四海的安溪铁观音（乌龙茶）等（图15-5 ~ 图15-13）。

图15-5　泉州南音研究社

图15-7　惠安石雕

图15-6　蔡氏古民居（魏文枢摄）

图15-8　泉州拍胸舞

图15-9　德化瓷烧制技艺

图15-10　泉州提线木偶《目莲救母》

图15-11　惠安女服饰

图15-12　梨园戏（传统剧目《朱文》）

图15-13　妈祖信俗

（二）主要内容

规划内容主要包括了建设方针和原则、保护范围与保护内容、保护方法、保护措施、实施方案。

第一部分　规划导引

一、建设背景

二、重要意义

一、营造有利于文化遗产保存、生存和发展的社会环境

二、发挥人民群众文化遗产保护的主体作用

三、加强非物质文化遗产基础设施建设

四、培养非物质文化遗产保护专业人才

第九部分　实施方案

一、近期（2011—2015）

二、中期（2016—2020）

三、远期（2021—2025）

第十部分　保障措施

一、工作机制保障

二、政策法规保障

三、经费保障

（三）规划特点

闽南文化生态保护区总体规划采用关联性、整体性的保护方法，强调分类保护与整体保护相结合，将生态区建设与物质文化遗产、自然遗产保护相结合，通过表格形式，对生态区非物质文化遗产、代表性传承人、文物保护单位、自然保护区等进行了系统梳理，采取抢救、扶持、生产性保护、整体性保护等分类保护方法，提出"综合试点保护片"，明确非物质文化遗产属地单位，进行区域性保护，是一个对《规划纲要》进行系统扩充的非物质文化遗产规划。

1. 规划思路和建设目标

总体规划的思路主要以非物质文化遗产代表性项目、代表性传承人和整体性保护的重点区域为"三大抓手"，建立政府主导、群众主体、社会参与的共同保护机制，对闽南地区的非物质文化遗产和与之相关的物质文化遗产、自然遗产进行整体性保护，营造有利于文化遗产保存、生存、发展的各种环境，使闽南文化生生不息、代代相传，优秀的传统文化融入现代文明，构建起人与文化遗产、自然遗产和谐相处的文化生态系统。采取静态保护与动态保护相结合，重点保护与全面保护相结合，进行非物质文化遗产、物质文化遗产、自然遗产之间的关联性保护，在保护区中划出若干重点保护区域，作为实行整体性保护的抓手。此外，重视非物质文化遗产保护与"建设两岸文化交流的重要基地"相结合，保护传承与合理利用相结合，非物质文化遗产代表性项目保护与营造有利其生存、发展的环境相结合。

规划的总体目标是建立一套科学化、规范化、法制化、网络化的文化生态保护体制和运行机制；整体有效保护非物质文化遗产，维护文化遗产与人文环境、自然环境的文化生

态平衡；培养高度的文化自觉和文化自信，提高全社会的文化素质，促进人的全面发展；发挥祖地文化优势，深入开展海峡两岸文化交流，不断增强闽南文化认同感，建设两岸文化交流的重要基地、中华民族共有精神家园；传承闽南文化创造力，弘扬闽南文化精神，推进闽南地区经济建设、政治建设、文化建设、社会建设以及生态文明建设全面协调可持续发展。

规划明确了建设主要指标，包括：①完善国家、省、市、县四级非物质文化遗产代表性项目名录体系，有效保护好国家级非物质文化遗产代表性项目 54 项，省级项目 150 项，以及市级、县级项目；有效保护好今后新增加的各级非物质文化遗产代表性项目；力争新增 50 个项目列入国家级非物质文化遗产代表性项目名录，2 个项目列入联合国教科文组织人类非物质文化遗产代表作名录（图 15-14）。②健全各级非物质文化遗产项目代表性传承人保护机制，有效保护好国家级非物质文化遗产项目代表性传承人 59 人，省级代表性传承人 169 人，以及市级、县级代表性传承（图 15-15）人；有效保护好今后新增加的各级非物质文化遗产项目代表性传承人；扶持、保护 300 个传习中心。③搞好 53 个整体性保护重点区域，不断探索整体性保护方法，积累经验，树立典范，全面开展文化生态整体性保护工作。④搞好 53 个对台对外非物质文化遗产交流活动，不断挖掘、培养新项目，力争达到 80 个，广泛开展与台湾、港澳地区和世界各国的文化交流活动，扩大闽南文化的影响力。⑤加大力度扶持一批生产性保护项目，传承传统手工技艺和文化内涵，实现非物质文化遗产保护与经济社会协调发展的良性互动。评选、扶持 100 家生产性保护示范基地。⑥继续开展学校教育传承活动，鼓励中小学校开设乡土教材课程，职业技术（艺术）院校对学生进行有关非物质文化遗产代表性项目教学传习，高校培养文化遗产保护、研究的专业人才，构建幼儿园、小学、中学、职业院校、高等院校阶梯式的非物质文化遗产教育传承体系。⑦鼓励新闻出版、广播电视、互联网等媒体宣传非物质文化遗产，发挥公共博物馆、图书馆、文化馆、纪念馆、美术馆、非物质文化遗产展示馆的宣传教育作用，搞好文化遗产日的展示宣传活动，提高文化自觉意识，增强文化自信心，营造有利于非物质文化遗产保存、生存、发展的良好社会环境。⑧发挥高校和社会有关团体的研究力量，开展非物质文化遗产保护、文化生态保护区建设、政策法规等研究，建立一套与实践紧密结合的文化生态保护理论体系。⑨建设非物质文化遗产综合性展示馆 3 个，闽南传统音乐等专题展示馆 10 个，整体性保护区域展示馆（传习中心）53 个，非物质文化遗产代表性项目传习中心 50 个，为非物质文化遗产展示、传承活动提供物质载体。

2. 非物质文化遗产保护

规划强调，非物质文化遗产的整体性保护包括两个方面内容：①对每一项非物质文化遗产项目进行全面保护。由于年代的久远和环境的变化，原来的技艺、内容和表现形式渐渐流失，需要进行整体性保护；同时非物质文化遗产的活动、生产离不开物质和场所，需要将非物质文化遗产与物质、场所结合起来进行整体性保护。②对特定区域进行整体性保护，既要保护区域内的非物质文化遗产代表性项目，也要保护与之相关的物质文化遗产、自然遗产，优化非物质文化遗产赖以生存的生态环境。非物质文化遗产的传承性是指大部分非物质文化遗产是以口传心授等方式世代相传而保留下来，以人为载体，活态传承是非物质文化遗产的重要特点。保护非物质文化遗产项目代表性传承人以及传习中心是非物质文化遗产保护的重中之重。

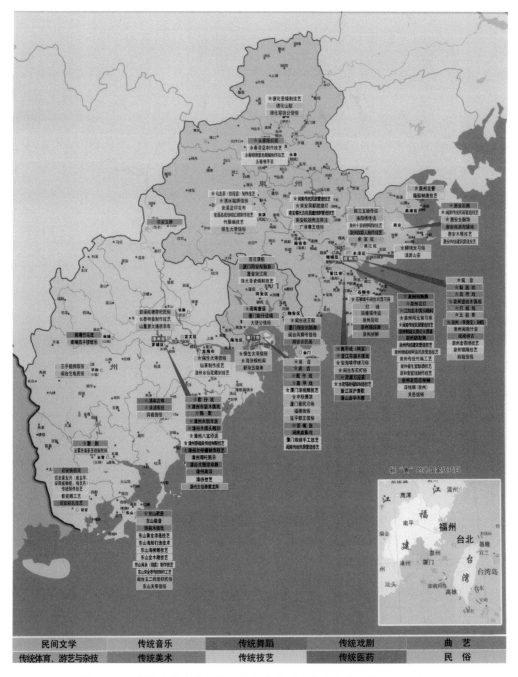

图15-14　闽南文化生态保护区主要非物质文化遗产代表性项目分布图

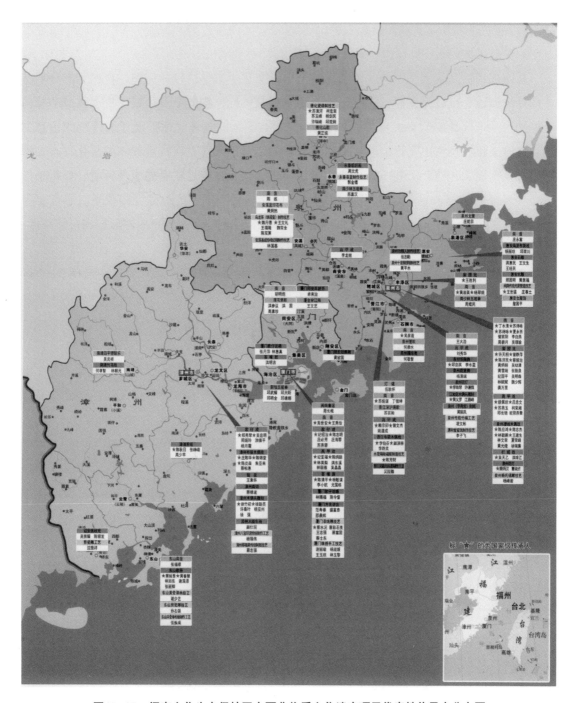

图15-15　闽南文化生态保护区主要非物质文化遗产项目代表性传承人分布图

非物质文化遗产保护规划主要内容包括：①全面深入开展非物质文化遗产调查；②加强非物质文化遗产代表性项目保护；③加强非物质文化遗产项目代表性传承人保护；④加强非物质文化遗产传习中心建设；⑤支持群众举行积极有益的民俗活动；⑥加强海峡两岸非物质文化遗产交流；⑦支持学校开展非物质文化遗产教育传承；⑧加强理论研究与经验

交流；⑨推进非物质文化遗产资源数字化建设。

3. 重点区域的整体性保护

总体规划在文化生态保护区中选择若干传统文化生态保持较为完整，自然生态环境基本良好的街道、社区或乡镇、村落等，作为实施整体性保护的重点区域。重点区域的整体性保护也是"文化空间"的整体性保护。"文化空间"的整体性保护既考虑传统的活态文化和物质文化，也考虑文化的原生地问题。它的定义不仅建立在特定群体的文化综合表现形式如非物质文化遗产、物质文化遗产上，同时也建立在与之联系的地理环境、自然条件和社会环境的基础上。"文化空间"保护应当采用一种空间性或地缘性的视角，不仅要考虑特定群体的文化样式和历史主体性，同时也考虑特定的空间位置、地理形态和自然条件、社会环境等对特定历史文化共同体所产生的影响。

规划根据"重点区域选择的基本条件"以及"一县（区）一点"要求，选择53个区域作为进行整体性保护的重点区域（图15-16～图15-18）。

其中，历史文化街区保护区域共3处：泉州市鲤城区历史文化街区、漳州市芗城区历史文化街区、厦门市思明区中山路历史文化街区。

历史文化名镇（村）、古村落保护区域共12处：泉州市泉港区后龙镇土坑村、晋江市金井镇福全村、永春县岵山镇、龙海市东园镇埭尾村、诏安县西潭乡山河村、华安县马坑乡和春村、漳州市龙文区蓝田镇湘桥村、漳浦县湖西乡硕高山赵家堡、南靖县书洋镇长教村、华安县仙都镇大地村、长泰县陈巷镇山重村、厦门市翔安区新店镇吕塘村。

民间信俗保护区域共9处：泉州市洛江区仙公山及其周边社区、云霄县云陵镇享堂村及其周边社区、平和县文峰镇三平社区、漳浦县旧镇乌石社区、东山县铜陵镇、厦门市海沧区青礁村、漳州龙海市白礁村、厦门市集美区灌口镇、厦门市翔安区马巷镇、厦门市同安区北辰山及其周边社区。

民俗保护区域共8处：南安市丰州镇九日山及其周边社区、石狮市蚶江镇、惠安县崇武镇大岞村与小岞镇、泉州市丰泽区蟳埔社区、南安市石井镇、晋江市安海镇、厦门市同安区吕厝村、厦门市湖里区殿前街道。

传统戏剧保护区域共2处：晋江市五店市街区、龙海市海澄镇及其周边社区。

传统技艺保护区域共5处：惠安县崇武镇、山霞镇和泉州台投区张坂镇、德化县浔中镇、龙浔镇，诏安县南诏镇，安溪县西坪镇松岩村，溪县西坪镇尧阳村。

传统体育、游艺保护区域共3处：永春县桃城镇、五里街镇，厦门市海沧区新垵村，厦门市同安区造水村。

传统音乐、曲艺、舞蹈保护区域共5处：泉州市泉港区山腰街道、泉州市鲤城区浮桥街道、厦门市同安区莲花小坪村、厦门市思明区梧村街道、厦门市翔安区金柄村。

传统美术保护区域1处：漳浦县绥安镇。

闽南文化遗产保护展示区域、点共5处：泉州市清源山及其周边社区、博物馆群保护展示区，漳州市漳台民间文化艺术保护展示点，漳州市天福茶文化保护展示点，厦门市鼓浪屿建筑保护展示区，厦门市集美学村嘉庚建筑保护展示区。

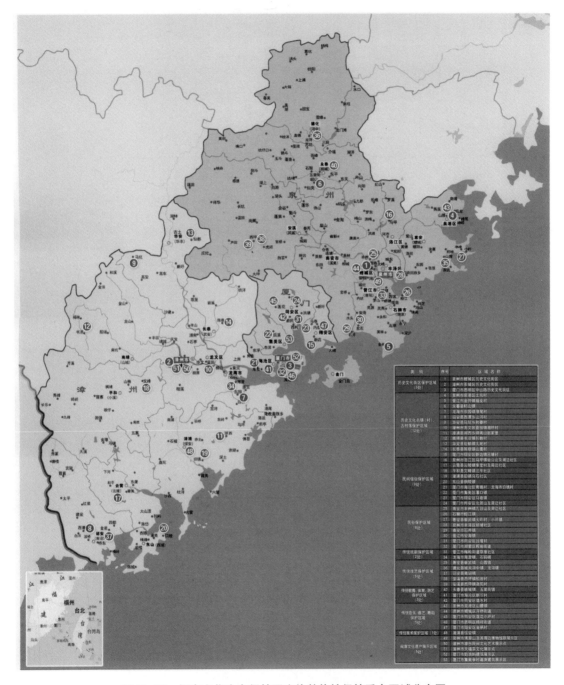

图15-16　闽南文化生态保护区实施整体性保护重点区域分布图

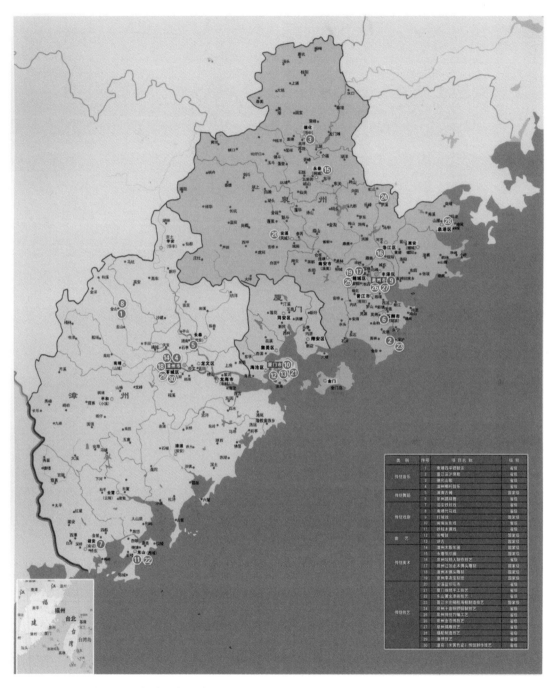

图15-17　闽南文化生态保护区主要濒危非物质文化遗产代表性项目分布图

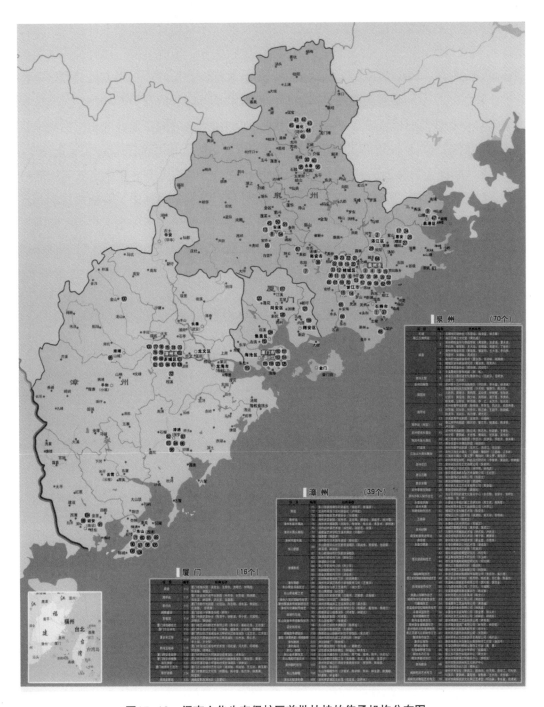

图15-18　闽南文化生态保护区首批扶持的传承机构分布图

以上重点区域的管理和保护方法主要包括：①县级以上人民政府要将整体性保护重点区域的建设纳入当地的城乡发展规划，负责协调各部门搞好重点区域整体性保护和监管工作。国家对重点区域整体性保护给予必要的资金支持，所在地县级以上人民政府，根据本地实际情况安排保护资金，列入本级财政预算；鼓励企业、事业单位、社会团体和个人参与重点区域的保护。②县级以上人民政府要组织有关部门，按照《中华人民共和国非物质文化遗产法》第二十六条有关规定，编制整体性保护重点区域的保护专项规划。实施重点区域整体性保护涉及村镇或者街区空间规划的，要纳入当地的城乡发展规划，由当地县级以上人民政府组织城乡规划部门会同文化部门依据《中华人民共和国非物质文化遗产法》《中华人民共和国文物保护法》《中华人民共和国城乡规划法》《历史文化名城名镇名村保护条例》《中华人民共和国环境保护法》《世界文化遗产保护管理办法》等相关法规制定专项保护规划，经当地政府批准，报送省闽南文化生态保护区工作领导小组，由省闽南文化生态保护区工作领导小组组织专家实地考察、论证确认后给予公布实施。③整体性保护重点区域采取属地管理办法，由设区市、区（县）、乡镇、村分级管理；要规定具体管理单位、项目负责人。特别是要落实基层组织，建立以社区群众、村民为主的重点区域文化生态保护工作小组，依法开展各项工作，实行民主管理、自我保护、利益共享的机制。重点区域管理办法由省文化厅、闽南文化生态保护区工作领导小组办公室编制、公布。④重点区域的整体性保护工作采取民众与专家相结合的方法，既要尊重当地民众的意愿，又要采纳专家的指导意见。省闽南文化生态保护区工作领导小组办公室组织有关专家，对重点区域的整体性保护管理人员、工作人员进行专业知识培训。⑤重点区域的整体性保护包括非物质文化遗产、物质文化遗产、自然遗产以及人文环境的保护。重点区域的整体性保护要注重非物质文化遗产不同项目之间，非物质文化遗产与物质文化遗产之间，文化遗产与自然环境、人文环境之间的关联性，将单一项目、单一形式的保护模式，转变为多种文化表现形式的综合性保护。⑥重点区域的整体性保护要注意保持区域内历史风貌和传统文化生态的真实性和完整性，不得改变与其相互依存的自然景观和环境；要重视包括民间信俗、传统习俗、民族心理等的历史人文环境保护；要划定保护范围和建设控制地带，提出保护和整治要求，提出具体的保护措施；新的建筑和基础设施要与整体环境相协调，要通过环境整治改善居民的生活质量。

4. 生产性保护与合理利用

规划单独设立生产性保护与合理利用章节，旨在发挥非物质文化遗产资源的优势，在有效保护、传承的基础上，合理利用非物质文化遗产代表性项目，开发具有地方、民族特色和市场潜力的文化产品和文化服务。县级以上人民政府文化主管部门要组织有关单位，编制非物质文化遗产生产性保护计划，将非物质文化遗产生产性保护纳入本地区经济社会发展规划。对适合生产性保护但处于传承困难、市场份额小的代表性项目要尽快扶持生产，传承技艺；对有市场潜力的代表性项目要采取项目、传承人、生产基地相结合模式开展生产性保护，促进其良性发展；已经具有一定市场规模的代表性项目，在企业内部要建立传习中心，传承手工技艺，建立项目、传习中心、企业生产的多层保护机制。

规划提出通过健全传承机制，督促有关生产性保护单位制定非物质文化遗产生产性保护传承人培养计划；为代表性传承人开展生产、授徒传艺、展示交流等活动创造条件；鼓励和支持代表性传承人设立个人工作室，在传承传统技艺，坚守传统工艺流程和核心技艺的基础上对技艺有所创新和发展；对年老体弱的代表性传承人，抓紧开展抢救性记录工作，翔实记录代表性传承人掌握的所有技艺和工艺流程；对传承工作有突出贡献的代表性传承人给予表彰、奖励；对学艺者采取助学、奖学等措施，鼓励其学习、掌握传统技艺。由县级以上人民政府和有关部门要采取措施支持、鼓励传统工艺制作产品的生产；支持和帮助代表性传承人开展产品宣传，利用报刊、电视、网络等媒体宣传非物质文化遗产代表性项目及其产品；积极为代表性传承人提供技艺展示、产品销售的渠道和平台；对传统工艺品采取商标、地理标志等方式加以保护；有关生产性保护企业，可依法享受国家有关规定的税收优惠。

规划强调重点扶持一批国家级非物质文化遗产生产性保护示范基地，积极探索和总结非物质文化遗产生产性保护的做法和经验，充分发挥国家级非物质文化遗产生产性保护示范基地的示范、带动作用。对生产性保护做得较好的企业单位给予表彰，规划扶持100个非物质文化遗产生产性示范基地（图15-19）。充分发挥已有行业协会的积极作用，鼓励成立乌龙茶（铁观音）栽培制作技艺、石雕技艺、陶瓷烧制技艺等非物质文化遗产相关行业协会；支持协会开展非物质文化遗产的宣传、展示、教育、传播、研究、出版等活动；鼓励协会制定有关非物质文化遗产代表性项目在原材料、传统工艺流程和核心技艺方面的相关标准和规范；支持协会开展行业管理、行业服务、行业维权等工作，通过行业自律和行业监管，推动非物质文化遗产生产性保护的健康发展。

在促进传统表演艺术的传承发展方面，规划提出，传统戏剧、音乐、舞蹈、曲艺在传承、表演或创作剧（节）目过程中，要以保持传统表演艺术真实性、整体性为核心，以有效传承传统表演艺术为前提，通过公益性演出、市场运作等方式，使传统表演艺术融入生活，丰富人民群众的文化生活。保护单位要制定地方戏剧剧种保护和扶持计划。根据闽南地区的戏曲分布特点，泉州市重点保护好梨园戏、高甲戏、提线木偶、掌中木偶等，抢救打城戏；漳州市重点保护好芗剧（歌仔戏）、掌中木偶、潮剧等，抢救竹马戏；厦门市重点保护好歌仔戏，抢救皮影戏。

通过建立传承机制，建立地方剧种传习基地，发挥福建艺术职业学院以及各市、县分校的作用，聘请非物质文化遗产项目代表性传承人授课讲学传艺，培养各种传统艺术表演人才；以事业性专业剧团、民营职业剧团为载体，发挥"团带班"的作用，培养戏曲表演人才；举办青年演员表演、唱腔、演奏等培训班，提高表演艺术水平。保护单位要整理、复演传统剧（节）目。传统剧（节）目蕴含着丰富的历史信息、艺术信息，支持福建省梨园戏实

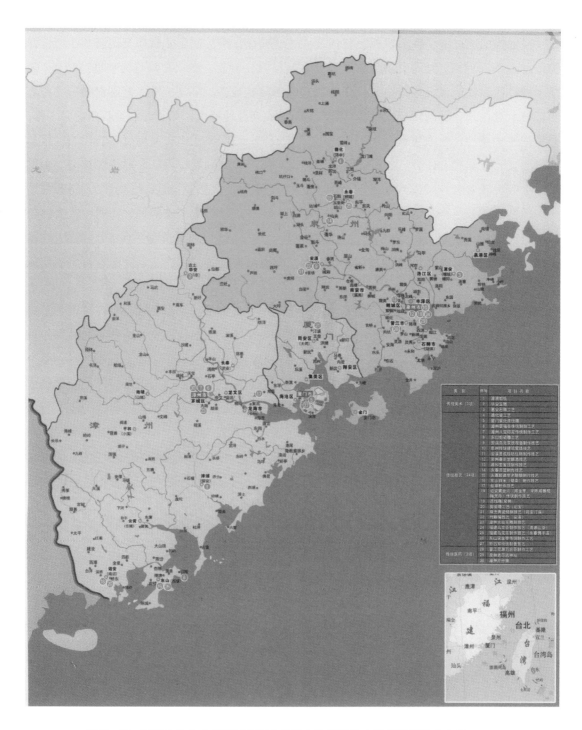

图15-19 闽南文化生态保护区主要非物质文化遗产生产性保护项目分布图

验剧团、泉州市高甲戏剧团、泉州市提线木偶剧团、晋江市掌中木偶剧团、厦门市歌仔戏剧团、漳州市芗剧团、漳州市木偶剧团等地方戏剧团，泉州南音乐团、厦门南乐团等艺术团体建立传统艺术传习中心，组织剧作家、老艺人按传统样式整理、复演传统剧（节）目，传承传统表演艺术、演奏艺术等，培养新的传承人。县级以上人民政府要支持地方戏剧团、传统艺术表演团体开展进社区、进校园、进军营等公益性演出，以及赴台湾、香港、澳门交流演出，出国演出等多种演出活动，扩大传统表演艺术的影响力和可见度；支持地方戏剧团、传统艺术表演团体参加全省、全国性的各项赛事，在赛事中传承、保护一批传统剧（节）目。有关部门采取措施支持地方戏剧团走市场化道路，制定民间戏剧市场管理条例，规范民间戏剧市场，营造良好的市场环境；已经市场化的地方戏剧团，可依法享受国家有关规定的税收优惠；要保护与传统戏剧演出的相关习俗，使传统戏剧与民俗长久共生共存。

与旅游结合的合理利用。此外，规划提出，非物质文化遗产代表性项目、整体性保护的重点区域与旅游结合，要坚持保护优先原则，要有利于提高非物质文化遗产的可见度和影响力，有利于提升旅游的文化内涵，有利于增加当地人民群众的经济收入。历史文化街区、名镇、名村以及风景名胜区与旅游相结合，要严格按照有关法律法规保护好所在地的文化遗产、自然遗产，不得破坏文化遗产、自然遗产的历史风貌、整体风貌；基本设施建设必须遵守文化遗产、自然遗产保护工作的方针，其活动不得对文化遗产、自然遗产造成损害。整体性保护的重点区域与旅游相结合，要以保护为重点，制定科学的文化旅游规划。要对该地区的非物质文化遗产、物质文化遗产、自然环境、人文环境进行整体性保护，使之成为一个充满传统文化魅力的文化空间，成为文化观光、文化体验、文化休闲旅游的好地方。要提升文化旅游的文化内涵，打造文化旅游精品。有关部门要加大文化遗产保护力度，以文化为灵魂贯穿旅游的全过程，将厦门市鼓浪屿建筑与民俗保护区域、漳州市南靖县书洋镇长教古村落保护区域、华安县仙都镇大地土楼文化保护区域、清源山及其周边博物馆群展示区域等培育成我国著名的文化旅游精品。

民俗类非物质文化遗产代表性项目与旅游相结合，要尊重当地的民俗习惯，按照当地的传统节庆时间、传统场所以传统方式举行相关的非物质文化遗产活动，使之成为原生态的民俗文化节，不能因旅游需要而改变当地的传统习俗，歪曲贬损非物质文化遗产，使非物质文化遗产成为旅游的附庸。传统手工技艺类非物质文化遗产代表性项目与旅游结合，在保留传统手工制作技艺的同时，可适当生产文化旅游工艺品，制作符合地方文化特点的文化旅游工艺品，注入地方文化内容和表现形式，突出旅游工艺品的文化价值，拓展文化旅游的产业链条。

5. 营造有利于文化遗产保存、生存和发展的环境

文化生态保护如同自然生态保护一样，不仅要保护核心"文化物种"，还要营造其生存、发展的良好环境。营造良好的非物质文化遗产生存、发展的各种环境，是文化生态保护不可忽视的重要工作。营造有利于非物质文化遗产生存发展的社会环境，应通过领导干

部把文化遗产和文化生态保护知识纳入政治文化学习课程之中；政府大力宣传、贯彻执行《中华人民共和国文物保护法》《中华人民共和国非物质文化遗产法》等有关法律法规；加大文化遗产保护的经费投入，完善文化遗产保护经费投入的长效机制；支持民众按照传统习惯依法开展民间信俗、传统节庆、人生礼俗等民俗活动；在推广、普及普通话的前提下，鼓励青少年学习闽南语，培养青少年闽南语应用能力；鼓励新闻出版、广播电视、互联网等媒体对文化遗产和保护区建设等方面进行宣传教育；政府部门、社会要支持学校开展非物质文化遗产的教学传习工作。采取请进来，走出去办法，举办各种非物质文化遗产活动，深化文化交流；继续探索更为便捷的对台对外文化交流措施，形成更为活泼开放的文化交流环境。同时，培养一批高层次的文化遗产保护的专业人才，发挥厦门大学、华侨大学、福建师范大学、闽南师范大学、泉州师范学院等高校力量，设立、开拓闽南文化相关学科，设置非物质文化遗产保护相关专业，招生本科生、硕士生、博士生，培养一批文化遗产保护的高层次人才。县级以上人民政府文化主管部门要定期举行保护区工作人员的专业培训工作，进行文化遗产普查知识、文化遗产保护理论、文化生态理论、法律法规、地方文化、管理方法等培训，提高文化遗产保护专业人员的业务能力和工作能力。组织保护区工作人员到国内各保护区以及台湾地区参观交流，开展各种经验交流研讨会，总结实践经验，探索文化生态保护规律，提升保护区工作人员文化生态保护的理论和工作水平。

（本小节引用的案例和图件均出自福建省艺术研究院编制的《闽南文化生态保护实验区总体规划》。）

二、《徽州文化生态保护实验区总体规划》

（一）保护区概况

2008年1月2日，文化部批准设立徽州文化生态保护实验区（图15-20），2008年1月8日在安徽黄山市为国家级"徽州文化生态保护实验区"授牌。保护区范围包括安徽省黄山市、宣城市绩溪县和江西省上饶市婺源县（古徽州一府六县）（图15-21、图15-22）。这是我国第二个国家级文化生态保护区，也是第一个跨省的文化生态保护区。徽州"一府六县"，是徽州文化孕育和发展的主要空间。该实验区就是在徽州文化产生、发展、传承的区域对其所承载的文化表现形式，开展以非物质文化遗产保护为主的全面的整体性保护工作的徽州文化圈涉及的地缘范围。该项目由安徽省文化厅、黄山市文化委、绩溪县文化广播电视局共同承担。2011年4月26日，文化部办公厅函发《关于同意实施〈徽州文化生态保护区总体规划〉（安徽、婺源）的复函》（办非遗函〔2011〕147号），批准通过《徽州文化生态保护实验区总体规划》，6月1日正式实施。

图15-20　徽州文化生态保护实验区景观

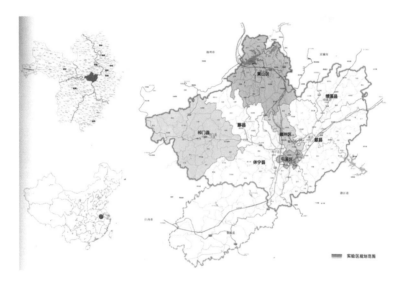

图15-21　徽州文化生态保护实验区区位图（安徽省部分）

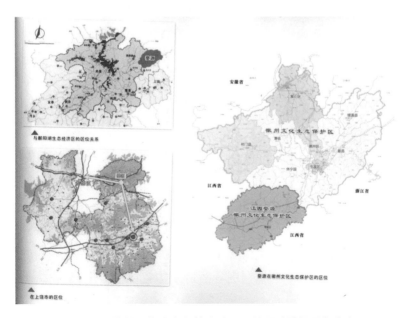

图15-22　徽州文化生态保护实验区区位图（婺源县部分）

309

"徽州"，既是一个地理区域概念，也是一个历史文化概念。徽州是具有典型意义的中国传统文化区域。相对封闭的自然地理环境，大移民所形成的宗法社会，"东南邹鲁"的文化氛围，徽商经济的厚实基础，促成了徽州文化区域总体全面发展。宋代以来，徽州"儒风独茂"，文化教育及科举昌隆，名人辈出，人文荟萃，形成了许多著名的学术流派和文化品牌。徽州文化是指以历史上徽州府为中心地带，长期积累形成的具有丰富遗存的特色地域文化。

徽州地处安徽省南端皖南丘陵地带，是历史上地理区划郡、州、路、府的名称，数千年中先后设置障郡、新都郡、新安郡、歙州，在宋、元、清，辖歙、黟、休宁、婺源、绩溪、祁门六县。徽州文化生态保护实验区以清末的徽州府行政区域及其相关地域为徽州文化生态保护实验区的保护范围，与其相对应的现今的行政区划范围是：安徽省黄山市的全境，安徽省绩溪县，江西省婺源县。总面积为 13881km²，总人口 200 万。徽州是一个具有典型意义的中国传统文化区域。

徽州文化是伴随着中华民族文明进程而形成的区域文化体系。相对封闭的自然地理环境，大移民所形成的宗法社会，"东南邹鲁"的文化氛围，徽商经济的厚实基础，促成了徽州文化区域的总体全面发展。特别是自宋以来，徽州"儒风独茂"，文化繁荣，教育普及，科举昌隆，因而人文荟萃，形成了许多具有影响力的学术流派和文化品牌。徽州文化的最终形成是在以徽州本土为基础的"小徽州"即地缘关系和徽州人活动区域的"大徽州"即亲缘关系互动作用的历史产物。概言之，徽州文化是指徽州人在其生活的自然环境中，所创造出来的一切社会文明成果。它包括徽州人与自然的关系，以及物质文化遗产和非物质文化遗产，特别是徽州人传承自身文化传统的方式、思想和观念等，是以宗族、徽商、理学为三大支撑的百科全书式的文化，涉及徽州经济、政治、军事、社会、教育、哲学、史学、宗教、文学、艺术、建筑、数学、医学等诸多学科，内容丰富，特色鲜明，博大精深，是中国传统文化的重要组成部分，具有文化典型意义和标本价值。徽州文化的表现形式有城镇规划、村落布局、徽派建筑、商贸习俗、宗法制度、佃仆制度、新安理学、徽州朴学、新安文学、新安画派、徽派篆刻、徽派盆景、徽州戏曲、新安医学、程大位珠算法、歙砚制作、节俗、方言等生产生活方式和社会习俗（图 15-23 ～图 15-26）。这些文化表现形式，有以物质形态存在的物质文化遗产，也有以非物质文化形态存续的非物质文化遗产。

徽州文化既有一定的空间范围，又有一定的时间界限。就空间范围而言，徽州文化主要产生并植根于徽州本土，并在徽商和徽州士人的传播与拓展下，向外辐射，远播海内外；就时间界限而言，徽州文化主要产生于北宋宣和三年（1121 年）徽州的设立，终结于民国元年（1912 年）徽州府的废除。但是，由于文化作为一种传统，具有前后的延续性和传承性等特点。因而，徽州文化可以向前追溯自徽州设立之前的歙州、新安、山越等时代，向后可以延续至今。

徽州文化是伴随着中华民族文明进程而形成的区域文化体系。它既是一种具有高度开放性和强烈凝聚力的区域历史文化，又是中华文化的活的标本与杰出代表，是中华传统文化在徽州这一独特区域内的深厚积淀和直接传承。它的产生和形成原因，主要有以下几大要素：

图15-23　绩溪县湖村秋千台阁（唐祖怀摄影）

图15-24　徽州国家级非物质文化遗产——歙砚

图15-25　徽州国家级非物质文化遗产——傩舞

图15-26　徽州国家级非物质文化遗产——徽剧

（1）相对封闭的独特地理环境。徽州地处皖南山区，四周高山环绕，境内峰峦叠嶂。相对封闭的独特山区自然环境，使徽州历史上较少受到兵燹波及，成为历代动乱中中原地区世家大族躲避战乱的理想家园，同时也为徽州文化的繁荣与发展提供了天然的屏障。

（2）富甲一方的徽商经济支撑。徽商是徽州文化的酵母，徽州文化的崛起与兴盛，同徽商的发展与繁荣基本保持同步。徽商兴起于南宋时期，鼎盛于明清两代。南宋以来特别是明代中叶之后，随着徽州社会经济的发展和社会持续稳定局面的形成，人多地少的矛盾极为突出。为谋求生存的需要，摆脱人多地少的矛盾，徽州人被迫离乡背井，成批地外出经商，形成了经商遍天下的局面。这些徽商们在商业领域辛勤开拓，"因地有无以通贸易，视时丰歉以计屈伸"。正是凭着这种不畏劳苦、顽强进取和诚实经营的良好作风，徽商终于获得了成功，成为拥资数百万、富甲一方的地域性商帮集团，活跃于明清商业舞台。徽商这种不屈不挠的拼搏精神，任重道远和勤奋开拓的"徽骆驼"品格，以及"贾而好儒"鲜明特点，为徽州文化注入了无限的生机与活力，极大地丰富了徽州文化的内容。徽商所创造的商人及商业文化，本身就是徽州文化的一个重要组成部分。

（3）移民和宗族重文兴教的优良传统。北方中原地区世家大族等移民源源不断的举家南迁和徽州山环水绕、相对封闭的独特的地理环境，为宗族的大量存在与发展创造了有利的条件，成为其生存的土壤和基础，逐渐使徽州形成了聚族而居之势。清人赵吉士说徽州有数种风俗胜于他邑，宗族聚族而居即是其中一种独具特色的风俗之一。徽州聚族而居的文化特征，不仅造就了徽州同姓血缘家族的凝聚力，而且由血缘而地缘，形成了浓郁的乡土观念。扶贫济困、兴文重教、勤俭持家、以众帮众，已成为徽州宗族文化以及乡土文化的重要特征和鲜明性格。这种特色鲜明、性格显著的宗族文化氛围，为儒家伦理思想的弘扬和勤俭持家风气的维系，输入了源源不断的精神动力，为徽州文化的发展创造了勃勃的生机与活力。

（4）新安理学的深刻影响。由朱熹所开创的新安理学是徽州文化行程和发展的指导思想与精神动力。朱熹祖籍徽州婺源，他对儒家四书五经的注解不仅成为明清两代科举考试的主要蓝本，而且成为徽州人生活中恪守不怠的重要规范。凡事皆依文公家礼，凡书皆读朱子所注，已成为徽州文化中的一个奇特现象。徽州也因此而赢得了"东南邹鲁"的赞誉。不唯如此，徽州人从生到死所举行的人生仪礼，大都无一例外地遵循朱子的文公家礼。新安理学深刻地渗透和影响了徽州文化的发展和走向，为徽州文化注入了儒家思想的灵魂和血脉。

徽州文化形成原因，从根本上决定了徽州文化的本质特点。自东汉末年以来至两宋之际源源不断的中原移民，构成了徽州社会人口的主体，世家大族宗法血缘深深地打上了中华传统儒家文化的印记，新安理学构成了徽州文化的理性内核。

徽州文化生态保护实验区内文化遗产密集且富有特色，许多非物质文化遗产都有特定的物质文化遗产作为载体，徽派传统民居建筑营造技艺就是在徽州建筑的发展中产生，徽州三雕也是徽州中最精华的部分，因此，实验区内非物质文化生态与物质文化生态相互依存度较高，有整体性保护的基础。近年来，人民群众保护文化遗产的意识日益增强，初步形成了良好的文化生态氛围。

但由于受到经济浪潮冲击、多元文化冲击和城镇化建设推进等影响，实验区的文化生态也面临着侵蚀。①在经济利益驱使下，许多珍贵的文化遗产遭到破坏，威胁着徽州文化的文脉与肌理。②传统文化缺乏创新，传统的生产、生活方式缺少传承，造成了文化资源的流失，徽州目连戏、祁门傩舞等非物质文化遗产因为当地居民传统生活方式的改变，已经濒临灭绝。③非物质文化遗产保护起步较晚，长期以来对其重视程度不如物质文化遗产保护，造成了文化生态的失衡。④一些非物质文化与物质文化结合时，存在张冠李戴的现象，在古村落旅游中出现的"抛绣球"等活动，丧失了文化生态的原真性。⑤文化生态和自然生态未能整体保护，创造徽州文化生态保护实验区的良好生态环境还有很大空间。

建设徽州文化生态保护区有利于传承、弘扬地域性优秀传统文化，树立区域文化品牌，提高文化软实力；有利于突出民众的文化主体地位，维护文化生态平衡，营造一个保护、传承传统文化，实现文化可持续发展的生态空间；有利于促进徽州文化生态保护区经济、政治、文化、社会的协调发展，将徽州建设成为资源节约型、环境友好型、优秀传统文化与现代生活有机融合，人与人、人与社会、人与自然和谐共生的空间范例。

保护区建设按照"非物质文化遗产保护与物质文化遗产保护相结合、文化生态保护与自然生态保护相结合、整体保护与重点保护相结合"的"三结合"原则，深入普查保护区非遗资源；建立健全非物质文化遗产四级名录保护体系；编制《总体规划》；针对保护区内非遗项目特点，分类分级开展保护；广泛培训传承人；搭建传承平台，扶持建设传习基地、专题博物馆、传习所；开展非遗项目进校园活动，优化保护环境；推介保护区非遗项目开展文化交流；加强文化生态保护理论研究，举办高峰论坛、研讨会，整理出版理论成果。2009年"徽州文化生态保护的创新与实践"以其"创新性、有效性、科学性、实践性、示范性"获得第三届文化部创新奖唯一特等奖，2010年徽州文化生态保护实验区建设项目入选十大"国家文化创新工程"。

（二）主要内容

《徽州文化生态保护区总体规划》主要包括徽州地理与历史文化、徽州文化生态保护实验区遗产现状、徽州非物质文化遗产的特点和评估、保护方针方式、保护格局与项目构成、建设时序与经济分析、保障措施等章节内容。

（三）规划特点

安徽省组织编制的《徽州文化生态保护区总体规划》分文本、说明书、图纸三部分。规划层次、表达形式、规划成果严格遵循城市规划相关要求，划定重点保护区域；对非物质文化遗产保护的保护，主要侧重于非物质文化遗产传习基地、传统节庆保护示范基地、生态博物馆等文化设施、文化场所建设，同时综合考虑了对非物质文化遗产的展示利用，建设示范园等，是一个侧重于物质空间规划的综合发展规划。

1. 规划空间布局

围绕保护徽州境内非物质文化遗产项目及其依托的物质文化遗产和赖以存续的自然环境进行整体性规划。

在安徽省内，根据不同类型的非物质文化遗产项目特点，形成2条文化生态发展轴，4大保护方式，9个文化遗产密集区，16个重点项目的整体保护格局（图15-27）。

徽州对外交通主要依循新安江水系和古徽道，徽州非物质文化遗产亦主要依托这些水陆通道传播。《规划》由此确定了2条文化生态发展轴：祁门—黟县—休宁县—徽州区—歙县文化生态发展轴向东至浙江，向西通向江西；绩溪县—徽州区—歙县—屯溪区—休宁县文化生态发展轴向北至江苏，向南至江西。

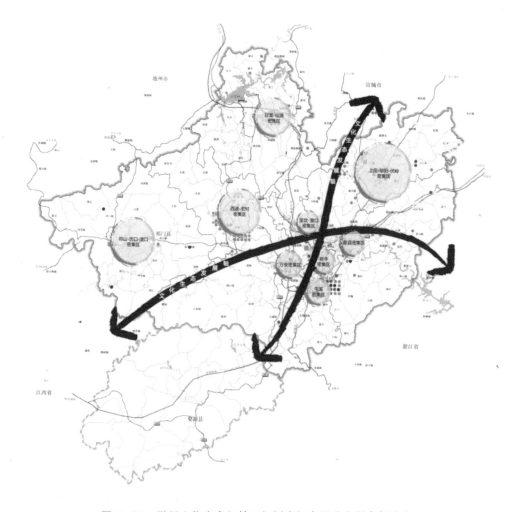

图15-27　徽州文化生态保护区规划空间布局（安徽省部分）

根据徽州非物质文化遗产的质与量，结合黄山市"百村千幢"古民居保护利用工程和绩溪县"三区一廊"建设，规划划定了9个文化遗产密集区，分别为屯溪密集区、徽城密集区、岩寺密集区、呈坎—潜口密集区、万安密集区、甘棠—仙源密集区、西递—宏村密集区、上庄—华阳—伏岭密集区、祁山—历口—渚口密集区。

在婺源县内，以紫阳镇、江湾镇、清华镇、赋春镇为核心，沿县城延伸的3条公路干线扩展，以非物质文化遗产分布集中的四镇和国家级省级历史文化名村为保护重点区域，采取整体性保护、活态性保护、静态性保护、信息化保护、生产性保护等方式，同时开展山林水体生态保护，重点保护77个古村落，并创新性设立6个近期建设的文化生态保护小区作为实施抓手（图15-28）。

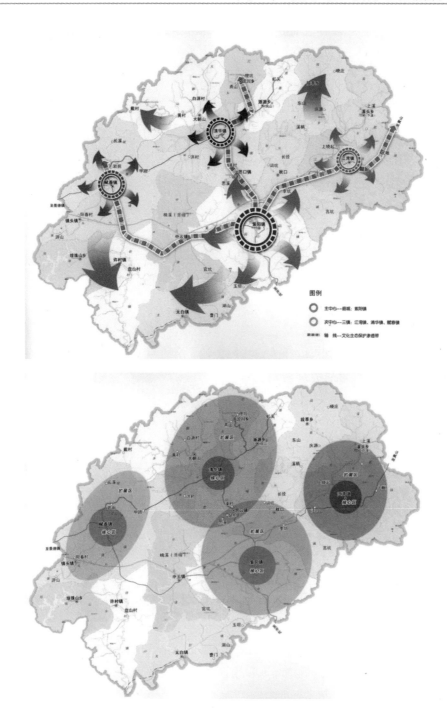

图15-28　徽州文化生态保护区规划空间布局（婺源县部分）

2.非物质文化遗产保护方式

被列入《规划》的16个重点非遗项目是：徽州民歌、祁门傩舞、徽剧（徽戏童子班）、徽州目连戏、徽州三雕、徽派盆景技艺、万安罗盘制作技艺、徽墨制作技艺、歙砚制作技艺、徽派传统民居建筑营造技艺、红茶制作技艺、绿茶制作技艺、新安医学、程大位珠算、徽州祠祭、徽菜。规划突出"保护为主、抢救第一、合理利用、传承发展"的原则，针对不同文化项目的表现特征、生存状态、传播途径等属性，设计了抢救性保护、传承性保护、生产性保护、整体性保护四大保护方式。

3. 建设时序

按照《规划》，徽州文化生态保护区的建设将分近期、中期、远期三个时序，保护区总体建设时间将延续至 2025 年。根据《规划》近期目标要求，2011～2015 年将优先开展最能体现徽州非物质文化遗产特色和濒临灭绝、亟待保护的徽州民歌等上述 16 个重点项目的保护工作。同时，对群众基础好，市场价值高的徽州三雕、徽派盆景技艺、徽墨制作技艺、歙砚制作技艺、红茶制作技艺、绿茶制作技艺、新安医学、徽菜等 8 个项目开展生产性保护，促进保护区非遗文化创意产业发展。规划提出，在保护徽州非物质文化遗产的基础上，科学利用非物质文化遗产的自身价值，发展生产性的保护利用项目，形成文化价值认同，实现有特色的和谐社会建设。

另外，规划提出举办非物质文化遗产展览展演；结合旅游组织多种非物质文化遗产项目的体验活动，让非遗走近民众，让民众亲近非遗；邀请专家进镇入村，普及非物质文化遗产保护知识，培养全社会的保护意识；在保护区内开展非物质文化遗产进校园活动，开设大位珠心算兴趣班、篆刻兴趣班等，培养中、小学生对优秀传统文化的认同和热爱。

4. 保护措施

徽州文化生态保护实验区围绕着总体规划，提出了具体贯彻落实计划如下：

1）建立管理协调机制

建立一套科学的长效管理机制，包括组织管理机制、区域协调机制和监测评估机制，实现保护区建设的长期性和可持续性。

完善省、市、县（区）、乡四级保护工作机构和省、市两级专家委员会，形成实施《总体规划》的组织管理机制。工作机构成员单位包括文化、发改、财政、教育、建设、旅游、规划、环保、国土等部门，办公室设在各级文化行政管理部门，定期召开会议，研究重大决策，处理重大问题，统筹推进保护区建设。

建立区域协调机制，协调实验区内不同市、县（区）、乡之间的工作关系，互通信息，交流经验，解决问题。保护区是跨省开展文化生态保护的国家级保护区，在我省涉及 2 市 5 县 4 区，需要打破行政区划界限，加强区域协调，合理配置资源，有效推进保护区建设。

建立监测评估机制，省、市保护工作机构办公室定期对规划项目实施情况、资源保护情况、资金使用情况、项目收益情况等进行监测督察，并与专家委员会定期沟通，为推进保护区建设不断取得进展提供决策依据。

2）编制《总体规划》实施方案

印发《总体规划》至保护区各市、县（区）、乡，要求对照本区域内非物质文化遗产项目的类别、分布、特性、存续状况等，于 2011 年年底之前根据《总体规划》制定翔实具体、切实可行的《实施方案》。

3）启动近期目标

按照《总体规划》近期目标要求，2011～2015年优先开展最能体现徽州非物质文化遗产特色和濒临灭绝、亟待保护的徽州民歌、祁门傩舞、徽剧、徽州目连戏、徽州三雕、徽派盆景技艺、万安罗盘制作技艺、徽墨制作技艺、歙砚制作技艺、徽派传统民居营造技艺、红茶制作技艺、绿茶制作技艺、新安医学、程大位珠算法、徽州祠祭、徽菜等16个重点项目的保护工作。同时，对群众基础好，市场价值高的徽州三雕、徽派盆景技艺、徽墨制作技艺、歙砚制作技艺、红茶制作技艺、绿茶制作技艺、新安医学、徽菜等8个项目开展生产性保护，促进保护区非遗文化创意产业发展。

4）扩大宣传推介

借助各类媒体，通过多种途径，广泛宣传徽州文化生态保护的重要意义，使保护意识深入人心，进一步突出民众文化主体地位。

在我国第六个文化遗产日期间，在保护区组织开展"走进徽州文化生态保护区——媒体采访活动"，扩大影响、营造氛围。

举办非物质文化遗产展览展演；结合旅游组织多种非物质文化遗产项目的体验活动，让非遗走近民众，让民众亲近非遗；邀请专家进镇入村，普及非物质文化遗产保护知识，培养全社会的保护意识。

在保护区内开展非物质文化遗产进校园活动，开设兴趣班和特长班，如程大位珠心算兴趣班、戏曲兴趣班、篆刻兴趣班、书法兴趣班、竹编兴趣班、茶艺兴趣班等，培养中、小学生对优秀传统文化的认同和热爱。

（本小节引用的案例和图件均出自东南大学编制的《徽州文化生态保护实验区总体规划》。）

三、《羌族文化生态保护区总体规划》

（一）保护区概况

2008年10月，文化部正式设立羌族文化生态保护实验区，并将羌族文化生态保护实验区建设纳入了国家汶川地震灾后恢复重建总体规划。羌族文化生态保护实验区范围包括羌族主要聚居区四川省阿坝藏族羌族自治州茂县、汶川县、理县和绵阳市北川羌族自治县，邻近的松潘县、黑水县、平武县等羌族聚居区以及陕西省宁强县、略阳县。成立羌族文化生态保护实验区是旨在保护羌文化的整体性，恢复羌民族原有的生活方式和文化传承。以茂县为核心区，以阿坝藏族羌族自治州的汶川、理县，绵阳市北川羌族自治县为重点范围，以阿坝州和绵阳市行政区域及相关地域为羌族文化生态保护实验区的保护范围，与其相对应的现行行政区划范围是：阿坝藏族羌族自治州的茂、汶川县、理县、松潘县、黑水县、九寨沟县，绵阳市的北川县、平武县等。羌族文化生态保护实验区总面积为39204km²，总人口 30.61 万人。其中，阿坝藏族羌族自治州五县总面积为 14169km^2，绵阳市两县总面积为 9056.83km^2。其中，核心区为阿坝藏族羌族自治州的茂县、汶川县、理县和绵阳市的北川羌族自治县，一般区域为阿坝藏族羌族自治州的松潘、黑水县和绵阳市平武县。重点区域为 33 个羌族村寨。

羌族是我国历史最悠久的民族之一。现有羌族人口 30 多万人，主要聚居地在四川省阿坝藏族羌族自治州的茂县、汶川、理县，绵阳市北川羌族自治县，其余散居在阿坝州松潘、黑水、九寨沟、绵阳市的平武等县。阿坝藏族羌族自治州的羌族聚居区，地处川西北高原东南边缘，岷江、涪江上游高山峡谷地带。东与北川县、安县、绵竹县相邻，南接什邡、彭州市、都江堰，西与马尔康、红原接壤，北邻九寨沟。聚居区辖区面积 30363km^2，全州总人口 87 万多人。其中羌族人口 16 万多人，占总人口的 18.7%，是全国羌民族的主要聚居区，是中国羌族文化的核心区。2008 年 5 月 12 日，四川省发生 8.0 级汶川特大地震，这是新中国成立以来破坏性最强、波及范围最广、救灾难度最大的一次地震。地震导致 69226 人遇难，374643 人受伤，17923 人失踪，上千万人民失去家园，灾区文化基础设施遭受严重破坏，文化遗产受到严重威胁，抢救和保护工作面临前所未有的重大困难。

国家级羌族文化生态保护区（四川）是"5·12"汶川大地震的极重灾区和重灾区。地震使羌族文化赖以生存的自然生态环境遭到严重破坏，部分羌族民众被迫离开了自己的家园。地震中羌族非物质文化遗产资源及保护成果严重损毁，遇难的代表性传承人市、州级 1 人，县级 11 人，受伤的代表性传承人国家级 1 人，省级 8 人，市（州）级 30 人，县级 66 人。大批各级传承人家园被毁，生计无着。许多羌族文化存续的重要空间——羌族村寨及民居受到不同程度的毁坏，如北川县县城、汶川县映秀镇被夷为平地，汶川县萝卜寨、布瓦寨、羌锋寨，理县桃坪寨、木卡寨、休溪寨，茂县的西湖寨、纳呼寨、黑虎寨等房屋受损严重，全部垮塌；列入世界文化遗产预备名录的藏羌碉楼受到不同程度的毁坏；包括以大禹文化为特色在内的民间传说的相关实物和场所受到严重毁坏；多年文化保护的成果毁于一旦。党中央、国务院高度重视汶川地震灾区文化遗产和羌族文化的抢救和保护工作。2008 年 5 月 24 日，温家宝总理在汶川映秀镇接受中外记者采访时明确表示，要保护好羌族的古老文化和文明。为了落实国务院灾后重建工作指示精神，切实做好文化遗产保护工作，根据《汶川地震灾后恢复重建条例》（中华人民共和国国务院令第 526 号）、《国务院关于支持汶川地震灾后恢复重建政策措施的意见》（国发〔2008〕21 号），2008 年 7 月文化部批准《羌族文化生态保护实验区规划纲要》，2008 年 11 月文化部批准设立"羌族文化生态保护实验区"。阿坝州根据国务院《羌族文化生态保护实验区规划纲要》制定了《阿坝州羌族文化生态保护实验区实施方案》，于 2010 年 8 月 4 日通过了省级专家评审，2013 年通过文化部评审。

羌族自称"尔玛"、"尔麦"。迄今为止，我国境内发现的最古老而又是比较成熟的文字，便是 3000 多年前殷商时代的代表文字——甲骨文，"羌"字就出现在甲骨文中，是唯一一个关于民族（或氏族、部落）称号的文字，"羌"是中国人类族号最早的记载。"羌，西戎牧羊人也，从人从羊，羊亦声"，羌民族以羊为图腾。据历史记载，炎帝，即神农氏，是羌人祖先中最早转向农业生产的一支。岷江上游的羌族是古代羌人的一支，自秦汉以来，生计方式已逐步转变为以农业为主，农牧兼营。

羌族有自己的语言，但无本民族的文字。羌族的宗教信仰处于原始阶段，崇拜天神、山神、地神、羊神和树神，以白色代表吉利、和善，在羌民眼中乳白色的石英石是诸神的化身。"羌年"为羌族的年节习俗。羌族的建筑艺术独特而精湛，用碎石片为材料，以黄泥为胶粘剂，且不需要绘图、吊线和柱梁支撑，而是凭想象信手砌成高达十三四层的平顶碉楼。羌族地区还有闻名于世的卧龙自然保护区，栖息着大熊猫、金丝猴、飞狐等举世瞩目的稀有动物。

简言之，羌族文化是指羌族人民在其生活的自然环境中所创造出的，是在不同历史时期多次交融、层层积淀而发展的一切社会文明成果，是羌族人民的智慧和结晶，是中华文化的重要组成部分（图15-29）。羌族文化包括人与自然的关系，以及物质文化遗产和非物质文化遗产，特别是羌族人民传承自身文化传统的方式、思想和观念。羌族文化的表现形式从语言、服饰、饮食到城镇规划、村落布局、建筑、民间习俗、民间艺术、民间工艺、礼仪节庆等与羌族人民的生产生活息息相关，无不展现出浓厚的羌族文化底蕴和鲜明的地方色彩。羌笛、羌族多声部、羌绣、羌年等国家非物质文化遗产名录以及一大批国家重点文物保护单位就是其中的代表。这些文化表现形式，有以物质形态存在的物质文化遗产，也有以非物质文化遗产形态存续的非物质文化遗产。羌族的文化习俗和文化精神，至今仍然深深地扎根于整个羌族地区人民的生产生活方式之中，并以不同的方式传承羌族文化，保留着羌族方言和生活习俗。经过漫长历史，逐步形成了以茂县为羌族文化孕育和发展的主要空间，分布于阿坝州汶川、理县，绵阳市北川羌族自治县。随着中国社会历史发展的过程，时至今日，羌族已成为我国56个民族中的一个民族。羌族文化生态保护实验区就是在羌族文化发生、发展、传承的区域对其所承载的文化表现形式，开展以非物质文化遗产保护为主的全面的整体性保护工作的羌族文化圈涉及的地域范围。羌笛是羌族乐器中最著名的，是我国古老的双管双簧气鸣乐器，已有2000多年历史，被称誉为中国民乐之"父"。

图15-29　羌族文化

黑虎羌寨的羌族头饰是世界独一无二的"万年孝"，被民族专家称为世界民族的文化奇观。保护区内有国家级非物质文化遗产名录羌笛、瓦尔俄足、羌族多声部、羌族刺绣等名录 7 项，省级非物质遗产名录 7 项。州级非物质文化名录 66 项，县级非物质遗产名录 173 项。有国家级代表性传承人 1 人，省级代表性传承人 6 人。

由于近代以来现代化的冲击，早在中华人民共和国成立之初，羌族文化就出现了濒危的现象。20 世纪 50 年代初登记为羌族的人口仅有 3.5 万余人，而据原茂县羌族头人王泰昌 1983 年回忆说："新中国成立初在阿坝州和北川、平武等地境内的羌族人口实际当有 10 万余人；到 20 世纪 80 年代初，羌族巫师释比中已经只有几位老释比能够解说部分经典内容，传说中原有五十多部的释比经典也仅能背诵二十多部。"正是得益于新中国成立 60 年特别是近 30 年来的努力，羌族文化才得到了较好的保护与发展。到地震前，羌族人口已增加到 30.6 万人；自 20 世纪 80 年代初以来，多项针对羌族文化的抢救和保护工作已经展开，许多学者和社会有识之士也在进行羌族文化的抢救保护工作，如文化部门对羌族的村寨和碉楼建筑、文物等进行了调查与保护，收集了羌族民俗文物，建设了茂县羌族博物馆，还开展了释比经典、民间音乐舞蹈、民间工艺、文学艺术等民族民间文化资料的收集整理和出版工作，1987 年在羌族地区开展了大规模文物普查并于 1989 年 1 月将一批羌族文物公布为阿坝州州级文物保护单位，2000 年开展了"藏羌碉楼与村寨"申报世界遗产的工作，并于 2007 年将其列入中国世界遗产预备名录等等。

保护区有国家级重点文物保护单位 11 处，省级文物保护单位 14 处，州级文物保护单位 23 处。其中，桃坪羌寨、黑虎羌寨、布瓦黄土碉是羌族独具特色的建筑之一。营盘山遗址被"全国十大考古新发现"评选入围项目，是长江上游地区目前面积最大，时代最早，文化内涵最为丰富的大型中心聚落，它代表了 5000 年前长江上游地区文化发展的最高水准。

实施羌族文化生态区保护，是保持文化多样性、文化生态空间完整性、文化资源丰富性的重要方式之一。特别通过对与民众生活最为密切的非物质文化遗产表现形式（文化空间）的整体性保护，是唤起人们珍爱传统文化的自觉意识，培养民众的文化自信，并能够积极投身于非物质文化遗产保护事业的有效途径。国家级羌族文化生态保护实验区的目标，是通过保护工作的开展和保护措施的实施，在生态保护实验区内构建起人与人、人与社会、人与自然和谐共存的关系，从而使具有独特价值的羌族文化保持旺盛的生命力，为建设和谐文化和社会主义和谐社会，促进社会主义文化大发展大繁荣发挥重要作用。

必须指出的是，羌族所居住的生态环境在地震中受到很大破坏，次生地质灾害将长期存在，阿坝州面临羌族村寨被迫搬迁，羌村居民重新安置的难题，这使得阿坝州羌族文化区的生态结构在总体上保持延续的同时，在底层具体的文化生态结构上面临着相当繁重的"重构"任务。这种"重构"，作为羌族文化生态保护的重要组成部分，所要实现的应是羌族文化精神的自觉，是要建构一整套能够让古老的羌族文化在现代社会中焕发新的生机与活力的文化保护与发展制度。

（二）主要内容

主要包括指导思想、基本思路、总体思想、主要目标和任务、保护范围、保护对象及项目支撑、保护方式、保护措施、保障机制等章节内容。

（三）规划特点

规划以灾后重建为基本出发点，以抢救性保护和实物维护重建为首要工作任务；通过确立非物质文化遗产名录保护项目、重要文物保护单位保护维修项目、非物质文化遗产数字空间建设项目、非物质文化遗产传承人项目、非物质文化遗产保护研究项目等具体实施项目，落实生态区建设的相关规划要求；是一个紧密围绕非物质文化遗产保护的专项系统规划。

1. 指导思想

规划以科学发展观为指导，正确把握国家级文化生态保护区"以保护非物质文化遗产为核心，对历史文化积淀丰厚、存续状态良好，具有重要价值和鲜明特色的文化形态进行整体性保护"的深刻内涵，结合地震灾区的严重灾情和灾后重建的实际，结合保护区内未来社会经济发展的实际，坚持以人为本，充分发挥传承主体和保护主体的作用，不断提高保护区内各族民众的文化自觉意识，紧紧围绕非物质文化遗产名录项目不同类别的特点及其对应的自然和人文环境、实物和文化场所实际，注重与灾后重建相结合，以抢救性保护为核心，通过系统的保护措施，实现对具有重要价值和鲜明特色的文化遗产的整体性和活态性保护，建立起长效机制，推动非物质文化遗产的传承以及与现代经济社会的全面协调，促进区域经济社会的可持续发展。

2. 总体目标

保护区建设的总体目标是：通过有效的保护措施和科学的管理，使保护区内具有较高历史、文化和科学价值的非物质文化遗产名录项目在当代条件下得到更有效的传承，文化生态得到进一步的改善；从而，将保护区建设成为一个有利于各民族文化有效传承与健康发展的文化生态环境，使羌族文化得以世代相传，并保持旺盛的生命活力。同时，增强保护区内各民族文化在经济社会发展中的地位与作用，促进保护区内经济、社会、文化的全面协调和可持续发展。保护区首先要重建灾区人民群众精神家园，通过抢救保护，维护并保持羌族文化资源的丰富性、羌族文化的多样性、羌族文化生态的完整性，这是党中央、国务院抗震救灾重建家园战略部署的重要内容。抢救保护以非物质文化遗产为代表的羌族文化遗产，既是灾后恢复重建的重要内容，也是继承和发扬民族优秀文化传统，增强民族自信心和凝聚力，建设社会主义美好家园的重要途径。

3. 保护区域类型划分

保护区内的核心区域为：阿坝藏族羌族自治州的茂县、汶川县、理县和绵阳市的北川羌族自治县共 4 个县。

茂县位于阿坝藏族羌族自治州东南，地处川西北岷江上游河谷羌族聚居区的中心地带，北有岷山，南有龙门山，西有邛崃山等山脉。山脉海拔多在4000m左右，总面积3903km²，是羌族文化积淀深厚，结构完整，内容丰富的典型代表区域。全县羌族人口10余万人，占全县总人口92%。主要分布于其境内的3镇18乡149个村寨。茂县是最完整地保存了羌族传统文化特征的区域之一，所传承的语言、建筑、民俗、节庆、歌舞、服饰、羌医药等文化本真性突出，整体性强。

汶川县位于阿坝藏族羌族自治州东南部，北部与茂县接壤，面积4084km²，有"川西锁钥"、"西羌门户"之称，是羌、藏、汉多民族交融共处的地带。羌族主要分布于6镇7乡118个村寨，聚居于以龙溪乡、雁门乡、克枯乡、威州镇、绵虒镇为中心的区域内，羌族文化生态保存较好。全县拥有以羌年、羌绣、羊皮鼓舞为代表的一批非物质文化遗产，是著名的羌绣之乡。汶川是"5·12"地震的震中，是极重灾区。区内众多文化遗产在地震中受到巨大破坏，抢救、恢复与重建任务非常繁重。

理县地处汶川县以西的高山峡谷地带，东北与茂县接壤，县域面积4318km²，是一个羌、藏、汉共处的民族聚居地，其文化生态状况具有典型的中间过渡特征。全县共有4镇9乡81个村寨，羌族主要分布在东部杂谷脑河流域的蒲溪乡、桃坪乡、通化乡、薛城镇等乡镇，是"藏羌文化走廊"和羌藏文化交会点，文化生态本真性保存较好。

北川羌族自治县隶属四川省绵阳市，位于四川盆地西北部，东接江油市，南邻安县，西靠茂县，北抵松潘、平武县，面积2869km²，共有22个乡镇，304个村寨。羌族主要分布在青片乡、禹里乡、坝底乡、片口乡、擂鼓镇、永昌镇等乡镇。北川县毗邻汉区，是汉羌文化的交融地带，文化生态的交融性突出。

保护区内的一般区域为：阿坝藏族羌族自治州的松潘县、黑水县，绵阳市的平武县。

松潘县位于黑水县东北方，南与茂县接壤，面积8608km²，是一个以汉、藏、羌、回等民族为主的民族杂居地，是受到汉藏文化影响的复合文化生态区域。羌族人口集中分布于镇坪镇和小姓乡1镇1乡共13个村。国家级非物质文化遗产名录项目羌族多声部民歌是羌族文化的突出代表。

黑水县位于理县以北的高山峡谷地带，东南与茂县接壤，面积4356km²。色尔古乡、麻窝乡、维古乡、红岩乡、知木林乡、石碉楼乡6个乡，共34个村寨是藏羌文化生态复合区。国家级非物质文化遗产名录项目卡斯达温和省级非物质文化遗产名录项目阿尔麦多声部民歌是藏羌民族文化的宝贵遗产。

平武县位居涪江上游，东接青川县，南临北川羌族自治县、江油市，西界松潘县、九寨沟县，北连甘肃省文县，县域面积5974km²，是羌藏汉等民族交融的地带。羌族主要分布于大印镇、锁江羌族乡、平南羌族乡、徐塘羌族乡、水田羌族乡、旧堡羌族乡，涉及1镇5乡、20余个村寨。国家级非物质文化遗产名录项目跳曹盖极具代表性。

按照自然生态环境基本良好、传统文化生态保持较为完整的原则，规划在保护区内选择33个村寨作为实施整体性保护的重点区域。一类是文化生态保存完好，在地震后基本为原址重建的村寨，其文化空间基本保存了传统风貌，各项传承活动可以正常开展，如汶川县布瓦寨、羌锋寨、阿尔村，茂县黑虎寨、校场村、河西村、河心坝寨、纳普寨、四瓦寨、赤不寨村、牟托寨，理县休溪寨、桃坪寨、佳山寨、甘堡藏寨，松潘县双泉村，黑水县色尔古藏寨，北川县青片乡、禹里乡，平武县白马下壳子古村寨。一类为村寨在距离原址不远的地方异地重建，但仍然整体保留了传统文化空间和居民分布格局，传承活动也可以正常开展的区域，如汶川县萝卜寨、茂县牛尾寨、理县木卡寨、松潘县大耳边寨等。一类为完全异地重建，在重建中凸现了羌族文化特色，当地群众具有很强的文化传承意愿，成为新的羌族文化传承基地的村寨，如北川县吉娜羌寨、石椅羌寨、恩达羌寨、卓卓羌寨、玉龙羌寨、尔玛羌寨、西窝羌寨，平武县走马羌寨、禹王宫等。

4. 保护措施

2008～2010年间，由于"5·12"地震后，国家实施了灾后重建，为了抢救生命、抢救家园、抢救文化，这一阶段的工作以抢救性保护为核心。2011～2015年期间，在继续开展抢救性保护工作的同时，要按照文化部关于国家级文化生态保护区的工作部署，逐步过渡到以整体性保护为主。

鉴于"5·12"大地震对羌族文化的巨大破坏，开展抢救性保护是羌族文化生态保护区建设的基础性工作。抢救性保护应以非物质文化遗产的抢救为核心，对羌族文化生态保护区内的非物质文化遗产进行采集、记录、整理、立档、保存、研究，对受到地震严重影响的项目和传承人采取记录、整理、保存、出版、建立代表性项目名录及传承人名录等方式进行保护。抢救性保护要按照非物质文化遗产保护要求，尽快恢复或重建非物质文化遗产活动赖以生存的文化空间，抢救并制作开展非物质文化遗产传承活动所需的工具、道具等。

整体性保护既是非物质文化遗产保护的重要方式之一，也是文化生态保护区保护工作的基本原则。它包括两层含义：①保护非物质文化遗产内容的完整性和表现形式实践频率的稳定性；②保护非物质文化遗产存续相关的自然和人文环境关联性因素的平衡性。

针对羌族文化生态保护，整体性保护体现在以下几个方面：①要注意保持33个重点村寨的历史风貌和传统文化生态。特别是对一些在地震中被夷为平地的村寨，在恢复重建中，要保护原有的建筑格局、建筑风貌，按照原貌和功能恢复开展非物质文化遗产活动的文化空间。在重点村寨的次生灾害治理和生态恢复过程中，不得改变与其相互依存的自然景观和环境。②在33个重点村寨，要以维护文化生态的完整性为目标，首先按照文物保护相关规定修复物质文化遗产，按照羌族文化与山、水、林等各种自然环境间的关系，恢复重建羌族文化与自然环境的关系。对于传统节庆、民间信仰和民俗活动举行的场所，从事非物质文化遗产传承活动使用的工具和用具，均按照原貌进行恢复和制作。③在33个重点村寨，以传统节庆和民俗活动为中心，开展非物质文化遗产的传承活动，实现多种文化表现形式的综合性保护。

（本小节引用的案例和图件均出自四川省民族研究所、四川省文化厅非物质文化遗产保护中心、四川省社会科学院、四川大学、西南民族大学联合编制的《阿坝藏族羌族自治州羌族文化生态保护实验区实施方案》以及《四川省国家级羌族文化生态保护实验区总体规划》。)

四、《海洋渔文化（象山）生态保护实验区总体规划》

（一）保护区概况

海洋渔文化（象山）文化生态保护实验区在 2010 年 6 月经文化部批准命名，是我国第七个国家级文化生态保护实验区，也是目前唯一以县级行政区域为单位的国家级文化生态保护区，由此拉开了建设中国特色海洋渔文化生态保护的序幕。2012 年 11 月 2 日，《海洋渔文化（象山）生态保护实验区总体规划》（以下简称《总体规划》）论证会在北京举行，专家组同意通过《总体规划》。2013 年 2 月，文化部办公厅下发《关于同意实施〈海洋渔文化（象山）生态保护实验区总体规划〉的批复》。

保护区规划范围为浙江省象山县全境，总面积 8000km²。象山县居长三角地区南缘、浙江省中部沿海，位于象山港与三门湾之间，三面环海，两港相拥（图 15-30）。唐神龙二年（706 年）立县，因县城西北有山"形似伏象"，故名象山。由象山半岛东部及沿海 608个岛礁组成，陆域 1175km²，海域 5350km²，海岸线长达 800km，占浙江省海岸线的 1/6。辖有 10 镇 5 乡 3 个街道，象山户籍人口 50.33 万人。目前象山县辖 3 街道，10 镇，5 乡，

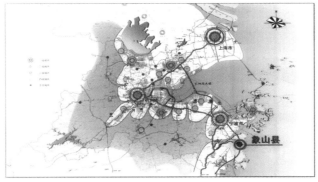

图15-30　海洋渔文化（象山）生态保护区区位分析图

12 个社区，43 个居民区，713 个行政村：丹东街道、丹西街道、爵溪街道、石浦镇、西周镇、贤庠镇、墙头镇、涂茨镇、大徐镇、泗洲头镇、定塘镇、新桥镇、鹤浦镇、黄避岙乡、茅洋乡、东陈乡、高塘岛乡、晓塘乡。

海洋生态文明，可以从两个方面理解：①人类遵循人、海洋和社会和谐关系发展这一客观规律而取得的物质与精神成果的总和；②人与海洋、人与人、人与社会和谐共生、良性循环、持续发展的文化体系。海洋渔文化是以海域为依托，运用对环境气候、海洋生物生命规律的认识，通过劳动技能获取海洋物质资料并由此形成的风俗习惯、文化心理及其各种文化表现形式等，是海洋生态文明的重要组成部分。海洋渔文化是指世代渔家人在其生存的海洋自然环境之中，生产与生活两大领域内的一切社会实践活动的成果。

象山是典型的半岛县，海洋资源极其丰富，是全省乃至全国少有的兼具山、海、港、滩、涂、岛资源的地区，海域面积 6618km²，海岸线 925km，分别占宁波市的 67.8% 和 59.2%。有大小岛屿 656 个，占宁波市的 80% 以上，浙江省的 21.4%。北部象山港为著名深水良港，南部石浦港是国家级中心渔港和二类开放口岸。象山有 6000 多年的文明史，1300 余年的立县史，形成了渔文化、象（吉祥）文化、丹（不老）文化、塔山文化、海防文化、海商文化、革命传统文化和地方民俗文化等八大海洋特色文化，"海纳百川、勇立潮头"是象山人的独特精神。海洋文化强县建设大力推进，"一区一城五基地"格局基本形成，拥有国家级非物质文化遗产 6 项，省级 13 项，被评为省级非物质文化遗产保护综合试点县，被文化部列为国家级海洋渔文化生态保护实验区，石浦镇是首批全国历史文化名镇，连续举办十六届的中国开渔节被列为全国十大民俗节庆。2008 年，象山被授予"中国渔文化之乡"。象山作为海洋渔文化生态保护实验区，具有渔文化的历史、实物、传承等诸多优势。

象山海洋渔文化历史悠久、类型丰富、形态多样、文化生态完好，是中国海洋渔文化的典型代表。早在 6000 多年前的塔山遗址就有象山先民以海为生的印痕。象山海洋渔文化是世代象山人在其生存的海洋自然环境之中，于生产与生活两大领域内的一切社会实践活动的成果。它包括口头传统（渔谚、鱼的传说等）、传统技艺（造船、织网、渔具制作等）、航海知识、捕捞技能、信仰和习俗（妈祖巡游、祭海仪式、开渔节、渔民宅居、渔民饮食、渔业商贸等）及其相关的各种艺术表现形式（渔歌、渔曲、渔戏、渔鼓、渔灯等）。重点保护海洋渔文化生态，包括海岛妈祖信仰、渔师信仰、渔商、渔贸、生活习俗、卫所海防文化等文化形态。在这里，原生的文化俯拾即是，有渔具、渔船、渔场、渔港、渔汛、渔灯、渔歌、渔曲、渔鼓……近年来，象山人通过开渔节这一载体，让散落在渔区、海岛、渔民生活中的踩街、对歌、抬阁、挂鱼灯、舞龙灯、跑马灯等一系列古老的民间活动纷纷登台亮相，重新焕发出了新鲜而持久的活力。

象山文化的特征包括：

（1）文化脉络清晰。象山文化发展一脉相承。从考古发现看，象山县人类活动的历史可以追溯到 6000 多年前。从《宝庆四明志》《四明续志》《象山县志》有关历史文献记载看，从春秋战国时期一直到现代 2000 多年的发展中，象山文脉发展延绵不断，虽然历史沿革发生了多次变化，而文化传承没有被打断，并在长期的发展中不断发展壮大，形成了多样的文化形态。当代，象山人民在继承已有文化基础上，使象山文化内涵得到新的丰富与提升。地域特征明显。在长期历史发展中，象山人民以自己的智慧和勤劳在与自然环境的长期抗争中创造了独具特色的象山海洋渔文化，整个半岛地区或多或少，或直接或间接都融入了海洋渔文化的因素。而象山县境内，海洋渔文化分布与表现最为集中与突出的地域是石浦镇，而石浦镇中海洋渔文化所有形态表现最鲜明和种类最丰富的则是石浦老街、延昌老街、东门岛渔村，这里有关海洋渔文化的饮食习俗、信仰习俗、生产习俗、居住习俗等密集分布。文化形态完备。象山文化资源形态较为完备，不仅包括物质文化遗产资源，也包括非物质文化遗产资源，同时还有一些文化景观和大量名人文化资源。在物质文化遗产中，既有国家级历史文化名镇，又有省级重点文物保护单位，同时市级历史文化名村、市县级文物保护单位数量也非常丰富；在具体形态上，包括古遗址、古墓葬、寺庙宗祠、摩崖石刻、古井群等；在时间上，这些文化遗产也是不同历史时期的文化创造。在非物质文化遗产中，既有国家级代表性项目名录，又有省级、市级和数量最多的县级代表性项目名录，构成了完备的四级名录体系，在类型上有民间文学、民俗、传统音乐、传统舞蹈、曲艺、传统美术、传统技艺等多种形态。此外，在象山历史发展中，还形成了地域名人文化，与物质文化遗产、非物质文化遗产以及其他文化资源共同构成了象山独特而又完备的文化生态体系。

（2）主体文化突出。象山文化资源宝库中，蕴藏着一批独具特色的文化资源，具体表现为渔文化、盐文化、塔山文化、海防文化、海商文化和地方民俗文化等海洋特色文化，其中海洋渔文化主体地位十分突出，象山现有渔村 37 个，直接或间接从事渔业生产的人口约 8 万人，占全县人口的 15%。诸如凸显海洋渔文化特色的民间信仰、民俗、民居、民间传说等文化形态在各类文化资源中所占比例最高，全县 5 万余条非物质文化遗产普查线索中，以海洋渔文化为特征的内容比例高达 60% 以上。妈祖信俗、徐福东渡传说、海盐晒制技艺、开洋节、谢洋节等都是海洋渔文化的璀璨明珠；以海鲜为特色的象山 20 大家乡菜，20 大特色小吃，10 大名菜，东门海鲜 16 大碗，石浦海鲜 16 大碗等渔食，以及相关的渔居、渔俗、渔信、渔歌等共同构成了以海洋渔文化为主体的象山文化。

（3）人海和谐互动。文化的产生与发展是人类与环境交互作用的结果。象山海洋渔文化表现出的多样性、独特性和象山自然环境有着密不可分的关系。象山人民长期从事耕海牧渔，目前象山共有 37 个渔村，其生活与文化均因海而生、靠海而存。象山国家级非物质文化遗产代表性名录项目徐福东渡传说、晒盐技艺（海盐晒制技艺）、渔民开洋、谢洋节、石浦—富岗如意信俗、象山渔民号子等都与海洋生态有着直接关系。此外，渔谚、鱼的传说等民间文学，捕捞、造船、织网、渔具制作等传统技艺，妈祖巡游、祭海仪式、开渔节、渔民宅居、渔民饮食、渔业商贸等信仰和习俗，及其相关的渔歌、渔曲、渔戏、渔鼓、渔灯等各种文化事象的形成也都与象山海洋环境密切相关。

建设海洋渔文化（象山）生态保护实验区，其独特意义在于：①有利于保护中国传统文化的多种表现形态，维护中国文化的多样性。海洋渔文化是中国传统文化的重要组成部分，是文化多样性的重要表现形式。中国漫长的发展历史中，广大劳动人民不仅创造了灿烂的农耕文化，也在与海洋的互动中创造了发达的海洋渔文化，它们共同构成了中华民族文化多样性，因此，建设海洋渔文化（象山）生态保护实验区，是保护中国海洋渔文化独特性并有序传承海洋渔文化的重要载体，是维护中国传统文化多样性的重要举措，对中国传统文化可持续的保存和传承发展，具有巨大和积极的作用。②有利于保护中国海洋渔文化的"标本"进一步优化文化生态环境。象山海洋渔文化历史悠久，县域国家级非物质文化遗产代表性项目名录列浙江省之冠，2008年被授予"中国渔文化之乡"，其海洋渔文化内容丰富，形态完整，表现形式独特，是中国海洋渔文化的"标本"，是目前国内唯一以海洋渔文化为保护核心的文化生态保护实验区。建设海洋渔文化（象山）生态保护实验区，对于保护和优化我国文化生态环境、丰富我国文化生态类型、增强文化凝聚力、创造力和影响力具有重要意义。③有利于促进海洋经济发展示范区建设，为海洋经济发展提供文化动力和智力支持。2011年3月，中国第一个海洋经济示范区规划《浙江海洋经济发展示范区规划》正式获国务院批复，海洋经济发展由此上升为国家战略，预示着我国经济发展阔步迈向海洋经济时代。海洋经济的发展必将迎来海洋文化的繁荣，同时，创建浙江省海洋综合开发与保护试验区、两岸经贸合作石浦实验区也迫切需要海洋文化强有力的支撑。海洋渔文化（象山）生态保护实验区的建设既要充分利用海洋经济示范区建设的契机顺势而为，乘势而上，也要通过实验区的建设，将海洋渔文化生态保护融入海洋经济发展和海洋文化名城建设之中，为海洋经济发展示范区建设提供强有力的文化动力和智力支持（图15-31）。

图15-31 海洋渔文化（象山）生态保护区景观

（二）规划内容

规划主要包括文化资源与文化生态分析、总体思路、保护对象与保护内容、保护范围与重点区域、保护方式与保护措施、实施方案、保障措施等章节内容。

（三）规划特点

规划结构规范，符合文化部指导意见，对海洋渔文化内涵和价值进行了界定，对不同类型的非物质文化遗产项目提出不同的保护传承方式，对非物质文化遗产项目的物质载体、自然环境与人文生态提出保护要求，强调数字化保护的方式，是一个内容简明、重点突出的保护区总体规划。

《总体规划》中明确规划期限为 2011～2025 年，分近、中、远三个阶段实施。在"十二五"期间，将重点实施和实现建设国家海洋文化保护区，建设全国重要的海洋渔文化实践和产业基地，创新与发展海洋文化保护模式三大目标。

1. 总体思路

规划明确了保护为主、活态传承、展示传播、协调发展的总体思路。整体保护海洋渔文化（象山）生态保护实验区内的各类文化遗产，维护生态保护实验区文化的多样性。实施分类保护策略，重点保护实验区内的非物质文化遗产项目，保护物质文化遗产，保护实验区内其他文化事象，实现文化资源的丰富性与完整性；实施分级保护策略，根据非物质文化遗产的级别和物质文化遗产的级别，对不同级别的文化遗产采取不同的保护措施，实现文化生态的合理性与平衡性；实施分区保护策略，根据非物质文化遗产分布特征，将海洋渔文化（象山）生态保护实验区划分为核心保护区、特殊保护区和一般保护区，实现文化生态的空间连续性。此外，海洋渔文化（象山）生态保护实验区内的各类文化事象都是象山人民的独特文化生活方式的体现，是象山人民的生命组成部分，活态传承是海洋渔文化（象山）生态保护实验区建设的根本。实施传承人保护，延续非物质文化遗产的生命力；实施生产性保护，促进非物质文化遗产文化功能的恢复、发展与增强；实施文化环境保护，保障非物质文化遗产传承发展的自然条件与人文条件。同时，加强海洋渔文化（象山）生态保护实验区内文化事象的记录，技艺的展示、传播，提升象山海洋渔文化的知名度、传播力和影响力。实施文化记录，开展文化资源普查、记录建档，对代表性文化开展研究，形成完整的文化资源图书资料库；实施文化遗产数字化保护，建立非物质文化遗产项目数据库、传承人数据库等，促进文化遗产资源的检索和管理；实施文化展示，建设博物馆、展览馆和展示点三级展示体系，加强象山文化生态项目和文化内涵的展示，建设海洋渔文化（象山）生态保护实验区网站和数字博物馆，促进象山海洋渔文化的跨域展示和传播。最后，正确处理文化遗产保护与利用的关系，在整体性保护、真实性保护和系统性保护的基础上，积极协调文化生态保护与经济发展、文化产业发展、文化旅游业发展和社会发展的关系，促进象山经济社会健康、和谐、可持续发展。

2. 主要任务

规划的主要任务包括：

（1）完善四级非物质文化遗产项目名录体系和代表性传承人名录体系。建立和完善各级非物质文化遗产评审机制、项目退出机制和传承人淘汰机制；进一步完善四级项目名录保护配套措施，落实国家、省市有关非物质文化遗产代表性项目名录保护的规定，促进非物质文化遗产的可持续发展。

（2）推进数字化保护工程。建设1个海洋渔文化（象山）生态保护实验区官方网站，建设1个象山海洋渔文化数字博物馆，完成6个象山海洋渔文化数字化保护工程项目，为非物质文化遗产管理、展示、传播和共享奠定基础。

（3）加强人才队伍建设。通过组织培训班、现场考察学习、经验交流等方式，开展文化生态保护人员培训工作。与文化生态保护区建设有关的工作人员每2年到高校进修1次，每次进修不少于56学时，提高保护人员的业务水平和工作能力。与高等院校、研究机构密切协作，培养和引进5～10名硕士以上非物质文化遗产保护专业人才，为文化生态保护区建设提供人才支撑。

（4）建设一批示范基地和展示场所。保护和修缮一批物质文化遗产和文化空间，重点保护与修缮石浦城隍庙、东门天后宫、街心戏亭、东门岛灯塔、渔山灯塔和王将军庙等物质文化遗产；建设2个非物质文化遗产生产性保护示范基地，建设8个非物质文化遗产传承展示基地，开展示范性传承活动，建设25个非物质文化遗产展示点（馆），扎实有效开展非物质文化遗产传承工作。今后，将根据国家、省级及市县级非物质文化遗产代表性名录的申报增列情况，适时开展相关的保护示范基地、传承展示基地和展示点（馆）等建设，为非物质文化遗产的传承、展示、传播服务。

（5）建设保存与传播体系。建设海洋渔文化（象山）生态保护实验区非物质文化遗产档案库，科学、规范、长久地保存非物质文化遗产数据。建立1个象山海洋渔文化综合博物馆，建设10个非物质文化遗产专题展览馆，形成综合与专题两种保存、展示与传播体系，促进象山海洋渔文化的保存、展示与传播。今后，将根据非物质文化遗产省级以上代表性名录的增列情况，建设相应的展览馆。

（6）建立社会宣传教育体系。设立"象山海洋渔文化生态保护日"（每年9月16日），组织开展一系列文化活动，充分利用新媒介等传播文化遗产保护知识，传播文化生态理念，提高社会保护意识。推进文化遗产进校园、进社区、进工厂。编辑乡土教材和非物质文化遗产普及读物，组织非物质文化遗产传承人开展非物质文化遗产讲学活动，让更多人了解、关注非物质文化遗产与非物质文化遗产保护。

（7）开展学术研究，出版象山海洋渔文化及研究丛书。成立专门学术研究机构，举办学术研讨会，编辑出版象山海洋渔文化及研究丛书，积极与高校、科研院所和其他生态保护区开展学术交流，为海洋渔文化（象山）生态保护实验区建设提供理论支撑。

（8）培育现代文化生态和谐理念。通过海洋渔文化（象山）生态保护实验区各项政策和措施的实施，培育出有利于文化遗产保存、延续和弘扬的良好社会环境，使文化遗产保护工作者和广大人民群众树立现代文化生态理念，人人热爱文化遗产，人人尊重文化遗产，人人保护文化遗产，人人传播文化遗产，人人享受文化遗产的良好氛围，提升象山人民的文化自觉，增强象山人民的文化自信，内生象山海洋渔文化的文化自强，实现人与自然的和谐相处，人与文化、文化与自然的和谐发展。

（9）建设健康、有序、繁荣的文化生态体系。协调物质文化遗产与非物质文化遗产保护的关系，协调文化遗产保护与群众生产、生活的关系，协调文化遗产保护与自然环境的关系；丰富生态文化内涵，满足人民群众日益多样的文化需求；保障人民群众的日益高企的文化权益，在象山境内，形成健康、有序、繁荣的文化生态体系。

3. 保护对象

象山拥有县级以上非物质文化遗产代表性项目名录116项。其中，国家级非物质文化遗产代表性项目名录共有6项，分别为：徐福东渡传说（民间文学类），在全县诸多沿海乡镇均有流传，尤其在丹东、丹西街道和墙头镇较为集中；海盐晒制技艺（传统技艺类），主要分布在新桥镇、大徐镇、高塘岛乡、东陈乡等诸多沿海乡镇；渔民开洋、谢洋节（民俗类），主要分布在象山县沿海地区的石浦、鹤浦、高塘等乡镇，其中石浦镇东门岛渔村的节目表现尤为突出；石浦—富岗如意信俗（民俗类），主要集中于东门岛、渔山岛和台东县的富岗新村；象山渔民号子（传统音乐类），主要流传在沿海地区的石浦、鹤浦、高塘、爵溪等乡镇；唱新闻（曲艺类），主要流传于涂茨镇、贤库镇、墙头镇一带。

象山县的省级非物质文化遗产代表性项目名录共4项，分别为：赵五娘传说（民间文学类），主要流传在爵溪、丹东、丹西街道和大徐镇、涂茨镇、东陈乡及邻县宁海，中心区域是象山东部的爵溪街道一带；象山竹根雕（传统美术类），主要分布在丹东、丹西街道和西周镇（包括下沈、儒雅洋）、墙头、大徐、茅洋等乡镇；船饰习俗（民俗类）分布在县内沿海的乡镇街道，尤其是石浦镇、爵溪街道和鹤浦镇一带；石浦三月二（民俗类），集中分布在石浦镇一带。

此外，市级非物质文化遗产代表性项目名录共23项，县级非物质文化遗产代表性项目名录共83项，分布于全县各个乡镇、街道。

4. 保护分区

根据上述分布状况，我们将保护实验区划分为核心保护区、特殊保护区和一般保护区（图15-32）。核心保护区是根据海洋渔文化非物质文化遗产的表现与集中程度，通过调查和归类而设置的。所谓核心保护区是指在特定地理区域范围内，拥有一个较为完整、典型的地方海洋渔文化体系，表现为典型的海洋生态区位，一定规模的渔民主体，渔村为主的文化传承空间，海洋支柱型的经济生产模式，鲜明海洋特征的生活习俗模式以及丰富的非物质文化遗产代表性名录等文化形态的区域。海洋渔文化生态（象山）保护实验区的核心保护区划定为石浦—东门岛区域（图15-33）。保护区以象山县石浦镇行政区域之内的部分古村、古街道及海岛为中心点。作为独具代表的该保护实验区中心点是石浦镇的海洋渔俗文化生态，分别由下列五个特色文化丛组成：

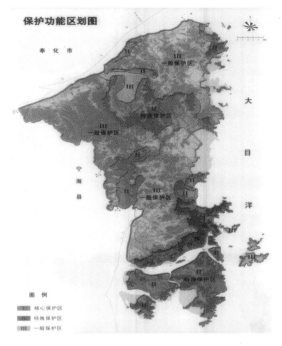

图15-32　保护功能区划图　　　　图15-33　核心保护区（石浦—东门）图

（1）东门海岛妈祖信仰文化丛：以东门海岛妈祖信仰活动为核心，包括东门妈祖庙、东门庙、王将军庙、东门城隍庙的四季活动，以及东门民俗"开洋节"、"谢洋节"、"太平节"活动，渔家生产习俗、生活习俗、制作技艺等。

（2）石浦老街渔商、渔贸、生活习俗文化丛：以石浦中街为主轴，包括石浦城隍庙、关帝庙、江心寺的四季活动，石浦传统的民乐"细十番"、民舞"百兽灯"等文艺表演活动，渔家生产生活习俗，渔灯、船模制作技艺，海鲜海产制作技艺等。

（3）延昌老街妈祖——渔师信仰文化丛：以延昌天妃宫——石浦鱼师庙活动为核心，以及传统鱼灯舞、马灯舞、细十番演奏民间活动。

（4）昌国古村明代卫所海防文化丛：以昌国大庙——城隍庙为核心，包括昌国大庙清明会、十月交会活动，昌国抬阁、昌国盾牌舞、镜架山龙灯等民间艺术，皇城沙滩"三月三"海滨民俗节等。

（5）渔山海岛妈祖——如意信仰文化丛：以渔山岛如意娘娘庙为核心，包括东门岛妈祖庙、中国台湾富岗新村海神庙的妈祖、如意往来省亲迎亲习俗等。

规划还建立了特殊保护区，指基于文化生态保护实验区核心区域之外，在特定地理区域中，某一类海洋渔文化项目的地域特征鲜明，文化形态特色突出，影响力比较大，需要给予特殊的保护与扶植的文化区域。主要包括：

（1）晒盐技艺保护区：盐场依托海边大型滩涂的生态环境，通过海盐晒制的复杂技艺，实现当地海盐的生产与传承。海盐晒制技艺已经成为国家级非物质文化遗产代表性项目名录,史奇刚是该项目的国家级传承人。象山县已经发展了若干个较大规模的盐场,如新桥镇的新桥盐场、东陈乡的旦门盐场、高塘岛乡的花番盐场等,成为该县盐技和盐俗的代表性文化区域。尤其是新桥镇的新桥盐场,目前是国家级非物质文化遗产代表性项目名录"海盐晒制技艺"的传承基地。

(2)妈祖信俗保护区:妈祖信俗是中国沿海地区普遍存活着的重要民间信仰,而象山县的妈祖信俗表现出独树一帜的地方特征,拥有数量较多、分布密集的妈祖宫观;个别宫观的建筑历史悠久,至今保存完好;在小范围内出现妈祖信俗的多样形态,如东门岛一带的如意娘娘信俗,象山县的妈祖传说也表现出浓郁的地方风情和特殊的审美价值,等等。象山县境内共有10余座供奉妈祖娘娘的天后宫或圣母娘娘庙,主要分布于石浦镇的延昌、昌国、东关、南关桥外、对面山岛湖礁湾、南田岛、花番岛、高塘岛乡,以及涂茨镇的毛湾、长沙和屿番。该项目的特殊保护区可包括涂茨镇、高塘岛乡(含花香岛)、鹤浦镇。

(3)徐福东渡传说保护区:核心是丹东、丹西街道和墙头镇。徐福东渡传说是象山海洋渔文化中口头文学的重要代表项目,在历史和现实中具有特殊的文化价值与意义。象山是徐福"入海求仙"的隐居地,也是最后东渡日本的起航点。长期以来,象山沿海民众创作了大量以徐福东渡为主题的口头文学作品。该传说在全县诸多沿海乡镇均有流传,丹东、丹西街道和墙头镇是其中心流传区域。传说中依附了大量的地名、人物与风物,涉及多处文化遗址与自然环境,如蓬莱山、丹井(蓬莱泉)、蓬莱观、石屋、大雷山秦始皇庙、垄船径、船倒山和新罗番等。

(4)海产养殖文化保护区:利用沿海滩涂和海岛资源开展的海产养殖业是象山海洋渔文化中具有代表性的生产方式,也是渔业经济的重要支撑产业,其中还有部分包含了传统养殖的生产技艺,需要加以保护。海产养殖区主要集中于高塘岛乡、鹤浦镇、黄避番乡、墙头镇、茅洋乡、四圳头镇。例如,高塘岛乡的梭子蟹养殖是其三大主导产业之一,被命名为"梭子蟹之乡";鹤浦镇利用大规模浅海的优越地域,养殖紫菜、梭子蟹、文蛤等多种海产品,成为象山县的重要养殖基地,等等。

(本小节引用的案例和图件均出自浙江师范大学浙江省非物质文化遗产研究基地编制的《海洋渔文化(象山)生态保护实验区总体规划》。)

五、《晋中国家级文化生态保护区总体规划》

(一)保护区概况

晋中文化生态保护区2010年由文化部批准设立,是继"徽州文化生态保护实验区"和"热贡文化生态保护实验区"之后,文化部批准启动建设的第三个国家级文化生态保护实验区。《晋中国家级文化生态保护区总体规划》已于2013年2月完成编制并通过文化部论证批准进入实施阶段启动建设。

晋中国家级文化生态保护区行政区划范围涵盖山西省晋中市全境与太原、吕梁的 8 个县（市、区）共 19 个县级行政区域，包括晋中市所辖的榆次区（含晋中经济技术开发区所属 17 个行政村）、介休市、太谷县、祁县、平遥县、灵石县、寿阳县、榆社县、昔阳县、左权县、和顺县；太原市所辖的晋源区、小店区、清徐县、阳曲县；吕梁市所辖的汾阳市、孝义市、交城县、文水县，共计 19 个县级行政区域（图 15-34）。总面积 2.3 万 km²，人口 604.61 万人，是山西省非物质文化遗产项目重点集中地区。区域北接草原，南引中原，东西两山环抱，汾河、黄河文明彰显，草原文化与黄土高原的农耕文化、商业文化交相融会，形成了厚重特殊的历史文化遗存。该区域的历史典型性、资源多样性、遗存传承性，在中华民族多元一体文化格局中占有突出地位，是华夏传统文化的典型代表和重要组成部分。

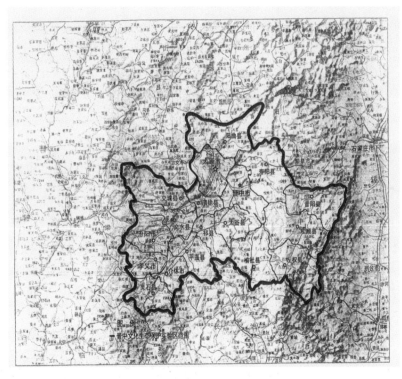

图15-34　晋中文化生态保护区范围示意图

晋中文化历史悠久、底蕴深厚，是中华传统文化的一个重要组成部分和典型代表，在中华民族多元一体文化格局中占据着突出的位置。晋中地处山西中部，汾河中游，在历史上形成了一种多元复合的文化形态。这种文化形态，历来就是以其特有的活态传承的非物质文化遗产为基础，融合新的文化导向，建立了人与自然、人与社会平衡发展的动态关系，在内涵上是我国黄土高原农耕文化和近代商业文化兼容共生的体现，构成了独特的晋中文化生态，因其历史性、融合性、传承性和表现形式的丰富性，被公认为我国的一个区域文化类型。根据山西省非物质文化遗产普查工作调查的结果和国务院公布的三批非物质文化遗产代表性项目名录，晋中文化生态保护区已建立了涵盖国家、省、市、县四级的非物质文化遗产名录项目保护体系。其中国家级非物质文化遗产代表性项目35项，涉及40个保护单位，省级87项，涉及102个保护单位。此外，大量蕴藏于民间的、未被挖掘的非物质文化遗产也是保护区文化生态系统的重要组成部分和潜在保护对象。

晋中文化体现出农工并举、商儒结合、乐武相济的特色。晋中是黄河流域农耕文化发源地之一，农耕是整个地区生产与生活方式的基本形式，当地特有的商业、手工业都是围绕农耕发展起来的。农工并举的劳动方式和产业结构保障并推动了具有特色的民俗、艺术、商业的形成与发展。民间的后土信仰、生殖崇拜、关公信俗、老君崇拜等与农事活动相关的信仰以及手工业者行业神崇拜在晋中广为流传。以晋剧和地方小戏为代表的传统戏剧，以剪纸、建筑彩绘、雕塑等为代表的传统美术，以民歌、锣鼓、小调为代表的传统音乐，以秧歌、背棍、高跷等为代表的传统舞蹈等各类民间艺术形式从不同侧面，以不同手段直接或间接地呈现了晋中民众淳朴的思想感情和农耕文化图景。晋中是晋商文化之乡，晋商不仅留下了技艺精湛、气势恢宏的古城大院等有形文化遗产，而且在居住、饮食、服饰、礼仪、信仰、节庆、文艺等方面都因商业的繁盛和商人的影响而呈现出诸多特点，晋商文化促进了传统民俗文化发展、繁荣和兴盛（图15-35～图15-38）。同时，晋商受到了儒家思想的深刻影响，形成了"勤奋节俭、明礼诚信、精于管理、勇于开拓"为核心内涵的儒商精神，这种价值观在晋中广泛传播并世代传承。晋中文化"乐武相济，雅俗共赏"。"乐"即寓乐于当下，是一种"乐在其中"的审美愉悦，在晋中民间文学、传统音乐、节庆习俗、人生礼仪及民间信仰等传统民俗活动中表现出人们对生命和生活的乐观态度；"武"，即尚武精艺、勇以为用，这主要表现在日常劳作及农闲时从事的传统武术、体育、游艺、杂技、传统舞蹈之中。"乐"与"武"都蕴含着儒家"仁"、"义"、"礼"等精神内涵，保持身与心和谐的价值取向和行为规范。在各种节庆和仪式活动中，人们经常把武（舞）与乐（音乐）以各种方式结合成一体，形成特有的民间艺术形式。

图15-35 王家大院

图15-36 晋剧

图15-37　山西面食

图15-38　晋平遥纱阁戏人

建设文化生态保护区，把历史悠久、积淀深厚的晋中文化纳入首批整体性保护的对象，对于建设中华民族共同的精神家园，提高文化自觉，增强民族自信心和凝聚力具有非常重要的意义，也是坚持民族文化的丰富性与提高国家软实力的一项战略性举措。

（二）主要内容

规划主要包括文化生态分析、文化生态保护现状评估、总体思路、文化生态保护区综合布局规划、非物质文化遗产名录项目保护规划、传承空间保护和建设规划、非物质文化遗产社会传承规划、建设分期实施方案、保障机制等章节内容。

（三）规划特点

规划立足于翔实的非物质文化遗产保护现状调查，对非物质文化遗产项目、传承人、相关物质文化遗产和自然遗产列表进行现状评估，针对存在问题提出五级保护工作体系、分类重点保护措施和长效保护机制，并制定非物质文化遗产保护的社区参与规划、学校教育规划和媒体宣传规划，是一个扎实严谨的非物质文化遗产保护规划。

1. 总体思路

规划秉承人与自然和谐共生，传统与现代融合并进的基本理念。在保护区文化生态保护的过程中，应树立人与自然和谐相处的理念，继承和发扬非物质文化遗产所体现出的人与自然和谐共生的精神财富和实践经验，对相关的自然景观、自然资源、自然遗产实施综合性保护，做到文化资源的整体性、活态性保护。在保护区的建设中，务必要确立传统文化与现代文明积极融合、相互促进的基本理念，将保护传统文化资源提升到促进现代化进程和建设共同精神家园的战略高度。在具体的实践中，寻求传统文化特别是非物质文化遗产在现代条件下生存、传承与发展的途径。总体规划以非物质文化遗产保护为核心，在微观调查、现实分析和科学论证的基础之上，围绕非物质文化遗产名录项目不同类别的特点及其对应的自然和人文环境、实物和实践主体，通过系统的保护方式和措施来实现对具有重要价值和鲜明特色的文化遗产的整体性和活态性保护，推动非物质文化遗产的社会传承以及与现代经济社会的全面协调，促进区域经济社会的可持续发展。

2. 非物质文化遗产名录项目的保护传承

晋中文化生态保护区保护工作以非物质文化遗产保护为核心，采取分类指导、突出重点、综合布局的原则，对列入非物质文化遗产名录的项目，采取有针对性的保护措施，以点带线、以线带面，形成较为完善的非物质文化遗产保护体系。

规划根据非物质文化遗产名录项目的特点，因地制宜、因类制宜地采取针对性保护措施，包括对非物质文化遗产的确认、立档、保存、研究、宣传、弘扬、传承和振兴。同时，对各级非物质文化遗产名录项目代表性传承人进行认定和命名，明确代表性传承人的权利和义务，资助并监督其开展授徒传艺、教学、交流等活动，建立奖惩制度和进入退出机制充分调动非物质文化遗产名录项目代表性传承人、其他参与者、爱好者和研究者的积极性。

非物质文化遗产传承包括代际纵向的传习和人际横向的传播。非物质文化遗产的社会传承是指代表性传承人之外的各种社会机构和社区对非物质文化遗产名录项目所开展的各种传习和传播活动。社会传承是通过文化生态保护区的整体社会力量对非物质文化遗产名录项目进行有效传承的重要方式。总体规划中的社会传承体系主要是突出社区和学校、宣传媒体等部门在非物质文化遗产名录项目传承中的重要作用；建立健全鼓励社区居民积极参与文化生态和文化资源保护的机制，突出社区居民的主体性地位，形成保护主体多元化的保护格局；通过非物质文化遗产进教材、进校园、进课堂的措施将非物质文化遗产内容以及保护纳入到学校教育体系中来，使学校成为青少年传承非物质文化遗产的重要载体；利用报刊、书籍、影像、广播电视、网络等传播手段和媒体，积极宣传非物质文化遗产的内容和保护意义，增强社会公众对于非物质文化遗产的认知和保护意识。

根据《中华人民共和国非物质文化遗产法》涉及的非物质文化遗产产权署名权的规定，在国家知识产权相关法律框架下确认由遗产传承人、整理人等作为遗产的知识产权人，通过其对知识产权的利用和收益，奖励、鼓励、回报其对文化遗产的传承与整理，从而将有助于文化遗产的保存与传播。非物质文化遗产通常是由特定的人群创造的在特定区域内世代相传的成果。在现有的知识产权制度框架内，要将非物质文化遗产纳入知识产权保护范围，以适应对非物质文化遗产保护的需要。依据现行的知识产权保护法律法规，传统知识、民间文艺、传统名称与标记，与发明、作品、商标等现代知识产权客体在技术品质和经济品性上具有一定的相似性，已部分具有知识产权意义。其他的非物质文化遗产名录项目，如传统风俗、礼仪、节庆、语言等，无法依据现行的知识产权保护架构找到保护依据。晋中文化生态保护区根据非物质文化遗产名录项目的特性对其知识产权保护进行深入研究，并在实践过程中形成行之有效的非物质文化遗产名录项目的知识产权保护制度。

3. 传承空间保护与建设

总体规划根据保护区内实际情况，结合现存传统文化空间建立或者新建一批非物质文化遗产重点保护项目的传习所和展示馆；与相关公共文化机构合作，扩大非物质文化遗产名录项目的公共影响和传播范围；与其他文化资源主管部门合作，保护与非物质文化资源传承空间中相关的自然遗产和物质文化遗产，通过对各种传承空间的保护将单一项目、单一形态的保护转变为综合性保护。在具体的规划实施过程中，将新建传承场所和修复、利用已有的传承空间相结合，结合实际将兼具传习和展示职能的传承基地和单项、单一职能的传习所、展示馆相结合，将非物质文化遗产名录项目的保护与其传承空间中的自然遗产和物质文化遗产的保护相结合，将政府出资和民间资本相结合，将实体的传承场所和网络虚拟的传承空间相结合，最终实现晋中文化生态保护区多点保护与建设、多主体参与的传承空间保护和建设格局。

此外，基层社区是非物质文化遗产得以传承和存续的"传承母体"，非物质文化遗产主要是由生活在社区里的人们创造、享有并传承着的。社区居民的参与是非物质文化遗产活态传承的基本要求，有利于实现个体的归宿感和认同感，也是非物质文化遗产"以人为本"保护原则的体现。规划中提出，建立一套切实有效的机制，激励社区居民积极参与非物质文化遗产的保护，提升文化自觉意识，形成"政府主导、多方参与、权责明确、效益共享"的保护格局，实现非物质文化遗产的活态传承。

4. 规划综合布局

规划在文化生态保护区内进行时空维度上的综合布局，建立了单一保护项目与整体保护区之间的中间支持结构。在"大晋中"文化区域 19 个县（市、区）中，榆次、太谷、祁县、平遥 4 县区历史特征显著，文化遗存集中，处于核心区。规划依据晋中农耕文化、晋商文化、节庆文化和方言文艺在地域内的突出特征，利用文化区、文化带、文化圈的概念，把它们建设成为晋中文化生态保护区的支撑性、框架性的中层部分，在晋中文化生态保护中发挥整合资源、突出重点的作用。按照晋中文化生态保护区的地理区位和文化资源分布，兼顾重点保护区域进行规划布局。规划建设农耕文化带、晋商文化走廊、方言文艺区、节庆文化圈等 4 个综合布局结构。晋中民众在日积月累的农耕生产、生活实践中，形成了独具一格的民风民俗、民间信仰、民间艺术、传统技艺等，这些宝贵的非物质文化遗产是晋中民众生活的精粹，是民众智慧的结晶，至今仍具有极高的实用、文化和审美价值。规划旨在将生发于农耕文明的非物质文化遗产名录项目密集的区域划定为重点保护区，制定相应的规划措施，形成特点鲜明、表现形式多样、文化内涵丰富的晋中农耕文化带。

（本小节引用的案例和图件均出自北京大学人类学与民俗研究中心、同济大学国家历史文化名城研究中心、山西省非物质文化遗产保护中心、山西大学非物质文化遗产研究中心联合编制的《晋中国家级文化生态保护区总体规划》。）

六、《热贡文化生态保护区总体规划》

（一）概况

"热贡文化生态保护实验区"是 2008 年 8 月由国家文化部正式批准设立的我国第三个国家级文化生态保护区，位于青海省东南部黄南藏族自治州。规划涉及的范围涵盖黄南州四县中的同仁、泽库、尖扎三县县域，总面积 1.16 万 km²，为黄南州总面积的 62.5%（图 15-39）。《热贡文化生态保护区总体规划》于 2011 年 3 月获文化部审批通过进入实施阶段，是我国首个正式实施的文化生态保护区总体规划。

热贡文化以青海黄南州同仁县隆务河谷为核心地区，包括整个隆务河流域，由多个民族在漫长历史时期形成的独特且包含多种文化元素在内的传统地域文化。热贡文化历史可以上溯到三四千年前的新石器时代，是热贡地区历代先民在长期的历史实践中为适应高寒农牧交错区的自然地理环境，传承藏传佛教文化和中原文化等各民族优秀文化的基础上融合升华成的一种特色区域文化形态。热贡文化以藏传佛教和热贡艺术（唐卡、堆绣、雕塑、石刻、藏戏、民间歌舞等）为代表，以各类物质和非物质文化遗产为载体，是能够体现热贡地区特色的所有文化元素的集合（图 15-40）。保护区文化遗产类型丰富，数量较多，保留状况较好，具有独特性、原真性、完整性与"活态"特质，是较适于进行合理利用的文化形态（图 15-41、图 15-42）。热贡文化的代表性文化形式包括热贡六月会、热贡艺术（绘画 [唐卡]、壁画、堆绣、雕塑 [泥塑、木雕、石雕]）、藏戏、民间歌舞、藏传佛教文化、民俗风情、建筑形态、地方方言、人与自然关系等各种以非物质文化遗产为核心的表现形式，并与昆仑文化、三江源文化、河湟文化共同构成了支撑青海文化的四大体系。

热贡文化生态特征包括了：①多样性：热贡文化的多样性来源于民族和宗教文化的多元性。民族主要包括藏族、蒙古族、土族、回族、汉族，宗教融合了藏传佛教文化，汉传佛教文化，原始万物有灵的萨满教、苯教文化，以及道教、伊斯兰教文化。②动态性：热贡地区多种民族主体变换，多种宗教文化轮替。热贡文化在冲突与融合的动态变化中发展了很长的历史时期，形成了多种多样的文化形式。热贡文化丰富的表现形式和广泛的群众基础使其经久不衰。③整体性：黄南的历史文化承载了数千年文明发展史，在长期的历史发展中形成了热贡文化，主要包括自然文化、宗教文化、历史文化、艺术文

图15-39 热贡文化生态保护区规划范围

图15-40 热贡艺术

图15-41 热贡物质文化遗产

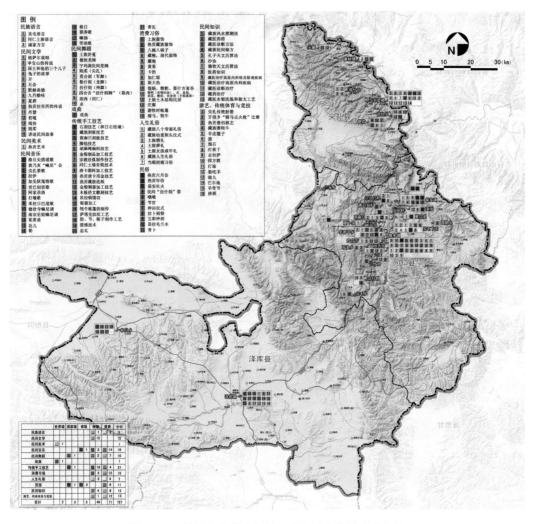

图15-42 热贡文化生态保护区非物质文化遗产分布图

化和民俗文化。由热贡地区独特的地缘独立性与文化精神的高度一致性决定了热贡文化的独特魅力，是藏文化生态系统乃至中华文化生态系统的重要组成部分。④地域性：热贡文化是由包括藏族、土族、蒙古族、回族、汉族等各族人民在同自然共生的活动中产生的，是热贡地区各族人民在隆务河谷这片土地上创造的地域文化，与其自然地理以及人文环境有着密不可分的关系。

热贡文化融合了历史、民族、宗教等众多因素，包括藏传佛教、热贡艺术、民俗风情、建筑形态、地方方言、人与自然关系等各种形式，具有独特的地域特色。热贡文化既是青藏高原的一朵奇葩，更是中华民族文化宝库中的瑰丽明珠。热贡文化生态保护区的设立是文化建设中贯彻科学发展观的重要举措，对于优秀民族文化的传承与弘扬具有重要意义。热贡地区聚居着众多的少数民族。西部大开发、青藏铁路的开通，都加速了热贡地区的发展。在与外界文化不断接触、碰撞的过程中，尊重和保护热贡文化，对于增进民族团结，维护边疆稳定和祖国统一，实现民族和谐具有重要意义。热贡地区丰厚的文化资源具有极强的文化代表性，规划要突出热贡"非物质文化遗产资源的独特价值、文化内涵和民族特色、地方特色"。随着中央对藏区"跨越式发展战略"的提出和支持力度的加大，必然会产生社会经济和生态环境的急剧变迁。文化生态保护区的设立，可以增强民族凝聚力，增加民众的文化认同感，同时可以较好地处理"文化遗产保护与区域经济发展全面协调发展的要求"。

（二）主要内容

《热贡文化生态保护实验区总体规划》是总体规划深度的区域专项规划。规划包括了保护规划（保护为主，兼顾利用的规划）与项目规划（接轨国家扩大内需政策措施，通过项目策划、梳理与包装，及其空间落实的规划，争取国家和青海省的投资，为实验区的文化生态保护与文化旅游产业发展奠定基础）两大部分。内容框架具体包括：规划导引、热贡文化及生态系统、热贡文化生态保护实验区文化遗产现状及价值、发展定位与建设目标、文化生态区的整体保护、非物质文化遗产的保护与传承、社会经济发展与文化利用、分期实施方案、保障措施、图纸。

（三）规划特点

热贡文化生态保护区总体规划是文化部批准实施的首个国家级文化生态保护区总体规划。作为国家及文化生态保护实验区总体规划的先驱，在缺乏编制规范要求、技术标准的条件下，借鉴了空间规划技术手段和理论方法，规划内容、形式、体例、规范参照成熟的城市规划学科，同时在文化遗产资源保护与合理利用方面进行了探索创新，为后续文化部出台《文化部关于加强国家级文化生态保护区建设的指导意见》，初步建立文化生态保护区规划规范体系奠定了实践基础。

1.总体思路

规划的思路：

（1）保护为主。实施"保护为主、抢救第一"的保护规划目标及其相应的规划路径。以非物质文化遗产保护为核心，坚持非物质文化遗产保护的真实性和整体性；推动非物质文化遗产的整体性保护和传承发展，维护热贡文化生态系统的平衡和完整；保持文化形式的多样性，文化生态系统的空间完整性，文化资源的丰富性，保护与传承热贡地区优秀的民族传统文化。同时针对热贡文化濒危遗产项目采取抢救性保护和生产性保护措施。

（2）活态传承。热贡文化是当地民众的传统的生产生活方式。应突出当地民众的文化主体地位。坚持以人为本、活态传承的原则，活态保护与文化传承是其根本。规划以非遗项目为抓手，加强对代表性传承人和濒危项目等重点保护，以民间传习为基础，并将非物质文化遗产保护知识纳入当地教育体系。营造有利于文化生态可持续发展的良好社会氛围，全面推动热贡六月会、热贡唐卡、热贡堆绣、热贡雕塑、黄南藏戏、土族於菟舞与黄南藏医药等非物质文化遗产的传承发展工作。

（3）合理利用。正确处理文化生态保护区内非物质文化遗产保护和利用的关系，坚持保护优先、开发服从保护的原则。在严格保护热贡非物质文化遗产的基础上，合理利用其丰富的非遗资源优势，协调文化生态保护与地区经济社会发展的关系，适度发展旅游文化产业；繁荣地方民族文化，增进民族团结与凝聚力，促进社会和谐发展；文化生态保护区应纳入当地经济社会发展总体规划之中。

（4）加强建设。统筹建设综合性的非物质文化遗产展示馆和传习所，充分发挥非遗基础设施建设项目在保护、传承、展示、宣传非物质文化遗产等方面的积极作用；通过组织培训班、现场考察学习、经验交流等方式，与高等院校、科研院所密切协作培养非遗保护专业人才等途径加强非物质文化遗产保护人才队伍建设，为热贡文化生态保护区非物质文化遗产保护的理论、技术、方法研究和建设提供人才保障。

规划坚持保护为主，兼顾利用的方针，协调多目标诉求，在严格保护非物质文化遗产的前提下，实现藏区社会经济发展。规划通过非物质文化遗产名录项目的保护、非物质文化遗产名录项目代表性传承人的保护以及非物质文化遗产基础设施建设等保护措施，以非物质文化遗产为核心，对作为非物质文化遗产重要载体的物质文化遗产和其生存、传承的特定自然环境进行整体性保护。在对热贡历史文化深入理解和明确民族文化保护传承要求的前提下，通过"原生态""复合生态""文化生态"和"有机系统""动态保护"，以及文化旅游产业成长环境与政策的分析等，将科学分析、理念创意、产业环境与功能区划、保护规划、项目规划和设施建设予以空间落实，实现文化与自然资源及其环境的精品利用、转移利用、多元利用与复合利用等"高效"利用。

此外，通过项目策划与包装的"投资专项规划"，形成实验区有效保护与文化旅游产业发展的支撑条件。项目策划包括实现实验区文化遗产保护具体项目、生态环境保育具体项目、基础设施建设具体项目、农牧民安居具体项目、文化创意产业具体项目、文化旅游产业支撑项目等，对项目空间位置、建设时序、投资规模、资金来源、预期效果等进行了分析，项目通过国家、青海省政府支持的项目和政府引导投资项目等来源渠道进行融资，从单一非物质文化遗产保护专项规划向以非物质文化遗产为核心的文化遗产保护利用综合方向发展。

2. 空间保护区划技术

规划最大的特色是突出总体规划的"空间"属性，将保护项目、保护内容与地域空间相衔接，发挥文化生态保护区规划在地区建设与发展中的作用，在空间保护划定方面进行技术探索和创新。规划引入了城市规划的"空间保护区划"规划技术，综合考虑文化类型、特征、遗产分布、价值特点等因素，在规划范围内划定重点保护区和一般保护区，提出分区保护措施，划定文化聚落，对代表性文化空间进行重点保护。

规划以 3S 技术与格网技术、文化生态保护区管理信息系统等全息化实用技术为支撑，运用地理信息技术，借助 ArcGIS 平台进行规划技术分析及规划空间设计表达，通过对黄南州植被、土壤、降水、温度、土地覆被、高程等的叠加分析得出热贡非物质文化遗产所依存的自然生态环境分析。通过生态功能区划与主体功能区划的有机结合，景观生态、文化生态与自然生态的系统保护，进行分类保护与分级保护和保护等级的空间划定。此外，规划运用经济地理相关知识，对热贡非物质文化遗产所依存的社会经济环境进行了系统全面分析，为经济社会协调奠定了基础。

3. 保护分区

规划采用空间保护区划技术，对 1.2 万 km² 区域划定不同等级保护区域，实施地域重点保护采用空间保护区划的规划技术，综合考虑文化类型、特征、遗产分布、价值特点等因素，在规划范围内划定文化生态保护区的保护功能区，明确重点保护区、一般保护区的范围及与之对应的保护措施，确定保护重点，实施重点保护工程（图 15-43 ）。

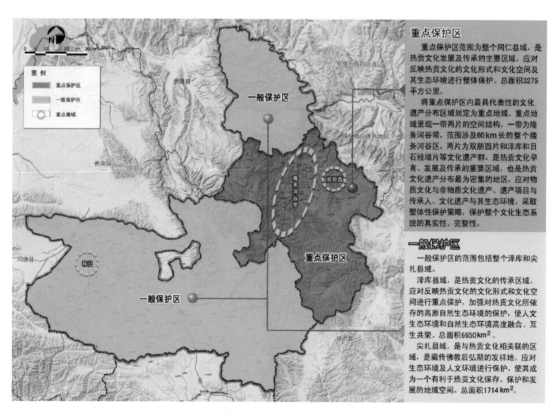

重点保护区

重点保护区范围为整个同仁县域，是热贡文化发展及传承的主要区域，应对反映热贡文化的文化形式和文化空间及其生态环境进行整体保护。总面积3275平方公里。

将重点保护区内最具代表性的文化遗产分布区域划定为重点地域。重点地域呈现一带两片的空间结构，一带为隆务河谷带，范围涉及 60 km 长的整个隆务河谷区，两片为吾屯西片和泽库和日石经墙片等文化遗产群，是热贡文化孕育、发展及传承的重要区域，也是热贡文化遗产分布最为密集的地区。应对物质文化与非物质文化遗产、遗产项目与传承人、文化遗产与其生态环境，采取整体性保护策略，保护整个文化生态系统的真实性、完整性。

一般保护区

一般保护区的范围包括整个泽库和尖扎县域。

泽库县域，是热贡文化的传承区域。应对反映热贡文化的文化形式和文化空间进行重点保护，加强对热贡文化所依存的高原自然生态环境的保护，使人文生态环境和自然生态环境高度融合、互生共荣。总面积6650km²。

尖扎县域，是与热贡文化相关联的区域，是藏传佛教后弘期的发祥地。应对生态环境及人文环境进行保护，使其成为一个有利于热贡文化保存、保护和发展的地域空间。总面积1714 km²。

图15-43　热贡文化生态保护区保护区划图

（1）重点保护区范围为整个同仁县域及和日村，是热贡文化保护及传承发展的主要区域。应对反映热贡文化的文化形式和文化空间及其自然生态环境进行整体保护。总面积

$3275km^2$。

将重点保护区内最具代表性的文化遗产分布区域划定为核心保护地域。核心保护地域呈现"一带两片"的空间结构，"一带"为隆务河谷带，范围涉及60km长的整个隆务河谷区，"两片"为双朋西片和泽库—日石经墙片等文化遗产群，是热贡文化孕育、发展及传承的重要区域，也是热贡文化遗产分布最为密集的地区。应对物质文化与非物质文化遗产、遗产项目与代表性传承人、文化遗产与其自然生态环境，采取整体性保护策略，保护整个文化生态系统的真实性、完整性。

（2）一般保护区的范围包括整个泽库和尖扎县域。泽库县域，是热贡文化的传播区域。应对反映热贡文化的文化形式和文化空间进行重点保护，加强对热贡文化所依存的高原自然生态环境的保护，使人文生态环境和自然生态环境高度融合、互生共荣。总面积$6650km^2$。尖扎县域是与热贡文化相关联的区域，坎布拉是藏传佛教后弘期的发祥地，是热贡文化的重要组成部分。应对自然生态环境及人文环境进行保护，使其成为一个有利于热贡文化保存、保护和发展的地域空间。总面积$1714km^2$。

4. 文化生态区的整体保护层次

热贡文化生态区内保护方法，参照景观生态学提出的斑块、廊道和基质概念，分为"点、线、面"三个层次，实施"动态、活化"的有机保护和整体性保护（图15-44）。

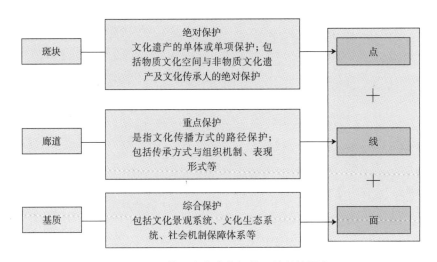

图15-44 热贡文化生态保护区的保护层次

（1）点——核心保护：是指非物质文化遗产的单项保护，包括非物质文化遗产名录项目的保护、代表性传承人保护及与非物质文化遗产相关的物质空间载体的保护。

（2）线——重点保护：是指文化传播方式的路径保护，包括传承方式与组织机制、表现形式与文化生态廊道等。

（3）面——广义是以上两方面的保护综合体。具体包括文化景观系统、文化生态系统、社会机制保障体系等。以完整实现以非遗项目保护为核心的文化生态保护区内文化生态和自然生态、景观生态的整体性保护为目标，辅以文化生态的动态与静态保护、成长环境与政策保护等措施，借助功能区划、保护规划、项目规划和设施建设予以空间落实。

5. 重点保护区空间结构

规划空间结构与功能分区沿隆务河谷形成"一带三区、一核多点"的空间格局（图15-45）：

图15-45 热贡文化生态保护区重点区域整体性保护空间结构图

（1）一带——隆务河谷热贡文化生态走廊：沿隆务河谷带状分布，热贡"金色谷地"所在，孕育多彩的热贡文化，是热贡人民繁衍生息之所，是热贡文化生态所依附的自然基质。保护隆务河流域的自然生态环境，保护河谷两岸的自然、人文景观，提升生态功能，并形成热贡文化展示窗口的金色廊带和民俗风情廊带。

（2）三区——生态文化区：地域包括保安组团区、年都乎组团区、曲库乎组团区等众多村堡屯寨，是核心区文化生态重要的保护传承发展地域。

（3）一核——同仁热贡文化保护核：包括隆务镇、铁吾古堡在内。隆务镇是黄南州的政治、经济、文化中心，是青海省内唯一一座国家级历史文化名城。保护重点包括，以热贡六月会、黄南藏戏、土族於菟、热贡艺术等非物质文化遗产项目及代表性传承人及文化空间的保护，同仁古城及隆务寺等与热贡文化活动相关的文物古迹的保护，对孕育热贡文化的隆务河自然生态环境保护等。同时依托古城，设立传习所与非遗专题展示馆，作为热贡文化遗产保护、传承、传播和振兴的空间载体，承担地区更多的研究、传习与利用等方面的职能。

（4）多点——民间活态文化保护点：包括吾屯、年都乎、郭麻日、尕撒日、曲麻、保安、四合吉、江龙、江什加、木合沙、瓜什则、麻什当、牙什当等众多村寨，对其实施整体保护。保护重点围绕热贡文化以及当地民族文化与民俗文化，各村寨的文化聚落形态、自然生态环境、热贡文化活动场所、古文化遗存点等，突出体现热贡文化遗产的活态特性。

6. 保护措施

规划实施"保护优先与文化主导"战略，包括：

（1）实施"以人为本、文化精品"的生产性保护。热贡文化具有丰富的文化表现形式和广泛的群众基础，以及强大的表现力和创造力，生产性保护既是村镇民众的主要保护方式，也符合黄南州的发展实际。唐卡、堆绣、雕塑等热贡艺术品多为当地群众手工制作，长期以来受到海内外佛教寺院和个人爱好者青睐。当地群众也因经营热贡艺术品增加了收入，改善了生活条件，享受到了实实在在的利益。黄南州委及州政府也把文化保护工作放在首位，将其纳入到社会经济发展规划中，并在文化遗产资源的合理利用方面作出积极的探索，展现了良好的发展前景。

规划依托吾屯村、年都乎村、郭麻日村、曲麻村四个热贡艺术村，总面积约为 15.3km^2 的地域，建立热贡村屯民间艺术原生态博物馆区。有别于陈列式展示型的博物馆，这里是以"热贡人家"为单元，展示热贡村屯民间艺术为主的活态的文化社区和民间艺术与民俗博物馆。此外，规划依托年都乎村至曲麻村，总面积约为 1.8km^2 的区域，建立热贡艺术院校教育培训区，包括青海黄南热贡艺术院校在内的热贡文化艺术创意与市场研发基地，是以发展热贡教育、文化传承、征集作品、文化培训为主的研发培训园区。选址于隆务河与夏卜浪河的交汇处，设立总面积约 0.6km^2 的热贡文化信息综合服务港；选址于城北新区东侧隆务河谷台地上，建立总面积约为 0.6km^2 的热贡之窗文化表演区，同时在隆务老城、新城及城北新区三个区域，总面积约为 4.8km^2 的区域内，凭借隆务河谷、历史名城、文化街区等建立热贡多元文化体验区，为一处体验热贡遗产文化与古镇休闲的理想场所。因此，在保护与弘扬热贡文化遗产的同时，合理利用热贡文化资源，并使当地农牧民脱贫，是激发民众自觉传承的有效方式，促进地方经济发展的重要途径。

建设黄南热贡文化生态保护示范基地和发展文化体验旅游，将其作为保护传承文化遗产和建立健全黄南文化事业发展的基础，使其成为积极保护与传承文化的重要任务之一。建设黄南热贡文化生态保护示范基地和发展文化体验旅游，将其作为保护传承文化遗产和建立健全黄南文化事业发展的基础，使其成为积极保护与传承文化的重要任务之一。

（2）积极推行"文化主导"。以热贡民间艺术保护、研发为核心，以热贡唐卡、堆绣、雕塑品牌为重点，塑造黄南州"热贡艺术"国际品牌，全面推动热贡文化的保护与传承发展。加强"热贡艺术"作为"藏区文化代表"的地位；结合原生态的热贡文化遗产项目，努力创办"一节（国际藏俗文化节）一赛（国际唐卡创作大赛）"等国际文化活动，设立"青海国际热贡唐卡艺术博览会"，体现节事文化的特色和传播效应。以热贡文化生态保护区建立为契机，全面推动与发展黄南州的文化教育事业与文化产业，以村屯的原生态文化部落整体保护为抓手，落实热贡文化教育与培训学校建设，扩展热贡文化产业链，积极开发高原生态与热贡文化旅游产品，塑造"唐卡故乡·秘境热贡"黄南州旅游新名片；改善生态环境、市政基础基础条件，建设同仁在安多藏区的文化中心形象，实现文化生态可持续发展。

（本小节引用的案例和图件均出自中国城市规划设计研究院编制的《热贡文化生态保护区总体规划》。）

七、《迪庆民族文化生态保护实验区总体规划》

（一）保护区概况

迪庆民族文化生态保护实验区于 2010 年获得文化部批准，成为我国第十个国家级文化生态保护实验区，是云南省第一个国家级文化生态保护实验区（图 15-46）。

"迪庆"为藏语"智慧安乐"之意。因"香格里拉"而闻名于世的迪庆藏族自治州位于云南省西北部，地处"三江并流"世界自然遗产、国家级风景名胜区腹地，滇、川、藏"中国香格里拉生态旅游区"核心区和茶马古道黄金旅游线路要冲（图 15-47）。保护区区域范围包括云南省迪庆州的香格里拉县、德钦县和维西傈僳族自治县，共 29 个乡镇、188 个村（居）民委员会，迪庆州 2010 年总人口约 40 万，其中少数民族人口占 88%。境内共有 26 个民族，其中千人以上世居民族有 9 个，包括藏族、傈僳族、纳西族、汉族、白族、彝族、普米族、苗族、回族。

迪庆是以藏族为主体的 26 个民族相融共济的多民族地域，迪庆民族文化是中华文化的有机组成部分，也是云南多民族与多元文化和谐并存的典型代表，是迪庆州境内各族人民在赖以生存的自然环境中发挥聪明才智，通过亲身实践创造出来的社会文明成果，包括物质文化与非物质文化的各种表现形式及精神内涵，反映着迪庆地区人与自然的关系以及

图15-46　迪庆民族文化生态保护区

图15-47　梅里雪山

迪庆各族人民创造、发展、传承自身文化传统的方式、思想和观念等。迪庆是文化与自然遗产的富集之地，拥有包括格萨尔、迪庆锅庄、傈僳族阿尺木刮、三坝纳西族手工造纸技艺、尼西藏族黑陶烧制技艺、迪庆藏医药在内的140个非物质文化遗产项目及200余位传承人，同时还分布着大量世界与国家级的自然和物质文化遗产。

迪庆藏族自治州自古形成了在一个相对较小的区域内多民族长期团结和睦、共生共荣的和谐社会精神传统和民族文化交融并存格局。国家要求将迪庆建设成民族团结和睦、社会稳定安宁、经济文化繁荣发展、人民生活安康幸福的长治久安的最佳藏区，亦即建成边疆多民族文化共同和谐发展和多民族团结进步的示范区，整体保护迪庆非物质文化遗产，发挥其"建成边疆多民族文化共同和谐发展和多民族团结进步示范区"，"向着建设全国藏区跨越式发展和长治久安示范区的目标前进"的特殊作用。

迪庆民族文化生态保护实验区的建设，对于建立以藏族为主体的多民族文化体系，倡导、弘扬、推进多民族长期团结和睦、共奋共荣的和谐社会精神与民族文化交融并存的格局，以及国家要求将迪庆建设成为边疆多民族文化共同和谐发展和多民族团结进步的示范区的目标具有重要的推进作用。文化生态保护区的建设，不仅对迪庆州，对多民族边疆省份云南以及对全国藏区和情况相似的民族地区，都有重要现实意义和深远的战略意义。

近年来，城镇化的迅猛发展，以及"三江"水利设施建设、矿产资源开发等项目的盲目上马，对迪庆的自然环境和文化生态格局造成了一定影响。加之全球化、信息化进程不断推进，带来外来文化冲击，传统生活方式改变，人口外流加速，旅游开发过度等问题，使得部分非物质文化遗产项目逐渐消亡。迪庆州在"十二五"规划中也提出了做优做强旅游产业，加快发展以旅游业为龙头的第三产业发展诉求。但另一方面，迪庆丰富的非物质文化遗产依存在特殊敏感和脆弱的文化生态系统上：多样复杂的地形地貌和脆弱的自然生态系统形成了以村落为单位，多民族"大分散、小聚居"的社会生态系统，26 个民族的非物质文化遗产在空间上形成了一个个以村落为主的文化生态单元，在外部引力（青壮劳动力和青少年学生外移）、辐射力（外部强势文化）、推力（部分不适当的新农村建设和农牧民定居点）的强力影响及内部动力（传承动力）不足的情势下，很容易使迪庆文化生态系统产生变化，使得较多非物质文化遗产项目出现濒危。其次，不合理利用文化遗产资源（不当利用、过度利用）也会对非物质文化遗产项目及其文化生态保护产生破坏。如旅游业的发展，一方面会对非物质文化遗产起到宣传作用，提高民众文化自豪感，促进非物质文化遗产代表性项目的保护，同时迪庆原来相对封闭、敏感的文化生态系统将不可避免地受到外来文化影响。与此同时，在多民族地区，如何协调民族关系，正确处理保护与利用间的矛盾，是规划面临的最大难点。

（二）规划内容

《迪庆民族文化生态保护实验区总体规划》内容主要包括规划背景、迪庆民族与文化生态研究、保护实验区现状与规划思路、非物质文化遗产保护规划、文化生态系统及空间保护规划、社会经济协调规划、保障体系建设、分期实施方案、附表、图纸、专题集。

（三）规划特点

迪庆民族文化生态保护实验区内的文化是以藏族文化为主体，并与州内其他民族文化并存共荣的多样性区域文化；充分体现出生态区内文化的悠久历史、丰厚内涵，是在区域自然地理特征基础上人与自然的关系和谐统一、多民族文化和谐共存、独具地方与民族特色的文化区域。迪庆民族文化是中华文化的有机组成部分，也是云南多民族与多元文化和谐并存的典型代表，是迪庆州境内各族人民在赖以生存的自然环境中发挥聪明才智、通过亲身实践创造出来的社会文明成果，包括物质文化与非物质文化的各种表现形式及精神内涵，反映着迪庆地区人与自然的关系以及迪庆各族人民创造、发展、传承自身文化传统的方式、思想和观念等。

1.迪庆民族与文化生态研究

规划对迪庆民族文化的核心——九大世居民族的文化资源和内涵进行了深入研究总结，突出民族文化遗产资源的独特价值与内涵。迪庆民族文化由境内生活的各民族人民所共同创造，在这其中，共占总人口 99% 以上的九大世居民族（包括藏族、傈僳族、纳西族、汉族、白族、彝族、普米族、苗族、回族）的多姿多彩的文化，可以说是迪庆民族文化资源的集中代表与体现。在中华民族多元一体格局中，迪庆民族文化形态不仅展现了民族文化的多样性，更展现了多元民族文化和谐共处、交融互动的历史脉络。迪庆多民族所共同创造的非物质文化遗产，不仅是研究边疆各民族历史关系与藏彝民族走廊、滇藏民族通道衍生独特文化的活化石与历史见证，更是多民族在不断的相互融合、涵化过程中发展起来的和谐文化的典型代表；独特鲜活的历史与民俗、文化与科学、艺术与社会价值，是我国滇藏川地区多民族文化遗产的核心组成和边疆少数民族相融共处、和谐发展的社会典范；其深厚的民众基础，成为当下人民群众日常生活的重要组成部分。

《迪庆民族文化生态保护实验区总体规划》在对迪庆民族文化生态保护实验区现状特征、主要问题及影响因素等分析的基础上，重点研究迪庆三大主体民族与九个世居民族的文化生态特点，通过 GIS 等新技术应用对地理环境复杂的迪庆州地区进行了文化生态科学分析与空间规划，确定了以迪庆非物质文化遗产为核心，以民族村寨为主体，实施区域性整体保护的总体思路。为协调文化生态保护与社会经济发展关系，规划提出了多样化的"民族文化生态保护示范村"的建设模式，在文化生态保护、文化展示、创意产业发展方面进行了创新性尝试（图 15-48）。

图15-48　迪庆民族文化生态保护区居民点

迪庆州 2010 年总人口约 40 万，其中少数民族人口占 88%（表 15-1）。境内共有 26 个民族，其中千人以上世居民族有 9 个，包括藏族、傈僳族、纳西族、汉族、白族、彝族、普米族、苗族、回族。此外还有怒族、独龙族、蒙古族、壮族、满族、土族、哈尼族、傣族、黎族等 17 个民族。迪庆州三大世居民族藏族、傈僳族、纳西族的人口分别占全州总人口的 35.59%、30.06%、12.87%（2010 年）。迪庆州境内除藏族呈大面积连续分布外，其他各民族都呈大杂居、小聚居的分布（图 15-49、表 15-2）。藏族主要分布于德钦县，香格里拉县高寒地区及维西傈僳族自治县塔城乡、巴迪乡；傈僳族主要居住于西邻怒江傈僳族自治州、物产资源丰富的维西县境内澜沧江中下游沿线；纳西族则聚集于东临丽江市，以香格里拉县三坝乡白水台东巴文化圣地为核心的哈巴雪山周边和金沙江下游地带。三大世居民族在三江流域中部交会杂居，形成以藏族为主体的多民族聚居区。其他世居民族则依托横断山脉环境，在三江流域南部的金沙江、腊普河一带形成多民族混居区。

2010 年迪庆分民族人口统计　　　　　　　　　　　　　　　表 15-1

民族	藏族	傈僳族	纳西族	汉族	白族	彝族	普米族	苗族	回族
人口数（人）	127233	107461	46010	42381	14654	14567	1970	1415	1127
占总人口比重	35.59%	30.06%	12.87%	11.75%	4.1%	4.07%	0.55%	0.4%	0.32%

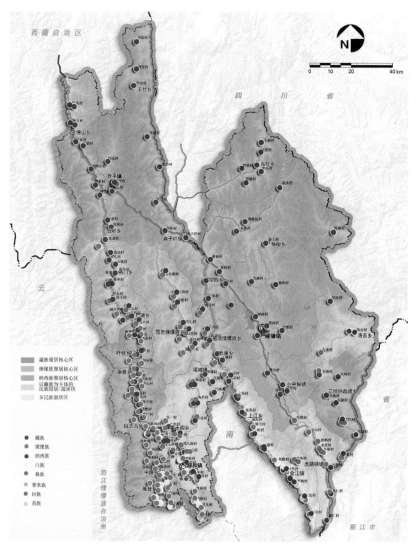

图15-49　迪庆民族文化生态保护区居民点分布

迪庆千人以上世居民族主要分布地区　　　　　　　　表 15-2

民族	主要分布地区
藏族	德钦县，香格里拉县高寒地区，维西傈僳族自治县塔城乡、巴迪乡
傈僳族	维西傈僳族自治县，德钦县的霞若乡和拖顶乡，香格里拉县金沙江沿岸的上江乡、三坝乡、洛吉乡和虎跳峡镇
纳西族	香格里拉县三坝纳西族乡、金江镇、上江乡、经济开发区，维西县塔城镇、永春乡、攀天阁乡、叶枝镇，德钦县佛山乡和升平镇
汉族	德钦县升平镇，维西县保和镇及各乡，香格里拉县建塘镇及金沙江沿岸各乡
白族	维西县维登乡、中路乡，香格里拉县金江镇、上江乡
彝族	香格里拉县虎跳峡镇、三坝乡、洛吉乡、金江镇，维西县永春乡
普米族	维西县永春乡、攀天阁乡
苗族	香格里拉县金江镇
回族	香格里拉县三坝乡、建塘镇，德钦县升平镇，维西县保和镇、百济汛乡

规划通过扎实详尽的田野调查，对全州 3 县 29 个乡镇的近 40 个重点民族村落进行了全面调查，为规划提供了准确的评估数据。规划综合非物质文化遗产学、景观与文化生态学、人文地理学、地理信息科学的理论与方法，紧扣迪庆民族与地域特点，研究分析了包括藏族、傈僳族、纳西族、汉族、白族、彝族、普米族、苗族、回族在内的九个世居民族的文化资源与内涵，以及三江并流、高山峡谷的多民族聚居环境，总结提炼了迪庆立体化的点、线、片、面这一有较强独特性的文化分布特点，归纳了迪庆切合自然环境的生态性、独特环境下传承与发展形成的文化地域性、保持民族特质的交融性、多元文化多种民族形成的文化多样性、增进社会交往的和谐性等文化生态特征，为规划奠定了坚实的基础。

2. 非物质文化遗产保护规划

规划制定了详细的非物质文化遗产保护规划，以四级非物质文化遗产名录项目及代表性传承人为保护重点，以迪庆各族民众为主体，以个体与群体保护、整体与重点保护、村落与区域保护相结合为原则，构建非物质文化遗产保护、传承体系，突出对多元文化的重点保护。规划贯彻"保护为主、抢救第一、合理利用、传承发展"的指导方针，分析存续状况，采取传承性保护、抢救性保护、生产性保护、整体性保护等方式，对不同民族的非物质文化遗产项目制定相应保护措施，重点加强了对濒危项目的抢救性保护。

延续《迪庆民族文化生态保护实验区规划纲要》中提出保护实验区建设将立足于"文化生态空间"的保护思路，为加强规划的科学性和可操作性，规划利用 GIS 空间数据等技术手段划定保护实验区范围与重点保护地域空间，落实空间整体保护措施。综合考虑非物质文化遗产保护名录项目及文化空间与自然生态空间、人文生态空间与经济生态空间等层面的相互关系，全面保护国家、省、市（州）、县级非物质文化遗产保护名录项目和与之相关的物质文化遗产、自然遗产（图 15-50、图 15-51）。其中民族文化生态空间将以民族类型和村落范围进行重点划分，形成核心民族保护区域与核心村落保护空间。

图15-50　非物质文化遗产项目分布总图

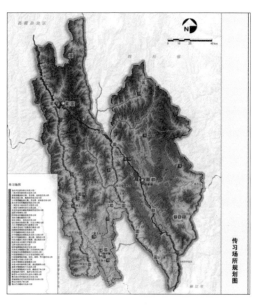

图15-51　传习场所规划图

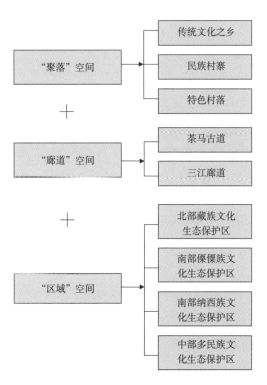

图15-52　保护空间层次

规划重点对迪庆州文化生态现状进行了详细的梳理分析，建立了"生态斑块""生态廊道""文化生态基质"三个层次，即由传统文化之乡、民族村寨和特色村落组成的"聚落"空间，由茶马古道和"三江"流域构成的"廊道"空间，以及根据自然环境、地貌类型和民族分布特点而划定的区域性民族"文化生态保护区"（图 15-52）。针对村寨是迪庆少数民族非物质文化遗产留存最丰富、传承最有序的地域空间，结合迪庆多民族"大分散、小聚居"的垂直分布特征，规划提出以民族村寨为保护主体，实现非物质文化遗产在村落空间的"就地保护"与"原产地保护"目标，构建了以民族村寨为基础的文化生态保护体系，突出民族传统村落在非物质文化遗产保护传承中的重要作用，此外，规划以村寨为基本单元，突出社区文化保护，制定了近期 56 个项目的建设计划，用以直接指导项目实施。依据自然环境、地貌类型、民族分布，在整体区域划分上，规划以世居核心民族为重点，将保护区划分为三江并流北部藏族文化保护区、河谷下游纳西族及傈僳族文化保护区以及三江并流中部以藏族为主体的多民族多元文化保护区，同时在文化生态空间保护规划中提出九大世居民族的空间管控保护措施（图 15-53 ～图 15-54）。

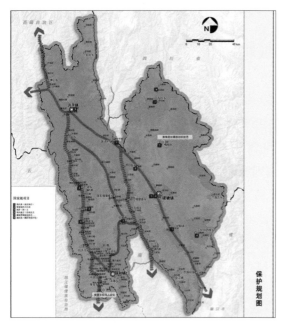

图15-53　保护规划图

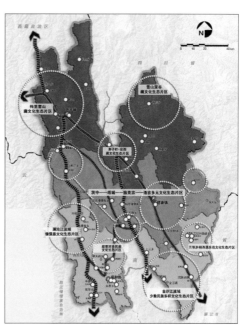

图15-54　保护片区划分图

在新技术应用方面，规划运用遥感和地理信息系统技术，建立了保护区基础空间数据库，通过 GIS 软件技术对非物质文化遗产空间特征、自然环境与生态系统、生态环境敏感性、非物质文化遗产与物质文化空间的相关性进行了分析，为科学划定重点保护地域及保护区建设管理工作提供了强大的技术支撑（图 15-55）。

《迪庆民族文化生态保护实验区总体规划》贯彻落实《非物质文化遗产法》，对地区文化多样性保护起到了积极作用。总体规划的落实与实施，对迪庆州凝聚民族情感、建设"长治久安"的和谐藏区，特别是对多民族边疆省份云南以及全国其他民族地区，都具有十分重要的现实意义和深远的战略意义。本规划是文化部批准实施的第二

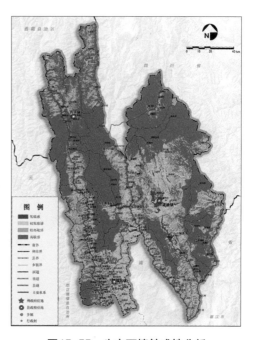

图15-55　生态环境敏感性分析

个总体规划,规划成果现已成为文化部用以推广的编制范本。2013年,实验区被正式命名为"迪庆民族文化生态保护区"。根据规划要求,迪庆州成立了州级非物质文化遗产保护中心,健全了州、县各级管理机构,使迪庆的非物质文化遗产保护工作全面走上健康发展之路。

（本小节引用的案例和图件均出自中国城市规划设计研究院编制的《迪庆民族文化生态保护实验区总体规划》。）

八、《潍水文化生态保护实验区总体规划》

（一）保护区概况

潍水文化生态保护实验区在2010年11月经文化部批准命名,成为我国第9个国家级文化生态保护实验区。2013年3月,文化部组织专家对《潍水文化生态保护区总体规划》进行论证,认为规划基本符合《文化部关于加强国家级文化生态保护区建设的指导意见》(文非遗发〔2010〕7号)的要求,同意组织实施。

潍水文化生态保护实验区以山东省潍坊市行政区域所属的奎文、潍城、寒亭、坊子4区,青州、诸城、寿光、高密、安丘、昌邑6市,昌乐、临朐2县为地缘范围,保护区总面积为1.614万km²,海域面积1400km²,人口908.62万（第六次人口普查数据）,有汉、满、回、蒙等众多民族（图15-56）。

图15-56　潍坊市区位图

潍水是我国历史上一条古老的河流。《尚书·禹贡》记载"嵎夷既略，潍淄其道"。潍水又称潍河，发源于南沂蒙山系并流经山东潍坊，贯通诸城、高密、安丘、潍坊及昌邑等市县，北入渤海莱州湾，干流全长 178km^2，支流 143 条，总流域面积 6600km^2。潍坊得名源于潍水。隋代初因潍水而在今潍坊市设潍水县，继而设立潍州（距今约 1400 多年），后明代洪武年间降为潍县。潍坊由辖区内的潍县和坊子而成名。

潍水冲积扇上所形成的平原沃土孕育了潍坊地区最早的农耕文明，流域内发现大量中石器时代以及新石器时代的后李、北辛、大汶口及岳石文化遗址，地区文明史悠久。潍水下游的渤海南岸，自新石器时代起，就是我国著名的盐业基地。利用海水制盐并利用水路运盐，在封建社会早期已成为潍坊地区重要的经济支柱。

潍水文化，是指潍坊市域范围内世代居住的人们所创造的物质文化与精神文化的总和。潍水文化继承发展了海岱文化和齐文化，最大特征是集农（手）工商贸于一体，"二百支红炉，三千砸铜匠，九千绣花女，十万织布机"，是世居潍坊地区的民众在长期社会实践中的形成的文化形态，包括潍坊民众在长期农业生产中形成的农耕文化、在渔盐生产过程中形成的渔盐文化、在庭院经济中产生的庭院文化、在集市商贸活动产生的商贸文化、在生活中积累的民俗文化。

潍水文化的特色文化资源包括了《晏子春秋》、《水调歌头·明月几时有》、董家庄汉墓画像，《清明上河图》等文学艺术作品，诸城派古琴、青州挫琴、青州龙虎斗、诸城喇叭吹打乐、孟疃民歌等传统音乐，小章竹马、月宫图、闹海、打秧歌、狮子舞、庄氏九头船等传统舞蹈，周姑戏、高密茂腔等传统戏剧，东路大鼓、山东八角鼓等传统曲艺，青州和昌乐的石雕石刻艺术等雕刻艺术。此外还包括潍坊年俗、风筝民俗、庙会民俗等民俗文化，朝天锅、杠子头、临朐全羊宴等酒文化和饮食文化，《庄农日用杂字》、盐神节等农业与渔盐文化，昌邑丝绸、景芝镇、侯镇等商埠与手工商经济文化以及公冶长、窦光鼐、刘墉、张择端、李清照、苏东坡等众多文人相关的传说。

潍水文化的特征包括：

（1）承载了中华民族最古老的文化基因。水流域有着八千多年的文明史，潍水文化以海岱文化为源头，在齐文化的基础上延续发展，并受传统儒家文化影响，很多流传至今的民间传说、民俗仪式、生产技艺等非物质文化遗产都承载了中华民族最原始古老的文化基因，堪称文化活化石，根脉源远流长，历史积淀深厚。

（2）凸显半岛性复合型的鲜明地域特征。独特的地理环境使得潍水文化具有鲜明的地域特色。海岱之间半岛性复合型文化特性，使长期农业生产积累的传统农耕文化与潍水下游渔盐生产中形成的海洋渔盐文化融为一体。潍坊北部沿海地区渔盐业发达，拥有卤水制盐技艺、开海节等非物质文化遗产；中部平原地区城镇化程度高，传统农耕经济与手工商贸发达；南部低山丘陵地区拥有云门山、沂山等众多国家自然保护区，宗教文化传统深厚，历史名人辈出。渔盐经济与农耕经济的融合并存，在历史上形成了潍水文化的复合形态，同时兼有远古以来庭院经济所产生的庭院文化、生产生活中积累总结的民俗文化、集市商贸活动所形成的商贸文化。

（3）具有突出的实用属性。潍坊在历史上受齐文化深刻影响，自古在传统农业社会中形成了手工生产的传统，明清时期手工业经济、商业发达，历史上曾有"南苏州，北潍县"之称。20世纪中后期，潍坊地区的民间艺术更是得到了突飞猛进的发展。风筝、年画、剪纸、泥塑、核雕、嵌银漆器、仿古铜、布玩具、刺绣、草编等传统民间工艺成了潍水文化的代表，潍坊的手工商贸文化得到广泛传承。丰富多样的民间工艺既体现了突出的实用属性和艺术价值，同时其所依存的社会经济环境是文化生态系统可持续发展的重要支撑。

（4）体现了开放包容、与时俱进的发展特点。潍坊地域文化在历史上一直处于动态发展的过程中，在继承了海岱文化、齐文化的同时，其地域文化的开放性和包容性使其接纳了其他外来文化，逐渐形成了独具特色的潍水文化。明清以来，凭借青平大道、青莱古道以及胶济铁路的横向贯通和西部大运河的连通等区位优势，使得南方文化、京城文化、海上商贸文化共聚潍坊一地，相互碰撞，形成了近代融汇南北东西，以手工商贸文化为特色的潍水文化。这种动态开放的发展特点，使得潍坊的非物质文化遗产能适应当时的社会经济发展状况，绵延存续。同时在潍坊的传统工艺、民间信仰、民间艺术等文化传统中所体现的务实创新、开放进取的价值取向也得到了潍坊民众的普遍认同。其中最具代表性的潍坊风筝扎制技艺，便是潍水文化积极向上的精神缩影。

（5）文化传承过程的连续性。潍水文化形成、传承的历史过程具有连续性特征。除实用性的传统技艺外，潍水文化中民间文学类非物质文化遗产尤为突出，体现出潍水文化传承的连续性。众多流传至今的古老历史传说与民间故事，在几千年的文化发展过程中从未间断，一直传承，不仅体现出当地民众对历史的敬仰和尊重，而且在文化功能方面也使之成了当今文化发展的动力源泉。

（二）规划内容

《潍水文化生态保护实验区总体规划》主要规划内容包括总则、潍水文化与潍水文化生态系统、保护区现状与规划思路、非物质文化遗产保护规划、文化生态保护规划、社会经济协调规划、保障体系建设、分期实施方案、图纸、附录。

（三）规划特点

黄河下游的山东地区是中华文明形成与发展的重要区域。新石器时期自泰山至黄海的广袤大地在考古学上被称为"海岱文化区"。海岱文化经过东夷文化和夏周文化的继承发展，成为后世博大精深的齐鲁文化的重要源头。潍坊地处山东半岛中部，在潍坊境内世代传承的潍水文化是海岱文化和齐文化的继承发展，是多元一体的中华民族文化体系中具有代表性的一支。潍水文化既包含了大量珍贵的物质文化遗产，又拥有难以数计的与当地民众生产生活密切相关的民间文学、传统音乐、传统舞蹈、传统戏曲、传统曲艺、传统美术、传统技艺和民俗（节庆习俗、人生礼仪、民间信仰）等非物质文化遗产。

良好的文化生态是潍水文化存续的基本保障。在非物质文化遗产名录保护机制建立、健全过程中，潍坊市各级政府、文化主管部门非常重视对非物质文化遗产及文化生态的保护。潍坊广大人民群众的文化自觉不断加强，诸多濒临消亡的传统习俗和民间文化项目得以激活。以风筝、年画、剪纸、泥塑等为代表的非物质文化遗产项目通过生产性保护已渐成规模，传承、振兴潍水文化正在成为当地社会的共同认识。然而也必须看到，随着现代化步伐的加快和快速城镇化的影响，潍水文化生态环境也面临着许多威胁和破坏，因此对潍水非物质文化遗产实施整体性保护尤为迫切。设立潍水文化生态保护实验区，对于非物质文化遗产保护、生态文明建设和经济可持续发展具有重要意义。

1. 潍水文化特征

《潍水文化生态保护实验区总体规划》前期进行了深入的现场调研，考察地点涵盖潍坊全市域范围所有 12 个区县市，以实地调研与走访调研、座谈调研相结合的考察方式，共走访 35 个传承人，实地考察 47 个项目，为规划编制打下了坚实的良好基础。规划对保护区的历史沿革和文化形态资源特色进行了详细梳理，重点对潍水文化的特征进行了准确的归纳总结。规划将潍水文化特征概括为：承载了中华民族最古老的文化基因，凸显半岛性复合型的鲜明地域特征，具有突出的实用属性，体现了开放包容与时俱进的发展特点，文化传承过程一致连续。潍水文化是研究人类古文明与中华传统文化根脉的活化石与历史见证，潍水文化中蕴含着齐文化开放、包容、进取的精神和"仁、义、礼、智、信、恕、忠、孝、悌"的儒家文化思想，是中华民族文化的核心组成，具有深厚的民众基础。保护潍水文化，对营造和谐社会具有重要价值和意义。

2. 保护对象与措施

潍坊市作为国家级文化生态保护实验区中经济发达地区的典型代表，非物质文化遗产资源数量极其丰富，其中更以传统技艺类非物质文化遗产项目最为突出。截至 2012 年 8 月，潍坊市共申报国家级非物质文化遗产代表性项目名录 14 项，省级名录 35 项，市级项目 162 项，县级项目 546 项；入选国家级传承人 5 人，省级传承人 27 人，市级传承人 147 人，区县级传承人 259 人。传统技艺、民间文学类项目数量最为丰富，两类项目合计约占全体项目的 60%。针对保护区数量繁多、独具价值的传统技艺、传统美术类非物质文化遗产的特点，为了处理好保护与利用的关系，对非物质文化遗产的生产性保护与合理利用提出了相应规划要求和管控措施。对保护区内传统技艺、传统美术与传统医药药物炮制类非物质文化遗产名录项目采取生产性保护措施，为其生产经营提供条件，创造经济效益，提高非物质文化遗产代表性传承人的传承积极性，为非物质文化遗产保护奠定基础。在生产性保护中，应坚持保护传统工艺流程的整体性和核心技艺的真实性，遵守保护优先、开发服从保护的原则，依法科学保护，避免随意进行商业性的加工、改造，严禁破坏非物质文化遗

图15-57　潍水文化

产的真实性和整体性。对处于濒危状态的项目，应优先抢救性保护，尽力恢复生产与传承。对传统技艺、传统美术、传统医药药物炮制等具有市场开发潜力的非物质文化遗产名录项目进行积极的生产性保护；对传统舞蹈类、传统音乐类、传统戏剧类、曲艺类等非物质文化遗产资源结合文化事业发展进行合理的利用；对非物质文化遗产名录项目及其依存的物质文化遗产，结合全市文化旅游业发展进行适度的开发。规划提出，利用的目的是为了提升非物质文化遗产在当今社会的活力，提升其保护传承的动力。

3.非物质文化遗产代表性项目的空间分布

潍坊非物质文化遗产代表性项目的空间分布以昌乐县城—寒亭区城区—坊子区城区构成的三角形区域最为集中；此外，还存在两个面状集中片区和两个条带状集中片区（图15-58）。

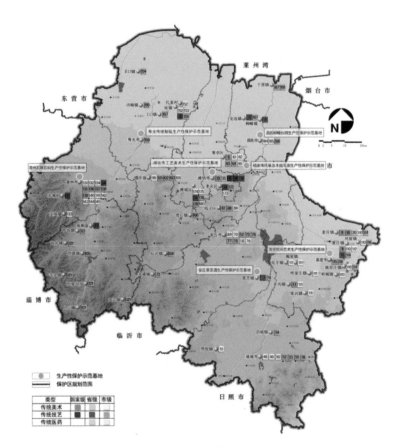

图15-58　潍水文化生态保护区非物质文化遗产代表性项目分布

以昌乐县城—寒亭区城区—坊子区城区三点形成的三角形区域，包含潍坊市中心城区（奎文区、潍城区），是潍坊市传统技艺、传统美术类项目集中分布的区域。这片区域内共有市级以上非物质文化遗产名录项目38项，约占全市市级以上项目总数的21%，集中了国家级项目有3项，省级项目4项，市级项目31项。其中，民间文学类3项，传统舞蹈类 3 项，传统戏剧类 1 项，传统美术类 5 项，传统技艺类 11 项，传统医药类 4 项，民俗类 1 项，传统体育类 3 项。

两个面状集中片区：一片是指市域东部高密市区及高密东北乡（包括姜庄镇、夏庄镇）组成的区域。此区域的非物质文化遗产名录项目，具有高密地域民俗的典型特征。这片区域内共有市级以上非物质文化遗产名录项目 15 项，约占全市市级以上项目总数的 8.3%。集中了国家级项目 3 项，省级项目 2 项，市级项目 10 项。其中，民间文学类 1 项，传统舞蹈类 2 项，传统戏剧类 1 项，传统美术类 5 项，传统体育类 1 项，传统技艺类 4 项，民俗类 1 项。另一片是指市域西部青州市区，此区域的非物质文化遗产具有多元的特色。共有市级以上非物质文化遗产名录项目 24 项，约占全市市级以上项目总数的 13.3%。集中了国家级项目 1 项，省级项目 2 项，市级性项目 21 项。其中民间文学类 6 项，传统音乐类 2 项，曲艺类 1 项，传统美术类 3 项，传统体育类 1 项，传统技艺类 6 项，传统医药类 6 项，民俗类 1 项。

两个条带状集中片区：第一条带是指南部文化带，这一片区域是民间文学类项目的集中分布区域。共有市级以上项目 41 项，占全市市级以上项目总数的 22.7%。集中了国家级 3 项，省级 3 项，市级项目 35 项。其中，民间文学类项目 14 项，传统音乐类项目 4 项，曲艺类项目 2 项，传统戏剧类项目 2 项，传统美术类项目 5 项，传统技艺类项目 10 项，民俗类项目 4 项。另一条带是指北部文化带，这一片区域是北部海洋渔盐文化的代表性区域。共有市级以上非物质文化遗产名录项目 5 项，包括民俗类项目 3 项，传统技艺类项目 2 项。

规划在对潍水文化生态进行系统梳理的基础上，提出保护区的文化生态空间结构以青州、中心城区、高密三片区域为核心，南北阶梯状分布，以水陆交运干线为轴向周围地域辐射传播的特点（图 15-59）。通过建立专项保护空间"文化生态核"，建立文化特征片区实施文化生态"重点区域保护"，建立区带结合的区域空间，进行文化生态基质保护的空间保护格局，对文化生态系统进行有效整体保护。

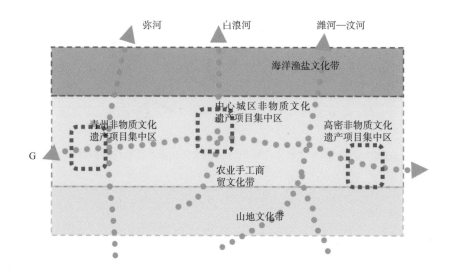

图15-59　潍水文化生态保护区非物质文化遗产代表性项目结构示意图

4. 保护格局（图 15-60）

规划的保护格局首先在于建立专项保护空间"文化生态核"。潍水文化生态保护区是以非物质文化遗产为核心的保护规划，其规划的基本与核心内容是针对潍坊地区现存的非物质文化遗产名录项目及其代表性传承人予以整体保护，为此建立以名录项目代表性传承人为载体的非物质文化遗产项目保护传承所在地的地域空间，即保护区文化生态核进行重点保护，并根据实际情况建立各级各项非物质文化遗产的专项保护空间。其中，国家级和省级非物质文化遗产名录项目的专项保护空间，其区域文化影响力高、代表性突出，是专项"重点"保护空间，是最能代表潍水文化的"文化生态核"。

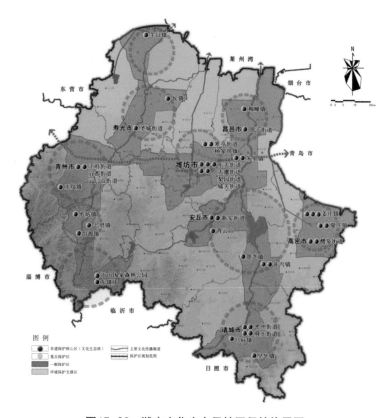

图15-60　潍水文化生态保护区保护格局图

其次，规划建立文化特征片区实施文化生态"重点区域保护"，在建立各级各项非物质文化遗产名录项目专项保护空间的基础上，以一个或多个空间上临近的"文化生态核"为中心，以能代表潍水文化的农耕文化、艺术文化、民俗文化、手工技艺文化、商贸文化、渔盐文化、传说文化、宗教文化的一种或几种为要素，将与"文化生态核"相连的、自然生态环境基本良好、传统文化生态保持较为完整的街道、社区或乡镇、村落等，划定 10 个文化特征片区，作为潍水文化生态保护实验区"重点保护区域"，实施整体性保护。包括：高密片区（民俗文化、手工技艺文化）、诸城片区（传说文化、音乐曲艺文化）、潍汶汇流片区（传说文化、手工技艺文化）、中心城区片区（手工技艺文化）、昌邑片区（丝绸商贸文化）、沂山片区（道教文化）、临朐片区（农耕文化）、寿光片区（农耕文化）、青州片区（宗教文化、手工技艺文化、传说文化）、沿海片区（渔盐文化）等。

规划另外建立了区带结合的区域空间，进行文化生态基质保护。非物质文化遗产脱离不开其生存发展的自然与人文、社会与经济环境，因此区域间的经济社会联系、地形地貌、行政区划，以及文化传播与文化交往的廊道，都将成为区内非物质文化遗产保护传承与可持续发展的必要条件，成为孕育地区文化特质的生态基质环境。为此，加强其环境基质的生态保护，对维护地区文化生态系统平衡与完整，实施保护区可持续发展都有十分重要的意义。

从文化生态系统与非物质文化遗产项目依存关系、空间分布规律分析，根据非物质文化遗产具有的活态性、流变性等特点，潍坊地区文化生态核保护空间存有三种基本类型，规划将针对各类型不同的特点，实施相应保护措施。三种类型具体含义如下：

（1）固化承载空间：指在当地某一固定场所发生的非物质文化遗产项目类型具有不可移动性的空间依赖特征。如祭舜大典文化空间、金山庙会等非物质文化遗产项目所依存的文化空间，其承载非物质文化遗产项目的固定空间称为固化承载空间。还包括如红丝砚制作技艺、桑皮纸制作技艺等对当地某项资源依赖而不能随意移动的非物质文化遗产项目所依存的空间，也归入此类空间保护范畴。

（2）非固化承载空间：指源于地方文化生态环境，但却不受特定空间场所限制的非物质文化遗产项目类型。该类非物质文化遗产项目依存的物质载体与人是密不可分的，不完全受其依存的物质空间载体的束缚，在一定层面上具有可移动性，而不会完全影响非物质文化遗产项目的整体表现形式，如诸城古琴、地秧歌舞蹈、高密的扑灰年画、杨家埠木版年画、高密剪纸、孟疃民歌、王金业鸟头字书法艺术以及秃尾巴老李的传说等非遗项目所依存的空间，均可归入此类。

（3）特色文化聚落：除上述空间之外，一些镇（村）虽然没有非物质文化遗产名录项目分布，但其民间文化氛围浓厚，其民间艺术风格极具潍坊地域文化内蕴；规划将此类空间作为潍坊地域文化的特色文化聚落，也将其纳入专项保护区。

5. 生产性保护

规划在对潍坊非物质文化遗产进行整体性保护的同时，对地区的城乡规划，社会经济发展规划，土地利用规划，风景名胜区规划以及历史文化名城名镇名村、文物古迹、江河水体的保护规划，自然保护区与国家公园等部门规划也进行了统筹兼顾，对协调社会经济发展提出了相应规划措施。

规划在文化部相关文件精神指导下，对潍坊市非物质文化遗产名录项目的生产性保护利用，主要有以下几个方向：

（1）现状已经发展很好，已形成一定规模的非物质文化遗产名录项目，如杨家埠的风筝、木版年画、各种传统酿制酒的技术、嵌银髹漆技术等非遗项目。其保护利用方向以规范产品市场，设立经济反哺文化生态机制，保护非物质文化遗产项目原真性和完整性为主，并结合有关产业进行适当的发展。

（2）现状发展较好，保护传承尚不存在问题且有开发潜力，可以形成规模产业的非物质文化遗产名录项目，如潍坊布玩具、安丘泥人等。对该类非物质文化遗产项目实施原真性保护的同时，利用民间美术等传统优势，在不断扩展传统产品营销渠道的同时，可开发多样化的文化产品为主要保护利用方向。与时俱进，在知识产权保护前提下通过授权保护方式，形成多种形式的规模化生产集群。

（3）现状因市场萎缩、产品被替代等原因而发展一般，甚至面临濒危的非物质文化遗产名录项目，如潍坊刺绣、临朐桑皮纸制作工艺等。因为产品销路问题而导致传承经济动力不足的非遗项目，如果能顺利解决产品销路，就能促进传承经济动力的复苏，因此以抢救性保护为主，同时注重扩大产品市场，恢复保护传承生态链，加大传承动力。

（4）现状因资源稀缺而产生濒危的非物质文化遗产名录项目，如临朐和青州的红丝砚制作技术等非物质文化遗产项目，主要以规范产品市场，提升非物质文化遗产项目本身艺术水平和价值，对相关产业进行提档升级，以制作精品、名品为目标，促进非遗项目原真性的保护和自身价值的回归。

潍水文化生态保护实验区总体规划已于 2013 年 5 月经文化部批文同意实施，保护区建设所需经费纳入保护区所在地区各级财政预算。

（本小节引用的案例和图件均出自中国城市规划设计研究院编制的《潍水文化生态保护实验区总体规划》。）

九、《武陵山区（湘西）土家族苗族文化生态保护区总体规划》

（一）保护区概况

武陵山区（湘西）土家族苗族文化生态保护实验区于 2010 年由国家文化部正式批准设立，是全国第 6 个国家级文化生态保护实验区（图 15-61）。《武陵山区（湘西）土家族苗族文化生态保护区总体规划》于 2013 年 3 月获批通过正式开始实施。

武陵山区（湘西）文化生态保护实验区规划范围包括整个湘西土家族苗族自治州，下辖吉首市、泸溪县、凤凰县、花垣县、保靖县、古丈县、永顺县、龙山县 7 县 1 市，也即文化部批准的实验区范围，总面积 15461km²，人口 285 万人，其中少数民族人口 193.62 万人，包括土家族 106.20 万人，苗族 86.40 万人，其他少数民族人口 1.20 万人（图 15-62）。武陵山区是指以武陵山脉为中心，东起雪峰山，西止大娄山，南起苗岭，北边是大巴山，横跨湘鄂渝黔四省（市）部分地区的多山地带。武陵山区生活着土家族、苗族、仡佬族、侗族等 30 多个少数民族 1100 多万人，约占当地总人口的 48%。这里的少数民族的文化传统保存得非常完整（图 15-63）。迄今武陵山片区是集革命老区、民族地区和贫困地区于一体，是跨省交界面大、少数民族聚集多、贫困人口分布广的连片特困地区，也是被国家作为新阶段扶贫攻坚率先启动的试点地区。湘西是湖南省湘西土家族苗族自治州的简称，位于湖南西北部，地处湘、鄂、渝、黔四省（市）接合部，是武陵山区的核心地带，是土家族、苗族的重要聚居区。

图15-61　湘西土家族、苗族聚居区

图15-62　武陵山区（湘西）土家族、苗族文化生态保护区区位图

图15-63　湘西民俗文化

　　湘西地理位置独特，是土家族、苗族的重要聚居区。土家族自称"毕兹卡"，是我国具有悠久历史的少数民族之一，早在蛮荒时代就聚居在酉水流域；湘西苗族自称"果雄"，也是当地最古老的民族之一。从地域分布看，土家族主要生活在酉水流域的龙山、保靖、古丈、永顺等"北四县"，苗族主要分布在腊尔山台地的吉首、凤凰、泸溪、花垣等"南四县"。湘西土家族苗族文化，是指自古以来生息繁衍在这块土地上的土家族苗族等各族人民通过辛勤努力共同创造出来的物质文明与精神文明的总和。湘西土家族苗族文化是湖湘文化的重要代表，也是中华民族多元一体传统文明的重要组成部分。

　　湖湘文化的"湖"是洞庭湖，"湘"即湘江。湖湘文化主要是指以今湖南为主体的地域文化。湖湘文化缘于炎黄文化和前炎帝神农文化，夏商周时期开始萌芽，其发展可以归纳为两条并行发展但不时交织在一起相互产生影响的主线：其一为承袭于远古的土著人类在湖湘大地继续创造和发展着的本土文化，其二是中原文化通过军事、政治、经济等途径不断地对湖湘文化产生影响。春秋战国时期初步发展，秦汉至隋唐时期继续发展，宋元明清至近现代时期湖湘文化蓬勃发展。

具有明确历史界标的湖湘文化形成于两宋以后。两宋时期兴起了理学文化思潮，对湖湘文化的兴起起到了至关重要的作用。理学思潮的兴起，标志着一种更具综合性的新儒学的文化形态出现。由于文化重心南移和儒学地域化，必然使这种以儒家为核心、综合释道的文化形态在南方繁衍、发展，促使以儒家思想为核心的地方学术形态——湖湘文化的形成和崛起。从宋代湖湘学派创立时其文化的基本特质是以理学的道德精神与经世致用的实事实功相结合，逐渐形成了"淳朴重义、勇敢尚武、经世致用、自强不息"的基本精神和"独立不羁，遁世不闷"的特殊品格。

湖湘文化既包含了最早生息于湖湘大地的原住民及后来陆续迁徙进来的"三苗"、"荆楚"等多民族文化或地域文化，也包含了秦汉以降作为主流文化传入的汉民族文化及中原文化。湖湘文化是在两大源脉孕育下，逐步形成了具有鲜明地域特色的文化：南下的中原文化，在文化重心南移的大背景下，湖南成为以儒学文化为正统的省区，中原的儒学是湖湘文化在思想学术层面的来源；唐宋以前的本土文化，包括荆楚文化，成为湖湘文化在社会心理层面的特质基因。湘西是本土文化的重要代表。湘西土家族苗族文化内涵丰富。物质文化遗产方面有各级文物保护单位 400 余处（其中国家重点文物保护单位 6 处，省级文物保护单位 59 处，州级 19 处），国家历史文化名城 1 座（凤凰古城），国家级历史文化名镇 2 座（里耶古镇、泸溪浦市镇）。进入四级目录的非物质文化遗产名录项目总计 386 项，内容几乎涵盖民间文学、传统音乐、传统舞蹈、传统戏剧、曲艺、传统体育游艺与杂技、传统美术、传统技艺、传统医药以及民俗等所有方面。这些以活态形式传承至今的非物质文化遗产项目，已经成为湘西土家族苗族传统文化中最为亮丽的地方名片。

湘西土家族苗族文化特点包括：

（1）地域文化独特性。历史上，尽管湘西地处湖湘文化、巴蜀文化、中原文化的交会地，千百年来各种民族文化、地域文化在这里发生相互碰撞，但由于地理环境的相对独立性，湘西在吸收、融合外来文化的同时，依然保留着本土地域文化的基础。生活在湘西土家族、苗族与贵州、湖北、重庆等地的有较大差别。如这里以梯玛为代表的土家族传统宗教与以巴代为代表的苗族传统宗教，土家族铜铃舞、跳丧舞、毛古斯、梯玛神歌、摆手歌与苗族接龙舞、绺巾舞，特别是土家族苗族的传统医疗术与传统建筑技术等，与贵州、湖北、重庆等其他地区的文化传统均呈现出较大的不同，表现出浓厚的湘西地域特色，是了解土家族苗族传统文化湘西特色的重要窗口。

（2）巫傩传统沿袭至今。湘西自古巫风昌炽，巫傩文化源远流长。早在春秋战国时期，湘西地区就是楚巫文化的发端和兴盛之地。经历漫长的历史流变，湘西土家族苗族的传统文化中还保留着比较鲜明的楚巫文化特色，具有重要的人类学、民族学和民俗学研究价值。这些传统信仰作为地方传统一直沿袭至今并渗透在日常生活的方方面面。如湘西土家族的梯玛歌、苗族的古歌即是依附于这些古老仪式上的民族记忆；土家族的摆手舞、毛古斯，苗族的鼓舞、接龙舞，即是依附于这些古老仪式上的有关本民族历史与文化的集体追忆；

而傩堂戏中古老神秘的上刀梯、下火海、探油锅、滚钉床更是这些古老的巫傩仪式的重要组成部分，并共同构成了湘西土家族苗族古老而神秘的文化底色。

（3）灿烂夺目的建筑文化。湘西土家族和苗族文化中最具特色物质文化是建筑文化，不仅内涵丰富，而且风格独特，手艺精湛；选址依山傍水，跟自然和谐协调。有国家历史文化名城1座（凤凰古城），国家级历史文化名镇3座（里耶、蒲市、芙蓉镇），省级历史文化名镇1座（边城镇），省级历史文化街区1条（乾州古城），8个中国民间文化艺术之乡，40个保存完好的传统村落，各级文物保护单位434处（其中国家重点文物保护单位6处，省级文物保护单位59处）。

（4）非物质文化遗产系统完整。活态传承的湘西土家族苗族非物质文化遗产是湘西土家族苗族文化的核心。依托于较好的自然环境和历史积淀，湘西土家族苗族世代传承的非物质文化遗产丰富多彩，主要有神话、传说、歌谣、民歌、舞蹈、织锦、刺绣、印染、扎染、红扎、竹雕、凿花等。但由于湘西山高水险，交通不畅，亘古以来主要通过有限的水路与外界交流，地理环境比较封闭，使得这里的土家族苗族传统文化保存良好，非物质文化遗产非常丰富。

（5）文化生态保持相对完整。山川阻隔、交通不便的特殊地域与自然生态环境，滋生繁衍了以土家族和苗族为核心的湘西民族文化。湘西奇异的山水风光、厚重的历史文化以及土家族和苗族浓郁的民族风情有机结合，和谐共生，形成独具特色、相互依存的湘西文化生态链。

在社会飞速发展、文化急剧转型的今天，非物质文化遗产赖以存活、传承的文化生态正在发生急剧变化，特别是工业化、城镇化、信息化、新农村建设过程中出现的一些偏差和某些非物质文化遗产的不当利用，对非物质文化遗产的有序传承都产生了严重威胁，抢救和保护湘西土家族苗族非物质文化遗产十分重要且迫在眉睫。建设民族文化生态保护区，保护土家族苗族非物质文化遗产所依存的文化生态，是实施非物质文化遗产整体性保护的一项重要内容和重要任务，是非物质文化遗产整体性保护的根本途径。这对于保护湘西民族文化遗产，增强土家族苗族等少数民族的自豪感和凝聚力有着特别重要的意义。

（二）主要内容

包括总则、非物质文化遗产资源及其文化生态分析、文化生态保护区建设环境与规划思路、非物质文化遗产保护规划、文化生态保护规划、社会经济协调发展规划、建设实施、保障措施、图纸、附录。

（三）规划特点

《武陵山区（湘西）土家族苗族文化生态保护区总体规划》通过对湘西州文化生态保护区保护等级的空间划定和管制措施的落实，以及相关保护方式和保护措施的提出，提高当地民众守护其精神家园的文化自觉，实现其非物质文化遗产的整体性保护和传承发展，维护湘西州文化生态系统的平衡和完整，促进湘西州经济社会全面协调和可持续发展。

1. 总体思路

具体思路包括:

1）以人为本，确保传承人传承非物质文化遗产的合法权益

传承人是非物质文化遗产的传承主体，也担负着沉重的传承重任。这项工作做得如何将直接关系到一个文明是否断流的大问题。要确保传承人所传非物质文化遗产项目的所有权、署名权、传承权以及由此产生的所有合法权益。各级政府在做好非遗监管工作的同时，应为传承人提供更优质、更贴心、更及时的服务，促进非物质文化遗产传承工作的有序进行。

2）承前启后，促进湘西自治州经济社会与文化的可持续发展

武陵山区（湘西）土家族苗族所创文明历史悠久，底蕴深厚，特色鲜明，保护、传承好这笔遗产，不但可以促进湘西自治州经济社会与文化的协调发展，也可为保护人类文化的多样性作出自己的独特贡献。通过将《保护区规划》纳入湘西经济社会发展规划，促进湘西自治州经济社会与文化的可持续发展。

3）注重整体保护，关注生态涵养

对湘西非物质文化实施整体保护，既要注意到对非物质文化遗产自身的整体保护，也要注意到对与之相关的周边环境的整体保护。通过深入了解非物质文化遗产与周边环境的关系，修复、恢复破损的文化生态，为非物质文化遗产传承创造一个更加适合其生长的文化空间。

4）实施分区管控

将文化生态保护区按其类型、数量、价值、文化生态特征以及与社会经济协调发展情况等因素，划分出不同的空间管制区。在武陵山区（湘西）土家族苗族文化生态保护区建设过程中，将根据上述原则，将非物质文化遗产项目分布相对集中，文化生态保持良好，区内自然生态环境较好的地区，划定为本保护区中的重点保护区。重点保护区范围以外的其他区域划分为一般性保护区域。

5）多方参与，共同保护

文化生态保护区的成功建设是多方参与的结果。建设过程中，充分发挥政府在文化生态保护区建设中的主导作用，充分发挥传承人在非物质文化遗产传承过程中的主导作用，充分发挥社会各界在非物质文化遗产保护与传承过程中的辅助作用，通过各司其职，促进非物质文化遗产的有序传承。同时，采取依法保护与政策保障相结合，政府保护与民间保护相结合，决策系统与咨询系统相结合，财政投入与社会融资相结合等保护方式，为非物质文化遗产传承创造一个更加宽松，更加适合其生长的文化空间。

6）统筹兼顾，分步实施

保护非物质文化遗产是各地政府日常工作的重要组成部分。非物质文化遗产保护要纳入地方政府经济和社会发展规划，纳入传统村落保护，纳入城镇建设和"美丽乡村"建设规划。通过分步实施，点面结合，区别对待，分类指导，区域合作和统筹规划，处理好各地方经济发展与文化保护之间的复杂关系。

2. 保护分区

规划主要在空间保护规划上创新发展，根据不同等级空间管制需要，建立了文化生态空间系统多层次保护。规划将"规划区"分解成核心保护区（对应于《文化部关于加强国家级文化生态保护区建设的指导意见》中的"重点区域"）、重点保护区、一般保护区和环境支撑区、专项保护区五个不同保护等级的空间管制地域，以及文化传播廊道和文化辐射区两种"流动"文化地域类型。规划从湘西自治州非物质文化遗产项目及文化资源集聚程度所呈现出的文化特性与空间分布特征，与环境的依存关系等方面综合考虑，提出湘西文化生态空间的基本形态：以传统村落等为文化生态核，相似的生产生活方式（传统茶产区、粮产区、商贸城镇区等）为重点区域，文化地理区域（北部土家族分布区、南部苗族分布区）为支撑区域，水陆交通线路为传播通道，地缘联系密切的周边区域为文化传播区域。这五类区域相互穿插作用，共同构成了完整的湘西文化生态系统。

本着就地保护与本真性保护原则，将文化生态保护核心区作为文化生态区保护的重中之重。根据湘西自治州的特定环境空间，将其文化生态保护核心区界定在历史文化名城名镇名村、国家级特色景观旅游名镇、中国民间文化艺术之乡与传统村落（特色村寨）等非物质文化遗产最为集中的场所。除核心保护区、重点保护区外，具有非物质文化遗产项目及其代表性传承人四级名录的其他地域，以乡镇为基本单位，总面积约 $6500km^2$。源于遗存共生与区系生态平衡原则划定武陵山区（湘西）土家族苗族生态保护实验区的环境支撑区，具体范围是整个武陵山区（湘西）文化生态保护实验区内除上述三级保护区外的其他地域。以乡镇为基本单位，总面积约 $7500km^2$。

规划通过对湘西文化生态系统空间特征的分析，得出结论：文化生态保护区在空间结构上呈现出"四区两带多道"整体形态（图 15-64 ～图 15-66）。

四区：整个文化生态保护区中的四个重点保护区，即龙山土家族重点保护区、永顺土家族重点保护区、吕洞山苗族重点保护区、腊尔山苗族重点保护区。

两带：南、北两支水上文化传播通道，分别是南部的沱江、武水、沅水构成的水上文化传播通道，北部的酉水及其支流洗车河、猛洞河、花垣河构成的水上文化传播通道。

多道：多条陆路文化交流传播通道，主要包括由东西向的国道209、南北向的国道319，省道230、省道305、省道306、省道308，以及其他低等级公路。

武陵山区（湘西）土家族苗族文化生态区涵盖了整个湘西土家族苗族自治州，由于地形地貌复杂，文化依托于特定的地理地貌，自然产生出一定的地域分化，并同其他文化一起共生共长，形成湘西自治州特定的南、北两极文化分化。

土家族文化传播区域：包括周边花垣县边城镇以及泸溪县潭溪镇，还延展到周边张家界市桑植县、永定区、武陵源区、慈利县；常德市石门县，贵州松桃县、沿河县、铜仁市；重庆秀山县、酉阳县、彭水县、黔江区、石柱县，湖北省咸丰县、宣恩县、鹤峰县、利川市、五峰县、长阳县等。

苗族文化传播区域：包括州内周边古丈县、保靖县及永顺县的部分乡镇，省内张家界、怀化市的部分县市，以及省外的重庆市、贵州省等部分相邻县市的部分乡镇。

湘西地处四省交界区域，维系并延续着繁衍千年的土家族苗族文化的完整生态链和文化传统，是土家族苗族文化的主要发源地之一。由于族源的多源性以及地域的相对封闭性，湘西土家族苗族文化的发展与传承一直因袭自我发展和吸收外来文化的传统，不断吸纳并融合周边地区文化元素，是形成湘西土家族苗族文化特色的重要因素。湘西是土家族苗族文化向外传播的核心区，注重与周边地区的文化交流，不断扩大文化传播区域，是保护湘西土家族苗族文化生态的需要，有利于营造文化生态区可持续发展的良好社会氛围。应积极营造社会文化环境，充分调动和发挥民众在文化传播中的主体地位，培养和促进其文化自觉性，持续增强文化传播效果，扩大湘西土家族苗族文化影响力。

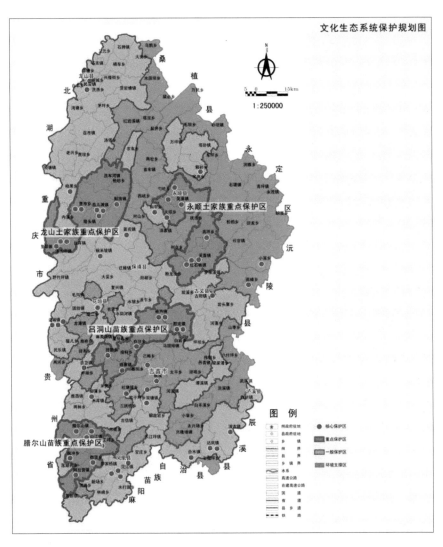

图15-64　文化生态系统保护规划图

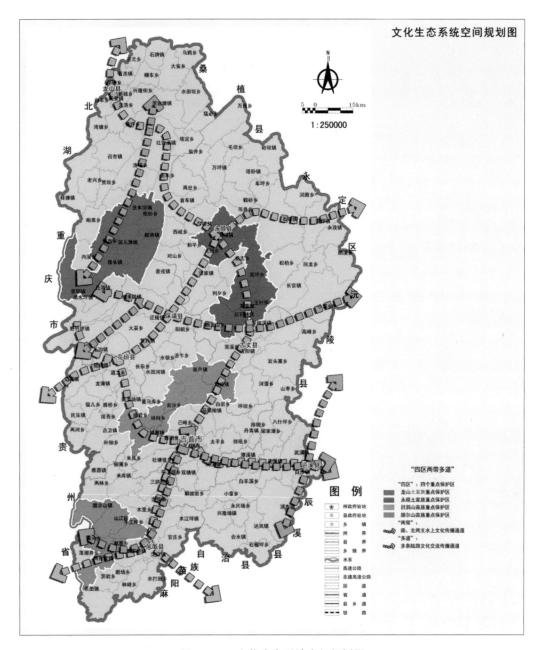

图15-65 文化生态系统空间规划图

此外，规划划定了专项保护区，目的是为了更有针对性的制定保护措施。规划以县为单位，以某类非物质文化遗产集中的地域为特征，划定县（市）属非物质文化专项生态保护区。从湘西州现状情况分析，专项保护区确定为传统技艺、传统音乐、传统舞蹈三个。专项保护区内以各级非物质文化遗产名录项目及其代表性传承人、依存的物质载体与场所空间为主要保护内容。其中国家级、省级非物质文化遗产名录项目为重点保护对象。通过建立非物质文化遗产传习基地，为民众认识、了解非物质文化遗产价值和传承人开展传承活动、培养后继

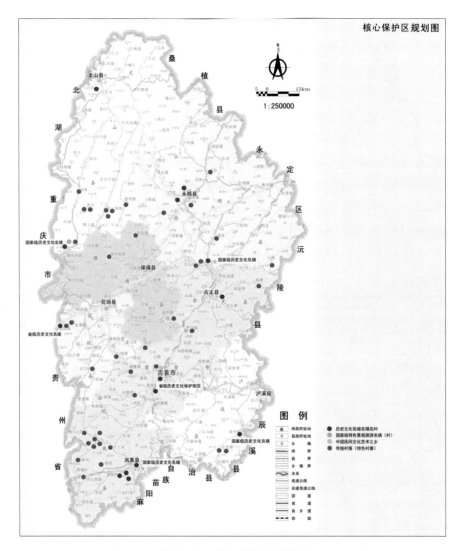

图15-66　核心保护区规划图

人才创造必要的条件，本着就地保护与本真性保护的原则，将非物质文化遗产项目集中所在的文化聚落（社区街道、城乡村镇）区域划定具有一定传承活动范围的空间，即为非物质文化遗产专项保护空间，大小与形式不一，其中非物质文化遗产项目及传承主体是保护重点。

　　湘西的水上文化传播通道与土家族苗族文化的衍生演进及对外传播的关系密切，是湘西土家族苗族文化的重要生态廊道。出于湘西土家族苗族文化鲜明的区系文化特征保护的需要，在湘西自治州区域层面开展文化特征保护成为必然，文化交往传播通道的保护也成为全州非遗保护工作中不可或缺的内容之一。规划加强文化交往传播通道的自然生态环境保护，建设生态防护林带，完善配套设施建设，统一规划，强化管控。加强文化交往传播通道的文化传播、交流作用。通过观光游览组织，宣传普及湘西土家族苗族文化发展历史。加强沿河、沿路古村镇的历史文化保护，深入挖掘相关非物质文化遗产，形成新的文化节点。

（本小节引用的案例和图件均出自吉首大学规划编制组编制的《武陵山区（湘西）土家族苗族文化生态保护区总体规划》。）

十、《客家文化（梅州）生态保护实验区总体规划》

（一）保护区概况

客家文化（梅州）生态保护实验区于 2010 年 5 月由国家文化部正式批准设立，是我国第五个国家级文化生态保护实验区。客家文化（梅州）生态保护实验区总体规划的范围包括客家人口密度最高的广东省梅州市所辖 6 县 1 市 1 区（即梅县、蕉岭、平远、五华、大埔、丰顺、梅江区、兴宁市）的行政地域，总面积 15836km² （图 15-67）。

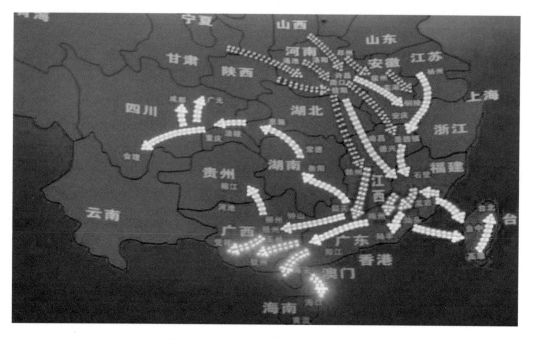

图15-67　客家先民的"五次大迁徙"

客家文化属于汉族文化，是汉文化的一种特殊表现形式。客家文化是客家人创造出来的物质财富和精神财富的总和，是在融合北方中原文化与南方土著文化基础上形成的，内涵丰富，表现形式多样，具有原生性、完整性、多元性、民族性、世界性。客家是汉民族中独具特色的一个分支族群，其先民自东晋至南宋时期由于战乱等原因自中原地区向南迁入赣闽粤交界地区，在与外界相对隔绝的情况下，逐渐融合当地畲、瑶、疍等土著居民，至宋末明初经过数百年的发展演化而逐渐形成具有独特方言、文化、风俗和特性，具有客家族群认同意识的居民共同体。客家文化是中原南迁汉人于宋末明初以来与赣、闽、粤边区畲、瑶、疍土著居民融合而形成的客家民系所创造的具有鲜明特质的语言、艺文以及耕种、饮食、居住、服饰、信俗、婚丧、节庆习俗等物质文化和精神文化的总和，是以古中原文化和吴楚文化为主体、融合赣、闽、粤边区土著文化而形成的独特的民系文化。

晋唐以来，客家先民经"五次大迁徙"逐步形成了遍布海内外的客家族群。中原汉人因战乱而大规模南迁聚居于赣、闽、粤三省交界的山区地带，逐渐形成以族亲血缘关系为纽带的社会结构，选择山水及自然经济资源较丰厚地区，构建内向且封闭、防御性极强的营垒式客家围屋建筑群，成为客家先民落居生存处，形成现今据点式、大分散小聚合的村镇分布格局。由于历代多次迁徙，客家人的分布地域非常广泛。从中原到南方，部分再从南方辗转海外，从而在中国及海外地区形成了一个庞大的客家民系。客家人在国内分布在18个省、市、自治区、特别行政区和地区，其中，赣、闽、粤三省交界的山区丘陵地带，是我国客家人最主要的聚居地，被称为"客家大本营"（图15-68）；海外客家人则分布于全球80多个国家和地区，主要在印度尼西亚、马来西亚、泰国、新加坡、缅甸、越南、美国、英国等国家。

客家文化梅州生态保护实验区在广东省的区位

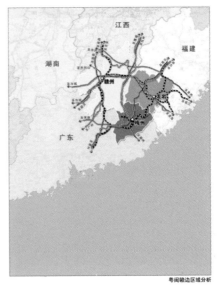
粤闽赣边区域分析

图15-68　客家文化（梅州）生态保护区区位分析图

位于粤北的梅州是全球最具代表性的客家人聚居地，是客家文化向海外扩散的中转站和传播中心，是海内外客家人的精神家园，是全球客家人普遍认同的"世界客都"，具有强大的文化辐射力和影响力，是客家文化的核心区域，具有客家文化特质的原生性、完整性和代表性。千百年来，梅州以其悠久的历史积淀、持久的文化创造、丰富的文化蕴藏、厚重的民风民俗、古朴的生活方式，成为客家文化的重要传承和发展中心，担负着保护、传承和发展客家传统文化的重大历史责任。梅州客家文化是宋明以来梅州客家人融合中原汉族文化与畲、瑶、疍等本土文化而形成和发展起来的一种颇具特色的区域文化，以纯正的客家话、盛行的客家山歌以及独特的客家围屋、客家菜肴、汉剧汉乐、道具歌舞为主要标志（图 15-69、图 15-70）。在海内外各地客家文化中，梅州客家文化品种最为丰富，特色最为鲜明，保存最为完好，是客家文化的典型。梅州是客家民系最后成熟的地区；梅州处于赣、闽、粤边区客家民系最大聚居地的核心，周边都是客家人，与周边其他民系几乎不发生直接联系；梅州地处南岭东部，群山峻岭，与外界联系较为困难；梅州曾长时间人口膨胀，向海内外迁播人口特别多。这种文化生态环境，使梅州客家文化具有"古朴、厚重、兼容"的特点，即遗存古中原文化特别多，民风民俗特别纯朴；文化的客家特色特别浓重、纯正，且表现形式多样；不仅较多地融入了畲、瑶、疍等土著文化，还融入了南洋、港澳、台湾等外来文化。

客家文化是中华民族多元一体文化的重要组成部分。客家文化生态保护区的设立，对于推动客家非物质文化遗产的整体性保护和传承发展，维护客家文化生态系统的平衡完整，提升民众对客家文化尤其是对其非物质文化遗产的广泛认知度，树立和培育客家民众的文化自信和文化自觉，维系和尊重海内外客家人文化认同等方面，都具有十分积极的社会意义。

图15-69　客家建筑——围龙屋

图15-70　客家民俗

（二）主要内容

主要内容包括导则、文化资源与文化生态分析、保护区现状与规划思路、非物质文化遗产保护规划、文化生态系统及空间保护规划、保护利用与社会经济协调规划、管理保障措施、建设实施、图纸、附录。

（三）规划特点

客家文化（梅州）生态保护区的规划建设以科学发展观为指导，认真贯彻国务院关于非物质文化遗产保护工作"保护为主、抢救第一、合理利用、传承发展"的指导方针，以非物质文化遗产名录项目代表性传承人和传承群体为主体，以非物质文化遗产保护为核心，通过对非物质文化遗产各个方面的确认、立档、研究、保存、保护、宣传、弘扬、传承和振兴，在依法保护基础上实施有效的科学保护、整体保护、活态保护；针对梅州实际，在保护的前提下将文化遗产资源合理利用、传承发展；促进梅州社会经济发展全面协调和可持续发展。

规划依据《中华人民共和国非物质文化遗产法》《文化部关于加强国家级文化生态保护区建设的指导意见》《文化部办公厅关于加强国家级文化生态保护区总体规划编制工作的通知》（含附件）和《梅州市国民经济和社会发展第十二个五年规划纲要》等，确定以下规划目标：调查、摸清梅州非物质文化遗产家底及其生存、传承状态，科学评估梅州文化生态基本特征和保护状态；体现国家对梅州客家文化保护和繁荣发展的宏观战略意图，地方政府、代表性传承人和社会各界对客家文化（梅州）的保护职责与工作重点；实现梅州非物质文化遗产的整体性保护和传承发展，促进经济社会全面协调和可持续发展。

规划在对客家文化源流、历史演进和文化资源内涵价值进行梳理研究的同时，对赣、闽、粤三地的客家文化从自然地理环境、社会人文环境、文化发展历程、民居建筑比较等方面进行了区域文化比较分析，从而得出了对梅州地域客家文化特征与价值地位总结。规划在非物质文化遗产保护的基础上，提出了确立文化空间，加强传统节日文化空间保护。

规划提出要完善国家、省、市、县四级名录保护体系建设；对区域内包括非物质文化遗产在内的地域文化实施整体性保护；加强非物质文化遗产保护基础设施建设；加大对非物质文化遗产名录项目和代表性传承人的保护力度；充分理解和尊重保护区内人民群众的文化主体地位，提升民众参与文化生态保护的自觉意识；加强领导，建立协调有效的工作机制。在梅州客家文化生态保护区内，保护传统农业、手工业、商贸等独具梅州地方特色的客家文化形态，特别应突出对代表性的地方文化形态的保护，保留客家传统文化元素；保持梅州当地客家人群体日常生活传统习惯，包括民居样式和居住格局，独具特色的服饰和装饰，特有的饮食内容、方式和习惯，特殊的婚丧礼仪，客家人共有的民间信仰和节庆祭典仪式等等，促进客家文化的全面认同和文化根脉的生态修复；保持传统的客家民间文化艺术门类多样化；加强对客家话的传承与保护，所有的非物质文化遗产应当保持客家话（客家方言土语）这一独具特色的文化沟通和文化交流功能，形成丰富生动的客家话方言口头传统文化，使其成为整体性保护梅州客家非物质文化遗产、全面修复客家文化生态的重要抓手。

规划的重点在于加强文化生态系统整体性保护。首先是保护文化空间：文化空间"是一个定期举行传统文化活动或集中展现传统文化表现形式的场所，也可定义为一段通常定期举行特定活动的时间，兼具空间性和时间性"。文化生态保护区在建设中应加强对文化空间的保护，通过节会保护形式，保护社会人文环境、发挥民众主体性和项目群体传承的特点。其次，设立非物质文化遗产重点与专项保护区，对非物质文化遗产项目的整体保护，在实施区域性整体保护基础上，重视国家级、省级非物质文化遗产名录项目的重点保护。依其分布空间与传承保护情况，以保护名录项目及代表性传承人所在地为核心，兼顾保护传承生态链依存空间如围龙屋及文化聚落等，设立非遗专项保护区也即非遗保护生态核，实行重点监控与保护管理，利于带动保护区其他非物质文化遗产项目的保护传承工作，实施重点与高效保护、空间分级等保护措施，使之有序开展。对保护区内与非物质文化遗产密切相关的物质载体、文化场所以及自然人文环境等文化生态实施整体性保护。最后，加强区域整体性空间保护，划定若干以自然环境、物质文化遗产为依托，与非物质文化遗产表现形式关系紧密、相对系统与完整的空间地域，将其作为文化生态保护区的有机组成部分。将物质文化遗产与非物质文化遗产进行整体保护，着重保护非物质文化遗产所属的衍生区域和传承环境，处理好保护与利用、传承与发展的相互关系。

为加强梅州客家文化生态保护区建设规划的科学性和可操作性，规划将利用较为成熟的 GIS 空间数据等技术手段，采用区划空间技术办法，划定保护区范围内以非物质文化遗产为核心的核心区域、辐射区域等片区，落实区域空间整体性保护措施，实施以非物质文化遗产保护为核心的文化生态系统规划保护方案（图 15-71）。

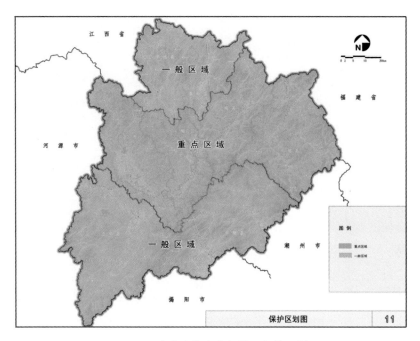

图15-71　客家文化生态保护区保护区划图

规划运用自然生态学理论方法，通过对不同文化生态特点的区域进行引导，对梅州地区的文化生态进行保护、修复与改善，保护文化生态健康、良好的区域，修复因生产生活方式而发生变化的非物质文化遗产生存环境，改善城镇化地区已渐进消失的传统文化生态环境，积极探索我国城镇化进程中非物质文化遗产及文化生态保护方式。在空间划定和管制上，规划参照市县各行政边界线，将梅州客家文化非物质文化遗产项目及遗产资源分布数量较多且相对集中、传统文化生态多样性保持较完整，区内自然生态环境相对良好且为高等级非物质文化遗产项目聚集的区域划定为重点保护区，范围涉及梅县、梅江区、兴宁市、大埔县等行政管辖区域以及梅江主干水系。针对非物质文化遗产项目整体性保护要求，提出非物质文化遗产项目复合保护空间概念，对非物质文化遗产产生及依存的地域空间（包括自然环境、人文环境形成的诸如与上述各级非物质文化遗产专项保护空间相重叠的各级文保单位、历史文化名城、名镇名村及风景区，以围龙屋及古村镇为代表的各个文化聚落群）进行保护（图15-72）。

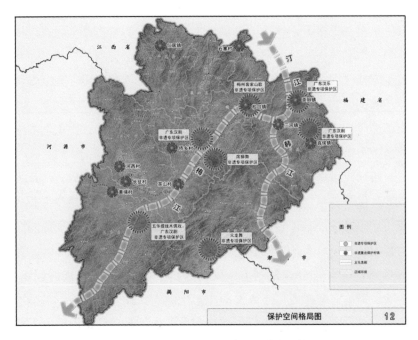

图15-72　客家文化生态保护区保护空间格局图

伴随城镇化及工业化的快速发展，我国的非物质文化遗产的生存现状并不乐观，城镇化使得大批农田消失，原住民流失，传统村落锐减，同时，农村生产生活方式发生转变，一些传统习俗急速变化，许多文化记忆在无意识地被淡化，大量青壮年农民进城务工导致乡土文化传承链条断裂，整体而言，传统意义上的中国农村风貌在渐渐远去甚至消失，非物质文化遗产赖以生存的环境遭到破坏。《国家新型城镇化规划》明确提出城镇化要"走以人为本、四化同步、优化布局、生态文明、文化传承的中国特色新型城镇化道路"，将"文化传承、彰显特色"作为新型城镇化建设的基本原则之一；进而提出，根据不同地区的自然历史文化禀赋，体现区域差异性，提倡形态多样性，防止千城一面，发展有历史记忆、文化脉络、地域风貌、民族特点的美丽城镇，建设历史文化底蕴厚重、时代特色鲜明的人文城市。在这一背景下，规划对梅州非物质文化遗产遗存的主要地域空间，如历史文化名镇、名村、传统村落、社区、围龙屋、历史街区等进行划分，采取有针对性的文化生态保育、修复与改善措施，改善非物质文化遗产的遗存环境。

文化生态保护保育措施主要针对非物质文化遗产高度集聚，物质空间载体保护情况较好的区域，重点在于协调非物质文化遗产项目及其历史文化空间环境，实现物质与非物质文化遗产的联动保护。严禁破坏历史遗存，搬迁大量原住居民的行为发生。特别是传统村落与社区，民众的积极参与，才是非物质文化遗产传承发展的社会基础。在代表性传承人的示范和指导下的民众参与，是非物质文化遗产能否得到保护的关键。

文化生态维护修复措施主要针对受城镇化较大影响，传统的生产、生活方式都发生较大变化的地区。梅州这些地区的广大民众对于传统文化的态度并没有发生变化，不过随着土地集中、农民上楼，很多原本产生、发展于生产劳作中的非物质文化遗产项目随着时间的推移逐渐面临失传和消失，因此需要通过大量保护和保留的围龙屋、寺庙牌楼、老街等传统空间进行生态修复，恢复原有非物质文化遗产项目的依存环境，减少城镇化对非物质文化遗产保护传承的影响，在遵循保护原则的前提下，进行科学保护创新，使得各地的非物质文化遗产都能得到有效保护，人民群众的文化自觉不断增强，文化素养不断提高，为进一步推进非物质文化遗产保护奠定良好的基础和氛围。

文化生态更新培育措施，主要针对历史文化环境整体破坏较严重，传承人生产生活环境发生重大改变且保护传承项目分布密度大的区域。因非物质文化遗产主要的依存环境不复存在，造成传承困难或面临消亡现象，在更新的环境内通过非物质文化遗产的多种功能进行生态重构利用和环境培育的方法，重新建构相互协调的文化生态环境。如在建的梅州江南新区建设项目，在 9.8km² 的规划范围内，290 余处的围龙屋仅规划保留 30 余处，目前已经启动拆除，梅州客家围龙屋是人类历史上保存年代最久、规模总量最大的宗族信仰和精神教化场所，是客家人培育精英后代的精神洗礼地，是历代优秀客家人精神基因的物质载体，大面积的围龙屋拆除，对梅州传统文化是极大的破坏。因此，应尽快停止历史建筑的拆除，重新编制符合梅州历史文化保护的建设规划，对于已经拆除的新建区域，应采取文化生态重构和环境培育方式。

城镇化进程中的非物质文化遗产保护工作应遵循几条原则：①要摸清非物质文化遗产的家底，制定相应的保护计划和措施；②要运用文字、图片、录音录像、数字多媒体技术等多种形式进行抢救性记录；③要关注非物质文化遗产相关群体、社区、社会组织的迁移变化，尽量不予拆散，保留原有人际关系；④要特别重视非遗项目较集中的古村落并实施整体性保护，加强历史文化名城名镇、历史文化街区、客家风情小镇文化资源挖掘和文化生态的整体保护；⑤要充分发掘非物质文化遗产的文化底蕴和人文价值，将其转化为可供物质消费或精神消费的文化产品、文化服务，从而获得更大的生存和发展空间。

（本小节引用的案例和图件均出自中国城市规划设计研究院编制的《客家文化（梅州）生态保护实验区总体规划》。）

十一、《大理文化生态保护实验区总体规划》

（一）保护区概况

2011 年 1 月，大理州被文化部列入"全国文化生态保护实验区"，成为我国第 11 个国家级文化生态保护区。云南省大理白族自治州地处三江并流横断山脉的最南端，是我国西南地区以白族为主体的民族自治地方，是中国唯一的白族自治州。大理文化生态保护实验区范围与大理白族自治州行政区域范围保持一致，规划范围总面积为 29459km²。大理文化生态保护实验区对应的行政区划范围包括：大理市、祥云县、宾川县、弥渡县、巍山彝族回族自治县、南涧彝族自治县、漾濞彝族自治县、永平县、云龙县、剑川县、洱源县、鹤庆县等全州 12 个县市，110 个乡镇、办事处，1074 个村公所和 50 个社区居民委员会，涵盖全州境内世居的白、汉、彝、回、苗等 13 个民族，总人口约 354 万人（图 15-73）。

图15-73　大理文化生态保护区区位图

大理州历史悠久，"史冠南疆"，是以白族为代表的极富地方特色的多民族文化相互融合的地理区域。境内文化与自然遗产丰富，拥有以白族三月街、绕三灵、石宝山歌会为代表的节庆民俗和以白族民居建筑、剑川木雕、大理扎染、诺邓火腿等为代表的传统手工技艺等丰富的非物质文化遗产。大理州非物质文化遗产形态多样，特征鲜明，具有典型的区域性和差异性。全州非物质文化遗产四级保护名录完备，存续状况真实良好，与人民群众的生产、生活息息相关，是"多元一体"中华文化体系中的重要组成部分。

大理文化生态保护区是经文化部批准设立，根据广大民众自觉要求和需要，以保护非物质文化遗产为核心，对大理州境内历史文化积淀丰厚，存续状态良好，具有重要价值，特色鲜明的特定地域文化形态进行整体性保护而设立的特定区域。建立大理国家级文化生态保护区，对于推动大理州非物质文化遗产的整体性保护，更好地传承和弘扬以白族为主的大理各民族优秀传统文化，维护其文化生态系统的平衡和完整，提高民族文化自觉，建设中华民族共有精神家园，增进民族团结，增强民族自信心和凝聚力，促进大理白族自治州经济社会全面协调和可持续发展等方面，具有十分重要的意义。

大理是云南历史文化的发祥地之一，灿烂的新石器文化和青铜文化在西南地区文化发展史上占有重要位置。自公元738年南诏国建立至1254年大理国被元所灭的515年间，白族、彝族先民以大理为中心，建立了雄踞西南的南诏、大理国，在吸收大量中原文化的同时发展了光辉灿烂的南诏大理国文化。南诏大理国时期佛教盛况空前，有"妙香佛国"之誉。佛教的兴盛，孕育了灿烂的佛教艺术，留存至今的众多佛塔、石窟、石刻、绘画、写经等佛教文化历史遗存，均堪称中国佛教艺术之精品。具有浓郁地方特色的大理佛教文化是中华佛教史中的重要组成部分。

大理拥有以白族三月街、绕三灵、石宝山歌会为代表的节庆民俗和以白族民居建筑、剑川木雕、大理扎染、诺邓火腿等为代表的传统手工技艺等丰富的非物质文化遗产。大理文化是以大理白族历史文化为主体，由全州白族、汉族、彝族、回族等各族人民共同创造与相互融合，在滇西苍山洱海区域传承发展、并存续至今的富于大理地区鲜明特色的西南高原盆地农耕文化类型（图15-74）。主要包括了以南诏德化碑、元世祖平云南碑等为代表的古代文化遗产，是大理各民族自古以来唇齿相依、互不分离，维护中华民族大团结、大统一的历史见证，是中华文化的重要组成部分；以先秦青铜文化为发端，继承南诏、大理国历史传统，儒、释、道等多元文化和谐发展、相容并济，存续至今的传统文化；以大理苍山、洱海为中心，包括洱海、剑川、鹤庆各地湖滨、盆地、河谷为代表的湖滨水稻农耕文化和以云龙为代表的山地白族文化，以巍山、南涧、漾濞为中心的彝族文化，以大理点苍山、宾川鸡足山、祥云水目山、剑川石宝山等寺院为代表的佛教文化，以巍山巍宝山古建筑群为代表的道教文化，以白族"本主崇拜"为代表的民间信仰习俗，以祥云云南驿、弥渡弥祉、剑川沙溪、鹤庆新华村为代表的古道商贸文化，以大理喜洲、洱源凤羽、云龙诺邓为代表的白族民居建筑文化、村落文化，以白族吹吹腔、大本曲、白族扎染、剑川木雕等民间艺术、民间工艺为代表的民族民间传统文化等代表性的文化形态。

大理文化具有以下特色：

（1）以苍山、洱海为代表，山清水秀，物产丰腴的生态系统和复杂多样的地理环境和气候，为大理文化传承提供了良好的生态环境，形成了具有丰富性、多样性、地域文化特征鲜明的大理文化；

（2）大理的非物质文化遗产与历史悠久的古道交通、宗教信仰、民风民俗紧密相连，有效地将中原文化与印缅文化和边疆各民族文化交融整合，使大理文化具有历史久远性、文化多样性和文化空间丰富性的文化特征；

（3）以白族文化为主体，白族文化和其他民族文化既具有明显的差异性，又相互影响，相互交融，和谐共生，使大理文化具有显著的包容性、开放性和多元性特征；

（4）非物质文化遗产与大理各族群众的生产、生活息息相关，使大理文化具有显著的

图15-74　大理文化

文化实用性特征；

（5）以白族文化为代表的文化遗产在中国区域文化遗产中具有高原湖滨农耕文化的独特个性，文化形态种类多、分布广，文化遗产保护和传承基本完整，具有可持续发展价值。

大理传统文化现正受到城镇化与旅游的影响。城镇化使大理山区在房屋建设形式与材料使用上、民族着装等文化审美取向等方面，都会受到巨大影响，应高度警惕，提高原住民的民族自信和自觉，免得依赖于民族山寨的民间习俗、民间风俗等文化生态的非物质文化遗产受到威胁。传统曲艺、传统戏剧等原本是当地娱乐项目，但是被电视电影等娱乐项目替代或者过多地吸取其他戏剧元素，影响原真性的文化传承；民族刺绣等技艺随着传统习俗的淡化，许多年轻妇女往往不愿意去学习。大理古城作为第一批国家级历史文化名城，其保护工作得到各方高度重视。但目前的保护建设过程中仍出现偏差，古城内过于商业开发的街巷与新构建筑物的古建修复等问题，仍旧影响着大理古城山海城田完整一体的历史风貌；旅游经济发展带来的原住民生活区环境发生越来越多的改变，使非物质文化遗产的活态保护陷入被动局面。

（二）主要内容

《大理文化生态保护实验区总体规划》主要规划内容包括导则、大理文化及其生态系统认知、保护区现状与规划思路、非物质文化遗产保护规划、文化生态空间保护规划、社会经济协调规划、保障体系建设、分期实施方案、图纸、附录。

（三）规划特点

规划根据《中华人民共和国非物质文化遗产法》和国务院、文化部相关文件精神，全面贯彻"保护为主，抢救第一，合理利用，传承发展"的方针，统筹规划、分类指导、突出重点、分步实施，健全非物质文化遗产保护传承体系，完善保护基础设施配置，实现大理非物质文化遗产的真实性与完整性保护，更好地传承弘扬优秀民族文化，使濒危项目得到抢救，学术研究卓有成效，宣传教育深入人心，人才队伍不断加强，达到全面提高社会公众的文化自觉，增强民族自信心和凝聚力，建设中华民族共有精神家园的目标。加强文化生态整体保护，贯彻"见人见物见生活"的保护理念：整体保护非物质文化遗产项目、传承人和遗产依存环境的系统性整体保护，维护大理文化生态系统的平衡和完整；保护传统村镇社区原住民生活形态，正确处理现代社会发展和传统文化保护之间的关系，促进地区经济社会全面协调可持续发展。

规划前期考察涵盖大理州 2.9 万 km^2 的 12 个县市，通过田野调查、民间走访、专项座谈、政府及部门调研考察方式实地考察 43 个非物质文化遗产项目，在翔实的调查基础上，总结归纳了文化生态区特点（图 15-75）。大理地处偏远的滇西峡谷，山隔水阻，许多非物质文化遗产项目在聚居族群中都予以基因式的文化保留，凸显民族文化的原生性特征；民族的包容与开放，呈现族源、宗教的多样化与文化融合多样性；大理州传统文化的方方面面都有明显的白族本主崇拜与儒释道多种思想的交融和谐，对州内白族人的生活与习俗都形成鲜明而广泛的影响；独特的地理区位，使大理成为南方古丝绸之路以及茶马古道、盐马古道等商贸通道在云南境内的重要驿站，历史上商业氛围浓郁，商业经济发达（图15-76～图15-78）。作为这一传统的沿袭，大理地区的非物质文化遗产也具有明显的商业化特征。

图15-75　规划现场调研

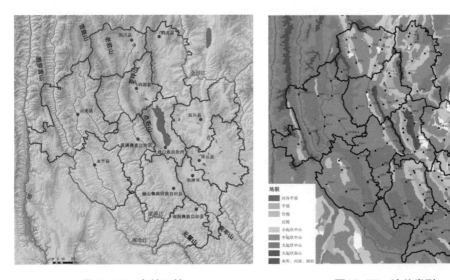

图15-76　自然环境　　　　　　　　　图15-77　地貌类型

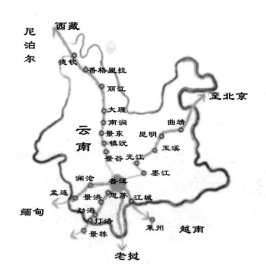

图15-78　茶马古道路线图

规划总结了各类非物质文化遗产的保护现状和濒危原因，贯彻"保护为主，抢救第一，合理利用，传承发展"的保护工作指导方针，坚持以人为本活态传承，整体保护真实传承，分级保护抢救濒危，保护优先协调发展的保护理念，提出了活态传承保护、抢救性保护、生产性保护、数字化保护等非物质文化遗产保护方式与相应的非物质文化遗产保护规划措施，包括加强非物质文化遗产调查与研究，加强非物质文化遗产名录项目及代表性传承人保护，重点采取濒危非物质文化遗产实施抢救性保护措施，加强生产性保护与保护示范基地建设，完善非物质文化遗产基础设施建设，加强文化空间保护，开展民间合法信仰、节会集市保护、教育传承、人才培养、交流宣传等。规划以建立完善的非物质文化遗产及代表性传承人传承体系与保护机制为目标，对大理文化生态保护实验区内国家、省、州、市县四级非物质文化遗产名录项目及代表性传承人进行全面保护，修复完善非物质文化遗产的传承链，保证非物质文化遗产的真实性、整体性和传承性，使大理文化生态保护实验区的文化基因保持生命力。

大理文化生态保护区总体规划贯彻国务院关于非物质文化遗产"保护为主、抢救第一、合理利用、传承发展"的保护工作方针，以科学发展观为指导，在对规划地域非物质文化遗产及其生态环境全面调查的基础上，科学分析与综合评估大理以白族为主体的多民族在高原盆地间所孕育的农耕社会文化与古道商贸经济文化所形成的特有文化生态系统，实施以非物质文化遗产保护为核心，以维护地区文化生态多样和可持续发展为目标的保护规划措施，通过分类分级的空间区划方式实施非物质文化遗产的重点保护与区域性整体保护。通过贯彻非物质文化遗产保护"见人见物见生活"的理念，协调处理传统与现代之间的关系，实现非物质文化遗产活态、健康、可持续发展，提高各族民众文化自觉和文化遗产活力，维护重建大理地区文化生态平衡。为此，提出以下具体原则：

（1）坚持以非物质文化遗产为核心的系统保护原则。围绕大理白族及其他少数民族的非物质文化遗产名录项目进行重点保护和完整保护，体现文化生态多样、互融共生的生态系统保护原则。

（2）坚持人文环境与自然环境协调，突出地区传统文化空间特色，实施非物质文化遗产及其生态系统环境的重点保护原则。综合分析非物质文化遗产与物质文化遗产高度统一的空间分布特征，重点加强梳理大理地区非物质文化遗产与古道驿站、历史名城、古镇名村和民族传统文化相结合的空间地域，实施区域性整体保护方案。确立以村寨、社区为单元的民族文化生态空间，以苍山洱海为中心地的自然与人文系统环境，推进空间保护措施，完善系统空间保护格局，增强规划的可操作性。

（3）坚持尊重人民群众的文化主体地位原则。坚持政府主导、社会参与原则，坚持以人为本、活态传承的原则。延续大理各民族的节庆文化传统，保持民间习俗与文化传统，尊重保护文化空间和非物质文化遗产在当下的生命活力。科学保护历史文化名城名镇名村、历史街道、传统村落、民族村寨中原住民的传统生活形态和社会关系，采取现代与传统兼容、生产和生活兼顾的发展方式，在现代生活中合理延续传统。

（4）坚持文化与经济社会协调发展原则。通过完善建立生产性保护基地，彰显传统手工技艺的社会效益与经济价值，发挥大理地区非物质文化遗产的综合优势，促进经济社会健康和可持续发展。

（5）坚持保护优先、开发服从保护的原则。在保护的前提下合理利用，在利用的过程中加强保护；在传承中创新发展，在发展中保持传统的规划建设思想。

规划在综合分析大理白族自治州文化生态现状分布和空间系统特征基础上，总结了大理文化生态保护实验区呈带形串珠状分布的西南高原盆地，构架鲜明多元的农耕文化生态空间、梯级立体状态分布多样化的民族文化生态空间、古道商贸与驿站经济空间奠定大理城镇发展格局，以苍山洱海为中心的高原山水构筑大理州多样文化生态单元的空间系统特征。结合与非物质文化遗产依存相关的自然生态环境和相关物质文化遗产分布情况，重点考虑非物质文化遗产名录项目及代表性传承人所在地（特别申报地点如乡镇村落、社区街巷等空间），13个世居民族与其依存的文化生态空间等因素，划分保护实验区内重点保护区域和一般保护区（图15-79～图15-82）。

重点保护区是非物质文化遗产依存环境的重点区域，包括非物质文化遗产项目依存村镇与社区街道、传统保护区与传统文化之乡、特色村落等载体空间；一般保护区是重点保护区周边地域及重要廊道区域；此外的地区划分为环境支撑区。重点保护区界线划定依据是：非物质文化遗产在空间上集聚分布的连续区域；以民族聚居地山水格局、自然资源与生态环境为空间实体的划分区域，特别是与非物质文化遗产直接相关的物质文化遗产集中分布的区域。针对保护实验区内非物质文化遗产重要的承载空间——民族村寨等聚落空间，规划对分布在全州重点保护区、一般保护区、环境支撑区内的乡镇村寨进行综合梳理，主要考虑代表性传承人住地所在乡镇村落，筛选重点保护村寨 66 处及乡镇驻地 53 处。

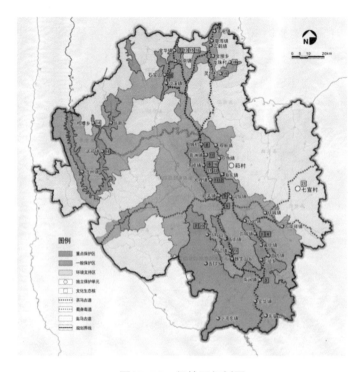

图15-79　保护区规划图

图15-80　重点保护聚落

图15-81　传统建筑

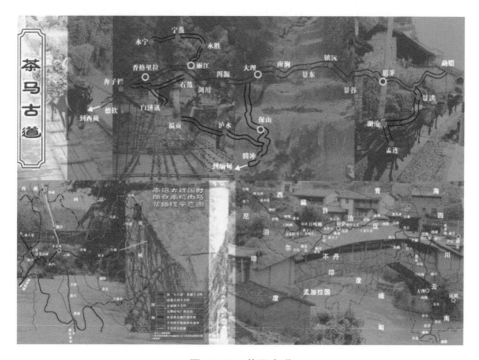

图15-82　茶马古道

　　规划的创新在于探索城镇化进程中的非物质文化遗产保护。我国的非物质文化遗产大多是农耕文明的历史产物和文化成果，广泛留存于民间群体，在传统的乡土社会里得以完整保存和有序传承，使得由传统的农业乡镇、民族村寨为基础的生态环境成为当今维系乡土社会的最后一片领地，也是非物质文化赖以生存和有机发展的沃土。汇聚了大量非物质文化遗产的传统乡村、民族村寨、文化空间及历史地段成为保护传承我国非物质文化遗产的最佳环境，在我国面向21世纪的工业文明发展进程中，受到猛烈冲击。规划就目前现代化进程中出现的耕田变少，山寨及乡村骤减，农民进城上楼，乡土文化断层，工农业现代化和信息化迅速发展等现象，与传统的乡土社会"血亲族缘维系的社会关系"产生巨大的环境差异，为此，保护并保持传统村落、民族乡镇、历史街区、文化空间与民俗节庆等非遗生存的历史环境和生态空间，改善非遗传承的城乡环境，显得尤为重要。梳理当前因加速发展的城乡环境和外来现代文化侵蚀影响对非遗生存、传承发展及依存环境所造成的生态伤害，结合大理经济社会发展进程，在传承人、传承链、传承规律等方面产生变化的现况实际，规划提出整体保护与保持、生态恢复保护与保育、生态培育建设与复活等三大生态应对措施。

传统空间的整体保护和保持主要是加强非遗项目集中分布的历史文化名城、名镇、名村、历史街区、民族传统村落及其传统生活形态的整体保护。非物质文化遗产是历史积淀的优秀传统文化，其产生、发展与其历史环境密不可分，而保留下来的传统空间是历史环境的组成，也是文化积淀场所和保护传承非物质文化遗产的重要载体。大理地区传统空间与民俗、民族文化相融一体，不仅包括历史文化名城、名镇、名村、历史街区以及古村古镇、民族传统村寨，同样也包括历史地段内的宅院空间、传统格局与风貌和流传至今的传统文化，均是非物质文化遗产依存演进中相对稳定的历史环境。以非物质文化遗产保护传承为前提，依法保护传统村镇、历史街区和民族村寨等物质文化遗产，也就保护了非物质文化遗产的生存和传承空间。非物质文化遗产与物质文化遗产的双重保护，不仅可以增强对传统文化空间和历史环境的整体保护力度，依法有效抵制和避免城镇化进程中出现整体搬迁、大拆大建、过度建设以至破坏传统格局和风貌的不良行为，而且从空间上提供并确保传统文化生活的延续，保持其鲜活的社会功能。通过对传承人的各种传承活动提供政策倾斜、市场支持、社会宣传与交流展示平台，实施生态链供给保障、文化空间完整及生态环境友好、社会环境和谐等多种保育措施，依照历史环境及传统风貌格局建立健全完整有机的非遗生态活力空间，引领民众自觉保护的社会生态建设。

历史地域的恢复性保护建设与保育主要针对因各种原因使上述非遗生存完整的历史环境受到损坏，虽出现个别非遗生态链不健全，保护传承出现断层等情况，但仍有条件通过及时恢复其历史风貌、传统格局和各类民俗场所等增强其文化吸引力政策和技术步骤等多种抢救性保护方式，对非物质文化遗产实施抢救性保护，对历史环境及传统空间实施恢复性建设。通过恢复其既有的民族社会传统与文化习俗，依存的文化生态空间，维护其因族缘、地缘、业缘及宗教信仰所结成的传统社会关系、聚居区生态环境等，使非遗依存的历史环境得到生态抚育和整体保护，并在恢复性保护建设中调动社会力量发挥非物质文化遗产多种功能，创新社会实践，使非物质文化遗产生态环境得到抚育和回归传统的生态式建设，以人为本修复非遗传承链和生态链，保障非物质文化遗产的可持续传承发展。

城镇化进程中的生态培育建设与传承复活是规划的重点。城镇化率迅速提高的事实和现代化的生产生活方式，使城市建设无止境扩张，与自然相顺应的农业生产生活环境无从保障致使乡村人口流失，传统农业荒废，传统村落、老街、老宅变成没有原居民居住的空心遗址，使非物质文化遗产的原生地保护模式遭到彻底破坏；在外部环境变迁改变时如地质安全、水利建设、工矿开采、城镇建设等原因出现移民迁居的情况，应通过制定系列化的制度建设，在安置建设中积极推行大力维护并延续既有的乡土关系和生态环境，在合理的空间范围内实现城镇化；以人为本，充分综合考虑族群、信仰等社会关系，以街道社区化、城镇组团化、家族聚居化形成各异的城镇布局，以乡土产业使非物质文化遗产的传承活动在一定的社会群体内仍能产生影响，传承链得以复苏，在新型城镇化中承载优秀传统文化。

规划强调原住民生活形态保护具体措施，在非物质文化遗产保护传承的重点地域，重点实施原住民生活形态的保护。加强传统民族村落的保护和保育，对传统村落原住居民、非物质文化遗产项目、传统生活形态采取整体性保护，明确禁止事项，提出恢复措施。在非物质文化遗产保护重点区域内，尤其传统村落、综合传习中心所在地，作为文化遗产资源地进行整体保护，禁止整村开发、村落拆并和过度商业化，禁止原住居民高比例迁出腾空。对于已产生原住民流失现象的传统村落，应通过积极恢复地方经济生产，由政府出台经济支持等行政措施，开展村落文化重建，吸引村民回迁。其他措施包括：在新农村整治建设中应保留传统民俗空间和特色资源环境，防治文化改变和扭曲现象发生；保护当地各具特色的传承活动，作为必不可少的人文生态环境进行整体保护。在加强农村基础设施建设，改善群众生活条件的基础上，统筹发展与保护，发展村镇特色地方产业，合理利用资源发展旅游，提升原住民收入，丰富地方文化生活，留住原住民。新型城镇化建设规划中，结合城镇发展的公共文化服务设施布局，开展群众性文化传承活动，使非遗在当地得到公共传承和生存空间。在城镇化进程中对产生集体搬迁或者移居人群，应按照民族及村寨族群、民俗、信仰、文化关联等既有的乡土社会关系，以人为本，引入生态小区概念相对聚合进行统筹安置，在城镇范围内以不同的社区人群形成多样化的非遗传统街区和群体组织活动，使非遗在新型城镇化社会发展中得以保留、存活和发展。从立法及政策角度上保障其开展传承活动的合法空间，使上楼后的城镇居民仍能够开展与之相应的文化传承，让民俗节庆、传统习俗、传统技艺等非物质文化遗产走进现代社区、街道和邻里间；将戏剧舞蹈、音乐、体育与口头文学等民间文艺走进地方的文化馆、文化站和文化广场，使之成为一种受当地群众喜闻乐见的文化娱乐和生活方式，将之融于大众文化中，成为当地代代传承的民俗。

（本小节引用的案例和图件均出自中国城市规划设计研究院编制的《大理文化生态保护实验区总体规划》。）

十二、《客家文化（赣州）生态保护区总体规划》

（一）保护区概况

客家文化（赣南）生态保护区是第15个获批设立的国家级文化生态保护区，也是第2个国家级客家文化生态保护区。保护区范围为赣州市全部行政区域，面积约3.94万km²，2012年底总人口926.7万。下辖2个区（章贡区、南康区），1个县级市（瑞金市），15个县（赣县、龙南县、全南县、定南县、上犹县、崇义县、大余县、信丰县、安远县、会昌县、寻乌县、于都县、兴国县、宁都县、石城县）（图15-83）。

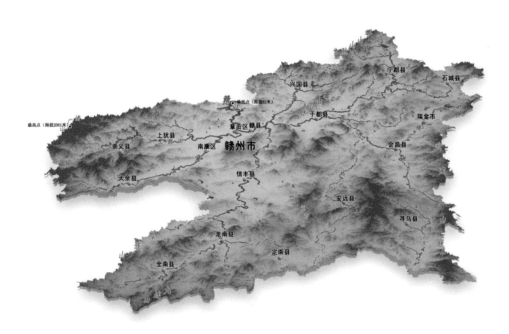

图15-83　赣州市区位图

　　赣南客家文化生态是指赣州市的行政地域范围内，在历史人文与自然环境条件下形成并延续至今的，融于当下赣南客家人日常生产生活的各种要素（口头传统和表现形式，表演艺术，社会实践、仪式和节庆活动，传统手工艺，有关自然界和宇宙的知识和实践）与相关环境之间相互作用的总和。赣南是赣州市辖区的通称。赣南是世界上最大的客家文化分布区，也是世界上客家人口最多的聚居区，客家人口占全市总人口的90%以上，占世界客家人口总数的12%以上。赣南是客家大本营地区接受北方汉民族南迁的第一站，是客家民系的重要发祥地之一。

　　赣南客家文化是赣南客家人及其先民同当地土著一道，在当地多山丘陵盆地农耕经济的长期生产生活实践中，相互交融并与时俱进创造的极富乡土气息的文化形态。它以汉民族传统文化为精神内核，在具体表达上，部分融入了当地土著的特色，呈现出多元融合的特征。流传至今的赣南客家文化，以客家非物质文化遗产为主要内容和表现形式，包括口头传统（民间传说），各种艺术表现形式（传统音乐、传统戏剧、曲艺、传统舞蹈、传统美术），社会实践、仪式和节庆活动（体育杂技游艺，庙会灯会等民俗文化空间）传统手工艺，以及有关自然界和宇宙的知识和实践（民间信仰、传统医药），其中尤以客家传统戏剧和客家传统音乐内容最为丰富，特点最为突出。赣南客家文化是客家文化的一种地域亚文化，也是客家文化的重要组成部分和典型代表（图15-84）。

　　赣南客家文化，与闽西、粤东客家文化同根同源，大同小异。但赣南客家文化由于其所处的地理空间和历史发展时序的关系，与闽西、粤东的客家文化存在着一定的差异，故赣南的客家文化，较之闽西与粤东客家文化，具有以下较为显著的特色：

图15-84　客家文化（一）

图15-84　客家文化（二）

（1）历史悠久，主源多脉，历久弥新。赣南客家文化发展历史悠久。作为客家先民南迁的第一站和客家文化重要的发祥地，客家地区共有的文化事象源头多在赣南，因而赣南也被称为"客家摇篮"。其中影响最为深远的当属赣南采茶戏的演唱和风水堪舆文化的传承。有资料显示，唐末五代时期，赣南风水术就已初步形成；而最晚在元代，赣南就已经有了采茶戏的雏形；明清之后，这些赣南的客家文化事象又随着客家移民的迁徙而广泛传播至赣、闽、粤客家地区、全国甚至海外。赣南客家文化主源多脉。赣南客家文化在形成过程中，吸收融合了多种文化要素。其文化主源虽来自中原汉族文化，但也融合了本地的畲、瑶等少数民族文化元素，后迁入的粤东、闽西等"新客家"的文化元素，形成了多脉并流的文化特征：如源自畲、瑶少数民族的吃蛇、二次葬等习俗，源自赣文化区的许真君崇拜习俗，上犹西部山区及兴国、瑞金等地因粤东、闽西移民迁入而新老客家文化事象兼具的特征等等。赣南客家文化还不断发展，历久弥新。20世纪30年代由于特殊的历史机遇，使得敢于斗争、包容性强、文化开放的赣南客家人和丰富多样的赣南客家表演艺术为中央苏区文化的孕育和形成提供了肥沃的土壤；中央苏区文化的广泛传播也极大地提升了赣南客家文化的知名度，并赋予赣南客家文化新的时代内容和时代精神。

（2）处处折射出以宗族为基础的客家社会形态。面对艰难的迁徙和艰苦的山区劳作，个体往往显得无力，因此赣南客家的宗族血缘意识非常强烈。赣南客家地域以宗族为基本单元组成的无数个自然村落形成的社会网络结构，分布于各处的客家村落成为赣南客家传统宗族社会的缩影，也是了解和研究赣南客家传统社会的最好材料。赣南人只要是同姓，就可以认本家、认同宗、认同祖，凸显对父系血缘的认同。赣南客家方形围屋是赣南客家文化代表性的载体，是集家、祠、堡于一体的设防性民居，其居住成员出自同一父系家庭的直系血缘后代。赣南的祠堂祭祖、谱牒文化，以及客家民俗中的子孙龙、割鸡担灯等事象蕴含的添丁旺族思想，都是客家宗族凝聚力的突出体现。

（3）与多山丘陵盆地小农经济为主的生产方式息息相关。多山丘陵盆地环境下产生形成的农耕生产生活方式是产生赣南客家文化的社会经济基础，因此赣南客家文化中处处体现出与多山丘陵盆地农耕生产生活息息相关的古朴而浓郁的乡土特征。如狮灯、龙灯等客家民俗活动及灯彩舞蹈源自农耕生产中的祈福仪式；客家山歌、采茶戏便是来自于客家人在农作之余相互交流情感或自娱自乐的需要；客家人不缠足，是因为在山地农作条件下，大脚更有优势；客家人吃苦耐劳、开拓进取以及勤俭节约的精神，也是客家人面临艰难的山区生产生活环境而形成的独特人文现象。

（4）客家方言古朴独特、同一多样。赣南客家方言古朴独特。赣南客家方言较为完整地传承了中州古音韵的六个音调，保留了古入声，与作于元代的《中原音韵》所记述声母系统和发音方法基本一致，是研究古汉语的"活化石"；又因赣南北部是赣方言与客家方言的交会区域，赣南客家方言中较多地体现了客赣方言的联系影响，呈现出汉语两种方言涵化过渡的特征。赣南客家方言同一多样。由于赣南各地历史上行政归属不一，移民来源多地等原因，使得赣南客家方言不像粤东、闽西那样统一，而是呈现同中有异、同一多样的特征，在县与县、乡与乡之间，甚至村与村之间都有差异。赣南客家方言的同一多样决定了以客家方言为口头载体的客家文化同一多元。如信丰古陂席狮、犁狮，虽然舞狮形式上各具特色，但都表达了祈吉求福、驱瘟避邪、凝聚人心、增强团结的同一精神内涵。

（5）以儒家文化为核心，秉承天人合一的生存理念。赣南客家人秉承儒家优秀的传统文化，讲究中庸之道、天人合一，并将其贯穿于客家人的居住、出行、节事等日常生活之中。小到对住宅的平面布置，往往遵从某种"图案"或"秩序"，力求与环境协调；中到村落的选址，大多以丘陵间小盆地为中心，以四周重峦叠峰为屏障，过着与世隔绝安静宁和的日子；大到整个赣、闽、粤边的自然地理环境，亦耕亦林的生产生活方式，无不体现着天人合一、温和中庸的儒家处世之道，成为客家人的一种精神寄托，一种文化积淀，一种思维方式，一种普遍的民间信仰。

赣州非物质文化资源极为丰富，处处体现着赣南客家文化的精华。不但数量众多、形式各样，而且覆盖地域广阔，涉及群众生产生活的方方面面。在 2008 年非物质文化遗产普查工作中，共收集整理普查线索 7000 余条，普查了 2207 个非物质文化遗产名录项目，其中民间文学 751 个，传统音乐 131 个，传统舞蹈 72 个，传统戏剧 28 个，曲艺 14 个，杂技 4 个，传统美术 32 个，传统技艺 245 个，生产商贸习俗 28 个，消费习俗 356 个，人生礼俗 125 个，岁时节令 121 个，民间信俗 160 个，民间知识 54 个，传统体育游艺与竞技 33 个，传统医药 48 个，其他 5 个。赣州非物质文化遗产广泛分布于 18 个县（市、区）内，特别是赣江流域的章江、贡江以及梅江、绵江、琴江、桃江、湘水沿线，以及珠江流域的东江源区一带人口较为集中稠密的农村地区。

截至 2014 年 7 月，赣州市列入国家级非物质文化遗产名录项目有 10 项，列入江西省级非物质文化遗产名录项目有 96 项（含国家级项目），赣州市公布了 3 批市级非物质文化遗产名录项目共计 136 项（含省级以上项目），赣州市 18 个县（市、区）的县级非物质文化遗产名录项目共计 556 项（含市级以上项目）；已初步建立了较为完善、合理的 4 级非物质文化遗产名录项目体系。

赣州市非物质文化遗产大多具有良好的社会基础，与当地民众的日常生活紧密相连，总体存续状况较好，并表现出较强的生命力。赣州市非物质文化遗产名录项目全面涵盖了民间文学、传统音乐、传统舞蹈、传统戏剧、曲艺、体育游艺与杂技、传统美术、传统技艺、传统医药、民俗等 10 大类。在县级非物质文化遗产名录项目中，以传统技艺、民俗、传统舞蹈、传统音乐、传统戏剧等类型较为突出，传统技艺类 176 项，占总数的 32%；民俗类 122 项，占总数的 22%；传统舞蹈类 64 项，民间文学类 63 项，传统音乐类 44 项，传统戏剧类 25 项，传统医药类 22 项，传统美术类 21 项，曲艺类 11 项，传统体育游艺与杂技类 6 项。

建设客家文化（赣南）生态保护区具有重要的战略意义。客家文化历史悠久、底蕴深厚，是汉族优秀传统文化的重要组成部分。赣南客家文化是客家文化的典型代表之一,体现着汉民族与当地原住民的文化积淀与融合,是赣、闽、粤边历史族群的文化基因库,是客家民系迁移历史的见证。建设客家文化(赣南)生态保护区,使客家文化的保护由粤东进一步扩展到了赣南,对保护客家文化的完整性,保存中华民族独特文化基因,维护中华文化多样性都有着长远的战略意义。客家民系是汉民族在世界上分布范围广阔,影响深远的民系之一。全球客家人彼此之间有着强烈的认同感且普遍认同赣州为"客家摇篮"。建设客家文化(赣南)生态保护区,对提升赣南在海内外客家人中的知名度,联络增进海内外广大客家同胞的感情,都具有重要的现实意义。同时,赣州市在落实国务院《关于支持赣南等原中央苏区振兴发展的若干意见》(国发〔2012〕21号)精神,推进赣南苏区振兴发展,建设创业、宜居、平安、生态、幸福赣州进程中,把推动文化大发展大繁荣,提升文化软实力作为一项重要工作来抓,并提出文化强市战略,大力发展全市文化事业和文化产业。建设客家文化(赣南)生态保护区,形成良好的文化生态,继而促进赣州传统文化与现代社会经济的良好互动,提升文化软实力,实现区域社会可持续发展,也是赣州振兴经济、建设文化强市的重要前提和客观需要。

(二)规划内容

主要包括规划总则、赣南客家文化生态现状评估、非物质文化遗产保护传承规划、文化生态保护规划、分期实施方案、保障措施等章节内容。

(三)规划特点

规划在对赣州市非物质文化遗产及文化生态进行全面系统调查和科学分析评估的基础上,以非物质文化遗产保护为核心,建立科学性、实效性和可操作性较强的非物质文化遗产及其文化生态保护体系,促进非物质文化遗产的传承发展和文化形态的整体性保护,维护赣南地区特有的客家文化生态系统平衡和完整,建设赣南客家人共有的精神家园;通过对非物质文化遗产的合理利用,促进经济社会全面协调和可持续发展(表15-3)。

规划的主要突破创新在于:

(1)以系统分析赣南客家非物质文化遗产所依存的要素及相互作用关系为核心和基础,构建整个保护规划。赣南客家文化生态是指赣州地域范围内,在历史人文与自然环境条件下形成并一直延续至今的,融于当下客家人日常生产生活的各种要素(口头传承、表演艺术、手工技艺、民俗活动、风俗观念以及相关的环境)的总和,是以赣州地区非物质文化遗产为核心,涵盖与赣南客家文化发展和延续密切相关的自然环境、经济环境、文化环境及社会环境等要素,并相互作用而形成的动态平衡开放的系统环境。

(2)针对赣南客家文化生态现状特点,着重突出村落和传统生活的相关保护措施。赣南客家文化是依存于赣南客家人而存在的文化形态,但由于城镇化、工业化、现代化的原因，传统文化生态环境发生了变迁（特别是在城镇化地区），因此，赣南客家文化现状主要集中存在于客家农村地区，特别是客家传统村落中。针对赣南客家文化生态的这种特点，规划着重加强对传统客家聚落（包括历史文化名镇名村、中国传统村落、客家围屋祠堂及其他特色文化村落）的物质空间及客家生活氛围的保护，力求能将客家文化就地原真性地保护，实现"见人、见物、见生活"的保护理念。

客家文化生态保护区的文化组成 表 15-3

组成部分		构成元素
文化形态	赣南客家文化	■非物质文化遗产保护名录项目 ■代表性传承人及传承群体 ■各种普查资源
文化生态环境	自然环境	■气候 ■地理、地貌 ■各种资源（土壤、矿产、动植物、气象资源等）
	经济环境	■生产方式 ■生产关系 ■生产资料
	文化环境	■现代文化 ■传统文化
	社会环境	■历史沿革 ■人群组成 ■价值观念 ■社会制度 ■人工建成环境（历史文化街区、传统村落、民居、塔桥庙等）

（3）加强地方专家的沟通和参与。本规划是中规院规划编制组与地方专家（包括地方文化行政部门）共同形成的成果。在赣南客家文化内涵及赣南特征文化分区上，充分考虑而吸取了地方文化专家的意见；在近期项目实施上，充分吸取地方文化行政主管部门的意见，几经反复形成文稿。

（4）结合文化部、财政部最新精神，以项目为带动，强调规划的可操作性。打破传统非物质文化遗产保护以单个项目为抓手的保护模式，以特征文化保护片区为单元，推进赣南客家文化生态保护区建设和非物质文化遗产的整体性保护。将赣南客家地域分为8个特征片区，48片重点文化生态空间，设置综合性的保护传习中心并落实相关保护经费。同时注重片内传统生产生活氛围的保护及文化廊道的保护。

（5）开宗明义。开篇明确保护对象、方式以及保护建设的重点，加强文本指导性。

规划保护理念主要为：①非物质文化遗产保护要以村落社区和街道为重点，体现"见人见物见生活"的整体保护与活态保护理念。选取若干非物质文化遗产集中、客家传统文化氛围浓厚、传统生活形态保存较好的村落、社区或街道，将其作为重点，使非物质文化遗产在原真的社会环境内真实活态地传承，体现"见人见物见生活"的保护理念。②科学处理非物质文化遗产保护与文化生态保护的关系，以非物质文化遗产保护为核心，文化生态保护为基础。规划应紧紧围绕非物质文化遗产，以非物质文化遗产的保护为核心，将与非物质文化遗产密切相关的物质文化遗产、自然人文环境等文化生态环境的保护作为前提和基础，实现非物质文化遗产和文化生态保护的双赢局面。③正确处理非物质文化遗产保护与经济社会发展的协调关系，强调保护优先、兼顾利用。非物质文化遗产具有多样化的社会功能与时代价值，发挥非物质文化遗产当下的社会教育与经济价值，是提升非物质文化遗产自身活力和保护传承动力的有效途径。只有在依法保护、科学保护的前提下，进行合理利用，增强非物质文化遗产传承动力，才是推动非物质文化遗产保护传承，实现可持续发展的有效途径。

主要保护方式包括：抢救性保护、生产性保护、数字化保护、整体性保护、立法保护。以记录和收集音频、视频、实物及相关文献资料等方法，将目前濒危的非物质文化遗产项目及代表性传承人掌握的丰富知识和精湛技艺转化为有形的信息形式，保留珍贵的文化基因；同时，通过一定的措施，依据传承律，选培传承人，建构传承链，恢复其传承动力。在具有生产性质的实践过程中，以保持非物质文化遗产的真实性、活态性为目标，以有效传承非物质文化遗产的手工技艺为重点，借助生产、流通、销售等手段，将非物质文化遗产资源利用转化为文化产品，从而增强项目传承动力，促进其传承和发展。通过数字信息技术，对保护区内非物质文化遗产项目及代表性传承人相关信息进行数字化采集，并进行标准化输入和转化，实现非物质文化遗产名录项目和传承人相关信息的系统化整合、专业化分类和信息化存储，以利于文化生态保护区的监测评价和有序管理。将非物质文化遗产名录项目和传承人置于原真的环境内，将与非物质文化遗产保护和传承相关的各种要素，如人、场所空间、实物载体和传统生活氛围等进行系统性、综合性的保护。在保护区实际建设中，选择若干自然生态环境基本良好、传统文化生态保持较为完整的街道、社区或乡镇、村落等，作为实施整体性保护的重点区域。在坚持《中华人民共和国非物质文化遗产法》相关原则和精神的基础上，结合保护区工作实际，由市政府颁布出台一系列相关法律和规章，使非物质文化遗产保护、文化生态区建设工作有法可依，并依法查处破坏非物质文化遗产保护工作和文化生态环境的行为。

保护区建设重点在于：①在对赣州市非物质文化遗产及其文化生态进行全面系统调查和科学分析评估其濒危原因的基础上，以保护非物质文化遗产名录项目和代表性传承人及传承群体为重点，以抢救性保护、生产性保护和数字化保护为方式，对不同类别、不同特点、不同存续状态的非物质文化遗产提出针对性的保护措施，实现其有效传承。②梳山理水识文脉，借鉴城市规划空间分级管制的经验，在充分分析历史文化脉络及现状各地文化特色的基础上，结合 GIS 等规划支撑手段，对赣南客家文化生态保护区实施分区管控政策，将客家人传统生活形态遗存较好、文化生态要素较为集中的地域划为重点保护地域并加强建设管埋规制。③推进非物质文化遗产保护和传承基础设施建设，充分满足非物质文化遗产保护传承的实际需求并构建支撑整体性保护的设施网络；同时结合全市公共文化服务体系建设，完善全市文化惠民工程。④将非物质文化遗产保护措施纳入到地方各级政府制定的国民经济与社会发展总体规划，有计划、有步骤地实现非物质文化遗产保护与城乡建设和产业发展之间的有效结合，焕发非物质文化遗产在当下社会经济环境中的活力，全面实现非物质文化遗产的可持续发展。⑤设立相应的政策和法规，建立保护与研究机构，培养非物质文化遗产保护人才队伍，积极争取各级财政支持，加强赣南文化生态保护理论和政策研究，形成一套切实有效的保障措施，保证文化生态区建设的顺利推进。

在空间规划上，规划根据赣南客家文化的空间差异特征分析并结合非物质文化遗产类型、特点及空间的分布，规划在三个文化亚区的基础上将赣州市域识别为八个特征文化片区，以指引各片区内重点保护地域应保护的文化生态要素（图15-85）。

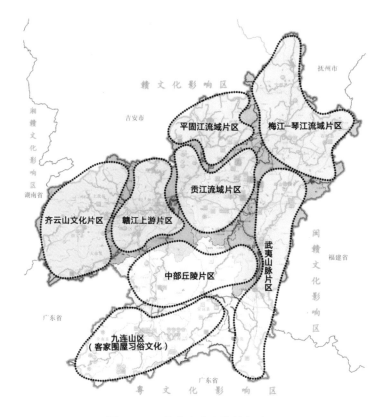

图15-85　赣南客家文化特征分区

根据整体性保护要求，为了体现空间分级管控和分级保护的要求，在特征文化片区的基础上，将非物质文化遗产名录项目和相关文化生态要素在空间集聚的地域划定为核心保护区，落实相关保护措施，实施重点监控。综合考虑非物质文化遗产名录项目，传承人，以及客家围屋建筑群、家祠庙宇等空间载体和其他文化生态要素在空间的分布，将非物质文化遗产及相关文化生态要素集中，等级较高（至少有一项省级以上非物质文化遗产名录项目），最能体现"见人见物见生活"的传统社区、街道、村落和乡镇，划为重点保护区。将有非物质文化遗产，但等级不高，数量不多的社区、街道、村落或乡镇，划分为一般保护区。将无非物质文化遗产的社区、街道、村落或乡镇划分为环境支撑区。重点保护区面积约 1.22 万 km²，占保护区总面积的 31.1%，涉及 86 个乡镇和 2 个城区；一般保护区面积约 0.73 万 km²，占保护区总面积的 18.5%，涉及 54 个乡镇和 1 个城区；环境支撑区面积约 1.99 万 km²，占保护区总面积的 50.4%，涉及 144 个乡镇（图 15-86 ~ 图 15-88）。

赣南客家文化的生成与演进发展，与其历史源流和地理因素密不可分。赣南客家传统文化的生成依托村落屋祠的空间格局，形成延续几百年的宗族凝聚力，成为生成和积淀赣南客家文化最重要的载体，是赣南客家各种文化事象集中发生和历史演变的文化空间。赣南各地的祠堂文化、风水文化、灯彩文化、山歌文化和节事文化等多种文化现象，无不与客家祠堂、围屋、村落等聚落密切相关。规划选择非物质文化遗产和物质文化遗产高度重合的实体空间如历史文化名镇名村、传统及特色村落、祠堂、围屋等载体空间，作为赣南客家文化生态保护区实施整体性保护的主要载体空间和"见人见物见生活"理念的主要保护实践区域。

（本小节引用的案例和图件均出自中国城市规划设计研究院编制的《客家文化（赣州）生态保护区总体规划》。）

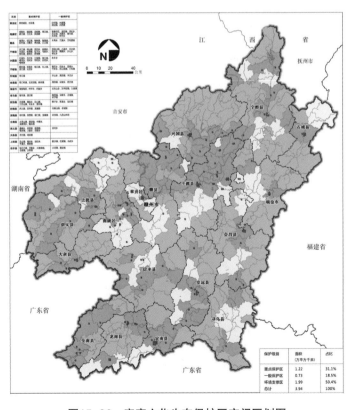

图15-86 客家文化生态保护区空间区划图

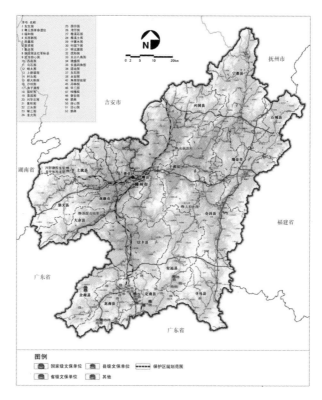

图15-87 客家文化生态保护区非物质文化遗产分布图

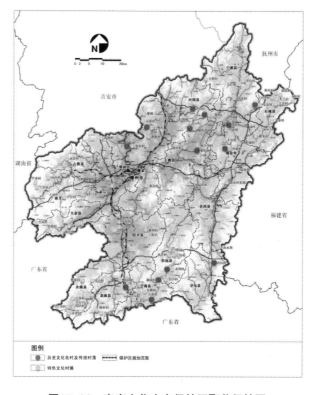

图15-88 客家文化生态保护区聚落保护图

十三、《陕北文化生态保护区总体规划》

（一）保护区概况

2012 年 4 月 13 日，《文化部办公厅关于同意设立陕北文化生态保护实验区的复函》批准陕西省设立国家级陕北文化生态保护实验区，是我国第 12 个文化生态保护区，也是进入"十二五"文化部推进文化生态保护实验区建设工作批准设立的第一个国家级文化生态保护实验区（图 15-89、图 15-90）。

图15-89　安塞腰鼓

陕北文化生态保护区的行政区划范围包括：延安市和榆林市所辖的全部 25 个区县。其中延安市的 13 个区县为：宝塔区、黄陵县、安塞县、延川县组成的核心区和洛川县、黄龙县、宜川县、富县、甘泉县、吴起县、志丹县、子长县、延长县组成的辐射区；榆林市的 12 个区县为：榆阳区、绥德县、米脂县、横山县组成的核心区和清涧县、吴堡县、佳县、子洲县、靖边县、定边县、神木县、府谷县组成的辐射区。历史上，陕北行政辖属虽变更频繁，但基本是以延安、榆林两，个中心地的分合为主。目前的陕北行政区划定型于 20 世纪 50 年代。

陕北文化生态保护区地处黄土高原中心地带，南连渭北旱原和关中平原，北接内蒙古鄂尔多斯高原毛乌素沙漠边缘，东临黄河与山西隔河相望，西邻宁夏和甘肃庆阳；地形为黄土高原丘陵沟壑、梢林山地及风沙草滩地貌。地势的特点为西北高，东南低，总面积

图15-90　陕北民歌

92521.4km²，属于温带半干旱气候。陕北地区战略地位十分显著，历来为兵家必争之地，有"塞上咽喉"，"九边重镇"之称。

陕北地区包括陕西省的榆林市和延安市，它们都在陕西的北部，所以称作陕北。陕北地处黄土高原中心地带，北枕长城，东临黄河，南接渭北和关中，西邻宁夏和甘肃，形成了一个独特的历史文化区域。陕北是黄河流经之处，中国黄土高原的中心部分。黄河是中华民族的母亲河，在中国北方蜿蜒流动，是独一无二的图腾，孕育出世界最古老、最灿烂的文明。黄河文化是中华民族的主体性文化，自古就是民族融合的"绳结区域"，以秦汉文化为主体，融合了北方草原文化等少数民族文化的独特文化个性，形成独具特色的黄河民俗风情文化。这里自古就是华夏文明重要的发祥地，并且因为地处黄土文化与草原文化、农耕文明与游牧文明、汉族与少数民族的交会与融合区域，形成了鲜明的文化特色。陕北人民既一以贯之地传承了华夏礼乐文明，也承袭了因长期的边塞生活而形成的豪放粗犷之风。这里耕牧并存，崇文尚武，歌舞繁盛，手工技艺与商业边贸发达，历来是人文荟萃之地，也是汉族社会极有代表性的"能歌善舞"的地区，具有中华优秀文化的饱满特色。

陕北文化是最早经受中国革命文化洗礼的地区之一，并且是比较成功地借助现代革命而使自己的代表性的体裁与作品产生持久的全国性影响的地区。陕北文化既代表着中国传统文化的悠久历史，也见证了中国现代文化的发展，文化特色在全国享有崇高的声誉。陕北文化曾经融黄帝文化、黄土文化、边塞文化、红色文化于一炉，是中华文化版图中内容丰富、特色鲜明的区域，国家在新的历史时期建设文化生态保护区，使历史悠久、积淀深厚的陕北文化成为整体保护的对象，既有益于传承中华文化，也能够生动诠释和维系中华民族多元一体的文化格局，对于建设中华民族共同的精神家园、提高文化自觉、增强民族自信心和凝聚力也具有非常重要的意义，更是坚持民族文化的丰富性与提高国家软实力的一项战略性举措。

陕北文化的特点可以概括如下：

（1）华夏文化的一脉相承。陕北散布着旧石器时代遗址（河套文化），坐落在榆林市神木县的石峁遗址是中国已发现的规模最大的史前城址，是新石器时代晚期文明（龙山文化）的卓越代表。陕北从来就是中华文明起源的重要区域。华夏文化最主要的认同符号黄帝、伏羲、黄河和长城都在这里有传说故事和地理标志。中国上古史的记忆深深地扎根在陕北，这里既有汉画像石对早期历史的图说，也有桥山黄陵的祭典千年沿袭，还有沿黄河的大禹治水、伏羲作图的传说与纪念地的留存。陕北枕长城、襟黄河，长城和黄河既是地标，也是历史记忆的载体、公共仪式的展示空间和传说故事的主题。华夏文化的起源符号和地标符号都是陕北文化的重要构成内容。

（2）农牧本色的多业共生。陕北是黄河流域农耕文化的一个类型，人民群众适应黄土高原的地理和气候条件发展了旱地农业，以多样的品种尽最大可能地发挥功能各异的小块土地的作用；也极力利用滩地（北部）、沟坡的荒地发展畜牧业，为巧手细作的丰富食品提供了特有的粮食、蔬菜和肉类等食材，也为手工业和服务业提供了物质资源。陕北长期作为军事要塞、疆防前线，对工商业产生很大需求，也构建起与邻近的牧业社会和其他民族互通有无的边贸市场体系。陕北的农牧业沿黄河的支流无定河、洛河、延河等形成集聚地带，凭借工商业与军事和政治需要形成城镇系统，进而也形成区域内社会的行政管理中心和文化经济中心。农牧与工商的结合，在陕北具有内在的有机联系，是自然地理条件和区域功能定位所共同决定的内生关系，是中国的区域经济文化的一个代表。

（3）边塞文化的刚柔相济。陕北在北部曾有秦长城、隋长城、明长城贯通，长期都是边塞要地，素有"九边重镇"之称，是不同文化冲突与民族融合的前沿地带。民族事业的绚丽与伟大，个人身心的创伤与苦痛，熔铸成为一种独特的可歌可泣的边塞气质：主旋律是金戈铁马、大气磅礴，充满阳刚之气、雄浑之风，而其中也不乏儿女情长的韵味或苍凉悲怆的情怀。陕北文化的边塞之风体现在各种文化项目之中，表现出多一种风采。陕北信天游粗犷豪放，一气冲天；陕北秧歌刚健有力，洒脱奔放；安塞腰鼓、绥米唢呐气壮山河，威武豪迈。但是，在各种个人抒情的歌唱和演奏里，更容易呈现情深意切、悲凉伤痛的内心世界。陕北文化的情感世界是丰富的，但在总体上是由阳刚所主导的刚柔相济的气质。

（4）中华文化的本色传承。陕北文化虽然地处边缘地区，却是十分典型的中华本色文化，是对华夏儿女的生活艺术的比较完整的保留与传承。汉人社会通常都是耕读兴家、诗礼传家。陕北在接续这些核心传统之外，还很好地保留着比《诗经》时代更古老的能歌善舞的传统。诗礼之外还有真性情，这才是中华文化更本色的传统。洒脱、自信、合群的秧歌舞，奔放、豪迈、真情的信天游，保留着中华文化一片古老而宝贵的精神天地。华夏社会合族而居，聚村而居，在礼仪上敬天尊祖、礼贤拜神。他们对美食的享受、对装饰艺术的投入都是围绕神灵、以神灵的名义进行的。华夏生活文化的艺术是在节庆仪式、庙宇建筑和庙会活动中展现的。陕北的饮食文化、服饰文化、建筑文化和广场文化依托闹新春、赶庙会的系列活动得到充分而完整的传承。这些林林总总的生活场景同时也是陕北人民进行艺术表演的社会空间。陕北深厚黄土蕴藏着华夏艺术个性张扬的面相。

（5）黄土文化的红色洗礼。陕北是中国的农耕文化、黄土文化的代表，同时也是经过红色革命的洗礼仍然能够保持自己的特色文化的范例。陕北是中国共产党领导的延安新文艺运动的发祥地。现代知识分子从 20 世纪 40 年代大批来到陕北，走与工农兵群众相结合的道路，学习民间文化并提升民间文化作品水平，创造了广为传播的红色群众文化。《东方红》《兄妹开荒》等作品都是以陕北人民的生活为基础，李有源、韩起祥等知名人士本来就是民间艺人。陕北民歌、陕北秧歌、陕北剪纸、陕北说书、陕北腰鼓，都借助革命的影响力而举世闻名。陕北文化并没有像其他许多地方文化一样在革命洪流的冲击下趋于消亡，而是一方面在内容上与红色革命的需要相结合，另一方面在形式上仍然保留了自己的传统。如今，非物质文化遗产保护工作全面展开之后，整体性保护的要求为陕北文化的繁荣提供了更大的空间，更本土、更能够地道地代表当地文化的项目受到珍视，获得了传承与弘扬的新机会。

保护区的建设，将着力促进陕北文化系统、社会系统与自然生态系统的良性共生，推动传统文化与现代体制的有机衔接，促进经济与社会、文化的协调发展。这一系统工程将探索以非物质文化遗产的整体性保护为基础的区域社会可持续发展的途径与方式，实现陕北地区的经济富裕、社会和谐与文化繁荣。

（二）规划内容

规划主要包括总则、陕北文化生态构成、陕北文化生态保护现状评估、总体思路、核心区和综合布局规划、非物质文化遗产名录项目保护规划、非物质文化遗产传承规划、非物质文化遗产传播规划、建设分期实施方案、保障机制、附录、图则等章节内容。

（三）规划特点

规划秉承人与自然和谐共生、传统与现代融合并进、物质文化遗产与非物质文化遗产相互依存的基本理念。在文化生态保护的工作中，树立人与自然和谐共生的理念，继承和发扬陕北非物质文化遗产所体现的人与自然相互成全的精神财富和实践形式，对相关的自然景观、自然资源、自然遗产予以综合性保护。在保护区的建设中，确立传统文化与现代文明积极融合、相互促进的基本理念，将保护以非物质文化遗产为主的传统文化提升到建设中华民族共同的精神家园的战略高度，真正在下一个阶段把传统与现代视为一体并融合为一体。同时深刻认识到物质文化遗产与非物质文化遗产是相互依存的关系，使保护区建设真正从分类保护、项目保护，迈向文化生态的整体性保护、活态性保护。

1.规划目标

规划的总体目标包括：

（1）建立非物质文化遗产保护体系，通过公共管理机制、专业传承机制和社会宣传机制的建设，完整建立非物质文化遗产保护体系。通过陕西省和延安市、榆林市的各级行政与文化机构发挥领导、保障、监督等公共事业的管理作用，与各种传承主体共同努力，使具有较高历史、文化和科学价值的非物质文化遗产名录项目得到有效的传承；并与各种社会力量合作，建立有效的宣传机制，使全社会对非物质文化遗产具有正确的认识，尽可能使更多的人成为非物质文化遗产传承的支持力量，是陕北文化生态得到全面保护。

（2）依托文化资源，推动经济社会可持续发展。依托陕北丰富的文化资源，协调文化生态保护与经济社会发展之间的关系，发挥其在促进经济社会可持续发展中的重要功能。

（3）促进共同精神家园建设。在文化遗产的保护和传承中使民众共同参与，实现文化共享，使保护文化遗产成为全社会的自觉行动，为民族认同和文化认同创造条件，促进中华民族共同精神家园建设。

2. 规划思路

陕北文化生态保护区总体规划的规划思路以非物质文化遗产保护为核心，在微观调查、现实分析和科学论证的基础之上，围绕非物质文化遗产名录项目不同类别的特点及其对应的自然和人文环境、实物和实践主体，合理规划设计，通过系统的整合方式和措施，实现对具有重要价值和鲜明特色的文化遗产的整体性和活态性保护，推动非物质文化遗产的社会传承以及与现代经济社会的全面协调，促进区域经济社会的可持续发展；并突出陕北文化对于中华文化具有代表性的亮点，为中华文化的全面复兴贡献一个范例。

3. 规划原则

总体规划坚持以非物质文化遗产保护为核心，在非物质文化遗产保护工作中，必须尊重其真实性、整体性和传承性以及内在的文化价值与内涵，杜绝"伪民俗"、"假遗产"式的开发和利用，防止对非物质文化遗产的误解、歪曲或滥用。

（1）坚持整体性的保护原则，这不仅涉及对非物质文化遗产名录项目及其内涵的保护，而且还需要对与非物质文化遗产紧密相关的自然遗产及物质文化遗产进行保护。避免人为地割裂非物质文化遗产与其他文化遗产、社会条件、现代体制与技术的关系。

（2）坚持以人为本的社会传承的原则，强调社会公众、社区、社群的文化主体地位和实践能动性。在具体实践中，保障代表性传承人的基本生存以及开展传承活动的社会条件，利用学校、宣传媒体等公共平台创造各种条件提高社区居民和社会公众参与的积极性，发挥非物质文化遗产在人们日常生活中的价值和活力，致力于提高人们在具体日常实践中的文化自觉和文化自豪感，增强社会大众对于非物质文化遗产的价值欣赏和文化认同。

（3）坚持抢救第一与活态传承的原则，加强对非物质文化遗产名录项目的确认、建档、研究工作，保障代表性传承人的基本生活以及开展传承活动的社会条件。强调非物质文化遗产的活态性，在整体的文化生态之中保护、宣传、弘扬、承传和振兴非物质文化遗产，发掘传统文化的历史价值与在当代社会的生命力和创造力。

（4）坚持科学规划、合理利用、协调发展的原则，文化自身的运作规律，突出陕北非物质文化遗产的独特价值、文化内涵和区域特色，强调保护行为的科学性和实效性。在抢救濒危非物质文化遗产名录项目的同时，应确立科学指导的原则，实现文化资源合理利用。在文化生态和文化资源的保护和开发利用的过程中坚持文化保护与经济社会协调发展的原则，实现文化生态系统与经济社会综合系统的平衡发展。

4. 保护措施

规划主要保护方式包括：整体性保护、传承性保护、抢救性保护、生产性保护、展示性保护、数字化保护、立法保护等。保护措施主要包括以下几方面：文化生态保护区综合布局：陕北文化生态保护区总体规划将文化资源的综合布局作为一种重点突出、点面结合的整体性和活态性的保护措施，依据不同地域的文化特点和文化遗产的分布规律，进行合理的时空布局，在保护区内建设专门主题的文化带、文化走廊、文化圈，作为陕北文化生态的中层支撑系统，统领丰富而有特色的陕北文化遗产。

规划根据陕北文化项目的集聚性特征相应地划分为两个核心区和五个综合性的中层布局。两个核心区是陕北文化无定河走廊、陕北文化延河走廊。五个综合布局包括两个系列，一个是空间区块系列，包括：③陕北华夏上古文化传承带、陕北农牧文化交会带；一个是主题聚集系列，包括陕北年节文化网络、陕北庙会文化网络、陕北黄土文化与红色文化的连接线路。

非物质文化遗产名录项目保护：根据非物质文化遗产名录项目的特点，因地制宜、因类制宜地采取针对性保护措施，包括对非物质文化遗产的确认、立档、保存、研究、宣传、弘扬、传承和振兴。采取各种措施落实整体性和活态性的保护原则，对与非物质文化遗产名录项目相关的自然遗产和物质文化遗产一并进行保护。在条件合适的条件下，对一些项目进行生产性保护，对一些项目制定非物质文化遗产知识产权保护的相关措施。

非物质文化遗产传承体制的确立：传承是非物质文化遗产保护工作的核心，总体规划致力于传承主体的保护和传承空间的建设，建立有效的非物质文化遗产传承体制。对各级非物质文化遗产名录项目代表性传承人进行认定和命名，明确代表性传承人的权利和义务，资助并监督其开展授徒传艺、教学、交流等活动。建立奖惩制度和进入、退出机制，充分调动非物质文化遗产名录项目代表性传承人、其他参与者、爱好者和研究者的积极性。建立和完善传习基地、传习所等传承场所，制定相关行为规范，确保传习活动顺利开展。总体规划将根据陕北文化生态保护区的实际，保护和建设非物质文化遗产名录项目的传承空间，将单一项目、单一形态的保护落实到项目所依存的社会空间之中，形成现实有效的综合性保护。

非物质文化遗产传播体系的建立：非物质文化遗产的活力有赖于代际纵向承袭与人际横向传播的有机结合。非物质文化遗产的传播不局限于代表性传承人，更有赖于代表性传承人之外的各种社会团体、机构和社区对非物质文化遗产项目保护与传承活动的组织与参与。陕北文化生态保护区总体规划中的非物质文化遗产传播体系主要是突出学校教育和媒体宣传在非物质文化遗产传播中的重要作用；通过非物质文化遗产进教材、进课堂、进校园的措施将非物质文化遗产内容以及保护纳入到学校的教育体系中来，使学校成为青少年传承非物质文化遗产的重要载体；利用报刊、书籍、影像、广播电视、网络等传播手段和媒体，积极宣传非物质文化遗产的内容和保护的意义，增强社会公众对于非物质文化遗产的认识和保护意识，为非物质文化遗产的社会传承发挥促进作用，为非物质文化遗产名录项目的代表性传承人开展传承活动创造公共舆论和社会条件。

（本小节引用的案例和图件均出自北京大学人类学与民俗研究中心编制的《陕北文化生态保护区总体规划》。）

主要参考文献

[1] 刘魁立 . 论全球化背景下的中国非物质文化遗产保护 [J]. 广西师范学院学报，2004（4）.

[2] 顾军，苑利 . 文化遗产报告：世界文化遗产保护运动的理论与实践 [M]. 北京：社会科学文献出版社，2005：90-92.

[3] 苏东海 .2005 年贵州生态博物馆国际论坛论文集：交流与探索 [C]. 北京：紫禁城出版社，2006.

[4] 意大利共和国众议院和参议院 . 意大利：关于保护艺术品和历史文化财产的法律 [EB/OL].2007-10-18.http://www.sach.gov.cn/art/2007/10/28/art_1596_53551.html.

[5] 张凡 . 城市发展中的历史文化保护对策 [M]. 南京：东南大学出版社，2006.

[6] 汪欣 . 非物质文化遗产保护的文化生态论 [J]. 民间文化论坛拖，2011（1）.

[7] 冯天瑜，何晓明，周积明 . 中华文明史 [M]. 上海：人民出版社，2006.

[8] 胡兆量，阿尔斯朗，琼达 . 中国文化地理概述 [M]. 北京：北京大学出版社，2006.

[9] ICOMOS.International Charter for the Conservation and Restoration of Monuments and sites（The Venice Charter 1964）[EB/OL].http://www.international.icomos.org/charters/venice_e.pdf.

[10] 科托尔自然保护区 [EB/OL].http://baike.baidu.com/view/427058.htm?tp=1_01.

[11] UNESCO.Natural and Culturo-Historical Region of Kotor[EB/OL].http://whc.unesco.org/en/list/125/.

[12] 乌丙安 . 文化生态保护区建设的新思路 [EB/OL]. http://www.zgfy.org.

[13] 宋俊华 . 文化生态保护区建设存在的问题及对策 [N]. 中国文化报，2011-08-30（6）.

[14] 张汝伦 . 大众文化霸权与文化生态危机 [J]. 探索与争鸣，1994（5）.

[15] 陶健昕 . 从昆曲的艺术价值看其生命力 [EB/OL].2003-09-01.http://www.china.com.cn/zhuanti2005/txt/2003-09/11/content_5402303.htm.

[16] 刘合林 . 城市文化空间解读与利用——构建文化城市的新路径 [M]. 南京：东南大学出版社，2010.

[17] 李佳霖 . 传统村落应避免空心化与过度商业化 [N]. 中国文化报，2010-03-28（6）.

[18] 吴晓东 . 重申报轻保护 警惕"非遗"申报走上功利路 [EB/OL].2010-06-13.http://news.china.com.cn/rollnews/2010-06-13/content_2669294_2.htm.

[19] 方李莉 . 遗产实践与经验 [M]. 昆明：云南教育出版社，2008.

[20] 邱春林 . 古村落，重要的文化空间 [N]. 中国文化报，2013-03-26（6）.

[21] 田青 . 古村落，重要的文化空间 [N]. 中国文化报，2012-03-11（6）.

[22] 高小康 . 非遗保护应从更新的视野构建未来 [J]. 人文岭南，2012（22）.

[23] 曹新明 . 非物质文化遗产保护模式研究 [J]. 法商研究，2009（2）.

[24] 马盛德 . 生产性方式保护非物质文化遗产 [EB/OL].2012-01-08. http://finance.sina.com.cn/hy/20120108/104711151219.shtml.

[25] 苑利，顾军．中国民俗学教程 [M]．北京：光明日报出版社，2003．

[26] 乔晓光．对社会转型期非遗保护的几点看法 [N]．中国文化报，2013-03-15（6）．

[27] 刘传．"欢乐春节"有了数字化手段 [N]．中国文化报，2013-02-05（9）．

[28] 李荣启．论非物质文化遗产保护的方法与措施［C］．中国非物质文化遗产保护论坛，2006．

[29] 费孝通．重建社会学与人类学的回顾和体会 [J]．中国社会科学，2000（1）．

[30] 正能量 [EB/OL].http://baike.baidu.com/subview/4318053/11048433.htm.

[31] 中共中央办公厅，国务院办公厅．国家"十二五"时期文化改革发展规划纲要 [EB/OL].2012-02-16.http://www.china.com.cn/policy/txt/2012-02/16/content_24647982.htm.

[32] 张兆林．非物质文化遗产保护中的社会力量内部关系研究 [J]．经济研究导刊，2012（20）．

[33] 李墨丝．非物质文化遗产保护国际法制研究 [M]．北京：法律出版社，2010．

[34] 周明全，耿国华，武仲科．文化遗产数字化保护技术及应用 [M]．北京：高等教育出版社，2011．

[35] 丹尼，乔金森．参与观察法 [M]．重庆：重庆大学出版社，2009：2-4．

[36] 宝燕园．中华文化多样性与文化生态平衡——论中华文化多样性是社会进步的动力 [D]．北京：中央民族大学，2004．

[37] 石登雄．关于文化生态保护与保护基地建设的思考 [N]．团结报，2008-10-08（9）．

[38] 美国不列颠百科全书公司．简明不列颠百科全书 [M]．北京：中国大百科全书出版社，1985．

[39] 吴效群．妙峰山：北京民间社会的历史变迁 [M]．北京：人民出版社，2006．

[40] 杨阳．自然、文化、人 [J]．西部人文通讯，2004（1）．

[41] 彭建，王仰麟，叶敏婷，常青．区域产业结构变化及其生态环境效应——以云南省丽江市为例 [J]．地理学报，2005，60（5）．

[42] 侯丽，宋小冬，赵民．应用 GIS 技术，深化区域问题研究 [J]．城市规划汇刊，1996（5）:39-47．

[43] 陈斐．区域空间经济关联模式分析理论与实证研究 [M]．北京：中国社会科学出版社，2008．

[44] 蒋明．中药的"神奇" [EB/OL]. 2013-07-02.http://blog.sina.com.cn/s/blog_6aa6fabd01019jbe.html.

[45] 中国文物局．意大利：文化和环境财产部的组织机构（摘录）[EB/OL].2017-10-28.http://www.sach.gov.cn/art/2007/10/28/art_1596_53547.html.

[46] 张姝．法国区域保护模式研究［J］．建筑与文化，2012（1）．

[47] 吴晓东．警惕"非遗"申报走上功利路 [EB/OL].2010-06-13.http://zqb.cyol.com/content/2010-06/13/content_3277746.htm.

[48] 王烨捷．退出机制是非遗保护不可缺的一环 [EB/OL].2013-03-19.http://zqb.cyol.com/html/2013-03/19/nw.D110000zgqnb_20130319_3-09.htm.

[49] 文化部非物质文化遗产司．探索与实践——国家级文化生态保护区建设现场交流会暨专家论坛资料集 [C]．北京：文化艺术出版社，2011．

[50] 托马斯．遗产 [M]．长沙：湖南科学出版社，2000．

[51] 乌丙安．非物质文化遗产保护理论与方法 [M]．北京：文化艺术出版社，2010．

[52] 克利福德，格尔茨 . 文化的解释 [M]. 南京 : 译林出版社，2008.

[53] 周建明 . 旅游小城镇旅游资源开发与保护 [M]. 北京 : 中国建筑工业出版社，2009.

[54] 乔晓光 . 活态文化 : 中国非物质文化遗产初探 [M]. 山西 : 山西人民出版社，2004.

[55] 郑培凯 . 口传心授与文化传承——非物质文化遗产 : 文献、现状与讨论 [M]. 桂林 : 广西师范大学出版社，2006.

[56] 王军 . 日本的文化财保护 [M]. 北京 : 文物出版社，1997.

[57] 河淑花 . 韩国文化财保护法 [M]. 上海 : 上海古籍出版社，2001.

[58] 马克，第亚尼 . 非物质社会 [M]. 成都 : 四川人民出版社，1998.

[59] 冯骥才 . 守望民间——中国民间文化遗产抢救工程 [M]. 北京 : 西苑出版社，2002.

[60] 王耀希 . 民族文化遗产数字化 [M]. 北京 : 人民出版社，2009.

[61] 杨建斌 . 知识产权体系下非物质传统资源权利保护研究 [M]. 北京 : 法律出版社，2011.

[62] 文化部非物质文化遗产司 . 探索与实践 [M]. 北京 : 文化艺术出版社，2011.

[63] 符全胜，李煜 . 保护区游客管理模式的演进 [J]. 绿色中国，2006（9）.

[64] 詹丽，杨昌明 . 地质公园管理模式浅议 [J]. 资源产业经济，2006（1）.

[65] 袁南果，杨锐 . 国家公园现行游客管理模式的比较研究 [J]. 中国园林，2005（7）.

[66] 孙峰 . 我国文物景区 "经营权分离" 管理模式研究 [J]. 商业现代化，2007（1）.

[67] 刘泓，汪苏燕 . 自然保护区管理模式和机制初探 [J]. 海洋开发与管理，2005（4）.

后　记

　　我对文化遗产保护利用的规划实践，始于 2001 年的四川三星堆遗址保护利用规划。该规划编制完成之后，当时的四川省委、省人民政府高度认可，专门给本人所在单位——中国城市规划设计研究院的上级主管部门建设部发来内部明电（表彰电）；国家文物局文保司也于 2004 年的一次大遗址保护规划会议上认为《三星堆遗址保护利用规划》是当时已编制完成的三个最好的规划之一（另两个是吐鲁番地区文物保护与利用规划、西夏王陵保护规划）。三星堆遗址保护规划开启了本人对文化遗产保护利用的浓厚兴趣，之后我陆续编制了湘西凤凰、怀化洪江古商城、长春伪满皇宫、哈尔滨历史街区的保护利用规划，并对景观遗产、工业遗产、农业遗产、线型遗产（京杭大运河）以及自然遗产等各类遗产加以关注，开展研究和规划。2007 年 6 月，一种全新的区域性非物质文化遗产整体性保护模式——国家级文化生态保护区被正式推出。本人从媒体上看到了我国第一个国家级文化生态保护实验区——闽南文化生态保护实验区的设立，便开始查阅、收集、研究非物质文化遗产和文化生态保护区的相关资料。2009 年初，本人领衔，承担了《热贡文化生态保护实验区总体规划》（我国批准的第三个国家级文化生态保护区），并于 2010 年通过了文化部非遗司组织的专家评审。该规划获 2011 年度全国优秀城乡规划设计二等奖。

　　我之所以对文化生态保护区的规划与研究倾力投入，是因为文化生态保护区概念为我国首次提出，并在实践中取得了较好的成效。文化生态保护区作为保护非物质文化遗产的一种重要方式，是文化部多年来实践经验的总结，这种模式将文化生态概念与非物质文化遗产的保护紧密联系起来，实施非物质文化遗产整体性保护，是中国在保护非物质文化遗产领域对世界的贡献。迄今为止，文化部已批准设立了 18 个国家级文化生态保护实验区，本人领衔先后编制完成了其中的七个总体规划，此外，尚有新疆喀什、山东菏泽、北京和广东雷州等文化生态保护区的规划编制。期间，受文化部非遗司安排，本人在广东梅州、青海西宁、重庆和山东菏泽做了多次的培训班讲座。我们学习了 UNESCO 关于文化遗产保护的公约、宣言、宪章、指南、条例、建议等，借鉴了一些国家和地区的经验；国家关于文化遗产保护的法律法规，中央和国务院的通知、意见和其他文件，特别是十七届六中全会的文件，有关部委，特别是文化部的规章、文件，还有一些地方的保护条例；以及文旅所技术人员不断的规划实践、总结，均使我们对文化生态保护区的理解不断加深，也逐渐积累了一些理论心得和规划编制的技术方法。虽然这些理念和方法尚不够成熟，但基于此一研究领域的资料较为匮乏，我因此撰写此书，以期给有关部门和相关人员提供参考，同时也为该领域的发展提供批评、讨论的题材。

能够成书，首先要感谢青海黄南州的原书记李选生同志！因为他组织的竞标，让我和我的团队得以进入文化生态保护区规划领域；其次要感谢文化部非遗司马文辉司长，马盛德、张兵副司长及其非遗司下属的两个处的同志，给我们提供了很多的机会和大量的帮助！特别要感谢从事非物质文化遗产和文化生态保护区研究的前辈刘魁立、祁庆富、周小璞先生和罗薇博士！他们的严格要求和深厚研究专业知识使我和我的团队受益匪浅。最后，要感谢我院原院长王静霞、李晓江和总规划师张兵，他们高瞻远瞩地建议对文化生态保护区规划等小专业予以特别支持！感谢我的同事刘畅博士、郑童博士、所萌、陈杰、周琦、孙依宁对我书稿部分章节的充实、修改和完善，包括参考文献的注解等。感谢中国艺术研究院苑利博士、北京联合大学顾军教授在梅州、大理项目中的支持！

周建明

2016 年 3 月 16 日于北京

图书在版编目（CIP）数据

文化生态保护区理论与实践/周建明，刘畅著．—北京：
中国建筑工业出版社，2016.8
ISBN 978-7-112-19513-8

Ⅰ.①文⋯ Ⅱ.①周⋯ ②刘⋯ Ⅲ.①文化遗产－保
护－研究 Ⅳ.①K103

中国版本图书馆CIP数据核字（2016）第138779号

责任编辑：郑淮兵　马　彦　王晓迪
书籍设计：京点制版
责任校对：李美娜　姜小莲

文化生态保护区理论与实践
周建明　刘　畅　著

*

中国建筑工业出版社出版、发行（北京西郊百万庄）
各地新华书店、建筑书店经销
北京京点图文设计有限公司制版
北京中科印刷有限公司印刷

*

开本：787×1092 毫米　1/16　印张：26¾　字数：575千字
2016年9月第一版　2016年9月第一次印刷
定价：**114.00**元
ISBN 978-7-112-19513-8
　　　　（28698）